Der Raum der Freiheit, der Sicherheit und des Rechts

Europäische Hochschulschriften

European University Studies

Publications Universitaires Européennes

Reihe II	**Rechtswissenschaft**
Series II	Law
Série II	Droit

Band/Volume **6042**

Lena Valeska zur Nieden

Der Raum der Freiheit, der Sicherheit und des Rechts

Die Entwicklung des Verhältnisses von Freiheit und Sicherheit im EU-Recht

PETER LANG

Bibliografische Information der Deutschen Nationalbibliothek
Die Deutsche Nationalbibliothek verzeichnet diese Publikation in der Deutschen Nationalbibliografie; detaillierte bibliografische Daten sind im Internet über http://dnb.d-nb.de abrufbar.

Zugl.: Hamburg, Univ., Diss., 2017

D 18
ISSN 0531-7312
ISBN 978-3-631-76716-0 (Print)
E-ISBN 978-3-631-76717-7 (E-PDF)
E-ISBN 978-3-631-76718-4 (EPUB)
E-ISBN 978-3-631-76719-1 (MOBI)
DOI 10.3726/b14788

Peter Lang – Berlin · Bern · Bruxelles · New York · Oxford · Warszawa · Wien

Diese Publikation wurde begutachtet.

www.peterlang.com

Meiner Großmutter Sitta in Liebe und in Dankbarkeit

Danksagung

Mein Doktorvater Herr Prof. Dr. Bengt Beutler hat diese Dissertation mit viel Engagement, konstruktiver Kritik, Offenheit und Herzlichkeit begleitet. Insbesondere hat er mich stets darin bekräftigt, meinen eigenen wissenschaftlichen Weg zu finden und zu gehen. Dafür danke ich ihm von Herzen.

Ich danke meinen Eltern für ihre immerwährende und bedingungslose Unterstützung. Ich danke meinen Geschwistern und Marion für ihre Hilfe und Ermutigungen. Ganz besonders danke ich Daniel für all die Liebe, Kraft und Zuversicht.

Ein großes Dankeschön gebührt zudem all jenen Menschen, die stets ermutigend und verständnisvoll an meiner Seite standen, insbesondere Jasmina Zivkovic, Michelle Akyurt, Philip Weber, Nadine da Fonseca, Lena Pohle, Michal Andrä, Alina Khatib, Nora Engelke, Katja Gustävel und Marcus Ronnenberg.

Ich danke der FAZIT-Stiftung und dem Lexikon der Politischen Strafprozesse für die Förderung dieser Dissertation und die wunderbare Zusammenarbeit.

Gliederung

Inhaltsverzeichnis

Teil I: Einleitung

„They who can give up essential liberty to obtain a little temporary safety, deserve neither liberty nor safety."[1]

Der Raum der Freiheit, der Sicherheit und des Rechts (RFSR) ist nicht nur ein zentraler Pfeiler der Europäischen Integration, sondern zugleich einer der komplexesten und unübersichtlichsten Bereiche der Europäischen Union (EU). Es ist die Zielsetzung dieser Arbeit, die Entwicklung des Verhältnisses von Freiheit und Sicherheit im RFSR durch eine systematisch-chronologische Untersuchung des EU-Primärrechts aufzuzeigen. Um jedoch der Komplexität der Materie gerecht zu werden, bedarf es einer vielschichtigen Herangehensweise, welche die Untersuchung in eine übergelagerte Ordnungsstruktur integriert.

In einem ersten Schritt werden daher die zentralen Termini „Freiheit" und „Sicherheit" begriffsgeschichtlich erörtert und im Rahmen dessen aufgezeigt, dass das Verhältnis von Freiheit und Sicherheit im RFSR nicht nur konstitutiv für die Rechtsstaatlichkeit der EU ist, sondern auch essentiell für die demokratische Zukunft der Europäischen Integration insgesamt, da das Verhältnis von Freiheit und Sicherheit das Zusammenleben der Menschen und damit die Substanz der EU maßgeblich gestaltet. In Anbetracht dessen, dass der RFSR erst seit relativ kurzer Zeit zu einem der „Integrationsmotoren" der EU herangewachsen ist, wird in einem zweiten Schritt aufgezeigt, dass der RFSR mittlerweile einen selbstständigen Teilbereich der EU darstellt, der eigene Umsetzungs- sowie Strukturmerkmale aufweist und eine erweiterte Form der öffentlichen Ordnung im Rahmen der EU etabliert.

Sodann wird als dritter Schritt in dem Hauptteil dieser Arbeit das zuvor Erörterte angewendet und die Entwicklung des Verhältnisses von Freiheit und Sicherheit im RFSR anhand des Primärrechts der EU chronologisch von Maastricht bis zum aktuellen Lissabon-Vertrag untersucht. Hierbei wird aufgezeigt, dass der komplexe Regelungsgehalt der grundrechtssensiblen Justiz- und Innenpolitik des RFSR sowie dessen Konstruktion im Spannungsfeld zwischen der EU und den souveränen Mitgliedstaaten eine rechtsstaatliche Gestaltung sowie Umsetzung des RFSR erheblich erschweren. Zusätzlich wird dargelegt, dass ein angemessenes Verhältnis von

1 Benjamin Franklin, Remarks on the Propositions (A Plan which it is believed would produce a permanent union between Great Britain and her Colonies, 1775), in: Memoirs of the life and writings of Benjamin Franklin, Vol. 1, William Temple Franklin (Hrsg.), T.S. Manning, Philadelphia 1818, S. 333–334.

Freiheit und Sicherheit im RFSR durch den zunehmenden internationalen Terrorismus, die weiterhin bestehende Wirtschaftskrise in vielen Mitgliedstaaten, den steigenden Migrationsdruck in die EU sowie die aktuelle Flüchtlingskrise und das Erstarken von Populismus und Renationalisierung vor großen Herausforderungen steht.

In Anbetracht dessen, dass es sich bei der Erörterung der Entwicklung des RFSR stets nur um eine Momentaufnahme handeln kann, werden nach der abschließenden Präsentation eines Gesamtergebnisses zum Status quo des Verhältnisses von Freiheit und Sicherheit, als letzter Schritt darüber hinausgehende Anregungen für die zukünftige Gestaltung des RFSR dargelegt.

Um eine noch bessere Orientierung innerhalb der komplexen Materie des RFSR zu ermöglichen und den Untersuchungsverlauf nachvollziehbar zu machen, werden im Folgenden die Problemstellung (**A.**), die Zielsetzung (**B.**) der Aufbau (**C.**) sowie die Untersuchungsmethodik (**D.**) dieser Arbeit noch einmal dezidierter dargelegt:

A. Problemstellung

Der RFSR ist ein umfassendes juristisches Konzept der Europäischen Union, anhand dessen die Innen- sowie Justizpolitik der Mitgliedstaaten angeglichen wird. Der RFSR ist im Laufe des EU-Entwicklungsprozesses aufgrund der Notwendigkeit entstanden, dass die durch den Binnenmarkt bedingte wirtschaftliche Öffnung der Mitgliedstaaten einer begleitenden Ausgestaltung mittels der Innen- und Justizpolitik bedurfte. Das Konzept des RFSR sollte ursprünglich nur gewährleisten, dass sich die EU-Bürger durch die Konzeption des RFSR in allen Mitgliedstaaten frei bewegen können, ohne dass damit eine Minderung ihrer Sicherheit oder ihres Rechtsstatus einhergeht. Von dieser „Anhängsel"-Position als primäre Ergänzung zum Binnenmarkt hat sich der RFSR (wie aufzuzeigen sein wird) mittlerweile gelöst und sich zu einem eigenständigen Teilbereich der EU entwickelt, dessen zentrales Anliegen die (Rechts-)Stellung des Bürgers in der EU nach Art. 3 Abs. 2 EUV, Art. 67 Abs. 1 AEUV und Absatz 1 der Binnenpräambel der EU-Grundrechtecharta ist.

Aufgrund dieser Zielausrichtung des RFSR, die den Bürger in den Mittelpunkt des Unionshandelns stellt[2], und des breiten Regelungsbereiches der Justiz- und Innenpolitik, ist der RFSR für die EU als Institution sowie für die europäische Integration von wesentlicher Bedeutung. Dem geschuldet hat sich der RFSR mittlerweile zu einem der zentralen Politikfelder der EU entwickelt und steht nunmehr als eines der großen Integrationsprojekte des europäischen Einigungsprozesses

2 Vgl. 2013 war das offizielle „Europäischen Jahr der Bürgerinnen und Bürger", Ziel dieser Initiative war es die Rechte aller EU-Bürger zu fördern. Vgl. IP/12/1253 v. 23.11.2012 der EU-Kommission; EU-Kommission, Standard Eurobarometer 79/ Frühjahr 2013, durchgeführt von TNS Opinion & Social.

auf gleicher Stufe wie die Wirtschafts- und Währungsunion (WWU), die Gemeinsame Außen- und Sicherheitspolitik (GASP) sowie der Binnenmarkt.[3] Dadurch ist mit dem RFSR eine signifikante neue Dimension der EU entstanden[4], die weit über die zuvor dominierenden wirtschaftlichen, sozialen sowie ökologischen Ziele hinausgeht[5] und auf dem Weg zu der Etablierung einer „Europäischen öffentlichen Ordnung" ist.[6]

Um seiner Aufgabe der Angleichung der Justiz- und Innenpolitik mit dem Fokus auf die Rechtsstellung der EU-Bürger gerecht zu werden, umfasst der Oberbegriff RFSR einen komplexen heterogenen Themenbereich, welcher von Asyl, Visa und Einwanderungspolitik über die justizielle Zusammenarbeit in Straf- und Zivilsachen bis zur polizeilichen Zusammenarbeit und dem Schengen-Abkommen reicht. Hierbei soll den EU-Bürgern durch die Normierungen des RFSR die drei grundlegenden öffentlichen Güter „Freiheit", „Sicherheit" und „Recht" geboten werden.[7] Diese drei Güter basieren auf einer Begrifflichkeit, die in der Philosophie der Aufklärung wurzelt und in der Rechtsstaatlichkeit ihre konkrete Gestalt gefunden hat, indem sie deren Grundfesten bilden und Voraussetzung für die Ausübung aller Grund- und Menschenrechte sind. Mit der Bereitstellung des RFSR hat sich die EU nach Art. 67 Abs. 1 AEUV zur Aufgabe gemacht, die Stellung des einzelnen Bürgers sowie das Zusammenleben aller Bürger in der EU zu verbessern und ihre Realisierungsmöglichkeiten auszuweiten. Damit sind die Trias der öffentlich-rechtlichen Güter „Freiheit, Sicherheit und Recht" materiell-rechtlich konstitutiv für den RFSR.

Da der RFSR mit den Bereichen der Innen- sowie Justizpolitik zudem die wesentlichen Funktionen respektive Vorrechte des Nationalstaates berührt und zahlreiche grundrechtssensible Belange beinhaltet, stellt der RFSR nicht nur ein sehr komplexes und umfangreiches, sondern ebenso ein spannungsgeladenes Normenkonstrukt des EU-Rechts dar. Denn bei den Rechtsbereichen des RFSR handelt es sich im Wesentlichen um originär staatliche Aufgaben, was den RFSR in das Spannungsfeld der staatlichen Souveränität der Mitgliedstaaten rückt. So berührt der RFSR die Elementarfunktionen eines Staates, wie die Gewährleistung eines funktionierenden Justizsystems, der Garantie der Sicherheit der eigenen Bürger, der Kontrolle des Zugangs zum Staatsgebiet und dessen öffentliche Ordnung – mithin die Bestimmung über Freiheit, Sicherheit und Recht als die traditionelle Funktion der modernen demokratischen öffentlichen Ordnung.[8] Damit tangiert der RFSR den Wesensgehalt der (mitglieds-)staatlichen Existenz.

---

3 Monar, Der RFSR in der erweiterten Union, S. 221.

4 Kaunert, Construction of a ‚European Public Order', S. 470.

5 Dobin, Migration und Schutz der inneren Sicherheit: rechtliche Fragen der Bekämpfung des islamistischen Terrorismus, S. 50.

6 Kaunert, Construction of a ‚European Public Order', S. 460 ff.

7 Monar, Die Vertragsreformen von Lissabon in den Bereichen Inneres und Justiz: verstärkte Handlungsfähigkeit, Kontrolle und Differenzierung, S. 379.

8 Baker/Hardin, From past imperfect to future perfect? A longitudinal study of the third pillar, S. 37.

Die EU substituiert durch den RFSR zwar keinesfalls die Mitgliedstaaten als primäre Garanten der öffentlichen Ordnung, jedoch ist der zunehmende Einfluss des RFSR und damit dessen Entwicklung als zusätzlicher Garant nicht zu negieren[9]. Die EU hat es sich mit der Schaffung des RFSR zur Aufgabe gemacht, die Trias der öffentlich-rechtlichen Güter in der EU umfassend zum Vorteil aller Bürger zu etablieren und somit von seiner Kopplung an den jeweiligen Mitgliedstaat im Sinne der europäischen Integration zu lösen, indem die EU Freiheit, Sicherheit und Recht für alle Bürger gleichermaßen in jedem Mitgliedstaat bietet. Der Umstand, dass sich der RFSR materiell-rechtlich in einem Spannungsfeld zwischen den souveränen Mitgliedstaaten der EU befindet, welche sich in der Wahrnehmung ihrer originär staatlichen Aufgaben zum Teil bedroht sehen, erschwert die effektive Umsetzung des RFSR.

In dem breiten aufgezeigten potenziellen Maßnahmenbereich des RFSR gegenüber dem Einzelnen fallen einige der stärksten Formen (mitglieds-)staatlicher Machtausübung, wie der Freiheitsentzug durch Verhaftung und Gefängnisstrafen, das Einfrieren von Vermögenswerten, die Ausweisung, die Einreiseverweigerung und die Speicherung, Auswertung sowie der Weitergabe von personenbezogenen Daten.[10] So können sich Maßnahmen im RFSR tief greifend auf die Rechte des Einzelnen auswirken[11] und diese viel intensiverer berühren als etwa durch wirtschaftliche Regelungen im Bereich des Binnenmarktes. Aufgrund dieser potentiellen Eingriffsintensivität von RFSR-Normierungen ist der Schutz der Rechte des Einzelnen im RFSR von besonderer Bedeutung. Andernfalls kann der EU-Bürger vom primär Begünstigten des RFSR schnell zu einem seiner Opfer werden.[12] Dies gilt auch für Drittstaatsangehörige, die als Asylsuchende oder illegale Einwanderer der restriktiven Seite der EU-Asyl- und Einwanderungspolitik ausgesetzt sein können. Mithin können Maßnahmen im RFSR besonders gravierende Auswirkung auf die Wahrung der Rechte des einzelnen Bürgers haben, sodass hier das Verhältnis von Freiheit und Sicherheit besonders relevant ist.[13]

Doch gerade die öffentlich-rechtlichen Güter Freiheit und Sicherheit stehen in einem komplexen Verhältnis zueinander und können sich gegenseitig limitieren, da die uneingeschränkte Erfüllung des einen zumeist mit einer Beeinträchtigung des anderen einherzugehen scheint. So stärkt die Abschaffung der Grenzkontrollen zwischen den EU-Mitgliedstaaten das Freiheitsrecht der Bürger, erschwert aber gerade aufgrund der fehlenden Kontrolle die Straftatenbekämpfung und kann somit die Sicherheit der Bürger verringern. Die Ausbalancierung des Verhältnisses von Freiheit und Sicherheit steht zudem in Zeiten der Globalisierung vor immer neuen Hürden, ein abwägender Ausgleich zwischen Freiheit und Sicherheit ist

9 Vgl. auch Bogdandy/Bast – Monar, S. 751.
10 Siehe auch Bogdandy/Bast – Monar, S. 751.
11 So auch Sharpston, S. 439 f.
12 Vgl. auch Bogdandy/Bast – Monar, S. 789–795.
13 So auch Sharpston, S. 441.

daher heutzutage erforderlicher als je zuvor.[14] Gleichwohl sind Sicherheit und Freiheit in dem mitgliederstarken RFSR der EU umstrittene Güter, welchen komplexe historisch bedingte Überzeugungen und Wahrnehmungen in kultureller, politischer und sozio-ökonomischer Hinsicht zugrunde liegen.[15] Daher wird im Rahmen dieser Arbeit eingehend auf die Bedeutung von Freiheit und Sicherheit sowie die Determinanten für deren rechtsstaatlich angemessenes Verhältnis eingegangen.

Im aktuellen Zusammenhang mit der internationalen Terrorgefahr sowie der Währungs- und Finanzkrise sind Sicherheitsfragen in den Fokus des RFSR gerückt. Ebenso schüren die fortschreitende Erweiterung der EU sowie des zunehmenden Migrationsdrucks an den Außengrenzen der EU[16] Ängste der Bürger und lassen den Ruf nach erhöhten Sicherheitsmaßnahmen laut werden.[17] Hierbei besteht die Gefahr, dass den Sicherheitsbelangen gegenüber den Freiheitsrechten zu schnell der Vorrang gewährt wird, ohne die Notwendigkeit sowie die Konsequenzen dieses Vorgehens zu erwägen. Denn Freiheit ist das zentrale Rechtsgut des Menschen und des Rechtsstaats. Insbesondere im Handeln (und Unterlassen) der öffentlich-rechtlichen Institutionen, denen die Sicherheit der Bürger, die Verfolgung von Straftaten oder das Management von grenzüberschreitenden Migrationsbewegungen anvertraut ist, spiegelt sich der jeweilige Herrschaftscharakter einer öffentlichen Ordnung unmittelbar wider. Insofern ist der Innen- und Justizpolitik des RFSR ein Wertebezug zum Freiheitsrecht inhärent. In keinem anderen Politikfeld der EU ist jedoch das Spannungsverhältnis zwischen der Verpflichtung auf den gemeinsamen Wert des Freiheitsrechts und deutlichen Defiziten bei dessen praktischer Umsetzung derart offenkundig wie hier.[18] Das Gut der Freiheit bedarf gerade in Zeiten, in denen zunehmend die Sicherheit im Fokus der allgemeinen Aufmerksamkeit steht, der Verteidigung gegenüber allzu leichtfertigen Beschränkungen zugunsten einer vermeintlichen Sicherheit.

---

14 Thiel, S. 182.

15 Anderson/Apap, Striking a Balance between Freedom, Security and Justice in an enlarged European Union, S. 5.

16 Müller-Graff/Repasi, Asyl-, Einwanderungs- und Visapolitik, S. 143. In der nationalen Ausgabe der Meinungsumfrage Eurobarometer vom 19.02.2015 geben 37 Prozent der befragten Deutschen an, dass Migration die größte Herausforderung für die EU und für Deutschland ist, vgl. Standard Eurobarometer 82, abgerufen am 15.03.2016 unter http://ec.europa.eu/public_opinion/archives/eb/eb82/eb82_de_de_nat.pdf. Die Meinungen zur Migration hängen jedoch davon ab, ob die Zuwanderer aus EU-Ländern oder aber aus Drittstaaten stammen. 52 Prozent der EU-Bürger und 50 Prozent der befragten Deutschen begrüßen die Einwanderung von Menschen aus anderen EU-Mitgliedstaaten. Der Einwanderung aus Drittstaaten stehen hingegen nur 35 Prozent der EU-Bürger sowie 29 Prozent der Deutschen positiv gegenüber.

17 Müller-Graff/Repasi, Asyl-, Einwanderungs- und Visapolitik, S. 151.

18 Knelangen, Nachbarn in Sicherheit, Freiheit und Recht? Inneres und Justiz: Ambivalenzen der EU, S. 263.

Viele Bürger haben zudem das Gefühl durch die EU ignoriert und übergangen zu werden. Dieses tatsächliche Problem der Intransparenz und der mangelnden Teilhabe verleiht der EU berechtigterweise den Anschein eines zu wenig demokratischen (Eliten-)Projekts und steht der wirksamen Handhabung des Freiheitsrechts der Bürger entgegen.[19] Dieses gilt im besonderen Maße für den grundrechtssensiblen Bereich des RFSR.[20] Auch aufgrund der Integrationszielrichtung des RFSR ist es von erheblicher Bedeutung den EU-Bürgern zu vermitteln, dass der RFSR zu ihren Gunsten besteht und „es hier um mehr geht, als nur um eine bloße Aneinanderreihung repressiver Entscheidungen".[21] Dabei muss im Wege einer offeneren kritischen Auseinandersetzung[22] spürbar gemacht werden, dass der RFSR einen Vorteil bietet, indem er die Freiheit des Einzelnen erweitert sowie die Bürgerrechte stärkt und diese nur dort reglementiert, wo es zur Sicherheitsgewährleistung der Menschen unabdingbar ist. Hier ist es wichtig nicht allein einen wirtschaftlichen Schwerpunkt zu setzten, bei dem die Wertigkeit der EU anhand einer ökonomischen Kosten-Nutzen-Rechnung berechnet wird, sondern die historische Kernbotschaft der EU auf den RFSR anzuwenden: Die Gewährleistung eines lang anhaltenden Friedens in der EU durch die Stärkung des Freiheitsrechts in dem gesamten RFSR.[23] Werden die Gewichtungen jedoch anders gesetzt, kann eine erfolgreiche europäische Integration mangels grundlegender Legitimation und Akzeptanz bei den Bürgern schwer gelingen, wie sich an den gescheiterten Referenden zum Verfassungsvertrag sowie an dem erfolgreichen „Brexit" aufzeigen lässt.

Aufgrund der aufgezeigten Faktoren sowie des Umstandes, dass der RFSR originär staatliche Aufgaben berührt und die Rechtsstellung der Bürger stark beeinflusst, ist die Etablierung respektive Aufrechterhaltung eines rechtsstaatlich angemessenen Verhältnisses von Freiheit und Sicherheit in dem umfangreichen Themenkomplex des RFSR, nicht nur eine schwierige, sondern vor allem eine wesentliche Aufgabe. Dieses gilt umso mehr, als dass der RFSR eine immer wichtigere Rolle im Gefüge der EU spielt.

---

19 Stephan Wohanka, Europa als „Elitenprojekt", 23.02.2014, abgerufen am 17.06.2014, http://www.euractiv.de/europawahlen-2014-000394/artikel/europa-als-elitenprojekt-008578.

20 Stephan Wohanka, Europa als „Elitenprojekt", 23.02.2014, abgerufen am 17.06.2014, http://www.euractiv.de/europawahlen-2014-000394/artikel/europa-als-elitenprojekt-008578.

21 Wenceslas de Lobkowicz: L'Europe et la sécurité intérieure, Paris (La documentation Francaise) 2002, S. 13.

22 Siehe Interview mit Andreas Voßkuhle, Präsident des Bundesverfassungsgerichts, FAZ, 04.05.2014, Reinhard Müller, abgerufen am 17.06.2014 unter http://www.faz.net/aktuell/politik/europaeische-union/verfassungsgerichtspraesident-vosskuhle-offene-diskussion-ueber-europa-12922802.html.

23 FAZ, 13.05.2014, Dr. Thomas Petersen, abgerufen am 17.06.2014 unter http://www.faz.net/aktuell/politik/europaeische-union/allensbach-umfrage-fuer-die-f-a-z-europa-profitiert-von-kriegsangst-12937761.html.

B. Zielsetzung der Arbeit

Angesichts der dargelegten Problemstellung bezüglich des RFSR, ist es Gegenstand und Ziel dieser Arbeit zu untersuchen, wie sich das Verhältnis von Freiheit und Sicherheit im RFSR entwickelt hat und inwieweit der RFSR den EU-Bürger nach dem EU-Primärrecht tatsächlich ein angemessenes Verhältnis von Freiheit und Sicherheit bietet. Die Ausrichtung auf die Untersuchungsparameter Freiheit und Sicherheit begründet sich aus der aufgezeigten besonderen Beziehung zwischen diesen beiden Gütern sowie deren Relevanz für den RFSR als öffentliche Ordnung.[24] Im Rahmen dieser Schwerpunktsetzung wird jedoch auch das Recht als drittes öffentlich-rechtliches Gut einbezogen, da es innerhalb des Verhältnisses von Freiheit und Sicherheit als vermittelndes Element fungiert.

Diese Zielsetzung ist in drei Teilziele untergliedert, die aufeinander aufbauen. Das erste Teilziel besteht darin, die Notwendigkeit und insbesondere die Voraussetzungen eines rechtsstaatlich angemessenen Verhältnisses von Freiheit und Sicherheit als Paradigmen öffentlicher Ordnung theoretisch herauszuarbeiten. Das zweite Teilziel liegt darin, die Entwicklung des RFSR zu einem eigenständigen Teilbereich der EU zu untersuchen, um aufzuzeigen, dass und warum es sich bei dem RFSR um eine öffentliche Ordnung der EU handelt, in dem die öffentlich-rechtlichen Güter Freiheit und Sicherheit zur Anwendung kommen. Daran anschließend wird die Funktionalität sowie Wirkungsweise des RFSR erörtert, da diese Mechanismen die Rechtssetzung und Umsetzung des RFSR-Rechts bedingen. Das dritte Teilziel bildet den Schwerpunkt der Arbeit und führt die beiden zuvor erörterten Aspekte zusammen, indem das Primärrecht des RFSR als zentraler Untersuchungsparameter auf das konkrete Verhältnis von Freiheit und Sicherheit hin chronologisch analysiert wird. Dabei gilt es festzustellen, ob es der EU tatsächlich gelingt, ein rechtsstaatlich angemessenes Verhältnis von Freiheit und Sicherheit zugunsten der Menschen in der EU zu wahren und so ein „Europa der Bürger" zu schaffen. Hierbei ist auch aufzuzeigen, ob und inwiefern das Verhältnis von Freiheit und Sicherheit Einfluss auf den europäischen Integrationsprozess hat.

Da mit dem weiten und komplexen Rechtsgebiet des RFSR ein Themenkreis eröffnet ist, der den Umfang dieser Arbeit sprengen würde, kann und wird hier nicht auf die einzelnen Rechtsbereiche des RFSR detailliert eingegangen. Zu den einzelnen Politiken des RFSR gibt es bereits umfassende Literatur[25], sodass sich diese Arbeit vielmehr auf das grundlegende Verhältnis von Freiheit und Sicherheit im Primärrecht des gesamten RFSR fokussiert.

---

24 Wenn und insoweit im Rahmen dieser Arbeit der Begriff „Staat" sowie „staatlich" verwendet wird, so sind hiermit die Mitgliedstaaten der EU gemeint, die als einzelne Staaten die EU bilden. Eine etwaige Staatlichkeit der EU ist mithin nicht in Bezug genommen.

25 Wie dem Literaturverzeichnis dieser Arbeit zu entnehmen ist.

Trotz des rasch zunehmenden Stellenwerts des RFSR in den letzten Jahren ist dessen Gesamtzusammenhang im Vergleich zu anderen EU-Politikbereichen wenig wissenschaftlich untersucht.[26] So ist auch die genannte Zielsetzung in der Fachliteratur nur am Rande behandelt worden. Diese Lücke soll die vorliegende Arbeit schließen helfen, ganz im Sinne des Aufrufs der EuGH-Generalanwältin Sharpston hinsichtlich des RFSR: „It would be very good if the academic community would also contribute thoughtfully to the debate."[27] Diese Untersuchung soll damit einen aktuellen Beitrag zur wissenschaftlichen Erörterung des RFSR leisten, indem anhand einer dogmatischen Auseinandersetzung neue Erkenntnisse erarbeitet werden und so Impulse für eine weiterführende rechtswissenschaftliche Diskussion über das Verhältnis von Freiheit und Sicherheit im RFSR geben werden.

Daneben ist der RFSR im Vergleich zu der Währungsunion oder dem Binnenmarkt in der öffentlichen Debatte wenig präsent, was partiell der komplexen Konstruktion des RFSR sowie seiner Rechtsbereiche geschuldet ist. Zwar ist der RFSR seit 2001 infolge der terroristischen Anschläge in den USA und Europa[28] stärker in das öffentliche Bewusstsein gerückt.[29] Dennoch führt der RFSR immer noch ein Schattendasein und damit werden tief greifende Veränderungen in die Rechte der Bürger weitgehend nicht wahrgenommen[30], was angesichts der Regulierung zahlreicher grundrechtsrelevanter Aspekte im RFSR besonders relevant ist. Diese Arbeit soll einen wissenschaftlichen Beitrag dazu leisten, die Bedeutung von Freiheit und Sicherheit im RFSR hervorzuheben und erkenntlich zu machen.

Der Abschluss der inhaltlichen Bearbeitung erfolgte am 31. Oktober 2016, sodass alles danach Erscheinende respektive sich Ereignende nicht mehr in die Untersuchung aufgenommen werden konnte. Lediglich einzelne Ereignisse auf EU-Ebene wurden zur Verdeutlichung der aktuellen Brisanz der Thematik eingearbeitet.

---

26 Kaunert, Construction of a ‚European Public Order', S. 460 sowie Lavenex/Wagner, Which European Public Order?, S. 225.

27 Sharpston, S. 447.

28 Anlehnung an Voßkuhle, Das Verhältnis von Freiheitsrecht und Sicherheit – Hat der 11. September 2001 das deutsche Verfassungsrecht verändert?, S. 1101 ff.

29 So setzte der Deutsche Bundestag im Zuge der Zustimmung zu dem Lissabon-Vertrag erstmals einen Schwerpunkt der europapolitischen Debatte auf den RFSR (Calliess/Ruffert, Rdnr. 34–35) und widmete eine von zwei thematisch eingegrenzten Anhörungen dem RFSR (Deutscher Bundestag, 55. Sitzung des Ausschusses für die Angelegenheiten der Europäischen Union am 05.03.2008, Expertengespräch zur Vorbereitung der Ratifizierung des Vertrages von Lissabon zu dem Themenbereich: Raum der Freiheit der Sicherheit und des Rechts). Die Hälfte der Maßgaben, die der Deutsche Bundestag begleitend zu der Zustimmung zum Vertragsgesetz beschlossen hat, betrifft die PJZS; vgl. BT-Drs. 16/8917, Nr. 2, S. 4 ff.; BT-Plenarprot. 16/157, S. 16450 ff. (16482). Siehe hierzu auch BVerfGE 123, 267 (414, 434).

30 Abgerufen am 01.05.2013 unter http://www.faz.net/aktuell/politik/europaeische-union/asylrecht-weder-festung-noch-lotterie-12165623.html.

C. Aufbau der Arbeit

Die vorliegende Arbeit ist in fünf Teile untergliedert, wobei Teil I sowie Teil V einführende sowie resümierende Funktion haben und Teil II respektive III als theoretische Grundlage für die Hauptuntersuchung in Teil IV dienen.

Teil I bildet die Einleitung in die zu untersuchende Materie. Hierbei wird zuerst die Problemstellung (unter **A.**) des Verhältnisses von Freiheit und Sicherheit im RFSR aufgezeigt, mit welcher sich die Arbeit befasst. Sodann wird daran ausgerichtet die konkrete Zielsetzung (**B.**) der Untersuchung dargelegt und abschließend der Aufbau der Arbeit (**C.**) erörtert.

Eine Untersuchung des RFSR anhand des Verhältnisses von Freiheit und Sicherheit ist substantiiert nicht möglich, ohne die Bedeutung dieser Termini sowie deren Beziehung zueinander vorab zu erörtern. In **Teil II** erfolgt daher die Zuordnung von Freiheit und Sicherheit als Paradigmen öffentlicher Ordnung im RFSR. Hier soll als Grundlage der späteren Untersuchung der RFSR-Normen aufgezeigt werden, wieso ein ausgeglichenes Verhältnis von Freiheit und Sicherheit wesentlich für den RFSR ist und wie dieses konkret zu gestalten ist. Hierzu wird zuerst eine konzeptionelle Klärung von Freiheit und Sicherheit rechtsphilosophisch sowie rechtstheoretisch vorgenommen, indem deren Bedeutung sowie Notwendigkeit als Paradigmen öffentlicher Ordnung historisch hergeleitet werden (**A.**). Darauf aufbauend werden die Folgerungen für die Zuordnung von Freiheit und Sicherheit im RFSR als die Voraussetzungen, an denen ein rechtsstaatlich angemessenes Verhältnis von Freiheit und Sicherheit in einer öffentlichen Ordnung wie dem RFSR festzustellen ist, dargelegt (**B.**). Dieses Kapitel stellt damit die zentrale rechtstheoretische Grundlage der Arbeit dar.

Die andere Grundlage für die Untersuchung des Verhältnisses der öffentlichrechtlichen Güter Freiheit und Sicherheit im RFSR ist die Darlegung, dass es sich bei dem RFSR um eine öffentliche Ordnung der EU handelt. Daher wird in **Teil III** die Eigenständigkeit des RFSR in der Konstruktion der EU erörtert. Zudem ist die Entkopplung des RFSR vom Binnenmarkt in der einschlägigen Fachliteratur bisher als eigener Untersuchungsgegenstand nicht eingehend erörtert worden, sondern wird lediglich im Kontext anderer Thematiken meist relativ knapp festgestellt. In diesem Sinne wird die Entwicklung des RFSR zu einem eigenständigen Teilbereich anhand der chronologischen Erörterung des EU-Primärrechts sowie der Umsetzungsprogramme und den Aktionsplänen dargelegt (**A.**). Dem schließt sich eine kurze Untersuchung der Abgrenzungskriterien zwischen dem RFSR und dem Binnenmarkt respektive der Unionsbürgerschaft an (**B.**), da diese EU-Bereiche eng zusammenhängen sowie diverse Überschneidungen aufzeigen, jedoch jeweils unabhängig voneinander sind. Sodann wird das Konzept des Raumes in dem eigenständigen RFSR dargelegt und dessen Bedeutung für das Verhältnis von Freiheit und Sicherheit im RFSR (**C.**) aufgezeigt. Daran gekoppelt erfolgt die Erörterung der wichtigsten Strukturmerkmale respektive rechtlichen Umsetzungsgrundsätze des RFSR (D.), um die Funktionsweise des RFSR darzulegen. Abschließend wird die

Relevanz des Verhältnisses von Freiheit und Sicherheit im RFSR für den europäischen Integrationsprozess aufgezeigt (E.).

In **Teil IV** wird das konkrete Verhältnis von Freiheit und Sicherheit im RFSR-Recht untersucht. Damit bildet dieser Teil den Schwerpunkt der Arbeit. Hier wird das zuvor unter Teil II und III theoretisch Erarbeitete auf die RFSR-Normen praktisch angewendet. Dabei wird das tatsächliche Verhältnis von Freiheit und Sicherheit im RFSR-Recht unter Einbeziehung der EuGH-Rechtsprechung untersucht, um zu erörtern, ob und inwiefern das zuvor unter Teil II festgestellte angemessene Verhältnis von Freiheit und Sicherheit im RFSR erreicht wird. Es gilt herauszuarbeiten, wie sich das Verhältnis von Freiheit und Sicherheit im RFSR bis zu dem jetzigen Zeitpunkt entwickelt hat und inwieweit das RFSR-Primärrecht substantielle primärrechtliche Neuerungen in Ausgestaltung und Funktion des RFSR hinsichtlich des Verhältnisses von Freiheit und Sicherheit im RFSR beinhaltet. Diese chronologische Untersuchung beginnt mit dem Vertrag von Maastricht (**A.**), über den Vertrag von Amsterdam (**B.**), den Vertrag von Nizza (**C.**) und endet mit dem Schwerpunkt auf dem aktuellen Vertrag von Lissabon (**D.**). Jeweils zeitlich eingeordnet werden die zu den Verträgen gehörigen Umsetzungsdokumente erörtert. Im Rahmen des Lissabon-Vertrages wird darüber hinaus die neue Grundrechte-Charta der EU untersucht und die Differenzen zu dem nicht in Kraft getretenen Verfassungsvertrag aufgezeigt.

Teil V beendet die Bearbeitung in Form eines Resümees mit Schlussfolgerungen. Dabei wird zunächst ein Fazit gezogen und das Ergebnis der gesamten Untersuchung zusammenfassend dargelegt (**A.**). Abschließend erfolgen Anregungen für die künftige Ausgestaltung der behandelten Thematik mitsamt eines Ausblickes auf mögliche künftige Entwicklungen (**B.**).

D. Untersuchungsmethodik der Arbeit

Die Untersuchungsmethode der vorliegenden Arbeit ist daran ausgerichtet, dass mit der Erörterung des Verhältnisses von Freiheit und Sicherheit im RFSR ein problemorientiertes Thema behandelt wird, welches auf einer rechtstheoretischen sowie rechtsphilosophischen Thematik basiert. In diesem Sinne wird das Verhältnis von Freiheit und Sicherheit im RFSR grammatisch, historisch, systematisch und teleologisch ermittelt.[31] Im Rahmen dessen ist es aufgrund der dynamischen Entwicklung des EU-Rechts notwendig mehrere Gesetzesfassungen parallel zu verwenden, um die Rechtsentwicklung nachvollziehbar darstellen zu können.

Die normative Grundlage dieser Arbeit sind daher das chronologisch zu untersuchende EU-Primärrecht zum RFSR sowie die jeweils zu den Verträgen dazugehörigen Protokolle respektive Erklärungen. Hinzu kommen insbesondere die einschlägigen Umsetzungsprogramme sowie Aktionspläne zum RFSR, da diese ausschlaggebend für die konkrete Umsetzung der RFSR-Normen sind. Um angesichts

31 So auch Kraus-Vonjahr, S. 33; Jäger, S. 249.

dieser vielschichtigen Untersuchungsmaterie eine Übersichtlichkeit zu gewährleisten, wird an die jeweilige Rechtsquelle stets die in Bezug genommene Vertragsfassung angehängt, sodass etwa „Art. xy EUV-Nizza“ für die jeweilige Norm des durch den Nizza-Vertrag konsolidierten EUV steht und „Art. xy EUV-Lissabon“ für die gleiche Norm des durch den Lissabon-Vertrag konsolidierten EUV.

Innerhalb der Erörterung dieses Rechtsrahmens wird angesichts des Untersuchungsgegenstandes ausschließlich auf solche Normen eingegangen, die dem RFSR zugeordnet sind respektive sich auf diesen beziehen und zudem Relevanz für den Eigenständigkeitsprozess des RFSR bzw. das Verhältnis von Freiheit und Sicherheit haben. Aus diesem Grunde werden auch allein Grundsatzentscheidungen des EuGHs und dessen Auslegung des RFSR bezüglich des Verhältnisses von Freiheit und Sicherheit im Rahmen dieser Arbeit erörtert. Auf die einzelnen Politiken des RFSR respektive das EU-Sekundärrecht zum RFSR wird daher nur in Bezug auf den Untersuchungsgegenstand eingegangen, da alles andere einen angemessenen Bearbeitungsumfang nicht zulassen würde.

Teil II: Zuordnung von Freiheit und Sicherheit als Paradigmen öffentlicher Ordnung im RFSR

Eine substantiierte Untersuchung des RFSR anhand des Verhältnisses seiner Elemente Freiheit und Sicherheit ist ohne eine vorherige Erörterung dieser Termini nicht zufriedenstellend möglich, um die komplexen Zusammenhänge vollständig erfassen zu können. Das Verständnis der konstitutiven Bedeutung des Verhältnisses von Freiheit und Sicherheit für den RFSR ist die Grundlage dieser Untersuchung.

In diesem theoretischen Kapitel wird daher unter **A.** dargelegt, warum es für das Gelingen der entstehenden öffentlichen Ordnung des RFSR wesentlich ist, ein angemessenes Verhältnis zwischen den Paradigmen der Freiheit und der Sicherheit herzustellen sowie zu wahren. Diese Notwendigkeit wird anhand der Beziehung zwischen den Bürgern und der öffentlichen Ordnung erörtert. Ausgangspunkt ist hier der Zusammenhang, in welchem das Verhältnis von Freiheit und Sicherheit zur Beziehung zwischen den EU-Bürgern und öffentlicher Ordnung und somit zur (mitglied-)staatlichen wie auch europäischen Entwicklung steht. Im Rahmen dieser Bearbeitung werden auch die rechtliche Bedeutung sowie der rechtliche Gehalt von Freiheit und Sicherheit in einem Rechtssystem dargelegt.

In einem zweiten Schritt wird unter **B.** sodann erörtert, wie ein rechtsstaatlich gebotenes Verhältnis von Freiheit und Sicherheit konkret ausgestaltet sein sollte. Im Zuge der Untersuchung wird aufgezeigt, warum die gewonnenen Erkenntnisse auf die EU-Ebene des RFSR als erweiterte Form der öffentlichen Ordnung übertragen werden können und müssen. Die so gewonnenen Erkenntnisse über das rechtsstaatlich gebotene Verhältnis von Freiheit und Sicherheit als zentrale Untersuchungsparameter sind die Richtschnur für die danach folgende Erörterung des RFSR in Teil III und IV.

A. Die Notwendigkeit eines angemessenen Verhältnisses von Freiheit und Sicherheit

Zur Erläuterung der Notwendigkeit eines angemessenen Verhältnisses von Freiheit und Sicherheit in einer öffentlichen Ordnung anhand der Beziehung zwischen den Bürgern und der öffentlichen Ordnung, wird auf das heutige Freiheitsverständnis, wie es in der westlichen Philosophie der Aufklärung seit dem 15. Jahrhundert entwickelt wurde, Bezug genommen.[32] Diese zeitliche Begrenzung liegt darin

32 Siehe auch Monar, Institutional Framework of the AFSJ, S. 23 f.

begründet, dass einem Großteil der Menschen vor der Aufklärung kein Freiheitsrecht zukam, welches als Paradigma der öffentlichen Ordnung in einem Verhältnis zur Sicherheit gesetzt werden kann.[33] Obwohl die Entwicklung der Demokratie im antiken Athen einen kulturellen Meilenstein der Freiheitsentwicklung darstellte, basierte das Freiheitsrecht der Antike auf den Privilegien des „Vollbürgers", welches den unfreien Sklaven sowie unterworfenen Völkern nicht zukam.[34] Freiheit war in diesem Kontext mithin kein Rechtsgut für alle Menschen.[35]

Daher werden im Folgenden ausschließlich die neuzeitlichen Ansätze zur Bestimmung des Verhältnisses von Freiheit und Sicherheit erläutert. Der staatsphilosophische Spannungsbogen wird dabei chronologisch von Thomas Hobbes bis zu Immanuel Kant gezogen[36], deren Ausführungen zur Rechtsphilosophie und der Staatszwecklehren für das moderne Verständnis von Freiheit und Sicherheit elementar sind.[37] Im Rahmen dieser Untersuchung werden verschiedene Ansätze bezüglich der Bedeutung von Freiheit sowie von Sicherheit in einer öffentlichen Ordnung erörtert. Die Auswahl der unterschiedlichen rechtlichen Freiheitskonzeptionen erhebt keinen Anspruch auf Vollständigkeit. Aufgrund der Komplexität der Thematik und der lediglich erklärenden Funktion im Rahmen der Untersuchung des RFSR, ist dieses auch nicht geboten[38]. Vielmehr soll ein Überblick über die divergierenden Ansätze zu Freiheit und Sicherheit gegeben werden, um daraus die für die Untersuchung des RFSR notwenigen Schlüsse und Hintergrundinformationen zu erzielen. Diese Darlegung erfolgt weitgehend chronologisch und legt aufeinander aufbauend die zentralen Strömungen zu dieser Rechtsthematik dar. Es wird jeweils erörtert, ob und inwiefern Freiheit und Sicherheit zusammenhängen, sie sich gegenseitig beeinflussen und wie ihr Verhältnis zu gestalten ist, damit sich beide Güter bestmöglich entfalten können. Dabei wird immer wieder auf das Recht als drittes und vermittelndes Element der öffentlichen Ordnung Bezug genommen.

---

33 Die Stoiker entwickelten ein weitreichendes Verständnis von Freiheit, welches allerdings nicht staatsrechtlich bzw. öffentlich-rechtlich, sondern philosophisch und auf den Einzelnen bezogen war.

34 Hier ist vor allem auf Platons „Politeia" und Aristoteles „Politika" zu verweisen, Schwacke/Schmidt, S. 32 f.; Pawlas, S. 16. Hobbes, Über die Freiheit, S. 11 m.w.N.

35 Auch im Mittelalter kam einem Großteil der Menschen als Sklave oder Leibeigener im Gegensatz zur adeligen Oberschicht kein Freiheitsrecht zu Zentrales Dokument hiervon ist die Magna Charta Libertatum, die am 15.06.1215 als feudale Rechtsverbriefung des Königs an den Adel erlassen wurde.

36 Voigt, Sicherheit versus Freiheit, S. 1.

37 Schwarz, Die Dogmatik der Grundrechte – Schutz und Abwehr im freiheitssichernden Staat, S. 35; Dobin, Migration und Schutz der inneren Sicherheit: rechtliche Fragen der Bekämpfung des islamistischen Terrorismus, S. 37 ff.

38 Ausführlicher siehe Birtsch, S. 1 ff.

I. Thomas Hobbes

Der Staatstheoretiker Thomas Hobbes (1588–1679) bediente sich der juridischen Konstruktion eines Naturzustandes[39], in der die Menschen vor der Vergesellschaftung absolut frei lebten.[40] Freiheit im Naturzustand begriff Hobbes als die ursprüngliche Freiheit im Sinne der Abwesenheit äußerer Hindernisse[41] und somit als ein Recht auf alles.[42] Aufgrund der negativen Charakteristika der Menschen[43], führt die im Naturzustand gegebene Freiheit zusammen mit dem Fehlen einer Machtinstanz[44] nach Hobbes zu einen *„bellum omnium contra omnes“*.[45] Infolgedessen hat das Individuum zwar sein natürliches Freiheitsrecht ohne Einschränkungen im Naturzustand inne, dieses ist jedoch aufgrund der mangelnden Sicherheit von geringem Nutzen.[46]

Nach Hobbes Argumentation gelangen die Menschen aus dieser Unsicherheit, indem sie sich im Interesse der Selbsterhaltung allein durch die Vernunft leiten ließen und frei einen (gedanklich strukturierten) Gesellschaftsvertrag schlossen und so ein Gemeinwesen gründeten.[47] Dieses beinhaltet den Verzicht auf die bisherige uneingeschränkte Freiheit und deren unwiderrufliche Übertragung auf einen Souverän wie z.B. den Staat[48], den Hobbes „Leviathan“ nannte.[49] Der den Naturzustand

---

39 D.h. die hypothetische Annahme eines Zustandes, in dem des keine objektiv gültige Unterscheidung zwischen Unrecht und Recht, Mein und Dein etc. gibt, da von der Existenz staatlicher Strukturen als rechtsetzende bzw. -durchsetzende Instand abstrahiert wird. Vgl. Asbach, S. 203 ff.

40 Hobbes, Vom Bürger, S. 82 f; Hobbes, Leviathan, S. 102, Kap. 13.

41 Hobbes, Leviathan, S. 107, Kap. 14.

42 Hobbes, Leviathan, S. 108, Kap. 14; Hobbes, Vom Bürger, S. 83, 124; vgl. Zerb, S. 22, 40; Hobbes, Leviathan, S. 107, Kap. 14.

43 Hobbes, Vom Bürger, S. 76 ff.

44 Hobbes, Leviathan, S. 104 ff. Kap. 13.

45 Hobbes, Leviathan, S. 108, Kap. 14; Zerb, S. 18; Hobbes, Vom Bürger, S. 83 f., Hobbes, Vom Bürger, S. 83f, 124; vgl. Hobbes, Leviathan, S. 103, Kap. 13; 108 f., Kap. 14, Hobbes, Vom Bürger, S. 81 f.

46 Hobbes, Vom Bürger, S. 83.

47 Zerb, S. 21; 31 ff. Hobbes, Leviathan, S. 108, Kap. 14 ff.; 144 f., Kap. 17, 146 ff., Kap. 18; Hobbes, Vom Bürger, S. 85, 130.

48 Hobbes, Vom Bürger, S. 87 ff.; 128 ff.; Hobbes, Leviathan, S. 146 ff., Kap. 18.

49 Siehe Hobbes, Leviathan, S. 145, Kap. 17. Hobbes, Leviathan, S. 145 f., Kap. 17; Zerb, S. 36; Hobbes, Vom Bürger, S. 128. Daher geht Hobbes von einer sehr einseitigen und omnipotenten Machtstellung des Staates (absolutem Staat) aus, in der dieser über den Gesetzen steht, nicht vor Gericht gebracht werden kann, zugleich Judikative, Exekutive und Legislative verkörpert und die Meinungsäußerung kontrolliert, Hobbes, Leviathan, S. 146–156, Kap. 18; 224, Kap. 26; Hobbes, Vom Bürger, S. 140 ff. Kersting, S. 61. Da der Staat seinen eigenen praktischen Geltungsgrund selbst schafft (die Sicherungsaufgabe) und aufrechterhalten muss, indem er dessen Einhaltung erzwingt, liegt es in der Konstruktion des Systems, dass der Staat aufgrund seines Selbsterhaltungsdrangs und der latenten Opposition einiger Bürger, welche Hobbes

überwindende Staat hat, im Gegenzug für die Übertragung des Freiheitsrechts, in Form des Gewaltmonopols die Pflicht für die Sicherheit und die verbleibende relative Freiheit der Bürger zu sorgen, wofür er unbeschränkte Souveränität genießt.[50] Nach Hobbes haben die Bürger daher nur die Wahl zwischen dem andauernden Krieg des Naturzustandes oder der Friedensordnung eines totalitären Staates.[51] Nach dem absolutistischen Staatsdenken bei Hobbes ist Sicherheit mithin der Staatszweck und nicht das Freiheitsrecht.[52] Infolgedessen sind auch nur solche Freiheitseinschränkungen des Staates legitimiert, die der Sicherheit dienen. Es lässt sich also festhalten, dass bei Hobbe Sicherheitsaspekt eindeutig überwiegt.[53] Die theoretisch abzuleitende Grenze freiheitseinschränkender Sicherheitsmaßnahmen des Staates ist nach Hobbes zudem relativ, da er den Sicherheitsbelang sehr großzügig auslegte (was für den Souverän gut ist, ist auch für das Volk gut).

Dabei konstatierte Hobbes allerdings, dass das Staatsziel Sicherheit nur durch das Erlassen „guter Gesetze“ erreicht werden könne.[54] Gut ist ein Gesetz nach Hobbes, wenn es notwendig[55] ist sowie vom Volk als sein eigenes anerkannt werden kann.[56] Aus heutiger Sicht lässt sich somit sagen, dass es der Kommunikation und der Rückkoppelung mit den Bürgern bedarf, um Freiheit und Sicherheit in der Gesellschaft zu etablieren. Die den Individuen verbliebene Freiheit nennt Hobbes die Freiheit der Untertanen (*the liberty of subjects*)[57] und sieht hierin die wahre Freiheit[58], da den Menschen Rechte verliehen werden, welche ihr Korrelat in der Verpflichtung haben.[59] Diese verbleibende Freiheit und die gewonnene Sicherheit sind nach Hobbes sodann die wesentlichen Elemente der öffentlich-rechtlichen

---

in der selbstbezogenen Natur des menschlichen Strebens begründet sieht, dazu tendiert die (verbliebene) Freiheit der Bürger einzugrenzen, Zerb, S. 43; Kersting, S. 61. Nach Hobbes ist der Abschluss des Gesellschaftsvertrags aufgrund der omnipotenten Stellung des Souveräns die erste und letzte politische Handlung der Bürger, vgl. Hager, S. 58–68.

50 Hobbes, Vom Bürger, S. 129, 132, 133; Hobbes, Leviathan, S. 141, 144 ff., Kap. 17.

51 Riescher, S. 15.

52 Thiel, S. 145; Bielefeldt, Freiheit und Sicherheit im demokratischen Rechtsstaat, S. 8; Hobbes, Leviathan, S. 141, Kap. 17.

53 Hobbes, Leviathan, S. 283, Kap. 30; ebenso S. 10 f., Kap. 14; 187, Kap. 21; Hobbes, Vom Bürger, S. 133, 205 ff.

54 Habermas, S. 53–128.

55 Hobbes, Leviathan, S. 295, Kap. 30.

56 Hobbes, Leviathan, S. 294, Kap. 30. Auch hier ist aus heutiger Sicht zu interpretieren und zu berücksichtigen, dass für Hobbes der Sicherheitsbelang sehr großzügig auszulegen war und damit für das Volk gut war, was für den Souverän gut ist.

57 Hobbes, Leviathan, S. 177 ff., Kap. 20. Siehe Hobbes, Leviathan, S. 180, Kap. 21.

58 Hobbes, Leviathan, S. 183, Kap. 21.

59 Hobbes, Leviathan, S. 183, Kap. 21; Hobbes, Vom Bürger, S. 75, 81; Hager, S. 55, Hobbes, Leviathan, S. 179, 186, Kap. 21; vgl. Hobbes, Vom Bürger, S. 214.

Ordnung, die der Staat aufgrund des zugesprochenen Gewaltmonopols zu gewährleisten hat.

Hobbes sieht demnach das Verhältnis von Freiheit und Sicherheit zur staatlichen Entwicklung als ein Konzentrationsprozess von Macht auf einen Souverän aus Rationalität mit dem obersten Ziel der Sicherheit.[60] Dabei stehen unbeschränkte Freiheit und Sicherheit nach Hobbes in einer negativen Korrelation zueinander – dass ein Gut ohne Einschränkung des anderen Gutes nicht zu realisieren ist. Hobbes hat damit erstmals systematisch das Verhältnis von Freiheit und Sicherheit erörtert. Die Vorstellung eines materiellen Rechtsstaates mit originären Grundrechten und einer durch sie gebunden Staatsgewalt findet bei Hobbes hingegen keinen Platz.[61] Gleichwohl stellt die Entwicklung der Gesellschaftsvertragstheorie von Hobbes einen unverzichtbaren Schritt für das moderne Verständnis von Freiheit und Sicherheit dar.[62] Die Erkenntnis der Lehre von Hobbes liegt darin, dass die Legimitation respektive Autorität der öffentlichen Ordnung nicht natur- oder gottgegeben ist, sondern von Menschen konzipiert wird. Seine Rechtfertigungsmethode ist damit modern sowie reflexiv und sein Element des Gesellschaftsvertrages ist bis heute die Basis der meisten Staatstheorien.[63]

Aufgrund der staatlichen Souveränität ist auf internationaler Ebene die friedensermöglichende Strategie der Entäußerung aller Freiheitsrechte zugunsten von Sicherheit nach Hobbes Verständnis mangels einer allgemeinen recht setzenden sowie -durchsetzenden Instanz nicht wiederholbar.[64] Die omnipotenten Leviathane (Staaten) verbleiben so ewig untereinander im Naturzustand, dessen Unerträglichkeit allein durch eine multilaterale Abschreckungsbalance erträglich ist.[65] In Bezug auf den Rechtsstaat aus heutiger Sicht ließe sich die Theorie von Hobbes jedoch auf die EU mit ihren souveränen Mitgliedstaaten übertragen, da diese in dem Verbund der EU ihre Souveränität behalten und zudem der Abschreckungssystematik mangels gegenseitiger Feindseligkeiten nicht mehr bedürfen. Ein europäischer Leviathan mit souveränen Mitgliedsstaaten als gleichberechtigte Ordnungsfaktoren könnte demnach eine denkbare Lösung nach Hobbes gewesen sein.[66] Betrachtet man die europäische Entwicklung im Sinne Hobbes aus diesem erweiterten Blickwinkel, veranlasst wiederum die Vernunft die Menschen dazu sich mittels

---

60 Pawlas, S. 49.

61 Schwarz, Die Dogmatik der Grundrechte – Schutz und Abwehr im freiheitssichernden Staat, S. 36.

62 Brugger, Freiheit und Sicherheit: eine staatstheoretische Skizze mit praktischen Beispielen, S. 21.

63 Schwetzel, Freiheit, Sicherheit, Terror: das Verhältnis von Freiheit und Sicherheit nach dem 11. September 2001 auf verfassungsrechtlicher und einfachgesetzlicher Ebene, S. 7.

64 Hobbes, Leviathan, S. 284 f., Kap. 30; Hobbes, Vom Bürger, S. 207; Kersting, S. 62; Asbach, S. 204.

65 Hobbes, Vom Bürger, S. 207 f.

66 Vgl. Beutler, Paradigm lost, S. 141.

eines weiteren Gesellschaftsvertrages zu einem europäischen Bund in Form der EU zusammenzuschließen. Dieses bedingt die Abgabe von Freiheitsrechten, welche nach Hobbes jedoch nur legitimiert ist, wenn dadurch eine EU-weite Sicherheit etabliert wird, die es den Menschen ermöglicht ihr Freiheitsrecht umfassender wahrzunehmen.

II. Samuel von Pufendorf

Der Völker- und Naturrechtslehrer Samuel von Pufendorf (1632–1694)[67] geht ebenfalls von einem Naturzustand aus, der durch das Freiheitsrecht des Einzelnen (*libertas naturalis*) gekennzeichnet ist.[68] Das Freiheitsrecht beinhaltet nach Pufendorf das Recht, bei der Wahl der zur Selbsterhaltung nötigen Mittel dem eigenen Urteil und Willensentschluss zu folgen.[69] Im Gegensatz zu Hobbes bedeutet das natürliche Freiheitsrecht nach Pufendorf jedoch kein umfassendes Recht auf alles, sondern wird von vorneherein durch die natürlichen Pflichten eingeschränkt und dadurch als ein mit den Freiheiten anderer übereinstimmendes Rechtsvermögen (*potestas*) verstanden.[70]

Aus diesem Grunde sieht Pufendorf den Naturzustand auch nicht als einen Krieg aller gegen alle, sondern als Zustand des Friedens.[71] Dennoch sind die Menschen im Naturzustand nach Pufendorf wie bei Hobbes gekennzeichnet durch physische sowie moralische Schwächen, die die Menschen zu Unordnung und Zwietracht disponieren.[72] Aufgrund dieser Mängelnatur ist der vorstaatliche Zustand fortwährend durch Rechtsverletzungen bedroht. Primär zur Erlangung von Sicherheit verlassen die Menschen daher den Naturzustand, indem sie ihr natürliches Freiheitsrecht aufgeben und ihre Willen in Form eines Vertrages vereinigen.[73]

Der Gesellschaftsvertrag ist für Pufendorf demnach ebenfalls das Medium, durch welches die Menschen den Gefahren des Naturzustandes entgehen und den Übergang von dem Natur- in den Zivilzustand mit einer souveränen Gewalt vollziehen.[74] Der Zweck des Staates besteht nach Pufendorf in der Gewährleistung von

---

67 Pufendorf wurde am 8. Januar 1632 in Dorfchemnitz, Kursachsen geboren und starb am 26. Oktober 1694 in Berlin.

68 Behme, S. 55; Pufendorf, S. 340, Buch III, Kap. 2, § 8 ff.

69 Pufendorf, S. 154, Buch II, Kap. 2, § 3 ff.

70 Pufendorf, S. 172, Buch II, Kap. 2, § 9 ff.

71 Pufendorf, S. 1292, Buch VIII, Kap. 6, § 2; vgl. Behme, S. 53; Grunert, S. 163.

72 Pufendorf, S. 149, Buch II, Kap. 1, §§ 6–8; 205, Buch II, Kap. 3, § 14 f.

73 Grunert, S. 163; Pufendorf, S. 205, Buch II, Kap. 3, § 14; 959, Buch VII, Kap. 1, § 7 f.; 967, Buch VII, Kap. 2, § 1 ff. Behme, S. 58. Jedoch nicht aus natürlichem Trieb, sondern aus der Notwendigkeit größeres Übel zu vermeiden.

74 Pufendorf, S. 967, Buch VII, Kap. 2, § 1 ff.; Hartung, S. 46. Pufendorf geht dabei im Gegensatz zu Hobbes von einem dreistufigen Vertragsgerüst aus und folgt in wesentlichen Zügen der Vertragslehre Grotius, vgl. Pufendorf, S. 967, Buch VII, Kap. 2, § 7 f.; Behme, S. 59 ff.; Grunert, S. 164.

Frieden und Sicherheit (*pax et securitas*).[75] Die Begrenzung der Staatsgewalt und der Umfang des Freiheitsrechts liegen bei Pufendorf jedoch ebenfalls weitgehend im Belieben der souveränen Gewalt.[76] Ein Ansatz in Pufendorfs Theorie, die staatlichen Maßnahmen zu begrenzen und das Freiheitsrecht zu ermöglichen, ist die Bindung des Souveräns an den Staatszweck der Gewährleistung von Frieden und Sicherheit.[77] Zu diesem Ziel bedarf es nach Pufendorf auch des Miteinanders der verschiedenen Staaten, da diese aufeinander angewiesen sind, um international Frieden zu erreichen. Daher verlangt Pufendorf die Vergesellschaftung (*socialitas*) auf internationaler Ebene, um umfassende Sicherheit zu gewährleisten und Streitigkeiten friedlich beizulegen.[78] Damit entspricht die Idee der EU, und insbesondere dessen RFSR, den Ansätzen Pufendorfs Konzeption.

III. John Locke

Der Philosoph und Vertragstheoretiker John Locke (1632–1704) bezieht sich gleichfalls auf den Naturzustand vollkommener Freiheit[79] und sieht Freiheit somit ebenso als ein Naturrecht an. Jedoch ist dessen Stellung in dem Naturzustand und in der Konstruktion der Vergesellschaftung eine andere: Das natürliche Freiheitsrecht beinhaltet nach Locke nicht das schrankenlose Recht auf alles wie bei Hobbes, sondern das Recht keiner anderen Einschränkung, als den Naturgesetzen unterworfen zu sein.[80] Diese Naturgesetze berechtigen und verpflichten die Menschen nach Locke zur allgemeinen Selbsterhaltung[81], sodass das Recht auf Freiheit kein Zustand der Zügellosigkeit[82] ist und nur die Anerkenntnis der Allgemeinheit der Freiheit vor dem Kriegszustand bewahrt. Solange die Gesetze der Natur eingehalten werden, ist bei Locke der Naturzustand ein Zustand des Friedens und damit im Gegensatz zu Hobbes scharf von dem Kriegszustand abgetrennt.[83] Im Kriegszustand als Zustand der gegenseitigen Vernichtung[84], ist jeder sein eigener Richter, sodass hier nach Locke das natürliche Freiheitsrecht immer gefährdet ist und damit auch der Frieden, denn Freiheit „bedeutet die Grundlage alles übrigen".[85]

---

75 Pufendorf, S. 1131, Buch VIII, Kap. 1, § 1 ff.; Behme, S. 56, 59, 60.

76 Pufendorf, S. 1018, Buch VII, Kap. 4, § 12; Behme, S. 62. Pufendorf und seine Zeitgenossen gaben dieser Restfreiheit nicht einmal einen eigen Begriff, erst in der Staatstheorie des 18. Jhd. etablierte sich für die Restfreiheit der Terminus „libertas civilis", vgl. Behme, S. 62 f.

77 Pufendorf, S. 1077, Buch VII, Kap. 6, § 13 f.

78 Pufendorf, S. 1254, Buch VIII, Kap. 4, § 21 ff.; 207, Buch II, Kap. 3, § 15 ff.

79 Locke, S. 201, II, Kap. 2, Par. 4.

80 Locke, S. 214, II, Kap. 4, Par. 22.

81 Es sei denn, es wird ein Verbrechen gesühnt. Locke, S. 203, II Kap. 2, Par. 6.

82 Locke, S. 203, II Kap. 2, Par. 6.

83 Locke, S. 211, II, Kap. 3, Par. 19.

84 A.a.O.

85 Locke, S. 210, II, Kap. 3, Par. 17.

Als Motiv für den Abschluss eines gegenseitigen Gesellschaftsvertrags und das dadurch bedingte Verlassen des Naturzustandes, benennt Locke daher zum einen die wirkungsvollere Durchsetzung der Naturgesetze durch einen Souverän und damit die Verhinderung des Kriegszustandes.[86] Bei der Übertragung des Gewaltmonopols durch die Vergesellschaftung bleibt das Naturgesetz der Freiheit bestehen, da die Friedenssicherung zum Erhalt der Freiheit gerade der Zweck des Staates ist.[87] Insoweit geht daher auch Locke von einem Gesellschaftsvertrag aus.[88] Die Menschen schließen diesen jedoch um ihre natürliche Freiheit zu bewahren und nicht um ihre unbeschränkte Freiheit gegen die Erlangung von Sicherheit einzutauschen.[89] Insofern ist das natürliche Freiheitsrecht des Menschen nach Locke erst in der Gesellschaft vollumfänglich gegeben, da das Souverän hier gewährleistet, dass der individuelle Willen allein von den Naturgesetzen eingeschränkt wird.[90]

Aus dieser Anschauung und insbesondere der jedem Menschen übergeordneten Judikative, folgert Locke im Gegensatz zu Hobbes, die Unvereinbarkeit von bürgerlicher Gesellschaft und absoluter Herrschaft.[91] Locke sieht zudem die Gefahr des Machtmissbrauchs durch den absoluten Herrscher des Hobbs'schen Sicherheitsstaats und setzt daher die Freiheitsrechte als Grenzen der Staatsgewalt, um Sicherheit nicht nur durch, sondern auch vor dem Staat zu etablieren.[92] Locke unterwirft dabei das staatliche Gewaltmonopol von vornherein der Zweckbindung an die Sicherung grundlegender vorstaatlicher Freiheitsrechte, die nicht zur Disposition des Staates stehen. Nur in dem Maße, in dem staatlicher Zwang diese Funktion erfüllt, kann er nach Locke Legitimität beanspruchen.[93] Damit ist der Souverän zum Schutz des Freiheitsrechts verpflichtet, was Locke durch ein gewaltenteiliges Konzept der staatlichen Gewalt absichert, da er den Staat nicht nur als

86 Locke, S. 212 f., II, Kap. 3, Par. 21; Locke, S. 253, II, Kap. 7, Par. 87.

87 Locke, S. 213, II, Kap. 4, Par. 22; 255, II, Kap. 7, Par. 90; Locke, S. 278, II, Kap. 9, Par. 123.; 212 ff., Kap. 5, Par. 26–28, 35.

88 Locke bezeichnet den Staat, welcher durch den Gesellschaftvertrag entsteht, wie Hobbes als Leviathan. Wird der Leviathan noch von allen Individuen gegründet, bildet sich dessen Wille allein aus der Mehrheit. Den Grund, dass kein prinzipieller Bruch zwischen dem Willen der Einzelnen und dem der Gemeinschaft des Leviathans auftritt, sieht Locke in dem homogenen Interesse aller nach Selbsterhaltung, Locke, S. 261 ff., II, Kap. 8, Par. 98.

89 Locke, S. 281, II, Kap. 9, Par. 131. Vgl. Zerb, S. 65 ff.

90 Locke, S. 213, II, Kap. 4, Par. 22. Vgl. Zerb, S. 45.

91 Locke, S. 255, II, Kap. 7, Par. 90.

92 Dobin, Migration und Schutz der inneren Sicherheit: rechtliche Fragen der Bekämpfung des islamistischen Terrorismus, S. 37 ff.

93 Bielefeldt, Freiheit und Sicherheit im demokratischen Rechtsstaat, S. 8.

Garant für Freiheit, sondern auch als dessen Bedrohung erkennt und somit auch das Bedürfnis nach Sicherheit vor der öffentlichen Ordnung sieht.[94]

Locke konstatiert damit als einer der ersten Staatsdenker die Vorstellung unveräußerlicher Freiheitsrechte (Leben, Freiheit, Besitz), die in seiner liberalen Staatstheorie dem staatsgründenden Gesellschaftsvertrag verbindlich vorgegeben sind. So ebnet Locke der Anerkennung unveräußerlicher Menschenrechte den Weg, die später in der amerikanischen Unabhängigkeitserklärung das Zeitalter der demokratischen Revolutionen eingeläutet haben.[95] Nach Locke sind Freiheit und Sicherheit gleichberechtigte Paradigmen und essentialia negotii der modernen öffentlichen Ordnung.[96] Dabei formuliert Locke die Gewährleistung von Freiheit und Sicherheit als Maßstäbe sowie Grenzen staatlichen Handelns und nicht allein als dessen Legitimation. Freiheitseinschränkende Sicherheitsmaßnahmen des Staates sind daher nicht um ihrer selbst willen legitimiert, sondern nur insoweit dadurch das Freiheitsrecht der Einzelnen gesichert wird.[97] Ausgangspunkt des Verhältnisses von Freiheit und Sicherheit ist bei Locke danach die Freiheit. Somit erweitert Locke die Sicherheitsgewährleistung des Staates nach Hobbes durch eine Freiheitsgewährleistung.[98]

IV. Charles de Secondat Montesquieu

Auch der Staatstheoretiker Charles de Secondat Montesquieu (1689–1755) geht von einem Naturzustand aus, der dem von Locke ähnelt und dem von Hobbes vehement entgegentritt. In dem Naturzustand nach Montesquieu leben die Menschen zunächst friedlich und somit frei.[99] Die Idee der Unterdrückung anderer kommt in den Individuen nach Montesquieu erst durch den Schutz auf, den ihnen die Gemeinschaft gibt, welche die Menschen aus dem natürlichen Drang nach Gesellschaft gründeten.[100] Mit dem Eintritt in die Gesellschaft erfolgt nach Montesquieu daher zugleich der Eintritt in den Kriegszustand und die ständige Bedrohung des Freiheitsrechtes.[101] Diesen Kriegszustand beschreibt Montesquieu nicht nur als innerhalb einer Gesellschaft gegeben, sondern auch zwischen diesen.[102]

---

94 Schwetzel, Freiheit, Sicherheit, Terror: das Verhältnis von Freiheit und Sicherheit nach dem 11. September 2001 auf verfassungsrechtlicher und einfachgesetzlicher Ebene, S. 5.

95 Bielefeldt, Freiheit und Sicherheit im demokratischen Rechtsstaat, S. 7.

96 Schwetzel, Freiheit, Sicherheit, Terror: das Verhältnis von Freiheit und Sicherheit nach dem 11. September 2001 auf verfassungsrechtlicher und einfachgesetzlicher Ebene, S. 7.

97 Schwarz, Die Dogmatik der Grundrechte – Schutz und Abwehr im freiheitssichernden Staat, S. 36.

98 Calliess, Die Europäisierung der Staatsaufgabe Sicherheit unter den Rahmenbedingungen des freiheitlichen Rechtsstaats, S. 100. Siehe auch Calliess, S. 764.

99 Montesquieu, S. 13, Buch 1, Kap. 2.

100 Montesquieu, S. 13, Buch 1, Kap. 2.

101 Montesquieu, S. 14, Buch 1, Kap. 3.

102 A.a.O.

Einen Ausweg aus diesem Zustand bietet nach Montesquieu erst die Vergesellschaftung, da Freiheit das Recht ist, alles zu tun, was die Gesetze erlauben[103], sodass es ohne Einschränkungen durch die Gesetze keine Freiheit gibt.[104] Dabei bedeutet diese Freiheit nicht, „daß man machen kann, was man will, sondern daß man zu tun vermag, was man wollen soll".[105] Montesquieu unterscheidet dabei zwischen zwei Freiheitsrechten: zum einen dem natürlichen Freiheitsrecht, welches jedem aufgrund seines Menschseins zukommt und zum anderen die Freiheit, welche jedem im Verhältnis zu anderen, zur Gesellschaft, zugebilligt werden muss. Das Freiheitsrecht des Einzelnen endet mithin dort, wo das des anderen beginnt, denn Freiheit lebt von der Achtung der Würde anderer. „Wollen sollen" wie Montesquieu formuliert, meint also ein Freiheitsrecht, das in gemeinsamer Übereinkunft mit anderen entsteht und so zugleich auch Sicherheit gewinnt.[106] Sicherheit versteht Montesquieu daher zuvorderst als Garant der Freiheit[107], welche zudem durch die Gewaltenteilung unterstützt wird.[108]

Somit sind Freiheit und Sicherheit nach Montesquieu Paradigmen öffentlichrechtlicher Ordnung, die gewährleistet sein müssen, wobei Sicherheit allein der Wahrnehmung der Freiheit der Menschen dient. Mithin ist das Maß der rechtlich zulässigen Freiheitsbeschränkung anhand von Sicherheitsmaßnahmen durch deren Notwendigkeit für den Erhalt des Freiheitsrechts gesetzt. Staatliche Entwicklungen sind demnach danach auszurichten, dass Sicherheitsaspekte allein an der Mehrung bzw. Aufrechterhaltung der Freiheit der Bürger ausgerichtet sein dürfen. Freiheit und Sicherheit stehen damit in einem Verhältnis zueinander, in dem Freiheit die Sicherheit voraussetzt, diese jedoch nicht unbedingt negativ korreliert. Neben dem von Montesquieu so vertretenen Verhältnis von Sicherheit und Freiheit, ist seine Erkenntnis bemerkenswert, dass es zur Gewährleistung von Freiheit nicht genügt das genannte Verhältnis rechtlich festzulegen[109], sondern dieses auch in der Beziehung zum Bürger sichtbar gemacht werden muss.[110]

V. Jean-Jacques Rousseau

Nach dem Staatstheoretiker Jean-Jacques Rousseau (1712–1778) sind die Menschen im Naturzustand frei geboren und lebten mit friedlichen Anlagen.[111] Unter der natürlichen Freiheit versteht Rousseau ein unbegrenztes Recht auf alles.[112]

---

103 Montesquieu, S. 213, Buch 11, Kap. 3.
104 Montesquieu, S. 213, Buch 11, Kap. 3.
105 Montesquieu, S. 213, Buch 11, Kap. 3.
106 Siehe auch Albrecht, S. 25.
107 Montesquieu, S. 215, Buch 11, Kap. 6.
108 Montesquieu, S. 215, Buch 11, Kap. 6.
109 Montesquieu, S. 257, Buch 12, Kap. 1.
110 Montesquieu, S. 257, Buch 12, Kap. 1.
111 Rousseau, S. 6, Buch 1, Kap. 2; 11 ff., Buch 1, Kap. 4; Pawlas, S. 69.
112 Rousseau, S. 22, Buch 1, Kap. 8.

Allerdings ist der Naturzustand nach Rousseau kein Rechtszustand, sodass er auch ein natürliches Recht ablehnt (nicht aber natürliche Normen).[113] Äußere Zwänge initiieren nach Rousseau eine zunehmende Vergesellschaftung der Menschen, welche durch diesen Zusammenschluss dem Einfluss der Natur entzogen werden[114] und so an die Stelle des Instinktes in dem Naturzustand, die Pflicht respektive das Recht in der Gesellschaft treten.[115] Rousseau zufolge schließen sich demnach Natur und staatsbürgerliche Gesellschaft gegenseitig aus, sie stehen sich stattdessen gegenüber.[116] In beiden Zuständen lebt nicht wie bei Hobbes und Locke der gleiche Mensch, der vom Naturzustand in den staatlichen Zustand versetzt wird, sondern ein durch die Gesellschaft veränderter Mensch.

Die Gesellschaft bringt den Menschen nach Rousseau nichts Gutes, sondern führt in die Verderbnis der zivilisierten Welt: „Der Mensch wird frei geboren, und überall liegt er in Ketten".[117] Somit erkennt Rousseau das Gefährdungspotential staatlicher Macht[118] und sieht einen Ausweg in dem Gesellschaftsvertrag, der an dem verlorenen Naturzustand orientiert ist und in dem jeder „indem er sich mit allen vereinigt, nur sich selbst gehorcht und genauso frei bleibt wie zuvor."[119] Der Mensch muss sich somit auf sein Dasein in dem Naturzustand zurückbesinnen, von dem negativen Individualismus abschwören und sich zu einem Gesamtwillen (*volonte generale*) vereinigen.[120] Durch den Gesellschaftsvertrag übertragen damit die Menschen ihre Freiheitsrechte an den Staat als Souverän.[121] Dieser soll die verlorene natürliche Freiheit auf einer höheren Stufe als eine durch den Gemeinwillen begrenzte natürliche Freiheit („bürgerliche Freiheit"[122]) in der rechtlichen Gesellschaft wiederherstellen.[123] Zweck des Staates nach Rousseau ist folglich die Sicherung der Freiheit des Einzelnen.

Damit ist die Beschränkung des Freiheitsrechts des Einzelnen durch den Gemeinwillen (in Form der Gesetze) nur legitimiert, wenn es der Gesellschaft dient, d.h. ihrem Zweck der Freiheitserhaltung.[124] Das Freiheitsrecht ist somit Grundlage sowie Bedingung von Rechtlichkeit und zudem die leitende Norm der

113 Rousseau, S. 9 ff., Buch 1, Kap. 3 und 4; S. 43 ff., Buch 2, Kap. 7; Zerb, S. 78.
114 Rousseau, S. 16 ff., Buch 1, Kap. 6. Rousseau, S. 22, Buch 1, Kap. 8.
115 Rousseau, S. 22 ff., Buch 1, Kap. 8.
116 Rousseau, S. 22, Buch 1, Kap. 8.
117 Rousseau, S. 1, Buch 1, Kap. 1.
118 Schwarz, Die Dogmatik der Grundrechte – Schutz und Abwehr im freiheitssichernden Staat, S. 37.
119 Rousseau, S. 17 ff., Buch 1, Kap. 6.
120 Rousseau, S. 21, Buch 1, Kap. 7.; 27, Buch 2, Kap. 1; Rousseau, S. 18, Buch 1, Kap. 6.
121 Rousseau, S. 17 und 19, Buch 1, Kap. 6.
122 Rousseau, S. 22, Buch 1, Kap. 8.
123 Rousseau, S. 22, Buch 1, Kap. 8.
124 Rousseau, S. 17 ff., Buch 1, Kap. 6 und 7; 35, Buch 2, Kap. 2 und 4. Zerb, S. 86–87. Rousseau, S. 33, Buch 2, Kap. 4 (allerdings entscheidet nach Rousseau das Souverän darüber, was bedeutend ist).

Gesetzgebung.[125] Eine rechtmäßige Gesellschaft ist nach Rousseau daher erst dann gegeben, wenn ihre Normen durch eine direkte Beteiligung der Einzelnen am Souverän Gegenstand des Denkens und des Handelns der Menschen geworden sind.[126] Somit ist das demokratische Prinzip in der Staatstheorie von Rousseau verankert.[127] Die Relevanz der Teilhabe der Bürger an dem Souverän in Form der Teilnahme (sei es auch nur mittelbar), ist nach Rousseau auch dadurch aufgezeigt, dass das öffentliche Freiheitsrecht des Einzelnen[128] trotz Einsicht in die Gesetze ins Gleichgültige gerückt wird, wenn der Bürger nur passiver Konsument ist, dem die öffentliche Meinung als eine Vorprägung von Orientierungen und Perspektiven erscheint, auf die er keinen Einfluss mehr ausüben kann.[129] Eine solche Entwicklung sieht Rousseau auch deswegen als gefährlich für das Freiheitsrecht an, da sie den Willen zur Freiheit eindämmt und den Menschen nichts mehr bedeutet, da sie in ihrem Leben keine Relevanz mehr hat.[130] Gegen eine solche Entwertung der Freiheit soll der Gesellschaftsvertrag daher die menschlichen Grundeigenschaften nicht begrenzen und aufgeben, sondern als Grundrechte bewahren und verteidigen.

Rousseau hat seine Auffassung zu den internationalen Beziehungen lediglich implizit, aber selbst nie konkret dargelegt, obwohl er die Notwendigkeit hierfür sah.[131] Aus Rousseaus Konzeption des Kriegszustands, der allein zwischen den (durch den Gesellschaftsvertrag geschaffenen) Staaten und nicht den Menschen besteht, ergibt sich, dass Außenpolitik in Form des Völkerrechts integraler Bestandteil der Auseinandersetzung mit der innerstaatlichen Rechtsordnung sein muss. Das Folgeproblem, inwiefern individuelle Freiheit und Sicherheit auf internationaler Ebene gewährleistet werden können, bildet der Hintergrund von Rousseaus Idee über eine europäische Friedensordnung durch eine Konföderation der Völker.[132] Die Aufhebung des Kriegszustandes zwischen den Staaten soll sich anhand der Formulierung eines europäischen Gesellschaftsvertrags vollziehen, durch dessen Bund der (souveränen) Europäischen Staaten eine freie Gesellschaft gewährleistet wird – gesichert durch ein institutionell konstituiertes und garantiertes Gleichgewicht.[133] Rousseau sieht Freiheit sowie Sicherheit folglich nur im Kollektiv gewährleistet. In diesem Sinne hat sich Europa nach Rousseau schon längst auf dem vorpolitischen Bereich (sozial, wirtschaftlich und kulturell) zu einer einheitlichen Gesellschaft entwickelt. Es besteht daher bereits eine „une société

---

125 Rousseau, S. 11, Buch 1, Kap. 4. Zerb, S. 79, 81.
126 Rousseau, S. 27 ff., Buch 2, Kap. 1, 2, 4 und 8. Vgl. Zerb, S. 83.
127 Brugger, Freiheit und Sicherheit: eine staatstheoretische Skizze mit praktischen Beispielen, S. 28.
128 Welches in der Teilhabe am Souverän besteht, siehe oben.
129 Zerb, S. 100.
130 Vgl. Rousseau, S. 11, Buch 1, Kap. 4.
131 Siehe hierzu ausführlich in Asbach, S. 206 f.
132 Asbach, S. 208–211
133 Asbach, S. 215 ff.

réélle" Europas, wenn auch bisher ohne völkerrechtlich geschaffene europäische Institutionen.[134] Diese ist mit der EU nun gegeben.

VI. Immanuel Kant

Auch der Rechtsphilosoph Immanuel Kant (1724–1804) geht von einem angeborenen, jedem Menschen kraft seiner Menschheit innewohnenden, Freiheitsrecht aus.[135] Im ebenfalls von Kant angenommenen Naturzustand, kann sich der Mensch seines ihm angeborenen Freiheitsrechts jedoch nicht sicher sein, da es mangels einer Regelungsinstanz zu konfliktreichen Rechtskontroversen kommt.[136] Kants Äußerungen zu dem Naturzustand variieren im Wesentlichen Hobbes Ansicht von der Rationalität des Misstrauens zwischen den Menschen, das unter den regellosen Bedingungen des Naturzustandes notwendigerweise allgegenwärtig ist und als Bestimmungsgrund menschlichen Verhaltens Elend und Unsicherheit erzeugt.[137] Um das eigene Freiheitsrecht zu behaupten avanciert im Naturzustand der Verdacht zum Rechtsgrund, somit muss jeder „jederzeit in der Kriegsrüstung seyn".[138]

Um diesen Naturzustand zu überwinden, ist die Etablierung eines Staates nach Kant notwendig[139], da die Menschen als vernünftige Wesen a priori verpflichtet sind ihre Verhältnissse zueinander nach Rechtsregeln zu gestalten.[140] Die Notwendigkeit zur Überwindung des Naturzustandes ergibt sich bei Kant somit nicht aus dem Selbsterhaltungsrisiko wie bei Hobbes, sondern daraus, dass ein Verbleiben im Naturzustand rechts- und pflichtwidrig ist.

Es wird bei Kant deutlich, dass mit dem Freiheitsrecht auch Anstrengungen verbunden sind und es gilt von der Freiheit Gebrauch zu machen, da der Einzelne ansonsten mit der sogenannten praktischen Vernunft nicht im Einklang steht.[141] Erst in einem System der öffentlichen Gerechtigkeit, in dem das Freiheitsrecht des Einzelnen durch Gesetze und Gerichte zuverlässig bestimmt sowie gesichert wird, herrscht Rechtssicherheit und damit Freiheit des Einzelnen.[142] Dass diese Sicherheit die partielle Einschränkung des Freiheitsrechtes des Einzelnen erfordert, liegt nach Kant darin begründet, dass niemand ein Recht fordern kann, wenn er „nicht

---

134 Asbach, S. 214.

135 Kant, Rechtslehre, S. 237; Kersting, S. 284. Sie zu den Termini positive und negative Freiheit ausgehend von Kant ausführlich unter Dirk Lüddecke, „Welche Freiheit des Subjekts? Freiheit, Pluralismus und die Grenzen der Begründung", in: Freiheit des Subjekts und Organisation von Herrschaft, Christoph Enders/Johannes Masing (Hrsg.), Beiheft 17 zu „Der Staat", Duncker & Humblot Verlag, Berlin 2006, S. 9–22.

136 Kant, Rechtslehre, S. 312.

137 Kant, Rechtslehre, S. 307 f.

138 Kant, Moralphilosophie, S. 476, R7646.

139 Kant, Rechtslehre, S. 264; Kant, Moralphilosophie, S. 242, R7075.

140 Kant, Rechtslehre, S. 312.

141 Albrecht, S. 26.

142 Kersting, S. 269 f. Vgl. Niederberger, S. 128–152.

dem anderen seine Rechte sichert".[143] Sicherheit dient somit nach Kant der Erhaltung respektive Entfaltung des Freiheitsrechts.[144] Die Ausübung der übertragenen Gewalt durch den neutralen Staat ist daher der jedem Mensch kraft seiner Menschlichkeit zustehenden Freiheit verpflichtet[145] und darf sich nicht gegen die Bürger richten.[146] Die durch den Gesellschaftsvertrag bedingte Statusveränderung berührt nicht den Umfang des Freiheitsrechts, sondern dessen Modalität. Die gesetzlose Freiheit wird zugunsten der sicheren Freiheit unter der Herrschaft gerechter Gesetze aufgegeben.[147] Dafür muss sich die natürliche Freiheit in der rechtlichen Freiheit wiederfinden. Der Staat ist daher nur dann legitimiert, wenn jedes Individuum sich durch seine theoretische Zustimmungsmöglichkeit als Mitbegründer von Recht sowie Staat fühlen kann[148] und die verursachten Freiheitseinschränkungen jeden in gleicher Weise treffen.[149] Das unveräußerliche Freiheitsrecht des Menschen erlaubt nach Kant keine andere Herrschaft als die Herrschaft des dem gemeinschaftlichen Willen aller entstammenden Gesetzes.[150]

Mit Kant ist im Staatsdenken ein Zustand erreicht, der für das Verständnis von Rechtsstaatlichkeit sowie das Verhältnis von Freiheit und Sicherheit in der Moderne grundlegend ist. Vorrangig für die Staatsorganisation ist die Freiheit der Menschen in Form eines angeborenen Freiheitsrechts, woraus folgt, dass Eingriffe begründungspflichtig sind.[151] Kant (wie Locke und Rousseau) fasst das Verhältnis von Freiheit und Sicherheit als Zweck-Mittel-Relation auf. Der Einsatz des staatlichen Gewaltmonopols ist nur dann rechtmäßig, wenn er der „Verhinderung eines Hindernisses der Freiheit" dient.[152] Schärfer noch als bei Locke kommt die Konzentration des Staates auf den Zweck der Freiheitssicherung bei Kant zum Ausdruck, der als Zeitgenosse und kritischer Sympathisant der Französischen Revolution deren politisch-rechtliche Ziele reflektiert. Kant nennt die Freiheit das „einzige, ursprüngliche, jedem Menschen kraft seiner Menschheit zustehende Recht".[153] Im Unterschied zu Locke begründet Kant die Menschenrechte somit nicht mehr unmittelbar religiös, sondern verweist auf die Würde des Menschen als eines sittlichen

143 Kant, Moralphilosophie, S. 559, R 7933.
144 Schwarz, Die Dogmatik der Grundrechte – Schutz und Abwehr im freiheitssichernden Staat, S. 37.
145 Kant, Rechtslehre, S. 237.
146 Albrecht, S. 28.
147 Vgl. Kersting, S. 274.
148 Kant, Rechtslehre, S. 315; ebenso Kant, Abhandlungen, S. 297 f.
149 Kant, Rechtslehre, S. 290; Kersting, S. 276.
150 Kant, Rechtslehre, S. 350; Kant, Vorarbeiten, S. 347.
151 Brugger, Freiheit und Sicherheit: eine staatstheoretische Skizze mit praktischen Beispielen, S. 29.
152 Kant, Die Metaphysik der Sitten, Akademie Ausgabe Bd. VI, S. 231. Bielefeldt, Freiheit und Sicherheit im demokratischen Rechtsstaat, S. 8.
153 Kant, Die Metaphysik der Sitten, Akademie Ausgabe Bd. VI, S. 237.

Verantwortungssubjekts, die in einer konsequenten rechtlichen Freiheitsordnung Anerkennung finden soll.[154]

Das Freiheitsrecht des Einzelnen sieht Kant nicht nur von der inneren Stabilität des Staates abhängig, sondern ebenfalls von der rechtlichen Festigkeit der äußeren Beziehungen des Staates zu anderen Staaten.[155] Erst wenn die Staaten ihr Miteinander durch Rechtsregeln ordnen und sich eine Verfassung geben („*Völkerbund*“[156]), kann es nach Kant einen dauerhaften Frieden und somit Freiheit in Sicherheit geben.[157] Dass die Staaten nach Kant dazu verpflichtet sind eine kollektive Friedens- und Sicherungsgemeinschaft zu bilden, die sich der globalen Verwirklichung des (Freiheits-) Rechts widmet, unterscheidet ihn eklatant von Hobbes. Kant hat (ebenso wie Rousseau) die Folgen der Globalisierung explizit vorausgesehen und die Konzeption des Gesellschaftsvertrags weitergedacht.[158] Die Möglichkeit eines „Weltstaat“ durch einen staatsübergreifenden Gesellschaftsvertrag, schließt Kant jedoch ausdrücklich aus, da er die dadurch bedingte Konzentration von Gewaltmitteln für nicht kontrollierbar erachtet und damit die Freiheit des Einzelnen nicht mehr gewährleistet sieht.[159] Die Konsequenz wäre daher ein zwischenstaatliches institutionelles System mit dem universalen Freiheitsrecht als Richtschnur, was bei Kant jedoch nicht angesprochen wird.[160] Die EU als supranationaler Zusammenschluss souveräner Staaten dürfte Kants Zustimmung finden[161], da deren oberstes Ziel die Vereinigung der Staaten zum Zwecke des Friedens ist und es sich (zumindest bisher) um keinen omnipotenten Weltstaat handelt. Damit jedoch auch in der EU das Freiheitsrecht als Kants Grundvoraussetzung für den Frieden gewährleistet bleibt, steht und fällt die Legitimation der EU mit der Einhaltung des gebotenen Verhältnisses von Freiheit und Sicherheit.

VII. Neuzeitliche Entwicklung

Anhand des zeitlichen Kontextes der obigen Ausführungen lässt sich festhalten, dass die Idee des individuellen Freiheitsrechts, nach der der Kernbereich freiheitlicher Entfaltung des Einzelnen vor staatlichen Zugriff geschützt sein muss,

154 Bielefeldt, Freiheit und Sicherheit im demokratischen Rechtsstaat, S. 7.

155 Kant, Rechtslehre, S. 354 f. In dieser Hinsicht wird auch auf Kants Werk „Zum ewigen Frieden“ verwiesen.

156 Kant, Frieden, Abschnitt 2, 2. Definitivartikel; Asbach, S. 228.

157 Kersting, S. 63.

158 In seinen, hier auch zitierten Hauptwerken, „Metaphysik der Sitten“ und „Zum ewigen Frieden“, vgl. Albrecht, S. 31.

159 Albrecht, S. 32.

160 Siehe auch Beutler, Paradigm lost, S. 142.

161 Auch wenn die EU (noch?) regional begrenzt ist. Im Gegensatz zur UNO ist das Regelwerk der EU jedoch aufgrund der Supranationalität unmittelbarer und einer Verfassung ähnlicher.

ein Produkt der Aufklärung ist.[162] Nach den dargestellten vertragstheoretischen Ansätzen[163] weist das Recht den Ausweg, indem durch die partielle Abgabe des natürlichen Freiheitsrechts an das Gewaltmonopol der öffentlichen Ordnung, die individuelle Freiheit in Sicherheit ausgeübt werden kann. Die Aufgabe der öffentlichen Ordnung liegt daher in dem Schutz des individuellen sowie kollektiven Freiheitsrechts, sodass die öffentliche Macht in diesem Sinne zu begrenzen ist.[164] Die Demokratie hat darauf aufbauend das Freiheitsrecht als elementares Charakteristikum und wird deswegen als vorzugswürdige Staatsform verstanden, weil sie als Garant der Freiheit der in ihr lebenden Bürger auftritt.[165] Ebenso steht im Zentrum der Idee des Rechtsstaats die Anerkennung staatlicher Souveränität zum Schutz der Freiheit des Einzelnen.[166] Das Gewaltmonopol ist dabei ein Mittel des modernen Staats, um Sicherheit zum Ziel des Freiheitserhalts zu wahren, ebenso wie das Prinzip der Gewaltenteilung dem Schutz des Freiheitsrechts dient.[167]

Dieses neue rechtsphilosophische Verständnis von Freiheit als Orientierungsmaßstab jeglicher Sicherheitsmaßnahmen war die Grundlage für die daraufhin entstehenden demokratischen Rechtsstaaten mit öffentlichen Ordnungen, die das individuelle Freiheitsrecht der Bürger durch die Positivierung der Menschenrechte als Grundrechte auf Verfassungsebene rechtlich absicherten.[168] Maßgebend hierbei waren die Virginia Bill of Rights von 1776 und die französische Erklärung der Menschen- und Bürgerrechte von 1789. In Deutschland wurden die Grundrechte insbesondere durch die Frankfurter Nationalversammlung 1848/49 verfassungsrechtlich kurzzeitig eingeführt[169] sowie durch die Weimarer Reichsverfassung von 1919 und letztendlich im Grundgesetz von 1949 verankert. Unter dem Eindruck der Schrecken des Zweiten Weltkriegs fanden die Menschenrechte mit der Gründung der Vereinten Nationen Eingang in das internationale Recht und wurden auf europäischer Ebene 1950 in der Europäischen Menschenrechtskonvention (EMRK)

---

162 Hoffmann-Riem, Freiheit und Sicherheit im Angesicht terroristischer Anschläge, S. 33.

163 Calliess, Die Europäisierung der Staatsaufgabe Sicherheit unter den Rahmenbedingungen des freiheitlichen Rechtsstaats, S. 105.

164 Isensee, Staat und Verfassung, S. 3 ff.

165 Wiegand/Zabel, Der Staat 2011, S. 77.

166 Beutler, Die Werte der Europäischen Union und ihr Wert, S. 641. Siehe auch Böckenförde, Ernst-Wolfgang. *Staat, Gesellschaft, Freiheit. Frankfurt/M. 1976, S. 51 ff. und 60 ff.*

167 Meyer, Im Spannungsfeld von Sicherheit und Freiheit, S. 2; Hoffmann-Riem, Freiheit und Sicherheit im Angesicht terroristischer Anschläge, S. 33 f.

168 Schwetzel, Freiheit, Sicherheit, Terror: das Verhältnis von Freiheit und Sicherheit nach dem 11. September 2001 auf verfassungsrechtlicher und einfachgesetzlicher Ebene, S. 82; Mager, S. 54 f. m.w.N.

169 Schwetzel, Freiheit, Sicherheit, Terror: das Verhältnis von Freiheit und Sicherheit nach dem 11. September 2001 auf verfassungsrechtlicher und einfachgesetzlicher Ebene, S. 83.

manifestiert. Die damit formulierte historische Zäsur, dass das Freiheitsrecht keine exklusive Angelegenheit der einzelnen Staaten sondern der Völkergemeinschaft als ganze ist, kann nicht überschätzt werden.[170] Wie die Schuman-Erklärung verdeutlicht, ist auch die Einigung Europas diesem Ideal der Freiheit entsprungen[171] und seit 2009 sind die Freiheitsrechte durch den Lissaboner-Vertrag primärrechtlich im EU-Recht verankert.

Dieses Verständnis von Freiheit und Sicherheit hat jedoch in den zurückliegenden Jahren bzw. Jahrzehnten eine Wandlung durchlaufen. Der obig dargelegte moderne Freiheitsbegriff entstammt der historischen Erfahrung mit der öffentlichen Ordnung, welche vorwiegend eine negative war, da die öffentliche Ordnung aufgrund ihrer Konstruktion (des Gewaltmonopols und eines dominanten Selbsterhaltungsinteresses) nach der Beschränkung der Freiheit des Einzelnen zugunsten des staatlichen Sicherheitskonzeptes strebt.[172] So mussten sich die Bürger früher Jahrhunderte etwa gegen die Beschränkungen der Glaubensfreiheit erwehren, der absolutistischen Staatswillkür entgegentreten, den Kampf um die Gewerbefreiheit führen und gegen die staatlichen Eingriffe in die Meinungs-, Presse- und Versammlungsfreiheit angehen.[173] Diese Beispiele der historischen Entwicklung des modernen Freiheitsbewusstseins verdeutlichen, dass die Semantik der Freiheit wesentlich aus dem Konflikt mit dem Souverän entstammt und somit eine gegen den Staat errungene Freiheit ist.[174]

Dem modernen Freiheitsverständnis des Bürgers liegt daher ein Freiheitsrecht zugrunde, welches vom Staat als Gegner der Freiheitsbewegung erkämpft wurde. Diese historischen Erfahrungen erklären, warum der einzelne Bürger den Rollenwechsel von Autor zu Adressat des Gesetzes zumindest partiell vollziehen konnte, da auch ein „guter“ Bürger negative Erfahrungen mit der strafenden öffentlichen Ordnung machen konnte. So entwickelte sich ein liberalistisches Verständnis des Freiheitsrechts in der Auseinandersetzung mit und gegen die öffentliche Ordnung, nach dem die sich autonom regulierende Gesellschaft[175] der Staatsgewalt nur bedarf, um den Rahmen der Selbstregulierung zu gewährleisten.[176]

Doch der individuelle Freiheitsgebrauch erzeugt Risiken, welche nur von der Gesellschaft als Ganzes aufgefangen werden können und die Gefahr birgt, den Gehalt des historisch erkämpften Freiheitsrechts zu minimieren.[177] Dieses verdeutlicht sich insbesondere an den sozialen Folgen freien ökonomisch-rationalen

170 Bielefeldt, Freiheit und Sicherheit im demokratischen Rechtsstaat, S. 9 f.

171 Kunze – Bearbeiter, Europa heisst Freiheit, S. 17 f. Die (Robert) Schuman-Erklärung vom 9. Mai 1950, inspiriert durch Jean Monnet, legte den Grundstein für die EU.

172 Albrecht, S. 30; Günther, S. 56.

173 Ausführlicher siehe Birtsch, S. 1 ff.

174 Ebenso Albrecht, S. 24.

175 V.a. über den Markt und den Wettbewerb.

176 Bielefeldt, Freiheit und Sicherheit im demokratischen Rechtsstaat, S. 11.

177 Bielefeldt, Freiheit und Sicherheit im demokratischen Rechtsstaat, S. 11.

Handelns, wie jüngst anhand der Finanzkrise zu beobachten ist. Die faktische Ausübung des formal (gesetzlich) gleich verteilten Freiheitsrechtes setzt den Zugang zu materiellen Ressourcen voraus, welche ungleich verteilt sind. Zudem ist die individuelle Freiheit von nicht steuerbaren Gefahren (Unfall, Krankheit, Arbeitslosigkeit etc.) bedroht.[178] Die westlichen öffentlichen Ordnungen reagierten auf dieses Risiko der sozialen Instabilität und wurden zum Interventionsstaat, der versucht durch Umverteilung soziale Gleichheit herzustellen, damit das Freiheitsrecht nicht nur normativ, sondern auch faktisch gleich ausgeübt werden kann.[179] Um die Ressourcen für die Umverteilung zu haben, wird der Staat auch selbst ökonomisch tätig und übernimmt die wirtschaftliche Rahmensteuerung.[180] Mit steigender staatlicher Regulierungsquote wird die Trennung von dem Staat und der sich im Wesentlichen selbst regulierenden Gesellschaft obsolet: Der Staat wird vom Gegner zum Garant der Freiheit.

Hiermit hat ein fundamentaler Paradigmenwechsel stattgefunden, indem zunehmend Freiheit als Schutz durch den Staat verstanden wird und nicht mehr vor dem Staat.[181] Damit veränderte sich die das Verständnis prägende Erfahrung des Freiheitsrechts von der vom Staat erkämpften und nur in äußeren Grenzen durch abstrakte Gesetze geschützte Freiheit zur staatlich konstituierten Freiheit. Der Bürger moderner Industriegesellschaften erwartet vom Staat, dass dieser ihn vor Angriffen auf sein Leben, Eigentum und persönliche Freiheiten schützt.[182] Soziale Sicherheit wird auf diese Weise schnell zur umfassenden „Zukunftssicherheit" vor allen Gefahren und Risiken, deren Garantie vom Interventionsstaat erwartet wird.[183] Die Wandlung des Freiheitsrechts ist also eng mit dem schon lange andauernden Wandlungsprozess des öffentlichen Raumes[184] verbunden.

Die Gründe, die zur Ablösung des Wohlfahrtsstaats-Paradigmas führten, liegen in dem tief greifenden Wandel der Staatlichkeit und damit auch dem Verhältnis von Staat und Gesellschaft, der durch die Globalisierung, die Finanzkrise des Steuerstaates und die kommunikationstechnischen Errungenschaften herbeigeführt wurde. War der Wohlfahrtsstaat (Sozialstaat) national, ist der heutige Staat ein „market-state"[185], der transnational im Rahmen der globalisierten Welt agiert.

178 Bielefeldt, Freiheit und Sicherheit im demokratischen Rechtsstaat, S. 11.
179 Siehe ausführlicher Günther, S. 57 ff. m.w.N.
180 Investitionen, Subventionen, staatliche Unternehmen, Banken etc.
181 Schwarz, Die Dogmatik der Grundrechte – Schutz und Abwehr im freiheitssichernden Staat, S. 31.
182 Glaeßner, Sicherheit durch Integration? Nationale und europäische Politik im Spannungsfeld von Sicherheit und Freiheit, S. 111 sowie Heilig, Freiheit und Sicherheit in Europa: Trilog zur europäisierten Innenpolitik, S. 72.
183 Günther, S. 57; Calliess, S. 760. Siehe auch Thiel, S. 142 f.; Calliess, Die Europäisierung der Staatsaufgabe Sicherheit unter den Rahmenbedingungen des freiheitlichen Rechtsstaats, S. 93.
184 Siehe eingehender Gusy, S. 217.
185 Günther, S. 58, siehe auch Hoffmann-Riem, S. 129.

Um die Sicherung der individuellen Wahlmöglichkeit zu gewährleisten, muss sich die öffentliche Ordnung von den wohlfahrtsstaalichen Aufgaben und somit aus dem Binnenraum einer konsumistischen Freiheit zurückziehen und überlässt den globalen ökonomischen Wettbewerb weitgehend sich selbst – die Mittel hierzu sind Deregulierung und Privatisierung.[186] Aufgrund des Blickwinkels auf die Optionsspielräume gilt das Gegenteil für den Bereich aus den Gefahren für den Binnenraum wie den RFSR erwachsen können, vor allem den dysfunktionalen Nebenfolgen der ökonomischen Globalisierung wie den Migrationsbewegungen, organisierte Kriminalität, internationaler Terrorismus[187] und internen Funktionsstörungen des ökonomischen Systems. Diesem liegt eine implizite Unterscheidung zwischen dem „safe(r) inside" sowie dem „unsafe(r) outside" mit der EU-Außengrenze als Trennungslinie zugrunde, die durch die Gesetzgebung und die Grenzkontrollen als Schlüsselinstrumente erhalten bzw. ausgebaut wird.[188]

Die Befreiung der Wirtschaft von der öffentlichen Ordnung Staat wird gestützt durch die gleichzeitige Freiheitseinschränkung traditioneller Bürgerrechte, die jedoch als „Freiheit durch den Staat" im Sinne des Schutzes konsumistischer Freiheitsrechte vor Gefährdungen durch Dritte behauptet wird.[189] Über ein Feindbild kann Gemeinschaft gestiftet und Sicherheit im Sinne der Zugehörigkeit zu einer gegenüber inneren und äußeren Anfechtung verschworenen „Lebensformgemeinschaft" erzeugt werden. Doch diese Freiheit ist die von der öffentlichen Ordnung gewährte Freiheit vor den Gefahren des Terrorismus etc. sowie vor der Angst vor Verbrechen und damit nur ein anderes Etikett für Sicherheit.[190] Sicherheit bedeutet hier: Verteidigung. Sicherheit, nicht Freiheit wird zur Maxime des Handelns, aus der Abwehr realer oder vermeintlicher Sicherheitsrisiken erwächst ein Freiheitsrisiko.[191] Die gefährdenden Dritten sind zumeist außerhalb des deregulierten Binnenraums und/oder sozial ohnehin exkludiert.[192] So sind aus der Binnenperspektive des geschützten Raumes (des RFSR) auch illegale Einwanderer respektive Flüchtlinge eine exemplarische Gruppe, vor denen es sich zu schützen gilt, da diese sich vermeintlich unberechtigt Zutritt zu einem Raum der Freiheit und der

---

186 Günther, S. 59 ff.

187 Zum Begriff des Terrorismus siehe Mager, S. 17–27 und Thiel, S. 30 ff.

188 Monar, S. 169 m.w.N. Zu der Exklusion anderer Nationalitäten der durch den RFSR zwischen den Mitgliedstaaten der EU herbeigeführten Inklusion, siehe eingehend Lindahl, E.L.Rev. 2004, S. 462 ff., 469 ff.

189 So etwa die ökonomische Reformen durch eine massive Verschärfung des Straf- und Strafverfahrensrechts begleitet.

190 Darnstädt, Der globale Polizeistaat: Terrorangst, Sicherheitswahn und das Ende unserer Freiheiten, S. 196.

191 Siehe eingehender unter Glaeßner, Sicherheit in Freiheit, S. 18.

192 Siehe hierzu auch IP/12/499 sowie IP/13/1226 der EU-Kommission. Die Bemühungen die sozioökonomische Situation der Roma in der EU zu verbessern hatte gleichwohl bisher kaum Erfolg, Toggenburg, Menschenrechtspolitik, S. 205 ff.

Sicherheit verschaffen wollen, um Vorteile der (ökonomischen) Freiheitsrechte zu genießen, ohne sich an den Kosten zu beteiligen.

Zudem ist unter der von ständig neuen Warnungen wach gehaltenen Furcht vor Terroranschlägen das Verhältnis zwischen Bürger und öffentlicher Ordnung zunehmend von beaufsichtigender Fürsorge geprägt. Freiheit wird überwiegend zum staatlich gewährten Gut oder zum Reflex staatlich organisierter Sicherheit. Dieses Freiheitsverständnis ist konträr zu der Idee des demokratischen Rechtsstaates, der Freiheitsrechte als Schutzrechte gegenüber Eingriffen des Staates statuiert[193], denn staatliche Herrschaft ist nicht allein Garant für die Freiheit des Einzelnen. Sie kann vielmehr auch gegen die Freiheit aller oder einzelner missbraucht werden.[194] Das Resultat der gegenwärtigen Entwicklung ist die Minimierung der Freiheitsrechte der Bürger und die Exkludierung von Drittstaatsangehörigen. Das Verhältnis von Freiheit und Sicherheit ist ein Schlüsselaspekt, um das zu verhindern.

VIII. Ergebnis

Zum Freiheitsverständnis sowie zur Notwendigkeit eines angemessenen Verhältnisses von Freiheit und Sicherheit in einer öffentlichen Ordnung lässt sich zusammenfassend Folgendes sagen:

Nach dem absolutistischen Staatsdenken bei Thomas Hobbes ist Sicherheit, und nicht Freiheit, der Zweck der durch Gesellschaftsvertrag erlangten öffentlichen Ordnung. Infolgedessen sind alle Freiheitseinschränkungen des leviathanischen Staates, die der Sicherheit dienen, legitimiert. Samuel von Pufendorf erweitert diese Zuordnung geringfügig dahin gehend, dass der Zweck der öffentlichen Ordnung in der Gewährleistung von Sicherheit und Freiheit besteht, wobei jedoch die Begrenzung der Staatsgewalt und der Umfang des Freiheitsrechts bei Pufendorf ebenfalls weitgehend im Belieben der souveränen Gewalt liegen.

John Locke geht hier einen bedeutenden Schritt weiter, indem er in der Friedenssicherung zur Erhaltung des Freiheitsrechts den Zweck des Gewaltmonopols der öffentlichen Ordnung sieht. Denn nach Locke schließen die Menschen den Gesellschaftsvertrag um ihre natürliche Freiheit zu bewahren und nicht um ihre unbeschränkte Freiheit gegen die Erlangung von Sicherheit einzutauschen. In diesem Sinne formuliert auch Charles de Secondat Montesquieu, dass das Freiheitsrecht des Einzelnen dort endet, wo das des anderen beginnt. Sicherheit versteht Montesquieu daher zuvorderst als Garant der Freiheit, welche zudem durch die Gewaltenteilung unterstützt wird.

Auch nach Jean-Jacques Rousseau liegt der Zweck der öffentlichen Ordnung in der Sicherung der Freiheit des Einzelnen. Damit ist nach Rousseau die Beschränkung des Freiheitsrechts des Einzelnen durch Gesetze nur legitimiert, wenn dieses

193 Darnstädt, Der globale Polizeistaat: Terrorangst, Sicherheitswahn und das Ende unserer Freiheiten, S. 7.

194 Beutler, Grenzenlose Freiheit, S. 55.

dem Zweck der Freiheitserhaltung der Gesellschaft dient. Das Freiheitsrecht ist somit Grundlage sowie Bedingung von Rechtlichkeit und zudem die leitende Norm der Gesetzgebung. Eine rechtmäßige Gesellschaft ist nach Rousseau zudem erst dann gegeben, wenn ihre Normen durch eine direkte Beteiligung der Einzelnen am Souverän Gegenstand des Denkens und des Handelns der Menschen geworden sind.

Ebenso darf Sicherheit nach Immanuel Kant immer nur der Erhaltung respektive Entfaltung des Freiheitsrechts dienen. Dafür muss sich die natürliche Freiheit jedoch in der rechtlichen Freiheit wiederfinden. Der Staat ist daher nur dann legitimiert, wenn jedes Individuum sich durch seine theoretische Zustimmungsmöglichkeit als Mitbegründer von Recht sowie Staat fühlen kann und die verursachten Freiheitseinschränkungen jeden in gleicher Weise treffen. Dieses rechtsphilosophische Verständnis von dem Freiheitsrecht als Orientierungsmaßstab jeglicher Sicherheitsmaßnahmen war der Nährboden für die daraufhin entstehenden demokratischen öffentlichen Ordnungen, die die individuelle Freiheit der Bürger auf Verfassungsebene rechtlich absicherten.

Dieses Verständnis von Freiheit und Sicherheit hat jedoch eine Wandlung vollzogen. So wird das Freiheitsrecht zunehmend als Schutz durch den Staat verstanden und nicht mehr vor dem Staat. Damit veränderte sich die das Verständnis prägende Erfahrung des Freiheitsrechts von der vom Staat erkämpften und nur in äußeren Grenzen durch abstrakte Gesetze geschützte Freiheit zur staatlich konstituierten Freiheit, die am Primat der Sicherheit ausgerichtet wird. Die Wandlung des Freiheitsrechts ist dabei eng mit dem schon lange andauernden Wandlungsprozess des öffentlichen Raumes verbunden. Das Resultat der gegenwärtigen Entwicklung ist die Minimierung der Freiheitsrechte der Bürger und der Ausbau des Sicherheitsgedankens zu einer Gewährleistung „absoluter Sicherheit" durch den Staat, was der Idee der rechtsstaatlichen demokratischen öffentlichen Ordnung zuwiderläuft. Das Verhältnis von Freiheit und Sicherheit ist konstitutiv für die rechtsstaatliche öffentliche Ordnung und für die Basisfragen der abendländischen Denktradition. Daher ist die Zuordnung von Freiheit und Sicherheit elementar für den RFSR, der den öffentlichen Raum der EU mit Schwerpunkt auf die EU-Bürger darstellen soll.

B. Die Voraussetzungen eines angemessenen Verhältnisses von Freiheit und Sicherheit

Zu dem rechtlichen Bedeutungsgehalt von Freiheit und Sicherheit sowie dessen rechtsstaatlich gebotenen Verhältnisses zueinander, ergibt sich aufbauend auf die obigen Erörterungen Folgendes:

I. Termini

Die erörterten Grundgedanken zu Freiheit und Sicherheit aus der Zeit der Aufklärung haben bis heute ihre Gültigkeit bewahrt, auch wenn sie konkretisiert und zeitgemäß fortentwickelt wurden.[195] Der Terminus „Freiheitsrecht" ist dabei im staatsrechtlichen Kontext[196] als die Abwesenheit von Einflussnahme Dritter, mithin der freien Entfaltung durch individuelle Selbstbestimmung gegenüber Außendeterminierung (insbesondere durch die öffentliche Ordnung) zu verstehen.[197] Die Freiheit der Individuen kann jedoch nicht absolut gesetzt werden, sondern ist mit jener der gleichberechtigten Mitbürger in Einklang zu bringen[198] und daher rechtlich zu begrenzen. Der fundamentale Stellenwert der Freiheit impliziert, dass diese jedem Menschen in gleichem Maße zusteht[199], nur so entsteht eine Freiheitlichkeit der öffentlichen Ordnung.[200] Der Begriff „Sicherheit" ist terminologisch unklar und bis heute ist die Bedeutung nicht abschließend geklärt, da der Begriff mehrdimensional und äußerst komplex ist.[201] Der hier relevante Begriff der inneren Sicherheit wurde vom EuGH[202] eng ausgelegt, als den Bestand des Staates, seiner Einrichtungen und wichtigen Dienste sowie des Überlebens der Bevölkerung (Leib und Leben der Bürger).[203] Diese Sicherheit im Sinne vom Schutz des Bürgers wird dem Rechtsstaatsprinzip entnommen[204] sowie der Freiheitsbewahrung und ist daher ein

---

195 So auch Hoffmann-Riem, S. 120; Calliess, S. 764. Voigt, Sicherheit versus Freiheit, S. 11f. Wem die rechtsphilosophische Legitimation staatlicher Freiheitsgewährung zu wenig prägnant erscheint, der mag eine empirische Orientierung in der europäischen Geschichte der „Unfreiheit" und der damit im Zusammenhang stehenden Menschenrechtsentwicklung als Sicherheitsgarantien vor dem Staat finden – siehe Albrecht, S. 35–45, der veranschaulicht, was es bedeutet, die Sicherheit eines Staates zu Lasten von Freiheitsrechten des Einzelnen auszubauen. Weiterbringend auch Niederberger, S. 273 ff; Bogdandy/Bast – Monar, S. 751. Siehe auch „Freiheit und Sicherheit: eine staatstheoretische Skizze mit praktischen Beispielen", Winfried Brugger, 1. Aufl., Nomos Verlag, Baden-Baden 2004. Art. 3 Abs. 1 EUV.

196 Thiel, S. 138 f.

197 Heckmann, Sicherheitsarchitektur im bedrohten Rechtsstaat. Neue Polizeibefugnisse zwischen gestalterischer Freiheit und grundrechtlicher Statik, S. 10; vgl. auch bei Mager, S. 53 m.w.N.; Status negativus/activus/positivus. Vgl. Anderson/Apap, Striking a Balance between Freedom, Security and Justice in an enlarged European Union, S. 7, konkret etwa Bürgerrechte, Verfahrensrechte von Verdächtigen, die Rechte für Nicht-EU-Bürger, die Behandlung der Einwanderungs-und Asylverfahren etc. Schwetzel, Freiheit, Sicherheit, Terror: das Verhältnis von Freiheit und Sicherheit nach dem 11. September 2001 auf verfassungsrechtlicher und einfachgesetzlicher Ebene, S. 80 f.

198 Heckmann, Sicherheitsarchitektur im bedrohten Rechtsstaat. Neue Polizeibefugnisse zwischen gestalterischer Freiheit und grundrechtlicher Statik, S. 11.

199 Bielefeldt, Freiheit und Sicherheit im demokratischen Rechtsstaat, S. 10.

200 Böckenförde, Die verfassungstheoretische Unterscheidung von Staat und Gesellschaft als Bedingung der individuellen Freiheit, S. 45.

201 Thiel, S. 141 ff.

202 EuGH, Urteil v. 10.07.1984, Rs. 72/83 (*Campus Oil*), Slg. 1984, S. 2727, 2751, Ziff. 34.

203 Zum Begriff der inneren Sicherheit siehe auch Kraus-Vonjahr, S. 75 ff.

204 Mager, S. 60 f.

Zustand, in dem das Individuum frei ist von den schädlichen Einflüssen Dritter sowie von Gefahren oder Bedrohungen, die gegen individuelle sowie kollektive Rechtsgüter gerichtet sind.[205] Damit ist Sicherheit im Grunde eine ausbalancierte Freiheit aller und so schon begrifflich nichts anderes als Freiheit aus umgekehrter Perspektive und daher kein Gegensatz, sondern ein Teil des Freiheitsrechts.[206]

II. Freiheit als Zweck der Sicherheit

Der Wunsch nach der Sicherung des Freiheitsrechts rechtfertigt nach der regulativen Idee vom Gesellschaftsvertrag die öffentliche Ordnung.[207] Der Ausgangspunkt für die Einordnung von Sicherheit in die öffentlich-rechtliche Ordnung ist somit auch dogmatisch die Schutzpflicht der öffentlichen Ordnung hinsichtlich des Freiheitsrechts der Bürger.[208] Die Rechtsordnung ist somit kein Selbstzweck, sondern dient der Aufrechterhaltung des Freiheitsrechts des Einzelnen, sodass Beschränkungen der Freiheit zugunsten der Sicherheit ihr Ziel sowie Ausgangs- und Endpunkt in der Ausrichtung auf das Freiheitsrecht haben. Damit ist Sicherheit nicht um ihrer selbst willen ein Wert, sondern weil sie etwas anderes garantieren soll: Freiheit. Freiheit ist der Zweck der Sicherheit. Sicherheit ohne Freiheit ist sinnlos und zweckentfremdet, daher steht Sicherheit im Dienst der Freiheit und nicht umgekehrt.[209] Sicherheitsmaßnahmen beziehen in einer rechtsstaatlichen öffentlichen Ordnung ihre Legitimität allein aus ihrer Dienstfunktion für das Freiheitsrecht mit der Konsequenz, dass in einem Konfliktfall zwischen beiden Gütern das Primat der Freiheit gewahrt bleiben muss.[210] Freiheit und Sicherheit stellen in diesem Sinne keine sich gegenüberstehenden gleichwertigen Komponenten dar, sondern es geht um Freiheit *durch* Sicherheit – Sicherheit kann in einer rechtsstaatlichen öffentlichen Ordnung somit immer nur Ausfluss des Freiheitsrechts sein.[211] Allein dieser Bezug auf das Freiheitsrecht gibt der Sicherheit (und das diese gewährleistende Gewaltmonopol) ihre Legitimität, sodass Sicherheit primär in der kalkulierbaren Gewährleistung des Rechts auf Freiheit besteht.[212] Nicht Sicherheit, sondern Freiheit legitimiert die öffentliche Ordnung.

---

205 Thiel, S. 141 ff.

206 Heckmann, Sicherheitsarchitektur im bedrohten Rechtsstaat. Neue Polizeibefugnisse zwischen gestalterischer Freiheit und grundrechtlicher Statik, S. 11. Eingehend zur Definition von Sicherheit und Freiheitsrecht und deren Verhältnis zueinander, insb. nach dem GG.

207 Limbach, Ist die kollektive Sicherheit der Feind der individuellen Freiheit?, S. 4. Calliess, Die Europäisierung der Staatsaufgabe Sicherheit unter den Rahmenbedingungen des freiheitlichen Rechtsstaats, S. 86.

208 Mager, S. 55 ff., 62 und 66.

209 Ebenso Albrecht, S. 46; v. Arnauld/Staack, S. 11; Gusy, Freiheit zuerst, S. 11 f. Mager, S. 76 ff.

210 Bielefeldt, Freiheit und Sicherheit im demokratischen Rechtsstaat, S. 8 f.

211 So auch Frenz, Handbuch Europarecht, Bd. 4, Rdnr. 1076.

212 So auch Günther, S. 57.

III. Freiheit und Sicherheit als Komplementärverhältnis

Daraus resultiert, dass sich rechtsstaatliches Handeln zwischen den Polen von Freiheit und Sicherheit bewegt[213], was deren Verhältnis zu den wesentlichen Elementen der öffentlich-rechtlichen Ordnung macht. Freiheit und Sicherheit als Paradigmen öffentlicher Ordnung stehen dabei in einer ambivalenten Beziehung zueinander,[214] da sie sich gleichzeitig gegenseitig bedingen und begrenzen.[215] Ohne Sicherheit ist keine Freiheit, ohne diese jedoch auch keine Sicherheit möglich. Beide Güter stehen somit in einem Komplementärverhältnis zueinander und setzen sich wechselseitig voraus.[216] Damit sind Freiheit und Sicherheit keine abstrakten Antipoden oder unversöhnliche Widersprüche und somit nicht als Gegensätze zu sehen.[217] Beide Zielwerte stellen vielmehr zwei Seiten derselben Medaille dar und können aufgrund dieses Spannungsverhältnisses im Konflikt miteinander stehen.[218] Die Relation von Freiheit und Sicherheit ist jedoch kein „Nullsummenspiel", bei dem Sicherheitsgewinne stets nur auf Kosten der Freiheit zu erreichen sind und die Wahrung der Freiheitsrechte umgekehrt per se eine Behinderung für effektive Sicherheitspolitik darstellt.[219] Die These des Ausgleichs zwischen Freiheit und Sicherheit als „Grunddilemma" ist ein gängiges, jedoch revisionsbedürftiges bipolares Verständnis beider Güter[220], welches auf der unzutreffenden Prämisse beruht, dass ein kategorischer Gegensatz zwischen Freiheit und Sicherheit besteht. Eine derart pauschale Gegenüberstellung von Freiheit und Sicherheit genügt der Komplexität der Materie nicht, denn Freiheit kann eine Quelle von Unsicherheit sein und Sicherheit kann die Freiheit beschneiden[221] – sie müssen es jedoch nicht zwingend. Infolgedessen führt nicht ein mehr oder weniger an Sicherheit zu einem Maximum an Freiheit, sondern ein angemessenes Verhältnis dieser sich ergänzenden Faktoren.[222] Die Verwirklichung einer rechtsstaatlichen öffentlichen Ordnung

---

213 Müller/Schneider, S. 9; Glaeßner, Sicherheit in Freiheit, S. 10.

214 Voßkuhle, Das Verhältnis von Freiheitsrecht und Sicherheit – Hat der 11. September 2001 das deutsche Verfassungsrecht verändert?, S. 1104 f.

215 So auch Pietschmann, S. 131; Thiel, S. 137 ff., 476. BVerfGE 115, 320, 374.

216 Udo Di Fabio, „Westen muss Westen bleiben. Der Terrorismus übersteigt Grenzen der Politik und des Rechts", in: DIE WELT, vom 12.11.2007, S. 11.

217 So auch Bull, Informationelle Selbstbestimmung, S. 7 ff.

218 Voßkuhle, Das Verhältnis von Freiheitsrecht und Sicherheit – Hat der 11. September 2001 das deutsche Verfassungsrecht verändert?, S. 1104 f. Dietrich Murswiek, Diskussionsbeitrag, in: VVDStRL, Bd. 63, Berlin 2004, de Gruyter Verlag, S. 101–2013 (192). Zum Spannungsverhältnis von Freiheit und Sicherheit in Deutschland siehe Pietschmann, S. 132 ff.

219 Bielefeldt, Freiheit und Sicherheit im demokratischen Rechtsstaat, S. 21.

220 Thiel, S. 137.

221 Meyer, Im Spannungsfeld von Sicherheit und Freiheit, S. 2.

222 Dobin, Migration und Schutz der inneren Sicherheit: rechtliche Fragen der Bekämpfung des islamistischen Terrorismus, S. 39 f.

zeichnet sich daher durch die Herstellung eines angemessenen Verhältnisses von Freiheit und Sicherheit aus.[223]

IV. Das Recht als Steuermodus

Die Herstellung eines angemessenen Verhältnisses von Freiheit und Sicherheit zu etablieren und fortgehend zu wahren, ist die Funktion des Rechts.[224] Das Recht dient dabei als vermittelndes Ausgleichsinstrument bzw. Steuermodus für die sich mitunter gegenseitig beschränkenden Rechtsgüter Freiheit und Sicherheit[225], indem die öffentliche Ordnung mittels Rechtsetzung schützend tätig wird und zugleich die Grenzen ihrer Eingriffsbefugnis gegenüber den Bürgern zieht.[226] Erst im Recht formuliert und durch Recht anerkannt, wird Freiheit als beständige, gesicherte Freiheit und als Freiheit für alle möglich.[227] Recht(-setzung) ist folglich das Instrument der öffentlichen Ordnung zur Freiheitsgewährleistung[228], indem es Kompatibilität zwischen Freiheit und Sicherheit gewährleisten soll.

V. Angemessene Zuordnung durch Verhältnismäßigkeitsprüfung

Problematisch bei der Etablierung sowie Gewährleistung eines angemessenen Verhältnisses von „Freiheit" und „Sicherheit" ist jedoch, dass diese unscharfe, relative Begriffe darstellen und sich zwar in der Theorie als absolute Prinzipien denken lassen, in der Praxis dieses aber nicht möglich ist,[229] da sie von diversen rechtlich Faktoren abhängig sind.[230] Eine Konzeption für den Ausgleich beider Elemente kann daher keine allgemein verbindliche Bestimmung einer „angemessenen Balance" im Sinne einer Detailjustierung beiden Gütern sein. Es ist mit diesen Konflikten vielmehr in einer der freiheitlichen öffentlichen Ordnung angemessenen Weise umzugehen[231] und die (EU-weiten) rechtsstaatlichen Kriterien legitimer Abwägung nach dem Verhältnismäßigkeitsprinzip zur Geltung zu bringen.[232] Das Freiheitsrecht ist

223 Kraus-Vonjahr, S. 39.
224 Kraus-Vonjahr, S. 40.
225 So auch Günther, S. 57; Hoffmann-Riem, S. 120.
226 Calliess, Die Europäisierung der Staatsaufgabe Sicherheit unter den Rahmenbedingungen des freiheitlichen Rechtsstaats, S. 89, 101.
227 Böckenförde, Recht, Staat, Freiheit, S. 42 f.
228 So auch Merli, RFSR, S. 20.
229 Voigt, Sicherheit versus Freiheit, S. 7.
230 Thiel, S. 137.
231 Bielefeldt, Freiheit und Sicherheit im demokratischen Rechtsstaat, S. 21.
232 Thiel, S. 183 ff.; Voßkuhle, Das Verhältnis von Freiheitsrecht und Sicherheit – Hat der 11. September 2001 das deutsche Verfassungsrecht verändert?, S. 1111; Schwetzel, Freiheit, Sicherheit, Terror: das Verhältnis von Freiheit und Sicherheit nach dem 11. September 2001 auf verfassungsrechtlicher und einfachgesetzlicher Ebene, S. 100 ff. Siehe hierzu auch Johannes Saurer, „Die Globalisierung des

zugleich Maßstab für die Legitimität staatlicher Eingriffe zugunsten der Sicherheit sowie deren Schranke. In dem durch diese Schnittmenge von Freiheit und Sicherheit gesteckten Rahmen bewegt sich demgemäß rechtsstaatliches Handeln, in dem durch Abwägung[233] das gebotene Verhältnis von Freiheit und Sicherheit zu ermitteln ist.[234]

Danach ist immer ein Abwägungsprozess bezogen auf den konkreten Einzelfall anzustellen, bei den sicherheitsorientierten Einschränkungen des Freiheitsrechts stets geeignet, erforderlich und angemessen sein müssen.[235] Das Freiheitsrecht hat einen herausgehobenen rechtsnormativen Status, der die Verrechnung mit Sicherheitsinteressen nur begrenzt und an enge tatbestandliche Voraussetzungen geknüpft erlaubt.[236] Daher müssen die Sicherheitsmaßnahmen in ihren konkreten Auswirkungen zulasten des Freiheitsrechts durch Normenklarheit, präzise Zweckbindungen, klare Definition, abgestufte Eingriffsschwellen, Transparenz sowie verbindliche Auskunftsregel kontrollierbar bleiben[237] und die durch das Freiheitsrecht gezogene Grenze wahren.[238] Rechtsstaatlich notwendig ist daher stets eine Abwägung zwischen dem faktischen Sicherheitsgewinn und der mit dieser verbundenen Freiheitseinbuße. Jede Gesetzgebung, die eine Freiheitseinschränkung des Einzelnen zugunsten der Sicherheit beinhaltet, muss die zwingende Notwendigkeit dafür darlegen.[239]

Eine öffentlich-rechtliche Einschränkung der individuellen Freiheit zugunsten der Sicherheit ist daher nur dann legitimiert, wenn dem Freiheitseingriff durch einen hinreichenden Sicherheitsgewinn, der der Gewährleistung des Freiheitsrechts dient (indem durch diesen eine Gefahr für das Freiheitsrecht der Bürger

---

Verhältnismäßigkeitsgrundsatzes", in: Der Staat 2012, Heft 1, Duncker & Humblot, Berlin 2012, S. 3–33 sowie Matthias Klatt/Moritz Meister, „Verhältnismäßigkeit als universelles Verfassungsprinzip", in: Der Staat 2012, Heft 2, Duncker & Humblot, Berlin 2012, S. 159–188 respektive in: Prinzipientheorie und Theorie der Abwägung, Matthias Klatt (Hrsg.), 1. Aufl., Mohr Siebeck, Tübingen 2013, S. 62–104.

233 Ebenso Calliess, S. 768; Hoffmann-Riem, S. 120; v. Arnauld/Staack, S. 11.

234 So auch Calliess, S. 76–766.

235 Voßkuhle, Das Verhältnis von Freiheitsrecht und Sicherheit – Hat der 11. September 2001 das deutsche Verfassungsrecht verändert?, S. 1111.

236 Bielefeldt, Freiheit und Sicherheit im demokratischen Rechtsstaat, S. 6.

237 Bielefeldt, Freiheit und Sicherheit im demokratischen Rechtsstaat, S. 17.

238 Geeignet: die Sicherheitsmaßnahme ist zur Gefahrenabwehr überhaupt geeignet, bei Möglichkeit auch empirische Evaluierungen; erforderlich: die Sicherheitsmaßnahme ist so schonend wie möglich, es gibt keine mildere und gleichwirksame die Sicherheitsmaßnahme; angemessen: der Eingriff in das Freiheitsrecht durch die die Sicherheitsmaßnahme steht in vertretbarer Relation zu dem konkreten Sicherheitsgewinn. Bielefeldt, Freiheit und Sicherheit im demokratischen Rechtsstaat, S. 17; Bielefeldt, Freiheit und Sicherheit im demokratischen Rechtsstaat, S. 16; Schwarz, Die Dogmatik der Grundrechte – Schutz und Abwehr im freiheitssichernden Staat, S. 48.

239 Maihofer, Innen- und Rechtspolitik: Im Zweifel für die Freiheit, S. 85.

abgewendet wird), eine freiheitssichernde Wirkung[240] zukommt und das Freiheitsrecht dafür aber nicht mehr als unbedingt erforderlich eingeschränkt wird[241]–die sog. „Freiheitsverträglichkeitsprüfung" von Sicherheitsmaßnahmen.[242] Je mittelbarer der Bezug der staatlichen Sicherheitsmaßnahme zur gebotenen Schnittmenge des Verhältnisses von Freiheit und Sicherheit ist, desto höher sind dessen Rechtfertigungsanforderungen unter freiheitlichen Gesichtspunkten.[243] Mithin kommt es, wie das Bundesverfassungsgericht feststellte darauf an, „ob die Schwere des Eingriffs in die Freiheitssphäre des Bürgers noch in einem angemessenen Verhältnis zum Nutzen und zum Ertrag für die öffentliche Sicherheit steht".[244]

Massive Eingriffe in das Freiheitsrecht sind daher nur dann und insoweit gerechtfertigt, als deren Kern unmittelbar bedroht respektive verletzt ist. Entscheidend ist, dass ausreichend präzise Kriterien zur Verfügung stehen, die dafür sorgen, dass in den Abwägungsprozessen der Stellenwert der Freiheitsrechte gewahrt bleibt.[245] Denn es ist nicht das Ziel eine irgendwie zu findende „Balance" zu definieren, die zu einem haltlosen Relativismus führt, in dem schließlich alles abwägbar ist[246] oder eine „Mitte" zwischen zwei gleichrangigen Zielen auszumachen (wie der Begriff der Balance suggeriert). Vielmehr ist durch eine individuell auf den jeweiligen Sachverhalt bezogene Abwägung die für das Selbstverständnis des Rechtsstaats kennzeichnende Orientierung an dem Freiheitsrecht im Rahmen des jeweils Möglichen maximal zur Geltung zu bringen.[247] Aufgrund dessen, dass Sicherheitsmaßnahmen an das Freiheitsrecht normativ rückgebunden sind, bedarf bei der Abwägung nicht das Freiheitsrecht der argumentativen Begründung, sondern dessen Beschränkung durch Sicherheitsmaßnahmen.[248]

---

240 Schwetzel, Freiheit, Sicherheit, Terror: das Verhältnis von Freiheit und Sicherheit nach dem 11. September 2001 auf verfassungsrechtlicher und einfachgesetzlicher Ebene, S. 232 f.

241 Siehe auch Albrecht, S. 24; Hoffmann-Riem, S. 126 ff.; Monar, S. 167. Voßkuhle, Das Verhältnis von Freiheitsrecht und Sicherheit – Hat der 11. September 2001 das deutsche Verfassungsrecht verändert?, S. 1112. Meyer, Im Spannungsfeld von Sicherheit und Freiheit, S. 6.

242 Schwetzel, Freiheit, Sicherheit, Terror: das Verhältnis von Freiheit und Sicherheit nach dem 11. September 2001 auf verfassungsrechtlicher und einfachgesetzlicher Ebene, S. 100 ff. Calliess, S. 771; Calliess, Die Europäisierung der Staatsaufgabe Sicherheit unter den Rahmenbedingungen des freiheitlichen Rechtsstaats, S. 105.

243 So dienen etwa die künftig in den Personalausweisen zu integrierenden biometrischen Merkmale bestenfalls mittelbar der physischen Sicherheit des Bürgers, welche dessen Freiheitsrecht stärken soll. Folglich wiegt der Eingriff in das gegenläufige Grundrecht der informellen Selbstbestimmung hier schwer, vgl. Calliess, S. 770; Albrecht, S. 31.

244 Siehe Baum, S. 32.

245 Bielefeldt, Freiheit und Sicherheit im demokratischen Rechtsstaat, S. 15 f.

246 Bielefeldt, Freiheit und Sicherheit im demokratischen Rechtsstaat, S. 5.

247 Bielefeldt, Freiheit und Sicherheit im demokratischen Rechtsstaat, S. 22.

248 Bielefeldt, Freiheit und Sicherheit im demokratischen Rechtsstaat, S. 14.

So konstatiert auch das Bundesverfassungsgericht: „Die Balance zwischen Freiheit und Sicherheit darf vom Gesetzgeber neu justiert, die Gewichte dürfen jedoch von ihm nicht grundlegend verschoben werden."[249] Die Sicherheitsgesetze und -maßnahmen dürfen daher grundsätzlich nur zu einer graduellen Verschiebung auf der Skala der Freiheitlichkeit[250] und nicht zu einer Unterordnung führen. Ein angemessenes Verhältnis bedeutet daher zwar im Optimalfall, aber eben nicht zwangsläufig, eine praktische Konkordanz, bei der beide Elemente derart einander zuzuordnen sind, dass beide zu optimaler Wirksamkeit gelangen.[251] Akzeptiert eine Gesellschaft dieses Freiheitsrecht, gewinnt sie zugleich Sicherheit, sodass Freiheit der beste Garant der Sicherheit ist.[252]

VI. Kontrolle zum Schutz des Freiheitsrechts gegen absolute Sicherheit

Die demokratische öffentliche Ordnung erweist sich – wie aufgezeigt – ebenso als potentielle Bedrohung sowie als notwendige Voraussetzung der Freiheit.[253] Aufgrund der ihr inhärenten Funktion bleibt die öffentliche Ordnung immer eine latente Gefährdung für die Freiheit der Bürger[254], da sich das Gemeinwohl „Sicherheit" allzu schnell für partikulare Machtinteressen instrumentalisieren lässt und für Missbrauch anfällig ist.[255] Das Freiheitsrecht ist in einer rechtsstaatlichen öffentlichen Ordnung jedoch nicht der gelegentlich abfallende Obulus erfolgreicher Sicherheitspolitik, sondern der unmittelbar geltende Maßstab staatlicher Legitimität, dessen Beachtung einer wirksamen Kontrolle unterworfen sein muss.

Die öffentliche Ordnung muss daher durch rechtsstaatliche Kontrollinstanzen eine konsequente Orientierung und strenge Bindung an die Unveräußerlichkeit des Freiheitsrechts[256] gewährleisten, damit Sicherheitsmaßnahmen das Freiheitsrecht nicht schleichend erodieren.[257] Eine elementare Kontrollfunktion spielen

249 BVerfGE 110, 33, Leitsatz 2, sowie S. 56; ebenso Hoffmann-Riem, S. 121; BVerfG 115, 320 (360), Urteil v. 04.04.2006 – 1 BvR 518/02 (Rasterfahndung).

250 Vgl. Bull, Informationelle Selbstbestimmung, S. 7.

251 Limbach, Ist die kollektive Sicherheit der Feind der individuellen Freiheit?, S. 7.

252 Albrecht, S. 25; Hoffmann-Riem, S. 129; Limbach, Ist die kollektive Sicherheit der Feind der individuellen Freiheit?, S. 11; ebenso Renate Jaeger, deutsche Richterin am EGMR, in „Der Spiegel" vom 13.12.2010, S. 39 f.

253 Böckenförde, Recht, Staat, Freiheit, S. 51.

254 Glaeßner, Sicherheit durch Integration? Nationale und europäische Politik im Spannungsfeld von Sicherheit und Freiheit, S. 118.

255 Thiel, S. 179; Glaeßner, Sicherheit durch Integration? Nationale und europäische Politik im Spannungsfeld von Sicherheit und Freiheit, S. 117 ff., 127

256 Limbach, Ist die kollektive Sicherheit der Feind der individuellen Freiheit?, S. 6. Bielefeldt, Freiheit und Sicherheit im demokratischen Rechtsstaat, S. 7.

257 Voßkuhle, Das Verhältnis von Freiheitsrecht und Sicherheit – Hat der 11. September 2001 das deutsche Verfassungsrecht verändert?, S. 1110.

hierbei insbesondere die nationalen wie auch die EU-Gerichte[258], die sicherzustellen haben, dass der jeweils angemessenen Ausgleich von Freiheit und Sicherheit im Gesetzgebungsverfahren sachverhaltsbezogen immer wieder neu zugeordnet[259] und auch bei der Anwendung jeglichen RFSR-Rechts beachtet wird.[260] In diesem Sinne mahnt auch der EuGH[261]: „Gerade wenn es um die öffentliche Sicherheit geht, neigt die Politik dazu, zu stark auf unmittelbare populäre Anliegen zu reagieren und die Behörden zu veranlassen, die Ängste Vieler auf Kosten der Rechte einiger Weniger zu besänftigen [...] Den Gerichten obliegt die Verantwortung, sicherzustellen, dass Maßnahmen [...] auch dem Grundsatz der Rechtsstaatlichkeit entsprechen, ohne den auf lange Sicht keine demokratische Gesellschaft wirklich gedeihen kann.".[262] Es ist so auch die Judikative der Mitgliedstaaten wie auch der EU gefragt, um staatliche Maßnahmen bezüglich des Verhältnisses von Freiheit und Sicherheit zu überprüfen und zudem zur Rationalisierung der Sicherheitsdebatte beizutragen.

Die historische Erkenntnis zeigt zudem, dass Freiheitsrecht und Verantwortung zusammengehören, wenn die Freiheit dauerhaft sein soll.[263] In einer demokratischen öffentlichen Ordnung ist die Gewährung eines angemessenen Verhältnisses von Freiheit und Sicherheit daher nur in einem von Verantwortung geprägten Kooperationsverhältnis von öffentlichen Institutionen und Bürgern realisierbar[264]: Auf der einen Seite stehen die das Gewaltmonopol innehabenden öffentlichen Organe, die ihr Handeln an dem Freiheitsrecht auszurichten haben und den Bürgern rechenschaftspflichtig sowie verantwortlich sind.[265] Auf der anderen Seite stehen die partizipationsbereiten Bürger, die durch Teilhabe einen Ausgleich zu den Machterhaltungsinteressen der (exekutiven) öffentlichen Ordnung darstellen und so kein sicherheitsorientiertes Imperium der Angst ermöglichen.[266]

Doch heutzutage stellt Sicherheit in den westlichen Verfassungsstaaten (bzw. der EU) zumeist eine Selbstverständlichkeit dar. Sie ist jedoch das Ergebnis eines mitunter leidvollen historischen Lernprozesses, eine zivilisatorische Leistung,

---

258 Böckenförde, Recht, Staat, Freiheit, S. 42.

259 Voßkuhle, Das Verhältnis von Freiheitsrecht und Sicherheit – Hat der 11. September 2001 das deutsche Verfassungsrecht verändert?, S. 1104 f.; Dobin, Migration und Schutz der inneren Sicherheit: rechtliche Fragen der Bekämpfung des islamistischen Terrorismus, S. 191.

260 Bigo/Carrera/Guild/Walker, The Changing Landscape of European Liberty and Security, S. 15.

261 EuGH, Urteil v. 3. September 2008, Rs. C-402/05 P u.a., EuGRZ 2008/480 ff.

262 Generalanwalt Poiares Maduro, Schlussanträge v. 16. Januar 2008, Rs. C-402/05 P, § 45.

263 Kunze, Europa heisst Freiheit, S. 16.

264 Riescher, S. 22.

265 Glaeßner/Lorenz, S. 21 f.

266 Riescher, S. 22 f.

deren Bedeutung nicht hoch genug bewertet werden kann.[267] Für die Untersuchung des Verhältnisses von Freiheit und Sicherheit im RFSR ist es elementar sich zu vergegenwärtigen, dass absolute Sicherheit weder zu erreichen noch erstrebenswert ist. Das Leben an sich ist angewandte Unsicherheit, bei dem alltäglich Risiken eingegangen werden.[268] Im Bereich der (inneren) Sicherheit kann es aufgrund der zahlreichen modernen Gefahrenquellen, welche der Staat weder alle erkennen, noch beseitigen kann, nicht annähernd einen Zustand absoluter Sicherheit geben.[269] Die öffentliche Ordnung, die alle Risiken ausschließen wollte, müsste alles wissen, alles können und alles dürfen, sie würde also zu einer Quelle dessen, was sie eigentlich ausschließen wollte. Absolute Sicherheit ist damit in sich maßlos und grenzenlos, ein nie erfüllbares Ideal.[270]

Selbstverständlich ist ein grundlegendes Gefühl von Sicherheit im Sinne eines Basisvertrauens für ein soziales Gemeinwesen wie den RFSR unerlässlich, dieses darf jedoch nicht mit Angstfreiheit gleichgesetzt werden.[271] In einem rechtsstaatlichen System darf das Sicherheitsgefühl nicht blind bedient werden, es muss hingegen möglichst auf die Rationalisierung vorhandener Ängste geachtet werden.[272] Sicherheit in Freiheit gelingt, wenn man Restrisiken unvermeidbarer Beeinträchtigungen akzeptiert.[273] Abgesehen davon, dass die Sicherheitsdebatte zu jeder Zeit Konjunktur hat[274], ist „Sicherheit" zu einem Lieblingsschlagwort der aktuellen rechtspolitischen Debatte im RFSR geworden und immer mehr Maßnahmen werden mit dem Hinweis auf die Sicherheit der Bürger begründet.[275] Doch der vermeintlich abgesicherte Bürger ist der regulierte Bürger, da die öffentliche Ordnung möglichst viel über den einzelnen Bürger wissen will, um sich und diesen vermeintlich wirksam gegen alle erdenklichen Gefahren schützen zu können.[276]

Sicherheit ist zudem nicht objektiv messbar, da Sicherheit keine Tatsache, sondern ein Gefühl ist.[277] Dieses Sicherheitsgefühl der Bürger besteht aus einer höchst

267 Calliess, Die Europäisierung der Staatsaufgabe Sicherheit unter den Rahmenbedingungen des freiheitlichen Rechtsstaats, S. 84.

268 Trojanew/Zeh, Angriff auf die Freiheit, S. 45. Etwa im Straßenverkehr etc.

269 Trojanew/Zeh, Angriff auf die Freiheit, S. 48.

270 Erhard Denninger, in: Vom Rechtsstaat zum Präventionsstaat, Stefan Huster/Karsten Rudolph (Hrsg.), 1. Aufl., Suhrkamp Verlag, Frankfurt a.M. 2008, S. 85–106 (92).

271 v. Arnauld/Staack, S. 16 m.w.N.

272 Dieses verdeutlicht sich am Besten in anderen Bereichen, weil es dort akzeptiert wird. So nehmen die Menschen z.B. jährlich tausende Verkehrstote allein in Deutschland der Freiheit der Mobilität willen hin. Siehe v. Arnauld/Staack, S. 18; Hoffmann-Riem, S. 127.

273 Heckmann, Sicherheitsarchitektur im bedrohten Rechtsstaat. Neue Polizeibefugnisse zwischen gestalterischer Freiheit und grundrechtlicher Statik, S. 27.

274 Siehe ausführlicher in Albrecht, S. 26; v. Arnauld/Staack, S. 10 m.w.N.

275 Trojanew/Zeh, Angriff auf die Freiheit, S. 45.

276 Trojanew/Zeh, Angriff auf die Freiheit, S. 46.

277 Trojanew/Zeh, Angriff auf die Freiheit, S. 47

differenzierten Summe von subjektiven Sicherheitsgefühlen[278], deren Schutz schon juristisch kaum definierbar, geschweige denn objektiv zu leisten ist.[279] Gerade der öffentliche Raum, wie der RFSR, wird aufgrund seiner Öffentlichkeit als unsicher erlebt. Hier differieren jedoch die objektive Sicherheitslage und deren öffentliche Wahrnehmung (Sicherheitsgefühl) erheblich[280], da die Mitgliedstaaten der EU das höchste je existente Sicherheitsniveau aufweisen und somit eine weitaus größere Bedrohung angenommen wird, als dieses tatsächlich gegeben ist.[281] Im starken Kontrast zu den Bedrohungsszenarien so mancher Politiker erlebt die EU somit historisch einmalig friedliche Zeiten, die es zu schätzen und zu erhalten gilt.[282] Das Gefühl der Unsicherheit existiert dabei losgelöst von tatsächlichen Bedrohungen.[283] Der Soziologe Zygmunt Bauman resümiert daher in Anbetracht des zuvor Gesagten: „modern security does not derive from a dearth of protection, but from the lack of clarity of its scope in a social universe that has been organized around an unending pursuit of protection and a frantic search for security".[284]

Es gilt hier der Logik des Sicherheitsstaates entgegen zu treten, da weder Sicherheitsdefizite noch Informationsansammlung endlich sind und dieser mithin prinzipiell unersättlich ist. Außerdem suggeriert die Gegenüberstellung von Freiheit und Sicherheit die Kollision kollektiver und individueller Interessen. Wer etwa auf „seine" Freiheit gegenüber staatlichen Sicherheitsmaßnahmen im RFSR beharrt, scheint Eigennutz vor Gemeinnutz zu stellen. Doch dass gerade das Freiheitsrecht aus Sicht des Gemeinwesens seinen Sinn respektive Notwendigkeit hat und Sicherheitsstreben seinen Ausgang bei den Bedürfnissen des Einzelnen hat, haben obige Ausführungen gezeigt.[285] Sicherheit lässt sich nicht herstellen, weil kein Risiko völlig ausgeschaltet werden kann.[286] Die Existenz eines gewissen „Restrisikos" das

---

278 Hans-Helmuth Gander, „Das Verlangen nach Sicherheit. Anthropologische Befunde", in: Verfassungsstaatlichkeit im Wandel, Festschrift für Thomas Würtenberger, Dirk Heckmann/Ralf P. Schenke/Gernot Sydow (Hrsg.), Duncker & Humblot, Berlin 2013, S. 983–993.

279 Vgl. v. Arnauld/Staack, S. 12, 17;Albrecht, S. 50; Gusy, S. 221. Siehe auch Christoph Gusy, „Sicherheitskultur – Sicherheitspolitik – Sicherheitsrecht", in: KritV 2010, Heft 2, Nomos, Baden-Baden 2010, S. 111–128. Ebenso Trojanew/Zeh, Angriff auf die Freiheit, S. 47.

280 Ausführlicher siehe Gusy, S. 219 f. Siehe auch Bull, Informationelle Selbstbestimmung, S. 69 ff.

281 Siehe hierzu Peter Schaar, „Das Verhältnis von Freiheit und Sicherheit im nationalen Überblick", S. 51–60 sowie Christian Pfeiffer, „Wir sind das Volk! Zur Kriminalitätsfurcht und dem Strafbedürfnis der Bevölkerung", S. 39–50, beides in: Das Verhältnis von Freiheit und Sicherheit im gemeinsamen europäischen Raum, Friedrich-Ebert-Stiftung (Hrsg.), Forum Berlin v. 30.05.2005.

282 Trojanew/Zeh, Angriff auf die Freiheit, S. 34.

283 Trojanew/Zeh, Angriff auf die Freiheit, S. 50.

284 Bauman, S. 94 f.

285 Ebenso v. Arnauld/Staack, S. 12.

286 Trojanew/Zeh, Angriff auf die Freiheit, S. 48.

selbst durch die bestmöglichsten Vorkehrungen nicht abgewendet werden kann, muss somit anerkennt werden.[287] Sicherheit schlechthin im Sinne absoluter Sicherheit kann es nicht geben, der Staat kann daher nur ein begrenztes Maß an Sicherheit vermitteln.[288] In diesem Sinne betont auch das Bundesverfassungsgericht, dass absolute Sicherheit nicht, jedenfalls aber nur um den Preis einer Aufhebung der Freiheit, zu erreichen ist.[289] Die Terroranschläge des 11.09.2001 haben wohl auch deswegen in der westlichen Welt einen derart tiefen Schock verursacht, da sie die Illusionen zum Zielwert Sicherheit verdeutlichten.[290] Wer also absolute Sicherheit verspricht, verspricht etwas, was er nicht halten kann.[291]

Absolute Sicherheit ist zudem nicht erstrebenswert, da die Freiheit im RFSR als öffentlicher Raum immer eine wesentliche Ursache für die Unsicherheit des anderen ist.[292] Die Unsicherheit Dritter als Folge des Freiheitsrechtsgebrauches kann also nicht beseitigt werden, ohne dass deren Quelle, das Freiheitsrecht, ebenfalls beseitigt wird. Freiheit braucht Sicherheit – Sicherheit braucht aber eben auch Freiheit, denn die Abstellung des Letzteren setzt die Abschaffung des Ersteren voraus.[293] Aufgrund dessen beschädigt die Verschiebung des Verhältnisses von Freiheit und Sicherheit hin zur Sicherheit, nicht nur das Freiheitsrecht, sondern ebenfalls die Sicherheit schwer.[294]

Folgendes Humboldt'sche Zitat wird oft verwendet, um das dargestellte Verhältnis von Freiheit und Sicherheit zu entkräften[295]: „Ohne Sicherheit vermag der Mensch weder seine Kräfte auszubilden noch die Früchte derselben zu genießen; denn ohne Sicherheit ist keine Freiheit."[296] Hier ist aber der Kontext zu bedenken. Humboldt bezog den Satz auf den imperialen und undemokratischen Staat, der in seiner Willkür mit einem Höchstmaß an Unsicherheit für die Bürger verbunden war.[297] Sicherheit der Bürger durch die Gewährleistung von Bürgerrechten lautete

287 Dobin, Migration und Schutz der inneren Sicherheit: rechtliche Fragen der Bekämpfung des islamistischen Terrorismus, S. 45.

288 Vgl. Mager, S. 12 ff. Ebenso Thiel, S. 157 f. und Meyer, Im Spannungsfeld von Sicherheit und Freiheit, S. 12. Schwarz, Die Dogmatik der Grundrechte – Schutz und Abwehr im freiheitssichernden Staat, S. 49.

289 BVerfG, 1BvR, 518/02 v. 04. April 2006, Nr. 128.

290 Hoffmann-Riem, Freiheit und Sicherheit im Angesicht terroristischer Anschläge, S. 34.

291 Siehe ausführlich unter Vierrath, S. 160 ff., 173.

292 Vgl. Gusy, S. 220 sowie Mager, S. 55 ff.

293 Siehe auch Albrecht, S. 34; Gusy, S. 222; Hoffmann-Riem, S. 120.

294 Ebenso v. Arnauld/Staack, S. 15.

295 Siehe etwa August Hanning, „Sicherheit zuerst! Terroristische Bedrohungslage und staatliche Abwehrmechanismen", in: Das Verhältnis von Freiheit und Sicherheit im gemeinsamen europäischen Raum, Friedrich-Ebert-Stiftung (Hrsg.), Forum Berlin v. 30.05.2005, S. 17–26 (17 ff.).

296 v. Humboldt, Ideen, S. 95.

297 Albrecht, S. 22.

daher die Forderung Humboldts und so gesehen war dessen Sicherheitsbegriff in einem kritischen Sinne gemeint.[298] Humboldt entwarf einen liberalen Rechtsstaat, in dem das Freiheitsrecht der Bürger nicht weiter beschränkt werden darf, „als zu ihrer Sicherstellung gegen sich selbst, und gegen auswärtige Feinde notwendig ist; zu keinem anderen Endzwekke beschränke er ihre Freiheit".[299] Damit ist auch Humboldt zufolge Sicherheit nur um der Freiheit willen zu gewährleisten und nicht umgekehrt.[300]

Es wird hier deutlich, warum es so grundlegend ist, dass Freiheit und Sicherheit im RFSR in ein angemessenes Verhältnis zueinander zu bringen und so beide Aspekte Geltung zu verschaffen. Das bedeutet nicht, die neuartigen bzw. veränderten Gefährdungs- und Bedrohungssituationen im RFSR zu negieren, diese dürfen jedoch auch nicht auf Kosten des Freiheitsrechts gehandhabt werden.

VII. Ergebnis

Zusammenfassend ergibt sich zu dem rechtlichen Bedeutungsgehalt von Freiheit und Sicherheit sowie dessen rechtsstaatlich gebotenen Verhältnisses zueinander Folgendes:

Eine demokratische Rechtsordnung ist kein Selbstzweck, sondern dient der Aufrechterhaltung des Freiheitsrechts des Einzelnen. Damit ist Sicherheit nicht um ihrer selbst willen ein Wert, sondern weil sie Freiheit gewährleistet. Freiheit und Sicherheit stellen in diesem Sinne keine sich gegenüberstehenden gleichwertigen Komponenten dar, sondern es geht um Freiheit *durch* Sicherheit – Sicherheit kann in einer rechtsstaatlichen öffentlichen Ordnung somit immer nur Ausfluss des Freiheitsrechts sein. Allein dieser Bezug auf das Freiheitsrecht gibt der Sicherheit (und das diese gewährleistende Gewaltmonopol) ihre Legitimität, sodass nicht Sicherheit, sondern das Freiheitsrecht die öffentliche Ordnung legitimiert.

Beschränkungen des Freiheitsrechts zugunsten der Sicherheit müssen somit ihren Ausgangs- und Endpunkt in der Ausrichtung auf das Freiheitsrecht haben.

Freiheit und Sicherheit als Paradigmen öffentlicher Ordnung stehen dabei jedoch in einer ambivalenten Beziehung zueinander, da sie sich gleichzeitig gegenseitig bedingen und begrenzen. Ohne Sicherheit ist keine Freiheit, ohne diese jedoch auch keine Sicherheit möglich. Beide Güter stehen somit in einem Komplementärverhältnis zueinander und setzen sich wechselseitig voraus. Damit sind Freiheit und Sicherheit keine abstrakten Antipoden, vielmehr stellen sie zwei Seiten derselben Medaille dar und können aufgrund dieses Spannungsverhältnisses im Konflikt miteinander stehen. Das Recht dient dabei als vermittelndes Ausgleichsinstrument bzw. Steuermodus für die sich mitunter gegenseitig beschränkenden Rechtsgüter Freiheit und Sicherheit.

---

298 Vgl. Albrecht, S. 22.
299 v. Humboldt, Ideen, S. 90.
300 Ebenso v. Arnauld/Staack, S. 11; Calliess, S. 768.

In dem durch diese Schnittmenge von Freiheit und Sicherheit gesteckten Rahmen bewegt sich rechtsstaatliches Handeln, in dem durch Abwägung das gebotene Verhältnis von Freiheit und Sicherheit zu ermitteln ist. Rechtsstaatlich notwendig ist daher stets eine Abwägung zwischen dem faktischen Sicherheitsgewinn und der mit dieser verbundenen Freiheitseinbuße, bei den sicherheitsorientierten Einschränkungen des Freiheitsrechts stets geeignet, erforderlich und angemessen sein müssen. Jede Gesetzgebung, die eine Freiheitseinschränkung des Einzelnen zugunsten der Sicherheit beinhaltet, muss die zwingende Notwendigkeit dafür darlegen. Je mittelbarer der Bezug der staatlichen Sicherheitsmaßnahme zur gebotenen Schnittmenge des Verhältnisses von Freiheit und Sicherheit ist, desto höher sind dessen Rechtfertigungsanforderungen unter freiheitlichen Gesichtspunkten. Eine öffentlich-rechtliche Einschränkung der individuellen Freiheit zugunsten der Sicherheit ist nur dann legitimiert, wenn dem Freiheitseingriff durch einen hinreichenden Sicherheitsgewinn, der der Gewährleistung des Freiheitsrechts dient, eine freiheitssichernde Wirkung zukommt und das Freiheitsrecht dafür aber nicht mehr als unbedingt erforderlich eingeschränkt wird – die sog. „Freiheitsverträglichkeitsprüfung“ von Sicherheitsmaßnahmen.

Die öffentliche Ordnung muss durch eine konsequente Orientierung und strenge Bindung an die Unveräußerlichkeit des Freiheitsrechts gewährleisten, damit Sicherheitsmaßnahmen das Freiheitsrecht nicht schleichend erodieren. Eine elementare Kontrollfunktion spielen hierbei insbesondere die nationalen sowie die EU-Gerichte. In einer demokratischen öffentlichen Ordnung ist die Gewährung eines angemessenen Verhältnisses von Freiheit und Sicherheit zudem nur in einem von Verantwortung geprägten Kooperationsverhältnis von öffentlichen Institutionen und Bürgern realisierbar.

Teil III: Der RFSR als eigenständiger Teilbereich der EU

Eine substantiierte Untersuchung des RFSR anhand des Verhältnisses seiner Elemente Freiheit und Sicherheit ist ohne eine vorherige Erörterung der Eigenständigkeit des RFSR als Teilbereich der EU nicht zufriedenstellend möglich, da der RFSR hier als selbstständiger Untersuchungsparameter herangezogen wird und somit die Anwendbarkeit der vorherigen theoretischen Ausführungen auf das Konstrukt des RFSR aufzuzeigen sind.

Der RFSR ist in den letzten Jahren in das Zentrum der europäischen Politik gerückt und hat sich zu einem der am schnellsten wachsenden und dynamischsten Rechtsbereiche der EU entwickelt.[301] In der Geschichte der europäischen Integration gibt es kein anderes Politikfeld, welches es derart schnell an die Spitze der EU-Verträge sowie in den unmittelbaren Fokus der EU-Agenda geschafft hat. Im Folgenden wird diese Entwicklung des RFSR zu einem eigenständigen Teilbereich der EU (**A.**) dargelegt und sodann der RFSR von dem Binnenmarkt sowie von der Unionsbürgerschaft (**B.**) abgegrenzt. Sodann wird das für die Wirkungsweise sowie Effektivität des RFSR wesentliche Konzept des Raumes (**C.**) und dessen wichtigsten Strukturmerkmale (**D.**) aufgezeigt. Abschließend wird die Relevanz des RFSR für den europäischen Integrationsprozess (**E.**) dargelegt.

A. Die Entwicklung des RFSR zu einem eigenständigen Teilbereich der EU

Im Folgenden soll knapp dargelegt werden, dass und wie sich der RFSR von einem „Anhängsel" des Gemeinsamen Markts zu einem eigenständigen Teilbereich und einer unabhängigen Struktureinheit der EU entwickelt hat. Neben dem EU-Primärrecht sind die Umsetzungs-Programme und die Aktionspläne des RFSR für das Verständnis dessen Konstruktion, Funktionsweise und Einordnung im Rahmen der EU relevant.[302] Dieses begründet sich dadurch, dass in den Umsetzungs-Programmen gemäß Art. 68 AEUV die strategischen Leitlinien für das gesetzgeberische und operative Vorgehen im RFSR festgelegt werden, mithin erfolgen hier grundlegende Festsetzungen und so die Akzentsetzung in der Ausgestaltung des RFSR. Das Ziel der Aktionspläne ist es wiederum die Prioritäten der Programme in die Tat umzusetzen, wofür die Aktionspläne die in den Programmen festgesetzten Ziele konkretisieren und so einen sehr expliziten Einblick in die Struktur des RFSR gewähren.

301 Nettesheim, S. 24 ff. m.w.N.; Monar, S. 165 ff. m.w.N.; Haack, S. 284.
302 So auch Weidenfeld/Wessels und Brown, The Stockholm solution, S. 481.

Einen Anfangspunkt für die Entwicklung des RFSR zu bestimmen, wird durch die große Bandbreite dessen Einzelziele erschwert. Explizit wurde der „Raum der Freiheit, der Sicherheit und des Rechts“ erst durch den Amsterdam-Vertrag im Primärrecht festgesetzt, seine Anfänge liegen jedoch weit früher in der Entwicklung des Unionsrechts und sind daher in die folgende Untersuchung mit einzubeziehen.[303]

I. Vor dem Maastricht-Vertrag

Als Vorläufer im weiteren Sinne für die Schaffung des RFSR der EU sind die Gemeinschaften der EGKS (1951/1952), der EWG und der EAG (1957/1958) einzustufen. Diese zunächst primär auf die wirtschaftliche Integration und die Etablierung eines gemeinsamen Marktes ausgerichteten ersten europäischen Gemeinschaften bereiteten den Boden für jede weitere Form der europäischen Integration und somit auch für den RFSR, indem sie erstmals eine Bündelung der europäischen Interessen und ein gemeinsames Vorgehen auf dem Nenner der Ökonomie möglich machten.

1. TREVI-Gruppe

Auf dem Europäischen Rat von Paris[304] wurden sodann erstmalig Thematiken der Innen- und Justizpolitik in der Diskussion um ein „Europa der Bürger“ aufgegriffen.[305] In den 1970er Jahren entwickelte sich daraufhin erste Ansätze für eine Zusammenarbeit der Mitgliedstaaten außerhalb der EWG in Form der intergouvernementalen Zusammenarbeit als sog. Polizeiliche und Justizielle Zusammenarbeit in Strafsachen (PJZS). Maßgeblicher Bestandteil dieser Zusammenarbeit war die sog. TREVI-Gruppe.[306] Diese Gruppe wurde im Dezember 1975 durch den Europäischen Rat von Rom eingerichtet, um in den Bereichen Inneres und Sicherheit enger zusammenzuarbeiten[307]und so die Risiken sowie Gefahren, die durch die fortschreitende Entwicklung des Binnenmarktes und dem damit verbundenen Freizügigkeitsrecht auftraten, gemeinsam entgegenzuwirken.[308] Konkretes Ziel der

303 Ausführlich zur Entwicklung des RFSR siehe Kraus-Vonjahr, S. 12 ff. und42 ff.

304 Am 9.–10.12.1974.

305 Vgl. Kraus-Vonjahr, S. 13 f.

306 Arg. e Art. 3 der Akte über die Bedingungen des Beitritts des Königreichs Norwegen, der Republik Österreich, der Republik Finnland und des Königreichs Schweden und der Anpassung der die EU begründenden Verträge, ABl. EG 1994 C 241/21, angepasst durch Abl. EG 1995 L1/1. Siehe zudem Calliess/Ruffert, Rdnr. 6; Grabitz/Hilf/Nettesheim, Rdnr. 1–3.

307 TREVI steht für „Terrorisme, Radicalisme, Extrémisme et Violence Internationale“ oder für den ersten Tagungsort des Europäischen Rates nahe dem Trevi-Brunnen von Rom.

308 Hintergrund war der politische Terrorismus in den Siebzigerjahren des 20. Jahrhunderts. Siehe auch Meloni, E.L.Rev. 2009, S. 673 f.

TREVI-Gruppe war die Bekämpfung des Terrorismus und die Koordination der polizeilichen Zusammenarbeit in der Gemeinschaft auf diesem Gebiet. Die TREVI-Gruppe setzte sich aus den Innenministern der EG-Mitgliedstaaten zusammen, war aber nicht Teil des institutionellen EG-Rahmens der Europäischen Gemeinschaften, sondern eine intergouvernamentale Zusammenarbeit.[309]

2. EEA

In dem Weißbuch der Kommission über die Vollendung des Binnenmarktes von 1985[310] war dann bereits der den RFSR prägende und in diese Arbeit zu untersuchender Dualismus angelegt, indem als Ausgleich für das durch die Abschaffung der Personenkontrollen an den Binnengrenzen ausgeweitete Freiheitsrecht Kompensationsmaßnahmen im Sinne der inneren Sicherheit vorgesehen wurden. Diese bisherige Zusammenarbeit wurde durch die Binnenmarktkonzeption der Einheitlichen Europäischen Akte (EEA) von 1986[311], insbesondere deren Ziel der Abschaffung der Grenzkontrollen, in den 1980er Jahren ausgeweitet (u.a. Arbeitsgruppen Einwanderung und Justizielle Zusammenarbeit, Koordinatorengruppe Personenfreizügigkeit) und führte zu einem verstärktem Engagement der EG-Organe in den Gremien intergouvernementaler PJZS-Zusammenarbeit.[312]

3. Adonnino-Ausschuss

Der 1984 vom Europäischen Rat eingesetzte Ad-hoc Ausschuss für das „Europa der Bürger“ (sog. Adonnino-Ausschuss[313]) sollte Vorschläge erarbeiten, um die Bürgerferne der Europäischen Gemeinschaften zu reduzieren und die europäische Integration zu fördern. Das Ergebnis der Arbeit des Ausschusses waren ein Zwischen-[314] und ein Abschlussbericht[315], die von dem Europäischen Rat von Mailand 1985 angenommen wurden. Eine der wichtigsten Maßnahmen, die in den Berichten vorgeschlagen wurden, war der vollständige Verzicht von Personenkontrollen beim Überqueren der europäischen Binnengrenzen.[316] Diese Freizügigkeit als

---

309 Die EG-Organe waren somit für die TREVI-Gruppe nicht zuständig, die Kommission hatte aber einen Beobachterstatus.

310 KOM (1985) 310 endgültig, vom 14.06.1985.

311 Die EEA wurde am 17./28.02.1986 unterzeichnet trat am 01.07.1987 in Kraft, EG-ABl. Nr. L 169/1 ff. v. 29.06.1987.

312 Vgl. Calliess/Ruffert, Rdnr. 6; Grabitz/Hilf/Nettesheim, Rdnr. 1. Siehe auch Meloni, E.L.Rev. 2009, S. 673–674.

313 Nach dem Ausschutzvorsitzenden Pietro Adonnino.

314 Bericht des Ad-hoc-Ausschusses für das Europa der Bürger, in: Bulletin der Europäischen Gemeinschaften, März 1985, Nr. 3, S. 128–134.

315 Bericht des Ausschusses für das „Europa der Bürger“ an den Europäischen Rat von Mailand (Mailand, 28. und 29. Juni 1985), in: Bulletin der Europäischen Gemeinschaften, 1985, Nr. Beilage 7/85, S. 19–33.

316 Siehe Zwischenbericht des Adonnino-Ausschusses unter A.1.

Ausprägung des Freiheitsrechts der EU-Bürger ist heute ein Grundpfeiler des RFSR. Zur Zeit des Adonnino-Ausschusses konnte für den Verzicht auf Personenkontrollen innerhalb der EG jedoch noch keine Mehrheit im EG-Ministerrat erreicht werden.[317]

4. Schengener Übereinkommen

Nach diesem gescheiterten Versuch im Rahmen der EWG eine Einigung über die Abschaffung der Grenzkontrollen zwischen den Mitgliedstaaten im Sinne des Art. 14 EGV-Amsterdam (seit der EEA) zu erzielen, verabschiedeten die EWG-Gründungsmitglieder (außer Italien)[318] am 14.06.1985 das Schengener Übereinkommen über den kontinuierlichen Abbau der Kontrollen an den gemeinsamen Grenzen (SÜ, Schengen I). Am 19.06.1990 folgte das Übereinkommen über die Durchführung des SÜ (SDÜ, Schengen II), beide Übereinkommen wurden explizit als Wegbereiter einer weitergehenden Integration in Rahmen der EG/EU konzipiert, vgl. Art. 140,142 SDÜ. Das Hauptziel der Schengen-Übereinkommen ist der freie Personenverkehr durch die Abschaffung der Kontrollen an den Außengrenzen. Zu diesem Zweck regeln die Übereinkommen den Wegfall der Binnengrenzkontrollen im Schengen-Raum, den Grenzübertritt an der gemeinsamen Außengrenze sowie Bestimmungen und Verfahren für Asylanträge, Aufenthaltstitel und Grenzkontrollen. Als Ausgleichsmaßnahmen sind ebenfalls die polizeiliche und justizielle Zusammenarbeit zwischen den Schengenstaaten einbezogen und später über Art. 74 AEUV das Schengener Informationssystem (SIS)[319] eingerichtet worden.[320] Die Abkommen behandeln damit bereits wesentliche Elemente des späteren RFSR und sind deswegen als dessen konkreter Ausgangspunkt einzustufen.[321]

5. Ergebnis

Zusammenfassend ist die frühe Zusammenarbeit in den Bereichen Justiz und Inneres (ZBJI) noch bis in die 80er Jahre hinein nur zwischenstaatlich außerhalb der

---

317 Bender, ZaöRV 2001, S. 758 ff.

318 Somit die Benelux-Staaten, Frankreich und Deutschland.

319 Das aktuelle SIS der zweiten Generation (SIS II), EG-VO Nr. 1987/2006 des EP und des Rates v. 20.12.2006 über die Einrichtung, den Betrieb und die Nutzung des Schengener Informationssystems der zweiten Generation (SIS II), ABl. L 381, S. 4. Das SIS ist eine spezielle Datenbank, die den zuständigen Behörden der Schengen-Staaten den Datenaustausch über konkrete polizeilich respektive strafrechtlich relevante Tatbestände ermöglicht, Frenz, Europarecht, Rdnr. 668. Zu den datenschutzrechtlichen Problemen des SIS siehe Frenz, Handbuch Europarecht, Bd. 6, Teil 3, Kap. 17, Rdnr. 2854 f.

320 Ausführlich siehe unter Grabitz/Hilf/Nettesheim, Rdnr. 137 ff.

321 Vgl. Calliess/Ruffert, Rdnr. 7; Frenz, Handbuch Europarecht, Bd. 6, Teil 3, Kap. 17, Rdnr. 2688.

Strukturen der Europäischen Gemeinschaft getroffen worden.[322] Zudem ist eine klare Ausrichtung auf den Binnenmarkt zu entnehmen, sodass keine Selbständigkeit der ZBJI attestiert werden kann. Denn sowohl die TREVI-Gruppe als auch die Ausweitung dieser Zusammenarbeit durch die EEA waren als unterstützende Maßnahmen zum Gelingen des Binnenmarktes konzipiert. Der Schengen-Besitzstand war ebenso an dem Binnenmarkt orientiert: Nach dem 1. Erwäggrund der Präambel zum SDÜ wurde dieses Übereinkommen „in der Erwägung, daß der Vertrag zur Gründung der Europäischen Gemeinschaften, ergänzt durch die Einheitliche Europäische Akte, vorsieht, daß der Binnenmarkt einen Raum ohne Binnengrenzen umfaßt," geschlossen.

Die 2. Gemeinsame Erklärung der Schlussakte zu Art. 4 SDÜ bestätigt diese Orientierung auf den Binnenmarkt, indem sie die Vertragsparteien verpflichtet „alles zu tun, um gleichzeitig diesen Termin einzuhalten [...] ohne daß sich hieraus Schwierigkeiten für den Binnenmarkt ergeben dürfen." Zusammenfassend kann mithin gesagt werden, dass die Zusammenarbeit in der ZBJI vor dem Maastricht-Vertrag bereits als spill-over des Binnenmarktes konstruiert wurde[323], eine primärrechtliche Verankerung anstelle der gewählten intergouvernementalen Kooperationen in diesem Rechtsbereich war jedoch aufgrund der Konzentration auf die nationale Souveränität und deren Schutz vor einer EU-Integration nicht möglich gewesen.[324]

II. Der Maastricht-Vertrag

Seinen konkret primärrechtlichen Ursprung[325] hat der RFSR in dem Vertrag von Maastricht von 1992/93[326], durch welchen der Bereich ZBJI als sogenannte 3. Säule der EU geschaffen wurde. Damit erhielt die Zusammenarbeit der Mitgliedstaaten in der Justiz- und Innenpolitik erstmalig einen ausführlichen primärrechtlichen Rahmen[327], was einen relevanten Schritt in Richtung Eigenständigkeit im Gegensatz zu der unstrukturierten zwischenstaatlichen Zusammenarbeit vor Maastricht markiert.[328] Die Institutionalisierung der ZBJI trug dabei der sich abzeichnenden Entwicklung Rechnung, dass die justiz- und innenpolitischen Herausforderungen nicht mehr nur auf nationaler Ebene zu bewältigen waren.[329]

---

322 EU-Kommission, Vertretung in Deutschland, EU-Nachrichten, Themenheft Nr. 10/2005, S. 6.

323 So auch Kaunert, European Internal Security – Towards supranational governance in the AFSJ, S. 47.

324 Kaunert, Construction of a ‚European Public Order', S. 463 ff.

325 So auch Monar, S. 165.

326 Der Vertrag von Maastricht, Amtsblatt Nr. C 191 v. 29.07.1992, wurde am 07.02.1992 unterzeichnete und trat am 01.11.1993 in Kraft.

327 Siehe auch Müller, S. 129 ff., 187 ff.

328 Monar, E.L.Rev. 1998, S. 320.

329 Siehe auch Graf, Die vertragliche Entwicklung des Raumes der Freiheit, der Sicherheit und des Rechts, S. 195 ff.

Gleichwohl prägte die ZBJI noch eine große Zurückhaltung hinsichtlich verbindlicher gemeinsamer Regelungen, was auf die besondere Sensibilität der ZBJI-Materie für die nationale Souveränität zurückzuführen ist. So wird etwa die ZBJI lediglich als Gegenstand eines „gemeinsamen Interesses" in Art. K.1 S. 1 Nr. 1-9 EUV-Maastricht bewertet, was zwar verdeutlicht, dass innerhalb der 3. Säule die einzelstaatliche Dimension überschritten ist, es sich jedoch immer noch „nur" um mitgliedstaatliche Zielen handelt[330] und so gegen die Annahme eines selbstständigen Politikbereiches spricht. Dieses wird dadurch bekräftigt, dass die Mitgliedstaaten ihr nationales Vorgehen im Bereich der ZBJI nach der wenig konkreten Formulierung des Art. K.3 Abs. 1 S. 1 EUV-Maastricht nur koordinieren, indem sie sich gegenseitig im Rat unterrichten und konsultieren.

Materiell-rechtlich umfasste diese politische Kooperation der EU-Mitgliedstaaten nach Art. K.1 ff. EUV-Maastricht die polizeiliche und justizielle Zusammenarbeit in Strafsachen (PJZS – maßgeblich die erwähnte Überführung des TREVI-Besitzstandes[331]), die justizielle Zusammenarbeit in Zivilsachen (JZZ) und flankierende Maßnahmen zum freien Personenverkehr (Harmonisierung der Asyl-, Flüchtlings-, Visa- und Zuwanderungspolitik). Das SDÜ war zunächst Teil der ZBJI der EU und gehörte daher nicht zum Gemeinschaftsrecht, die meisten Mitgliedstaaten der EU sind dem SDÜ aber schrittweise beigetreten.[332] Der Bereich Justiz und Inneres beinhaltete lediglich Intergouvermentalrecht und stellte mithin nur eine Regierungszusammenarbeit im Rahmen der EU dar. So konnten Beschlüsse des Rates (als das die ZBJI dominierende EU-Organ) gemäß Art. K.4 Abs. 3 EUV-Maastricht in der Regel nur nach dem Einstimmigkeitsprinzip ergehen, sodass die Souveränität de facto bei den Mitgliedstaaten verblieb. Das EU-Parlament hatte zudem nach Art. K.6 EUV-Maastricht keinerlei Mitspracherechte und eine Jurisdiktion des EuGH war grundsätzlich nicht vorgesehen gemäß Art. L lit. b EUV-Maastricht.[333]

Zusammengenommen weisen die den Bereich Justiz und Inneres betreffenden Normen des EUV-Maastricht somit keine adäquaten institutionellen Strukturen, rechtliche Mittel sowie eigenständige Ziele auf[334], sodass es sich bei diesem um

330 Fremuth, Die EU auf dem Weg in die Supranationalität – Untersuchung der Rechtsnatur der EU anhand der PJZS, S. 67.

331 Die TREVI-Kooperation wurde in Arbeitsgruppen innerhalb des Lenkungsausschusses II des neuen K.4-Ausschusses fortgeführt, Grabitz/Hilf-Röben, Das Recht der Europäischen Union, Bd. 1, 40. Auflage, Beck Verlag, München 2009, Vorbemerkung zu Titel VI, Rdnr. 3.

332 Italien (27. November 1990), Spanien und Portugal (25. Juni 1991), Griechenland (6. November 1992), Österreich (28. April 1995), Dänemark, Finnland und Schweden (19. Dezember 1996).

333 Hiernach war konnte lediglich in den einzelnen Übereinkommen der ZBJI festgesetzt werden, dass der Gerichtshof für die Auslegung der darin enthaltenen Bestimmungen und für alle Streitigkeiten über ihre Anwendung zuständig ist.

334 Vgl. auch Douglas-Scott, E.L.Rev. 2004, S. 220; Bogdandy/Bast – Monar, S. 750.

keinen eigenständigen Teilbereich der EU handelte. Vielmehr folgte der Bereich Justiz und Inneres entwicklungsgeschichtlich der Logik des Binnenmarktes[335], indem er dessen Funktionskreis durch eigene Maßnahmen sicherte. Der historische und konzeptionelle Ansatz des RFSR als ZBJI war somit zuallererst Flankenschutz für die Verwirklichung des Binnenmarktes.[336]

Diese Einordnung bestätigt der 10. Erwäggrund in der Präambel zum EUV-Maastricht, in dem die Funktion des Bereiches Justiz und Inneres ausdrücklich dahin gehend festgelegt wird „die Freizügigkeit unter gleichzeitiger Gewährleistung der Sicherheit ihrer Bürger durch die Einfügung von Bestimmungen über Justiz und Inneres in diesen Vertrag zu fördern". Hiermit wird die ZBJI explizit auf die Freizügigkeit des EGV ausgerichtet und begrenzt, indem sie als zentrale rechtliche Maßnahme zur Vervollständigung der wirtschaftlichen Integration durch die politische sowie rechtliche Integration konstatiert wird.[337] Die gleiche Fixierung auf die Ziele des Gemeinsamen Marktes ist Art. K1 EUV-Maastricht zu entnehmen, in dem die Funktion des Bereiches Justiz und Inneres explizit als „Zur Verwirklichung der Ziele der Union, insbesondere der Freizügigkeit ..." dargelegt ist. In Art. B, 4. Spiegelstrich EUV-Maastricht wird daher auch nur die „Entwicklung einer engen Zusammenarbeit" in den Bereichen Justiz und Inneres als Ziel benannt und nicht die Etablierung dieses Politikfeldes in der EU. Aus der Untersuchung des Vertrages von Maastricht folgt daher, dass die abgeleitete Aufgabe des Bereichs Justiz und Inneres vor allem darin bestand, die Errungenschaften der EU, allen voran die des Gemeinsamen Marktes, zu sichern und deren Wahrnehmung durch die Bürger zu gewährleisten. Der Bereich Justiz und Inneres war somit kein eigenständiges Strukturelement der EU.

III. Der Amsterdam-Vertrag mit dem Wiener Aktionsplan und dem Tampere-Programm

Im Folgenden wird zuerst der Vertrag von Amsterdam und sodann der Wiener Aktionsplan sowie das dazugehörige Tampere-Programm erörtert.

1. Amsterdam-Vertrag

Mittels des Vertrages von Amsterdam[338] wurde der Bereich Justiz und Inneres unter dem abstrakten und ausfüllungsbedürftigen Terminus „Raum der Freiheit, der Sicherheit und des Rechts" zusammengefasst.[339] Zudem wurde der

335 Siehe Merli, RFSR, S. 21.

336 Müller-Graff, Die justizielle Zusammenarbeit im „RFSR" im System des Europäischen Verfassungsvertrages, S. 1324.

337 Vgl. Grabitz/Hilf/Nettesheim, Rdnr. 55.

338 Der Vertrag von Amsterdam, Amtsblatt Nr. C 340 v. 10.11.1997, wurde am 02.10.1997 unterzeichnet und trat am 01.05.1999 in Kraft.

339 Vgl. den 10. Erwäggrund der Präambel des EUV-Amsterdam.

Schengen-Besitzstand anhand des sogenannten „Schengen-Protokolls“[340] in den Unionsrahmens überführt.[341] Die Umbenennung in die ein wenig kryptische Sammelbezeichnung[342] „RFSR“ der EU ist beachtlich, angesichts dessen, dass hier drei Begriffe verwendet werden, deren Garantie von den Bürgern als originär staatliche Aufgaben begriffen werden.[343] Der Begriff RFSR ist jedoch eine logische Folge der Entwicklung des europäischen Integrationsprozesses[344] und deutet auf eine Abkehr von der Orientierung auf den Gemeinsamen Markt zu einem eigenständigen, übergreifenden und entwicklungsoffenen Konzept der EU hin.[345] So beziffert die EU-Kommission den Begriff des RFSR als „Quintessenz all dessen, was wir an demokratischen Traditionen und Vorstellungen von Rechtsstaatlichkeit“ auf der Ebene der EU besitzen.[346] Es deutet sich somit an, dass hier ein eigenständiger Ansatz hin zu einem Gesamtkonzept[347] gewählt wurde. Zugleich betont die Kommission jedoch, dass es „illusorisch“ wäre zu meinen, dass ein solcher Raum aus dem Nichts geschaffen werden könne[348] und konstatiert damit den Beginn der Ablösungsentwicklung des RFSR von der Ausrichtung auf den Gemeinsamen Markt.

Materiell-rechtlich manifestiert sich diese Entwicklung zudem darin, dass der RFSR gemäß Art. 2 S. 1 4. SpStr. EUV-Amsterdam ausdrücklich zu einem Ziel der EU erhoben wird. Konkret wird dort „die Erhaltung und Weiterentwicklung der Union als Raum der Freiheit, der Sicherheit und des Rechts“ als Ziel der EU benannt – demnach wird nun die Materie des RFSR als solche stärker in den Fokus genommen und nicht nur die Möglichkeit der Zusammenarbeit. Die Zieladressierung der EU in Art. 2 SpStr. 4 EUV-Amsterdam verdeutlicht die Entwicklung, dass der RFSR inzwischen mehr als die Bündelung mitgliedstaatlicher Singularinteressen ist, sondern aus den Angelegenheiten der Mitgliedstaaten eine der EU geworden ist.[349] Zwar dominieren im Amsterdam-Vertrag weiterhin die nationale Souveränität der Mitgliedstaaten im Bereich Justiz und Inneres, aber anhand des Konzeptes des RFSR ist dieser Bereich noch weiter institutionalisiert worden und

---

340 Das „Protokoll zur Einbeziehung des Schengen-Besitzstands in den Rahmen der Europäischen Union“ zum Amsterdam-Vertrag, Amtsblatt Nr. C 340 vom 10/11/1997 S. 0093. Geändert durch den Vertrag von Lissabon (Protokoll Nr. 19), siehe Amtsblatt Nr. 115 vom 09/05/2008 S. 0290 – 0292.

341 Seit 01.05.1999 in Kraft, ABl. L 239 vom 22.09.2000.

342 Dörr, Das beschleunigte Vorabentscheidungsverfahren im RFSR, S. 350.

343 Fremuth, Die EU auf dem Weg in die Supranationalität – Untersuchung der Rechtsnatur der EU anhand der PJZS, S. 68.

344 Elsen, Die Politik im RFSR in der sich erweiternden Europäischen Union, S. 43.

345 So auch Jäger, S. 250 und Kaunert, Construction of a ‚European Public Order‘, S. 467.

346 Mitteilung der Kommission v. 14.07.1998, „Auf dem Weg zu einem Raum der Freiheit, der Sicherheit und des Rechts“, KOM (1998) 459 endg., S. 1.

347 So auch Merli, RFSR, S. 19.

348 Mitteilung der Kommission v. 14.07.1998, a.a.O., S. 1.

349 Fremuth, Die EU auf dem Weg in die Supranationalität – Untersuchung der Rechtsnatur der EU anhand der PJZS, S. 67.

ein elementarer Schritt Richtung Kompetenzabgabe anstelle des mitgliedstaatlichen Souveränitätsvorbehalts gemacht worden.[350] Zudem kommt den Zielvorgaben des Art. 2 EUV-Amsterdam als Leitmotiv für die Tätigkeit der EU eine umfassende normative Bindungswirkung zu; sie sind mithin nicht als bloßer Programmsatz zu interpretieren[351], sondern binden die Organe der EU bzw. der EG ebenso wie die Mitgliedstaaten im Anwendungsbereich des EU- wie auch des EG-Rechts.[352] Demzufolge begründet Art. 2 S. 1 4. Spiegelstrich EUV-Amsterdam einen rechtlich verbindlichen Auftrag zum Aufbau eines RFSR.

Der RFSR stellt damit formell wie auch materiell eine Aufwertung gegenüber der ZBJI dar und erhebt den RFSR zu einem Hauptpolitikfeld der EU.[353] Die JZZ und die flankierenden Maßnahmen zum freien Personenverkehr wurden zudem im Titel IV EGV-Amsterdam ins supranationale Unionsrecht eingegliedert, sodass diese Bereiche des RFSR der Mehrheitsentscheidung im Rat, dem Mitspracherecht des EU-Parlaments und größtenteils der Jurisdiktion des EuGH unterlagen.[354] Dadurch beinhaltete der RFSR nun Intergouvermentalrecht sowie Unionsrecht.[355] Die genannten Zielsetzungen des Art. 2 S. 14. Spiegelstrich EUV-Amsterdam werden durch den Amsterdamer-Vertrag in den jeweiligen Teilen des EUV/EGV zudem erstmals wieder aufgegriffen und inhaltlich näher definiert, sodass die RFSR-Bestimmungen insgesamt um mehr als das Doppelte angewachsen sind und eine massive Ausweitung der Handlungsbefugnisse von EG und EU in den Bereichen Inneres und Justiz mit sich bringen. Das bedeutet eine erweiterte Regelungsdichte der RFSR-Normen mit mitunter sehr detaillierten und spezifischen prozeduralen sowie institutionellen Regelungen[356] (Art. 29–31, 34 EUV-Amsterdam respektive Art. 61–63, 65, 67 EGV-Amsterdam), die zunehmend auf den eigenen Themenbereich und nicht auf den Gemeinsamen Markt ausgerichtet sind.[357]

Insbesondere durch die Einbeziehung des Schengen-Acquis sowie durch die Vergemeinschaftung des Titels VI EGV-Amsterdam ist ein erheblicher Kompetenzzuwachs zu verzeichnen, sodass der Weg zu einem eigenen sowie vermehrten Regelungsgehalt und damit hin zur Eigenständigkeit eröffnet ist.[358] Des Weiteren

---

350 Kaunert, European Internal Security – Towards supranational governance in the AFSJ, S. 51 ff.

351 EuGH, Rs. 24/62, Slg. 1963, S. 141/154; Streinz, Rdnr. 4; Kraus-Vonjahr, S. 7, 11.

352 Streinz, Rdnr. 1,4, 5, Art. 47, Rdnr. 5 ff.; Geiger, EUV/EGV, Rdnr. 2; Jäger, S. 253 m.w.N.

353 Müller-Graff/Monar, S. 29.

354 Nicht justiziabel durch die europäische Gerichtsbarkeit sind gemäß Art. 68 Abs. 2 EGV.Amsterdam Maßnahmen nach Art. 62 Nr. 1 EGV-Amsterdam, welche „die die Aufrechterhaltung der öffentlichen Ordnung und den Schutz der inneren Sicherheit betreffen".

355 Siehe auch Müller, S. 138 ff., 211 ff.

356 Ähnlich Bogdandy/Bast – Monar, S. 765.

357 So auch Merli, RFSR, S. 21 f.

358 Kaunert, Construction of a ‚European Public Order', S. 466 ff.

umfassen nun auch die intergouvernementalen PJZS-Normen nach Art. 34 Abs. 2 lit. b v EUV-Amsterdam erstmalig verbindliche Rechtsinstrumente. Diese Neuerungen sind eine gewaltige Emanzipation und stellen einen deutlichen Schritt in Richtung Eigenständigkeit dar.

Aussagekräftig sind zudem Art. 29 EUV-Amsterdam, nach dem die EU im RFSR das Ziel verfolgt, ihren Bürgern „ein hohes Maß an Sicherheit zu bieten" und Art. 61 lit. e EGV-Amsterdam, in dem die zu ergreifenden Maßnahmen der polizeilichen und justiziellen Zusammenarbeit in Strafsachen „auf ein hohes Maß an Sicherheit abzielen". Demzufolge obliegt der EU im Bereich des RFSR ein weites Sicherheitsmandat hinsichtlich ihrer Bürger, welches vertraglich weder dazu bestimmt ist die Personenverkehrsfreiheit zu kompensieren, noch dieser untergeordnet wird[359] und somit die Ablösung des RFSR von dem Binnenmarktkonzept verdeutlicht. Dass die starke Tendenz des Amsterdam-Vertrages ein eigenständiger RFSR ist, verdeutlicht auch Art. 40 Abs. 1 lit. b EUV-Amsterdam, nach dem eine Verstärkte Zusammenarbeit im Bereich des RFSR gefördert wird, wenn diese „zum Ziel hat, daß die Union sich rascher zu einem Raum der Freiheit, der Sicherheit und des Rechts entwickeln kann".

Der Amsterdam-Vertrag enthält somit wichtige Schritte zur Entkopplung vom Binnenmarkt[360] und veränderte durch die partielle Vergemeinschaftung des RFSR sowie die Schaffung konkreter Handlungsinstrumente die Zusammenarbeit substantiell, sodass eine neue Stufe der Europäischen Integration gegeben ist.[361] Dass die Eigenständigkeit des RFSR jedoch zu diesem Zeitpunkt noch nicht erreicht war, verdeutlicht neben den verbleibenden institutionellen wie rechtlichen Schwächen des Maastrichter Vertrages, dass die Funktion des RFSR weiterhin darin bestand „primär sicherheitspolitische Voraussetzungen für die Gewährleistung des freien Personenverkehrs"[362] in der EU zu etablieren, indem Ausgleichsmaßnahmen für die Herstellung des „Raumes ohne Binnengrenzen" gemäß Art. 29 EUV-Amsterdam und Art. 61 EGV-Amsterdam zu schaffen waren.[363] Diese Ausgleichslogik[364] ist auch durch die Wijsenbeek-Entscheidung[365] des EuGH bestätigt worden, nach der die Abschaffung der Personenkontrollen an den Binnengrenzen „die Harmonisierung der mitgliedstaatlichen Gesetzgebung hinsichtlich der Überschreitung der Außengrenzen der Gemeinschaft, der Einwanderung, der Visa-Erteilung, des Asyls und des Datenaustausches über diese Fragen" voraussetzt. Explizit wird in Art. 65 EGV-Amsterdam zudem die Rechtsetzungskompetenz im Bereich der justiziellen

359 Bogdandy/Bast – Monar, S. 755.

360 Kaunert, European Internal Security – Towards supranational governance in the AFSJ, S. 52.

361 Müller, S. 433.

362 Geiger, S. 190.

363 So auch Müller-Graff, EuR 2009, S. 110.

364 Vgl. hierzu Bogdandy/Bast – Monar, S. 754. Ebenso Merli, RFSR, S. 21.

365 EuGH, Urteil v. 21.09.1999 (*Wijsenbeek*), Rs. C-378/97, Slg. 1999, S. I-6207, Rdnr. 40.

Zusammenarbeit in Zivilsachen davon abhängig gemacht, dass die Maßnahmen „für das reibungslose Funktionieren des Binnenmarktes erforderlich sind". Diese bleibende Ausrichtung kommt ebenfalls noch in dem 10. Erwäggrund der Präambel des EUV-Amsterdam zum Ausdruck, wo es heißt „die Freizügigkeit [soll] unter gleichzeitiger Gewährleistung der Sicherheit ihrer Bürger durch den Aufbau eines Raums der Freiheit, der Sicherheit und des Rechts nach Maßgabe der Bestimmungen dieses Vertrags" gefördert werden.

Mithin obliegt es dem RFSR, trotz erstarkender Eigenständigkeitstendenzen, weiterhin in Abhängigkeit zu dem Binnenmarkt das flächendeckend in der EU zu gewährleisten, was der Binnenmarkt für seine Wirksamkeit beansprucht: Freiheit, Sicherheit und Recht. Gleichwohl sind wichtige Schritte in Richtung Eigenständigkeit des RFSR getan, da der Raum zwar weiterhin stark auf den Binnenmarkt ausgerichtet ist, sich darin jedoch nicht mehr erschöpft[366], sondern unabhängige Tendenzen aufzeigt. Der RFSR ist somit über die Binnenmarktfunktionalität hinausgewachsen, dennoch keineswegs ein vom Binnenmarkt vollkommen separates und zu trennendes Projekt. Dieses zeigt sich an seiner Stellung in der grundlegenden Aufgabenbestimmung, seiner systematischen Lokation (direkt nach Binnenmarkt im EGV) sowie seiner kompetenziellen Ausgestaltung.[367]

2. Der Wiener Aktionsplan und das Tampere-Programm

Diese Einschätzung des RFSR als nun emanzipiertes „Anhängsel" des Gemeinsamen Markts lässt sich anhand des Wiener Aktionsplans[368] von 1998, der sich auf den Vertrag von Amsterdam bezieht, sowie der Themensetzung des ersten Umsetzungsprogramms von Tampere[369] von 1999 verifizieren. Beide Dokumente sind wichtige politische Etappen für die Weiterentwicklung des RFSR nach der Unterzeichnung des Vertrages von Amsterdam[370]:

Sowohl dem Wiener Aktionsplan als auch dem Tampere-Programm ist eine deutliche Aufwertung des RFSR zu entnehmen und damit einhergehend eine Konkretisierung sowie Systematisierung seiner Inhalte.[371] So bekräftigt der Europäische Rat im Tampere-Programm den Entschluss, „die Union zu einem Raum der

---

366 So auch Merli, RFSR, S. 22 und Kraus-Vonjahr, S. 41 f. und Kaunert, Construction of a ‚European Public Order', S. 469.

367 Müller-Graff, Die justizielle Zusammenarbeit im „RFSR" im System des Europäischen Verfassungsvertrages, S. 1325 ff.

368 Wiener Aktionsplan zum Vertrag von Amsterdam, 23.01.1999, Amtsblatt der EGen, 1999/C 19/01.

369 Europäischer Rat von Tampere, 15. und 16. Oktober 1999, Schlussfolgerungen des Vorsitzes, Ratsdokument Nr. 200/1/99, abrufbar unter http://www.european-council.europa.eu.

370 Siehe auch Calliess/Ruffert, Rdnr. 15 f.

371 Wiener Aktionsplan, a.a.O., Teil I, Nr. 2, 3, 5 ff.; Tampere-Programm, a.a.O., § 2 ff., 11 ff., 59.

Freiheit, der Sicherheit und des Rechts auszubauen" und gibt ein „klares politisches Signal zur Bekräftigung dieses wichtigen Ziels".[372] In diesem Sinne wurde durch das Tampere-Programm das Fundament für die einzelnen RFSR-Politikbereiche und damit für einen eigenständigen RFSR gelegt.[373]

In dem Wiener Aktionsplan wird zudem konstatiert, dass der Freiheitsbegriff des RFSR über die Freizügigkeit des Gemeinsamen Marktes hinausgeht und somit verdeutlicht, dass sich der RFSR von seiner Orientierung auf diesen ablöst.[374] Ergänzend dazu wird hinsichtlich des „Raum[s] der Sicherheit" im Aktionsplan konstatiert, dass die Vorteile eines Raums der Freiheit in vollem Umfang nur in einem Umfeld genossen werden können, in dem sich die Menschen völlig sicher fühlen.[375] Somit wird auch das Sicherheitskonzept des RFSR ausdrücklich nicht mehr nur auf die Kompensation wegfallender Binnengrenzkontrollen beschränkt. Dennoch ist beiden Schriften weiterhin eine zwar verminderte, aber gleichwohl primäre Ausrichtung auf die verbesserte Wahrnehmung des Gemeinsamen Marktes durch die Bürger zu entnehmen und damit eine Fixierung auf diesen als Impulsgeber für die europäische Integration und die Gestaltung des RFSR.[376]

Um als Grundlage für kohärente Politik dienen zu können, bedarf es einer umfassenderen Beschreibung des RFSR als die Steuerung menschlicher Mobilität anhand der Hauptbereiche der Regulierung von Migration und der Kriminalitätsbekämpfung[377], die die EU als Rechtsgemeinschaft betont, die insbesondere die Grundrechte achtet und gegen Missbrauch schützt.[378] Der RFSR wurde somit zwar weiterentwickelt und sein Konzept emanzipierter, jedoch wurde ihm noch keine eigenständige, sondern immer noch eine (insbesondere den Binnenmarkt) ergänzende und gewährleistende Rolle im Rahmen der EU-Systematik zugeschrieben. Dieses bestätigt auch die Bilanzierung zum Tampere-Programm durch die Kommission, der zufolge der RFSR zwar schon erheblich vorangeschritten ist, jedoch noch im Entstehen ist und es bis zu dessen Vollendung noch erhebliche Anstrengungen bedarf.[379]

---

372 Tampere-Programm, a.a.O., Einleitung, Absatz 2.

373 Siehe Tampere-Programm, a.a.O., § 11–58; vgl. Haager-Programm, Rat der EU, 16054/04, JAI 559, S. 2, unter I.

374 Wiener Aktionsplan, a.a.O., § 6.

375 Wiener Aktionsplan, a.a.O., § 9.

376 Siehe etwa Wiener Aktionsplan, a.a.O., Teil II, Nr. 25; Tampere-Programm v. 15./16. Oktober 1999, § 2.

377 Baker/Hardin, From past imperfect to future perfect? A longitudinal study of the third pillar, S. 38.

378 Hagedorn, Reformen für Justiz und Inneres: eine Frage der Balance; der RFSR, S. 2.

379 Mitteilung der Kommission an den Rat und das Europäische Parlament v. 02.06.2004, „Raum der Freiheit, der Sicherheit und des Rechts: Bilanz des Tampere-Programms und Perspektiven", SEK(2004)680 et SEK(2004)693, KOM(2004) 401 endgültig, S. 3 ff., 17.

IV. Der Nizza-Vertrag mit dem Haager-Programm sowie -Aktionsplan

Im Folgenden wird zuerst der Vertrag von Nizza und sodann das Haager Programm sowie der dazugehörige Haager-Aktionsplan erörtert.

1. Nizza-Vertrag

Der Vertrag von Nizza wird hier nicht untersucht, da er inhaltlich für die Emanzipationsentwicklung des RFSR mangels grundlegender normativer Reformen von keiner Relevanz ist.[380]

2. Haager-Programm und -Aktionsplan

Dem zweiten Umsetzungsprogramm des RFSR, dem sogenannten Haager-Programm von 2004, sowie dem Haager Aktionsplan von 2005 lässt sich jedoch eine deutliche Lossagung von dem Wirkungskreis des Gemeinsamen Marktes feststellen. Zwar ist die bessere Wahrnehmbarkeit des Gemeinsamen Marktes durch die Bürger unverändert Bestandteil der Umsetzungsmaßnahmen des RFSR, doch stehen nun primär im Rahmen der justiz- und innenpolitischen Zielvorgaben der Haager Dokumente solche Themen im Fokus, welche die EU als Ganzes betreffen.[381] So ist das Vorhaben des RFSR nach dem Haager Programm „von entscheidender Bedeutung [...] in der gesamten Union".[382]

Zudem wird der RFSR als „zentrales Anliegen der Bevölkerung erkannt", welchem durch die EU „vorrangige Bedeutung" zugemessen wird.[383] Somit wird auch das Sicherheitskonzept des RFSR ausdrücklich nicht mehr nur auf die Kompensation wegfallender Binnengrenzkontrollen beschränkt. Hier lässt sich die erstarkende integrationspolitische Rolle des RFSR erkennen, welche sich an den Belangen des Bürgers orientiert und sich eindeutig über die bloße Logik kompensierender Maßnahmen zum Binnenmarkt hinaus entwickelt hat. Diese Einschätzung wird auch durch den Haager Aktionsplan bestätigt, der deutlich detaillierter als sein Vorgänger auf die Politiken des RFSR eingeht und diese in konkrete Maßnahmen umsetzt, welche weit über die Belange des Binnenmarktes hinausgehen.[384] Ein weiterer Hinweis auf die sich festigende Eigenständigkeit des RFSR ist die erhebliche Bedeutung, die das Haager-Programm und der -Aktionsplan im Gegensatz zu deren

---

380 So auch Calliess/Ruffert, Rdnr. 17.

381 Haager Programm, Rat der EU, 16054/04, JAI 559, unter I., S. 3, 3. Abschnitt; S. 4, 2. Abschnitt, Allgemeine Ausrichtung siehe unter II., S. 4 ff., Spezifische Ausrichtung siehe unter III., S. 7 ff.; Haager Aktionsplan, Rat der EU, 9778/2/05, REV 2, JAI 207, S. 5 ff.

382 Haager Programm, Rat der EU, 16054/04, JAI 559, unter I., S. 4, 2. Abschnitt.

383 Haager Programm, Rat der EU, 16054/04, JAI 559, unter I., S. 2, 1. Abschnitt.

384 Haager Aktionsplan, a.a.O., unter 2., 3. und 4.

Vorgängern[385] der Außendimension des RFSR beimessen, indem diese „zunehmend als Priorität" gesehen wird[386] und eine Strategie für alle externen Aspekte des RFSR gefordert wird.[387] Diese folgt anhand einer eigenen Mitteilung der Kommission zur Außendimension des RFSR[388], die nicht auf den Binnenmarkt ausgerichtet ist und verdeutlicht, dass der RFSR zunehmend als eigener Bestandteil der EU gesehen sowie gehandhabt wird.

V. Der Verfassungsvertrag

Der nicht in Kraft getretene Verfassungsvertrag wird hier nicht untersucht. Dieses liegt darin begründet, dass die Normen des Verfassungsvertrages zum RFSR bis auf wenige und für das Untersuchungsziel irrelevante Ausnahmen mit denen des Lissabon-Vertrages identisch sind.

VI. Der Lissabon-Vertrag mit dem Stockholm-Programm und -Aktionsplan sowie dem Post-Stockholm-Programm

Im Folgenden wird zuerst der Vertrag von Lissabon und sodann das Stockholm-Programm sowie der dazugehörige Tampere-Aktionsplan erörtert.

1. Lissabon-Vertrag

Diese Eigenständigkeit des RFSR hat sich spätestens im Lissabon-Vertrag endgültig und primärrechtlich manifestiert. Durch den Vertrag von Lissabon ist auch der Bereich der PJZS in das supranationale Unionsrecht überführt worden, sodass der RFSR nun geschlossen als supranational-einheitlicher Titel V des 3. Teils des AEUV in die EU integriert worden ist und damit (ebenso wie der Binnenmarktsektor) sowohl der Jurisdiktion des EuGH wie auch dem Mitentscheidungsverfahren unterliegt. Zudem sind durch den Lissabon-Vertrag die den RFSR betreffenden Vertragsbestimmungen zum Teil erheblich verändert respektive erweitert worden, sodass ihre Anzahl nunmehr die Anzahl jedes anderen grundlegenden Vertragsziels der EU übersteigt.[389] Mit dieser Zusammenführung als einheitliche Regelung und Erweiterung des Regelungsbereiches ist insofern nicht nur materiell-rechtlich die Eigenständigkeit des RFSR abgeschlossen, sondern auch formal hervorgehoben.

Diese Entwicklung bestätigt die Formulierung des Art. 3 Abs. 2 EUV, nachdem die EU ihren Bürgern einen RFSR als EU-Ziel „bietet" – anstatt diesen wie nach

385 Tampere-Programm, a.a.O., § 59–62.
386 Haager-Programm, a.a.O., unter III., 4.
387 Haager Aktionsplan, a.a.O., unter 1.5.
388 Mitteilung der Kommission, „Eine Strategie für die Aussendimension des Raums der Freiheit, der Sicherheit und des Rechts", 12.10.2005, KOM(2005) 491 endgültig.
389 Siehe hierzu eingehend unter Teil V. Vgl. auch Bogdandy/Bast – Monar, S. 751.

Art. 2 4. Spiegelstrich EUV-Amsterdam lediglich zu erhalten und weiterzuentwickeln.[390] Der Terminus „Bieten" bringt in diesem Kontext deutlich zum Ausdruck, dass der RFSR erstens als verwirklicht[391] und zweitens mangels einer Referenz auf andere Politikfelder der EU als unabhängig anzusehen ist. Zudem stellt diese Formulierung als Selbstverpflichtung[392] erstmalig explizit einen Bezug zwischen der EU als dem Gewährleister und dem einzelnen Bürger als dem Begünstigten des RFSR her[393], was gleichfalls als eine zumindest politisch-symbolische Aufwertung betrachtet werden kann. Mit dem neu formulierten Art. 3 EUV wird der RFSR aus dem Binnenmarktkonzept damit entkoppelt und zu einem eigenständigen Integrationsziel bestimmt.[394]

Zu fragen ist jedoch, ob einer vollendeten Eigenständigkeit des RFSR die Formulierung des Art. 3 Abs. 2 EUV entgegensteht, der zufolge der RFSR ein Raum „ohne Binnengrenzen" ist, in dem „der freie Personenverkehr gewährleistet" wird. Durch diese Aufstellung ist dem RFSR zwar indirekt ein Bezug zu Art. 26 Abs. 2 AEUV gegeben, da die RFSR-Maßnahmen zu dem Binnenmarktziel der Freizügigkeit beizutragen, eine bestehende Abhängigkeit zum Binnenmarkt lässt sich daraus jedoch nicht ableiten. Denn der freie Personenverkehr nach Art. 3 Abs. 2 EUV ist gemäß Art. 67 Abs. 2 AEUV einzig im Sinne der Abwesenheit von Personenkontrollen an den Binnengrenzen definiert und weist somit gerade keinen umfassenden Bezug auf die wirtschaftlichen Grundfreiheiten des Binnenmarktes auf, die weitergehend zu einem „Raum ohne Binnengrenzen" beitragen.[395]

Zudem ist die Verbindung zwischen dem RFSR und der Sicherung des freien Personenverkehrs in Art. 2 Abs. 3 EUV auf den lokalisierenden Begriff „in dem" begrenzt, was bestätigt, dass dieser Bezug den RFSR keineswegs umfassend definiert. Somit wird ersichtlich, dass sich in der genannten Bezugnahme lediglich die

---

390 Der Begriff des Bietens wurde zwar schon in Art. 29 UAbs. 1 EUV-Amsterdam aufgeführt, jedoch zum einen nur im Rahmen der Normen zur polizeilichen und justiziellen Zusammenarbeit und nicht in den Zielbestimmungen nach Art. 2 EUV und zum anderen nicht auf den RFSR als solchen bezogen.

391 Dieses zeigt sich auch in dem Protokoll über den in den Rahmen der Europäischen Union einbezogenen Schengen-Besitzstand, dessen 2. Erwägungsgrund durch den Lissabon-Vertrag dahin gehend geändert wurde, das der Schengen-Besitzstand „zur Verwirklichung des Ziels [beiträgt], den Unionsbürgerinnen und Unionsbürgern einen Raum der Freiheit, der Sicherheit und des Rechts ohne Binnengrenzen zu bieten," und die diesbezügliche vorherige Formulierung im 1. Erwäggrund „der Europäischen Union die Möglichkeit zu geben, sich schneller zu einem Raum der Freiheit, der Sicherheit und des Rechts zu entwickeln," gestrichen wurde.

392 von Bagdandy, Europäische Verfassung und Europäische Identität, S. 362.

393 So auch Bogdandy/Bast – Monar, S. 754.

394 Haack, Der RFSR im Vertrag von Lissabon – Rhetorik oder Integrationsschub?, S. 220. Ebenso Müller-Graff/Monar, S. 29 und Monar, Der RFSR im Verfassungsvertrag des Konvents, S. 537, 538.

395 Siehe hierzu auch Bogdandy/Bast – Monar, S. 754 f.

starke historische Verbindung von dem RFSR und dem Binnenmarkt widerspiegelt sowie ihre bestehende wechselseitige Verbindung im EU-Gefüge – nicht Abhängigkeit – zum Ausdruck kommt. Der RFSR ist von daher vom Binnenmarkt konzeptionell entkoppelt und ein eigenständiger Teil der Union.[396] So ist auch in den speziellen Normen zum RFSR nach §§ 67–89 AEUV kein Verweis mehr auf eine Abhängigkeit zum Gemeinsamen Markt respektive den Binnenmarkt zu finden.[397]

Vielmehr wird die Unabhängigkeit des RFSR im Lissabon-Vertrag dadurch vervollständigt, dass die einzelnen Handlungsermächtigungen gänzlich von der Dienstfunktion (dem Erfordernis dem binnenmarktlichen Personenfreiverkehr oder dem Binnenmarkt insgesamt zu dienen)[398] abgekoppelt werden. So wird die Eigenständigkeit des RFSR etwa dadurch bekräftigt, dass die EU gemäß Art. 67 Abs. 4 AEUV explizit „den Zugang zum Recht" im RFSR erleichtert. Denn diese Hervorhebung des erleichterten Zugangs zum Recht an zentraler Stelle im Vertrag steht in keinem Kontext zum Binnenmarkt und geht eindeutig über eine bloße Logik der Ausgleichsmaßnahmen hinaus.[399]

Von letztlich ausschlaggebender Bedeutung für die Feststellung der Eigenständigkeit des RFSR ist jedoch, dass dieser in Art. 3 Abs. 2 EUV als Ziel der EU an die zweite Stelle aufgerückt ist und somit vor dem Binnenmarkt steht, an dem er sich einst orientierte.[400] Diese Voranstellung ist bemerkenswert[401], indem sie eindeutig die Unabhängigkeit des RFSR vom Binnenmarkt aufzeigt und durch diese Aufwertung zugleich abschließend die Eigenständigkeit des RFSR in der EU-Systematik manifestiert.[402] Nettesheim sieht hier sogar die „innere Teleologie des Primärrechts umgeschrieben", indem der RFSR nunmehr vor dem Binnenmarkt-Ziel gesetzt ist.[403] Der Binnenmarkt und der RFSR stehen nunmehr in einem normativ

396 Müller-Graff, Die justizielle Zusammenarbeit im „RFSR" im System des Europäischen Verfassungsvertrages, S. 1330; 1334.

397 So auch Müller-Graff, EuR 2009, S. 111.

398 Müller-Graff, Der RFSR in der Lissabonner Reform, S. 111.

399 Bogdandy/Bast – Monar, S. 755.

400 An dieser Stelle ist der einzige (im Rahmen der Untersuchung der Eigenständigkeit des RFSR) nennenswerte Unterschied zu den RFSR-Normen des Verfassungsvertrages gegeben: In der entsprechenden Norm des Art. I-3 Verfassungsvertrag ist der RFSR ebenfalls als Ziel der EU in Abs. 2 benannt. Zudem ist jedoch in demselben Satz auch der Binnenmarkt als Ziel festgehalten und nicht (wie in Art. 3 Abs. 2 EUV-Lissabon) in einem separaten Absatz. Damit wird ersichtlich, dass die separate Formulierung der beiden EU Ziele in zwei verschiedenen Absätzen bewusst erfolgt ist und die Eigenständigkeit des RFSR noch deutlicher hervorhebt.

401 Auch wenn zwischen den einzelnen Zielen des Art. 3 EUV kein Rangverhältnis im eigentlichen Sinne besteht, so ist der Anordnung dennoch eine Aussagekraft nicht abzuschreiben.

402 Ebenso Müller-Graff/Müller-Graff, S. 13 ff. und Kaunert, Construction of a ‚European Public Order', S. 472.

403 Nettesheim, Grundrechtsschutz, S. 117 f.

gleichrangigen Verhältnis als eigenständige Konzepte der EU zueinander: der RFSR hat sich endgültig verselbstständigt respektive vom Binnenmarkt „entkoppelt".[404]

Ebenso spiegelt sich in der hohen Positionierung des RFSR als zweites EU-Ziel in Art. 3 Abs. 2 EUV dessen große und stetig zunehmende Relevanz für die EU wieder. Art. 3 Abs. 2 EUV ist mithin aufgrund der hohen Aussage- sowie Symbolkraft die zentrale Norm für die abschließende Einordnung des RFSR als ein eigenständiger Teilbereich der EU. Diese neue Position wird auch dadurch bestätigt, dass der RFSR in der Präambel des EUV und in der Binnenpräambel der EU-Grundrechtecharta (bereits im 2. Absatz) hervorgehoben wird. Letztere stellt den RFSR in einen Zusammenhang zur Unionsbürgerschaft und will dadurch „den Menschen in den Mittelpunkt ihres Handelns" rücken. Diesem Zitat lässt sich entnehmen, dass die EU durch den RFSR nicht selbstzweckhaft die Schaffung neuer Kompetenzen in diesem Politikbereich erlangen soll, sondern dass der RFSR ein umfassendes Konzept in Ausrichtung auf den EU-Bürger darstellt.

Diese Einschätzung wird auch nicht dadurch geschmälert, dass in Art. 81 Abs. 2 AEUV noch ein Verweis im Rahmen des RFSR auf den Binnenmarkt zu finden ist. Denn in Art. 81 Abs. 2 AEUV wird lediglich darauf hingewiesen, dass für den Zweck der Entwicklung einer justiziellen Zusammenarbeit in Zivilsachen mit grenzüberschreitendem Bezug (als einem eigenständigen Ziel des RFSR) nach Art. 81 Abs. 1 AEUV Maßnahmen erlassen werden können, „insbesondere wenn dies für das reibungslose Funktionieren des Binnenmarkts erforderlich ist". Somit wird der Erlass von Maßnahmen, die dem Binnenmarkt (als einem weiteren Ziel der EU) förderlich sind, hervorgehoben. Dieses bedeutet jedoch nicht, dass der RFSR noch von dem Binnenmarkt abhängig wäre, sondern vielmehr deutet das Wort „insbesondere" darauf hin, dass Maßnahmen, die den Binnenmarkt fördern nur ein Teilbereich der justiziellen Zusammenarbeit in Zivilsachen des RFSR ausmachen. Allein aufgrund der Relevanz des Binnenmarktes für die EU und des systematischen Zusammenhangs zum RFSR sind diese Maßnahmen besonders zu gewährleisten.

Dieses Ergebnis wird dadurch bestätigt, dass nach der Vorgängernorm von Art. 81 AEUV (Art. 65 S. 1 EGV-Amsterdam) Maßnahmen im Bereich der justiziellen Zusammenarbeit in Zivilsachen mit grenzüberschreitendem Bezug im RFSR nur rechtlich möglich waren „soweit sie für das reibungslose Funktionieren des Binnenmarkts erforderlich" sind. Somit war die Erforderlichkeit für den Binnenmarkt ein Tatbestandsmerkmal („soweit") für die Zuständigkeit der EU im Bereich der justiziellen Zusammenarbeit in Zivilsachen.[405] Durch den Lissabon-Vertrag ist diese Voraussetzung aufgehoben worden und in Art. 81 Abs. 2 AEUV ist stattdessen nur noch eine Hervorhebung in Bezug auf den Binnenmarkt zu finden, jedoch ist die Erforderlichkeit der Maßnahme für den Binnenmarkt keine Voraussetzung

404 Calliess/Ruffert, Rdnr. 73, 75; Grabitz/Hilf/Nettesheim, Rdnr. 7, 18; Meyer, EuR 2011, S. 190; Müller-Graff, EuR 2009, S. 111 f., siehe aber S. 125; Frenz, Handbuch Europarecht, Bd. 6, Teil 3, Kap. 17, Rdnr. 2794.

405 Siehe auch Frenz, Handbuch Europarecht, Bd. 1, Rdnr. 1777.

mehr. Somit ist der Verweis auf den Binnenmarkt in Art. 81 Abs. 2 AEUV gerade kein Beleg für die weitere Abhängigkeit des RFSR vom Binnenmarkt[406], sondern demonstriert stattdessen die erfolgte Ablösung und Eigenständigkeit des RFSR von den Zielen des Binnenmarktes.

Dass der RFSR über den reinen Bezug zum Binnenmarkt hinausgewachsen ist, wird zudem dadurch deutlich, dass die Art. 67 ff. AEUV gegenüber Art. 114 AEUV lex specialis sind, soweit es um Maßnahmen hinsichtlich des freien Personenverkehrs geht, die nicht den Binnenmarktzugang betreffen.[407] Maßnahmen bezüglich des Personenverkehrs als Marktzugangsfaktor sind demgegenüber auf Art. 114 AEUV und die Freizügigkeitsgrundfreiheiten zu stützen.[408]

Den dargelegten Änderungen durch den Lissabon-Vertrag ist somit präzise zu entnehmen, dass der RFSR die Entwicklung zu einem eigenen Teilbereich respektive eigenständigen Unionszieles der EU vollzogen hat[409] und sich als einheitlicher zentraler Politik- sowie Kompetenzbereich der EU neben dem Binnenmarktkonzept etabliert hat. Der Lissabon-Vertrag entwickelt den RFSR in mehrfacher Hinsicht weiter zu einem eigenständigen, stärker supranationalisierten und homogenisierten Politikbereich[410], der die Entökonomisierung des RFSR konsequent fortsetzt, was sich in der Ausgestaltung des RFSR als eigenständiges EU-Ziel und binnenmarktunabhängig ausgestalteten Kompetenzen im Einzelnen zeigt.[411] Der RFSR ist damit zu einem ebenso wichtigen wie eigenständigen Bestandteil der EU geworden und verleiht der Beziehung zwischen der EU und ihren Bürgern eine neue Dimension. In Anbetracht seiner Relevanz für die rechtliche (und politische) Integration sowie für die Rechtsstellung der Bürger stellt der RFSR berechtigt ein zentrales eigenes Vertragsziel der EU gemäß Art. 3 Abs. 2 EUV dar. Ähnliches findet sich auch bei Suhr[412], nach dem der RFSR „eben nicht nur Gegengewicht oder Komplementärziel zum Binnenmarkt [ist], sondern [...] eigenes Vertragsziel, das sich nicht auf den Zusammenhang mit dem Binnenmarkt reduzieren läßt". Somit erhält die EU anhand der Unabhängigkeit des RFSR im Lissabon-Vertrag ein

---

406 So auch Lenz/Borchardt/Bitterlich, Rdnr. 3, vgl. auch vgl. Müller-Graff, EuR 2009, S. 116.

407 Grabitz/Hilf/Nettesheim, Rdnr. 32.

408 Hat eine Maßnahme mehrere Zielsetzungen zugleich respektive umfasst sie ausnahmsweise mehrere Komponenten, die untrennbar miteinander verbunden sind, ohne dass das eine gegenüber dem anderen nur zweitrangig und mittelbar ist, so wird eine solche Maßnahme auf die verschiedenen einschlägigen Rechtsgrundlagen des AEUV gestützt werden müssen; EuGH, Urteil v. 11.09.2003, Rs. C-211/01, Slg. 2003, I-08913, Rdnr. 38–40.

409 Skouris, Rechtsschutz im RFSR, S. 418.

410 Kainer, Der RFSR nach dem Verfassungsvertrag, S. 284.

411 Kainer, Der RFSR nach dem Verfassungsvertrag, S. 288 f.

412 Calliess/Ruffert, Rdnr. 76. So im Ergebnis auch Bogdandy/Bast – Monar, S. 795.

weiteres integratives Standbein sowie eine neue Stufe der europäischen Integration, indem aus der Wirtschaftsgemeinschaft eine Gemeinschaft der Bürger wird.[413]

2. *Stockholmer Programm und Stockholmer Aktionsplan*

Diese Bewertung der Verselbstständigung lässt sich anhand der Untersuchung der Dokumente zum Stockholmer-Umsetzungsprogramm von 2009 bestätigen. Besonders aussagekräftig ist die Mitteilung der Kommission aus Juni 2009[414], die zur Annahme des Stockholmer Programms führte. Hierin wird der RFSR nunmehr als „Eckpfeiler der europäischen Integration" bezeichnet, der in der EU-Systematik neben dem Binnenmarkt und der Wirtschafts- und Währungsunion als drittes umfassendes europäisches Integrationsprojekt angesiedelt ist.[415] Der RFSR hat sich folglich als eigener Bereich in dem Gefüge der EU etabliert und dient offenkundig der Festsetzung von Freiheit, Sicherheit und Recht in der gesamten EU zum Dienste sowie zum Nutzen der Bürger der EU. Im Kommissionsdokument folgen vielfältige Maßnahmen zur Weiterentwicklung des RFSR, deren alleiniger Fokus der „Aufbau eines Europas der Bürger" ist. Hierin liegt eine Abkehr von der ökonomischen Ausrichtung auf den Gemeinsamen Markt, hin zu einer ganzheitlichen Förderung der europäischen Integration durch eine unionsweite Etablierung der Werte Freiheit, Sicherheit und Recht.[416]

Eben diesen Tenor trägt auch dass daraufhin erlassene Stockholmer Programm vom Dezember 2009[417], in dem kein eindimensionaler Bezug zum Binnenmarkt mehr auszumachen ist, sondern eine ganzheitliche Ausrichtung auf die Menschen in der EU. Nach dem Programm sind die Priorität und einzige Orientierung des RFSR „die Interessen und Bedürfnisse der Bürger", sodass „alle Maßnahmen, die künftig ergriffen werden [...] den Bürger und andere Personen, für die die EU Verantwortung trägt, in den Mittelpunkt stellen" sollen.[418] Alle weiteren Ausführungen des Programms dienen der Konkretisierung dieser Zielsetzung, sodass auch anhand des Stockholmer Programms eine Eigenständigkeit des RFSR unter Ablösung der Ausrichtung am Binnenmarkt angenommen werden muss.

Dieser Bewertung bestätigt auch der Stockholmer Aktionsplan von 2010, nach dem der RFSR einzig „das Europa der Menschen voranbringen" soll und sogar eine „Antwort der EU auf langfristige globale Herausforderungen" ist.[419] Eine Ausrichtung auf den Binnenmarkt hingegen, sei es direkt oder konkludent, ist nicht

---

413 Kainer, Der RFSR nach dem Verfassungsvertrag, S. 305.

414 „Ein Raum der Freiheit, der Sicherheit und des Rechts im Diente der Bürger", KOM(2009) 262, 10.06.2009.

415 KOM (2009) 262, S. 2, unter 1., 4. Absatz.

416 KOM (2009) 262, S. 5, unter 1., 6. Absatz.

417 Stockholmer Programm, Ratsdokument 17024/09 v. 02.12.2009.

418 Stockholmer Programm, Ratsdokument 17024/09, S. 3/4, unter 1.1.

419 Aktionsplan zur Umsetzung des Stockholmer Programms v. 20.04.2010, KOM(2010) 171 endgültig, S. 2, unter 1.

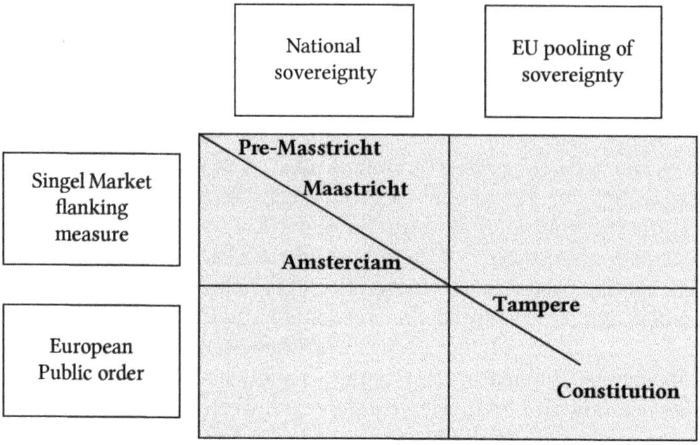

Abb. 1: *The Norm Matrix for the Area of Freedom, Security and Justice.*

mehr festzustellen und stände vielmehr in einem starken Widerspruch zu dem im Stockholmer Programm sowie den diesbezüglichen Dokumenten zum Ausdruck kommenden, umfassenden Auftrag des RFSR. Hieraus wird noch einmal deutlich erkennbar, dass der RFSR vollständig vom Funktionieren des Binnenmarkts abgekoppelt und zu einem eigenständigen Konzept der EU herangereift ist, das den Bürger in den Mittelpunkt seiner Zielsetzung stellt. Diese Entwicklung des RFSR zu einer eigenständigen öffentlichen Ordnung verdeutlicht Abbildung 1[420] sehr anschaulich:

3. Das Post-Stockholm-Programm

Das aktuelle Post-Stockholm-Programm wird hier nicht weiter untersucht, da es inhaltlich für die Emanzipationsentwicklung des RFSR mangels grundlegender diesbezüglicher Reformen von keiner Relevanz ist.

VII. Ergebnis

Als Resultat und Erkenntnis der Untersuchungen der EU-Verträge sowie RFSR-Umsetzungsprogramme ergibt sich damit Folgendes: War der RFSR bei seiner Gründung als Ergänzung des Gemeinsamen Marktes zu betrachten, hat sich dieses

420 Abbildung 1 aus Christian Kaunert, „The Area of Freedom, Security and Justice: The Construction of a ‚European Public Order' ", in: European Security, Vol. 14, No. 4, S. 459–483 (S. 470), Taylor & Francis Group, Oxfordshire 2005.

Verhältnis über die Zeit erheblich verändert und zwar zu einem RFSR als unabhängigen Bereich der EU, welcher neben dem Gemeinsamen Markt als Struktureinheit der EU steht. Die Entwicklung des RFSR ist mithin ein Integrationsprozess, der auf dem Binnenmarkt aufbaut, respektive durch diesen eingeleitet wurde.[421] Die maßgeblichen Triebkräfte dieser Entkoppelungs-Entwicklung des RFSR sind dabei die grenzüberschreitenden Herausforderungen der Justiz- und Innenpolitik in der EU, der Handlungsdruck aus anderen EU-Politikbereichen (spill-over Effekt), die Interessen mitgliedstaatlicher Akteure an einer Europäisierung zur Effektuierung eigener politischer Ziele sowie die Eigendynamik europäisierter RFSR-Politikbereiche.[422] Somit hat der RFSR eine Eigenständigkeit erreicht, welche es gebietet diesen anhand seiner eigenen Elemente zu untersuchen, was unter Teil IV anhand von Freiheit und Sicherheit geschehen soll.

B. Abgrenzung zum Binnenmarkt und zur Unionsbürgerschaft

Anhand der obigen Ausführungen lässt sich mittels einer normativen Betrachtung folgende Abgrenzung des RFSR zum Binnenmarkt[423] sowie zur Unionsbürgerschaft herleiten. Hierbei liegt der Fokus der Untersuchung auf der Abgrenzung zum Binnenmarkt, was sich aus der dargestellten Entwicklungsgeschichte des RFSR und den daraus resultierenden intensiveren Berührungspunkten ergibt.

I. Binnenmarkt

Funktional sind der Binnenmarkt[424] und der RFSR wechselbezüglich, d.h., ihre verschiedenen Politiken sind zumeist komplementär und ergänzen sich mithin in ihrer Wirkung. Der kontrollfreie Personenverkehr des RFSR ist Teil der Freizügigkeitsrechte des Binnenmarktes (Art. 45 und 49 AEUV) und binnenmarktbezogene Maßnahmen fördern wiederum die Freizügigkeit im RFSR. So enthalten der RFSR und der Binnenmarkt in Form der Sachbereiche Personenkontrollen an den Außengrenzen, Reisefreiheit für Drittstaatsangehörige, Asylzuständigkeit und Aufnahme von vertriebenen Personen, eine normative Schnittmenge.[425] Dieses

421 Fremuth, Die EU auf dem Weg in die Supranationalität – Untersuchung der Rechtsnatur der EU anhand der PJZS, S. 95 ff.

422 Kainer, Der europäische RFSR: Stand und Entwicklung eines integrationspolitischen Subkonzepts, S. 273.

423 Nach Art. 2 Nr. 2 Lissabon-Vertrag wird im gesamten AEUV der Begriff „Gemeinsamer Markt" durch das Wort „Binnenmarkt" ersetzt. Siehe die Erläuterungen zu beiden Termini unter Frenz, Handbuch Europarecht, Bd. 1, Rdnr. 34–36.

424 Siehe zur Entwicklung des Binnenmarktes statt vieler Weidenfeld/Wessels – Bearb., S. 95 ff. m.w.N.

425 So auch Grabitz/Hilf/Nettesheim, Rdnr. 104.

zeigt sich auch daran, dass sowohl der RFSR als europäischer Rechtsraum, als auch das ordnungsgemäße Funktionieren des Binnenmarkts auf dem zentralen Prinzip der gegenseitigen Anerkennung beruht. Ein funktionierender RFSR ist für alle Maßnahmen der EU vorteilhaft, denn er unterstützt ihre Entwicklung und trägt zu ihrer erfolgreichen Umsetzung bei.[426] Bezogen auf die Beziehung des RFSR zum Binnenmarkt bedeutet das, dass etwa die intelligente Nutzung moderner Technologien beim Grenzmanagement Bona-fide-Reisenden den Zugang zu Europa im Rahmen des RFSR erleichtern und zudem die Innovation in verschiedenen Industriezweigen der EU-Länder im Sinn des Binnenmarktes anregen kann.[427] Hier zeigt sich die partiell enge Verknüpfung des RFSR und des Binnenmarktes[428], die jedoch keine Abhängigkeit des RFSR (mehr) darstellt.

Der Binnenmarkt und der RFSR können aber auch in Widerspruch geraten, insbesondere können Erfordernisse der Sicherheit der Verwirklichung von Grundfreiheiten im Einzelfall entgegenstehen.[429] Denn normativ sind der Binnenmarkt und der RFSR sehr unterschiedlich aufgestellt. Zum einen besteht eine Differenz in der Ausrichtung sowie Aufgabe der beiden Konzepte innerhalb der EU. So liegt dem RFSR nach Art. 3 Abs. 2 EUV-Lissabon, Art. 67 AEUV ein weites Zielkonglomerat zugrunde, während der Binnenmarkt auf einer konkreten Definition gemäß Art. 26 Abs. 2 AEUV basiert.[430] Eng damit verbunden ist das weitere Abgrenzungsmerkmal, dass der RFSR eine politisch offene Zielsetzung ohne einen konkreten integrationstheoretischen Hintergrund aufweist[431] und der Binnenmarkt indessen auf eine „finalité“[432] mit dahinterstehender fundierter Wirtschafts- und Integrationstheorie fußt.[433] Damit ist der RFSR im Gegensatz zum Binnenmarkt recht konturlos und muss ohne eine mit dem Binnenmarkt vergleichbare, aus dem Antrieb subjektiver Rechte gespeiste Eigendynamik auskommen, sodass es des fortgesetzten Einigungswillens der Mitgliedstaaten bedarf.[434] Diese kompetenzbegrenzende Konturenschwächung macht den RFSR zudem zugänglicher für diskretionäre politische Inhaltsfüllung.[435]

Ein weiterer Unterschied liegt in der inhaltlichen Orientierung, hier geht der RFSR über den Regelungsbereich des Binnenmarktes hinaus, wie in Teil III,

---

426 Vgl. auch Stockholmer Aktionsplan, a.a.O., unter 4.

427 Vgl. Stockholmer Aktionsplan, a.a.O., unter 5.

428 Siehe zu den Ähnlichkeiten zwischen dem Binnenmarkt und dem RFSR eingehend Lavenex/Wagner, Which European Public Order?, S. 229–232.

429 Siehe Schlussantrag des Generalanwalts Yves Bot v. 15.07.2010, Rs C-137/09, ECLI:EU:C:2010:433.

430 Siehe auch Nettesheim, S. 42 f.

431 Meyer, EuR 2011, S. 169 ff., insbes. 171.

432 So Nettesheim, Grundrechtsschutz, S. 145 m.w.N.

433 Siehe ausführlicher unter Frenz, Handbuch Europarecht, Bd. 1; Müller-Graff, EuR 2009, S. 109.

434 Kainer, Der RFSR nach dem Verfassungsvertrag, S. 285 f.

435 Müller-Graff, Der RFSR in der Lissabonner Reform, S. 111.

A. ausführlich erörtert. Aufgrund dessen beinhalten die (potenziell möglichen) Maßnahmen im RFSR, im Gegensatz zu den Normierungen des Binnenmarktes, zahlreiche der intensivsten Formen staatlicher Machtausübung gegenüber den EU-Bürgern[436] und ebenfalls gegenüber Drittstaatsangehörigen, welche als illegale Einwanderer respektive Asylsuchende der restriktiven Seite der Asyl- und Einwanderungspolitik sowie der PJZS im RFSR ausgesetzt sein können.[437] Maßnahmen im Bereich des RFSR können Rechte von Einzelnen in sehr viel unmittelbarerer Form berühren als beispielsweise wirtschaftliche Regelungen im Bereich des Binnenmarkts. Damit haben die Regelungen im Bereich des RFSR eine erheblich größere Affinität die Freiheitsrechte des Einzelnen in einer sehr viel intensiveren Form zu beeinträchtigen als die wirtschaftlichen Maßnahmen im Bereich des Binnenmarkts. Dass von den RFSR-Maßnahmen somit eine höhere Verletzungsgefahr für die Freiheitsrechte der Bürger ausgeht, wird dadurch noch verstärkt, dass die Funktionsweise des RFSR, anders als im Binnenmarkt, im Wesentlichen (noch) hauptsächlich auf der mitgliedstaatlichen Zusammenarbeit basiert[438] und dadurch erhebliche Differenzen zwischen den mitgliedstaatlichen Rechtssystemen bestehen, die sich auf das Freiheitsrecht des Einzelnen negativ auswirken können.[439]

Aufgrund der breiteren inhaltlichen Ausrichtung ist dem RFSR zudem eine andere integrative Ausrichtung inne als dem Binnenmarkt. Während Letzterer rein wirtschaftlich orientiert ist, obliegt dem RFSR ein umfassenderer Integrationsauftrag.[440] So forciert der RFSR etwa im Gegensatz zum Binnenmarktkonzept eine Öffnung der Binnengrenzen unabhängig von einer wirtschaftlichen Betätigung und losgelöst von der Staatsangehörigkeit, vgl. Art. 67 Abs. 2 sowie Art. 77 Abs. 1 lit. a AEUV.[441] Auch in dem gewährten Rechtsstatus bestehen Ungleichheiten in der Form, als das der Binnenmarkt anhand der Grundfreiheiten eine Vielzahl an subjektiven Rechten beinhaltet, während im RFSR-Primärrecht nur über die EU-Grundrechtecharta explizite subjektive Rechte vorliegen und ansonsten keine primärrechtlich unmittelbar anwendbaren Gewährleistungen vorhanden sind.[442]

Allerdings besteht in dem Modell der Freiheitsgewährung im RFSR eine Parallele zu den Grundfreiheiten im Binnenmarkt, indem die Personenverkehrsfreiheiten durch ein materielles Beschränkungsverbot verstärkt werden. Darüber hinaus ist der RFSR durch andere rechtliche Strukturen und Instrumentarien

---

436 U.a. Verhaftung, Gefängnisstrafen, das Einfrieren von Vermögenswerten und die Speicherung sowie Auswertung von persönlichen Daten; s.o. unter Teil III, B. und Bogdandy/Bast – Monar, S. 789.

437 Rückführungsabkommen mit Drittstaaten, reduzierte Verfahrensgarantien bei offensichtlich unbegründeten Asylanträgen etc., siehe Bogdandy/Bast – Monar, S. 789.

438 Hierzu ausführlich unter Teil IV,B.,I.

439 Vgl. auch Bogdandy/Bast – Monar, S. 790.

440 Hierauf wird unter Teil III, B. konkret eingegangen.

441 Siehe Frenz, Handbuch Europarecht, Bd. 6, Teil 3, Kap. 17, Rdnr. 2700.

442 Haack, S. 287 ff. Dieser Aspekt wird noch unter Teil III f. explizit erörtert.

als der Binnenmarkt geprägt. Dieses manifestiert sich an der Beschlussfassung, der Rechtssetzung, deren Bindungswirkung, der gerichtlichen Kontrolle und der Rechtsprechung, wie obig unter Teil II, A. ausgeführt. Abschließend ist auch die räumliche Erstreckung im RFSR eine andere als im Binnenmarkt, da aufgrund der Opt-outs im Schengen-Besitzstand und anderen Bereichen, einige Mitgliedstaaten bei bestimmten Regelungsaspekten ausgenommen sind und andere Nicht-Mitgliedstaaten assoziiert sind.[443] Gemessen am Homogenitätsmodell der gleichen Teilnahme aller Mitgliedstaaten an der Integration ist der RFSR daher im Unterschied zum binnenmarktrechtlichen Raum vom Merkmal territorialer Unvollständigkeit geprägt.[444]

Zusammenfassend stehen der RFSR und der Binnenmarkt nach Art 3 Abs. 2 und 3 EUV-Lissabon als operative Hauptziele der EU unabhängig voneinander nebeneinander. Diese Unabhängigkeit spiegelt sich zudem in den obig aufgezeigten, elementaren Unterschieden hinsichtlich Ausrichtung, Organisation etc. wieder. In der „Lebenswirklichkeit" der EU besteht jedoch zugleich eine große Wechselbezüglichkeit, die allerdings nicht mit Abhängigkeit zu verwechseln ist, sondern vielmehr auf der Struktur und Wirkungsweise der EU basiert, welche auf Kohärenz angelegt ist. Ebenso ist hier die dargelegte Entstehungsgeschichte des RFSR zu beachten, die eine konsequente Weiterentwicklung des Binnenmarkts ist und mithin auch als eigenständiges Konzept weiterhin in einem funktionalen Zusammenhang zu diesem steht.

II. Unionsbürgerschaft

Die Unionsbürgerschaft[445] und der RFSR sind gleichfalls funktional wechselbezüglich. Das wird daran deutlich, dass der kontrollfreie Personenverkehr ein flankierendes Element der Unionsbürgerschaft ist, insofern als diese im Kern auf die Freizügigkeit (Art. 21 AEUV) des einzelnen Unionsbürgers im EU-Gebiet zielt.[446] Die Unionsbürgerschaft gemäß Art. 9 EUV i.V.m. Art. 20-25 AEUV ist wiederum die Basis der Rechtsstellung des Einzelnen[447] in der EU und somit auch im RFSR.[448] Nach Art. 20 Abs. 1 AEUV ist jeder Staatsangehörige eines Mitgliedstaats auch Unionsbürger, wobei die Unionsbürgerschaft die nationale Staatsangehörigkeit nicht ersetzt, sondern lediglich ergänzt. Mithin wirkt die Unionsbürgerschaft

443 Vgl. Protokolle zum Lissabon-Vertrag, siehe die diesbezüglichen Erläuterungen unter Teil II, A. und B. Siehe zudem Müller-Graff/Müller-Graff, S. 19–26.

444 Müller-Graff, Der RFSR in der Lissabonner Reform, S. 108.

445 Siehe zur Entwicklung der Unionsbürgerschaft statt vieler unter Weidenfeld/Wessels – Bearb., S. 355 ff. m.w.N.

446 Zur Freizügigkeit als Unionsbürgerrecht siehe ausführlich unter Scheuing, EuR 2003, S. 744–792.

447 Welche Rechtsstellung der Grundstatus der Unionsbürgerschaft genau umfasst siehe Nettesheim, S. 27 ff.

448 EuGH, Urteil v. 20.09.2001, Rs. C-184/99, Slg. 2001, S. I-6193, Rdnr. 31.

begrenzter als der RFSR, der seinen „Bürgerinnen und Bürgern" dienen soll und nach Art. 3 Abs. 2 EUV, Art. 67 ff. AEUV somit nicht nur den Staatsangehörigen der Mitgliedstaaten zur Verfügung steht. Das wechselbezügliche Verhältnis von der Unionsbürgerschaft und dem RFSR kommt auch in dem zweiten Absatz der GRC-Präambel zum Ausdruck, die proklamiert, dass die EU den Menschen in den Mittelpunkt ihres Handelns stellt, indem sie die Unionsbürgerschaft und einen RFSR begründet. Der RFSR und die Unionsbürgerschaft sind somit zwei autarke Konzepte der EU, die jedoch funktional miteinander verknüpft sind und sich so ergänzen.

III. Ergebnis

Der RFSR hat sich zu einem eigenständigen Element der EU entwickelt und steht nun unabhängig neben dem Binnenmarkt und der Unionsbürgerschaft. Gleichwohl stehen (insbesondere) diese drei Konzepte der EU in einer engen Wechselbeziehung zueinander, die aus den thematischen Überschneidungen sowie entwicklungspolitischen Zusammenhängen resultiert. Will man daher dem RFSR eine positive konzeptionelle Dimension abgewinnen, muss man ihn mit diesen beiden Elementen verbinden, aus denen er zuallererst seinen Inhalt bezog und denen er damit auch seine integrationstheoretische Sinnfälligkeit verdankt: Den unmittelbar anwendbaren freizügigkeitsrelevanten Normen des Binnenmarktes als Vorreiter und Garant subjektiver, unmittelbar anwendbarer Freizügigkeitsrechte sowie dem allgemeinen unionsbürgerlichen Freizügigkeitsrecht.[449] Dies führt dazu, den RFSR als den aus binnenmarktlichen und unionsbürgerlichen Freiheitsraum konstituierten und intensivierten, rechtlich befriedeten Freiheitsraum zu verstehen.[450] Diese Verbindung muss gerade auch im Rahmen eines eigenständigen RFSR und dessen Verhältnis von Freiheit und Sicherheit aufrechterhalten werden.

C. Das Konzept des Raumes im RFSR

Nach Gusy[451] ist der öffentliche Raum, derjenige, der nicht dem Privaten vorbehalten ist und mithin durch die Zugänglichkeit sowie Nutzbarkeit durch einen unbestimmten Personenkreis charakterisiert ist. Dem öffentlichen Raum kommt demnach eine selbstständige und positive Funktion zu, indem die Qualifikation des Raumes zuvorderst durch die Qualifikation der bestimmungsgemäß in ihm vorgenommenen Handlungen zu bewerten ist. Seit der EEA ist ein zunehmendes normatives „Raumdenken"[452] respektive raumstrategisches Integrationsdenken in der EU

449 Siehe Müller-Graff, EuR 2009, S. 125 f.
450 Siehe Müller-Graff, EuR 2009, S. 125 f.
451 Gusy, S. 217. Demgegenüber beinhaltet das Private den Rückzugsraum der Einzelnen.
452 Vgl. Müller-Graff, EuR 2009, S. 106 f.; Müller-Graff, Integration, S. 36 mit vertiefenden Ausführungen sowie insbesondere Bogdandy/Bast – Monar, S. 755 ff.

festzustellen[453], deren (nicht deckungsgleiche) Bestandteile u.a. der hier relevante RFSR und der Schengen-Raum[454] sind.[455] Um die Wirkungsweise des RFSR als Raum zu verstehen und dessen Bedeutung für das Verhältnis von Freiheit und Sicherheit bewerten zu können, wird im Folgenden die Funktionsweise des RFSR als „Raum" sowie dessen Bedeutung für das Verhältnis von Freiheit und Sicherheit dargelegt.

I. Der RFSR als Raum

Zuerst ist der Funktionsraum RFSR territorial zu begreifen und durch die Staatsgebiete der Mitgliedstaaten bestimmt.[456] Die Normen des Titels V AEUV gelten für alle Mitgliedstaaten und ihr Staatsgebiet[457], sofern sich nicht Sonderregelungen aus Protokollen für einzelne Staaten ergeben.[458] Die territoriale Bedeutung des Terminus „Raum" im RFSR ergibt sich daraus, dass die EU ihren Bürgern den RFSR nach Art. 3 Abs. 2 EUV „bietet"[459], dieser Raum mithin schon existiert. Demzufolge sind

453 Müller-Graff, Der RFSR in der Lissabonner Reform, S. 106; Nettesheim, Grundrechtsschutz, S. 118.

454 Der Schengen-Raum ist nicht identisch mit dem RFSR, da auch nicht EU-Mitglieder wie die Schweiz, Norwegen, Island und Lichtenstein dem Schengen-Abkommen angehören. Die drei Länder sind keine Mitgliedstaaten der EU und daher mittels Assoziierungsabkommen Schengen-Mitglieder. Für Norwegen und Island siehe Art. 6 des Protokolls Nr. 19 zum Lissabon-Vertrag; für die Schweiz siehe Beschluss 2008/146/EG des Rates v. 28. Januar 2008, Amtsblatt Nr. L 053 v. 27/02/2008 S. 0001–0002.

455 Weitere Beispiele sind der Binnenmarkt i.S. eine „Raumes ohne Binnengrenzen" (Art. 3 Abs. 3 i.V.m. Art. 26 Abs. 2 AEUV) und der in der Beziehungen zu den Ländern in der Nachbarschaft der EU herzustellende „Raum des Wohlstands und der guten Nachbarschaft" (Art. 8 Abs. 1 EUV). Ebenso die gängigen Bezeichnungen der EU als „Rechtsraum", „Wirtschaftsraum" etc. Vgl. Battis/Kersten, S. 4 f; Müller-Graff/Monar, S. 30 f.; Müller-Graff, EuR 2009, S. 107 ff. Siehe auch: „Der europäische Raum – die Konstruktion der europäischen Grenzen", Petra Deger/Robert Hettlage (Hrsg.), 1. Aufl., Verlag für Sozialwissenschaften, Wiesbaden 2007. Siehe ebenfalls Müller-Graff, Der RFSR in der Lissabonner Reform, S. 107.

456 Somit identisch mit Raum ohne Binnengrenzen, Götz, Ein Raum der Freiheit, der Sicherheit und des Rechts, S. 187 ff.

457 Dabei erfasst der RFSR alle Personen (Unionsbürger, Drittstaatsangehörige und Staatenlose), die sich im EU-Raum aufhalten, vgl. Grabitz/Hilf/Nettesheim, Art. 67, Rdnr. 53.

458 Derartige Sonderregelungen finden sich in den jeweiligen einzelstaatlichen Protokollen zum AEUV/EUV über das Vereinigte Königreich, Irland und Dänemark, sowie in dem Schengen-Protokoll und dem Protokoll über die Übergangsbestimmungen. Letzteres ist besonders relevant für den PJZS-Besitzstand, auf den nach Art. 9, 10 Übergangsbestimmungen-Protokoll für eine Übergangszeit von 5 Jahren die Handlungsformen und der Rechtsschutz gemäß Amsterdam-Vertrag anzuwenden ist.

459 Zuvor nach Art. 2 EUV-Nizza „erhalten."

die mitgliedstaatlichen Territorien, die aufgrund des Souveränitäts- und des Territorialitätsprinzips zugleich eigene nationale „Räume" darstellen (insbesondere in Anbetracht des sensiblen Bereichs der Innen- und Justizpolitik), im Sinne der Bildung eines RFSR zu einem einheitlichen EU-„Raum" integriert worden.[460] Somit ist der RFSR ein Raum (ohne Binnengrenzen, Art. 3 Abs. 2 EUV), der sich aus der Gesamtheit der Territorien der Mitgliedstaaten der EU zusammensetzt. Der Terminus „Raum" im RFSR weist mithin einen einheitlichen territorialen Anspruch auf, dessen konzeptionelle Ausgestaltung u.a. durch die Verknüpfung des RFSR mit der Freizügigkeit, durch die Abschaffung der Binnenpersonenkontrollen und durch den angestrebten „Europäischen Rechtsraum" erkenntlich wird.[461]

Der Begriff „Raum" ist in dem Kontext des RFSR jedoch nicht primär geografisch zu verstehen, sondern als ein Rechtsraum.[462] Eine grobe Analyse des Begriffs „Raum" im Rahmen der EU zeigt, dass dieser in der Regel auf Bereiche Anwendung findet, die keiner entwickelten „gemeinsamen Politik" unterliegen, aber hinsichtlich des Erreichten respektive der Zielsetzung über eine lediglich zwischenstaatliche Zusammenarbeit hinausgehen.[463] Zudem vereint der Terminus „Raum" ein bestimmtes Element, indem er Grenzen aufweist, deren Inneres von dem Äußeren divergiert, mit einem unbestimmten Element, indem er keine konkrete Aussage darüber trifft, welche Form bzw. Intensität gemeinsame Maßnahmen aufweisen.[464] Beide angeführten Charakteristika des Raumbegriffes prädestinieren diesen Terminus als Oberbegriff für die durch eine geringe materielle Homogenität gekennzeichnete Innen- und Justizpolitik der EU bis zu einem bestimmten Grade: Eine umfassende gemeinsame Politik der EU auf sämtlichen Gebieten des RFSR besteht nicht, jedoch eine Vielzahl divergierender Ansätze zu gemeinsamen Politiken, die ihr bestimmendes Element in der gemeinsamen Teilhabe der Mitgliedstaaten im Bereich der Innen- und Justizpolitik haben.[465]

---

460 Siehe auch Bogdandy/Bast – Monar, S. 757.

461 In den Schlussfolgerungen des Europäischen Rates von Tampere, Tampere-Programm, a.a.O., S. 2, Nr. 3 (3. „Meilenstein"), wird in Bezug auf den RFSR erstmalig die Formulierung „unser Gebiet" (anstelle des Plurals „unsere Gebiete") verwendet, vgl. auch Bogdandy/Bast – Monar, S. 757.

462 Lindahl, E.L.Rev. 2004, S. 464 f.

463 Bogdandy/Bast – Monar, S. 756; Müller-Graff/Monar, S. 30. Siehe auch Nettesheim, Grundrechtsschutz, S. 118 ff.

464 Siehe hierzu ausführlich Lindahl, E.L.Rev. 2004, S. 462 ff.

465 So auch Müller-Graff/Monar, S. 30; Bogdandy/Bast – Monar, S. 756. Dieses galt erst Recht zur Zeit der Einführung des RFSR durch den Amsterdamer-Vertrag: Eine Einigung hinsichtlich einer „gemeinsame Politiken" in diesem sensiblem Bereich war aufgrund diverser Mitgliedstaaten nicht möglich. Um dennoch über eine bloß intergouvermentale Zusammenarbeit hinauszugehen wurde der Terminus „Raum" als (bzgl. der inneren Gestaltung offener) Kompromiss gewählt. So umfasst der Begriff nicht nur die intergouvermentale dritte Säule, sondern ebenso die vergemeinschaftete erste Säule.

Das inhaltliche Raumkonzept des RFSR ist unter dem Gesichtspunkt seiner integrationstheoretisch ableitbaren Fundierung bei isolierter Betrachtung rätselhaft, da die heterogenen RFSR-Thematiken fast beliebig wirken[466]: Grenzkontrollen, ziviljustizielle Zusammenarbeit, Einwanderung, polizeiliche und justizielle Zusammenarbeit in Strafsachen, Visa sowie Asyl. Im Licht der historisch aufgezeigten Genese der primärrechtlichen RFSR-Acquis (von den ursprünglich neun Bereichen gemeinsamen Interesses der Mitgliedstaaten in der dritten Säule des Maastricht-Vertrages bis zu der derzeitigen supranationalen Festsetzung im Lissabon-Vertrag), lassen sich die RFSR-Politiken jedoch im Kern als ein Ausfluss des Binnenmarktkonzepts verstehen, der sich immer weiter verselbstständigt hat.[467] Die regelungstechnische Aufspaltung des Raumes „RFSR“ hat demnach politische und keine sachlich-inhaltlichen Gründe, indem sie der stark differenzierten Integrationsbereitschaft der EU-Mitgliedstaaten Rechnung trägt und zudem äußerst heterogene Materien umschließt, deren politische Sensibilität darüber hinaus auch noch sehr unterschiedlich ist.[468]

Die verschiedenen Ansprüche, welche mit der Bandbreite an unterschiedlichen Politikgestaltungen (in Zielsetzung und gegebenen Rechtsinstrumenten) im RFSR einhergehen, werden durch den flexiblen Terminus des Raumes umfasst. Elemente des RFSR als internen Raumes sind etwa darin zusehen, dass der RFSR keine Binnengrenzen aufweist (Art. 3 Abs. 2 EUV-Lissabon), gemeinsame Außenkontrollen im Rahmen des Schengensystems vorsieht[469], ein interner nahezu „grenzenloser“ Datenaustausch im Sinne eines Datentransferraumes stattfindet[470] und im Rahmen der justiziellen Zusammenarbeit in Strafsachen etwa mittels des Europäischen Haftbefehls in wesentlichen Teilbereichen die nationalen Grenzen des mitgliedstaatlichen Haftbefehls aufgehoben sind.[471]

Von nicht minderer Relevanz für den RFSR ist die Außendimension des Konzepts des „Raumes“, da sich dieser immer durch sein Verhältnis zum „Außen“ definiert. Je weiter sich daher der RFSR entwickelt, desto größer ist der Bedarf

466 Müller-Graff, Der RFSR in der Lissabonner Reform, S. 109 f.

467 Müller-Graff, Der RFSR in der Lissabonner Reform, S. 109 f.

468 Siehe Nettesheim, Grundrechtsschutz, S. 118 ff.

469 Die Grenzschutzbehörde des Mitgliedstaates entscheidet über die Einreise in das gesamte Schengengebiet, nicht nur bezüglich des betroffenen Mitgliedstaates (Gemeinsamen Handbuch, 2002/C313/02, Teil I, 1.1). Zudem regeln zwar die nationalen Behörden die Außengrenzen, jedoch gemäß des „Gemeinsamen Handbuch“ der Schengen-Mitgliedstaaten in der Form, als ob die Außengrenzen einen gemeinsamen Raum umschließen (2002/C313/02, vor Teil I, Teil II, 1.3).

470 In dem RFSR ist eine intensive Vernetzung der Datenbanken der nationalen Sicherheitsbehörden gegeben, wobei das SIS sowie Europol Schlüsselrolle einnehmen; sieh die Ausführungen und Nachweise unter Teil II, B.

471 Rahmenbeschluss 2002/584/JI des Rates vom 13.06.2002 über den Europäischen Haftbefehl und die Übergabeverfahren zwischen den Mitgliedstaaten, EU-ABl. 2002 Nr. L190/1.

die gemeinsamen internen Maßnahmen durch gemeinsame äußere Maßnahmen zu ergänzen. So wurden mit dem Amsterdam-Vertrag außenpolitische Erwägungen in die Anwendungen der Normen des RFSR einbezogen sowie die gleichfalls eingeführte Vertragsschließungsmöglichkeit im ZBJI (vgl. Art. 2 Nr. 15 Amsterdam-Vertrag i.V.m. Anhang 16 und 19 EGV bzw. 18 EGV) stetig weiterentwickelt (Art. 79 Abs. 3, Art. 216 ff. AEUV)[472], sodass die Außendimension des RFSR heute als vollwertiger Konzeptionselement des RFSR zu sehen ist.[473]

II. Bedeutung des Raum-Konzepts für Freiheit und Sicherheit im RFSR

Durch die Konzeption des RFSR als Raum ist das Ziel *eines* alle Mitgliedstaaten gleichermaßen umfassenden Raumes im Sinne Gusys postuliert, sodass dem Terminus „Raum" für den RFSR als Integrationsprojekt eine Schlüsselbedeutung zukommt, indem dieser Raum das Fundament für die Begründung sowie Weiterentwicklung von Freiheit, Sicherheit und Recht in der EU ist.[474] Dementsprechend ist das Raum-Konzept des RFSR grundlegend für die Ausgestaltung des Verhältnisses von Freiheit und Sicherheit in diesem. Denn ein rechtsstaatlich angemessenes Verhältnis von Freiheit und Sicherheit kann im RFSR nur dann als gegeben gelten, wenn beide Güter in diesem gesamten Raum einheitlich gewährleistet sowie ausgestaltet sind. Dieses wird dann besonders deutlich, wenn das Raum-Konzept des RFSR tangiert wird und nur noch unzureichend als Basis für ein angemessenes Verhältnis von Freiheit und Sicherheit fungieren kann.

So ist die Zweiteilung des RFSR durch die Außengrenzkontrollen nach dem Schengen-Abkommen, insbesondere hinsichtlich der neuen EU-Bürger, ein erheblicher Mangel für die Integrationswirkung sowie Glaubwürdigkeit des RFSR und verhindert ein umfassendes Freiheitsrecht. Dem Raum-Konzept konträr verhalten sich auch die aktuell immer wieder anvisierten bzw. durchgesetzten Vorhaben einzelner Staats- und Regierungschefs der EU[475] in Ausnahmefällen örtlich und zeitlich begrenzte Binnen-Grenzkontrollen „in wahrhaft kritischen Situationen" zu

472 Als Beispiele für die rasant zunehmende Bedeutung der Außendimension des RFSR: Rückführungsklauseln in Abkommen mit Drittstaaten; zunehmende Anzahl von Abkommen zwischen Europol und Drittstaaten, z.B. das Europol-Abkommen mit den USA; Aktionspläne für den Außenbereich von Kommission und Rat (Ratsdokument Nr. 7653/00).

473 Vgl. Müller-Graff/Monar, S. 32. Und nicht etwa als unabhängiger Politikbereich, sondern als ein Teilbereich des RFSR im Sinne von außenpolitischen EU-Maßnahmen, vgl. Mitteilung der Kommission, „Eine Strategie für die Aussendimension des Raums der Freiheit, der Sicherheit und des Rechts", 12.10.2005, KOM(2005) 491 endgültig.

474 Siehe eingehend unter Lindahl, E.L.Rev. 2004, S. 461, 463 ff., 474 ff, 480.

475 So etwa die wiedereingeführten Grenzkontrollen in Deutschland, Österreich, Dänemark und Schweden, welche jüngst für weitere drei Monate verlängert wurden, vgl. EU-Kommission, Pressemitteilung v. 11.11.2016.

erlauben.[476] Ebenso stehen die polnischen und britischen Ausnahmebestimmungen zu der Anwendung der GRC[477] in einem deutlichen Gegensatz zu dem integrativen Raumkonzept des RFSR. Auch die Ausnahmeregelungen zu Dänemark, dem Vereinigten Königreich und Irland bezüglich des RFSR[478] widersprechen dem Raum-Konzept, sodass manch einem „der gesamte Titel V [...] wie eine verstärkte Zusammenarbeit der übrigen [...] Mitgliedstaaten“ erscheint.[479]

Damit zusammenhängend ist durch den Lissabon-Vertrag die territoriale Kohäsion als ein Unionsziel in Art. 2 Abs. 3 UAbs. 3 EUV festgesetzt. Unter territoriale Kohäsion ist dabei der territoriale Zusammenhalt der Mitgliedstaaten zu verstehen, und zwar in Form „der räumlichen Dimension hinsichtlich ihrer ganzheitlichen Stellung, wodurch ihr auch sozialökonomische, kulturelle und – besonders weit gefasst – auch nahezu philosophische Bedeutung zukommt.“[480] Mithin ist die Kommission dazu verpflichtet, die raumrelevanten EU-Politiken wie den RFSR bezüglich des Unionszieles der territorialen Kohäsion im Sinne einer integrierten europäischen Raumentwicklung wahrzunehmen.[481] Das Konzeptionselement des Raumes ist damit nicht nur für die Integrationswirkung des RFSR von zentraler Bedeutung, sondern spielt auch im Gesamtgefüge der EU eine relevante Rolle und muss beachtet werden.

Hinsichtlich des RFSR ist dabei eine Schematisierung in einen „Raum der Freiheit“, einen „Raum der Sicherheit“ und einen „Raum des Rechts“ nicht zutreffend, da es sich bei dem RFSR nicht um drei Räume handelt, sondern um einen einzigen Raum. Die Erläuterungen unter Teil II haben zudem verdeutlicht, dass in diesem Raum Freiheit, Sicherheit und Recht gleichermaßen gelten müssen und zueinander

476 Schlussfolgerungen des Rates v. 23./24. Juni 2011, EUCO 23/11, § 22: „Als allerletzte Möglichkeit konnte im Rahmen dieses Mechanismus eine Schutzklausel eingeführt werden, die es ermöglicht, ausnahmsweise eine Wiedereinführung von Binnengrenzkontrollen in wahrhaft kritischen Situationen zuzulassen, in denen ein Mitgliedstaat nicht mehr in der Lage ist, seine Verpflichtungen gemäß den Schengen-Vorschriften zu erfüllen. Eine derartige Maßnahme wurde auf der Grundlage festgelegter objektiver Kriterien und einer gemeinsamen Bewertung getroffen, und ihr Geltungsbereich und ihre Dauer waren strikt begrenzt, wobei der Notwendigkeit Rechnung zu tragen ist, dass eine Reaktion in dringenden Fallen möglich sein muss. Dies wird die Rechte der Personen, die nach den Vertragen Freizügigkeit genießen, nicht beeinträchtigen.“

477 Siehe Art. 1 und 2 des Protokolls über die Anwendung der Charta der Grundrechte der Europäischen Union auf Polen und das Vereinigte Königreich zum Lissabon-Vertrag.

478 Siehe die jeweiligen Protokolle zum Lissabon-Vertrag. Hierzu ausführlich unter Teil IV.

479 Grabitz/Hilf/Nettesheim, Rdnr. 73. Ebenso Müller-Graff, EuR 2009, S. 108.

480 Fischer, S. 309.

481 So auch Battis/Kersten, S. 13 f. m.w.N.

in einer Wechselbeziehung stehen, in der sie sich gegenseitig bedingen. Dass das Raum-Konzept des RFSR auf Prinzipienkonkordanz ausgelegt ist, bestätigt Art. 67 Abs. 1 AEUV, der das „Wertedreieck" (Freiheit, Sicherheit und Recht) explizit auf den gesamten RFSR bezieht.[482] Der RFSR ist daher nicht als bloße begriffliche Hülse für eine heterogene Mischung aus innen-/ und justizpolitischen Einzelzielen zu begreifen, sondern als schlüssiges normatives Konzept.[483] Einzelne Politiken im Rahmen des RFSR sollten sich daher grundsätzlich nicht nur einem dieser drei Prinzipien zuordnen lassen, sondern sind allen Dreien verpflichtet.[484]

Eine Definition des Raums „RFSR" ist im Lissabon-Vertrag wie auch in den vorherigen Verträgen jedoch nicht gegeben, obgleich die Begriffe Freiheit, Sicherheit und Recht Abstrakta sind, deren Inhalt sich keineswegs aus sich selbst heraus versteht.[485] Art. 3 Abs. 2 EUV-Lissabon nimmt lediglich auf einige der Bereiche Bezug, in denen die Verträge Handlungsmöglichkeiten für die EU im RFSR begründen, all dieses unter Verweis auf den freien Personenverkehr.[486] Betrachtet man die weitreichende Zielsetzung des RFSR in Titel V AEUV, ist dieses wenig aussagekräftig und erscheint eher restriktiv.[487] Auch den anderen primärrechtlichen Normen betreffend den RFSR lassen sich keine konkreten Angaben für eine Definition des Gehalts, den das EU-Recht der Trias der öffentlichen Güter des RFSR beimisst, entnehmen. Die fehlende Definition ist darin u.a. begründet, dass das Bedeutungsvolumen des Trias der elementaren öffentlichen Güter Freiheit, Sicherheit und Recht derart umfassend ist, dass eine genaue primärrechtliche Definition (wie etwa beim Binnenmarkt in Art. 26 Abs. 2 AEUV) mit großen Schwierigkeiten verbunden ist. Zudem dürfte eine exakte Definition des RFSR seitens der Mitgliedstaaten als Herren der EU-Verträge unerwünscht sein, da der RFSR Rechtsbereiche abdeckt, die genuin staatliche Aufgaben beinhalten und so den politischen Bewegungsspielraum der Mitgliedstaaten schmälern könnten.[488]

Allgemein lässt sich gleichwohl mit Verweis auf die Ausführungen unter Teil II darauf abstellen, dass der öffentliche Raum des RFSR hinsichtlich des Freiheitskonzepts ein Raum individueller sowie kommunikativer Freiheit ist.[489] Bezüglich des

---

482 So auch Meyer, EuR 2011, S. 189 und Weber, BayVBl., S. 485 ff.

483 So auch Sharpston, S. 437 ff.

484 So auch Wiener Aktionsplan, ABl. 1999 Nr. C 19/1, § 5 („drei untrennbar miteinander verknüpfte Konzepte"); Calliess/Ruffert, Rdnr. 74.

485 Müller-Graff, Der „RFSR" im neuen Verfassungsvertrag für Europa-Neuerungen und Notwendigkeiten seiner Rekonstruktion, S. 608.

486 Art. 2 Abs. 2 EUV: „Die Union bietet ihren Bürgerinnen und Bürgern einen Raum der Freiheit, der Sicherheit und des Rechts ohne Binnengrenzen, in dem – in Verbindung mit geeigneten Maßnahmen in Bezug auf die Kontrollen an den Außengrenzen, das Asyl, die Einwanderung sowie die Verhütung und Bekämpfung der Kriminalität – der freie Personenverkehr gewährleistet ist."

487 Vgl. Müller-Graff/Monar, S. 33.

488 So auch Müller-Graff/Monar, S. 29 f.

489 Gusy, S. 217 ff.

Sicherheitskonzepts im RFSR sei daran erinnert, dass in einem öffentlichen Raum die Freiheit des einen die Unsicherheit des anderen ist.[490] Das bedeutet wie dargelegt jedoch nicht zwangsläufig, dass hierdurch objektiv die Sicherheit bedroht sein muss. Ob der öffentliche Raum ein Raum der Sicherheit ist, hängt von der Gewichtung der Belange der Einzelnen ab. In einem öffentlichen Raum des Rechts, wie ihn der RFSR darstellen soll, ist der Schutz der Freiheit bzw. Sicherheit zuvorderst die Abgrenzung kollidierender respektive konkurrierender Interessen (der Raumnutzung). Aufgrund der Gleichheit der Nutzungsrechte geht es im öffentlichen Raum, im Gegensatz zum privaten Raum, um die Kollision von Recht mit Recht, nicht von Recht mit Unrecht.[491] Die so entstehenden Anforderungen der Zuordnung und Abwägung kollidierender Rechte sind Aufgabe des EU-Rechts selbst. Wie jedoch tatsächlich der Gehalt von Freiheit und Sicherheit im RFSR, und damit das Verhältnis von Freiheit und Sicherheit im Primärrecht sowie in dessen programmatischer Umsetzung ausgestaltet ist und ob die festgestellte Gewichtung aus rechtsstaatlichen Gesichtspunkten angemessenen ist, wird daher in dem folgenden Teil IV Gegenstand der Untersuchung sein.

III. Ergebnis

Zusammenfassend lassen sich zwei spezifische Charakteristika des RFSR als Raumkonzept benennen: Zum einen Flexibilität, welche ausreichend Spielraum gewährleistet, um die divergierenden mitgliedstaatlichen Ambitionen und die verschieden ausgestalteten Politikbereiche des RFSR zu vereinbaren. Zum anderen die einheitliche territoriale Dimension, welche die Aufspaltung in die einzelnen mitgliedstaatlichen Territorien hinsichtlich gemeinsamer Herausforderungen und Antworten überwinden kann. Die Bedeutung des Raumkonzeptes für das Verhältnis von Freiheit und Sicherheit liegt darin, dass dieses nur dann rechtsstaatlich angemessen gewährleistet werden kann, wenn Freiheit und Sicherheit in dem gesamten Raum des RFSR den gleichen Gehalt aufweisen. Die Konstruktion des RFSR als Raum ist daher konstitutiv für ein angemessenes Verhältnis von Freiheit und Sicherheit. Eine konkrete Definition des Gehalts des Raumes „RFSR" sowie dessen Trias der öffentlichen Güter weist das EU-Recht aufgrund der Komplexität der Rechtsmaterie allerdings nicht auf. Diese ist vielmehr dem Kontext des Primär- sowie Sekundärrechts des RFSR zu entnehmen.

D. Die wichtigsten Strukturmerkmale des RFSR

Im Folgenden werden die sechs zentralen rechtlichen Umsetzungsgrundsätze und damit Strukturmerkmale[492] des RFSR knapp dargelegt. Hierdurch soll die

---

490 Siehe hierzu die Ausführungen unter III.
491 Gusy, S. 222.
492 So auch Müller-Graff/Monar, S. 40.

praktische Wirkungsweise des RFSR aufgezeigt werden, ohne dessen Verständnis die Untersuchung eines angemessenen Verhältnisses von Freiheit und Sicherheit im RFSR nicht möglich ist.

I. Grundsatz der gegenseitigen Anerkennung

Mit dem Amsterdam-Vertrag wurde der Grundsatz der gegenseitigen Anerkennung durch Art. 65 lt. a 3. Spiegelstrich EGV-Amsterdam erstmalig in den Rahmen des RFSR aufgenommen. Diese Norm konstatiert, dass Maßnahmen im Bereich der justiziellen Zusammenarbeit in Zivilsachen mit grenzüberschreitenden Bezügen, welche für das Funktionieren des Binnenmarktes relevant waren, auch die Anerkennung und Vollstreckung gerichtlicher und außergerichtlicher Entscheidungen in Zivil- und Handelssachen beinhalten. 1999 wurde der Grundsatz der gegenseitigen Anerkennung[493] von dem Europäischen Rat von Tampere hinsichtlich der Herstellung eines RFSR innerhalb der EU zum „Eckstein" der justiziellen Zusammenarbeit in Zivil- und Strafsachen erhoben[494], um die Zusammenarbeit zwischen den Behörden und dem Schutz der Rechte des Einzelnen durch die Justiz zu erleichtern.[495] Der Grundsatz der gegenseitigen Anerkennung bezieht sich im RFSR auf gerichtliche und außergerichtliche Entscheidungen. Konkret bedeutet dies im RFSR, dass die zuständigen Behörden im Vollstreckungsstaat eine übermittelte Entscheidung ohne jede weitere Formalität anerkennen und unverzüglich alle erforderlichen Maßnahmen zu deren Vollstreckung zu treffen haben; Ausnahmen sind nur bei ausdrücklich normierten Gründen zulässig.[496]

Demzufolge bewirkt die Anwendung des Grundsatzes der gegenseitigen Anerkennung die vollständige und unmittelbare Wirkung von nationalen Hoheitsakten in anderen Mitgliedstaaten[497] und damit, dass auf einzelstaatlicher Ebene ergangene Entscheidungen Auswirkungen in allen anderen Mitgliedstaaten haben, insbesondere auf deren Justizsystem. Somit ist der Grundsatz der gegenseitigen Anerkennung für die Gewährleistung des RFSR von elementarer Bedeutung, da dieses Kooperationsmodell eine flexible Alternative zu der aufwendigen Harmonisierung der teilweise sehr unterschiedlichen Rechtsvorschriften der Mitgliedstaaten

---

493 Das Prinzip der gegenseitigen Anerkennung wurde im Bereich des freien Warenverkehrs aufgrund der berühmten Cassis de Dijon-Rechtsprechung des EuGH (Urteil v. 20.02.1979, Rs. C-120/78) entwickelt und ist wesentlich für die Bildung des Binnenmarktes.

494 Mitteilung der Kommission an das Europäische Parlament und den Rat, KOM(2009) 262/4, S. 11, unter 3.

495 Ausführlich zu dieser Rechtsfigur, siehe: „Grundsatz der gegenseitigen Anerkennung: Eckstein der justiziellen Zusammenarbeit in Strafsachen in der Europäischen Union?", Paweł Nalewajko, 1. Aufl., Duncker & Humblot, Berlin 2010.

496 Frenz, Handbuch Europarecht, Bd. 6, Teil 3, Kap. 17,Rdnr. 2920.

497 Fremuth, Die EU auf dem Weg in die Supranationalität – Untersuchung der Rechtsnatur der EU anhand der PJZS, S. 95 ff.

(siehe unten) darstellt. Problematisch ist jedoch, dass die Mitgliedstaaten dazu gezwungen sind, in ihrem Hoheitsgebiete Maßnahmen zu vollziehen, die nicht Ergebnis ihres demokratischen Entscheidungsprozesses sind und auch materiell nicht immer mit den gegebenen politischen Standards übereinstimmen.[498]

Die Basis des Grundsatzes der gegenseitigen Anerkennung ist daher die Äquivalenz aller mitgliedstaatlichen Rechtssysteme inklusive der Justizgrundrechte, die durch den gemeinsamen EU-Grundrechtsstandard nach Art. 67 Abs. 1 AEUV, Art. 6 EUV-Lissabon gewährleistet sein soll.[499] Das Prinzip der gegenseitigen Anerkennung kann aufgrund des hohen Vertrauenshorizonts daher nur seinen vollen Nutzen entfalten, wenn zwischen den mitgliedstaatlichen (Justiz-)Behörden eine gemeinsame Vertrauensbasis besteht[500] (Vertrauensdogma), denn andernfalls können nationale Behörden Bedenken z. B. gegen die Anerkennung und Vollstreckung einer gerichtlichen Entscheidung eines anderen Mitgliedstaats anmelden.[501]

Dieser Hintergrund als generelle Linie erfordert noch mancherlei Anstrengungen angesichts der Probleme der „justiziellen Kapazität" in einzelnen Mitgliedstaaten[502], sodass vertrauensbildende Maßnahmen zwischen den Mitgliedstaaten der EU grundlegend für die Effektivität des Grundsatzes der gegenseitigen Anerkennung sind.[503] Eine entscheidende Frage für das praktische Funktionieren des RFSR ist daher, ob die Mitgliedstaaten in ausreichendem Umfang das nötige Maß an gegenseitigem Vertrauen hinsichtlich der rechtsstaatlichen Standards der jeweils

498 Vgl. Nettesheim, S. 40. Die Übertragung des Grundsatzes der gegenseitigen Anerkennung aus dem Binnenmarkt in den europäischen JI-Besitzstand wird daher insbesondere von Teilen der deutschen Strafrechtswissenschaft scharf kritisiert. Siehe statt vieler: Calliess/Ruffert, Rdnr. 68.

499 Siehe hierzu: EuGH, Urteil v. 15.11.2007, Rs. C-330/05, Slg. 2007, S. I-3639, Nr. I53. Daher setzt die gegenseitige Anerkennung flankierende Regelungen über das Verbot der Doppelbestrafung (be bis in indem) voraus. Siehe hierzu oben unter Teil IV. Müller-Graff, EuR 2009, S. 116. Siehe hierzu auch das Instrument des EU-Justizbarometers, IP/13/285 der EU-Kommission.

500 Grünbuch der Kommission zur Anwendung der EU-Strafrechtsvorschriften im Bereich des Freiheitsentzugs, 14.06.2011, KOM(2011) 327 endgültig, unter 1.

501 So müssen etwa gerichtliche Entscheidungen überall in der EU als gleichwertig anerkannt und vollstreckt werden, unabhängig davon, wo sie ergangen sind. Dem liegt die Annahme zugrunde, dass etwa die Strafrechtssysteme in der EU zwar nicht identisch, aber zumindest gleichwertig sind. Gerichtliche Entscheidungen werden für gewöhnlich von einem Richter im Vollstreckungsstaat vollstreckt. Dieser Richter muss sich sicher sein können, dass die ursprüngliche Entscheidung unter rechtsstaatlichen Bedingungen zustande gekommen ist und dass die Rechte der Person bei Überstellung in einen anderen Mitgliedstaat voll und ganz gewahrt bleiben.

502 Müller-Graff, EuR 2009, S. 116.

503 Mitteilung der Kommission an das Europäische Parlament und den Rat, KOM(2009) 262/4, S. 11, unter 3.2.; KOM(2011) 327 endgültig, unter 3.

anderen Strafrechtssysteme aufbringen.[504] Wenn es gelingt, dieses Vertrauen weiter zu entwickeln, dann könnte das Konzept des RFSR das Zentrum des EU-Integrationsvorgangs werden, das diesen wesentlich voranbringt.[505]

II. Zusammenarbeit der Verwaltungen

Erstmals wird der Grundsatz der Zusammenarbeit der Verwaltungen im Rahmen des RFSR durch den Maastricht-Vertrag in Art. K.3 Abs. 1 EUV-Maastricht aufgeführt. Hiernach haben die Mitgliedstaaten einander im Rat zu konsultieren, um ihr Vorgehen in den Bereichen Justiz und Inneres[506] zu koordinieren und begründen hierfür eine Zusammenarbeit zwischen ihren zuständigen Verwaltungsstellen. Durch den Amsterdam-Vertrag wird dieser Grundsatz in Art. 34 Abs. 1 S. 2 EUV-Amsterdam übernommen und nur an die veränderte Vertragssystematik des RFSR angeglichen. Ergänzend wird für die vergemeinschafteten RFSR-Bereiche des Titels IV EGV-Amsterdam[507] in Art. 61 lit. d und 66 EGV-Amsterdam hinzugefügt, dass der Rat zum schrittweisen Aufbau eines RFSR geeignete Maßnahmen zur Verstärkung der Zusammenarbeit der Verwaltungen durchführt.[508] Durch den Lissabon-Vertrag gilt der Grundsatz der Verwaltungszusammenarbeit nach Art. 74 AEUV umfassend, d.h. vertikal und horizontal, erstmals für den gesamten RFSR.

III. Subsidiaritätsgrundsatz

Das Subsidiaritätsprinzip hat im Rahmen des RFSR vor dem Lissabon-Vertrag nur über den allgemeinen Art. 2 UAbs. 2 EUV-Nizza i.V.m. Art. 5 UAbs. 2 EGV-Nizza[509] für alle Rechtsetzungskompetenzen der EU-Geltung entfaltet und auch in der Debatte bezüglich der Entwicklung der Innen- und Justizpolitik eine sehr untergeordnete Position eingenommen. Art. 69 AEUV nennt das Subsidiaritätsprinzip aus Art. 5 Abs. 1, 3 EUV-Lissabon erstmalig in einem direkten Bezug zum RFSR, sodass es als Strukturelement des RFSR erheblich gestärkt und hervorgehoben wird.[510]

---

504 Insbesondere bezüglich der Anerkennung von Entscheidungen oder hinsichtlich der Effektivität der Kriminalitätsbekämpfung und der Zuwanderungspolitik anderer Staaten.

505 Haack, Der RFSR im Vertrag von Lissabon – Rhetorik oder Integrationsschub?, S. 232.

506 In Art. K.1 Maastricht-Vertrag sind die Bereiche der Zusammenarbeit in den Bereichen Justiz und Inneres der EU, als Vorgänger des RFSR, aufgeführt.

507 Titel IV EGV: Visa, Asyl, Einwanderung und andere Politiken betreffend den freien Personenverkehr.

508 Gemäß dem Verfahren des Art. 67 EGV-Amsterdam.

509 Siehe hierzu Schütz/Bruha/König, S. 188 ff.

510 Siehe auch Calliess/Ruffert, Rdnr. 1 ff., 6ff.

IV. Grundsatz der Rechtsangleichung

Unter Rechtsangleichung ist die Harmonisierung, mithin die schrittweise Vereinheitlichung durch Annäherung, der einzelnen Rechtsvorschriften der Mitgliedstaaten zu einem unionsrechtlich vorgegebenen Standard (übergeordneten EU-Recht) zu verstehen. Erstmalig findet die Rechtsangleichung im Maastricht-Vertrag hinsichtlich der Asylpolitik Erwähnung.[511] Hiernach soll der Rat im Rahmen der Bereiche Justiz und Inneres nach Art. K.1 und K.3 EUV-Maastricht vorrangig die Fragen der Asylpolitik der Mitgliedstaaten mit dem Ziel prüfen, eine gemeinsame Aktion zur Harmonisierung dieser Politik zu beschließen.

Durch den folgenden Amsterdam-Vertrag legt Art. 31 lit. e EUV-Amsterdam zudem erstmals fest, dass das gemeinsame Vorgehen im Bereich der justiziellen Zusammenarbeit in Strafsachen die schrittweise Annahme von Maßnahmen zur Festlegung von Mindestvorschriften bezüglich der Tatbestandsmerkmale strafbarer Handlungen sowie die Strafen in den Bereichen organisierte Kriminalität, Terrorismus und illegaler Drogenhandel einschließt. Zudem kann der Rat nach Art. 34 Abs. 2 lit. b EUV-Amsterdam auf Initiative eines Mitgliedstaats oder der Kommission einstimmig Rahmenbeschlüsse zur Angleichung der Rechts- und Verwaltungsvorschriften der Mitgliedstaaten annehmen, um im Rahmen der PJZS eine Zusammenarbeit, die den Zielen der Union dient, zu fördern. Nach Art. 67 Abs. 3 AEUV sowie Art. 81 Abs. 1, 82 Abs. 1, 2 AEUV basiert der RFSR weiterhin auf Kooperation (Prinzip der gegenseitigen Anerkennung) statt Integration (Prinzip der Rechtsangleichung).

V. Prinzip der Differenzierung

Die EU-Verträge respektive die dazugehörigen Protokolle sind durch zahlreiche Sonderregelungen hinsichtlich der mitgliedstaatlichen Teilnahme im Bereich des RFSR gekennzeichnet, welche in anderen EU-Feldern in dieser Dimension nicht zu finden sind. Das macht die abgestufte Teilnahmemöglichkeit, die sogenannte Differenzierung[512] (Europa der zwei Geschwindigkeiten bzw. abgestufte Integration) zu einem grundlegenden Merkmal des RFSR.[513] Die konzeptionelle Rechtsfigur der Differenzierung im RFSR ist ein Integrationselement mit verschiedenen Funktionen. So ist die differenzierte Integration ein Puffer gegen die Erosion des essenziell homogenen Sockels des RFSR sowie eine Chance für die willigen Mitgliedstaaten zur Überwindung von Blockaden einzelner Nationen und als Topos zur Förderung des Zusammenhalts in der Ungewissheit über das Potential seiner

---

511 In der „Erklärung zu Asylfragen zum EUV" unter 1.

512 Die differenzierte Integration unterscheidet sich durch ihre differenzierende, d.h. nicht globale Wirkung von dem grundlegenden Konzept der einheitlichen Integration (unmittelbare Wirkung, Vorrang des Gemeinschaftsrechts), siehe ausführlich unter Bender, ZaöRV 2001, S. 730 ff.

513 Vgl. grundlegende Ausführungen unter Bogdandy/Bast – Monar, S. 773 ff.

Sprengkraft.[514] Die Differenzierung als Strukturmerkmal ist im RFSR in Form folgender Regelungen gegeben: Opt-out[515], Opt-in[516], Verstärkte Zusammenarbeit[517] und die Assoziierung von Nicht-Mitgliedstaaten der EU.[518] Dieses große Ausmaß an differenzierten Beteiligungsmöglichkeiten ist Resultat der Zugeständnisse an die Mitgliedstaaten im Rahmen der Vertragsverhandlungen, um als letzter Weg zur Durchsetzung erforderlicher Regelungen im Sinne eines pragmatischen Kompromisses Blockierungen einzelner Mitgliedstaaten zu verhindern.[519]

VI. Solidaritätsgrundsatz

Der Solidaritätsgrundsatz zwischen den Mitgliedstaaten im Rahmen der EU wurde mit dem Maastricht-Vertrag eingeführt (4. Erwäggrund sowie Art. A UAbs. 3 EUV-Maastricht) und ist im EUV-Lissabon durch den 6. Erwägungsgrund der Präambel sowie in Art. 2 S. 2 bzw. Art. 3 Abs. 3 UAbs. 3 EUV-Lissabon festgesetzt. Durch Art. 80 AEUV unterfällt die gesamte RFSR-Politik des Kap. 2 AEUV sowie

514 Müller-Graff, „Differenzierte Integration": Konzept mit sprengender oder unitarisierender Kraft für die Europäische Union?, S. 139.

515 Unter einer Opt-out Regelung ist eine Normierung im EU-Recht zu verstehen, die einem Mitgliedstaat das Recht einräumt, an bestimmten Maßnahmen zur Weiterentwicklung des EU-Rechts nicht teilzunehmen. Somit partizipieren diese Mitgliedstaaten lediglich an solchen Maßnahmen zur Weiterentwicklung des RFSR, die ihren Interessen entsprechen und haben sich dem Geltungsbereich der übrigen Regelungen anhand der Opt-outs entzogen. Siehe Bogdandy/Bast – Monar, S. 773–774.

516 Um diese potentielle Nachteile der Opt-outs zu umgehen, enthalten die EU-Verträge gleichzeitig Möglichkeiten für ein Opt-in, nach denen den Mitgliedstaaten das Recht eingeräumt wird an bestimmten Maßnahmen zur Weiterentwicklung des EU-Rechts dennoch teilzunehmen. Vgl. Bogdandy/Bast – Monar, S. 774–776.

517 Gemäß Art. 20 Abs.1 EUV ist die Zusammenarbeit allen EU-Politikbereiche eröffnet, die nicht in der ausschließlichen Zuständigkeit der EU liegen und somit auf alle Bereiche des RFSR anwendbar. Das Rechtsinstrument der Verstärkten Zusammenarbeit dient dazu, dass der RFSR trotz mitgliedstaatlichen Divergenzen weiterentwickelt werden kann. Zu diesem Ziel beinhaltet die Verstärkte Zusammenarbeit für eine Mindestanzahl an Mitgliedstaaten die Möglichkeit bestimmte (weitergehende) Maßnahmen ohne die Beteiligung der übrigen Mitgliedstaaten durchzuführen. Vgl. Bogdandy/Bast – Monar, S. 776–778.

518 Die Assoziierung von Nicht-EU-Staaten ist im Rahmen des Schengen-Abkommens gegeben, welchem die Schweiz, Norwegen und Island mittels Assoziierungsabkommen angehören und so Schengen-Mitglieder sind, obwohl keine EU-Mitgliedschaft vorliegt. Nach den Assoziierungsabkommen für diese Staaten müssen weite Teile des Schengen-Besitzstands umgesetzt werden und insbesondere die Grenzkontrollen zu den EU-Schengen-Staaten aufgehoben werden. Vgl. EU-ABl. 2008, L 53, S. 1/50 bzgl. der Schweiz und EU-ABl. 1999, L 176, S. 36 bzgl. Island sowie Norwegen. Vgl. Bogdandy/Bast – Monar, S. 778 f.

519 Siehe zu den Hintergründen unter Monar, E.L.Rev. 1998, S. 320 ff.

ihre Umsetzung[520] erstmals einem spezifisch konkretisierten Grundsatz der Solidarität und der gerechten Aufteilung der Verantwortlichkeiten (der gerechten Lastenverteilung) unter den Mitgliedstaaten, einschließlich in finanzieller Hinsicht.[521] Damit ist durch den Lissabon-Vertrag das bisher nicht in den Verträgen ausformulierte Solidaritätsgebot ausdrücklich eingeführt worden.

VII. Ergebnis

Zusammenfassend basiert der komplexe RFSR somit auf sechs zentralen Strukturmerkmalen, welche die Umsetzung des RFSR bedingen, sodass ihre Wirkungsweise zentral für das Verhältnis von Freiheit und Sicherheit im RFSR ist. Der Grundsatz der gegenseitigen Anerkennung ist hierbei trotz der umfassenden Supranationalisierung des RFSR-Rechts weiterhin das tragende Strukturmerkmal zur Umsetzung des RFSR. Neben der vergleichsweise einfachen Handhabung, liegt dieses vor allem in dem Misstrauen der Mitgliedstaaten begründet, die sich gegen eine Harmonisierung genuin staatlicher Rechtsgebiete sperren. Aufgrund dessen ist der deutlich integrativere Grundsatz der Rechtsangleichung im RFSR in erheblich weniger Rechtsnormen festgesetzt. Ebenso fußt die immer wiederkehrende und oftmals rein deklaratorische Hervorhebung des Subsidiaritätsgrundsatzes im RFSR auf der Furcht der Mitgliedstaaten vor einer zu starken Rolle der EU in der die Staatlichkeit berührenden Rechtsmaterie der Justiz- und Innenpolitik. Als Resultat dieser Fokussierung auf die gegenseitige Anerkennung ist eine gut funktionierende Zusammenarbeit der Verwaltungen der Mitgliedstaaten im RFSR grundlegend. Dem steht jedoch entgegen, dass das Prinzip der Differenzierung im RFSR extrem stark ausgeprägt ist im Vergleich zu anderen EU-Politiken. Dieser Umstand ist Segen sowie Unheil zugleich, da so zwar trotz Widerständen einzelner Mitgliedstaaten eine abgestufte Integration möglich ist, es jedoch dabei in vielen Bereichen zu großen Unterschieden in der Rechtsgestaltung und somit zu einer Fragmentierung des RFSR in ein Europa der zwei Geschwindigkeiten kommt. Auch angesichts dieser Unterschiede ist es wesentlich, dass der Grundsatz der Solidarität in dem RFSR-Recht nun erstmals spezifisch kodifiziert wurde und damit der besonderen Bedeutung, welcher diesem Umsetzungsmerkmal im RFSR zukommt, Rechnung getragen wurde. Denn aufgrund der Rechtsmaterie des RFSR ist die gerechte Aufteilung der Verantwortung und Lasten für das Gelingen der Integration relevant, nicht nur in Bezug auf die Migrationskrise, sondern auch hinsichtlich sämtlicher Maßnahmen, die die EU-Außengrenzen thematisieren.

---

520 Nach Art. 80 S. 2 AEUV müssen die aufgrund dieses Kapitels erlassenen Rechtsakte der EU entsprechende Maßnahmen für die Anwendung dieses Grundsatzes enthalten, wenn dies erforderlich ist.

521 Daher bedürfen Maßnahmen in diesem Politikbereich, die einzelne Mitgliedstaaten unverhältnismäßig stark belasten, im Sinne des Art. 80 AEUV gleichzeitig einer Regelung über eine Lastenverteilung.

E. Der europäische Integrationsprozess im RFSR

Anhand der bisherigen Ausführungen ist deutlich geworden, dass das Verhältnis von Freiheit und Sicherheit keinen statischen und auf ewig festgelegten Bedeutungsgehalt hat, sondern wandelbar und somit beeinflussbar ist. Im Folgenden wird die Beziehung von Freiheit und Sicherheit im RFSR zum europäischen Integrationsprozess aufgezeigt, um die Relevanz dieser Konstellation zu verdeutlichen.

I. EU-Integration

Integration ist der Prozess der Entstehung eines neuen Systems durch die Verschmelzung zuvor getrennt existierender Systeme, wobei das neue Ganze mehr als die Summe seiner vereinigten Bestandteile ist.[522] Nach Rudolf Smend[523] bedeutet die europäische Integration, eine stetige Assoziierung der Mitgliedstaaten durch deren gemeinsame Entscheidung öffentliche Aufgaben unter Durchbrechung einzelstaatlicher Verantwortung und Umsetzung hoheitlich einem von diesem selbst gegründeten autarken Verband zur ganzheitlichen Wahrnehmung zu übergeben. Der Terminus „Europäische Integration" entstand so als politische Bezeichnung für den Prozess wie auch das Ziel einer engeren Assoziierung der Staaten Westeuropas[524], da der verfeindete Kontinent nach den Schrecken des 2. Weltkrieges zum Nutzen aller anhand der Integration durch Recht wiederhergestellt und vereint werden sollte.[525]

Die europäische Integration begann daher in Form der ökonomischen Integration als Wirtschaftsgemeinschaft, indem in der EU künstliche Handelsbeschränkungen abgebaut wurden (negative Integration) und gemeinsame politische sowie rechtliche Regelungen geschaffen wurden (positive Integration).[526] Diese anfänglich allein ökonomische Integration diente aufgrund der relativ einfachen Übereinstimmbarkeit der Materie als Sprungbrett für einen tieferen Integrationsprozess der Mitgliedstaaten[527] und wurde respektive wird auf weitere Politikfelder der EU

---

522 So auch Schütz/Bruha/König, § 1, S. 1 ff. Zu den verschiedenen Integrationstheorien siehe Weidenfeld/Wessels, S. 278 ff. sowie Kraus-Vonjahr, S. 104 ff. Von der Integration ist die Kooperation als ein Prozess, in dessen Verlauf verschiedene Systeme interagieren, aber wesentlich getrennt weiterbestehen, zu unterscheiden, vgl. Bogdandy/Bast – Monar, S. 780.

523 Siehe Haack, S. 282 m.w.N.

524 Siehe ausführlich m.w.N. Schütz/Bruha/König, S. 1 ff.

525 Anknüpfungspunkt ist hierbei (siehe auch EUV/AEUV) nicht nur Europa als ein Kontinent, sondern auch Europas gemeinsames Fundament kultureller historischer Gemeinsamkeiten als ein Geschichtsraum (jedenfalls ab dem 6. Jhd.), ein Kulturraum und eine Wertegemeinschaft. Ausführlicher siehe Wagener/Eger, S. 6–21; Schütz/Bruha/König, S. 14 ff.

526 Vgl. Wagener/Eger, S. 26–28, ähnlich Monar, S. 169; Glaeßner/Lorenz, S. 9 ff.

527 Vgl. Jäger, S. 248; zur Überschreitung des wirtschaftlichen Integrationsansatzes EuGH, Rs. 43/75, Slg. 1976, S. 455 ff., Rdnr. 8. Relevant ist hier auch die Idee der

ausgedehnt.[528] Mit der ökonomischen Integration des gemeinsamen Marktes (Binnenmarkt) weist die EU die höchste Stufe der ökonomischen regionalen Integration von souveränen Staaten weltweit auf.[529] Die Kernnorm des europäischen Integrationsprozesses ist Art. 1 Abs. 2 EUV, die von der Verwirklichung einer immer engeren Union der Völker Europas spricht, deren Grundlage die europäischen Verträge sind. Der europäische Integrationsprozess ist somit als eine Integration durch Recht zu verstehen, dessen angestrebtes Resultat in Art. 1 Abs. 2 EUV legal definiert ist.[530]

II. Integration im RFSR

Als Ausprägung dieser allgemeinen Aufgabenbeschreibung hat sich die EU konkrete Ziele gesetzt. Zu diesen gehört an zweiter Stelle gemäß Art. 3 Abs. 2 EUV, dass die EU ihren Bürgern einen RFSR bietet. Aufgrund des rechtsverbindlichen Charakters dieser Norm begründet Art. 3 Abs. 2 EUV ein übergreifendes und rechtlich verbindliches Ziel des Europäischen Integrationsprozesses – der RFSR ist somit ein Eckpfeiler der europäischen Integration und soll durch rechtliche Maßnahmen die Integration „der Bürger Europas" erreichen.[531] Das Ziel des Integrationsprogrammes des RFSR ist damit konkret, die EU als einen Rechtsraum zu gewährleisten, in dessen öffentlich-rechtlicher Ordnung jeder Bürger sein Freiheitsrecht überall sicher ausüben kann. Integration im RFSR bedeutet damit die Etablierung eines angemessenen Verhältnisses von Freiheit und Sicherheit in dem gesamten RFSR. Dazu bedarf es der europäischen Integration im herkömmlichen Sinne, also den Abbau von Freiheitsbeschränkungen ohne Verlust an Sicherheit und Rechtsstatus

---

Anschlusseffekte (spill-over), nach der die Integration eines Sektors (hier die Wirtschaft), weitere Integrationen in anderen Sektoren notwendig macht, um optional zu funktionieren, vgl. Wagener/Eger, S. 50 m.w.N. Das gilt auch für den RFSR selbst, siehe ausführlich unter Grabitz/Hilf/Nettesheim, Rdnr. 19.

528 So auch Schütz/Bruha/König, S. 3 f.

529 Siehe Wagener/Eger, S. 42 ff. Die Abgrenzung zur Wirtschaftsunion ist schwierig, da die EU auch hier viele Elemente erfüllt.

530 Zu den verschiedenen Integrationstheorien siehe Wagener/Eger, S. 26 ff; Schütz/Bruha/König, S. 8 ff. Konkretisiert wird die europäische Integrationsfunktion dabei durch die Zielbestimmungen der Gründungsverträge und den der EU zugewiesenen Aufgaben, siehe hierzu auch unter Knelangen, S. 67 ff., 335 ff.

531 Vgl. Ausführungen unter Teil 2. Siehe auch Mitteilung der Kommission an den Rat und das Europäische Parlament bzgl. Aufstellung eines Rahmenprogramms für Solidarität und die Steuerung der Migrationsströme für den Zeitraum 2007–2013, Bundesratsdrucksachen 325/05 v. 11.05.2005, unter 1. Einführung: „Der schrittweise Aufbau eines Raums der Freiheit, der Sicherheit und des Rechts, der erstmals als Ziel im Vertrag von Amsterdam festgeschrieben wurde, bildet nunmehr einen Eckpfeiler in der Entwicklung der Europäischen Union".

(negative Integration) und der Schaffung gemeinsamer rechtlicher Regelungen durch Harmonisierung sowie Zusammenarbeit im RFSR (positive Integration).[532]

Zentraler integrationspolitischer Hintergrund der RFSR-Normen ist dabei die tatsächliche Beseitigung der Binnengrenzen als Merkmale sichtbarer (mitglied)staatlicher Souveränität. Dieses ist von elementarer Bedeutung für das Selbstverständnis der EU als eine politische Einheit mit territorial, nicht personal, definierter Zuständigkeit.[533] Mit dem RFSR überschreitet die EU deutlich den inhaltlichen Rahmen eines (lediglich) gemeinsamen Wirtschaftsraums[534], daher kann heute zudem von der EU als eine politischen, sozialen sowie Werte- und insbesondere auch Rechtsgemeinschaft gesprochen werden.[535] Der RFSR ist damit ein Symbol für die Entwicklung der EU von einer allein ökonomischen zu einer politischen Union.[536] Dass der RFSR eine bedeutende Rolle für den europäischen Integrationsprozess spielt, ist zudem daran erkennbar, dass er auf der EU-Ebene erheblich an Bedeutung gewonnen hat und dass sein weites Aufgabenfeld Kernanliegen der Staatlichkeit betreffen.[537]

Die wachsende europäische Integration kann jedoch nur von Dauer und Erfolg sein, wenn ihr auch eine wachsende europäische Identität[538] der Bürger folgt, die stärker ist als die partikularen nationalen Tendenzen.[539] Jedes Gemeinwesen ist auf ein Mindestmaß an Identifikation mit ihm und Integration in ihm angewiesen.[540] Insofern ist die Etablierung von Identität und Integration eine wesentliche

532 So auch Grabitz/Hilf/Nettesheim, Rdnr. 19.

533 Grabitz/Hilf/Nettesheim, Rdnr. 17 ff. m.w.N.

534 Die EU gewinnt zudem mit ihren strafjustiziellen und polizeirechtlichen Kompetenzen eine Relevanz für das Leben der einzelnen in der Union, die die Fragen der demokratischen Legitimation des Unionshandelns verschärft ins Licht rücken, siehe Grabitz/Hilf/Nettesheim, Rdnr. 21.

535 Vgl. EUV, AEUV (Präambel, Art. 2, 6 EUV), Monar, S. 167.

536 Lavenex/Wagner, Which European Public Order?, S. 226. Beachtenswert ist in diesem Zusammenhang, dass der Begriff Integration In dem EU-Primärrecht explizit nur in der Präambel des EUV und in den RFSR-Bestimmungen im AEUV genannt wird: 1., 9. und 14. Erwäggrund der Präambel des EUV; Art. 79 IV AEUV (Bestimmungen zum RFSR). Er wird dort aber nicht erläutert.

537 Siehe Ausführungen unter Einleitung und Teil 1.

538 Zu dieser Thematik siehe allgemein: „Europäische Identitäten – Eine Europäische Identität?“, Simon Donig/Tobias Meyer/Christiane Winkler (Hrsg.), 1. Aufl., Nomos Verlag, Baden-Baden 2005.

539 Wagener/Eger, S. 23, zu diesem noch bestehendem Defizit und seinen Folgen ebenso Habermas, Jürgen: „Merkels von Demoskopie geleiteter Opportunismus“, Gastbeitrag in Süddeutsche Zeitung v. 07.04.2011, http://www.sueddeutsche.de/politik/europapolitik-merkels-von-demoskopie-geleiteter-opportunismus-1.1082536-4. Zudem wird hier auf den Eurobarometer der EU verwiesen.

540 „legal place cannot be understood independently of collective identity“, Lindahl, E.L.Rev. 2004, S. 465.

Grundlage für das Gemeinwesen „RFSR".[541] Der RFSR ist demnach als rechtlicher Rahmen für eine neu dimensionierte europäische Integration und damit auch eine neu integrierte europäische Gesellschaft zu betrachten. Um den Integrationsauftrag des Art. 3 Abs. 2 EUV zu erfüllen, bedarf es im Rahmen des RFSR daher noch einer weiteren Ebene, die über die herkömmliche Integration hinausgeht und Auswirkungen auf die Rechtstellung der Bürger hat: Der RFSR soll ein Europa der Bürger schaffen und den Menschen in den Mittelpunkt seines Handelns stellen. Hierfür bedarf es subjektiver Rechte der Bürger und der Möglichkeit diese einzuklagen – mithin der Stärkung des Freiheitsrechts im RFSR. Zudem muss Integration im RFSR immer auch Einbeziehung des Einzelnen in die Gesamtheit der öffentlich-rechtlichen Ordnungsstruktur bedeuten.[542] Dieses ergibt sich auch aus Art. 3 Abs. 2 EU selbst, denn die Norm betont die dienende und schützende Rolle der EU, welche ihren Bürgern einen RFSR „bietet" und somit an deren Belangen ausgerichtet ist.[543] Je stärker der Einzelne in diesen Bereichen durch das EU-Recht in die europäische Ordnungsstruktur integriert wird, desto gefestigter ist die Integration der EU.[544]

III. Ergebnis

Die Beziehung von Freiheit und Sicherheit im RFSR zum europäischen Integrationsprozess ist dadurch gekennzeichnet, dass der RFSR nach Art. 3 Abs. 2 EU die Menschen in den Mittelpunkt stellen soll. Somit beeinträchtigt das Verhältnis von Freiheit und Sicherheit den Integrationsprozess nicht nur allgemein dadurch, dass die Integration entweder durch den Fokus auf Sicherheitsmaßnahmen in eine restriktive Richtung oder aber durch die Ausrichtung auf das Freiheitsrecht liberal ausgestaltet werden kann. Sondern darüber hinaus ist im RFSR durch die Zielbestimmung auf den Menschen eine besondere Einbeziehung der Bürger und damit eine erhöhte Orientierung an deren Belangen gefordert, die eine Ausrichtung auf das Freiheitsrecht der Menschen fordert und so der Konstellation von Freiheit und Sicherheit eine gehobene Relevanz gibt.

---

541 Streinz/Ohler/Herrmann, Der Vertrag von Lissabon zur Reform der EU, Nr. V 2a.
542 Wie von Rudolf Smend geprägt, siehe Haack, S. 282 m.w.N.
543 So auch Meyer, EuR 2011, S. 189.
544 Haack, S. 284.

Teil IV: Die Untersuchung des Verhältnisses von Freiheit und Sicherheit im RFSR-Recht

Im Folgenden ist zu untersuchen, wie das Verhältnis von Freiheit und Sicherheit in den RFSR-Normen der primärrechtlichen Verträge der EU, deren programmatischer Konkretisierung durch die Umsetzungsprogramme und Aktionspläne sowie in der gerichtlichen Auslegung durch die EU-Gerichtsbarkeit konkret ausgestaltet ist. Dabei wird chronologisch vorgegangen, um aufzuzeigen, wie sich das Verhältnis von Freiheit und Sicherheit im RFSR durch die Reformen der vertraglichen Grundlagen entwickelt hat, inwieweit die einzelnen Verträge tatsächlich qualitative Veränderungen gebracht haben und was dieses für den Integrationsprozess der EU bedeutet.

Der Fokus der Untersuchung liegt auf dem EU-Primärrecht als maßgeblichem Recht der Europäischen Union. In diesem Rahmen beginnt die Untersuchung chronologisch mit dem Vertrag von Maastricht und endet mit dem aktuell geltenden Vertrag von Lissabon, der den Schwerpunkt der Erörterung bildet. Der Vertrag über eine Verfassung für Europa (Verfassungsvertrag)[545], welcher aufgrund der negativen Referenden in Frankreich sowie den Niederlanden 2004 nicht in Kraft getreten ist, wird hier aufgrund der mangelnden Rechtskraft nicht erörtert.[546]

Neben dem eigentlichen primärrechtlichen Vertragstext wird auch auf die (gemäß Art. 51 EUV-Lissabon) zum Primärrecht zählenden Protokollen zu den Verträgen eingegangen. Die den Verträgen anhand der jeweiligen Schlussakte beigefügten Erklärungen sowie Erläuterungen (zur GRC) sind hingegen nicht

545 Amtsblatt Nr. C 310 vom 16. Dezember 2004.

546 Zusammenfassen kann festgehalten werden, dass mit dem Verfassungsvertrag eine geringfügig stärkere Förderung des Freiheitselements einhergeht, jedoch keine Grundlage für ein deutlich besseres Gleichgewichtzwischen Freiheit und Sicherheit im RFSR geschaffen worden ist als im Lissabon-Vertrag. Vgl. Müller-Graff/Monar, S. 41. Zu der Frage, welche Normen des VVE durch den Lissabon-Vertrag nicht respektive nur verändert übernommen wurden siehe: Susanne Gutzwiller, „Der Bereich Justiz und Inneres in der EU-Verfassung: welche Änderungen bringt der Vertrag über eine Verfassung für Europa für den Raum der Freiheit, der Sicherheit und des Rechts?“, in: Aus der Werkstatt des Rechts: Festschrift zum 65. Geburtstag von Heinrich Koller, Schriftleiter Benjamin Schindler, S. 427–440, Helbing & Lichtenhahn, Basel u.a. 2006. Sowie: Jörg Monar, „Der Raum der Freiheit, der Sicherheit und des Rechts im Verfassungsvertrag des Konvents“, in: Integration 2003, Heft 4, S. 536–549, Nomos Verlag, Baden-Baden 2003. Siehe ebenfalls: Alun Howard Gibbs, Constitutional life and Europe's area of freedom, security and justice, Ashgate ebook, Burlington u.a. 2011.

Bestandteil der Verträge und demzufolge auch nicht des Primärrechts, sodass ihnen keine Rechtsbindung zukommt. Für die hier durchzuführende Untersuchung stellen die Erklärungen dennoch aufschlussreiche Interpretationshilfe dar[547], indem sie die Standpunkte einzelner respektive aller Mitgliedstaaten zu bestimmten Aspekten des Vertragstextes verdeutlichen. Aus diesem Grund werden die Erklärungen und Erläuterungen in die Untersuchung einbezogen.

Auch die sogenannten Umsetzungsprogramme sowie Aktionspläne zum RFSR stellen kein EU-Primärrecht dar, jedoch kommen diese Dokumente in ihrer Funktion sowie Wirkungsweise dem Primärrecht sehr nahe und sind für den RFSR von wesentlicher Bedeutung: Denn der RFSR wird ausschließlich durch Sekundärrecht im Rahmen der vorgesehenen Ermächtigungsnormen[548] gebildet, sodass die Gewährleistung des RFSR an die EU-Sekundärrechtspolitik delegiert wird.[549] Diese Umsetzung des Primärrechts orientiert sich im RFSR an den strategischen Leitlinien für die gesetzgeberische und operative Programmplanung im RFSR, welche gemäß Art. 68 AEUV[550] anhand von aufeinanderfolgenden Mehrjahresprogrammen[551] festgelegt werden, die nach Vorbereitung durch den JI-Rat und der Kommission von dem Europäischen Rat verabschiedet werden.[552]

Zu jedem dieser RFSR-Umsetzungsprogramme wird zudem ein Aktionsplan angenommen[553], der das jeweilige Programm implementiert und damit das Vorgehen der EU nach Inkrafttreten des jeweiligen EU-Vertrages noch weiter strukturiert.[554] Die Aktionspläne und insbesondere die Umsetzungsprogramme setzten somit die politischen Leitlinien sowie konkreten Ziele zur Umsetzung des RFSR fest und geben der Durchführung des Primärrechts damit die jeweiligen Impulse sowie Schwerpunkte.[555] Primärrechtlichen Bestimmungen des RFSR enthalten (bisher)

547 Vgl. Art. 31 WVK sowie die schriftliche Anfrage E-3008/97 von Gerhard Hager (NI) an die Kommission, 1. Oktober 1997.

548 Im Rahmen des Lissabon-Vertrages: Art. 67 ff. AEUV.

549 Frenz, Handbuch Europarecht, Bd. 6, Teil 3, Kap. 17, Rdnr. 2760.

550 Vor dem Lissabon-Vertrag gemäß Art. 4 EUV a.F.

551 Die Mehrjahresprogramme beziehen sich auf den gesamten RFSR und sind nicht zu verwechseln mit den hinzutretenden Programmen für die einzelnen Politikbereiche des RFSR (z.B. die EU-Drogenstrategie von 2008), welche hier ausdrücklich nicht behandelt werden.

552 Calliess/Ruffert, Rdnr. 2. Anschließend werden die Programme von den Organen nach Maßgabe der Kompetenzvorschriften und der dort geregelten Beschlussfassung umgesetzt, Grabitz/Hilf/Nettesheim, Rdnr. 6.

553 Die Aktionspläne werden von den JI-Rat sowie der Kommission vorgelegt und von dem Rat angenommen.

554 Einzig der Wiener Aktionsplan zum Tampere-Programm (zur Umsetzung des Amsterdam-Vertrages) wurde vor dem Programm erlassen, sodass hier das Programm den Aktionsplan präzisiert und nicht umgekehrt.

555 Mitteilung der Kommission an den Rat und das Europäische Parlament v. 02.06.2004, „Raum der Freiheit, der Sicherheit und des Rechts: Bilanz des Tampere-Programms und Perspektiven", S, KOM(2004) 401 endgültig, S. 3,17.

lediglich einen institutionellen Rahmen und die notwendigen Rechtsgrundlagen für die Erreichung der Ziele des RFSR. Der RFSR bedarf daher seiner Konzeption nach einer (politischen) Ausfüllung durch die EU-Organe, der durch die Umsetzungsprogramme sowie Aktionspläne gewährleistet wird.[556] Mithin benennen diese Dokumente anhand ihrer Agenda die konkreten Integrationsschritte des RFSR und legen in diesem Sinne die Leitlinien und Schwerpunkte für das Verhältnis von Freiheit und Sicherheit im RFSR fest. Aus diesem Grunde ist eine Untersuchung dieser Dokumente neben dem RFSR-Primärrecht für eine substantiierte Aussage über das Verhältnis von Freiheit und Sicherheit im RFSR von erheblicher Bedeutung. Die Kategorisierung sowie Verbindlichkeit der Leitlinien der Umsetzungsprogramme ist allerdings sehr strittig, sowohl in der Literatur als auch innerhalb der EU-Organe[557], was für die Auswirkung der Umsetzungsprogramme auf das hier zu untersuchende Verhältnis von Relevanz und daher zu beachten ist.

Diese verschiedenen EU-Dokumente werden nun im Folgenden chronologisch hinsichtlich ihrer Auswirkung auf das Verhältnis von Freiheit und Sicherheit im RFSR untersucht, sodass sich das Primärrecht sowie die Umsetzungsschriften aneinanderreihen. Dabei werden nur diejenigen RFSR-Normen bzw. Protokolle, Erklärungen oder sonstige Texte erörtert, die neu hinzugekommen sind respektive verändert wurden. Unverändert beibehaltende respektive unwesentlich veränderte Vorschriften werden somit nicht wiederholt geprüft. Zudem wird nur auf die Vorschriften und Texte eingegangen, die für das Verhältnis von Freiheit und Sicherheit im RFSR als relevant erachtet werden.

A. Vertrag von Maastricht

Durch den Vertrag von Maastricht[558] wurde der Rechtsbereich der Zusammenarbeit in den Bereichen Justiz und Inneres (ZBJI) als Vorläufer des RFSR erstmals in den neu geschaffenen EU-Vertrag (EUV) als Titel VI und damit ins EU-Primärrecht eingeführt. In dem supranationalen EG-Vertrag (EGV) fand die ZBJI durch den

---

556 Streinz, Europarecht, Rdnr. 994.

557 Der programmatischen Rolle des Europäischen Rates kommt aufgrund der Leitlinienkompetenz ohne Zweifel eine große politische sowie faktische Relevanz zu, jedoch ist die rechtliche Kategorisierung der strategischen Leitlinien (mithin der Umsetzungsprogramme) strittig, insbesondere da diese mit anderen Normen partiell unvereinbar sind; siehe Frenz, Handbuch Europarecht, Bd. 6, Teil 3, Kap. 17, Rdnr. 2808–2810, Grabitz/Hilf/Nettesheim, Rdnr. 5, Lenz/Borchardt/Bitterlich, Rdnr. 2; Vedder/Heintschel v. Heinegg, Rdnr. 4; Vedder/Heintschel v. Heinegg, Rdnr. 4. sowie Calliess/Ruffert, Rdnr. 4.

558 Amtsblatt Nr. C 191 v. 29. Juli 1992. Der Maastricht-Vertrag wurde am 07.02.1992 unterzeichnet und trat am 01.11.1993 in Kraft.

Maastricht-Vertrag jedoch keinen Eingang[559], sondern diese beschränkte sich allein auf den EUV. Daraus resultierend waren alle Normen bezüglich der ZBJI lediglich dem Intergouvermentalrecht zuzuordnen und somit erst nach Umsetzung durch die Mitgliedstaaten verbindlich. Hierin lag eindeutig eine Schwäche der Normen der ZBJI. Da dieser Mangel sich jedoch gleichermaßen auf das Freiheitskonzept sowie das Sicherheitskonzept in der ZBJI bezog, ist hieraus nur ein genereller Mangel für die Wirksamkeit der ZBJI-Vorschriften abzuleiten und kein Ungleichgewicht für das Verhältnis von Freiheit und Sicherheit im Speziellen. Allerdings ist zu beachten, dass die Mitgliedstaaten durch die Einigung auf eine intergouvermentale JBZI einen ersten Schritt in die Richtung einer europäischen Integration gefunden hatten und es sich zudem um einem schwierigen, weil den genuin staatlichen Souveränitätsbereich der Mitgliedstaaten berührenden Politikbereich handelt.[560]

I. EUV

In den ZBJI-Normen des Titels VI EUV-Maastricht wird der Begriff des Freiheitsrechts kein einziges Mal explizit erwähnt. Lediglich in dem 3. Erwägungsgrund der Präambel des EUV-Maastricht wird das Freiheitsrecht in Bezug auf den Beschluss der Gründung der EU in einem allgemeinen Kontext und daher indirekt auch hinsichtlich der ZBJI genannt, indem das Bekenntnis „zu den Grundsätzen der Freiheit, der Demokratie und der Achtung der Menschenrechte und Grundfreiheiten und der Rechtsstaatlichkeit“ bestätigt wird.[561] Diese Betonung des Freiheitsrechts ist prinzipiell positiv zu werten, jedoch kommt der Präambel lediglich deklaratorische Bedeutung und keine Rechtswirkung zu, sodass das Freiheitsrecht hierdurch nur formal aufgewertet ist. Im Gegensatz dazu wird der Terminus Sicherheit in den ZBJI-Normen dreimal explizit erwähnt.[562] Damit überwiegt in der oberflächlich-formalen Betrachtung des Titels VI EUV-Maastricht die Betonung des Sicherheitskonzeptes, was allerdings im Einklang mit der nur gewährleistenden Funktion des ZBJI zum Gelingen des Binnenmarktes steht. Im Folgenden ist nun das Verhältnis von Freiheit und Sicherheit in der ZBJI durch den EUV-Maastricht konkret zu erörtern:

Der 10. Erwäggrund der EUV-Maastricht-Präambel legt dar, aus welchen Gründen die ZBJI geschaffen wurde und konstatiert das Ziel „die Freizügigkeit unter

559 In den Gemeinschaftsbereich fallen gemäß Art. 100 c EGV-Maastricht bisher lediglich zwei eng begrenzte Einzelfragen der Visumspolitik, namentlich die Liste der visapflichtigen Drittstaaten und die Gestaltung der Visamarke.

560 Siehe hierzu Knelangen, S. 149 ff, bes. 155 ff.

561 Hierbei handelt es sich zudem um die einzige explizite Nennung des Freiheitsrechts im ganzen EUV (in dem durch den Maastricht-Vertrag konsolidierten EGV wird der Terminus „Freiheit“ nur zweimal und zwar in Bezug auf die Freiheit des Zahlungsverkehres erwähnt, Art. 109 c Abs. 1 S. 2, 4. Spiegelstrich sowie Art. 109c Abs. 2 S. 3, 4. SpiegelstrichEGV).

562 Der Begriff der Sicherheit wird im gesamten EUV mehr als dreißig Mal erwähnt.

gleichzeitiger Gewährleistung der Sicherheit ihrer Bürger durch die Einfügung von Bestimmungen über Justiz und Inneres in diesen Vertrag" zu fördern. Damit werden die Freizügigkeit als Ausdruck des Freiheitsrechts und der Sicherheitsanspruch in Anbetracht der Formulierung „unter gleichzeitiger" in einem unmittelbaren Bezug zueinander gesetzt, was in Anbetracht der Erörterung in Teil II positiv zu werten ist. Zumal die genannte Formulierung ansatzweise zum Ausdruck bringt, dass das Sicherheitselement als Ausgleichsmaßnahme an der Aufrechterhaltung der Nutzung der Freizügigkeit orientiert ist. Schwerwiegend ist jedoch, dass das Sicherheitselement mittels des 10. Erwäggrunds im Allgemeinen in die ZBJI einbezogen wird, während in Bezug auf das Freiheitskonzept lediglich auf die Freizügigkeit als nur einem kleinen Teilbereich des Freiheitsrechts abgestellt wird. Hier wirkt sich die noch bestehende Abhängigkeit des ZBJI zu dem Binnenmarkt aus, da keine eigene Freiheitsdimension, sondern nur die aus dem Binnenmarkt abgeleitete Freizügigkeit umfasst ist. Somit überwiegt in der Zielsetzung des 10. Erwägungsgrunds eindeutig die Sicherheitskonzeption der ZBJI, was zu kritisieren ist, da diese Gestaltung einer rechtsstaatlich angemessenen Ausrichtung der grundrechtssensiblen ZBJI zuwiderläuft.

In Art. F Abs. 2 EUV-Maastricht wird die Achtung der Grundrechte aus der EMRK sowie deren Herleitung aus den gemeinsamen Verfassungsüberlieferungen der Mitgliedstaaten als allgemeine Rechtsgrundsätze des Unionsrechts (durch den EuGH[563]) bestätigt.[564] Damit sind über Art. F Abs. 2 EUV-Maastricht die Grundrechte der EMRK und damit auch die Freiheitsrechte nach Art. 2 ff. EMRK in der ZBJI zu beachten. Diese Achtungspflicht wird in Titel VI EUV-Maastricht konkret für die ZBJI anhand Art. K.2 Abs. 1 EUV-Maastricht noch einmal verdeutlicht, was das Freiheitselement stärkt. Darüber hinaus hebt Art. K.2 Abs. 1 EUV-Maastricht die Wahrung der Freiheitsrechte von Flüchtlingen (im Sinne der Genfer Flüchtlingskonvention vom 28. Juli 1951) sowie politisch Verfolgter (nach einzelstaatlichem Recht) in der ZBJI hervor. Hierin liegt eine konstruktive Betonung des Freiheitselementes in der ZBJI. In Art. K.2 Abs. 2 EUV-Maastricht ist jedoch in Anschluss daran ein Ordre-public-Vorbehalt der Mitgliedstaaten festgelegt, demzufolge die Ausübung der den Mitgliedstaaten obliegenden Verantwortung für u.a. den Schutz der inneren Sicherheit durch die ZBJI-Normen nicht tangiert wird. Damit wird auch im Maastricht-Vertrag der auslegungsbedürftige Terminus „nationale Sicherheit" weiterhin als nationale Souveränitätsbereich geschützt, mit der Folge, dass hier mangels Souveränitätsübertragung keine EU-Kompetenzen begründet werden.[565] Mithin behalten sich die Mitgliedstaaten ihre Souveränitätsrechte hinsichtlich der

---

563 Ständige Rechtsprechung seit EuGH, Rs.29/69 (*Stauder*), Slg. 1969, 419, RdNr. 1,6 f.

564 Zur Genealogie des Grundrechtsschutzes in der EU: „Europarecht – Dogmatik im Kontext", Ulrich Haltern, 2. Aufl., Mohr Siebeck, Tübingen 2007, § 9.

565 Kaunert, European Internal Security – Towards supranational governance in the AFSJ, S. 46, 49 ff.

inneren Sicherheit umfassend vor und schränken die Wirksamkeit der durch die ZBJI angelegten Freiheitsrechte zugunsten der Sicherheit ein.[566]

Nach der zentralen Norm Art. K.1 S. 1 EUV-Maastricht umfasst die ZBJI die dort genannten Politikbereiche „insbesondere" zur Verwirklichung der Freizügigkeit. Hier ist mithin als Fokus und Zielbestimmungen der Normen des ZBJI eindeutig die Freizügigkeit und damit immerhin die Ausübung eines Teilbereichs des Freiheitsrechts genannt.

Die sodann in Art. K.1 S. 1 Nr. 1–9 EUV-Maastricht aufgezählten Politikbereiche von gemeinsamen Interessen in der ZBJI sind sehr oberflächlich formuliert und werden im Primärrecht auch nicht weiter konkretisiert. Insgesamt ist die Sprache im JI-Bereich des Maastricht-Vertrages nicht eindeutig und lässt zu viel Raum für Interpretationen zwischen den einzelnen EU-Organisationen sowie den Mitgliedstaaten.[567] Das ist zu kritisieren, allerdings ist zu beachten, dass die Einfügung der ZBJI in den EUV aufgrund deren problematischen Materie bereits eine erhebliche mitgliedstaatliche Errungenschaft ist. Anhand der in Art. K.1 S. 1 Nr. 1–9 EUV-Maastricht konstatierten Angaben lässt sich mithin nur eine vage, allein an der Begrifflichkeit orientierte, Einordnung des Verhältnisses von Freiheit und Sicherheit vornehmen:

Hier ist positiv anzumerken, dass die Asyl-, Grenz- sowie Einwanderungspolitik erstmals als Gegenstand „gemeinsamen Interesses" (Nr. 1–3) benannt und damit in den institutionellen Rahmen der EU eingeführt wird. Dadurch sind die ersten Ansätze hin zu einer gemeinsamen europäischen Migrations- und Asylpolitik getan, weg von der bisher größtenteils informellen Zusammenarbeit der Mitgliedstaaten.[568] Die Asylpolitik (Nr. 1) ist thematisch wohl eher dem Freiheitselement zuzuordnen. Das Überschreiten der mitgliedstaatlichen Außengrenzen durch Personen ist ebenso Ausdruck des Freiheitskonzepts der ZBJI, während die Ausübung der entsprechenden Kontrollen (beides Nr. 2) eindeutig dem Sicherheitskonzept angehört. Die Einwanderungspolitik respektive die Politik gegenüber den Staatsangehörigen dritter Länder (Nr. 3) scheint aufgrund der Thematik auf den ersten Blick eher eine Zuordnung zu dem Freiheitskonzept zu gebieten. Die ausnahmsweisen Konkretisierungen dieses Politikbereiches (Nr. 3 lit. a–c) hinsichtlich der Voraussetzungen für die Einreise, den Verkehr, den Aufenthalt sowie die Bekämpfung der illegalen Einwanderung, des illegalen Aufenthalts und der illegalen Arbeit von Drittstaatsangehörigen in der EU zeigen jedoch, dass dieser eher sicherheitsorientiert ist, wie insbesondere die Formulierung „Bekämpfung" verdeutlicht. Allein der Verweis auf die Familienzusammenführung und den Zugang zur Beschäftigung für Drittstaatsangehörigen (Nr. 3 lit. b) weist eine freiheitsrechtliche Dimension auf.

566 Auch wenn sich dieser Vorbehalt inhaltlich wie historisch erklären lässt, s.o.

567 Müller, S. 433.

568 Parusel, Abschottungs- und Anwerbungsstrategien, S. 82 sowie Weinzierl, Deutsche und europäische Grundrechte im RFSR: Das Asylrecht als Testfall für den kooperativen Grundrechtsschutz in Europa, S. 261 f.

Die übrigen Politikbereiche zeigen inhaltlich sowie anhand der gewählten Formulierung auf, dass es sich bei der „Bekämpfung" der Drogenabhängigkeit (Nr. 4), der Betrügereien im internationalen Maßstab (Nr. 5) sowie der justiziellen Zusammenarbeit in Strafsachen (Nr. 7), der Zusammenarbeit im Zollwesen (Nr. 8) und der polizeilichen Zusammenarbeit zur Verhütung und Bekämpfung schwerwiegender Formen der internationalen Kriminalität in Verbindung mit dem Aufbau der rechtlich eigenständigen Polizei- und Strafverfolgungsbehörde Europäisches Polizeiamt (Europol[569], Nr. 9) eindeutig um Elemente des Sicherheitskonzepts der ZBJI handelt. Die justizielle Zusammenarbeit in Zivilsachen (Nr. 6) ist anhand der Angaben des Titels VI EUV-Maastricht weder dem Sicherheits- noch dem Freiheitsrecht klar zuzuordnen – aufgrund des darin angelegten vereinfachten Zugangs zum Recht scheint jedoch eher ein freiheitsrechtliches Element gegeben zu sein.

In der Gesamtbetrachtung der ZBJI-Politikbereiche zeigt sich jedoch, dass die Asyl-, Grenz- und Einwanderungspolitik in der ZBJI zusammen mit Aspekten der Grenzsicherung, des Kampfes gegen Drogenhandel und Kriminalität, der Rechtskooperation in Straf- und Zivilangelegenheiten, sowie der Zoll- und Polizeikooperation eingeordnet wurde. Dieses verdeutlicht, dass der Großteil der Asyl-, Grenz- und Einwanderungspolitik (wie sich bereits in der Schengen-Zusammenarbeit abgezeichnet hatte) institutionell in dem Sicherheitskontext verankert ist und mithin normativ auf einer Ebene mit Kriminalitätsbekämpfung und Polizeikooperation behandelt wird.[570] Nur teilweise ist es gelungen Migrationsfragen auch außerhalb reiner Sicherheitspolitik, etwa im Rahmen sozialer, ökonomischer oder demografischer Interessen zu behandeln.[571]

Im Rahmen der obigen Politikbereiche der ZBJI kann der Rat gemäß Art. K.3 Abs. 2 EUV-Maastricht die dort genannten Maßnahmen in der ZBJI (gemeinsame Standpunkte/Maßnahmen, Übereinkommen) in den Feldern des Art. K.1 Nr. 1–6 EUV-Maastricht auf Initiative eines Mitgliedstaats bzw. der Kommission festlegen, während diese in den Bereichen der Nr. 7–9 ausschließlich auf Initiative eines Mitgliedstaats erfolgen können. Mithin sind solche Maßnahmen in den ausschließlich sicherheitsorientierten Feldern der Nr. 7–9 in einem eingeschränkteren Maße

569 Europol wurde 1995 durch das Europol-Übereinkommen (ABl. C 316) errichtet, welches 2010 als Rechtsgrundlage durch den Beschluss des Rates 2009/371/JI über die Errichtung von Europol ersetzt wurde (ABl. L 121, S. 37 v. 15.05.2009), um künftige Änderungen zu erleichtern (vorher waren Änderungen nur durch Zusatzprotokolle möglich, die jeweils von sämtlichen Mitgliedstaaten ratifiziert werden mussten). Europol hat seinen Sitz in Den Haag (Niederlande) und verfügt über Rechtspersönlichkeit, siehe Art. 1f. des Beschlusses des Rates 2009/371/JI. Siehe speziell zu Europol im Rahmen des RFSR unter Michael Niemeier/Marc André Wiegand, „Europol and the Architecture of Internal Security", in: The institutional Dimension of the European Unions's Area of Freedom, Security and Justice; Jörg Monar (Hrsg.), Peter Lang Verlag, Brüssel 2010, S. 169–193 m.w.N.

570 Parusel, Abschottungs- und Anwerbungsstrategien, S. 83.

571 Parusel, Abschottungs- und Anwerbungsstrategien, S. 83.

initiierbar als in den sowohl sicherheits- wie auch freiheitsrechtlich ausgerichteten Bereichen der Nr. 1–6. Dass die Kommission kein Vorschlagsrecht für die grundrechtsrelevanten Bereiche der Nr. 7–9 innehat, sondern dieses nur von den Mitgliedstaaten ausgehen kann, führt dazu, dass nur mitgliedstaatliche und damit oftmals zuvorderst an nationalen Interessen orientierte[572] Rechtsetzungsinitiativen ermöglicht werden.

Zudem ist zu kritisieren, dass in der ZBJI mit den in Art. K.3 Abs. 2 lit. a–c EUV-Maastricht aufgezählten Maßnahmen ausschließlich Rechtsinstrumente mit unklarer rechtlicher Bindungswirkung zur Verfügung stehen. Insgesamt betrachtet resultiert die Funktionsweise der intergouvernementalen Beratungs- respektive Entscheidungsprozeduren in der ZBJI in oftmals ineffektiven und zähen Verhandlungen sowie nur wenigen greifbaren respektive verbindlichen Ergebnissen.[573] Dies schwächt das Freiheitsrecht der Bürger, da es sich zulasten einer effektiven Etablierung ihrer Rechte in der ZBJI auswirkt.

Auffällig ist die Passerelle-Klausel des Art. K.9 EUV-Maastricht, nach der durch einen einstimmigen (ratifizierungsbedürftigen) Ratsbeschluss festgelegt werden kann, dass Art. 100 c EGV-Maastricht auf Maßnahmen in den in Art. K.1 Nr. 1–6 EUV-Maastricht genannten Bereichen anwendbar ist und diese mithin ganz oder teilweise in die Gemeinschaftskompetenz überführt werden. Folglich eröffnet Art. K.9 als Brücke zwischen dritter und erster Säule eine vereinfachte Form der Vertragsänderung, indem die Möglichkeit der Eingliederung weiter Bereiche der ZBJI in die supranationale 1. Säule des EG-Rechts gegeben ist. Aufgrund der demokratisch-rechtsstaatlicheren Ausgestaltung des EG-Rechts ist diese Normierung für das Freiheitselement der ZBJI förderlich.

Die in Art. L lit. b EUV-Maastricht festgelegte Regelung, dass sich die Zuständigkeit des EuGH und deren Ausübung nur dann im Rahmen der ZBJI Anwendung findet, wenn dieses im Sinne des Art. K.3 Abs. 2 lit. c UAbs. 3 EUV-Maastricht in einem Übereinkommen explizit vorgesehen ist, betrifft sämtliche ZBJI-Felder des Art. K.1 EUV-Maastricht und damit geleichermaßen die sicherheits- sowie die freiheitsrechtlich orientierten. Dennoch geht diese grundsätzliche Unzuständigkeit des EuGH in der ZBJI insbesondere zulasten des Freiheitsrechts, da durch eine fehlende gerichtliche Kontrolle immer die Gefahr der staatlichen Freiheitseinschränkung bzw. der mangelnden Gewährleistung von Freiheitsrechten besteht – vor allem in dem genuin staatlichen Bereich der ZBJI, wie auch Art. K.2 Abs. 2 EUV-Maastricht verdeutlicht.[574] Diese Gefahr der sicherheitsorientierten Handhabung der ZBJI wird dadurch noch verstärkt, dass der Rat nach Art. K.4 Abs. 3 EUV-Maastricht einstimmig beschließt, außer in Verfahrensfragen und den explizit geregelten Ausnahmefällen des Art. K.3 EUV-Maastricht (qualifizierte Mehrheit bzw. Mehrheit von zwei Dritteln). Denn aufgrund der grundsätzlichen

572 So auch Douglas-Scott, E.L.Rev. 2004, S. 240.
573 Parusel, Abschottungs- und Anwerbungsstrategien, S. 88.
574 Ludwig, S. 224.

Einstimmigkeitsregel im Rat, kontrollieren die konstitutionell immer sicherheitsorientierten Mitgliedstaaten die Ausrichtung der ZBJI im Sinne dessen intergouvernementalen Rechtsnatur.

Diese Tendenz zulasten des Freiheitsrechts wird dadurch noch weiter begünstigt[575], dass das Europäische Parlament gemäß Art. K.6 EUV-Maastricht entgegen rechtsstaatlicher Grundsätze keine eigenen Kontrollbefugnisse in der ZBJI innehat und auch die Befugnisse der Kommission reduziert sind (vgl. Art. K.8 Abs. 1 EUV-Maastricht) und somit ein Gegengewicht zu dem Rat, mithin zu den Interessen der Mitgliedstaaten im Sinne der EU fehlt. Dass das Europäische Parlament nur Anhörungsrechte hat, verhindert jede Form der rechtsstaatlichen Kontrolle und verletzt damit den Grundsatz von Gewaltenteilung und Demokratie im Bereich der ZBJI.[576] Die intergouvernementale Zusammenarbeit in der ZBJI entzieht sich somit dem Einfluss demokratisch legitimierter Kontrollorgane.[577] Dieses ist in keinem anderen Bereich der EU von einer solchen Tragweite, wie in dem Freiheitsrechte sowie Sicherheit regulierenden ZBJI.

Art. K.7 EUV-Maastricht zufolge ist eine engere Zusammenarbeit zwischen zwei oder mehr Mitgliedstaaten im Bereich der ZBJI möglich, soweit Letztere dadurch nicht behindert wird. Diese Normierung (die spätere Verstärkte Zusammenarbeit) ist Segen und Schaden zugleich für die ZBJI: Notwendige Maßnahmen sowohl in Ausrichtung auf die Sicherheit wie auch auf das Freiheitsrecht der Bürger, die im Rat keine Mehrheit finden, können so dennoch weiterverfolgt werden und gegebenenfalls zu einem späteren Zeitpunkt in den EUV übernommen werden. Auf der anderen Seite wird durch die Zusammenarbeit nur einiger Mitgliedstaaten die Einheitlichkeit des Rechtsstatus der EU-Bürger gefährdet, was in dem meisten Fällen zulasten der Freiheitskonzeption geht, da die Mitgliedstaaten hier zögerlicher hinsichtlich einer Aufnahme in die ZBJI sind. Erreichen zudem die integrationswilligen EU-Staaten im Wege der engeren Zusammenarbeit politische Fortschritte, könnten sie zunehmend bei schwer zu verhandelnden Kernthemen der ZBJI den Sonderweg außerhalb des EU-Rechts suchen.[578] Hierdurch kann der Wille zum Kompromiss entscheidend geschmälert werden und bis hin zur Bildung eines „Kerneuropas" führen (wie in der Finanzpolitik zu beobachten). Zudem wird durch diese differenzierte Integration[579] eine Beliebigkeit in die ZBJI eingeführt, da die einheitliche Geltung des EU-Rechts an Selbstverständlichkeit verliert und somit in jedem Einzelfall begründungsbedürftig ist. Es besteht also durch eine

575 Respektive resultiert daraus.
576 Heilig, Freiheit und Sicherheit in Europa: Trilog zur europäisierten Innenpolitik, S. 75.
577 Heilig, Freiheit und Sicherheit in Europa: Trilog zur europäisierten Innenpolitik, S. 74.
578 Vgl. Bender, ZaöRV 2001, S. 737.
579 Zu dieser Rechtsfigur allgemein siehe: „‚Differenzierte Integration‘: Konzept mit sprengender oder unitarisierender Kraft für die Europäische Union?", Peter-Christian Müller-Graff, in: Integration 2007, Heft 2, S. 129–139, Nomos Verlag, Baden-Baden 2007.

voranschreitende differenzierte Integration die Gefahr, dass das Prinzip der einheitlichen Integration zunehmend untergraben wird, was die Gefahr der Zersplitterung (insbesondere) des Freiheitsrechts in der ZBJI in sich birgt.

II. Erklärungen zum Maastricht-Vertrag

Zum Abschluss sind die für diese Arbeit einschlägigen Erklärungen zum Maastricht-Vertrag knapp zu untersuchen. Keines der Protokolle des Maastricht-Vertrages ist thematisch relevant für das Verhältnis von Freiheit und Sicherheit in der ZBJI, sodass auf diese hier nicht eingegangen wird.

Nach der **Erklärung Nr. 31 zu Asylfragen**, prüft der Rat im Rahmen der Arbeiten nach Art. K.1/K.3 EUV-Maastricht „vorrangig" die Fragen der Asylpolitik der Mitgliedstaaten[580] mit dem Ziel bis Anfang 1993 eine gemeinsame Aktion zur Harmonisierung der Aspekte dieser Politik zu beschließen. Anhand der Schlussfolgerungen des Vorsitzes des Europäischen Rates in Luxemburg vom 28./29.06.1991, auf dessen Tagung die Erklärung Nr. 31 verweist, wird erkenntlich, dass die obige Harmonisierung der Asylpolitik im Rahmen der Freizügigkeit festgehalten wurde[581] und somit die Vorrangstellung aus der Erklärung Nr. 31 (zumindest formell) der Freiheitskonzeption der ZBJI zuzuweisen ist, was das Freiheitsrecht im RFSR stärkt.

Die Erklärung Nr. 32 zur polizeilichen Zusammenarbeit konstatiert ebenfalls, dass die Mitgliedstaaten die ihnen unterbreiteten Entwürfe der deutschen Delegation auf der Tagung des Europäischen Rates vom 28./29.06.1991 in Luxemburg[582] mit „Vorrang" prüfen und bereit sind in der ZBJI konkrete Maßnahmen auf dem Gebiet des Informations- sowie Erfahrungsaustausches der einzelstaatlichen Strafverfolgungs- und Sicherheitsbehörden anzunehmen. Zudem soll spätestens 1994 die Option der Ausweitung der Zusammenarbeit geprüft werden. Mithin dient die Erklärung Nr. 32 eindeutig alleine der Sicherheitskonzeption und hat keine freiheitsrechtliche Ausgestaltung.

III. Ergebnis

Zusammenfassend wurde die ZBJI zwar durch den Maastricht-Vertrag in den primärrechtlichen Rahmen des EUV integriert, die Struktur der bisherigen intergouvernementalen Zusammenarbeit in der ZBJI jedoch mit nur wenigen Ausnahmen fortgeführt, ohne der EU gesetzgebende Kompetenzen in der ZBJI zu übertragen.[583]

---

580 Unter Bezugnahme auf die Schlussfolgerungen des Vorsitzes des Europäischen Rates in Luxemburg (zur 47. Ratstagung am 28. und 29. Juni 1991), Anlage I, DOC/91/2 v. 29.06.1991.

581 Siehe unter Fußnote 766.

582 Siehe Presseerklärung zu den Schlussfolgerungen des Vorsitzes des Europäischen Rates in Luxemburg (zur 47. Ratstagung am 28. und 29. Juni 1991), Anlage I, DOC/91/2 v. 29.06.1991.

583 Kaunert, Construction of a ‚European Public Order', S. 464 ff.

Zudem sind die ZBJI-Normen des Maastricht-Vertrages inhaltlich wenig konkret. Dies sowie die vage Formulierung sind jedoch dem Umstand geschuldet, dass es sich zum einen um die erste primärrechtliche Normierung dieses Politikbereich handelt und dieser zum anderen aufgrund seiner genuin staatlichen Rechtsnatur von den Mitgliedstaaten sehr zögerlich behandelt wird. Aufgrund dessen lässt sich auch erklären, dass die primärrechtlichen Normen der ZBJI keine subjektiven Rechte für die EU-Bürger enthalten und auch subjektive Rechtspositionen durch Sekundärrecht nicht vorgesehen sind. Zudem fehlt der ZBJI eine demokratische Legitimität aufgrund der erheblichen Defizite in der demokratischen und gerichtlichen Kontrolle, welche aus der fehlenden Ausstattung des Europäischen Parlaments mit Mitentscheidungsrechten sowie der fehlenden Einbindung des EuGH resultiert. Gemessen an den politischen Gestaltungsmöglichkeiten und den weitreichenden Eingriffsbefugnissen in die Grundrechte des Einzelnen ist die gerichtliche Kontrolle in der ZBJI viel zu gering ausgeprägt.[584]

Des Weiteren ist eine umfassende Politik im Bereich Justiz und Inneres nicht erkenntlich und ein effektives Vorgehen erschwert, was sich u.a. aus dem Fehlen von klaren Zielen, der Unzulänglichkeit der gegebenen Instrumente, der Vorherrschaft der Einstimmigkeit, einer umständlichen Fünf-Ebenen-Entscheidungsstruktur, dem nicht ausschließlichen Initiativrecht der Kommission sowie der unklaren rechtlichen Statui der „gemeinsamen Aktionen" und „gemeinsamen Standpunkte" begründet. Problematisch ist zudem, dass damit die eigentliche Entscheidungsmacht in der ZBJI weiterhin beim Rat und folglich bei den mitgliedstaatlichen Regierungen liegt[585], da diese genuin stark sicherheits- und nicht freiheitsrechtlich orientiert sind. So sind auch verbindliche gemeinsame Standpunkte nur auf wenigen Feldern getroffen worden[586] und eine deutliche Präferenz der Mitgliedstaaten für die Annahme von nicht bindenden Texten zu attestieren.[587] Diese Aspekte gehen deutlich zulasten des Freiheitsrechts in der ZBJI, da sie das dieses fördernde rechtsstaatliche sowie demokratische Handeln erschweren. Ein Hauptgrund für die nur schleichenden Verbesserungen in der ZBJI liegt in dem Einstimmigkeitsprinzip bei Entscheidungen, welche es Mitgliedstaaten ermöglicht Verfahren zu blockieren und angemessene Verhandlungen respektive Ergebnisse zu verhindern.

Gleichwohl sind relevante erste Schritte für eine Zusammenarbeit im JI-Besitzstand der EU getan und die Grundlagen für eine spezifischere Zusammenarbeit in der ZBJI geschaffen worden.[588] So hat die Kommission ein Ko-Initiativrecht und das Europäische Parlament wird zumindest informiert und zu grundsätzlichen Fragen

---

584 Hagedorn, Reformen für Justiz und Inneres: eine Frage der Balance; der RFSR, S. 4.

585 Parusel, Abschottungs- und Anwerbungsstrategien, S. 84.

586 EU-Kommission, Vertretung in Deutschland, EU-Nachrichten, Themenheft Nr. 10/2005, S. 6.

587 Monar, E.L.Rev. 1998, S. 320.

588 Vgl. auch Mitteilung der Kommission v. 14.07.1998, „Auf dem Weg zu einem Raum der Freiheit, der Sicherheit und des Rechts", KOM (1998) 459 endg., S. 2.

konsultiert.[589] Diese sind aber wie aufgezeigt nicht ausreichend, um im Sinne der EU-Bürger die unter Teil II dargelegte notwendige Dimension des Verhältnisses von Freiheit und Sicherheit Wirklichkeit werden zu lassen, da die erzielten Ergebnisse angesichts des Fehlens von Transparenz, rechtlichen Garantien, einem einheitlichen Konzept und den partiell inadäquaten rechtlichen Instrumenten unzulänglich sind.[590]

Zusammenfassend ist daher festzuhalten, dass in den ZBJI-Normen des Maastricht-Vertrages kein ausgewogenes Verhältnis von Freiheit und Sicherheit angelegt ist, sondern ein Überwiegen des Sicherheitskonzepts. Es ist jedoch nicht außer Acht zu lassen, dass sich der Vertragstext um die Implementierung des Freiheitselements sichtbar bemüht und diese Leistung der Mitgliedstaaten angesichts der problematischen Materie ein enormer Schritt für die europäische Integration und damit auch für die EU-Bürger darstellt. Dieses gilt insbesondere in Anbetracht dessen, dass der Maastricht-Vertrag die erste vertragliche Kodifizierung der ZBJI-Materie auf EU-Ebene darstellt und die Aufnahme als intergouvermentale Zusammenarbeit verbindlicher ist als die vorherige völkerrechtliche Bindung außerhalb des EU-Konzepts. So gewährt die Institutionalisierung der ZBJI im dritten Pfeiler des EUV als Kompromiss dennoch gesetzgeberische Verbindungen mit den EU-Organen und gibt dem Verhältnis von Freiheit und Sicherheit damit wichtige Anstöße.[591]

B. Vertrag von Amsterdam

Anhand des Amsterdam-Vertrags[592] wurde die ZBJI in den Terminus „Raum der Freiheit, der Sicherheit und des Rechts" umbenannt, vgl. den 10. Erwäggrund der Präambel des EUV-Amsterdams. Der Begriff des RFSR beinhaltete damit sowohl explizit dessen Freiheitskonzept wie auch dessen Sicherheitselement, stellte das Freiheitsrecht jedoch an erster Stelle. Dieses ist in Anbetracht des erörterten Zusammenhanges von Freiheit und Sicherheit die richtige Einordnung und eine positive Entwicklung. Auch wenn diese Titulierung nur ein formaler Aspekt ist, so kommt ihr dennoch eine Aussagekraft und insbesondere eine gewisse Ausstrahlung zu – vor allem in der Wahrnehmung durch die EU-Bürger.

589 Parusel, Abschottungs- und Anwerbungsstrategien, S. 84.

590 Mitteilung der Kommission v. 14.07.1998, a.a.O., S.2. Siehe auch Lindahl, Inside and Outside the EU's „Area of Freedom, Security and Justice", S. 492.

591 Parusel, Abschottungs- und Anwerbungsstrategien, S. 84.

592 Der Vertrag von Amsterdam, Amtsblatt Nr. C 340 v. 10.11.1997, wurde am 02.10.1997 unterzeichnet und trat am 01.05.1999 in Kraft. Zum RFSR im Amsterdam-Vertrag allgemein siehe etwa: „Die Fortentwicklung des Rechts der Europäischen Union durch den Vertrag von Amsterdam", Jörg Ukrow, in: ZEuS 1998, Heft 2, S. 141–181, Europa-Institut der Universität des Saarlandes, Saarbrücken 1998.

Dieses Verhältnis von Freiheit und Sicherheit wird durch die im Gegensatz zu Art. B, 4. SpStr. Maastricht-Vertrag konkreter formulierter Zielsetzung des RFSR in Art. 2, 4. SpStr. EUV-Amsterdam weiter verdeutlicht, nach dem im RFSR „in Verbindung mit geeigneten Maßnahmen in Bezug auf die Kontrollen an den Außengrenzen, das Asyl, die Einwanderung sowie die Verhütung und Bekämpfung der Kriminalität der freie Personenverkehr gewährleistet ist". Die schon unter Art. K.1 EUV-Maastricht genannten Politikfelder werden dabei zusammengefasst und zu einer ehrgeizigen Zielbestimmung des RFSR herangezogen.[593] Ausdrücklicher, da nunmehr in der Zielbestimmung normiert, wird hier der freie Personenverkehr als Hauptbezugspunkt des RFSR dargestellt, während die Bereiche der Außengrenzkontrolle, des Asyls, der Einwanderung sowie der Kriminalitätsverhütung und -bekämpfung lediglich „in Verbindung mit", also in einem notwendigen Zusammenhang zu diesem Teilbereich des Freiheitsrechts gesetzt sind. Demnach ist das (formal) übergeordnete Ziel des RFSR, dass sich die Personen frei von Kontrollen und rechtsstaatlich gesichert im gesamten EU-Raum bewegen können.

In Art. 2, 4. SpStr. EUV-Amsterdam findet sich somit wieder, dass Sicherheitsmaßnahmen nur der Absicherung von Freiheitsrechten der Bürger dienen dürfen, da der Ausgangs- und Endpunkt der Gestaltung der einzelnen RFSR-Politikbereiche der freie Personenverkehr (mithin die Ausübung von Freiheitsrechten) ist und Sicherheitsaspekte lediglich „in Verbindung", folglich zur Gewährleistung der Freiheitsrechte, angeführt werden.[594] Es ist jedoch zu kritisieren, dass bezüglich des Freiheitskonzepts explizit lediglich auf die Freizügigkeit als nur einem kleinen Teilbereich des Freiheitsrechts abgestellt wird, während die sicherheitsorientierten Bereiche umfassend einbezogen werden. Damit überwiegt in der Zielbestimmung des RFSR das Freiheitselement nur scheinbar. Insgesamt steht damit nicht das Freiheitsrecht im Mittelpunkt, sondern dessen Sicherung und damit die Sicherheit[595], sodass sich die EU im RFSR mit dieser Zielbestimmung als Sicherheitsunion festigt.[596]

In der Formulierung des Art. 2, 4. SpStr. EUV-Amsterdam ist zudem der Gedanke wiederzufinden, dass das Recht(-sstaatsprinzip) einen Steuerungsmodus zwischen der Gewährleistung von Freiheit und Sicherheit als spannungsgeladener staatlicher Doppelaufgabe darstellen soll (Doppelauftrag des Rechtsstaatsprinzips). Positiv hervorzuheben ist, dass damit das als unerlässlich festgestellte Junktim „Recht" zwischen Freiheit und Sicherheit aufgenommen wird und damit der Zusammenhang beider Termini verdeutlicht wird.

In den (im Folgenden unter I. zu untersuchenden) Normen des RFSR werden die Zielsetzungen des Art. 2, 4. Spiegelstrich EUV-Amsterdam im Gegensatz zum

593 So auch Monar, Der RFSR in der erweiterten Union, S. 221.
594 So auch Meyer, EuR 2011, S. 189, 193f.
595 Siehe Merli, RFSR, S. 20 f.
596 Ruffert, Der RFSR nach dem Reformvertrag – Kontinuierliche Verfassungsgebung in schwierigem Terrain, S. 170.

Maastricht-Vertrag erstmals wieder aufgegriffen und mit Inhalt gefüllt.[597] Diese Konkretisierung der problematischen Materie des RFSR betrifft sowohl dessen Freiheits- als auch das Sicherheitskonzept. Insbesondere für die Wahrnehmung des Freiheitsrechtes durch die Bürger ist diese Weiterentwicklung aufgrund der sicherheitsorientierten Tendenz der öffentlichen Ordnung sowie deren bisherige sicherheitsfokussierte Handhabung durch die Mitgliedstaaten von erheblicher Relevanz. Nach Art. 1 Nr. 11 Amsterdam-Vertrag sind in dem intergouvernementalen Teil VI EUV-Amsterdam nunmehr nur noch die „Bestimmungen über die polizeiliche und justizielle Zusammenarbeit in Strafsachen" (PJZS) geregelt, während die JZZ und die flankierenden Maßnahmen zum freien Personenverkehr mittels des Titel IV EGV-Amsterdam ins supranationale Unionsrecht eingegliedert wurden. Damit ist das Konzept des RFSR in dem Amsterdam-Vertrag durch die Säulenaufteilung geprägt, deren kompromisshafte Natur der Verträge auf dem Dilemma basiert, dass die EU im RFSR nur gemeinsam gegen die globalen Herausforderungen angehen kann und gleichwohl weiterhin erhebliche mitgliedstaatliche Vorbehalte hinsichtlich der Übertragung von Souveränitätsrechten in genuin staatlichen und damit besonders sensiblen Politikbereichen bestehen.[598]

Damit ist das Säulenmodell eine Notlösung, um in der schwierigen RFSR-Materie einen Konsens zwischen den Mitgliedstaaten zu erreichen und so zumindest einige Bereiche zu supranationalisieren.[599] Durch die nicht schlüssige Aufspaltung inhaltlich zusammengehörender Rechtsmaterie[600] anhand der Säulenteilung, insbesondere des Schengenbesitzstandes zwischen der 1. und der 2. Säule[601], ist das Gesamtverständnis des RFSR und damit auch seine Wahrnehmung als ein Ganzes erschwert. Denn die Aufteilung des RFSR hat als logische Folge unterschiedliche Gesetzgebungsorgane und -verfahren. Die Wahl des anzuwendenden Verfahrens und damit die Natur des anzuwendenden Rechtsaktes hat erhebliche Konsequenzen für die Aufteilung der Zuständigkeiten zwischen den institutionellen Partnern, die Rechtswirkung der erlassenen Rechtsakte und der Kontrolle durch die Gerichte.[602] Damit ist ein enormes Konfliktpotential betreffend kompetenzrechtlichen Fragen zwischen den Säulen hinsichtlich der Abgrenzung von Gemeinschafts- und Unionszuständigkeit gegeben.[603]

---

597 Die Umschreibung der Zielbestimmung in Art. 2, 4. Spiegelstrich EUV-Amsterdam gibt somit (inhaltlich im Wesentlichen) zusammengefasst den Normgehalt der RFSR-Vorschriften des EUV- respektive EGV-Amsterdam wieder. Siehe auch Baldus, S. 39.

598 Graf, Die vertragliche Entwicklung des Raumes der Freiheit, der Sicherheit und des Rechts, S. 314 f.

599 Elsen, Personal Reflections on the Institutional Framework of the AFSJ, S. 259 m.w.N.

600 Hagedorn, Reformen für Justiz und Inneres: eine Frage der Balance; der RFSR, S. 2.

601 Graf, Die vertragliche Entwicklung des Raumes der Freiheit, der Sicherheit und des Rechts, S.314 f.

602 Skouris, Rechtsschutz im RFSR, S. 405.

603 Feik, Die dritte Säule – Kompetenzen und Organe im Überblick, S. 10 ff.

I. EUV

Die Veränderungen des Verhältnisses von Freiheit und Sicherheit im RFSR durch den Amsterdamer-Vertrag sind nun im Folgenden als Erstes in Bezug auf den konsolidierten EUV[604] zu untersuchen:

1. Art. 29 EUV-Amsterdam

Nach Art. 29 S. 1 EUV-Amsterdam verfolgt die EU anhand des Bereichs der PJZS[605] das Ziel den Bürgern in dem RFSR „ein hohes Maß an Sicherheit zu bieten". Damit ist das gesamte RFSR-Feld der PJZS allein auf das Sicherheitselement ausgerichtet, ohne eine freiheitsrechtliche Dimension oder Bezugnahme in der Zielbestimmung aufzuweisen. Noch problematischer wird es dadurch, dass es sich bei der PJZS um ein weites respektive schwammiges Sicherheitsmandat handelt, welches durch den Vertragstext weder dazu bestimmt ist die Personenverkehrsfreiheit zu kompensieren, noch dieser untergeordnet wird.[606] In Art. 29 S. 2 EUV-Amsterdam werden die PJZS-Politikfelder der Verhütung und Bekämpfung der organisierten oder nichtorganisierten Kriminalität aufgezählt, welche gegenüber Art. K.1 EUV-Maastricht spezifiziert sowie ausgeweitet sind – wiederum ohne jeden Bezug zum Freiheitsrecht. Das ist zu kritisieren, da es zwar zutreffend ist, dass es Freiheit ohne Sicherheit nicht gibt – aber wie obig dargelegt, ist es grob fehlerhaft anzunehmen, dass immer mehr Sicherheit auch immer mehr Freiheit bedeuten würde. Freiheit sowie Sicherheit sind politische Zielsetzungen, von denen die Forderung nach Sicherheit im nationalen wie im europäischen Kontext in dramatischer sowie beklagenswerter Weise dominant geworden ist, wie in Art. 29 EUV-Amsterdam explizit bestätigt wird.[607]

a) Polizeiliche Zusammenarbeit

Diese sicherheitsorientierte Zielsetzung der PJZS stützt sich in Erweiterung des Maastricht-Vertrages zum einen nach Art. 29 S. 2, 1. Spiegelstrich i.V.m. Art. 30, 32 EUV-Amsterdam auf eine engere Zusammenarbeit der Polizei-, Zoll- und anderer zuständiger (oftmals spezialisierter) Behörden in den Mitgliedstaaten unmittelbar sowie unter Einschaltung Europols.[608] Im Rahmen dieser sogenannten polizeilichen

---

604 Konsolidierte Fassung des EUV nach dem Vertrag von Amsterdam, 97/C 340/02.

605 Der PJZS nach Teil VI EUV-Amsterdam wird in Erweiterung zu dem Maastricht-Vertrag die Verhütung und Bekämpfung von Rassismus und der Fremdenfeindlichkeit zugeordnet, vgl. Art. 29 Abs. 1 EUV-Amsterdam.

606 Knelangen, Nachbarn in Sicherheit, Freiheit und Recht? Inneres und Justiz: Ambivalenzen der EU, S. 264.

607 Hirsch, Bemerkungen zum Schutz der Grundrechte im „Raum der Freiheit, der Sicherheit und des Rechts" der Europäischen Gemeinschaft, S. 310.

608 Siehe hierzu ausführlich unter Baldus, S. 40 ff.

Zusammenarbeit sind nach Art. 30 Abs. 1 EUV-Amsterdam unter anderem so weitreichende Maßnahmen wie die operative Zusammenarbeit der erwähnten Behörden bei der Verhütung von Straftaten sowie ihrer Aufdeckung und Ermittlung und das Einholen, Speichern, Verarbeiten, Analysieren und Austauschen sachdienlicher Informationen enthalten. In Art. 30 Abs. 2 EUV-Amsterdam ist die Förderung der Zusammenarbeit durch Europol normiert, die in einem festgeschriebenen Rahmen von nur 5 Jahren u.a. umfangreiche Maßnahmen in Bezug auf die Vorbereitung spezifischer mitgliedstaatlicher Ermittlungsmaßnahmen, einschließlich operativer Aktionen; das Ersuchen der Mitgliedstaaten um Ermittlungen in speziellen Fällen, die Entwicklung von spezifischem Fachwissen und die Errichtung eines Netzes für Forschung sowie Dokumentation und Statistik über die grenzüberschreitende Kriminalität beinhaltet. Mithin ist die Zuständigkeit Europols bisher zwar limitiert auf Analyse, Koordination und Informationsaustausch, jedoch beinhaltet das die umfangreiche Kompetenz zur Informationssammlung und -speicherung über EU-Bürger. Diese detailliert normierte Vernetzung mit und durch Europol stellt eine weitere Stufe der Sicherheitskonzeption im RFSR dar, welche massive Eingriffspunkte in das Freiheitsrecht der EU-Bürger erleichtert.

Mithin umfasst und verknüpft die rein sicherheitsorientierte polizeiliche Zusammenarbeit eine Vielzahl von unterschiedlichen Behörden der zahlreichen Mitgliedstaaten der EU zu einer Vielzahl an grundrechtsrelevanten Maßnahmen, welche die EU-Bürger unmittelbar betreffen. Hier zeigt sich, dass sich die Europäisierung der Polizeiarbeit auf den Grundrechtsschutz äußerst problematisch auswirkt. Durch die Verarbeitung, Speicherung und Weitergabe personenbezogener Daten ist insbesondere das Grundrecht auf informationelle Selbstbestimmung[609] in erheblichem Umfang betroffen. Zwar ist auch Europol zur Einhaltung von datenschutzrechtlichen Mindeststandards verpflichtet, doch können die hohen Standards in einigen EU-Staaten leicht unterlaufen werden. Besorgniserregend ist außerdem, dass die „Gemeinsame Kontrollinstanz" (GKI), die für die datenschutzrechtliche Überwachung Europols zuständig ist, hinter den Anforderungen an eine unabhängige Kontrollinstanz zurückbleibt.[610]

Nur in Bezug auf die Datennutzung in Art. 30 Abs. 1 lit. b EUV-Amsterdam ist eine freiheitsrechtliche Komponente in Form der Beachtungspflicht hinsichtlich der entsprechenden Vorschriften über den Schutz personenbezogener Daten festgesetzt. Dieser knappe Verweis ist jedoch angesichts des dargelegten Gefährdungspotentials der PJZS-Normen für die Datensicherheit, insbesondere in dem hier gegebenen internationalen Kontext, wenig konkret. Die Tatsache, dass ansonsten innerhalb der Normen der polizeilichen Zusammenarbeit (als Teil der PJZS) keine einzige freiheitsrechtliche Dimension festgesetzt ist, wird dem rechtsstaatlich

---

609 Zur Bestimmung des Terminus „informationelle Selbstbestimmung" siehe unter Bull, Informationelle Selbstbestimmung, S. 22–66 m.w.N.

610 Wagner, HSFK-Report, S. 13, 17 ff.

gebotenen Freiheitselement des RFSR nicht gerecht und unterstreicht dessen einseitige Ausrichtung auf das Sicherheitskonzept.

b) Justizielle Zusammenarbeit in Strafsachen

Des Weiteren basiert die genannte sicherheitsorientierte Zielsetzung der PJZS gemäß Art. 29 S. 2, 2. Spiegelstrich i.V.m. Art. 31 lit. a–d, 32 EUV-Amsterdam auf der engeren Zusammenarbeit der Justizbehörden sowie anderer zuständiger Behörden der Mitgliedstaaten. Diese sogenannte justizielle Zusammenarbeit in Strafsachen beinhaltet ein gemeinsames Vorgehen zur Erleichterung sowie Beschleunigung der mitgliedstaatlichen Zusammenarbeit bei Gerichtsverfahren bzw. der Vollstreckung von Entscheidungen und zur Erleichterung der Auslieferung zwischen den Mitgliedstaaten. Zudem sind Maßnahmen zur Gewährleistung der Vereinbarkeit der jeweils geltenden mitgliedstaatlichen Vorschriften untereinander, soweit dies zur Verbesserung dieser Zusammenarbeit und zur Vermeidung von mitgliedstaatlichen Kompetenzkonflikten erforderlich ist, umfasst. Ein prominentes Beispiel der sekundärrechtlichen Umsetzung des Art. 31 lit. a und b i.V.m. Art. 34 Abs. 2 lit. b EUV-Amsterdam ist der bereits erwähnte Rahmenbeschluss zum Europäischen Haftbefehl.[611] Nach diesem verpflichten sich die Mitgliedstaaten die Haftbefehle anderer Mitgliedstaaten zu vollstrecken und die betreffenden Personen zu übergeben, ohne die Anordnung im Einzelnen zu überprüfen, sodass die EU-Bürger im eigenen Staat Maßnahmen einer ausländischen Hoheitsgewalt unterworfen werden.[612]

Aller Vorzüge dieses EU-Instrumentes zum Trotz missbrauchen der Kommission zufolge einige Mitgliedstaaten diese Möglichkeit, indem sie systematisch Europäische Haftbefehle gegen Personen ausstellen lassen, die nur sehr geringfügiger Vergehen beschuldigt wurden.[613] Dieses ist die Folge des Umstandes, dass neben den genannten rein sicherheitsorientierten PJZS-Bestimmungen, keinerlei Regelungen zugunsten der Rechtsstellung der Angeklagten etc., wie etwa der Stärkung von Verfahrensrechten oder eine generelle Überprüfung von RFSR-Maßnahmen im Bereich des Strafrechts und der Sicherheit hinsichtlich des Schutzes von Bürgerrechten, existieren. Dieses ist stark zu kritisieren, insbesondere angesichts

---

611 Rahmenbeschluss 2002/584/JI des Rates vom 13.06.2002 über den Europäischen Haftbefehl und die Übergabeverfahren zwischen den Mitgliedstaaten, EU-ABl. 2002 Nr. L 190/1.

612 Somit können verurteilte Straftäter sowie einer Straftat verdächtigte Personen, die sich ins Ausland abgesetzt haben, umgehend an den Mitgliedstaaat ausgeliefert werden, in dem sie vor Gericht gestellt werden sollen bzw. wurden.

613 Die FAZ, abgerufen am 27.11.2013 unter http://www.faz.net/aktuell/politik/europaeische-union/strafverfolgung-eu-vereinfacht-grenzueberschreitende-ermittlungen-12683424.html. Das geschah offenbar vor allem in Polen. Auch Rumänien wies eine auffallend hohe Zahl an Haftbefehlen in anderen EU-Ländern aus.

der diesbezüglichen Aufforderung seitens des Europäischen Parlaments.[614] Mithin beinhaltet die justizielle Zusammenarbeit in Strafsachen (als Teil der PJZS) nur eine Ausrichtung auf das Sicherheitselement des RFSR und keine freiheitsrechtlich orientierte Bestimmung.

c) Annäherung der Strafvorschriften

Zuletzt beruht die genannte sicherheitsorientierte Zielsetzung der PJZS nach Art. 29 S. 2, 3. Spiegelstrich i.V.m. Art. 31 lit. e EUV-Amsterdam auf der Annäherung der mitgliedstaatlichen Strafvorschriften, soweit dies erforderlich ist. Konkret sollen schrittweise Maßnahmen zur Festlegung von Mindestvorschriften über die Tatbestandmerkmale strafbarer Handlungen und die Strafen in den Bereichen organisierte Kriminalität, Terrorismus und illegaler Drogenhandel angenommen werden. Damit wird ebenfalls nur auf das Sicherheitskonzept des RFSR abgestellt, ohne eine freiheitsrechtliche Dimension einzufügen.

2. Art. 34 EUV-Amsterdam

Positiv hervorzuheben ist jedoch Art. 34 Abs. 2 S. 2 EUV-Amsterdam, nach dem der Rat die dort angeführten Maßnahmen nun auch im Bereich der PJZS nicht nur auf Initiative eines Mitgliedstaats, sondern auch auf Initiative der Kommission einstimmig annehmen kann.[615] Damit ist allerdings innerhalb der Gesetzgebung in der PJZS weiterhin die Schwierigkeit einer Einigung unter Einstimmigkeit im Rat gegeben, die zudem aufgrund der Komplexität der Verhandlungsmaterie zumeist zu einer langen Zeitspanne zwischen einem Vorschlag und dessen eventuellen Annahme führt, was die Weiterentwicklung des RFSR erschwert.[616] Zudem hat der Rat gemäß Art. 34 Abs. 2 EUV-Amsterdam nach wie vor die zentrale Rolle in der PJZS inne, die Kommission hat nun jedoch immerhin ein konkurrierendes Initiativrecht neben den Mitgliedstaaten. Dieses ist ein Fortschritt für das Verhältnis von Freiheit und Sicherheit im RFSR, da nun auch in der sicherheitsorientierten PJZS die gleichen Initiativmöglichkeiten bestehen wie in den übrigen Bereichen des RFSR, die dem Grunde nach eher freiheitsrechtlich orientiert sind.[617] Zudem

---

614 Entschließung des Europäischen Parlaments vom 24. April 2009 zu der jährlichen Aussprache über die 2008 erzielten Fortschritte in Bezug auf den RFSR, „Europäischer Raum der Freiheit, der Sicherheit und des Rechts", 2010/C 184 E/19, 24.04.2009, unter C., 2., c.

615 Siehe hierzu auch KOM(2006) 331, S. 12 sowie Bogdandy/Bast – Monar, S. 767.

616 Mitsilegas, The third wave of third pillar law. Which direction for EU criminal justice?, S. 523.

617 In diesem positiven Licht ist auch die 9. Erklärung zu Artikel K.6 Absatz 2 des Vertrags über die Europäische Union zu sehen, nach der Initiativen für Maßnahmen nach Art. 34 Abs. 2 EUV-Amsterdam und vom Rat nach jenem Absatz angenommene Rechtsakte im Amtsblatt der Europäischen Gemeinschaften veröffentlicht werden

ist durch die Einbeziehung der Kommission eine europäische Dimension der PJZS eröffnet, die den Weg für eine weniger nationalstaatliche und damit weniger sicherheitsorientierte Handhabung ebnen könnte.

In diesem Kontext ist es auch positiv zu sehen, dass das Rechtsinstrumentarium in der PJZS durch Art. 34 Abs. 2 lit. b, c EUV-Amsterdam erstmalig um rechtlich verbindliche (lit. b nur bzgl. des zu erreichenden Ziels) Rahmenbeschlüsse sowie Beschlüsse erweitert wurde. Aufgrund der Verbindlichkeit erinnern die (Rahmen-)Beschlüsse an EG-Richtlinien[618], anders als diese sind die (Rahmen-)Beschlüsse nach Art. 34 Abs. 2 lit. b, c EUV-Amsterdam jedoch explizit „nicht unmittelbar wirksam". Damit begründen Rahmenbeschlüsse keinerlei Rechte und Pflichten für Private, sondern ausschließlich für Staaten. Das nationale Recht muss jedoch so ausgelegt werden, dass es den Vorgaben der Rahmenbeschlüsse entspricht. In ihrer rechtlichen Wirkung sind Rahmenbeschlüsse von Richtlinien gleichwohl zuallererst durch den Ausschluss subjektiver Rechtspositionen zu unterscheiden.[619] Das ist ein elementares Demokratiedefizit und stark zu kritisieren, da somit innerhalb der PJZS subjektive Rechtspositionen auch im Sekundärrecht ausgeschlossen sind und damit das Freiheitsrecht erheblich geschwächt wird. Dieses wiegt umso schwerer, als dass in den gesamten primärrechtlichen PJZS-Normen des RFSR weiterhin ebenfalls ausdrücklich keine subjektiven Rechte verankert sind. Dennoch ist zu bedenken, dass die PJZS trotz dieses Defizits eine beachtliche dynamische Entwicklung aufzeigt, auch wenn sie hauptsächlich durch nicht unmittelbar wirksame Rahmenbeschlüssen initiiert wird.[620]

3. *Art. 35 EUV-Amsterdam*

Eine konstruktive Entwicklung für das Verhältnis von Freiheit und Sicherheit im RFSR stellt der neue Art. 35 EUV-Amsterdam dar, da hier die einzige Einbeziehung des Freiheitselements in die PJZS erfolgt: Nach Art. 35 Abs. 1 EUV-Amsterdam hat der EuGH in der PZJS erstmals eine generelle Zuständigkeit und nicht nur wie bisher hinsichtlich einzelner Übereinkommen. So obliegt es dem EuGH nach Abs. 1 im Wege des Vorabentscheidungsverfahren „über die Gültigkeit und die Auslegung der Rahmenbeschlüsse und Beschlüsse, über die Auslegung der Übereinkommen nach diesem Titel und über die Gültigkeit und die Auslegung der dazugehörigen Durchführungsmaßnahmen" zu entscheiden.[621]

---

müssen. Diese Transparenz fördert die demokratischen Strukturen im RFSR und somit dessen Freiheitselement.

618 Ukrow, Die Fortentwicklung des Rechts der EU durch den Vertrag von Amsterdam, S. 179.

619 Haack, Der RFSR im Vertrag von Lissabon – Rhetorik oder Integrationsschub?, S. 225.

620 Nalewajko, Grundsatz der gegenseitigen Anerkennung: Eckstein der justiziellen Zusammenarbeit in Strafsachen in der Europäischen Union?, S. 114.

621 Siehe zu dieser Thematik eingehend: Daniel Reichelt, „Die Rechtmässigkeitskontrolle von Rahmenbeschlüssen und Beschlüssen gemäß Art. 35 Abs. 6 EU: zugleich

Diese positive Tendenz für das Freiheitsrecht durch die Kontrolle der neutralen Judikative ist jedoch dadurch erheblich abgeschwächt, dass die Zuständigkeit des EuGH der diesbezüglichen Anerkenntnis jedes einzelnen Mitgliedstaates bedarf und damit fakultativ ist, vgl. Art. 35 Abs. 2–4 EUV-Amsterdam. Dieses bedingt Rechtsunsicherheit und -uneinheitlichkeit zulasten des Freiheitsrechts der Bürger und ist daher zu bemängeln. Lediglich in den engen Fällen des Art. 35 Abs. 6 und 7 EUV-Amsterdam ist der EuGH automatisch zuständig. Ebenso negativ ist zu vermerken, dass der EuGH keine Zuständigkeit für die Überprüfung „der Gültigkeit oder Verhältnismäßigkeit von Maßnahmen der Polizei oder anderer mitgliedstaatlicher Strafverfolgungsbehörden oder der Wahrnehmung der Zuständigkeiten der Mitgliedstaaten für die Aufrechterhaltung der öffentlichen Ordnung und den Schutz der inneren Sicherheit“ nach Art. 35 Abs. 5 EUV-Amsterdam hat.

Damit entfällt ein Großteil der essentiellen Materie der PJZS der Kontrolle des EuGH, sodass dieser Kern der Sicherheitskonzeption des RFSR keine freiheitsrechtliche Balance aufweist. In dieser Hinsicht ist es auch besonders gravierend, dass der EuGH gemäß Art. 35 Abs. 1 EUV-Amsterdam trotz der erweiterten Einbeziehung Europol in den RFSR (anhand der PJZS) für keinerlei gerichtliche Kontrolle hinsichtlich Europols zuständig ist: Denn das Europol-Übereinkommen ist kein Übereinkommen gemäß Art. 34 Abs. 2 lit. d EUV-Amsterdam, sodass sich die Zuständigkeit des EuGH daher nur aus dem Auslegungsprotokoll auf der Grundlage von Art. 40 Abs. 2 des Europol-Übereinkommens (nicht unterzeichnet vom Vereinigten Königreich) ergibt. Danach entscheidet der EuGH nur über die Auslegung des Übereinkommens im Wege der Vorabentscheidung, nicht aber über die Gültigkeit.[622]

Über diese Kritikpunkte hinaus bezieht sich die Zuständigkeit des EuGH gemäß Art. 46 lit. b EUV-Amsterdam zum einen alleine auf das genannte Vorabentscheidungsverfahren nach Art. 35 EUV-Amsterdam und lässt alle anderen Klagearten im Rahmen der EU außen vor. So sind etwa keine Schadensersatzklagen und kein von der Kommission einleitbares Vertragsverletzungsverfahren festgesetzt.[623] Da im PJZS-Recht durch Art. 35 EUV-Amsterdam keine unmittelbare Wirksamkeit gegeben, liegt zudem keine individuelle Einklagbarkeit vor[624], sodass nur indirekter Rechtsschutz möglich ist.[625] In den meisten Fällen kann diese Lücke gerichtlicher Kontrolle mangels Zuständigkeit auch nicht durch die mitgliedstaatlichen Gerichte gefüllt werden[626], was zulasten des Freiheitskonzepts des RFSR geht.

---

eine Betrachtung der Rechtserzeugung im Bereich der Polizeilichen und Justitiellen Zusammenarbeit in Strafsachen“, 1. Aufl., Lang Verlag, Frankfurt am Main 2004.

622 Knapp, Die Garantie des effektiven Rechtsschutzes durch den EuGH im „Raum der Freiheit, der Sicherheit und des Rechts“, S. 16.

623 Koen, The Contribution of the European Court of Justice to the Area of Freedom, Security and Justice, S. 266 f.

624 Ludwig, S. 221 f.

625 Nettesheim, Grundrechtsschutz, S. 143 f.

626 Siehe auch Douglas-Scott, E.L.Rev. 2004, S. 221.

Zum anderen bezieht sich die Zuständigkeit des EuGH im beschränkten Rahmen des Vorabentscheidungsverfahrens auch lediglich auf Rahmenbeschlüsse, Beschlüsse sowie Übereinkommen, nicht aber auf gemeinsame Standpunkte und primärrechtliche Bestimmungen. Das ist eine enorme Einschränkung für das Freiheitskonzept des RFSR, da gerade das Primärrecht der PJZS die individuellen Rechte der EU-Bürger berührt. Zudem steht es den sich unterwerfenden Mitgliedstaaten nach Art. 35 Abs. 2, 3 EUV-Amsterdam frei diese Zuständigkeit des EuGH anhand der Bestimmung eines Vorlagerechtes nur durch ein nationales Gericht, deren Entscheidungen selbst nicht mehr mit Rechtsmitteln des innerstaatlichen Rechts angefochten werden kann, zu beschränken.[627] Diese Regelungsmöglichkeit beeinträchtigt die Verwirklichung der Freiheitsrechte in der PJZS stark, da eine Vorlage vor dem EuGH hier in den meisten Fällen somit ausgeschlossen werden kann[628] und dem EuGH so die Möglichkeit die nationalen Gerichte bei der Auslegung allgemeiner EU-Grundsätze zu leiten ernsthaft erschwert wird. Somit droht das Vorabentscheidungsverfahren vor dem EuGH anhand des Amsterdam-Vertrages durch primärrechtliche Gestaltungsentscheidung der Mitgliedstaaten und spezialgesetzliche Fristen marginalisiert zu werden.[629]

Eine weitere Beschränkung beinhaltet Art. 35 Abs. 6 EUV-Amsterdam, der zwar eine zwingende Zuständigkeit für Nichtigkeitsklagen gegen Rahmenbeschlüsse sowie Beschlüsse begründet, doch auch dieser einzige direkte Rechtsschutz gegenüber Union-Rechtsakten ist mehrfach eingegrenzt: So sind allein Nichtigkeitsklagen gegen Rahmenbeschlüsse und Beschlüsse möglich, nicht aber gegen gemeinsame Standpunkte sowie Übereinkommen (S. 1). Zudem kann die Nichtigkeitsklage allein von der Kommission respektive einem Mitgliedstaat erhoben werden (S. 1), sodass keine Klagebefugnis für natürliche oder juristische Personen, die von derartigen Rechtsakten unmittelbar und individuell betroffen sind, normiert ist.[630] Darüber hinaus ist nur eine Klagebefugnis innerhalb von zwei Monaten nach Kundmachung des Rechtsaktes gegeben (S. 2). Des Weiteren hat der EuGH gemäß Art. 35 Abs. 7 EUV-Amsterdam die Zuständigkeit für Streitbeilegungsverfahren, jedoch ebenfalls limitiert auf die Auslegung und Anwendung der nach Art. 34 Abs. 2 EUV-Amsterdam angenommenen Rechtsakte. Zudem sind allein die Mitgliedstaaten klagebefugt (S. 1), während die Kommission lediglich bei Übereinkommen klagen kann (S. 2), sodass hier ebenfalls kein echtes Substitut für das Vertragsverletzungsverfahren gemäß Art. 228 EGV-Amsterdam gegeben ist.[631]

Insgesamt ist somit zwar die Zuständigkeit des EuGH nach Art. 35 EUV-Amsterdam in der PJZS deutlich ausgedehnt, dennoch bestehen gravierende Unterschiede

627 Dieses Recht wird in der 10. Erklärung zu Artikel K.7 des Vertrags über die Europäische Union zum EUV-Amsterdam noch einmal bekräftigt.

628 Dörr, Das beschleunigte Vorabentscheidungsverfahren im RFSR, S. 353.

629 Dörr, Das beschleunigte Vorabentscheidungsverfahren im RFSR, S. 354.

630 Anders in dem „regulären“ Art. 230 EGV-Amsterdam.

631 Feik, Die dritte Säule – Kompetenzen und Organe im Überblick, S. 13–15.

zur Rechtschutzdichte im EG-Rahmen[632], sodass das System von Rechtsbehelfen und Rechtsverfahren nach Art. 35 EU-Amsterdam bei Weitem nicht derart umfassend oder so effektiv wie das Gemeinschaftsgegenstück ist. Bei all diesen berechtigten Kritikpunkten hinsichtlich der weiterhin deutlich reduzierten gerichtlichen Kontrolle respektive des nicht umfassenden Rechtsschutzes in der PJZS, ist jedoch die zweifelsohne positive Entwicklung der Zuständigkeit des EuGH in der PJZS zu beachten und zu bemerken, dass der Rechtschutz nach Art. 35 EUV-Amsterdam wesentlich umfassender ist als in einem intergouvernementalen Bereich üblich. Zudem gilt es zu bedenken, dass die mitgliedstaatliche Einigung auf eine partielle Zuständigkeit des EuGH in der PJZS als dem sensibelsten Teilbereich des ohnehin konfliktreichen RFSR im Kontext der bisherigen Regelung ein Fortschritt darstellt und für das Verhältnis von Freiheit und Sicherheit in die richtige Richtung weist.

4. Die Rolle des Rates und des EU-Parlamentes

Eine weitere Neuerung des EUV-Amsterdam ist, dass Art. K.4 Abs. 3 EUV-Maastricht weder in dem äquivalenten Art. 36 EUV-Amsterdam noch an anderer Stelle des Vertrages übernommen wurde und somit keine grundsätzliche Einstimmigkeitsregel für PJZS-Beschlüsse im Rat mehr besteht. Auch wenn die zentrale Norm des Art. 34 Abs. 2 S. 2 EUV-Amsterdam weiterhin Einstimmigkeit vorschreibt, so ist diese nunmehr deutlich reduziert. Für das Verhältnis von Freiheit und Sicherheit ist das insofern von Belang, als dass dadurch die Blockademöglichkeit einzelner Mitgliedstaaten im Rat aufgehoben ist, welche sich aufgrund nationaler sicherheitspolitischer Interessen zumeist gegen freiheitsrechtliche Regelungen in der PJZS wendete.

Allerdings hat das Europäische Parlament auch durch den Amsterdam-Vertrag keine Kontrollbefugnisse respektive echte Mitbestimmungsbefugnisse im Bereich des Titels VI EUV-Amsterdam. Damit bleibt die parlamentarische Kontrolle der PJZS unbefriedigend und die Bedeutung sowie die Rolle des Europäischen Parlaments in der PJZS weiterhin marginalisiert[633], was sich auf das hier zu untersuchende Verhältnis von Freiheit und Sicherheit sehr negativ auswirkt. Dieses ist hinsichtlich der PJZS-Normierungen besonders gravierend, denn hier bedarf es etwa bei einem Eingriff in das Grundrecht auf informationelle Selbstbestimmung durch Polizeibehörden eines besonders hohen Maßes an Regelung und Kontrolle, da sich bereits die Speicherung und Analyse der Daten negativ auswirken kann.[634] Zudem überwiegen unter den Mitgliedstaaten in aller Regel die sicherheitspolitischen Erwägungen gegenüber den datenschutzrechtlichen Bedenken.[635] Hier muss

---

632 Ukrow, Die Fortentwicklung des Rechts der EU durch den Vertrag von Amsterdam, S. 180.

633 Wagner, Europäisierung der Polizeiarbeit ohne Europäisierung von Grundrechtsschutz und parlamentarischer Kontrolle?, S. 261.

634 Z.B. in der Form von sog. Rasterfahndungen oder -Kontrollen.

635 Wagner, HSFK-Report, S.

das Europäische Parlament in die Lage versetzt werden, seine notwendige demokratische Kontrollfunktion im Bereich PJZS auszuüben.[636]

Dieses ist umso relevanter, als dass aus der wachsenden Europäisierung der Polizeiarbeit im RFSR (v.a. in Bezug auf die organisierte Kriminalität und den transnationalen Terrorismus durch den Wegfall der EU-Binnengrenzen anhand des Schengenabkommens) zunehmende Probleme für die parlamentarische Kontrolle und den Schutz von Grundrechten resultieren.[637]. Durch die Europäisierung der Polizeiarbeit mit Europol als institutionellem Zentrum verschiebt sich die Balance zugunsten der Sicherheitsbehörden auf Kosten ihrer Kontrolleure. Für die nationalen Parlamente ist die Kontrolle Europols weitaus schwieriger als die Kontrolle der nationalen Polizeiarbeit, da die europäischen Institutionen gegenüber den nationalen Parlamenten in der Innen- und Justizpolitik nicht verantwortlich sind. Obwohl das Europäische Parlament mittlerweile einige wichtige Zuständigkeiten erhalten hat, kann es das Defizit an parlamentarischer Kontrolle Europols nicht ausgleichen.[638]

Zu beachten ist jedoch, dass durch Art. 39 Abs. 1 EUV-Amsterdam eine Annäherung an ein eigenes Kontrollrecht erfolgt ist. Hinsichtlich der Annahme der zentralen rechtsverbindlichen Maßnahmen nach Art. 34 Absatz 2 lit. b, c, d EUV-Amsterdam wird das Europäische Parlament von dem Rat zwar weiterhin nur angehört[639], diese Anhörung erfolgt aber nach Art. 39 Abs. 1 S. 1 EUV-Amsterdam nun konkret auf die genannten Normen bezogen und nicht derart schwammig formuliert wie in Art. K.6 EUV-Maastricht. Darüber hinaus hat die Anhörung gemäß Art. 39 Abs. 1 S. 1 EUV-Amsterdam explizit vor der Annahme der jeweiligen Maßnahme durch den Rat zu erfolgen, wodurch die Bedeutung des Europäischen Parlaments eindeutig wächst. Vor allem jedoch kann der Rat gemäß Art. 39 Abs. 1 S. 3 EUV-Amsterdam erst nach Abgabe einer solchen Stellungnahme des Europäischen Parlaments respektive nach Ablauf einer mindestens dreimonatigen Frist beschließen, was eine Stärkung der Rolle des Europäischen Parlaments in der sicherheitsdominierten PJZS bedingt und mithin eine Stärkung der Freiheitsrechte der Bürger.

---

636 Hagedorn, Reformen für Justiz und Inneres: eine Frage der Balance; der RFSR, S. 3.

637 Wagner, HSFK-Report, S. 3 f.

638 Wagner, HSFK-Report, S. 13, 15 ff.

639 In den Bereichen des Titels IV EGV-Amsterdam kommt dem Parlament hingegen das Mitentscheidungsrecht zu. Das Parlament hat daher wiederholt eine Ausdehnung seiner Mitentscheidungsbefugnisse auf die Bereiche der PJZS mittels der „Passerelle"-Klausel des Art. 42 EU gefordert, vgl. die Entschließung des Europäischen Parlaments zu den im Jahr 2004 erzielten Fortschritten bei der Schaffung eines RFSR (P6_TA(2005)0227), ABl. 2006 C 124 E, 398).

5. *Individueller Rechtsschutz*

Die PJZS weist damit nach dem Amsterdam-Vertrag deutliche Übergänge zu einer gemeinschaftlichen Prägung auf und ist als eine besondere Übergangsform zwischen dem Gemeinschaftsrecht und dem Unionsrecht als intergouvernementales Völkerrecht angesiedelt.[640] Aus dieser Sonderstruktur stellen sich Probleme, die es zugunsten eines ausgeglichenen Verhältnisses von Freiheit und Sicherheit zu lösen gilt. Die zentrale Schwäche des Grundrechtsschutzes in der PJZS bedarf der deutlichen Stärkung des EuGH und des Europäischen Parlaments in der PJZS. Mit der fortschreitenden Integration in der PJZS muss die Grundrechtsverträglichkeit ein zentrales Thema sein.[641]

Der EuGH hat schon 1995 betont[642], dass der individuelle Rechtsschutz gegen Tätigkeiten der EU, insbesondere im Rahmen der PJZS, so gewährleistet werden muss, dass eine kohärente Auslegung respektive Anwendung des Gemeinschaftsrechts auf der einen und der im Rahmen dieser Zusammenarbeit erlassenen Vorschriften auf der anderen Seite ermöglicht wird. In jedem Fall ergibt sich aus Art. 6 Abs. 2 EUV-Amsterdam, dass jedes auf den Unionsvertrag gestütztes Handeln der Grundrechtsbindung unterliegt und der EuGH daher auch in der PJZS im Rahmen seiner Zuständigkeit die Kompetenz besitzt, die Handlungen der EU am Maßstab der Grundrechte zu messen.[643] Die Passerelle-Klausel des neuen Art. 42 EUV-Amsterdam ermöglicht in Anlehnung an Art. K.9 EUV-Maastricht eine Vergemeinschaftung der gesamten PJZS, wenn auch erschwert durch einen einstimmigen Ratsbeschluss. Die Inaussichtstellung einer Vergemeinschaftung ist ein positives Signal für das Verhältnis von Freiheit und Sicherheit im RFSR, da es die Möglichkeit bereitstellt auch die einseitig sicherheitsorientierte PJZS in das supranationale Recht zu überführen, in dem auch die anderen Teilbereiche des RFSR normiert sind. Zudem unterfiele die PJZS mit der Vergemeinschaftung auch den eindeutig freiheitsrechtlicher ausgestalteten Strukturen des EGV.

6. *Art. 40 EUV-Amsterdam*

In dem neuen Titel VII EUV-Amsterdam ist in Verbindung mit Art. 40 EUV-Amsterdam (für die PJZS) respektive mit Art. 11 EGV-Amsterdam (für die vergemeinschafteten Bereiche des RFSR) die bereits in Art. K.7 EUV-Maastricht angelegte

---

640 Feik, Die dritte Säule – Kompetenzen und Organe im Überblick, S. 9.

641 Winkler, Grundrechte und Grundrechtsschutz in der PJZS, S. 35 f.

642 Stellungnahme der EuGH, Wochenbericht über die Tätigkeiten des Gerichtshofs und des Gerichts erster Instanz der Europäischen Gemeinschaften Nr. 15/95, unter I. 4.

643 Siehe etwa EuGH-Urteil Kommission/Rat (*Transitvisa*), Rs. C-170/96, Slg. 1998, I-2763. Knapp, Die Garantie des effektiven Rechtsschutzes durch den EuGH im „Raum der Freiheit, der Sicherheit und des Rechts", S. 18 sowie Winkler, Grundrechte und Grundrechtsschutz in der PJZS, S. 21, 26 und Nettesheim, Grundrechtsschutz, S. 122 m.w.N.

„engere Zusammenarbeit" erweitert sowie um einiges detaillierter normiert worden und als allgemeines Rechtsinstrument der differenzierten Integration[644] unter dem Terminus der „Verstärkten Zusammenarbeit" [645] primärrechtlich positiviert worden.[646] Diese Änderung betrifft das Verhältnis von Freiheit und Sicherheit indirekt: Die verstärkte Zusammenarbeit ist ein relevantes Instrument zur Entwicklung des RFSR, da es einigen EU-Staaten die Möglichkeit bietet eng zu kooperieren und den anderen Mitgliedstaaten die Option bereithält sich später zu beteiligen.[647]

Allerdings wirkt die Verstärkte Zusammenarbeit dadurch auch divergierend, sodass die Bürger einiger Mitgliedstaaten weniger Freiheitsrechte innehaben als andere EU-Bürger. Die konkrete Normierung der verstärkten Zusammenarbeit des EUV-Amsterdam für die PJZS sowie die übrigen Bereiche des RFSR beinhaltet, dass eine solche nur möglich ist, wenn diese es „zum Ziel hat" (Art. 40 Abs. 1 lit. b EUV-Amsterdam), dass die EU sich rascher zu einem RFSR entwickeln kann und „nur als letztes Mittel herangezogen wird" (Art. 43 Abs. 1 lit. c EUV-Amsterdam), wenn die Ziele der genannten Verträge mit den darin festgelegten einschlägigen Verfahren nicht erreicht werden konnten. Mithin wird eine verstärkte Zusammenarbeit nur unter engeren Voraussetzungen als beim EUV-Maastricht zugelassen, was der Zerstückelung des RFSR und damit dem Europa der zwei Geschwindigkeiten entgegenwirkt und so einer Stärkung des Freiheitselementes des RFSR gleichkommt.

Zudem ist über Art. 46 lit. c EUV-Amsterdam erstmals eine Zuständigkeit des EuGH im Rahmen der verstärkten Zusammenarbeit im RFSR begründet, wenn auch nur in dem Umfang der Art. 11 EGV- respektive Art. 40 Abs. 4 EUV-Amsterdam (für die jeweiligen Bereiche des RFSR). Gleichwohl geht mit dieser wichtigen Entwicklung gerade in dem nicht unproblematischen Instrument der verstärkten Zusammenarbeit eine erhebliche Verstärkung des Freiheitselements des RFSR einher, da die partielle Zuständigkeit des EuGH ein wichtiges Korrektiv zu den unter Umständen integrationsbehindernden Alleingängen einzelner Mitgliedstaaten darstellt.

644 Bender, ZaöRV 2001, S. 733, 738.

645 Siehe ausführlich unter Daniel Thym, „Ungleichzeitigkeit und europäisches Verfassungsrecht: die Einbettung der verstärkten Zusammenarbeit, des Schengener Rechts und anderer Formen von Ungleichzeitigkeit in den einheitlichen rechtlichen institutionellen Rahmen der Europäischen Union", Nomos Verlag, Baden-Baden 2004, S. 79–118 (bzgl. des RFSR).

646 Siehe zu dieser relevanten Rechtsfigur allgemein: „Die verstärkte Zusammenarbeit im Recht der Europäischen Union: Dogmatik, Interpretation und Praxis eines alternativen Integrationskonzeptes", Ulrich Derpa, Boorberg Verlag, 2003.

647 EU-Kommission, Vertretung in Deutschland, EU-Nachrichten, Themenheft Nr. 10/2005, S. 6.

7. Ergebnis

Hinsichtlich der RFSR-Normen im EUV-Amsterdam lässt sich Folgendes für das Verhältnis von Freiheit und Sicherheit zusammenfassen:

Die PJZS ist materiell-rechtlich deutlich erweitert und konkretisiert worden. Damit einhergehend hat sich jedoch keine Besserung des Verhältnisses von Freiheit und Sicherheit eingestellt, vielmehr ist die stark einseitige Ausrichtung der PJZS auf das Sicherheitskonzept weiter ausgebaut worden, wie dieses vor allem in Art. 29 EUV-Amsterdam sowie Art. 61 lit. e EGV-Amsterdam explizit verdeutlicht wird. Der Schutz der Freiheitsrechte im Kontext des sich ausweitenden PJZS erscheint schwach und partiell nicht-existent.[648] Besonders zu kritisieren ist hier das Fehlen der unmittelbaren Wirkung, einer verbindliche Jurisdiktion und des Mehrstimmigkeitsprinzips. Ebenso negativ ist das Fehlen einer demokratischen Grundlage für Maßnahmen des dritten Pfeilers, mangelnde Transparenz sowie Effektivität der Gesetzgebungsverfahren, begrenzte gerichtliche und parlamentarische Kontrolle und als Folge von all diesen Versäumnissen, ein niedrigeres Niveau des Rechtsschutzes der Bürger.[649]

Zweifelsohne ist es unerlässlich, dass die EU und ihre Mitgliedstaaten im Bereich der PJZS effektiv zusammenarbeiten können. Diese Europäisierung der Polizei- und Justizarbeit darf jedoch nicht zulasten der parlamentarischen Kontrolle und des Grundrechtsschutzes gehen. Die effektive „Kontrolle der Kontrolleure“ durch Parlamente, Datenschutzbeauftragte, unabhängige Gerichte und eine kritische Öffentlichkeit ist eine der bedeutendsten Errungenschaften des demokratischen Rechtsstaates. Durch die verstärkte europäische polizeiliche Zusammenarbeit droht diese Errungenschaft aber auf nationaler Ebene an Effektivität einzubüßen, ohne dass auf EU-Ebene Kontrollmechanismen geschaffen worden wären, die das Defizit auf nationaler Ebene ausgleichen würden.[650] Dieses „Demokratiedefizit“ in der EU ist in der PJZS aufgrund der Relevanz für die Freiheitsrechte der Bürger von besonderer Brisanz.[651] Es besteht mithin ein erheblicher Nachholbedarf hinsichtlich des institutionellen Gleichgewichts zwischen den RFSR-Organen im Prozess der Europäischen Integration, auf den der EuGH schon früh hingewiesen hat.[652] Zudem besteht weiter die Prävalenz der Einstimmigkeitsregel im Rat fort und führt zu der Annahme von Rechtsvorschriften auf dem kleinsten gemeinsamen Nenner. Die daraus resultierende normative Form von PJZS-Recht

---

648 Baker/Hardin, From past imperfect to future perfect? A longitudinal study of the third pillar, S. 40.

649 Balzacq/Carrera – Bearb, Security versus freedom? A challenge for Europe's future, S. 4.

650 Heilig, Freiheit und Sicherheit in Europa: Trilog zur europäisierten Innenpolitik, S. 75. Vgl. Wagner, Europäisierung der Polizeiarbeit ohne Europäisierung von Grundrechtsschutz und parlamentarischer Kontrolle?, S. 271.

651 Wagner, HSFK-Report, S. 3 f.

652 EuGH-Urteil, Roquette Freres/Rat der EG, Rs. 138/79, Slg. 1980, S. 3333.

lässt großen Ermessensspielraum der Mitgliedstaaten bei der nationalen Umsetzung und gefährdet dadurch die Konsistenz, Kohärenz und die gemeinsame Natur des RFSR.

Positive Entwicklungen sind dennoch in der PJZS zu verzeichnen. So sind die Initiativmöglichkeiten bei Rechtsetzungsakten zugunsten der Kommission, die Zuständigkeit des EuGH, die Beschlussfassung im Rat und die Beteiligung des Europäischen Parlamentes ausgebaut worden und wichtige Gemeinschaftsbestimmungen finden auch in der PJZS Anwendung (Art. 41 EUV-Amsterdam) – zwar nach wie vor ungenügend, da die Verfahren umständlich sowie intransparent sind und zulasten des Freiheitsrechtes gehen, aber bei aller beizubehaltenden Kritik ist ein Fortschritt hier zumindest durchaus zu erkennen.[653]

II. EGV

Die Veränderungen des Verhältnisses von Freiheit und Sicherheit im RFSR durch den Amsterdamer-Vertrag sind nun als Zweites in Bezug auf den konsolidierten EGV[654] zu erörtern:

1. Titel IV EGV-Amsterdam

Durch Art. 12 Nr. 15 Amsterdam-Vertrag werden die RFSR-Bereiche „Visa, Asyl, Einwanderung und andere Politiken betreffend den freien Personenverkehr" als neuer Titel IV EGV-Amsterdam in das supranationale Unionsrecht überführt und damit der Rechtssetzungskompetenz der EG unterstellt. Mithin unterfallen diese Bereiche (bis auf darzulegende Ausnahmen) grundsätzlich den verbindlichen EG-Rechtsinstrumenten sowie diesbezüglichen Regelungen hinsichtlich der Organe und Verfahren der EG – insbesondere auch der wesentlich effektiveren Beschlussfassung[655] sowie der (Grundrechts-)Kontrolle durch den EuGH. Das EG-Recht ist, vor allem in Hinblick auf die umfassende Zuständigkeit des EuGH und der erweiterten Befugnisse des Europäischen Parlamentes, weitaus freiheitlicher ausgestaltet als das des EUV. Bei aller berechtigten Kritik am Demokratiedefizit des EGV ist der legitimatorische Fortschritt eines supranationalen Rahmens gleichwohl eindeutig.

Durch die Titulierung des Titel IV EGV-Amsterdam als „Visa, Asyl, Einwanderung und andere Politiken betreffend den freien Personenverkehr" wird konstatiert, dass neben den Migrationsaspekten, mit denen sich die EU schon vorher befasste, nun auch eine gemeinsame Einwanderungspolitik entwickelt werden

653 So wird die parlamentarische Kontrolle bei Anderson/Apap, Striking a Balance between Freedom, Security and Justice in an enlarged European Union, S. 2., „lächerlich", was sachlich partiell sicher zutreffend ist, den komplexen Hintergrund der Arbeitsweise EU jedoch nicht genügend reflektiert.

654 Konsolidierte Fassung des EGV nach dem Vertrag von Amsterdam, 97/C 340/03.

655 Skouris, Rechtsschutz im RFSR, S. 404.

sollte, die unter anderem auch Familiennachzug und Einwanderung zu Arbeitszwecken umfassen soll.[656] Die zentrale Norm des Art. 61 EGV-Amsterdam setzt hierzu fest, dass der schrittweise Aufbau des RFSR auf den dort genannten Bereichen beruht (lit. a–e), die eine deutliche Konkretisierung sowie Erweiterung des Art. K.1 EUV-Maastricht in inhaltlicher wie struktureller Hinsicht darstellen[657]:

a) Art. 61 lit. a EGV-Amsterdam

Zum einen beruht der RFSR nach Art. 61 lit. a EGV-Amsterdam auf Maßnahmen zur Gewährleistung des freien Personenverkehrs (gemäß Art. 14 EGV-Amsterdam) in Verbindung mit unmittelbar damit zusammenhängenden flankierenden Maßnahmen in Bezug auf die Kontrollen an den Außengrenzen, Asyl und Einwanderung (gemäß Art. 62 Nr. 2 und 3, Art. 63 Nr. 1 lit. a und Nr. 2 lit. a EUV-Amsterdam) sowie gemäß der bereits erörterten PJZS-Norm Art. 31 lit. e EUV-Amsterdam. Insgesamt basiert die Politik in diesem RFSR-Bereich damit auf dem Grundsatz der Abschaffung der Binnengrenzkontrollen bei gleichzeitiger Verlagerung auf die EU-Außengrenzkontrollen.[658] Diese **Maßnahmen zur Gewährleistung des freien Personenverkehrs** bestehen nach Art. 62 Nr. 1 EGV-Amsterdam in der Sicherstellung, dass EU-Bürger sowie Drittstaatsangehörige beim Überschreiten der Binnengrenzen nicht kontrolliert werden. Diese neu eingeführte Norm des RFSR ist mithin zuvorderst Ausdruck des Freiheitselementes und dessen zentrale, weil expliziteste sowie weitreichendste Regelung, da sie die Freizügigkeit[659] als eines der grundlegendsten Freiheitsrechte ermöglicht. Für die Mitglieder der Schengen-Abkommen galten diese Vorgaben allerdings bereits aufgrund des Schengen-Besitzstandes.

Die dazu flankierenden **Maßnahmen der mitgliedstaatlichen Außengrenzenkontrolle** werden in Art. 62 Nr. 2 lit. a–b EGV-Amsterdam näher benannt. Sie umfassen einerseits, in Erweiterung des Art. K.1 Nr. 2 EUV-Maastricht, die bei den mitgliedstaatlichen Personengrenzkontrollen einzuhaltenden Normen und Verfahren (lit. a), mithin rein dem Sicherheitskonzept zuzuordnende Maßnahmen. Und andererseits Vorschriften über Visa für geplante, kurzzeitige Aufenthalte (höchstens 3 Monate). Diese in lit. b i–iv aufgeführten Bereiche sind sowohl zuvorderst dem Sicherheitskonzept (i – Liste der visumsfreien bzw. -pflichtigen Drittländer) sowie dem Freiheitskonzept (iii, iv – einheitliche Visumgestaltung, einheitliches Visum) zuzuordnen, respektive enthalten Elemente beider Konzepte (ii – der

---

656 Parusel, Abschottungs- und Anwerbungsstrategien, S. 88 f.

657 Im Folgenden werden ausschließlich die für das hier zu untersuchende Verhältnis von Freiheit und Sicherheit relevanten Normen erörtert.

658 Frenz, Handbuch Europarecht, Bd. 6, Teil 3, Kap. 17, Rdnr. 2788.

659 Zur Entwicklung des Freizügigkeitsrechts über die Grundfreiheiten und die Unionsbürgerschaft bis zu dem RFSR siehe Frenz, Handbuch Europarecht, Bd. 1, Rdnr. 1739 m.w.N.

Verfahren und Voraussetzungen für die mitgliedstaatliche Visumerteilung).[660] Im Zusammenhang mit den Visa für kurzzeitige Aufenthalte sind nach dem neuen Art. 62 Nr. 3 EGV-Amsterdam Maßnahmen hinsichtlich der Bedingungen, unter denen Drittstaatsangehörige in der EU während dieses Aufenthalts von höchstens drei Monaten Reisefreiheit genießen, zu beschließen. Zwar wird hier eine Reisefreiheit zugestanden, jedoch ist dieses zugleich explizit auf einen relativ kurzen Zeitraum begrenzt. Mithin weist auch diese Norm sowohl eine freiheitlich- sowie eine sicherheitsorientierte Ausrichtung auf.

Die flankierenden **Maßnahmen in Bezug auf Asyl und Einwanderung** werden in Art. 63 Nr. 1 lit. a EGV-Amsterdam konkretisiert und beinhalten Voraussetzungen sowie Verfahren zur Bestimmung des für die Asylantragsprüfung eines Drittstaatsangehörigen zuständigen Mitgliedstaates, die mit dem Genfer Flüchtlingsabkommen[661] sowie einschlägigen anderen Verträgen übereinstimmen müssen.[662] Durch diese Bezugnahme auf das Flüchtlingsabkommen und die weiteren internationalen Verträge wird das Freiheitselement der Normierung hervorgehoben, wenn die Regelung auch einen zugunsten der Sicherheit regulierenden Charakter aufweist. Zudem wird in Art. 63 Nr. 2 lit. a EGV-Amsterdam als flankierende Maßnahme Mindestnormen für den vorübergehenden Schutz von vertriebenen Drittstaatsangehörigen, die nicht in ihr Herkunftsland zurückkehren können und von anderweitig internationalen Schutz benötigenden Personen, konstatiert. Diese Vorschrift ist eindeutig und ausschließlich dem Freiheitskonzept des RFSR zuzuordnen und stellt eine konstruktive Entwicklung dar. Die flankierenden Maßnahmen ergänzt die bereits erörterte PJZS-Norm Art. 31 lit. e EUV-Amsterdam, welche die Festlegung von Mindestvorschriften über die Tatbestandmerkmale strafbarer Handlungen und die Strafen in den Bereichen schwerwiegender Kriminalität umfasst und somit alleine auf das Sicherheitskonzept ausgerichtet ist. Anhand des Verweises auf diese EUV-Norm stellt Art. 61 EGV-Amsterdam eine direkte Verbindung zwischen den RFSR-Maßnahmen des freien Personenverkehrs und den

---

660 Diese Einschätzung wird durch die 16. Erklärung zu Artikel 73 j Nummer 2 Buchstabe b des Vertrags zur Gründung der Europäischen Gemeinschaft bestärkt: Der Erklärung zufolge werden bei der Anwendung des Art. 62 Nr. 2 lit. b EGV-Amsterdam außenpolitische Überlegungen der Union und der Mitgliedstaaten berücksichtigt. Da „außenpolitische Überlegungen" sowohl die Integration freiheitsrechtlicher sowie sicherheitsorientierter Elemente nachsichziehen kann, ist hier substantiiert keine eindeutige Richtung zu konstatieren.

661 Genfer Abkommen vom 28. Juli 1951, BGBl. 1953 II S. 560. Internationale Quelle: UNTS Vol. 189 p.150. Hierzu gehört auch das das Genfer Abkommen ergänzende „Protokoll über die Rechtsstellung der Flüchtlinge" vom 31. Januar 1967, BGBl. II 1969 S. 1294, UNTS Vol. 606 p. 267.

662 Hierin liegt eine Konkretisierung der generell gegebenen Bindung der EU-Organe an das Völkerrecht. Siehe allgemein zum Asyl- und Einwanderungsrecht im Amsterdam-Vertrag: „EU immigration and asylum law – text and commentary", Steve Peers and Nicola Rogers (Hrsg.), Nijhoff Verlag, Leiden u.a. 2006.

spezifischen Sicherheitsmaßnahmen her. Dadurch ensteht eine funktionale Verknüpfung zwischen der ersten sowie der dritten Säule[663], die eine Abhängigkeit des einen Bereichs von dem anderen begründet.

b) Art. 61 lit. b EGV-Amsterdam

Zum anderen beruht der RFSR nach Art. 61 lit. b EGV-Amsterdam auf sonstigen Maßnahmen in den Bereichen Asyl, Einwanderung und Schutz der Rechte von Staatsangehörigen dritter Länder gemäß Art. 63 EGV-Amsterdam. Der Thematik nach ist dieser RFSR-Bereich eher dem Freiheitskonzept zuzurechnen. Um dieses zu verifizieren, sind nun die konkreten Ausführungen unter Art. 63 EGV-Amsterdam zu untersuchen, welche den Terminus „sonstigen Maßnahmen" ausfüllen:

Nach Art. 63 Nr. 1 lit b–d EGV-Amsterdam umfassen die **sonstigen Maßnahmen im Bereich Asyl**, dass der Rat (wiederum) in Übereinstimmung mit dem Genfer Flüchtlingsabkommen und das diese ergänzende Protokoll sowie einschlägigen anderen Verträgen, Asylmaßnahmen in Bezug auf Mindestnormen für die Aufnahme von Asylbewerbern in den Mitgliedstaaten, für die Anerkennung von Drittstaatsangehörigen als Flüchtlinge und für die mitgliedstaatlichen Verfahren zur Zu- respektive Aberkennung der Flüchtlingseigenschaft beschließt.[664] Durch die Einbeziehung des Schutzniveaus des Genfer Flüchtlingsabkommens und ähnlicher Verträge wird das Freiheitselement des RFSR-Bereichs Asyl eindeutig verstärkt, da dessen hohen freiheitsrechtlichen Vorgaben in den benannten Maßnahmen des RFSR beachtet werden müssen.[665]

Auch inhaltlich sind die ersten beiden Mindestnormen-Bereiche eindeutig dem Freiheitskonzept zuzuordnen, da sie die Rechte der Asylbewerber bzw. der Flüchtlinge auf einem Mindestniveau festschreiben und damit im Vergleich zu Maastricht ausbauen. Lediglich in lit. d wird durch die Aberkennungsmindestnormen ein

---

663 Kraus-Vonjahr, S. 123 f.

664 Kernelemente des EG-Flüchtlingsrechts sind die Dublin II-Verordnung, die im Verhältnis zwischen den Mitgliedstaaten nun das DÜ ersetzt; die so genannte „Qualifikationsrichtlinie" (Richtlinie 2004/83/EG, ABl. EU 2004 L 304/12); die Richtlinie über Mindestnormen im Asylverfahren (AsylVerfRL, Richtlinie 2005/85/EG, ABl. EU 2005 L 326/13) und die Richtlinie über Mindestnormen für die Aufnahmebedingungen von Asylbewerbern (AufnahmeRL, Richtlinie 2003/9/EG, ABl. EU 2003 L 31/18). Die Richtlinien enthalten teilweise Bestimmungen, deren Vereinbarkeit mit den EU-Grundrechten und dem Völkerrecht umstritten ist. Hinzu kommen Umsetzungsdefizite in mehreren Mitgliedstaaten, Weinzierl, Deutsche und europäische Grundrechte im RFSR: Das Asylrecht als Testfall für den kooperativen Grundrechtsschutz in Europa, S. 264.

665 Dieses wird in der 17. Erklärung zu Artikel 73 k des Vertrags zur Gründung der Europäischen Gemeinschaft noch einmal klargestellt, indem die Aufnahme von Konsultationen in asylpolitischen Angelegenheiten mit dem Hohen Kommissar der Vereinten Nationen für Flüchtlinge und anderen einschlägigen internationalen Organisationen betont wird.

Aspekt eingeführt, der eher dem Sicherheits- als dem Freiheitselement des RFSR zuzuschreiben ist, in dem er die EU vor „unrechtmäßigen“ Flüchtlingen schützt. Insgesamt betrachtet, überwiegt dennoch das Freiheitselement in diesem Asylbereich des RFSR und auch die dem Sicherheitskonzept zuzurechnende Normierung erscheint in dem Kontext angemessen. Dieses wird jedoch dadurch erheblich abgeschwächt, dass sich die Asyl-Normierungen allein auf eine Mindestharmonisierung beschränken und keine aktive freiheitsrechtliche Asylpolitik gestalten. Die große Herausforderung für die EU ist es im RFSR-Bereich der Einwanderung sowie des Asyls zu einer Einigung über eine freiheitliche Politik zu gelangen und nicht weiterhin die restriktive Position der Einreisebeschränkungen aufrechtzuerhalten.[666]

Nach Art. 63 Nr. 3 lit. a EGV-Amsterdam umfassen die **sonstigen Maßnahmen im Bereich der Einwanderung** die Einreise- und Aufenthaltsvoraussetzungen sowie Normen für die mitgliedstaatlichen Erteilungsverfahren von Visa für einen langfristigen Aufenthalt und Aufenthaltstiteln, einschließlich solche zur Familienzusammenführung.[667] Lit. a ist mithin eine Konkretisierung des Art. K.1 Nr. 3 lit. a–b EUV-Maastricht, der ausschließlich dem Freiheitselement zuzuordnen ist. In Art. 63 Nr. 3 lit. b EGV-Amsterdam werden jedoch die allein an dem Sicherheitskonzept orientierten einwanderungspolitischen Maßnahmen des Art. K.1 Nr. 3 lit. c EUV-Maastricht aufgenommen und explizit um die Möglichkeit der Rückführung „solcher Personen“, die sich illegal in einem Mitgliedstaat aufhalten, erweitert. Hier ist somit die einseitige Ausrichtung auf das Sicherheitskonzept des RFSR beibehalten worden.

Eine für das Freiheitselement des RFSR positive Entwicklung ist in Art. 63 Nr. 4 EGV-Amsterdam konstatiert, nach der die Rechte sowie Bedingungen festzulegen sind, aufgrund derer sich rechtmäßig in einem Mitgliedstaat aufhaltende Drittstaatsangehörige in anderen Mitgliedstaaten aufhalten dürfen. Diese neue Normierung ist eine relevante Entwicklung des Freiheitselementes des RFSR. Es ist allerdings bedauerlich, dass der in Art. 63 EGV-Amsterdam festgesetzte Fünfjahreszeitraum (zur Beschlussfassung durch den Rat) nach Art. 63 Nr. 4 UAbs. 3 EGV-Amsterdam nicht für die allein freiheitsrechtlich orientierten Maßnahmen der Nr. 3a und 4 gilt, da hier somit keine festen Umsetzungsfristen gegeben sind.

Insgesamt lässt sich festhalten, dass ein schlüssiges migrationspolitisches Konzept der EU im RFSR noch nicht gegeben ist, was zuvorderst nationalen Vorbehalten und dem Einstimmigkeitsprinzip im Rat zuzuschreiben ist. Stattdessen ist

---

666 Anderson/Apap, Striking a Balance between Freedom, Security and Justice in an enlarged European Union, S. 29.

667 Siehe hierzu: EuGH Rs. C-60/00, Slg. 2002, I-6279 (*Carpenter*) sowie „Die Rechte von Drittstaatsangehörigen nach Gemeinschaftsrecht – Unter besonderer Berücksichtigung des Verhältnisses des Titels IV EG zum EG-Personenfreizügigkeitsrecht und des EuGH-Urteils ‚Mary Carpenter‘ “, Thomas Wilson, 1. Aufl., Nomos Verlag, Baden-Baden 2007.

die bisherige Migrationspolitik der EU im RFSR zuvorderst auf eine Abschottung der EU nach außen[668] zum Nachteil von Drittstaaten und dem Flüchtlingsschutz angelegt, sodass manch einer die Titulierung „Einwanderungsverhinderungs- bzw. Rückschiebepolitik" passender als „Einwanderungspolitik" wähnt.[669] Diese Vorgehensweise im RFSR ist zu kritisieren, da zu viel Aufmerksamkeit auf die sicherheitsorientierte Steuerung der Migrationsströme gegeben wird, während die freiheitlichen Menschenrechte nicht ausreichend einbezogen werden.[670] Menschenrechte müssen jedoch nicht nur festgesetzt, sondern auch umgesetzt werden.[671]

c) Art. 61 lit. c EGV-Amsterdam

Des Weiteren beruht der RFSR nach Art. 61 lit. c EGV-Amsterdam auf **Maßnahmen im Bereich der justiziellen Zusammenarbeit in Zivilsachen (JZZ)** mit grenzüberschreitenden Bezügen, soweit sie für das reibungslose Funktionieren des Binnenmarktes erforderlich sind gemäß Art. 65 EGV-Amsterdam.[672] Mithin beschränkt sich die JZZ nach wie vor auf das Freiheitsrecht im Sinne der binnenmarktrechtlichen Freizügigkeit. In diesem Rahmen umfasst die JZZ die Verbesserung sowie Vereinfachung der grenzüberschreitenden Zustellung (außer-)gerichtlicher Schriftstücke, die Zusammenarbeit bei der Beweismittelerhebung, die Anerkennung und Vollstreckung (außer-)gerichtlicher Entscheidungen in Zivil- und Handelssachen, die Vereinbarkeit mitgliedstaatlicher Kollisionsnormen, die Vermeidung von Kompetenzkonflikten sowie die reibungslose Abwicklung von Zivilverfahren, erforderlichenfalls durch die Vereinbarkeit mitgliedstaatlicher zivilrechtlicher Verfahrensvorschriften.

Damit sind die hierunter fallenden Maßnahmen jedoch nach Art. 65 lit. a–c EGV-Amsterdam zugunsten der EU-Bürger erheblich konkretisiert worden und fördern zumindest in dem gesetzten Rahmen das Freiheitselement des RFSR weitaus expliziter sowie umfangreicher als der Maastricht-Vertrag. Es ist jedoch zu monieren, dass weiterhin keine Verfahrensvorschriften zugunsten des Einzelnen festgesetzt sind. Allerdings sind durch Art. 65 EGV-Amsterdam primär Maßnahmen im Verfahrens- und Kollisionsrechts umfasst, während (aufgrund der abschließenden Aufzählung) Harmonisierungsmaßnahmen im materiellen Zivilrecht nach

---

668 Lindahl, Inside and Outside the EU's „Area of Freedom, Security and Justice", S. 491.

669 Weinzierl, Deutsche und europäische Grundrechte im RFSR: Das Asylrecht als Testfall für den kooperativen Grundrechtsschutz in Europa, S.164, 165 f., 172.

670 Koen, The Contribution of the European Court of Justice to the Area of Freedom, Security and Justice, S. 289.

671 Eeckhout, The European Court of Justice and the „area of freedom, security and justice": challenges and problems, S. 160, 165.

672 Siehe zu dieser Thematik allgemein: „European Private International Law, the european community and its emerging area of freedom, security an justice", Oliver Remien, in CML Rev. 2001, S. 53–86, Kluwer Law International, Den Haag u.a. 2001.

Art. 95 EGV-Maastricht erlassen werden müssen[673], was die Möglichkeiten des RFSR begrenzt.

d) Art. 61 lit. e EGV-Amsterdam

Abschließend[674] beruht der RFSR nach Art. 61 lit. e EGV-Amsterdam auf **Maßnahmen im Bereich PJZS**, die „auf ein hohes Maß an Sicherheit abzielen". Damit ist in Übereinstimmung mit dem obigen Ergebnis zu dem Verhältnis von Freiheit und Sicherheit in der PJZS wiederholt explizit konstatiert, dass die PJZS einseitig auf das Sicherheitskonzept des RFSR ausgerichtet ist.

2. Subjektive Rechte

Positiv für die Stärkung des Freiheitsrechts im RFSR ist die Entwicklung, dass nach dem bisher dargelegten Primärrecht des RFSR im EGV-Amsterdam zumindest die Festsetzung subjektiver Rechte mittels des Sekundärrechts nicht mehr ausgeschlossen ist (im Gegensatz zu den RFSR-Normen der PJZS nach dem EUV-Amsterdam). Im Primärrecht selbst sind jedoch weiterhin keine subjektiven Rechtspositionen gegeben, was gerade in Anbetracht der grundrechtsrelevanten Materie und der Tatsache, dass diese Regelungen die EU-Bürger unmittelbar betreffen, stark zu kritisieren ist und dem Anspruch an einen integrativen RFSR nicht gerecht werden.[675] Zudem ist die teilweise erweiterte freiheitsrechtliche Ausgestaltung der RFSR-Normen des EGV-Amsterdam nach wie vor durch den auch hier (wie im EUV) beibehaltenen Ordre-public-Vorbehalt des Art. 64 Abs. 1 EGV-Amsterdam abgeschwächt.[676] Ohne diesen Vorbehalt einzuschränken, kann der Rat jedoch im Falle einer mitgliedstaatlichen Notlage durch einen plötzlichen Zustrom von Drittstaatsangehörigen gemäß dem neu eingeführten Art. 64 Abs. 2 EGV-Amsterdam, auf Vorschlag der Kommission mit qualifizierter Mehrheit, zugunsten der betreffenden Mitgliedstaaten vorläufige Maßnahmen mit einer Geltungsdauer von höchstens sechs Monaten beschließen. Somit deutet diese Ergänzung auf eine

---

673 Vgl. Frenz, Europarecht, Kap., Rdnr. 681, Oppermann/Classen/Nettesheim – Bearbeiter, Rdnr. 22 ff.

674 Auf Art. 61 lit. d EGV-Amsterdam wird mangels Relevanz für das Verhältnis von Freiheit und Sicherheit im RFSR nicht eingegangen.

675 Siehe allgemein zu den Grundrechten im Rahmen des Amsterdam-Vertrages: Peter Oliver, „Fundamental rights in European Union law after the Treaty of Amsterdam", in: Judical Review in European Union Law, Liber amicorum in Honour of Lord Slynn od Hadley, Bd. 1, Kluwer Law International, London u.a. 2000, S. 319–342.

676 Für alle EU-Mitgliedstaaten, die auch Schengen-Mitglieder sind, gelten zudem die zudem Art. 23 ff. Schengener Grenzkodex, nach denen sie bei einer schwerwiegenden Bedrohung der öffentlichen Ordnung oder inneren Sicherheit ausnahmsweise an den Binnengrenzen zeitlich befristet wieder Grenzkontrollen einführen können, vgl. Frenz, Handbuch Europarecht, Bd. 6, Teil 3, Kap. 17, Rdnr. 2841.

Aufweichung des, allein dem Sicherheitskonzept der Mitgliedstaaten dienendem, Ordre-public-Vorbehalt hin, auch wenn dieser explizit nicht eingeschränkt wird.

3. Art. 67 EGV-Amsterdam

Eine weitere konstruktive Entwicklung für das hier zu untersuchende Verhältnis ist in Art. 67 EGV-Amsterdam zu sehen, der die Beschlussfassung in Titel IV EGV-Amsterdam neu regelt. Art. 67 Abs. 1 EGV-Amsterdam zufolge wird die Beschlussfassung nach Art. K.3 Abs. 2 1. Spiegelstrich EUV-Maastricht für fünf Jahre (nach Inkrafttreten des Vertrags) mit der Änderung beibehalten, dass das Europäische Parlament grundsätzlich angehört werden muss. Dieses ist für das Verhältnis von Freiheit und Sicherheit positiv, da, auch wenn den Mitgliedstaaten weiterhin ein faktisches Vetorecht zukommt, durch die gesteigerte Teilnahme des Parlamentes das Demokratieprinzip gestärkt und erfahrungsgemäß den Sicherheitsbestreben der Mitgliedstaaten zugunsten des Freiheitskonzepts des RFSR vermehrt Einhalt geboten wird.

Nach Ablauf der Fünfjahresfrist[677] ist für diese Untersuchung relevant, dass der Rat nach Art. 67 Abs. 2 2.Spiegelstrich EGV-Amsterdam zwar weiterhin grundsätzlich einstimmig beschließt, jedoch nach Anhörung des Europäischen Parlaments die Möglichkeit eröffnet ist durch einen (einstimmigen) Beschluss das Mitentscheidungsverfahren des Art. 251 auf alle oder einige Bereiche des Titels IV anzuwenden und die Bestimmungen über die Zuständigkeit des EuGH anzupassen. Damit bleibt es dem Rat überlassen, darüber zu entscheiden, ob und in welchem Ausmaß die Rechtssetzung in den RFSR-Bereichen des Titel IV künftig in ein Mitentscheidungsverfahren geändert wird. Auch wenn Art. 67 EGV-Amsterdam insgesamt weiterhin ein stark intergouvernemental geprägtes Rechtssetzungsverfahren beinhaltet[678], so zeigt diese Norm dennoch eine konstruktive und richtige Entwicklung an, da sie die Möglichkeit zu einer demokratischeren und damit auch mehr am Freiheitsrecht orientierten Rechtsetzung im RFSR ermöglicht.

Diese Mutmaßung wird durch Art. 67 Abs. 3 EGV-Amsterdam bestätigt, der die angesprochene Entwicklung für Art. 62 Nr. 2 lit. b i und iii EGV-Amsterdam teilweise bereits vollzogen hat, da die dort genannten Maßnahmen bereits vom Rat mit qualifizierter Mehrheit auf Vorschlag der Kommission und nach Anhörung des Europäischen Parlaments beschlossen werden. Art. 67 Abs. 4 EGV-Amsterdam geht noch einen Schritt weiter und konstatiert, dass die in Art. 62 Nr. 2 lit. b ii und iv genannten Maßnahmen nach Ablauf der Fünfjahresfrist vom Rat gemäß dem Verfahren des Art. 251 EGV-Amsterdam beschlossen werden.

---

677 Die Fünfjahresfrist endete am 30.04.2004.

678 Weinzierl, Deutsche und europäische Grundrechte im RFSR: Das Asylrecht als Testfall für den kooperativen Grundrechtsschutz in Europa, S. 262 ff.

4. *Zuständigkeit des EuGH*

Die mit der Vergemeinschaftung der RFSR-Bereiche des Titel IV EGV-Amsterdam einhergehende Zuständigkeit des EuGHs ist im Vergleich zu der vorherigen Regelung des Art. L lit. b EUV-Maastricht eine gewaltige Stärkung des Freiheitselements des RFSR. Denn die richterlichen Kontrollmöglichkeiten des EuGH im Bereich des Titels IV EGV-Amsterdam entsprechen nunmehr denen in anderen Teilen des EGV. Damit einhergehend hat auch die Durchsetzung der Prinzipien des Vorrangs und der unmittelbaren Wirkung durch den EuGH einen erheblichen Einfluss auf die Umsetzung des Gemeinschaftsrechts durch die nationalen Gerichte, der „juge de droit commun" des Gemeinschaftsrechts. Denn auf diese Weise werden die nationalen Gerichte dazu verpflichtet die gemeinschaftlichen Aspekte des RFSR durchzusetzen. Zudem wird die einheitliche und wirksame Anwendung des RFSR-Gemeinschaftsrechts durch die Zusammenarbeit zwischen dem EuGH sowie den nationalen Gerichten im Rahmen des Vorabentscheidungsverfahrens erhalten und gibt dem EuGH die Möglichkeit die verschiedenen Titel IV EGV-Rechtsakte auszulegen.[679]

Allerdings ist die Zuständigkeit des EuGH in Art. 68 Abs. 1 EGV-Amsterdam hinsichtlich des Vorabentscheidungsverfahrens gemäß Art. 234 EGV-Amsterdam in dem Sinne beschränkt, dass nur letztinstanzliche (nationale) Gerichte ein Vorabentscheidungsverfahren einleiten können. Dieses stellt eine Rechtsschutzlücke[680] und damit einen bedeutenden Nachteil für die EU-Bürger da, die über die nationalen Gerichte ihre (Freiheits-)Rechte einfordern. Nach Art. 68 Abs. 2 EGV-Amsterdam erfolgt eine weitere Einschränkung, die gravierend für das Verhältnis von Freiheit und Sicherheit ist, da hiernach der EuGH grundsätzlich nicht für Entscheidungen über Maßnahmen oder Beschlüsse nach Art. 62 Nr. 1 zuständig ist, die die Aufrechterhaltung der öffentlichen Ordnung und den Schutz der inneren Sicherheit betreffen. Diese Restriktionen der Zuständigkeit des EuGH unter dem Amsterdam-Vertrag im Bereich Asyl und Migration erschweren es dem EuGH erheblich die Freiheitsrechte angemessen zu schützen.[681]

Positiv zu bewerten ist jedoch, dass gemäß Art. 67 Abs. 3 EGV-Amsterdam der Rat, die Kommission oder ein Mitgliedstaat dem EuGH eine Frage der Auslegung des Titels IV oder von auf diesen gestützten Rechtsakten der EG-Organe zur Entscheidung vorlegen können. Denn hierdurch ist die Zuständigkeit des EuGH und damit auch die Durchsetzung des Freiheitsrechts im RFSR im Gegensatz zu dem Maastricht-Vertrag erheblich erweitert – auch wenn diese EuGH-Entscheidungen dann allein für noch nicht rechtskräftige mitgliedstaatliche Urteile gelten.

---

679 Koen, The Contribution of the European Court of Justice to the Area of Freedom, Security and Justice, S. 263. Ausnahmen in Art. 68 und 236 EGV.

680 Ludwig, S. 219 ff.

681 Peers, The Jurisdiction of the Court of Justice over EC Immigartion and Asylum Law: Time for a change?, S. 108.

5. Art. 69 EGV-Amsterdam

Eine sehr negativ zu beurteilende Einschränkung des Freiheitsrechts im RFSR ergibt sich jedoch aus dem neuen Art. 69 EGV-Amsterdam, demzufolge das Protokoll über die Position des Vereinigten Königreichs und Irlands und des Protokolls über die Position Dänemarks für die Anwendung des Titels IV EGV gelten. Was das konkret für das Verhältnis von Freiheit und Sicherheit im RFSR bedeutet wird im folgenden Unterkapitel III. konkret ausgeführt.

6. Ergebnis

Bezüglich der übrigen RFSR-Normen im EGV-Amsterdam lässt sich Folgendes resümieren:

Durch die Überführung in das supranationale Unionsrecht ist das EGV-Reglement weitestgehend auf die RFSR-Normen des Titel IV EGV-Amsterdam anwendbar, was aufgrund der (im Gegensatz zum EUV) rechtsstaatlicheren und damit freiheitsrechtlicheren Strukturen des EGV, sehr positiv zu bewerten ist.[682] Zudem sind die nun im EGV-Amsterdam geregelten RFSR-Bereiche ebenfalls erheblich konkretisiert und erweitert worden. Damit einhergehend hat jedoch anders als im EUV-Amsterdam keine explizit einseitige Betonung des Sicherheitskonzepts des RFSR stattgefunden. Die Bereiche Grenzkontrollen, Visa, Asyl, Einwanderung und Drittstaatsangehörige weisen zwar immer noch eine überwiegend sicherheitsorientierte Tendenz auf, es sind jedoch zumindest zahlreiche Änderungen durchgeführt worden, die das Freiheitsrecht der EU-Bürger konstruktiv beeinflussen können.

Angesichts der Supranationalisierung ist es allerdings als destruktiv zu bewerten, dass die Befugnisse des EuGH eingeschränkt sind sowie das Mitentscheidungsverfahren und damit auch das Ausmaß der Beteiligung des Europäischen Parlamentes teilweise zur Disposition des Rates gestellt ist. Zudem wurden zahlreiche Reformen im RFSR durch die „Opt-out/-in"-Protokollregelungen zugunsten des Vereinigten Königreichs, Irlands und Dänemarks in den vergemeinschafteten Bereichen Asyl, Einwanderung, Grenzkontrollen und zivilrechtliche Zusammenarbeit „erkauft" und gestatten im Rahmen einer beliebigen Flexibilität somit diesen EU-Staaten, bestimmte Schritte der gemeinsamen Asyl- und Migrationspolitik nicht umzusetzen.[683] Hierdurch ergeben sich gravierende Unterschiede im Rechtsstatus der jeweiligen EU-Bürger, was das Freiheitsrecht im RFSR erheblich schmälert und stark zu kritisieren ist.[684]

---

682 Fennelly, The area of „Freedom, Security and Justice" and the European Court of Justice – a personal view, S. 1 ff.

683 Parusel, Abschottungs- und Anwerbungsstrategien, S. 90.

684 Fennelly, The area of „Freedom, Security and Justice" and the European Court of Justice – a personal view, S. 3.

Insgesamt ist jedoch nicht außer Acht zu lassen, dass die RFSR-Vorschriften auch im EGV-Amsterdam eine politisch äußerst sensible Materie umfassen, die dem (mitglied-)staatlichen Souveränitätsbereich sehr nah ist. Die durch den Amsterdam-Vertrag zweifelsohne auch erzielten Fortschritte für ein ausgewogeneres Verhältnis von Freiheit und Sicherheit sind zwar weiterhin nicht ausreichend, jedoch in Anbetracht der schwierigen Umstände eine nicht zu unterschätzende Leistung der EU.

III. Protokolle und Erklärungen zum Amsterdam-Vertrag

Es gilt nun die für diese Untersuchung relevanten Protokolle sowie Erklärungen des Amsterdam-Vertrages, die dem EUV und/oder EGV beigefügt sind, knapp im Hinblick auf das Verhältnis von Freiheit und Sicherheit zu erörtern:

1. Protokoll zur Einbeziehung des Schengen-Besitzstandes in den Rahmen der Europäischen Union

Wie obig dargelegt, hat der Schengen-Besitzstand zuvorderst den schrittweisen Abbau der Kontrollen an den EU-Innengrenzen zum Inhalt und erweitert somit das Freiheitsrecht (in Form des Freizügigkeitsrechts) der EU-Bürger. Jedoch beinhaltet der Schengen-Besitzstand als Ausgleichsmaßnahme zur Binnengrenzöffnung umfangreiche Befugnisse zur Grenzsicherung gegenüber Drittstaatsangehörigen (vgl. Art. 17, 25 ff., 39 ff. SDÜ; Art. 5, 7 12, 13 Schengener Grenzkodex), die einzig auf das Sicherheitselement des RFSR ausgerichtet sind und gegenüber den freiheitsrechtlichen Vertragsnormen nahezu überwiegen. Es ist daher konstruktiv, dass der 1. Erwäggrund zum Schengen-Protokoll das Freiheitskonzept des Schengen-Besitzstands betont sowie konstatiert, dass es Aufgabe der Regelungen des Schengen-Besitzstandes ist „die europäische Integration zu vertiefen" und „insbesondere" der EU zu ermöglichen sich „schneller" zu einem RFSR zu entwickeln.

Durch Art. 1, 2 Schengen-Protokoll wird der Schengen-Besitzstand in Form der Verstärkten Zusammenarbeit in das Unionsrecht integriert[685], namentlich in den Regelungsbereich des RFSR. Der Rat hat zu dieser Einbeziehung des Schengen-Besitzstands gemäß Art. 2 Abs. 1 UAbs. 2 Schengen-Protokoll durch einstimmigen Beschluss diejenigen Vorschriften und Maßnahmen bestimmt, die echten Besitzstand darstellten und als Grundlage für die weitere Zusammenarbeit dienen sollen.[686] Deren jeweilige Rechtsgrundlagen im EUV respektive EGV wurde ebenfalls

---

685 Demzufolge richtet sich die Weiterentwicklung des Schengen-Besitzstandes nach den Normen über eine verstärkte Zusammenarbeit gem. Art. 20 EUV i.V.m. Art. 326–334 AEUV. Eine kritische Bewertung des Schengenbesitzstandes siehe unter Rogalla/Hermes/Hochheimer, EuR 2007, S. 660–670.

686 Entscheidung 1999/435, ABl. 1999 Nr. L 176/1. Zum Schengen-Besitzstand zählen demnach: Das SÜ, das SDÜ, die Beitrittsprotokolle und –übereinkommen zu dem SÜ/SDÜ, Beschlüsse und Erklärungen des aufgrund des SDÜ eingesetzten Exekutivausschusses sowie Rechtsakte zur Durchführung des Übereinkommens, die von

durch einen einstimmigen Beschluss des Rates determiniert und sind ausschließlich im Regelungsbereich des RFSR, vor allem in Art. 61 ff. EGV-Amsterdam, zu finden.[687] Die für den RFSR grundlegenden Vorgaben der Art. 61 lit. a, 62 Nr. 1 EGV-Amsterdam in Bezug auf den Wegfall der Binnengrenzkontrollen werden somit vor allem durch den Schengen-Besitzstand umgesetzt[688], sodass dieser einen besonderen Teilbereich der RFSR-Politik in Titel IV EGV-Amsterdam darstellt.[689] Demzufolge wird durch das Schengen-Protokoll und die dadurch bedingte Eingliederung des freiheitlich orientierten Schengen-Besitzstands das Freiheitskonzept des RFSR in erheblicher Weise gefördert.

Es ist jedoch zu kritisieren, dass der Schengen-Besitzstand mittels Beschluss des Rates im Sinne des Art. 2 Abs. 1 Schengen-Protokoll in das Gemeinschaftsrecht integriert wird und nicht auf dem regulären Verfahrensweg für EG-Rechtsakte. Denn dadurch werden die institutionellen Strukturen der EU geschwächt, vor allem die Beteiligungsmöglichkeiten des Europäischen Parlaments umgangen und somit das Demokratieprinzip verletzt[690], was sich negativ auf das Freiheitselement des RFSR auswirkt. Darüber hinaus bedingt die Integration des Schengen-Acquis anhand des (Schengen-)Protokolls anstelle des primärrechtlichen Amsterdamer-Vertrages an sich, dass der Rat gemäß Art. 2 Abs. 1 UAbs. 2 des Protokolls einstimmig entscheidet, anhand welcher Rechtsgrundlage des EGV-Amsterdam der Besitzstand gilt und somit die gerichtliche Kontrolle des EuGH zulasten des Freiheitskonzepts des RFSR erschweren kann.

Negativ anzumerken ist zudem, dass Irland, das Vereinigte Königreich Großbritannien und Nordirland gemäß Art. 4 S. 1 Schengen-Protokoll aus (sicherheits-)politischen Erwägungen nicht Vertragsparteien des Schengen-Besitzstands sind und an dessen freiheitsrechtlichen Vorschriften mithin nicht gebunden sind. Es ist diesen Staaten jedoch durch eine in Art. 4 erhaltene Opt-in Regelung ermöglicht die Anwendung einzelner oder aller Bestimmungen des Besitzstandes jederzeit zu beantragen[691], was aufgrund der dadurch eröffneten Beliebigkeit kritisch zu sehen

---

den Organen erlassen worden sind, denen der Exekutivausschuß Entscheidungsbefugnisse übertragen hat.

687 Entscheidung 1999/436, ABl. 1999 Nr. L 176/17. Siehe auch Art. 2 Abs. 1 UAbs. 4 Schengen-Protokoll und Frenz, Handbuch Europarecht, Bd. 1, Rdnr. 1753 ff. Die ins EU-Recht überführten Vorschriften des Schengen-Besitzstandes sind jedoch von der Erweiterung dieser überführten Vorschriften, bei dem zusätzlich die Regeln über die Verstärkte Zusammenarbeit herangezogen werden müsse, abzugrenzen; siehe Ausführungen oben und ausführlich unter Bender, ZaöRV 2001, S. 761.

688 Konkret ist der Wegfall der Binnengrenzkontrollen im Rahmen des Schengener Grenzkodex normiert, a.a.O.

689 Als integrierender Bestandteil des Amsterdam-Vertrages ist das Schengen-Protokoll Teil des geltenden Primärrechts und steht mit EUV und EGV auf einer normativen Stufe, vgl. Grabitz/Hilf/Nettesheim, Rdnr. 130, 142.

690 Siehe Bender, ZaöRV 2001, S. 763.

691 Dieses zeigt auch die Verpflichtung der Mitgliedstaaten nach der 45. Erklärung zu Artikel 4 des Protokolls zur Einbeziehung des Schengen-Besitzstands in den

ist. Diese Teilnahme am Schengen-Besitzstand wird allerdings durch das Erfordernis des einstimmigen Ratsbeschlusses gemäß Art. 4 S. 2 Schengen-Protokoll erschwert, sodass (im Gegensatz zur erörterten Verstärkten Zusammenarbeit) kein Rechtsanspruch auf Integration besteht.

Zudem wird das Opt-in dahin gehend weiter eingeschränkt, dass bei fehlender Beteiligungsmitteilung von Irland oder dem Vereinigten Königreich im Sinne des Art. 5 Abs. 1 UAbs. 2 Schengen-Protokoll (binnen eines vertretbaren Zeitraums) die Ermächtigung zur Verstärkten Zusammenarbeit gemäß Art. 11 EGV- sowie 40 EUV-Amsterdam gegenüber den übrigen Schengen-Mitgliedstaaten als erteilt gilt.[692] Die Verstärkte Zusammenarbeit zur Erweiterung des Schengen-Besitzstands wird mithin durch Art. 5 Abs. 1 UAbs. 2 Schengen-Protokoll privilegiert. Durch diese unterschiedliche Behandlung des Sekundärrechts, das entweder nur den Art. 29 ff. EUV- bzw. Art. 61 ff. EGV-Amsterdam unterfällt oder den Normen zur Erweiterung des Schengen-Besitzstandes, kann die Ungleichzeitigkeit der Integration noch verstärkt werden.[693] Dieses wirkt sich negativ auf das Freiheitselement des RFSR aus, da dessen Ausmaß sowie Umfang für die verschiedenen mitgliedstaatlichen EU-Bürger folglich differieren kann.

Aus Art. 3 Schengen-Protokoll ergibt sich zudem, dass dessen Mitgliedstaat Dänemark von der durch das Schengen-Protokoll bedingten Vergemeinschaftung des Schengen-Besitzstandes und der damit einhergehenden neuen supranationalen Rechtsnatur der Verpflichtungen ausgenommen wird.[694] Für Dänemark besteht damit die bisherige (nur) völkerrechtliche Bindung des Schengen-Besitzstandes fort, sodass die durch das Schengen-Protokoll eigentlich erwirkte Stärkung des Freiheitsrechtes hier leerläuft. Mithin ist auch die Sonderposition Dänemarks für die Förderung des Freiheitsrechts wenig konstruktiv und gibt stattdessen

---

Rahmen der Europäischen Union die größtmöglichen Anstrengungen zu unternehmen, damit Irland und das Vereinigte Königreich Großbritannien und Nordirland – wenn sie dies wünschen – Art. 4 des genannten Protokolls in Anspruch nehmen können, so daß der Rat in der Lage ist, die in jenem Artikel genannten Beschlüsse, und zwar zum Zeitpunkt des Inkrafttretens jenes Protokolls oder zu jedem späteren Zeitpunkt, zu fassen. Dieses Opt-in wurde bereits wahrgenommen, vgl. etwa Ratsbeschluss 2004//926/EG v. 22.12.2004 über das Inkraft setzten von Teilen des Schengen-Besitzstandes durch das Vereinigte Königreich und Nordirland, ABl. L 395, S. 70.

692 Sowie gegenüber Irland oder dem Vereinigten Königreich, sofern einer der Mitgliedstaaten sich in den betreffenden Bereichen an der Zusammenarbeit beteiligen möchte, Art. 5 Abs.1 UAbs. 2 Schengen-Protokoll.

693 Vgl. Bender, ZaöRV 2001, S. 763.

694 Der Vorbehalt Dänemarks bezieht sich mithin nur auf diejenigen Regelungen des Schengen-Besitzstandes, die bei der Überführung den vergemeinschafteten Art. 61 ff. EGV-Amsterdam zugewiesen worden sind. Die der intergouvernementalen PJZS der Art. 29 ff. EUV-Amsterdam zugewiesenen Teile des Schengen-Besitzstandes behält sich Dänemark keine Sonderrolle vor.

nationalen Sicherheitserwägungen den Vorzug. In dem 6. Erwäggrund zu dem Schengen-Protokoll wird jedoch erfreulicherweise das Bewusstsein zum Ausdruck gebracht, dass es infolgedessen der genannten Sonderpositionen erforderlich ist auf die verstärkte Zusammenarbeit „zurückzugreifen" und dass diese „nur als letztes Mittel genutzt werden" sollte. Es wird mithin im Protokoll selbst angemerkt, dass die Ausnahmeregelungen einen unvermeidbaren Kompromiss darstellen, der jedoch nur Ultimo ratio sein kann und nicht an die Stelle des eigentlichen Ziels – insbesondere die Stärkung des Freiheitsrechts – treten kann.

Positiv für das Freiheitselement des RFSR ist jedoch, dass ab dem Zeitpunkt des Inkrafttretens des Amsterdam-Vertrages der Schengen-Besitzstand sofort anwendbar ist, nach Art. 2 Abs. 1 S. 1 Schengen-Besitzstand. Zudem gilt der Schengen-Besitzstand durch die Eingliederung gemäß Art. 8 Schengen-Protokoll als acquis communitaire der EU, sodass alle der EU beitretenden Staaten[695], diesen vollständig zu übernehmen haben.[696] Dadurch wird diese Ausprägung des Freiheitselementes des RFSR explizit auf die erweiterte EU übertragen, sodass freiheits- sowie integrationshemmende Vorbehalte zugunsten einzelstaatlicher Sicherheit nicht mehr möglich sind.

Des Weiteren ist es im Sinne des Freiheitskonzepts des RFSR zu begrüßen, dass die Bestimmungen und Beschlüsse des Schengen-Besitzstandes in diejenige Zuständigkeit des EuGH fallen, die diesem nach den einschlägigen geltenden Bestimmungen der Verträge zukommt (Art. 2 Abs. 1 UAbs. 3 S. 1 Schengen-Protokoll) und eine gerichtliche Kontrolle somit im Grunde gegeben ist. Es ist daher bedauerlich, dass der EuGH seine Jurisdiktion aufgrund der unterschiedlichen Zuständigkeiten in den RFSR-Normen des EUV- bzw. EGV-Amsterdam alles andere als einheitlich ausüben kann. Zudem wird diese, das Freiheitsrecht gewährleistende gerichtliche Kontrolle in Bezug auf Maßnahmen oder Beschlüsse, die die Aufrechterhaltung der öffentlichen Ordnung und den Schutz der inneren Sicherheit betreffen, explizit ausgeschlossen nach Art. 2 Abs. 1 UAbs. 3 S. 2 Schengen-Protokoll. Hierunter fällt der Großteil der Bestimmungen von Schengen II, vor allem diejenigen über die polizeiliche Zusammenarbeit mitsamt des Datenaustausches sowie -zugangs, die als Ermächtigungsgrundlage für den Eingriff in Individualrechte dienen.[697] Das

---

695 Die Tschechische Republik, Estland, Lettland, Litauen, Ungarn, Malta, Polen, Slowenien und die Slowakei traten am 21. Dezember 2007 bei. Bulgarien, Zypern und Rumänien sind noch keine Vollmitglieder des Schengen-Raums, mithin sind die Grenzkontrollen zwischen diesen Ländern und dem Schengen-Raum noch gegeben bis der Europäische Rat entscheidet, dass die Voraussetzungen für die Abschaffung der Kontrollen an den Binnengrenzen erfüllt sind.

696 Damit ist der Schengenbesitzstand gegenüber anderen Formen der differenzierten Integration in der EU (WWU, Sozialpolitik, Art. 43 ff. EUV) privilegiert, da deren Regelungen nicht zum Acquis gezählt werden – was sich wohl aus der enormen Bedeutung des Schengen-Besitzstandes für den RFSR und den Binnenmarkt erklärt, vgl. Bender, ZaöRV 2001, S. 760 m.w.N. Zu Grundproblemen, die sich bei der Erweiterung des RFSR für die Beitrittskandidaten stellt, siehe Merli, RFSR, S. 32 ff.

697 Vgl. Bender, ZaöRV 2001, S. 762.

bedeutet ein Zurückdrängen freiheitsrechtlicher gerichtlicher Kontrolle zugunsten der Sicherheit im RFSR.

2. Protokoll über die Anwendung bestimmter Aspekte des Artikels 14 EGV auf das Vereinigte Königreich und auf Irland

Art. 1 des Protokolls gestattet es dem Vereinigten Königreich an seinen EU-Innengrenzen bei der Einreise Personenkontrollen ein- und durchzuführen, die nach dessen Auffassung zur Entscheidung darüber erforderlich sind, ob Personen die Einreisegenehmigung erteilt wird. Dieses gilt ungeachtet des Art. 14 EGV-Amsterdam, anderer Bestimmungen des EGV-/EUV-Amsterdam, der im Rahmen dieser Verträge beschlossener Maßnahmen oder der von der Gemeinschaft bzw. der Gemeinschaft und ihren Mitgliedstaaten mit Drittstaaten geschlossenen internationalen Übereinkünften.[698] Nach Art. 2 des Protokolls darf auch Irland unter denselben Bedingungen und Voraussetzungen wie im Falle des Vereinigten Königreichs Kontrollen an den EU-Binnengrenzen ein- und durchführen.

Damit hebt das Protokoll das aus Art. 62 Nr. 1 EGV-Amsterdam resultierende Freizügigkeitsrecht in Form der kontrolllosen Binnengrenzüberschreitung der EU-Bürger und damit die zentrale Errungenschaft des RFSR zur Stärkung des Freiheitsrecht für das Vereinigte Königreich und Irland auf. Hierin liegt eine erhebliche Schwächung des Freiheitsrechts im RFSR, insbesondere da es sich bei dem Freizügigkeitsrecht um ein zentrales Recht der Bürger sowie einem Kernelement der Funktionsweise des RFSR als eines einheitlichen Rechtsraums handelt und dessen integrative Wirkung erheblich schmälert. Die Ausnahme des Vereinigte Königreichs und Irlands in Bezug auf Art. 62 Nr. 1 EGV-Amsterdam widerspricht somit der Idee der Europäischen Integration und ist den EU-Bürgern schwer vermittelbar. Als Hintergrund für die Sonderregelung nennt der 2. Erwäggrund des Protokolls die seit vielen Jahren zwischen den beiden Staaten bestehenden besonderen Reiseregelungen. Tatsächlich dürfte es sich jedoch eher um nationale Sicherheits- und Souveränitätsvorbehalte handeln.

Erschwerend kommt hinzu, dass nach Art. 3 des Protokolls die übrigen EU-Mitgliedstaaten aufgrund der genannten Befreiungen an ihren Grenzen oder an allen Orten, an denen ihr Hoheitsgebiet betreten werden kann, solche Kontrollen bei Personen ebenfalls durchführen dürfen, die aus dem Vereinigten Königreich und (solange Art. 1 des Protokolls für Irland gilt) aus Irland in ihr Hoheitsgebiet einreisen wollen. Mit dem Protokoll geht somit nicht nur die Zurücknahme der kontrolllosen Überquerung der Binnengrenzen gemäß Art. 62 Nr. 1 EGV-Amsterdam bezüglich des Vereinigten Königreichs und Irland einher, sondern auch hinsichtlich

---

698 Siehe hierzu Maria Fletcher, „Schengen, the European Court of Justice and Flexibility under the Lisbon Treaty: Balancing the United Kingdom's ‚Ins' and ‚Outs'", in: European Constitutional Law Review 2009, Cambridge University Press, Den Haag 2009, S. 71–98.

der Einreise aus diesen Staaten in sämtliche anderen EU-Staaten. Das bedeutet eine immense Schwächung des Freiheitsrechts in dem RFSR.

3. Protokoll über die Position des Vereinigten Königreichs und Irlands

Nach Art. 1 dieses Protokolls beteiligen sich das Vereinigte Königreich und Irland nicht an der Annahme von Maßnahmen durch den Rat, die nach Titel IV EGV-Amsterdam vorgeschlagen werden. Damit sind sämtliche durch den Amsterdam-Vertrag vergemeinschaftete RFSR-Normen des Titels IV EGV, nach jenem Titel beschlossene Maßnahmen, Vorschriften internationaler Übereinkünfte, die von der Gemeinschaft nach jenem Titel geschlossen werden, sowie Entscheidungen des EuGH, in denen solche Vorschriften oder Maßnahmen ausgelegt werden, für das Vereinigte Königreich oder Irland nicht bindend oder anwendbar und berühren somit in keiner Weise die Zuständigkeiten, Rechte und Pflichten dieser Staaten. Die erwirkte Vergemeinschaftung der meisten Bereiche des RFSR und die damit einhergehende Stärkung des Freiheitsrechts findet auf das Vereinigte Königreich oder Irland somit keine Anwendung, was einer großen Schwächung des Freiheitselementes im RFSR gleichkommt und die Errungenschaften des Amsterdam-Vertrages in Bezug auf diese Mitgliedstaaten teilweise ad absurdum führt.

Dieses wird durch die Opt-in Normierung zugunsten des Vereinigten Königreichs und Irland in Art. 3 Abs. 1 des Protokolls noch verstärkt, nachdem diese Mitgliedstaaten innerhalb einer Frist nach der Vorlage eines Vorschlags oder einer Initiative gemäß Titel IV EGV-Amsterdam beim Rat schriftlich mitteilen können, dass sie sich an der Annahme und Anwendung der betreffenden Maßnahme beteiligen möchten, was dem betreffenden Staat daraufhin automatisch gestattet ist.[699] Daneben steht es dem Vereinigten Königreich oder Irland gemäß der weiteren Opt-in Möglichkeit des Art. 4 des Protokolls zu, jederzeit auch nachträglich mitzuteilen, dass es eine von den übrigen Mitgliedstaaten bereits angenommene Maßnahme des Titel IV EGV-Amsterdam annehmen möchte. Allerdings erfolgt die diesbezügliche Genehmigung nicht automatisch, sondern richtet sich nach dem Verfahren des Art. 11 Abs. 3 EGV-Amsterdam. Darüber hinaus hat sich Irland in Art. 8 des Protokolls ein Gesamt-Opt-in im Sinne eines Ausstiegs aus dem gesamten Protokoll gesichert, sodass die üblichen Vertragsbestimmungen Anwendung finden und damit ein Opt-in in der Form des Opt-out aus dem Opt-out vorbehalten ist. Diese drei Opt-in[700] bedeuten mithin, dass das Vereinigte Königreich

---

699 Mittels der 4. Erklärung Irlands zu Artikel 3 des Protokolls über die Position des Vereinigten Königreichs und Irlands erklärt Irland, daß es beabsichtigt, sein Recht gemäß Art. 3 des Protokolls Nr. 4, sich an der Annahme von Maßnahmen nach Titel IV EGV-Amsterdam zu beteiligen, so weit wahrzunehmen, wie dies mit der Aufrechterhaltung des zwischen ihm und dem Vereinigten Königreich bestehenden einheitlichen Reisegebiets vereinbar ist.

700 Die Art. 3 und 4 berühren nicht das Protokoll über die Einbeziehung des Schengen-Besitzstands in den Rahmen der Europäischen Union (Art. 7 des Protokolls).

oder Irland sich jederzeit zu ihren Gunsten an EGV-Maßnahmen des RFSR beteiligen können, sich ansonsten jedoch nicht binden müssen. Diese erneute Sonderregelung verkennt grundlegend die Funktionsweise des RFSR, in dessen Rahmen es gerade nicht um beliebige Rechtsbindung geht, sondern um eine verbindliche Rechtsstruktur in einem einheitlichen europäischen Raum.

Einzig positiv ist, dass gemäß Art. 6 des Protokolls in den Fällen, in denen nach diesem Protokoll das Vereinigte Königreich oder Irland durch eine nach Titel IV EGV-Amsterdam beschlossene Maßnahme gebunden ist, hinsichtlich dieser Maßnahme für den betreffenden Staat die einschlägigen Bestimmungen des genannten Vertrags gelten. In diesem Umfang finden sodann auch die durch den Amsterdam-Vertrag errungenen Stärkungen des Freiheitselements im RFSR einheitlich Anwendung. Zudem ist auch hier zu bedenken, dass dieses Protokoll einen Kompromiss darstellt, ohne den das Vereinigte Königreich oder Irland den Amsterdam-Vertrag eventuell nicht ratifiziert hätten, was sicherlich den größeren Schaden für das Freiheitselement im RFSR bedeutet hätte.

4. *Protokoll über die Position Dänemarks*

Nach Art. 1 des Protokolls beteiligt sich auch Dänemark nicht an der Annahme von Maßnahmen durch den Rat, die nach Titel IV EGV-Amsterdam vorgeschlagen werden. In Anbetracht dessen sind gemäß Art. 2 Abs. 1 des Protokolls die Normen des Titels IV EGV-Amsterdam, nach jenem Titel beschlossene Maßnahmen und Vorschriften internationaler Übereinkünfte, die von der Gemeinschaft nach jenem Titel geschlossen werden, sowie EuGH-Entscheidungen, in denen solche Vorschriften oder Maßnahmen ausgelegt werden, für Dänemark ebenfalls nicht bindend oder anwendbar und berühren in keiner Weise die Zuständigkeiten, Rechte und Pflichten Dänemarks. Ebenso wie auf das Vereinigte Königreich und Irland, finden somit sämtliche EGV-Maßnahmen zum RFSR keine Anwendung auf Dänemark, welches sich folglich nicht an dessen Umsetzung beteiligt. Dadurch kommen auch in Dänemark die das Freiheitselement im RFSR stärkenden Errungenschaften des EGV-Amsterdam nicht zur Anwendung, was eine erhebliche Beeinträchtigung des Freiheitsrechts der EU-Bürger darstellt.

Gemäß Art. 4 des Protokolls sind jedoch Maßnahmen zur Bestimmung derjenigen Drittländer, deren Staatsangehörige beim Überschreiten der Außengrenzen der Mitgliedstaaten im Besitz eines Visums sein müssen, sowie Maßnahmen zur einheitlichen Visumgestaltung von dem Vorbehalt des Art. 1 und 2 des Protokolls ausgenommen. Dänemark beteiligt sich mithin an diesen Maßnahmen des Visumsrechts nach Art. 62 Abs. 2 lit. a i, iii EGV-Amsterdam, bei denen jedoch ersteres eindeutig dem Sicherheitselement des RFSR zuzuordnen ist.

Nach Art. 5 Abs. 1 des Protokolls ist für Dänemark in Erweiterung zu Art. 3 des Schengen-Protokolls (vgl. 3. Erwäggrund des Protokolls über die Position Dänemarks) ein spezielles Opt-in festgesetzt, anhand dessen Dänemark binnen sechs Monaten, nachdem der Rat über eine Ergänzung des Schengen-Besitzstands im Bereich des Titels IV EGV-Amsterdam beschlossen hat, entscheidet, ob es diese

Maßnahme in nationales Recht umsetzt. In diesem Fall begründet die Maßnahme eine (nur) völkerrechtliche Verpflichtung zwischen Dänemark und den übrigen Mitgliedstaaten. Mithin ist es Dänemark wahlweise möglich RFSR-Maßnahmen des EGV, die den Schengen-Besitzstand betreffen, nachträglich annehmen. Zusätzlich verschafft diese Vorschrift Dänemark hinsichtlich der betreffenden EG-Rechtsakte ein Opt-in, bezüglich der besonderen rechtlichen Wirkungen des EG-Rechts jedoch ein Opt-out (rein völkerrechtliche Verpflichtung), sodass Monar[701] zu Recht von einer der „fragwürdigsten Regelungen der gesamten EU-Rechtsordnung" spricht. Hier ist allerdings die besondere Position Dänemarks als eines Schengen-Mitgliedstaates berücksichtigt, der „lediglich" durch vergemeinschaftete Schengen-Maßnahmen nicht gebunden sein will.[702] Zusätzlich ist Dänemark in Art. 7 des Protokolls ein umfassendes Opt-in (wie bei Irland in Form eines vollständigen Opt-out aus dem Opt-out) vorbehalten, nach dem es jederzeit mitteilen kann, dass es von diesem Protokoll insgesamt oder zum Teil keinen Gebrauch mehr machen will und sodann die einschlägigen RFSR-Bestimmungen des Titels IV EGV-Amsterdam in vollem Umfang anwendet.

Durch diesen Ausschluss der RFSR-Maßnahmen des EGV hinsichtlich Dänemarks (außer der genannten Visa-Normen), in Kombination mit einem Opt-in bezgl. der Schengen-Maßnahmen sowie dem generellen Opt-in, ist die integrative Wirkung des RFSR gravierend begrenzt und die Förderung des Freiheitsrechts im gesamten RFSR eingeschränkt. Zudem bringen die Opt-in's zwar die positive Möglichkeit, dass diese Sonderregelungen minimiert respektive ganz abgeschafft werden, offenbaren jedoch zugleich die nicht gegebene Kohärenz des RFSR und damit die integrationsfeindliche, an nationalen Interessen ausgerichtete Beliebigkeit, mit der Dänemark sich dem EGV-Reglement des RFSR anschließen kann oder nicht. Auch hier ist jedoch zu beachten, dass ohne den in diesen Sonderregelungen liegenden Kompromiss zugunsten Dänemarks, eine Ratifizierung des Amsterdam-Vertrages durch diesen Mitgliedstaat erheblich erschwert[703], wenn nicht verhindert worden wäre und dieses Szenario für die Stärkung des Freiheitselementes im RFSR weitaus negativer ausgefallen wäre.

701 Bogdandy/Bast – Monar, S. 775.

702 Die dänische Regierung war im Vorfeld der zweiten dänischen Volksbefragung zum Maastricht-Vertrag 1993 die politische Verpflichtung eingegangen, sich an der Zusammenarbeit in den Bereichen Justiz und Inneres nur auf zwischenstaatlicher Basis zu beteiligen, vgl. Bogdandy/Bast – Monar, S. 774.

703 Die enormen Vorbehalte Dänemarks in Bezug auf Maßnahmen in dem vergemeinschafteten Teil IV EGV-Amsterdam spiegeln sich in der (inhaltlich unnötigen) 2. Erklärung Dänemarks zu Artikel K.14 des Vertrags über die Europäische Union zum Amsterdam-Vertrag wider.

5. *Protokoll über die Rolle der einzelstaatlichen Parlamente in der Europäischen Union*

Nach Nr. I, 1 und 2 des Protokolls wird festgesetzt, dass der Kontrollumfang der mitgliedstaatlichen Parlamente sowohl die prälegislativen Konsultationsdokumente der Kommission (Weißbücher, Mitteilungen etc.) als auch dessen Legislativvorschläge beinhaltet, was die Rechte der nationalen Parlamente stärkt. Die Legislativvorschläge sollen dabei den mitgliedstaatlichen Regierungen rechtzeitig übermittelt werden, sodass diese dafür Sorge tragen können, „dass ihr einzelstaatliches Parlament sie gegebenenfalls erhält". Problematisch ist jedoch, dass der Ministerrat definiert, was konkret ein Kommissionsvorschlag ist. Denn diese Definitionshoheit hat insbesondere im RFSR-Bereich der PJZS, in dem das Europäische Parlament nicht oder nur als kontrollierendes Organ beteiligt ist, dazu geführt, dass zahlreiche Kommission- sowie mitgliedstaatlichen Entwürfe als nicht-legislativ eingestuft werden und mithin der Beratung in den nationalen Parlamenten nicht mehr offenstehen.[704]

In diesem Zusammenhang ist es sehr positiv, dass Nr. I, 3 des Protokolls nun festhält, dass ein Vorschlag für einen Rechtsakt respektive für eine Maßnahme nach Titel VI EUV-Amsterdam (PJZS) dem Europäischen Parlament und dem Rat seitens der Kommission grundsätzlich mindestens sechs Wochen vor dem Zeitpunkt, zu dem er zur Beschlussfassung auf die Tagesordnung des Rates gesetzt wird, unterbreitet werden muss.[705] Somit wendet sich diese Festsetzung einer Mindestfrist gemäß Nr. I, 3 des Protokolls gegen die zuvor dargelegte enge Interpretation der Kommissionsvorschläge und ermöglicht die Beratung eines Vorschlags in den nationalen Parlamenten, indem die mitgliedstaatlichen Regierungen ihren Parlamenten hierzu eine Sechswochenfrist gewähren können, solange es sich um einen Rechtsakt handelt.[706] Mithin stärkt die Regelung des Nr. I, 3 d die demokratische Mitwirkung der nationalen Parlamente an europäischen Entscheidungsprozessen in der PJZS und damit das Freiheitselement im RFSR, sodass diese Normierung positiv zu werten ist.

Diese konstruktive Modifizierung wird jedoch durch mehrere Aspekte abgeschwächt[707]: Zum einen dadurch, dass durch Nr. I, 3 des Protokolls keine Regierung dazu verpflichtet wird, die Sechswochenfrist für ein Beratungs- oder

704 Vgl. „Die Rolle der nationalen Parlamente in der EU durch den Ausbau bestehender Mechanismen stärken", Friedrich-Ebert-Stiftung, Internationale Politikanalyse, Arbeitsgruppe Europäische Integration – [Electronic ed.] – Bonn, 2002, Nr. 2.1, http://library.fes.de/fulltext/id/01405.htm, 10.06.2012.

705 Außer in dringenden Fällen, die in dem Rechtsakt oder gemeinsamen Standpunkt zu begründen sind, s. Nr. 1, 3 des Protokolls.

706 Vgl. „Die Rolle der nationalen Parlamente in der EU durch den Ausbau bestehender Mechanismen stärken", Friedrich-Ebert-Stiftung, Nr. 2.1, a.a.O.

707 Vgl. „Die Rolle der nationalen Parlamente in der EU durch den Ausbau bestehender Mechanismen stärken", Friedrich-Ebert-Stiftung, Nr. 2.1, a.a.O.

Konsultationsverfahren in ihren nationalen parlamentarischen Kammern auch tatsächlich zu nutzen. Darüber hinaus obliegt es dem Rat „Maßnahme nach Titel VI"-EUV-Amsterdam zu definieren, sodass es ausschließlich von dessen Ermessen abhängt, ob die Parlamente die genannten Entwürfe erhalten. Des Weiteren ist zu kritisieren, dass Vorschläge der Mitgliedstaaten in der PJZS sowie dem vergemeinschafteten Teil des RFSR den Parlamenten nicht zugeleitet werden müssen. Zusammenfassend erreicht das Protokoll demnach in denjenigen Mitgliedstaaten, die keine bzw. nur rudimentäre Informations- und Kontrollmechanismen praktizieren, selbst keinerlei Verpflichtung zur Überprüfung der EU-Vorhaben zwischen Parlament und Regierung, insbesondere in der PJZS. Auch die geringe Beteiligung des Europäischen Parlaments in der PJZS wird nicht dadurch kompensiert, dass den nationalen Parlamenten in diesem Politikfeld eine vertiefte Kontrolle der Regierungen ermöglicht wird. Folglich ist die durch Nr. I, 3 des Protokolls erreichte Stärkung des Freiheitskonzepts im RFSR erheblich relativiert.

Allerdings bestimmt Nr. II des Protokolls, dass die Konferenz der Europa-Ausschüsse (COSAC) Vorschläge oder Initiativen im Zusammenhang mit der Errichtung des RFSR prüfen kann, die unmittelbare Auswirkungen auf die Rechte und Freiheiten des Einzelnen bedingen könnten (Nr. II, 5). Durch diese Ausrichtung der Arbeit von COSAC wird das Freiheitselement des RFSR in den Fokus gerückt und dessen Handhabung evaluiert, was die Stärkung des Freiheitselements konstruktiv unterstützt. Zumal das Europäische Parlament, der Rat und die Kommission über diese Beiträge der COSAC unterrichtet werden. Darüber hinaus kann die COSAC dem Europäischen Parlament, dem Rat und der Kommission jeden ihr zweckmäßig erscheinenden Beitrag über die Gesetzgebungstätigkeiten der Union, insbesondere hinsichtlich des RFSR vorlegen (Nr. II, 6). Auch wenn diese Beiträge der COSAC die einzelstaatlichen Parlamente nicht binden sowie in keiner Weise deren Standpunkt präjudizieren und damit ein Mitgestaltungsrecht ausgeschlossen ist (Nr. II, 7), so stärkt die auf die Freiheit des Einzelnen bezogener Arbeit der COSAC das Freiheitselement des RFSR und hebt dessen Relevanz durch die primärrechtliche Verankerung im Amsterdam-Vertrag eindeutig hervor.

6. Erklärung zu Artikel K.2 des Vertrags über die Europäische Union

Die Erklärung zu Artikel K.2 des Vertrags über die Europäische Union konstatiert, dass Maßnahmen im Bereich der polizeilichen Zusammenarbeit nach Art. 30 EUV-Amsterdam (einschließlich der Tätigkeiten von Europol) der gerichtlichen Überprüfung durch die Mitgliedstaaten gemäß deren jeweiligen Rechtsvorschriften unterliegen. Hierin ist eine Klarstellung hinsichtlich der obig erläuterten fehlenden Zuständigkeit des EuGH zu sehen, die mit einer Schwächung des Freiheitselements im RFSR einhergeht, insbesondere in dem rein sicherheitsorientierten Bereich der polizeilichen Zusammenarbeit. Positiv anzumerken ist allerdings, dass die Erklärung explizit die Tätigkeit von Europol in die gerichtliche Überprüfbarkeit der nationalen Justiz mit aufnimmt, da Europols Befugnisse teilweise erheblich in die Ausübung des Freiheitsrechts im RFSR eingreifen können und es daher eines Ausgleichs der fehlenden gerichtlichen Kontrolle durch den EuGH bedarf.

7. Erklärung zu Artikel 73 l Absatz 1 des Vertrags zur Gründung der Europäischen Gemeinschaft

Der Erklärung zu Artikel 73 l Absatz 1 des Vertrags zur Gründung der Europäischen Gemeinschaft konstatiert, dass die Mitgliedstaaten bei der Wahrnehmung ihrer Zuständigkeiten nach Art. 64 Abs. 1 EGV-Amsterdam außenpolitische Überlegungen berücksichtigen können und mithin den Anwendungsbereich dieses Ordre-public Vorbehaltes zugunsten der Sicherheit ausweiten, was eine Schwächung des Freiheitselements des RFSR bedingt.

8. Erklärung zu Artikel 73 m des Vertrags zur Gründung der Europäischen Gemeinschaft

Positiv dagegen ist die Erklärung zu Artikel 73 m des Vertrags zur Gründung der Europäischen Gemeinschaft einzuschätzen. Denn anhand dieser wird das Freiheitsrecht im RFSR gestärkt, indem klargestellt wird, dass die Mitgliedstaaten durch Art. 65 EGV-Amsterdam nicht daran gehindert sind, ihre Verfassungsvorschriften über Pressefreiheit und die Freiheit der Meinungsäußerung in anderen Medien anzuwenden.

9. Erklärung zu Artikel 73 o des Vertrags zur Gründung der Europäischen Gemeinschaft

Ebenso konstruktiv ist die Festsetzung in der Erklärung zu Artikel 73 o des Vertrags zur Gründung der Europäischen Gemeinschaft, nach der der Rat die Einzelheiten des Beschlusses zum Mitentscheidungsverfahren gemäß Art. 67 Abs. 2, 2. Spiegelstrich EGV-Amsterdam vor Ablauf des genannten Fünfjahreszeitraums zu prüfen hat, damit er diesen Beschluss unmittelbar nach dessen Ablauf fassen und anwenden kann. Mithin betont sowie fördert die Erklärung die Umsetzung des Mitentscheidungsverfahrens im RFSR, welches zur Stärkung des Freiheitskonzepts im RFSR entschieden beiträgt.

10. Erklärung zu Artikel 5 des Protokolls zur Einbeziehung des Schengen-Besitzstands in den Rahmen der Europäischen Union

Die Erklärung zu Artikel 5 des Protokolls zur Einbeziehung des Schengen-Besitzstands in den Rahmen der Europäischen Union verpflichtet die Mitgliedstaaten sich „nach besten Kräften dafür einzusetzen", dass ein Vorgehen unter Beteiligung aller Mitgliedstaaten in den Bereichen des Schengen-Besitzstands ermöglicht wird, vor allem wenn Irland, das Vereinigte Königreich und Nordirland gemäß Art. 4 des Schengen-Protokolls einzelne oder alle Bestimmungen dieses Besitzstands übernommen haben. Folglich wird die Bedeutung eines einheitlichen Vorgehens im primär freiheitsrechtlich orientierten Schengen-Besitzstand erkannt und gefördert, was sich positiv auf das Freiheitskonzept des RFSR auswirkt.

IV. Wiener Aktionsplan und Tampere-Programm

Der Europäische Rat von Cardiff beauftragte 1998 den Rat und die Kommission, ihm auf seiner Tagung in Wien einen Aktionsplan zu der Frage vorzulegen, wie die Bestimmungen des Amsterdam-Vertrages über den Aufbau des RFSR am besten umzusetzen sind.[708] Hierzu ist vermerkt, dass die Aufforderung des Europäischen Rats Ausdruck dessen Überzeugung ist, dass die RFSR-Bestimmungen neue Möglichkeiten bieten einem wichtigen Anliegen der Öffentlichkeit mit konkreten Maßnahmen Rechnung zu tragen und so die EU den Bürgern näher zu bringen.[709] Diese hervorgehobene Ausrichtung auf die Belange der Bürger ist positiv für das Verhältnis von Freiheit und Sicherheit, da sie die Chance impliziert den Fokus von den oftmals einseitig sicherheitsorientierten Interessen der Mitgliedstaaten auf die Freiheitsrechte der Bürger zu verlagern. Dem genannten Auftrag sind der Rat und die Kommission mittels des sogenannten **Wiener Aktionsplans**[710] zum Amsterdam-Vertrag nachgekommen. Während der anschließenden Tagung des Europäischen Rates in Tampere im Oktober 1999 wurde auf einer Sondersitzung zur Errichtung des RFSR für die Jahre 1999–2004 das sogenannte **Tampere-Programm**[711]als erstes Umsetzungsprogramm zum RFSR beschlossen. Das Tampere-Programm enthält strategische Leitlinien zur Umsetzung des Amsterdam-Vertrages und ergänzt die Prioritätensetzung des Wiener Aktionsplans, indem ein eigenständiger Fahrplan für sämtliche im Rahmen des RFSR angenommenen Maßnahmen entwickelt wurde.

1. Allgemeines

Zu Beginn der Beratungen zum Tampere-Programm fand ein Gedankenaustausch mit der Präsidentin des Europäischen Parlaments[712] über die wichtigsten

708 Europäischer Rat (Cardiff), 15./16.06.1998, DOC/98/10, Schlussfolgerungen des Vorsitzes, Nr. 48.

709 Mitteilung der Kommission v. 14.07.1998, „Auf dem Weg zu einem Raum der Freiheit, der Sicherheit und des Rechts", KOM (1998) 459 endg., S.1.

710 „Aktionsplan des Rates und der Kommission zur bestmöglichen Umsetzung der Bestimmungen des Amsterdamer Vertrages über den Aufbau eines Raums der Freiheit, der Sicherheit und des Rechts", vom JI-Rat am 03.12.1998 angenommen, 1999/C 19/01 (im Folgenden Wiener Aktionsplan).

711 Europäischer Rat von Tampere, 15. und 16. Oktober 1999, Schlussfolgerungen des Vorsitzes, Ratsdokument Nr. 200/1/99 (im Folgenden: Tampere-Programm), abrufbar unter http://www.european-council.europa.eu.

712 Frau Nicole Fontaine.

Diskussionsthemen statt. Zudem betont der Europäische Rat in dem Programm selbst, dass die Sicherstellung der erforderlichen Transparenz[713], die regelmäßige Unterrichtung des Europäischen Parlaments[714] sowie die demokratische Kontrolle, die tragenden Elemente bei der Schaffung eines RFSR sein sollen.[715] Diese Einbeziehung und Hervorhebung des Europäischen Parlaments und der demokratischen Kontrolle im gesamten RFSR ist insbesondere angesichts deren noch unterentwickelte Rolle im RFSR-Primärrecht positiv und stärkt angesichts der erhöhten demokratischen Legitimität[716] das Freiheitskonzept im RFSR. Einen weiteren Schlüssel zum Erfolg des RFSR sehen der Rat und die Kommission in dem Aktionsplan darin, den für den Amsterdam-Vertrag charakteristischen Geist interinstitutioneller Zusammenarbeit in die Wirklichkeit umzusetzen.[717] Das ist konstruktiv für das Verhältnis von Freiheit und Sicherheit im RFSR, da die bisherige einseitige Handhabung durch die Mitgliedstaaten stark auf nationale protektorische (Sicherheits-)Interessen bzw. Vorbehalte abzielte und so ein ausgeglichenes Verhältnis erschwerte.

Des Weiteren wird signifikant aufgeführt, dass der Aktionsplan die Philosophie des Konzepts des RFSR zum Ausdruck bringen muss: „Die Freiheit verliert viel von ihrer Bedeutung, wenn sie nicht in einem sicheren Umfeld und mit der vollen Unterstützung eines Rechtssystems genossen werden kann, in das alle Bürger und Gebietsansässigen der Union Vertrauen haben können. Diese drei untrennbar miteinander verknüpfte Konzepte haben einen gemeinsamen Nenner – die Menschen –, und die volle Verwirklichung des einen setzt die Verwirklichung der beiden anderen voraus. Zwischen ihnen ein ausgewogenes Verhältnis zu wahren, muss für das Vorgehen der Union Richtschnur sein."[718] Es ist bemerkenswert, dass der Aktionsplan somit explizit das Freiheitsrecht als Richtschnur bestätigt, an dem sich Sicherheit und Recht zu orientieren haben. Hier wird das Bekenntnis zu der Notwenigkeit eines angemessenen Verhältnisses von Freiheit und Sicherheit im RFSR konstatiert, wie es in Teil II erörterten wurde und wie es für eine rechtsstaatliche öffentliche Ordnung in der EU unabdingbar ist. In die gleiche Richtung

713 In diesem Sinne konstatiert der Europäische Rat die Fortschritte bei der Durchführung der erforderlichen Maßnahmen sowie die Einhaltung der Fristen (aus dem Amsterdam-Vertrag, dem Wiener Aktionsplan respektive dem Tampere-Programm) ständig zu überprüfen und anhand einer „Anzeigetafel" zu beobachten; Tampere-Programm, a.a.O., Einleitung, Absatz 3.

714 Tampere-Programm, a.a.O., Einleitung, Absatz 1 und 3.

715 Tampere-Programm, a.a.O., § 7. Der so ermöglichte offene Dialog mit der Bürgergesellschaft über die Ziele und Grundsätze des RFSR, soll zu einer besseren Akzeptanz und mehr Unterstützung seitens der Bürger führen.

716 Weidenfeld/Wessels, S. 375 ff.

717 Wiener Aktionsplan, a.a.O., Teil I, Nr. 4. Hinsichtlich des erweiterten Initiativrechts der Kommission wird dabei betont, dass die Art und Weise, wie dieses Recht ausgeübt wird, „wichtig ist" und nicht so sehr, wer über das Initiativrecht verfügt.

718 Wiener Aktionsplan, a.a.O., Teil I, Nr. 5.

geht auch die Aussage der Kommission, sich bei der Ausübung ihres Initiativrechts bezüglich des RFSR davon leiten zu lassen, dass in sämtlichen Bereichen ein ausgewogenes Verhältnis von Freiheit einerseits und Sicherheit und Recht andererseits anzustreben ist.[719] Das hier zum Ausdruck kommende Zugeständnis an die Wesentlichkeit eines angemessenen Verhältnisses von Freiheit und Sicherheit im RFSR ist von großer Relevanz.

Auch der Europäische Rat bekräftigt in dem Tampere-Programm an erster Stelle (sog. „Meilensteine von Tampere“), dass die Europäische Integration auf einem gemeinsamen Bekenntnis zur Freiheit gegründet ist, welche einen unerlässlichen Eckstein der Union darstellt und sich vor allem auf die Menschenrechte, demokratische Institutionen und Rechtsstaatlichkeit stützt.[720] Diese Hervorhebung des Freiheitskonzepts des RFSR bestätigt die zentrale Bedeutung des Freiheitsrechts und ist für die Ausrichtung des RFSR elementar. In diesem Sinne wird anschließend festgestellt, dass mittels des Amsterdam-Vertrages sicherzustellen ist, dass Freiheit in einem Rahmen der Sicherheit und des Rechts in Anspruch genommen werden kann, der für alle zugänglich ist.[721] Somit wird noch einmal zum Ausdruck gebracht, dass das Freiheitskonzept im Mittelpunkt des RFSR steht, an dem und in dessen Dienste sich die Elemente Sicherheit und Recht auszurichten haben. Diese Gewichtung ist rechtsstaatlich zutreffend (vgl. Teil II) und dessen explizite Feststellung daher für ein angemessenes Verhältnis von Freiheit und Sicherheit im RFSR sehr konstruktiv. Ebenso positiv für das Freiheitsrecht im RFSR ist, dass der Europäische Rat die Relevanz der zügigen Ausarbeitung der GRC hervorhebt und deren engen Zusammenhang zum RFSR bekräftigt.[722]

Im Widerspruch zu diesen äußerst konstruktiven Darlegungen bestehen die anschließend festgesetzten Auswahlkriterien des Wiener Aktionsplans für die Prioritätsstufen der Umsetzungsmaßnahmen zum Amsterdam-Vertrag im Wesentlichen aus Selbstverständlichkeiten[723], ein Verweis auf die Bedeutung des Freiheitselements für die Prioritätensetzung oder eine Ausrichtung auf die Belange der EU-Bürger findet sich hier nicht. Stattdessen wird aussagekräftig konstatiert, dass zwar eine Interdependenz gemäß Art. 2 EUV-Amsterdam zwischen den verschiedenen Aspekten des RFSR-Gesamtziels besteht, welche in Art. 61 lit. a

---

719 Mitteilung der Kommission v. 14.07.1998, a.a.O., S. 11.
720 Tampere-Programm, a.a.O., § 1.
721 Tampere-Programm, a.a.O., § 2.
722 Tampere-Programm, a.a.O., Einleitung, Absatz 4.
723 So wird den eindeutigen Vorgaben des Amsterdam-Vertrages selbst Vorrang zugestanden und daneben der Subsidiaritätsgrundsatz, der Grundsatz der Solidarität, die operative Umsetzungseffizienz und ein realistischer Ansatz als Grundsätze benannt. Zudem wird hervorgehoben, dass die Zuständigkeit für den Schutz der inneren Sicherheit weiterhin bei den Mitgliedstaaten liegt; Wiener Aktionsplan, a.a.O., Nr. 24 ff. Die prioritären Maßnahmen gehören zwei verschiedenen Kategorien an: Aktionen und Maßnahmen, die binnen zwei Jahren respektive binnen fünf Jahren nach dem Inkrafttreten des AV erlassen oder umgesetzt werden sollen.

EGV-Amsterdam durch den Verweis auf Art. 31 lit. e EUV-Amsterdam bestätigt wird und es daher aber „im Interesse einer möglichst großen öffentlichen Sicherheit“ ist, dass die Aktivitäten der einzelnen RFSR-Bereiche zeitlich und inhaltlich ineinandergreifen.[724] Statt auf das Freiheitsrecht der EU-Bürger als Maßstab für die Normsetzung abzustellen, wird hier somit vielmehr einzig auf das Sicherheitselement eingegangen, was rechtsstaatlich nicht zu vertreten ist und den vorherigen Aussagen des Aktionsplans widerspricht.

Auch das Tampere-Programm betont, im Widerspruch zu den obigen Ausführungen, zuvorderst die berechtigten Erwartungen der Bürger auf unionsweite Maßnahmen gegen die die Freiheitsrechte bedrohende schwere Kriminalität und intensiviert mithin die vorherrschende Stellung des Sicherheitskonzepts.[725] Dieses gilt umso mehr, als dass für die Konzeptionselemente der Freiheit und des Rechts keine derartige Inbezugnahme hinsichtlich der Erwartungen der EU-Bürger angeführt wird.

2. Leitlinien

Die Leitlinien des Wiener Aktionsplanen sind in folgende Bereiche untergliedert:

a) Raum der Freiheit

Anschließend legt der Aktionsplan in Bezug auf den „Raum der Freiheit“[726] einen „umfassenden Freiheitsbegriff“ fest, demzufolge der Amsterdam-Vertrag dem Begriff „Freiheit“ eine weite Bedeutung gibt, die über den freien Binnengrenzenpersonenverkehr hinausgeht. Dieses ergibt sich schon aus dem weitergehenden Wortlaut „Freiheit“, der sich nicht mehr auf die ansonsten oft zitierte „Freizügigkeit“ des Binnenmarktes beschränkt.[727] So beinhaltet das Freiheitselement des RFSR auch die Möglichkeit für die EU-Bürger in einem Rechtsraum zu leben, der den Schutz der Grundrechte und damit insbesondere den Schutz der Privatsphäre[728], den Schutz vor jeglicher Form von Diskriminierung sowie der personenbezogenen Daten sicherstellt und die Gewissheit vermittelt, dass die Behörden gegen diejenigen vorgehen, die diese Freiheit nicht anerkennen oder sie missbrauchen.[729]

Hinsichtlich der Relevanz des Schutzes der Privatsphäre wird zudem in dem Aktionsplan hervorgehoben, dass in der PJZS aufgrund der Einrichtung personenbezogener Datenbanken sowie des Austauschs von Informationen, ein angemessenes Gleichgewicht zwischen öffentlicher Sicherheit und der Schutz der Privatsphäre

---

724 Wiener Aktionsplan, a.a.O., Nr. 25.
725 Tampere-Programm, a.a.O., § 6, § 40.
726 Wiener Aktionsplan, a.a.O., § 6–8.
727 So auch Jäger, S. 250.
728 Siehe zum Begriff der Privatspäre eingehend unter Nettesheim, Privatleben und Privatsphäre, S. 388 ff.
729 Wiener Aktionsplan, a.a.O., § 6.

des Einzelnen unabdingbar ist.[730] So konstruktiv die Freizügigkeit für die Bürger der EU ist, wäre ein Freiheitsbegriff im RFSR nur in diesem Sinne zu begrenzt und würde dem eigentlichen (unter Teil II festgestellten) Gehalt von Freiheit, gerade in einer rechtsstaatlichen öffentlichen Ordnung nicht gerecht werden. Daher ist das Bekenntnis des Wiener Aktionsplans zu dem genannten umfassenden Freiheitsbegriff mitsamt den darunter aufgeführten Rechtsbereichen sehr konstruktiv und mutig. Ebenso positiv ist, dass in den Ausführungen zu dem umfassenden Freiheitsbegriff die zentrale Rolle des Freiheitsrechts als Orientierungsmaßstab für Sicherheitsmaßnahmen zum Ausdruck kommt.

Die Ausführungen zu den Prioritäten bzw. Leitlinien im Aktionsplan sowie in dem Tampere-Programm bezüglich der RFSR-Maßnahmen in dem Bereich Asyl, Außengrenzen und Einwanderung des Titels IV EGV-Amsterdam spiegeln diesen positiven Ansatz jedoch nicht wieder. So beginnt die Prioritätensetzung des Aktionsplans mit dem aussagekräftigen Hinweis, dass die Verwirklichung des Ziels des Aufbaus eines RFSR die Ausarbeitung flankierender Maßnahmen voraussetzte, „insbesondere in den Bereichen Kontrollen an den Außengrenzen und Bekämpfung der illegalen Einwanderung", damit ein „erhöhtes Maß an Sicherheit" für alle europäischen Bürger gewährleistet werden kann.[731] Damit werden zwei allein sicherheitsorientierte Teilbereiche des Titel IV EGV-Amsterdam besonders hervorgehoben und zudem die Ausrichtung auf das Sicherheitskonzept des RFSR noch einmal explizit betont. Diese vorangestellte einseitige Prioritätensetzung zugunsten des Sicherheitskonzepts ausgerechnet in den Politiken im Zusammenhang mit dem freien Personenverkehr, steht in einem scharfen Kontrast zu dem, was unter diesem Terminus an eher freiheitsrechtlich orientierter Politik zu erwarten ist. An dem hier gegebenen Ungleichgewicht von Freiheit und Sicherheit vermag auch der Verweis auf die Wahrung der Grundsätze gemäß Art. 6 EUV und gemäß den Art. 12, 13 EGV nichts zu ändern.

Zudem wird im Aktionsplan im Rahmen der Zielsetzung einer umfassenden Migrationsstrategie noch einmal wiederholt auf die Bekämpfung der sicherheitsorientierten Bereiche der illegalen Einwanderung sowie die Kontrollen an den Außengrenzen als „besonders relevant" hingewiesen.[732] Ein freiheitlicher Aspekt, der im Rahmen der Migration angebracht wäre, ist hingegen nicht angeführt, vielmehr ist die Prioritätensetzung im gesamten Bereich der Einwanderungs- und Asylpolitik recht restriktiv ausgerichtet (die sog. „Festung Europa").[733] Damit wird

730 Wiener Aktionsplan, a.a.O., § 7.

731 Wiener Aktionsplan, a.a.O., Nr. 32.

732 Wiener Aktionsplan, a.a.O., Nr. 34.

733 Besondere Priorität ist hier durch den Aktionsplan einerseits der Bekämpfung der illegalen Einwanderung einzuräumen, während andererseits die Integration und die Rechte von Drittlandsangehörigen, die sich rechtmäßig in der Union aufhalten, zu sichern sind und Schutzbedürftigen der erforderliche Schutz zu gewähren ist, auch wenn sie nicht vollständig die Kriterien des Genfer Abkommens erfüllen; Wiener Aktionsplan, a.a.O., § 8.

das Asyl- und Flüchtlingsrecht durch den Wiener Aktionsplan in den politischen Kontext der Sicherheitspolitik und der Kriminalitätsbekämpfung gerückt respektive verbleibt dort. Asylpolitik wird so mit Sicherheitspolitik sowie dem Sicherheitsempfinden der EU-Bürger verzahnt und Migration (insbesondere „illegale") erscheint vornehmlich als Bedrohung. Fragen der legalen Einreise von Migranten in die EU, der Integration oder der Arbeitsmigration werden im Aktionsplan dagegen nicht erwähnt.[734]

Nur in dem letzten Unterpunkt der Einführung zu den Prioritäten des Titel IV EUV-Amsterdam wird im Aktionsplan festgesetzt, dass im Hinblick auf die Vollendung eines Raums der Freizügigkeit eine rasche und umfassende Erweiterung der Grundsätze der Freizügigkeit von allergrößter Bedeutung ist.[735] Die konkreten Prioritätsstufen des Aktionsplans wiederholen im Wesentlichen nur die Festsetzungen des Titel IV EGV-Amsterdam und bringen keine neuen Erkenntnisse mit sich, wobei es jedoch auffällig ist, dass Maßnahmen hinsichtlich der allein sicherheitsorientierten Rückübernahme- und Rückkehrpolitik überproportional präsentiert sind im Vergleich zu den Normen des Amsterdam-Vertrages.[736]

Im Rahmen der Leitlinien des Tampere-Programms werden die unbedingte Achtung des Rechts auf Asyl und der Grundsatz der Nichtzurückweisung bekräftigt, was positiv für das Freiheitskonzept des RFSR ist.[737] Ebenso betont das Tampere-Programm explizit die Notwendigkeit einer gemeinsamen Politik im Migrationsbereich mit einem uneingeschränkten Bekenntnis zur Genfer Flüchtlingskonvention sowie die Demokratisierung und Menschenrechtsschutz als vorrangige Ziele der gemeinsamen Politik, um den „Migrationsdruck" auf die EU zu minimieren.[738] Ansonsten enthalten jedoch auch hier die Asyl-Bestimmungen nur eine Regulierung und keine Ermöglichung von Freiheitsrechten durch Asyl.

Hinsichtlich der Drittstaatsangehörigen wird im Tampere-Programm zugunsten des Freiheitsrechts eine energischere Integrationspolitik mit vergleichbaren Rechten und Pflichten wie für EU-Bürger gefordert.[739] Bezüglich der Migration wird der Schwerpunkt jedoch ebenfalls deutlich auf eine sicherheitsorientierte restriktive Regulierung derselben und auf keine offene freiheitsrechtlich ausgerichtete Migrationspolitik gelegt.[740] In dieselbe Richtung gehen die Ausführungen zur Partnerschaft mit Drittländern, positiv ist hier allein die Sicherstellung der Achtung der Menschenrechte.[741] Somit sind auch alle Unterpunkte zur Umsetzung von Titel IV EGV-Amsterdam außer der gerechten Behandlung von Drittstaatsangehörigen

734 Parusel, Abschottungs- und Anwerbungsstrategien, S. 93 f.
735 Wiener Aktionsplan, a.a.O., Nr. 35.
736 Wiener Aktionsplan, a.a.O., Nr. 36–38.
737 Tampere-Programm, a.a.O., § 13–17.
738 Parusel, Abschottungs- und Anwerbungsstrategien, S. 95.
739 Tampere-Programm, a.a.O., § 18–21.
740 Tampere-Programm, a.a.O., § 22–27.
741 Tampere-Programm, a.a.O., § 11 f.

zuvorderst sicherheitsorientiert und protektionistisch darauf ausgerichtet, die EU vor der Einwanderung von Drittstaatsangehörigen zu schützen und diese restriktiv zu regulieren. Freiheitsrechtlich orientierte Maßnahmen, wie sie in im Rahmen dieses RFSR-Titels, der die Politiken betreffend den freien Personenverkehr beinhaltet, zu erwarten gewesen wären, sind jedoch auch hier im eigentlichen Sinne nicht vorhanden.

Zusammengenommen ist es mithin zwar richtig, dass der Freiheitsbegriff des RFSR im Amsterdam-Vertrag über das bloße, im Rahmen von Schengen weitgehend verwirklichte, Freizügigkeitsprinzip hinausgeht. Das obige Bekenntnis zum Freiheitsrecht ist durch den Aktionsplan sowie das Programm jedoch nur unzureichend umgesetzt und ein umfassender Freiheitsbegriff bei Weitem nicht verwirklicht.

b) Raum der Sicherheit

In Bezug auf den „Raum der Sicherheit“ konstatiert der Wiener Aktionsplan, dass die Vorteile eines Raums der Freiheit in vollem Umfang nur in einem Umfeld genossen werden können, in dem sich die Menschen völlig sicher fühlen.[742] Damit wird auch das Sicherheitskonzept des RFSR ausdrücklich nicht mehr nur auf die Kompensation wegfallender Binnengrenzkontrollen beschränkt und damit dessen Anwendungsgebiet erheblich erweitert. Dabei wird das Sicherheitskonzept jedoch an dem Freiheitskonzept des RFSR ausgerichtet, was rechtstheoretisch zutreffend und wesentlich für ein angemessenes Verhältnis beider Elemente zueinander ist. Diese notwendige freiheitssichernde Funktion des Sicherheitskonzepts des RFSR ist im EU-Primärrecht bisher nicht festgesetzt, sodass das hier gegebene Bekenntnis in der Prioritätensetzung des Aktionsplans besonders erfreulich und ein großer Fortschritt ist.

In dem Tampere-Programm wird hingegen allein betont, dass der Europäische Rat „entschieden“ für eine Verstärkung des Kampfes gegen schwere organisierte und grenzüberschreitende Kriminalität eintritt. Allerdings wird dabei konstatiert, dass eine ausgewogene Entwicklung unionsweiter Maßnahmen zur Kriminalitätsbekämpfung unter gleichzeitigem Schutz der Freiheit und der gesetzlich verbürgten Rechte der Einzelperson wie auch der Wirtschaftsteilnehmer erreicht werden sollte.[743] Die positive Ausrichtung des Sicherheitselements auf das Freiheitsrecht seitens des Aktionsplans ist mithin nicht beibehalten worden. Dennoch ist das Freiheitselement zumindest in die Erwägung einbezogen, auch wenn dieses einem angemessenen Verhältnis beider Elemente nicht genügt.

Als Politikbereiche des Raums der Sicherheit werden in beiden Dokumenten die polizeiliche und strafrechtliche Zusammenarbeit genannt, deren konkrete Prioritätsstufen und Leitlinien für die Umsetzung der PJZS-Normen des Titels VI

742 Wiener Aktionsplan, a.a.O., § 9.
743 Tampere-Programm, a.a.O., § 40.

EUV-Amsterdam jedoch im Grunde nur Wiederholungen sowie geringfügige Konkretisierungen der gesetzlichen Vorgaben beinhalten.[744] Ein deutlicher Schwerpunkt liegt dabei allerdings auf den Maßnahmen in Bezug auf Europol, während freiheitsrechtliche Ausführungen im Grunde nicht vorhanden sind.[745]

Zusammenfassend beinhaltet der Raum der Sicherheit nach der Prioritätensetzung mithin überwiegend den Schutz der EU-Bürger vor Bedrohungen durch (grenzüberschreitende) Kriminalität, freiheitliche Elemente tauchen hingegen nicht auf. Diese Ausrichtung der Prioritätensetzung der Sicherheitskonzeption im RFSR steht im Widerspruch dazu, dass dem Sicherheitsbegriff im Aktionsplan sowie in dem Programm zuvor explizit auch eine freiheitssichernde Funktion zugeschrieben worden ist, welche aus rechtsstaatlicher Sicht grundlegend für die öffentliche Ordnung des RFSR ist.[746] Die mangelnde Umsetzung der freiheitssichernden Ausrichtung des Sicherheitskonzepts des RFSR ist bedauerlich und erschwert ein angemessenes Verhältnis zum Freiheitselement.

c) Raum des Rechts

Als Ziel des „Raum des Rechts“ wird im Aktionsplan genannt, den Bürgern in der gesamten Union eine gemeinsame Vorstellung davon zu vermitteln, was Recht ist[747] und mithin eine positive Definition von Recht angestrebt.[748] Konkret soll das Rechtselement im RFSR das Alltagsleben der EU-Bürger erleichtern sowie gewährleisten, dass jene, „welche die Freiheit und Sicherheit des einzelnen und der Gesellschaft gefährden“, zur Rechenschaft gezogen werden.[749] Es ist positiv, dass hier der korrekte Zusammenhang zwischen „Recht“ als Mittler zwischen den gleichberechtigten Elementen der Freiheit und der Sicherheit konstatiert wird.

In dem Tampere-Programm wird hinsichtlich der Umsetzung der justiziellen Zusammenarbeit nach Titel IV EGV-Amsterdam zwar ebenfalls im Sinne des Aktionsplans ein echter Europäischer Rechtsraum gefordert, dieser wird von dem Europäischen Rat jedoch zuvorderst negativ definiert und damit die genannte positive Ausrichtung nicht bestätigt.[750] Anschließend werden im Rahmen der

744 Wiener Aktionsplan, a.a.O., § 10–14; Tampere-Programm, a.a.O., § 41–58.

745 Wiener Aktionsplan, a.a.O., Nr. 42–51; Tampere-Programm, a.a.O., § 41–58.

746 Wiener Aktionsplan, a.a.O., Nr. 9; Tampere-Programm, a.a.O., § 40. Vgl. Bogdandy/Bast – Monar, S. 760.

747 Wiener Aktionsplan, a.a.O., Nr. 15.

748 Siehe auch Bogdandy/Bast – Monar, S. 761–764.

749 Als „Raum des Rechts“ wird konkret die Rechtsmaterie bezüglich des Zugangs zum Recht, die Rechtssicherheit und die uneingeschränkte justitielle Zusammenarbeit in Zivil-/Strafsache zwischen den Mitgliedstaaten benannt; Wiener Aktionsplan, a.a.O., Nr. 16 ff.

750 Tampere-Programm, a.a.O., § 28: Ein Raum in dem „Einzelpersonen und Unternehmen nicht durch die Unvereinbarkeit oder die Komplexität der Rechtsordnungen und der Verwaltungssysteme in den Mitgliedstaaten darin gehindert oder davon abgehalten werden, von ihren Rechten Gebrauch zu machen.“

Prioritätensetzung des Aktionsplans sowie der Leitlinien des Programms für die den Raum des Rechts ausfüllende justizielle Zusammenarbeit in Zivil- sowie Strafsachen die Vorgaben des Art. 65 EGV-Amsterdam bzw. des Art. 31 EUV-Amsterdam ohne relevante Ausführungen für das hier zu untersuchende Verhältnis wiederholt respektive konkretisiert.[751]

d) Säulenaufteilung

Abschließend konstatiert der Aktionsplan hinsichtlich der säulenübergreifenden Merkmalen der RFSR-Bestimmungen des Amsterdam-Vertrages, dass es eindeutig nicht die Absicht des Vertrags ist, die Beratungen über die verschiedenen Komponenten des RFSR zwischen den Strukturen der EG respektive der EU aufzuspalten und dass die Verantwortung für die umfassende Weiterverfolgung des jeweiligen Ziels in beiden Fällen beim JI-Rat liegt.[752] Angesichts dessen, dass sich die Säulenaufteilung zulasten eines ausgewogenen Verhältnisses von Freiheit und Sicherheit im RFSR auswirken kann, ist diese ausdrückliche Positionierung des Aktionsplans positiv. Hinsichtlich des stärkeren außenpolitischen Handelns[753] wird in dem Tampere-Programm zudem neben den allgemeinen Ausführungen nur speziell auf das Sicherheitskonzept des RFSR eingegangen, indem hervorgehoben wird, dass der Europäische Rat die regionale Zusammenarbeit zwischen den Mitgliedstaaten und an die EU angrenzenden Drittstaaten bei der Bekämpfung der organisierten Kriminalität unterstützt. Das Freiheitskonzept findet hier keine Erwähnung.

3. Konklusion

Hinsichtlich des Wiener Aktionsplans und des Tampere-Programms zum Amsterdam-Vertrag lässt sich Folgendes resümieren:

Die Leitlinien dieser Umsetzungsdokumente generieren für den RFSR aufgrund institutioneller Beschränkungen und eines Mangels an politischem Konsens[754] nur einen geringen Mehrwert hinsichtlich des Verhältnisses von Freiheit und Sicherheit, da sie zuvorderst Wiederholungen des Amsterdam-Vertrages ohne eigenen Beitrag beinhalten. In den begleitenden Ausführungen der Dokumente wird jedoch die Relevanz des angemessenen Verhältnisses von Freiheit und Sicherheit im RFSR

751 Wiener Aktionsplan, a.a.O., Nr. 39; Positiv ist dabei aber die Ausrichtung auf die EU-Bürger in der anschließenden Feststellung des Aktionsplans, dass „die menschliche Dimension wichtig ist" und die Normierungen vorzuziehen sind die „sich auf das Alltagsleben der Bürger auswirken". Tampere-Programm, a.a.O., § 29–37, 38 f.; der Grundsatz der gegenseitigen Anerkennung soll dem Europäische Rat zufolge zum „Eckstein der justitiellen Zusammenarbeit" sowohl in Zivil- als auch in Strafsachen innerhalb der EU werden.

752 Wiener Aktionsplan, a.a.O., Nr. 23.

753 Tampere-Programm, a.a.O., § 59–62.

754 So auch den Boer, S. 15 f.

ungewohnt explizit benannt und dabei auch die Ausrichtung auf das Freiheitsrecht sowie die sekundäre, freiheitssichernde Ausrichtung des Sicherheitselements explizit und zutreffend konstatiert. In dieser Hinsicht muss somit gesagt werden, dass beide Umsetzungsdokumente den bisher größten Integrationsschub für einen ausgeglichenen RFSR mit sich bringen und signifikant für die weitere Entwicklung des RFSR sind, indem sie die Menschenrechte, demokratische Institutionen und die Rechtsstaatlichkeit als Basis für die europäische Integration eindeutig konstatieren.[755]

Daher ist es äußerst bedauerlich, dass diese fortschrittlichen und mutigen Bekenntnisse keinen Niederschlag in den konkreten Prioritätssetzungen und Leitlinien des Aktionsplans sowie des Programms gefunden haben. Stattdessen überwiegen hier die negativen Aspekte den Fortschritt, enttäuschend ist hier besonders das Ergebnis hinsichtlich der Asyl- und Flüchtlingspolitik.[756] In Namen der Sicherheit respektive unter dem Banner des Sicherheitsrisikos werden im RFSR zunehmend mehr Präventivmaßnahmen genehmigt, die die sensible Grundrechtssphäre der Bürger verletzten.[757] Damit einhergehend finden immer mehr Repression und Exklusion statt Gleichberechtigung und Inklusion statt, legale Möglichkeiten etwa der Einwanderung werden kaum beachtet. Dabei werden die RFSR-Bereiche, insbesondere Einwanderung, Organisiertes Verbrechen und Terrorismus zunehmend „versicherheitet" (securitised).[758]

Im Rahmen dieser Konzeptualisierung der Sicherheit in den letzten Jahren im RFSR werden des Weiteren die sich ausweitenden exekutiven Kompetenzen im Sicherheitsbereich ungenügend auf ihre tatsächliche Effektivität überprüft und sind zu einseitig von internen Sicherheitsbedenken motiviert.[759] Hier ist an die ständige Rechtsprechung des EGMR seit dem Urteil *Klass u.a./Deutschland*[760] zu erinnern, in dem der EGMR die Vertragsstaaten davor warnt, ein System der Überwachung zum Schutz der Sicherheit der öffentlichen Ordnung zu schaffen, das die Demokratie mit der Begründung, sie zu verteidigen, untergräbt oder sogar zerstört und dass daher nicht im Namen des Kampfes gegen den Terrorismus etc. zu jedweder Maßnahme gegriffen werden darf, die geeignet erscheint, sondern es vielmehr eines ausgeglichenen Verhältnisses zwischen Freiheit und Sicherheit bedarf.[761]

---

755 So auch Vedder/Heintschel v. Heinegg, Rdnr. 2. Ähnlich den Boer, S. 14 ff. sowie Kaunert, European Internal Security – Towards supranational governance in the AFSJ, S. 56 ff.

756 Schelter, S. 70.

757 Daten- und sonstige Informationssammlung insbesondnere.

758 Lavenex/Wagner, Which European Public Order?, S. 226.

759 Kahl, Die EU und der Kampf gegen den Terrorismus – die schwierige Balance zwischen Sicherheit und Freiheit, S. 127 f.; Anderson/Apap, Striking a Balance between Freedom, Security and Justice in an enlarged European Union, S. 4.

760 EGMR, Urteil v. 06.09.1978 (Klass u.a./Deutschland), 5029/71, EGMR-E 1, 320 ff.

761 EGMR, Urteil v. 06.09.1978 (Klass u.a./Deutschland), 5029/71, EGMR-E 1, 320 ff, § 49. Tretter, Die EU aus datenschutzrechtlicher Sicht – Ein RFSR?, S. 49.

Insgesamt ist in beiden Dokumenten ein einseitiger Bezug zur Sicherheit geschaffen, der einer Synthese aus Freiheit und Sicherheit nicht gerecht wird.[762] Damit verifizieren die Untersuchungen beider Umsetzungsdokumente trotz der ambitionierten theoretischen Ansätze[763], mangels praktischer Umsetzung das obige Ergebnis zum Amsterdam-Vertrag, dass das Sicherheitskonzept im RFSR überpräsent ist und daher ein angemessenes Verhältnis von Freiheit und Sicherheit im RFSR nicht festgestellt werden kann.[764]

V. Ergebnis

Aufgrund der Säulenteilung[765] der RFSR-Normen werden (bereichsabhängig) sehr unterschiedliche Rechtsgrundlagen, Verfahrensweisen und Rechtsinstrumente angewendet. Dieses betrifft auch säulenübergreifende Fragen, sodass die Aufteilung der RFSR-Bereiche zwischen der ersten und dritten Säule mangelnde Transparenz, rechtliche Komplexität und Mehrdeutigkeit verursacht.[766] Dieses führt dazu, dass das Verhältnis von Freiheit und Sicherheit aufgrund der Säulenteilung im RFSS stark divergiert. Die doppelte Rechtsdimension im RFSR schafft zudem Unsicherheit hinsichtlich der genauen Rechtswirkungen der einzelnen RFSR-Rechtsakte für die Bürger.[767]

Weitaus problematischer für das Verhältnis von Freiheit und Sicherheit sind jedoch die Konsequenzen der Säulenteilung für die richterliche und parlamentarische Kontrolle.[768] Obwohl der EuGH seine Rolle als säulenübergreifende Rechtsschutzinstanz bekräftigt hat, bestehen neben der im RFSR insgesamt weiterhin limitierten Zuständigkeit des EuGH, zudem deutliche Unterschiede zwischen der ersten und der dritten Säule des RFSR hinsichtlich der richterlichen Kontrollmöglichkeiten und daher auch des Rechtsschutzes des Freiheitsrechts des Einzelnen.

---

762 Dobin, Migration und Schutz der inneren Sicherheit: rechtliche Fragen der Bekämpfung des islamistischen Terrorismus, S. 51.

763 Anderson/Apap, Striking a Balance between Freedom, Security and Justice in an enlarged European Union, S. 2.

764 Diese Prioritäten werden durch den Rat von Laeken bestätigt und bekräftigt; vgl. Europäischer Rat von Laken, 14. und 15.12.2001, Schlussfolgerungen des Vorsitzes, SN 300/1/01 REV 1, Nr. 37–45. So wurden etwa im Bereich Migration, rechtsverbindliche Richtlinien und Verordnungen insbesondere in den Bereichen Asyl- und Flüchtlingspolitik sowie hinsichtlich der Bekämpfung der illegalen Einwanderung und der Rückführung illegaler Migranten verabschiedet, während es im Bereich der legalen Migration nur begrenzt Fortschritte gab, vgl. Parusel, Abschottungs- und Anwerbungsstrategien, S. 143.

765 Die Säulenteilung ist das Resultat politischer Kompromisse während der Verhandlungen des Amsterdam-Vertrags.

766 Guild/Carrera, No Constitutional Treaty? Implications for the AFSJ, S. 2.

767 Guild/Carrera, No Constitutional Treaty? Implications for the AFSJ, S. 2.

768 Vgl. Bogdandy/Bast – Monar, S. 766–768.

Der Amsterdam-Vertrag hat die Stellung des EuGH durch die Ausweitung seiner Kompetenzen im RFSR zwar gestärkt[769], aber diese Kompetenzen divergieren von Bereich zu Bereich und auch innerhalb eines einzelnen RFSR-Bereiches ist kein umfassender sowie einheitlicher Charakter gegeben, sondern vielfältige Fragmentierung und Begrenzung, was zu kritisieren ist.[770] Die Kompetenzen des EuGH sind aufgrund der Säulenstruktur komplex, wobei die EuGH-Zuständigkeit und die Verfahren im RFSR die in diesem Bereich geltende Doppelstruktur widerspiegeln.[771] Es ist ein erheblicher Fortschritt, dass beide Säulen des RFSR nun der Jurisdiktionsgewalt des EuGH unterliegen, dennoch ist der Kompromisscharakter der Rechtsschutzregelungen für den RFSR eindeutig und genügt den rechtsstaatlichen Ansprüchen der EU im Sinne des Art. 6 Abs. 1 EUV-Amsterdam keineswegs.[772] Dieses Manko der eingeschränkten sowie je nach Säule divergierenden Rechtsprechungskompetenz des EuGH wird durch die, aufgrund der dargestellten Protokolle, fehlende Bindungswirkung der Urteile für Dänemark, das Vereinigte Königreich sowie Irland noch erweitert und führt zu einer Partikularisierung des rechtlichen Besitzstandes und der Rechtsprechung des EuGH[773], die sich zulasten des Freiheitsrechts in Form eines unterschiedlichen Rechtsschutzniveaus des einzelnen EU-Bürgers innerhalb des RFSR niederschlägt.

Ebenso hat das Europäische Parlament sehr divergierende Einfluss- und Kontrollmöglichkeiten in den beiden Säulen, womit eine weitere Dimension freiheitsrechtlicher Asymmetrie bezüglich des RFSR vorliegt. Durch die Säulenteilung ist zudem eine erhöhte Rechtsunsicherheit und Intransparenz zulasten der Wahrnehmung der Freiheitsrechte bedingt, da es dem Bürger aufgrund der komplexen Rechtslage zusätzlich erschwert ist, die Systematik sowie Zuständigkeiten im RFSR zu erkennen. Insgesamt ist die anspruchsvolle Synthese des RFSR durch die Säulenteilung aus der Balance, da der einheitliche Raum separiert ist und so die einzelnen Ziele voneinander isoliert werden.[774]

Zu den Hauptaufgaben des EuGH im RFSR zählt die Garantie eines effektiven Rechtsschutzes der EU-Bürger, arbeitsteilig durch die Gemeinschafts- und die nationalen Gerichte.[775] Dabei muss der effektive Rechtsschutz spiegelbildlich den Befugnissen der Exekutive folgen (Prinzip der Spiegelbildlichkeit des Rechtschutzes), was im RFSR, insbesondere in der PJZS, nur unzureichend gegeben ist und

769 Knapp, Die Garantie des effektiven Rechtsschutzes durch den EuGH im „Raum der Freiheit, der Sicherheit und des Rechts", S. 20 f.

770 Skouris, Rechtsschutz im RFSR, S. 408.

771 Koen, The Contribution of the European Court of Justice to the Area of Freedom, Security and Justice, S. 261.

772 Ludwig, S. 224 f.

773 Ähnlich Bender, ZaöRV 2001, S. 762–764 m.w.N.

774 Dobin, Migration und Schutz der inneren Sicherheit: rechtliche Fragen der Bekämpfung des islamistischen Terrorismus, S. 50 f.

775 Knapp, Die Garantie des effektiven Rechtsschutzes durch den EuGH im „Raum der Freiheit, der Sicherheit und des Rechts", S. 12.

dadurch die Geltendmachung des Freiheitsrechts erschwert.[776] Hinsichtlich des schwierigen Verhältnisses der EU-Gerichte sowie der nationalen Gerichte, welches von Konflikten[777] geprägt ist (insb. bezgl. der Souveränitätsrechte), sind innerhalb des anzustrebenden Kooperationsverhältnisses[778] die Gemeinsamkeiten und Funktionsunterschiede zu beachten[779], um eine umfassende Förderung des Freiheitsrechts im gesamten RFSR zu ermöglichen.

Es ist zwar für das Freiheitselement eine konstruktive Entwicklung, dass den EU-Bürger durch den Amsterdam-Vertrag zumindest mittelbar durch das RFSR-Sekundärrecht subjektive Rechtsposition eingeräumt werden kann. Jedoch ist die PJZS als der RFSR-Bereich mit dem größten Eingriffspotential für den Einzelnen sowie mit der intensivsten Sicherheitsausrichtung von dieser Regelung durch Art. 34 EUV-Amsterdam ausgenommen. Besonders schwerwiegend für das Freiheitselement des RFSR insgesamt ist jedoch, dass im Rahmen des RFSR diverse Normen, wie etwa Art. 31 EUV-Amsterdam sowie Art. 62, 63, 65 EGV-Amsterdam, das individuelle Dasein der EU-Bürger unmittelbar betreffen und dennoch im gesamten Primärrecht des RFSR weiterhin keine subjektiven Rechte verankert sind.[780] Mittels des eindeutig formulierten Wortlautes der RFSR-Normen, der ausdrücklich keine subjektive Rechte benennt und zudem eine gegenteilige Lesart von vornherein verhindert, ist eine primärrechtliche Subjektivierung des RFSR bewusst ausgeschlossen worden. Darüber hinaus ist die Herausbildung subjektiver Rechte durch den EuGH anhand der Begrenzung seiner Zuständigkeit für Verfahren, die durch den Einzelfall im Sinne des Art. 35 EUV-Amsterdam bzw. Art. Art. 68 EGV-Amsterdam ausgelöst werden, unterbunden. Somit sind im gesamten Politikbereich des RFSR nur Ziele und Handlungsoptionen für EU-Organe und Mitgliedstaaten geregelt. Das Fehlen subjektiver Rechte ist aufgrund des rechtlich sensiblen Regelungsbereiches des RFSR unter den Mitgliedstaaten nur schwer durchzusetzen, gerade aufgrund der grundrechtsrelevanten Materie des RFSR jedoch unter rechtsstaatlichen Aspekten dringend zu fordern. Insbesondere, da die EU gemäß Art. 2, 4. Spiegelstrich EUV-Amsterdam ein RFSR sein möchte und es unter rechtsstaatlich-demokratischen Gesichtspunkten auch sein muss.

Zudem konnte trotz der Errungenschaften des Amsterdam-Vertrages für den RFSR sowie dessen Kooperationsdynamik[781] keine kohärente Politik entwickelt

776 Knapp, Die Garantie des effektiven Rechtsschutzes durch den EuGH im „Raum der Freiheit, der Sicherheit und des Rechts", S. 20.

777 Müller-Graff, Das Verhältnis von Grundrechten und Grundfreiheiten im Lichte des Europäischen Verfassungsvertrags, S. 37 ff.

778 Müller-Graff, Das Verhältnis von Grundrechten und Grundfreiheiten im Lichte des Europäischen Verfassungsvertrags, S. 34 ff.

779 Müller-Graff, Das Verhältnis von Grundrechten und Grundfreiheiten im Lichte des Europäischen Verfassungsvertrags, S. 21 ff.

780 So auch Haack, S. 284 f. m.w.N.

781 Knelangen, Die innen- und justizpolitische Zusammenarbeit der EU und die Bekämpfung des Terrorismus, S. 142.

werden. Vielmehr besteht der Aufgabenbereich des RFSR weiterhin aus einem Bündel von Eingriffsbereichen, einer Vielzahl von Instrumenten und Verfahren. Das Paragraphenwerk des RFSR ist noch komplizierter als bei Maastricht.[782] Dies führt zu Unübersichtlichkeit, Ineffizienz, hohem Arbeitsaufwand in der Verwaltung, ungenügender Transparenz, schwieriger demokratischer Kontrolle und letztlich auch mangelnder Legitimität.[783]

Zusammengenommen sind damit im Rahmen des EGV- sowie EUV-Amsterdam im Bereich des RFSR nicht zu unterschätzende Fortschritte[784] erzielt worden, indem die neuen Bestimmungen des Amsterdam-Vertrages das Ziel der EU als einen RFSR bekräftigen und gleichzeitig dessen verschiedene Aspekte detailliert ausführen. Zudem geben die Neuerungen des Amsterdam-Vertrages der EU den erforderlichen Rahmen zur Verwirklichung dieses Raums und verstärken die hierfür benötigten Instrumente, wobei diese gleichzeitig dank der Stärkung des EuGH und des Europäischen Parlaments einer besseren gerichtlichen und demokratischen Kontrolle unterzogen werden. Zudem wird der Schengen-Besitzstand einbezogen sowie die Gemeinschaftsmethode durch die erfolgte Vergemeinschaftung und durch die Aufhebung der Beschränkungen, die den Gemeinschaftsorganen in der PJZS bisher aufgelegt waren, ausgedehnt. Damit wurden wichtige Integrationsfortschritte angestoßen und eine fundierte Weiterentwicklung und Vertiefung der Integration erreicht.[785]

Jedoch ist der institutionelle Rahmen des RFSR durch die vielfältige Fragmentierung des RFSR-Rechts in der Rechtsnatur der Bestimmungen, Kompetenzen, Rechtsetzung, Bindungswirkung von Maßnahmen, Jurisdiktion sowie des räumlichen Geltungsbereiches[786] viel zu komplex und intransparent. Zudem ist keine ausreichende demokratische sowie rechtsstaatliche Legitimität und Rechtssicherheit und keine ausreichende Beachtung des Freiheitsrechts gegeben.[787] Somit ist auch die Stellung des RFSR in der europäischen Integration, sein inhaltliches Konzept, die ihn beherrschenden Leitprinzipien nicht erkennbar genug.[788] Die EuGH-Entscheidung *Heinrich*[789] zeigt, dass die Kultur der Geheimhaltung in dem RFSR mit

---

782 Kaunert, European Internal Security – Towards supranational governance in the AFSJ, S. 51 ff.

783 Hagedorn, Reformen für Justiz und Inneres: eine Frage der Balance; der RFSR, S. 1.

784 Vgl. „Aktionsplan des Rates und der Kommission zur bestmöglichen Umsetzung der Bestimmungen des Amsterdamer Vertrages über den Aufbau eines Raums der Freiheit, der Sicherheit und des Rechts“ (Wiener Aktionsplan), 03.12.1998, 1999/C 19/01, § 3.

785 Götz, Ein Raum der Freiheit, der Sicherheit und des Rechts, S. 185.

786 Müller-Graff, Der „RFSR“ im neuen Verfassungsvertrag für Europa – Neuerungen und Notwendigkeiten seiner Rekonstruktion, S. 606; Hagedorn, Reformen für Justiz und Inneres: eine Frage der Balance; der RFSR, S. 3.

787 Peers, EU Justice and Home Affairs Law, S. 135.

788 Kainer, Der RFSR nach dem Verfassungsvertrag, S. 284.

789 EuGH-Urteil v. 10.03.2009, Gottfried Heinrich, C-345/06, Slg. I-01659.

den allgemeinen Prinzipien der Transparenz und der Rechtssicherheit unvereinbar ist.[790] Damit sind die weiterhin bestehenden, mitunter gravierenden, Defizite hinsichtlich des Gleichgewichts von Freiheit und Sicherheit im RFSR ein erhebliches Manko für den an den Belangen des EU-Bürgers zu orientierenden RFSR.[791]

C. Vertrag von Nizza

Durch den Vertrag von Nizza[792] sind die Normen des RFSR im Vergleich zu den vorherigen Verträgen nur geringfügig und vor allem nicht grundsätzlich modifiziert respektive erweitert worden.

I. EUV

Die Veränderungen des Verhältnisses von Freiheit und Sicherheit durch den Vertrag von Nizza sind im Folgenden wiederum als erstes hinsichtlich des konsolidierten EUV[793] zu erörtern:

1. Art. 29 und 31 EUV-Nizza

Art. 29 Abs. 2 2. Spiegelstrich EUV-Nizza wurde dahin gehend erweitert, dass die justizielle Zusammenarbeit im Rahmen der PJZS nun auch die Einschaltung der Europäischen Einheit für justizielle Zusammenarbeit (Eurojust)[794] umfasst. Was das konkret für das hier zu untersuchende Verhältnis bedeutet, zeigt sich an

---

790 Guild/Carrera/Faure Atger, Challenges and Prospects for the EU's AFSJ: Recommendations to the European Commission for the Stockholm Programme, S. 9 ff.

791 So auch Anderson/Apap, Striking a Balance between Freedom, Security and Justice in an enlarged European Union, S. 2.

792 Der Nizza-Vertrag (Amtsblatt Nr. C 80 vom 10. März 2001) wurde am 26.02.2001 unterzeichnet und trat am 01.02.2003 in Kraft. Siehe zum Vertrag von Nizza und dem RFSR allgemein unter Kraus-Vonjahr, S. 116 ff. sowie „Justice and Home Affairs in the EU", Joanna Apap (Hrsg.), 1. Aufl., Edward Elgar Verlag, Cheltenham 2004 und „Europe's Area of Freedom, Security, and Justice", Neil Walker, 3. Aufl., Oxford Univ. Press, Oxford u.a. 2006.

793 Konsolidierten Fassung des EUV nach dem Vertrag von Nizza, Amtsblatt Nr. C 325 vom 24. Dezember 2002.

794 Eurojust wurde durch einen auf Art. 31 Abs. 2 sowie 34 lit. c EUV basierenden Beschluss 2002/187/JI, ABl. 2002 L 63/1 des Rates v. 28.02.2002 über die Errichtung von Eurojust zur Verstärkung der Bekämpfung der schweren Kriminalität geschaffen, ABl. L 6, S.1. Eurojust hat den Status einer rechtlich eigenständigen EU-Agentur und ihren Sitz in Den Haag. Siehe speziell zu Eurojust im RFSR unter Maylis Labayle/Hans Nilsson, „The Role and Organisation of Eurojust – Added Value for Judicial Cooperation in Criminal Matters", in: in: The institutional Dimension of the European Unions's Area of Freedom, Security and Justice; Jörg Monar (Hrsg.), Peter Lang Verlag, Brüssel 2010, S. 195–215 m.w.N.

dem ebenfalls erweiterten Art. 31 EUV-Nizza. In Art. 31 Abs. 1 lit. a EUV-Nizza wurde eingefügt, dass das gemeinsame Vorgehen bezüglich der Erleichterung und Beschleunigung der justiziellen Zusammenarbeit in Strafsachen auch unter Einschaltung von Eurojust erfolgt, wenn sich dies als zweckmäßig erweist. Worauf sich die Einschaltung Eurojusts bezieht, konkretisiert Art. 31 Abs. 2 EUV-Nizza: Der Rat fördert die Betätigung von Eurojust hinsichtlich der sachgerechten Koordinierung zwischen den mitgliedstaatlichen Strafverfolgungsbehörden (lit. a), hinsichtlich der Unterstützung bei den Ermittlungen in Fällen schwerer grenzüberschreitender organisierter Kriminalität, insbesondere unter Berücksichtigung von Europol-Analysen (lit. b) sowie hinsichtlich der engen Zusammenarbeit mit dem Europäischen Justiziellen Netz (EJN)[795], insbesondere mit dem Ziel, die Erledigung von Rechtshilfe- und Auslieferungsersuchen zu erleichtern (lit. c).[796] Damit ist Eurojust anhand Art. 29 und 31 EUV-Nizza erstmals in das Primärrecht der PJZS einbezogen und das an sehr prominenter Stelle im Vertrag, was die Bedeutung von Eurojust hervorhebt. Die festgesetzten Zuständigkeiten von Eurojust sind bisher auf Koordinations-, Analyse- und Informationsaustauschaufgaben begrenzt.

Problematisch ist jedoch, dass die in Art. 31 Abs. 2 EUV-Nizza aufgeführten Betätigungsbereiche von Eurojust ausschließlich dem Sicherheitselement des RFSR zuzurechnen sind und keinen Bezug zu dessen Freiheitskonzept aufweisen. Das ist umso brisanter, als das sich explizit auf die Europol-Analysen und die Daten des EJN bezogen wird, ohne jeglichen freiheitsrechtlichen Vorschriften zum Schutze personenbezogener Daten festzusetzen. Die Eingliederung von Eurojust verstärkt mithin die allein sicherheitsorientierte Ausrichtung der PJZS und erweitert diese um eine umfangreiche Vernetzung der nationalen Strafverfolgungsbehörden mit und durch Eurojust (wie zuvor auch bei Europol geschehen). Das Fehlen jeglicher Elemente des Freiheitsrechts ist sehr negativ zu bewerten, zumal die Vorschriften zu Eurojust (wie die gesamten Normen in der PZJZ) einen Eingriff in die Freiheitsrechte der EU-Bürger begünstigen. Dieses wird durch die schwammige Formulierung der Zuständigkeitsvoraussetzung der Zweckmäßigkeit nach Art. 31 Abs. 1

---

795 Die Aufgabe des Europäischen Justiziellen Netzes (EJN, Beschluss 2008/976/JI des Rates v. 16.12.2008, ABl. L 348, S. 130, ehemals Gemeinsame Maßnahme 98/428/JI, ABl. 1998 Nr. L 191/4) ist es über Kontaktstellen in den einzelnen mitgliedstaatlichen Justizbehörden die justizielle Zusammenarbeit und den Austausch rechtlicher sowie praktischer Informationen zwischen den Strafverfolgungsbehörden der Mitgliedstaaten aktiv zu unterstützen.

796 Siehe hierzu in aktueller Hinsicht das EuGH-Urteil v. 06.09.2016, Rs. C-182/15 (*Aleksei Petruhhin*), wonach ein Mitgliedstaat nicht verpflichtet ist, alle Unionsbürger, die sich in seinem Hoheitsgebiet aufhalten, in gleichem Maß vor Auslieferung zu schützen wie seine eigenen Staatsangehörigen. Vor einer Auslieferung muss der betreffende Mitgliedstaat jedoch den Informationsaustausch mit dem Herkunftsmitgliedstaat des Bürgers suchen und diesem Staat Gelegenheit geben, die Übergabe des Bürgers zu Verfolgungszwecken zu beantragen.

lit. a EUV-Nizza noch unterstrichen, da dieser Terminus sehr dehnbar und wenig konkret ist, sodass die Gefahr einer ausufernden Handhabung besteht.

Eine weitere Modifizierung des Nizza-Vertrages liegt darin, dass sich die Justizielle Zusammenarbeit in Strafsachen nach Art. 29 Abs. 2, 2. Spiegelstrich EUV-Nizza (im Gegensatz zu derselben Norm des EUV-Amsterdam) nun auch auf die schrittweise Annahme von Maßnahmen zur Festlegung von Mindestvorschriften im Sinne des Art. 31 Abs. 1 lit. e EUV-Nizza und somit auf den gesamten Art. 31 bezieht. Diese Erweiterung betrifft wiederum allein das Sicherheitskonzept des RFSR, was zu kritisieren ist.

2. *Art. 40, 40 a und 40 b EUV-Nizza*

Des Weiteren ist Art. 40 EUV-Amsterdam durch die neuen Art. 40, 40 a und 40 b EUV-Nizza ersetzt worden. In Art. 40 EUV-Nizza ist zwar inhaltlich keine Neuregelung zur Verstärkten Zusammenarbeit festzustellen, jedoch betont die veränderte Anordnung sowie Formulierung das Ziel die EU zu einem RFSR zu entwickeln (Abs. 1) und die umfassende Zuständigkeit des EuGH nach dem EGV-Nizza (Abs. 3). Diese beiden Aspekte fördern ein ausgewogenes Verhältnis von Freiheit und Sicherheit, sodass die Modifizierung positiv ist. Art. 40a EUV-Nizza enthält formell-rechtliche Änderungen hinsichtlich eines nun komplexeren Zustandekommens einer verstärkten Zusammenarbeit. Relevant ist hier, dass der Rat erst dann beschließen kann, nachdem das Europäische Parlament angehört und nicht mehr wie bisher nur in Kenntnis gesetzt wurde. Damit hat das Parlament zwar weiterhin keine eigene Kontrollbefugnis, seine Beteiligungsform ist jedoch verbessert worden. Dieses ist konstruktiv für die Rechtsstaatlichkeit der öffentlichen Ordnung im RFSR und damit auch für die Stärkung des Freiheitsrechts. Selbst wenn eine gelebte Demokratie in dem RFSR bisher noch nicht umfassend etabliert ist, so wird bzw. kann dieses mit der weitergehenden Einbeziehung des EU-Parlamentes (sowie der nationalen Parlamente) als Entscheidungsträger in der EU-Struktur entstehen.

3. *Art. 43 EUV-Nizza*

Der die Verstärkte Zusammenarbeit regelnde Titel VII EUV-Nizza hat aus bereits ausgeführten Gründen zumindest mittelbar Auswirkungen auf das Verhältnis von Freiheit und Sicherheit im RFSR, da sich Art. 40 Abs. 2 EUV-Nizza auf diesen Titel bezieht und das Rechtsinstrument der Verstärkten Zusammenarbeit im RFSR relevant ist. Mithin wird auch hier auf diese Normen eingegangen:

Art. 43 lit. a EUV-Nizza wurde dahin gehend erweitert, dass die Verstärkte Zusammenarbeit nunmehr konkret darauf ausgerichtet ist, den Integrationsprozess der EU zu stärken. Diese explizite Einbeziehung des Integrationsauftrages in die Zielbestimmung der Verstärkten Zusammenarbeit stärkt die Relevanz des EU-Einigungsprozesses.[797] Das ist auch für das Verhältnis von Freiheit und

---

797 Zum Thema „Integration“ siehe: „Europawissenschaft“, Gunnar Folke Schuppert/ Ingolf Pernice/Ulrich Haltern (Hrsg.), 1. Aufl., Nomos Verlag, Baden-Baden 2005, S. 331–374.

Sicherheit im RFSR als konstruktiv zu bewerten, da der Integrationsprozess einen einheitlichen RFSR fördert.[798] Der neu eingefügte Art. 43 a EUV-Nizza ist inhaltlich identisch mit Art. 43 lit. c EUV-Amsterdam. Die Normierung, dass die verstärkte Zusammenarbeit lediglich als letztes Mittel aufgenommen werden kann, mithin ausschließlich eine Ultima-ratio Rechtsinstrument ist, wird aber durch die Festsetzung als eigener Artikel betont. Das ist positiv zu bewerten, insbesondere für das Freiheitselement im RFSR, da deutlich gemacht wird, dass ein „Europa der zwei Geschwindigkeiten“ nur im Ausnahmefall gewollt ist und somit auch ein RFSR der divergierenden Freiheitsrechte (je nach Ausmaß und mitgliedstaatlicher Beteiligung der Verstärkten Zusammenarbeit) zu vermeiden ist.

In diesem Licht ist auch der neu eingefügte Art. 43 b EUV-Nizza zu lesen, der die Vorschrift des Art. 43 lit. g EUV-Amsterdam (jede verstärkte Zusammenarbeit steht grundsätzlich allen Mitgliedstaaten offen) als eigenen Artikel etabliert und ihn dahin gehend erweitert, dass die Kommission und die an einer verstärkten Zusammenarbeit beteiligten Mitgliedstaaten dafür sorgen, dass eine möglichst große Zahl von Mitgliedstaaten zur Beteiligung angeregt wird. Für die Erweiterung des Freiheitskonzepts und die Etablierung eines umfassenden RFSR ist dieses zu begrüßen, da so die Einheitlichkeit des RFSR gefördert wird. Der modifizierte Art. 44 Abs. 1 UAbs. 1 EUV-Nizza hebt hervor, dass die Rechtsakte und Beschlüsse, die für die Durchführung der verstärkten Zusammenarbeit angenommen werden, nicht zum Besitzstand der EU zählen. Der neue Abs. 2 konstatiert hierzu, dass diese Rechtsakte und Beschlüsse nur die teilhabenden Mitgliedstaaten binden und gegebenenfalls nur in diesen Staaten unmittelbare Geltung haben. Folglich werden auch hier subjektive Rechte einzelner EU-Bürger lediglich im Rahmen der schwammigen Formulierung „gegebenenfalls“ ermöglicht, was sich negativ auf das Freiheitskonzept des RFSR auswirkt, da die Zusammenarbeit zwar formellrechtlich nicht zum EU-Recht gehört, inhaltlich jedoch RFSR-Materie regelt.

II. EGV

Die Veränderungen des Verhältnisses von Freiheit und Sicherheit im RFSR durch den Nizza-Vertrag sind nun als zweites hinsichtlich des konsolidierten EGV[799] zu untersuchen:

798 Siehe hierzu eingehend: „The European Concept of Integration and the Area of Freedom, Security and Justice“, Friedemann Kainer, in: The emerging constitutional law of the European Union: German and Polish perspectives, Adam Bodnar u.a. (Hrsg.), S. 469–493, Aufl., Springer Verlag, Berlin 2003.

799 Konsolidierte Fassung des EGV nach dem Vertrag von Nizza, Amtsblatt Nr. C 325 vom 24. Dezember 2002.

1. Art. 67 Abs. 5 EGV-Nizza

Durch den Nizza-Vertrag wird im Bereich der RFSR-Normen des EGV lediglich Art. 67 Abs. 5 EGV-Nizza neu angefügt. Dieser normiert, dass der Rat (in Abweichung von Abs. 1) die Maßnahmen gemäß Art. 63 Nr. 1, Nr. 2 lit. a EGV-Nizza[800] sowie gemäß Art. 65 EGV-Nizza (Letztere mit Ausnahme der familienrechtlichen Aspekte) nach dem Mitentscheidungsverfahren des Art. 251 EGV-Nizza beschließt. Das ist sehr positiv zu bewerten, da auf diese Bereiche somit ein weitaus demokratischeres und damit auch freiheitsrechtlicheres Entscheidungsverfahren Anwendung findet, als es in Art. 67 Abs. 1, 2 für die RFSR-Normen des EGV grundsätzlich geregelt ist.

2. Weiterentwicklung durch den EuGH

Aufgrund der geringen Veränderungen der RFSR-Normen durch den Nizza-Vertrag, insbesondere auf der Ebene des EG-Rechts und damit der Thematik der Säulentrennung, sind zahlreiche Rechtsfragen nach dem Inkrafttreten des Vertrages weiter offengeblieben. Hier ist der EuGH „in die Bresche gesprungen“ und hat die Anwendung des RFSR-Rechts maßgeblich weiterentwickelt.

a) Vorrang der ersten vor der dritten Säule

So behandelt das EuGH-Urteil in der Rechtssache *Umweltstrafrecht* den Vorrang der ersten vor der dritten Säule.[801] Nach Art. 29 Abs. 1 EUV-Nizza dürfen auf das EUV gestützte Rechtsakte in der PJZS nicht auf das Gemeinschaftsrecht und seine Zuständigkeiten übergreifen. Dieser Vorrang des Gemeinschaftsrechts vor dem Unionsrecht hat große Bedeutung für die Frage der richtigen Rechtsgrundlage von PJZS-Maßnahmen[802] und ist Gegenstand eines interinstitutionellen Streit über die sogenannte strafrechtliche Anweisungskompetenz.[803] Die EU-Gesetzgebungsorgane waren mit Blick u. a. auf Art. 135 S. 2 und 280 Abs. 4 S. 2 EGV-Nizza davon ausgegangen, dass strafrechtliche Bestimmungen nicht auf das Gemeinschaftsrecht gestützt werden könnten. Daher erfolgte mehrfach eine doppelte Gesetzgebung in der Form, dass eine Richtlinie oder Verordnung auf das Gemeinschaftsrecht

---

800 Sofern der Rat zuvor gemäß Abs. 1 Gemeinschaftsvorschriften erlassen hat, in denen die gemeinsamen Regeln und wesentlichen Grundsätze für diese Bereiche festgelegt sind, vgl. Art. 67 Abs. 5 1. Spiegelstrich EGV-Nizza.

801 EuGH, Rs. C-170/96, Slg. 1998, I-2763, Rdnr. 16 (*Kommission/Rat*); EuGH, Rs. C-176/03, Slg. 2005, I-7879, Rdnr. 38 ff. (*Kommission/Rat*). S. Dok. KOM (2005) 583 endg.; ABl. 2008 Nr. L 328/28. Skouris, Rechtsschutz im RFSR, S. 409. Siehe eine Analyse des Urteils unter Steve Peers, „The European Community's criminal law competence: the plot thickens“, in: E.L.Rev. 2008, 33(3), S. 399–410.

802 Ausführlich, auch zur Kritik, vgl. CRuf Art. 67 AEUV, Rdnr. 26–29.

803 S. KOM (2001) 139 endg. und KOM (2002) 544 endg. Vgl. Suhr, ZEuS 2008, 45 (62).

gestützt wurde und zusätzlich ein auf das Unionsrecht gestützter Rahmenbeschluss mit strafrechtlichen Bestimmungen erlassen wurde.[804]

Der EuGH hat dieser Praxis eine Absage erteilt, die auf einer partiell massiv kritisierten Auslegung der Gemeinschaftskompetenzen beruht[805]: Zwar fallen das Strafrecht ebenso wie das Strafprozessrecht grundsätzlich nicht in die Zuständigkeit der Gemeinschaft. Dies könne den Gemeinschaftsgesetzgeber jedoch nicht daran hindern, Maßnahmen in Bezug auf das mitgliedstaatliche Strafrecht zu ergreifen, die seiner Meinung nach erforderlich sind, um die volle Wirksamkeit der von ihm erlassenen Rechtsnormen zu gewährleisten.[806] Da im konkreten Fall die strafrechtlichen Sanktionen auf Grundlage des EGV hätten erlassen werden können, war wegen des Vorrangs des Gemeinschaftsrechts der auf das Unionsrecht gestützte Rahmenbeschluss rechtswidrig und wurde vom EuGH für nichtig erklärt. Diese Rechtsprechung hat der EuGH sodann in der Rechtssache *Meeresverschmutzung* bestätigt und präzisiert.[807] Allerdings schränkte der EuGH hier ein, dass Art und Maß der strafrechtlichen Sanktionen nicht in die Zuständigkeit der EG fallen.[808]

b) Zuständigkeit in grundsätzlichen säulenübergreifenden Fragen

Zudem hat der EuGH systematisch seine Zuständigkeit in bestimmten grundsätzlichen säulenübergreifenden Fragen zur Lösung von Rechtsgrundlagenkonflikten bekräftigt.[809] In der Rechtssache *Flughafen-Transitvisa*[810] begründete der EuGH seine Zuständigkeit aus dem seiner Jurisdiktion unterworfenen Art. M EUV-Amsterdam, wonach Maßnahmen im Bereich des Titels VI EU nicht die Bestimmungen des EG-Vertrages berühren dürfen, über die der EuGH folglich zu wachen habe. Das Gericht erster Instanz hat eine ähnliche Position in der Rechtssache *Mojahedines*

---

804 Mitteilung der Kommission vom 23.11.2005 über die Folgen des Urteils des Gerichtshofs vom 13.09.2005, Rs. C-176/03 (*Kommission gegen Rat*), KOM (2005) 583 endg., Ziff. 11.

805 Skouris, Rechtsschutz im RFSR, S. 409 f. Siehe auch die verb. Rs. C-317/04 und C-318/04 (*PNR-Passenger Name Records*).

806 EuGH, Rs. C-176/03, Slg. 2005, I-7879, Rdnr. 38 ff. (*Kommission/Rat*). So nahm die Rechtsprechung in der Rechtssache *Umweltstrafrecht* die Neuerung des heutigen Art. 83 Abs. 2 AEUV quasi vorweg.

807 EuGH, Rs. C-440/05, Slg. 2007, I-9097, Rdnr. 52 ff. (*Kommission/Rat*). S. näher Suhr, ZEuS 2008, 45 (57 ff.).

808 EuGH, Rs. C-440/05, Slg. 2007, I-9097, Rdnr. 70 (*Kommission/Rat*).

809 Mithin, ob der Gemeinschaftsgesetzgeber die Rechtsgrundlage eines erlassenen Rechtsaktes betreffend dem Gemeinschafts- bzw. dem Unionsregime entnimmt.

810 EuGH, Rs. C-170/96 (*Kommission/Rat*), Slg. 1998, I-2763, Rdnr. 14–17, betreffend eine Nichtigkeitsklage der Kommission gegen eine Gemeinsame Maßnahme des Rates. Skouris, Rechtsschutz im RFSR, S. 409.

du peuple d'Iran[811] eingenommen, indem es konstatierte, dass Gemeinsame Standpunkte als solche außerhalb seiner Zuständigkeit liegen, es aber durchaus zuständig für eine Nichtigkeitsklage sei, wenn der Kläger unter den Klagegründen eine Verletzung der Gemeinschaftskompetenzen anführe.[812] Mit seinem Urteil in der Rechtssache *Modjahedines du peuple d'Iran* hat das Gericht erster Instanz seine Zuständigkeit für die Überprüfung von Maßnahmen der ersten Säule, die solche der dritten Säule umsetzen, bekräftigt sowie auch seine übergreifende Aufgabe als Schutzinstanz rechtsstaatlicher Prinzipien und stärkt damit das Freiheitsrecht im RFSR.

c) Begründungspflicht bei staatlichen Eingriffen in die Rechte Einzelner

Zudem hat das Gericht erster Instanz im Fall *Modjahedines du peuple d'Iran* und sodann in den Rechtssachen *Sison*[813] und *Al-Aqsa*[814] Grundsätzliches zur Begründungspflicht bei staatlichen Eingriffen in die Rechte Einzelner erklärt.[815] Unter Hinweis auf die Notwendigkeit einen Ausgleich zwischen dem Schutz der in den EU-Listen Aufgeführten und den Erfordernissen der Terrorismusbekämpfung herzustellen, bemängelte das Gericht nicht nur, dass es den Betroffenen unmöglich gemacht worden sei, gegenüber dem Rat zu den ihnen zur Last gelegten Umständen sachgerecht Stellung zu beziehen. Es sei ihnen auch angesichts des Zusammenhanges zwischen der Gewährleistung der Verteidigungsrechte, der Begründungspflicht und dem Anspruch auf einen effektiven gerichtlichen Rechtsbehelf mangels der Erklärung der Gründe für die Ratsentscheidung unmöglich gemacht worden ihre Klage vor dem Gericht sachgerecht zu führen.[816]

Diese Notwendigkeit, Eingriffe in die Rechte von Einzelnen zu Zwecken der inneren Sicherheit zumindest ausreichend zu begründen, ist auch vom EuGH in der Rechtssache *Farid und Bouchair* bekräftigt worden und damit konstatiert, dass die Mitgliedstaaten ihre Verpflichtungen im RFSR gemäß den grundlegenden Prinzipien der gemeinschaftlichen Rechtsordnung nachzukommen haben.[817] Der EuGH entschied in dieser Rechtssache, dass Spanien durch seine wiederholte Verweigerung des zur Einreise erforderlichen Schengen-Visums für zwei algerische Staatsangehörige gegen seine gemeinschaftsrechtlichen Verpflichtungen verstoßen hat.

---

811 EuG, Rs. T-228/02 (*Mojahedines du peuple d'Iran/Rat*), Slg. 2006, II-4665. Bezüglich finanzieller Sanktionen gegen eine der Unterstützung terroristischer Aktivitäten verdächtigte Organisation.

812 EuG, Rs. T-228/02 (Fn. 49), Rdnr. 55.

813 EuG, Rs. T-228/02; Rs. T-47/03 (*Sison/Rat*), Slg. 2007, I-73.

814 EuG, Rs. T-327/03 (*Stichting Al-Aqsa/Rat*), Slg. 2007, II-79.

815 Vgl. auch Bogdandy/Bast – Monar, S. 789–795.

816 EuG, Rs. T-228/02, Rdnr. 91, 128, 138 und 173; Rs. T-47/03, Rdnr. 141,174 f. und 226; Rs. T-327/03, Rdnr. 65.

817 EuGH, Rs. C-503/03 (*Kommission/Spanien*), Slg. 2006, I-1097. Skouris, Rechtsschutz im RFSR, S. 413.

Die Betroffenen verfügten aufgrund ihres Status als Ehegatten von Unionsbürgern nach den geltenden gemeinschaftsrechtlichen Freizügigkeitsregelungen das Recht, in das mitgliedstaatliche Hoheitsgebiet einzureisen und den dazu erforderlichen Sichtvermerk zu erhalten.

Der EuGH führte unter Bezugnahme auf seine ständige Rechtsprechung aus, dass die Begründung eines Verbots der Einreise aus Gründen der öffentlichen Ordnung und der öffentlichen Sicherheit[818] enge Grenzen gesetzt seien und in jedem Einzelfall sichergestellt werden müsste, dass außer der sozialen Störung, die jede Gesetzesverletzung darstellt, eine tatsächliche und hinreichend schwere Gefährdung vorliegt, die ein Grundinteresse der Gesellschaft berührt.[819] Der Beschluss der spanischen Behörden, den Sichtvermerk und damit die Einreise zu verweigern, sei aber nur auf die bloße Tatsache der durch Deutschland vorgenommenen Auflistung der Betroffenen zur Einreiseverweigerung nach Art. 96 SDÜ[820] im SIS gegründet gewesen. Die Auflistung stelle ein Indiz für das Vorliegen eines Grundes dar, ersetzte aber nicht die notwendige sorgfältige Prüfung, ob ihre Anwesenheit eine tatsächliche, gegenwärtige und hinreichend schwere Gefährdung darstellte, sodass im vorliegenden Fall die spanischen Behörden ihren gemeinschaftsrechtlichen Verpflichtungen nicht genügt hätten.[821]

Die in der Entscheidung im Fall *Modjahedines du peuple d'Iran* getätigte rechtsstaatliche Überbrückung der Säulen hat der EuGH in den zwei weiteren Entscheidungen *Gestoras pro Amnistía u.a.*[822] und *Segi u.a.*[823] weiterentwickelt, bei denen er über die Wirkungen sowie den Rechtsschutz in Bezug auf die spezielle PJZS-Rechtsaktform des gemeinsamen Standpunktes i.S.v. Art. 34 Abs. 2 lit. a EUV-Nizza zu entschieden hatte.[824] Der EuGH konstatierte hier, dass der EU-Vertrag im Bereich

---

818 Art. 2 der Richtlinie 64/221/EWG zur Koordinierung der Sondervorschriften für die Einreise und den Aufenthalt von Ausländern, soweit sie aus Gründen der öffentlichen Ordnung, Sicherheit und Gesundheit gerechtfertigt sind, ABl. 1964 Nr. 56, S. 850.

819 EuGH, Rs. C-503/03 (Fn. 116), Rdnr. 48.

820 Nach Art. 96 Abs. 2 SDÜ können derartige Ausschreibungen „auf die Gefahr für die öffentliche Sicherheit und Ordnung oder die nationale Sicherheit, die die Anwesenheit eines Drittausländers auf dem Hoheitsgebiet der Vertragspartei bedeutet, gestützt werden", was etwa bei Drittausländern, die wegen einer Straftat zu einer Freiheitsstrafe von mindestens einem Jahr verurteilt worden sind oder der Planung schwerer Straftaten verdächtigt werden, der Fall sein kann (Art. 96 Abs. 2 lit. a SDÜ), aber auch ‚nur' wegen der Nichtbeachtung des nationalen Rechts über die Einreise oder den Aufenthalt von Ausländern (Art. 96 Abs. 3 SDÜ).

821 Dieser Fall zeigt Spannungslinien zwischen der restriktiven Ausrichtung der Schengen-Grenz- und Einreiseregeln und den EG-Freizügigkeitsrechten auf.

822 EuGH, Rs. C-354/04 P (*Gestoras pro Amnistía u.a./Rat*), Slg. 2007, I-1579.

823 EuGH, Rs. C-355/04 P (*Segi u.a./Rat*), Slg. 2007, I-1657.

824 Siehe hierzu auch eingehender: „Rechtschutz im Bereich polizeilicher und justizieller Zusammenarbeit der Europäischen Union", Thomas von Danwitz, Vortragsreihe

des Titels VI EU keine Schadenersatzklagen zulasse und insoweit eine Beschränkung des EU-Rechtsschutzsystems vorläge.[825] Zugleich machte der EUGH jedoch geltend, dass die Union gemäß Art. 6 EUV auf dem Grundsatz der Rechtsstaatlichkeit beruhe und die Grundrechte als allgemeine Grundsätze des Gemeinschaftsrechts zu achten habe.[826] Auf dieser Grundlage erklärte der EuGH, dass alle von Unionsorganen ergriffenen Maßnahmen, die Rechtswirkungen gegenüber Einzelnen zur Folge haben können, unabhängig von der die Rechtsgrundlage liefernden Säule, Gegenstand von Vorabentscheidungsverfahren sein können. Das umfasst somit auch Gemeinsame Standpunkte, obwohl Art. 35 Abs. 1 EUV-Nizza eine solche Anwendung des Vorabentscheidungsverfahrens nicht ausdrücklich vorsieht.

In Bezug auf finanzielle und andere vermögenswertbezogene Sanktionen, die mutmaßlichen Terroristen und terroristischen Vereinigungen auferlegt wurden, hat der EuGH in *Gestoras pro Amnestía* und *Segi* keinen Zweifel daran gelassen, dass sowohl die Unionsorgane als auch die Mitgliedstaaten (bei der Anwendung von EU-Recht) der richterlichen Kontrolle hinsichtlich der Vereinbarkeit ihrer Maßnahmen mit der Beachtung der Rechtsstaatlichkeit und der Grundrechte unterworfen sind, und dies auch dann, wenn der Vertrag eine solche Kontrolle nicht ausdrücklich vorsieht.[827] Die Grenze zwischen den Säulen ist somit für die Rechtsprechung des EuGH überschreitbar, insofern und insoweit es um die Wahrung des Prinzips der Rechtsstaatlichkeit und der Grundrechte geht.[828] Mit der Bekräftigung seiner Zuständigkeit zur Kontrolle von Maßnahmen im Bereich der dritten Säule hinsichtlich ihrer möglichen Auswirkungen auf den Besitzstand der ersten Säule und seiner übergreifenden Aufgabe der Wahrung des Grundsatzes der Rechtsstaatlichkeit und der Grundrechte hat der EuGH das Freiheitsrecht im RFSR erheblich gestärkt.

d) Wirkung von EU-Recht im innerstaatlichen Recht

Ein weiterer bedeutsamer Aspekt der Rechtsprechung im RFSR ist die Aussage des EuGHs in der Rechtssache *Pupino*[829], welche die Tragweite der Titel VI EUV-Rechtsinstrumente, und zwar primär die Wirkung der Rahmenbeschlüsse unter Titel VI EUV-Nizza[830] im innerstaatlichen Recht betrifft. Obwohl Art. 34 Abs. 2 lit. b EUV-Nizza die unmittelbare Wirksamkeit von Rahmenbeschlüssen ausdrücklich

---

„Rechtsfragen der Europäischen Integration", Nr. 166, 1. Aufl., Zentrum für Europäisches Wirtschaftsrecht, Bonn 2008, S. 10 ff.

825 EuGH, Rs. C-354/04 P und Rs. C-355/04 P, beides a.a.O.

826 Siehe auch Nettesheim, Grundrechtsschutz, S. 143 ff.

827 Siehe Bogdandy/Bast – Monar, S. 789–795.

828 Siehe auch Sharpston, S. 444 m.w.N.

829 EuGH, Rs. C-105/03, Slg. 2005, I-5285, (*Pupino*). Skouris, Rechtsschutz im RFSR, S. 410 ff.

830 Rahmenbeschluss 2001/220/JI des Rates über die Stellung des Opfers im Strafverfahren, ABl. 2001 L 82, S 1.

ausschließt, wäre die Zuständigkeit des EuGH für Vorabentscheidungen nach Art. 35 EUV-Nizza ihrer praktischen Wirksamkeit im Wesentlichen beraubt, wenn Einzelpersonen nicht berechtigt wären, sich auf Rahmenbeschlüsse zu berufen, um vor den Gerichten der Mitgliedstaaten eine europarechtskonforme Auslegung des nationalen Rechts zu erreichen.[831] Daher entschied der EuGH, dass der Grundsatz der gemeinschaftsrechtskonformen Auslegung in Bezug auf Rahmenbeschlüsse, die innerhalb der PJZS ergangen sind, anzuwenden ist. Damit haben die normativen Grenzen der Jurisdiktion des EuGH hinsichtlich des Vorabentscheidungsverfahrens nach Art. 35 EUV-Amsterdam den EuGH nicht daran gehindert das Prinzip der konsequenten Auslegung (consistent interpretation) auf Maßnahmen im Rahmen der dritten Säule auszudehnen.[832] Soweit insofern das vorlegende Gericht das nationale Recht bei dessen Anwendung auszulegen habe, müsse es seine Auslegung so weit wie möglich an Wortlaut und Zweck des Rahmenbeschlusses ausrichten, um das mit ihm angestrebte Ergebnis zu erreichen.[833]

Die Grenzen dieser Verpflichtung zur europarechtskonformen Auslegung ergeben sich laut EuGH aus den allgemeinen Rechtsgrundsätzen und insbesondere dem Grundsatz der Rechtssicherheit und dem Rückwirkungsverbot.[834] Damit hat der EuGH die Notwendigkeit einer übergreifenden Uniformität der rechtlichen Wirkung von EU-Rechtsinstrumenten im RFSR bekräftigt und durch die judikative Kontrolle das Freiheitsrecht gestärkt[835] – auch wenn die rahmenbeschlusskonforme Auslegung weiterhin keine subjektiven Rechtspositionen zugunsten der Bürger begründet.[836] Auch in der Rechtssache *Advocaten voor de Wereld*[837] hat der EuGH seine Zuständigkeit im RFSR nach Art. 35 EUV weit ausgelegt, um über die Rechtmäßigkeit des Rahmenbeschlusses über den Europäischen Haftbefehl[838] nach Art. 34 Abs. 2 lit. b EUV entscheiden zu können.[839] Diese Rechtsprechung stellt einen bedeutenden Beitrag des EuGH zum RFSR dar, vor allem hinsichtlich des

831 Nalewajko, Grundsatz der gegenseitigen Anerkennung: Eckstein der justiziellen Zusammenarbeit in Strafsachen in der Europäischen Union?, S. 114.

832 Koen, The Contribution of the European Court of Justice to the Area of Freedom, Security and Justice, S. 268.

833 EuGH, Rs. C-105/03 (Fn. 90), Rdnr. 43 f.

834 Ausführlich, auch Kritik, vgl. Calliess/Ruffert, Rdnr. 21–25.

835 Nalewajko, Grundsatz der gegenseitigen Anerkennung: Eckstein der justiziellen Zusammenarbeit in Strafsachen in der Europäischen Union?, S. 122.

836 Nalewajko, Grundsatz der gegenseitigen Anerkennung: Eckstein der justiziellen Zusammenarbeit in Strafsachen in der Europäischen Union?, S. 123.

837 EuGH, Rs. C-303/05 (*Advocaten voor de Wereld*), Slg. 2007, I-3633. Siehe hierzu auch eingehend unter Dorota Leczykiewicz, „Constitutional conflicts and the third pillar", in: E.L.Rev. 2008, 33(2), S. 230–242.

838 Siehe hierzu allgemein: „Probleme des Rahmenbeschlusses am Beispiel des Europäischen Haftbefehls", Otto Lagodny/Ewald Wiederin/Roland Winkler (Hrsg.), 1. Aufl., BWV, Berlin 2007.

839 Vgl. Sharpston, S. 444. Zudem stand in diser Rechtssache ein weiterer allgemeiner Grundsatz des Strafrechts – nullum crimen, nulla poena sine lege – im Fokus. Vgl.

Prinzips des „ne bis in idem“ (Verbot der Doppelbestrafung) und zeigt das Bestreben des EuGH den Schutz der Grundrechte innerhalb der PJZS anzutreiben.[840]

e) Anwendung des „ne bis in idem“-Prinzips

Eine eher integrative Handhabung des RFSR hat der EuGH auch in seiner Rechtsprechung zur Anwendung des „ne bis in idem“-Prinzips verfolgt.[841] In seinem Urteil in den Rechtssachen *Gözütok und Brügge*[842] erklärte der EuGH, dass Art. 54 SDÜ ein gegenseitiges Vertrauen der Mitgliedstaaten in ihre jeweiligen Strafjustizsysteme impliziert und dass jeder Mitgliedstaat die Anwendung des anderen mitgliedstaatlichen Strafrechts akzeptiert, auch wenn die Anwendung seines eigenen nationalen Rechts zu einem anderen Ergebnis führen würde. Damit betont der EuGH die Relevanz des Freiheitsrechts im RFSR durch gegenseitiges Vertrauen vor der Aufrechterhaltung der souveränen mitgliedstaatlichen Rechtsausübung.[843] Folglich könne die Anwendung des „ne bis in idem“-Grundsatzes durch einen Mitgliedstaat auch auf ein zum Strafklageverbrauch führendes Verfahren, das in einem anderen Mitgliedstaat ohne Mitwirkung eines Gerichts stattgefunden hat, nicht davon abhängen, dass dessen eigene Rechtsordnung keine solche richterliche Mitwirkung verlangt.[844] Damit entschied der EuGH zugunsten einer weiten Auslegung des in Art. 54 SDÜ formulierten Verbots der Doppelbestrafung, indem er dieses auch auf zum Strafklageverbrauch führende Verfahren, in denen kein Gericht tätig wird und die nicht in Form eines Urteils enden, für anwendbar erklärte. In beiden Fällen hatte nach Auffassung des EuGHs die Einstellung des Strafverfahrens durch die zuerst tätig werdende Staatsanwaltschaft eines der betroffenen Mitgliedstaaten nach Entrichtung einer von der Staatsanwaltschaft festsetzten Geldbuße durch den jeweiligen Beklagten einen vollen Strafklageverbrauch zur Folge, der eine Strafverfolgung wegen derselben Delikte in den beiden anderen betroffenen Mitgliedstaaten ausschloss. Der EuGH begründete seine Entscheidung insbesondere damit, dass es das Ziel des Art. 54 SDÜ sei zu verhindern, dass eine Person, die von ihrem Recht auf Freizügigkeit Gebrauch macht, wegen derselben Tat in mehreren Mitgliedstaaten verfolgt wird. Dieses Ziel könne nur dann vollständig verwirklicht werden, wenn Art. 54 SDÜ auch auf Entscheidungen anwendbar sei, mit denen

---

Skouris, Rechtsschutz im RFSR, S. 414. Koen, The Contribution of the European Court of Justice to the Area of Freedom, Security and Justice, S. 299.

840 Koen, The Contribution of the European Court of Justice to the Area of Freedom, Security and Justice, S. 298, 300.

841 Das Verbot der Doppelbestrafung ist in Art. 54 SDÜ vorgesehen, das 1999 in den EG/EU-Besitzstand eingegliedert wurde.

842 EuGH, verb. Rs. C-187/01 und C-385/01 (*Gözütok und Brügge*), Slg. 2003, I-1345. Siehe ebenfalls EuGH-Urteil v. 09.03.2006 (*Van Esbroeck*), C-436/04, ECR 2006, I-2333.

843 So auch Sharpston, S. 422. Siehe auch dazu eingehend Nettesheim, Grundrechtsschutz, S. 138 ff.

844 Siehe auch das EuGH-Urteil v. 28.09.2006 (*Gasparini*), Rs. C-467/04, ECR 2006, I-9199.

die Strafverfolgung in einem Mitgliedstaat endgültig beendet wird, auch wenn sie ohne Mitwirkung eines Gerichts und nicht in Form eines Urteils ergehen.[845]

In der Rechtssache *Van Straaten* entschied der Gerichtshof auf ähnlicher Argumentationsgrundlage und wiederum unter Hinweis auf das Recht auf Freizügigkeit, dass Art. 54 SDÜ auch auf Freisprüche aus Mangel an Beweisen anwendbar sei.[846] Diese Urteile sind mit einem gewissen Recht als Schritte auf dem Wege einer Weiterentwicklung des Doppelbestrafungsverbots zu einem transnationalen Menschenrecht gesehen worden. Einschränkend anzumerken ist allerdings, dass der EuGH in seiner Rechtsprechung bislang das „ne bis in idem" argumentativ nur mit dem Recht der Freizügigkeit verbunden und nicht in einem breiteren grundrechtlichen Zusammenhang interpretiert hat.[847] Gleichwohl hat der EuGH bezüglich des „ne bis in idem"-Grundsatzes eine weniger zurückhaltende Position hinsichtlich des Schutzes der Rechte des Einzelnen im Rahmen des RFSR eingenommen, das als wesentliches Recht des Einzelnen in der Herausbildung des RFSR begriffen werden kann. Zudem hat der EuGH einem EU-rechtlich ausformulierten Prinzip, das von beträchtlicher Relevanz sowohl für den RFSR als auch die Rechte des Einzelnen ist[848], einen deutlich übergeordneten Stellenwert gegenüber den fortbestehenden Unterschieden zwischen den einzelstaatlichen Rechtssystemen zugewiesen und somit die Logik der Integration gegenüber der diese Unterschiede gewöhnlich schützenden Kooperation gestärkt. Damit hat der EuGH durch seine integrationsfördernde Auslegung des RFSR eine zumindest leichte Korrektur zugunsten des Freiheitsrechts im RFSR vorgenommen.

Der Schutz der Rechte des Einzelnen seitens des EuGH vor möglichen Verletzungen durch Unionsmaßnahmen im Bereich der inneren Sicherheit hat jedoch seine Grenzen. Zwar hat das Gericht erster Instanz in den erwähnten Rechtssachen *Modjahedines*, *Sison* und *Al-Aqsa* die Ratsbeschlüsse zur Einfrierung der Vermögenswerte der Betroffenen aus Mangel an Begründung und Gewährung eines

---

845 J. Vervaele, The Transnational ne bis in idem Principle in the EU, Utrecht Law Rev. 1 (2005), S. 117.

846 EuGH, Rs. C-150/05 (*Van Straaten*), Slg. 2006, I-9327, Rdnr. 57–61. Zur Verbindung mit dem Recht auf Freizügigkeit siehe auch Rs. C-436/04 (*Van Esbroeck*), Slg. 2006, I-2333, Rdnr. 34, wo der Gerichtshof erklärt hat, dass das „Recht auf Freizügigkeit nur dann effektiv gewährleistet (wird), wenn der Urheber einer Handlung weiß, dass er sich, wenn er in einem Mitgliedstaat verurteilt worden ist und die Strafe verbüßt hat oder gegebenenfalls endgültig freigesprochen worden ist, im Schengen-Gebiet bewegen kann, ohne befürchten zu müssen, dass er in einem anderen Mitgliedstaat deshalb verfolgt wird, weil diese Handlung in der Rechtsordnung des letztgenannten Mitgliedstaats einen unterschiedlichen Verstoß darstellt". Siehe auch H. Kühne, ‚Ne bis in idem im Gemeinschaftsrecht', JZ 2006, S. 1019.

847 Siehe hierzu V. Murschetz, Auslieferung und Europäischer Haftbefehl, 2007, S. 94.

848 Zur Bedeutung und zu den Problemen dieser Entscheidung siehe die Besprechungen von J.A.E. Vervaele, CMLRev. 41 (2004), S. 795, Y. Gautier, Europe Nr. 4/2003, S. 10, und J. Vogel, Europäisches ne bis in idem, NJW 2003, S. 1173.

effektiven rechtlichen Gehörs für nichtig erklärt. Aber die Nichtigerklärungen betreffen nur die gemeinschaftsrechtlichen Einfrierungsbeschlüsse und nicht die ursprüngliche Gemeinsame Maßnahme des Rates auf der Grundlage von Art. 34 EUV-Nizza, die hierdurch umgesetzt wird.[849]

In der Rechtssache *Modjahedines* hat das Gericht deutlich gemacht, dass die obengenannten Beeinträchtigungen der Verteidigungsrechte nur deshalb als Grundlage für die Nichtigerklärung dienen kann, weil die Identifizierung der genannten Personen und die anschließenden Einfrierungsbeschlüsse in Ausübung einer Befugnis aufgrund einer Ermessensentscheidung der Gemeinschaft erfolgen, sodass entsprechend alle gemeinschaftsrechtlichen Verfahrensgarantien anzuwenden seien.[850] Das Gericht hat in diesem Zusammenhang ausdrücklich das weite Ermessen des Rates anerkannt und erklärt, dass sich der Gemeinschaftsrichter nicht an die Stelle der Beurteilung des Rates setzen darf, sodass sich die Rechtmäßigkeitskontrolle der Beschlüsse über das Einfrieren von Geldern durch das Gericht auf die Prüfung der Einhaltung der Verfahrensvorschriften, der Begründungspflicht und des Ermessensgebrauchs beschränkt.[851] Damit wird dem Rat ein zu breiter Ermessensspielraum hinsichtlich der Ausschreibung von Einzelnen in den EU-‚Terroristenlisten' belassen, was mangels enger Kriterien zu bemängeln ist.

In den Rechtssachen *Yusuf* und *Kadi*[852] hatte sich das EuG unter Hinweis auf die rechtliche Vorrangigkeit der Resolution des UN-Sicherheitsrats, die die Ausschreibung der Betroffenen als Terroristen zum Zweck der Einfrierung ihres Vermögens vorsah, gar nicht erst auf eine Prüfung der Begründungslage eingelassen, was zu einigen sehr kritischen Kommentaren geführt hat.[853] Diese *„Kadi I"*-Entscheidung wurde später durch den EuGH[854] und anschließend gefolgt auch durch das *„Kadi II"*-Urteil des EuG[855] revidiert, denen zufolge die Verpflichtungen aus einer internationalen Übereinkunft nicht den Grundsatz beeinträchtigen dürfen, dass bei den Handlungen der EU die Grundrechte beachtet werden müssen. Somit sind auch solche Übereinkommen am Maßstab der europäischen Grundrechte zu messen, auch wenn die Ursprungsentscheidung dazu hier der UN-Sicherheitsrat und nicht ein EU-Organ getätigt hatte. Aufgrund dessen erklärte der EuGH und

---

849 Diese beruht und ihrerseits auf der Resolution 1373(2001) des UN-Sicherheitsrats, UN Doc. S/RES/1373 (2001).

850 EuG, Rs. T-228/02 (Fn. 49), Rdnr. 107.

851 Ähnlich in Rs. T-47/03 (Fn. 111), Rdnr. 206.

852 Urteile des EuG v. 21.09.2005 (*Yusuf und Al Barakaat International Foundation/Rat und Kommission*), Rs. T-306/01 u.a., Slg. 2005, II-3533 ff.), darunter auch das „Kadi I" –Urteil (*Kadi/Rat und Kommission*, Rs. T-315/01, Slg. 2005, II-3649.

853 Siehe stat vieler Merli, S. 395 ff.

854 Das EuGH-Urteil zur „Kadi I"-Rspr. v. 03.09.2008, *Kadi und Al Barakaat International Foundation/Rat und Kommission*, Verb. Rs. C-402/05 P und C-415/05 P, Slg. 2008, I-6351.

855 Das „Kadi II"-Urteil des EuG v. 30.09.2010, *Yassin Abdullah Kadi/Europäische Kommission*, Rs. T-85/09.

das EuG die (alte und neue) EU-Verordnung[856], welche der Setzung des Betroffenen auf die EU-Terrorliste zugrunde liegt, für nichtig wegen der Verletzung mehrere EU-Grundrechte, namentlich der Verteidigungsrechte und das Recht auf effektiven gerichtlichen Rechtsschutz. Diese strittige EuGH-Entscheidung verdeutlicht den mutigen Einsatz des Gerichtes für die Beachtung des Freiheitsrechts im RFSR und kann als historisch[857] für den Grundrechtsschutz im RFSR eingeschätzt werden.[858] Der EuGH hat diese Entscheidung als kraftvolle und selbstbewusste Bestätigung des EU-Grundrechtsschutzes jüngst bestätigt mit dem Hinweis darauf, wie tief derartige Maßnahmen in die Freiheitsrechte der Betroffenen eingreifen.[859]

III. Protokolle und Erklärungen zum Vertrag von Nizza

Für diese Arbeit ist lediglich die Untersuchung des folgenden Protokolls sowie der folgenden Erklärung des Amsterdam-Vertrages relevant:

---

856 Verordnung (EG) Nr. 881/2002 des Rates über die Anwendung bestimmter spezifischer restriktiver Maßnahmen gegen bestimmte Personen und Organisationen, die mit Osama bin Laden, dem Al-Qaida-Netzwerk und den Taliban in Verbindung stehen (ABl. L 139, S. 9). Nach deren Nichtigerklärung durch das „Kadi I-Urteil" des EuGH wurde eine neue Verordnung (EG) Nr. 1190/2008 der Kommission v. 28.11.2008 zur 101. Änderung der Verordnung Nr. 881/2002 (ABl. L 322, S. 25) erlassen, welche durch das „Kadi II"-Urteil des EuG, betätigt durch den EuGH, ebenfalls für nichtig erklärt wurde.

857 Siehe auch Sharpston, S. 443 f.

858 Diese Urteile wurden von einigen Völkerrechtlern angesichts der Ausblendung der völkerrechtlichen Ebene und deren Kontrolle durch das Eu-Recht kritisiert. Siehe etwa Krieger, S. 494 ff. oder Nettesheim, Grundrechtsschutz, S. 124 m.w.N.

859 Der EuGH wies die Rechtsmittel gegen das „Kadi II"-Urteil des EuG mit dem Urteil v. 18.07.2013, *Kommission, Rat und Vereinigtes Königreich/Yassin Abdullah Kadi* in den verb. Rs. C-584/10 P, C-593/10 P und C-595/10 P zurück. In den nachfolgenden Rechtssachen *Ayadi* (EuG, Rs. T-253/02, *Ayadi/Rat*, Slg. 2006, II-2139) und Hassan (EuG, Rs. T-49/04, *Hassan/Rat und Kommission*, Slg. 2006, II-52.) wies das EuG die Nichtigkeitsklagen gegen die erlassenen Sanktionen ab, diesmal allerdings unter Hinweis auf die Verantwortung der Mitgliedstaaten einen ausreichenden Schutz der Rechte der Betroffenen im Rahmen ihrer jeweiligen Rechtssysteme sicherzustellen. Vgl. Bogdandy/Bast – Monar, S. 782–785. Durch das Urteil des EuG vom 17.12.2014, Rs. T-400/10 (*Hamas/Rat der EU*) wurden der gemeinsame Standpunkt 2001/931/GASP über die Anwendung besonderer Maßnahmen zur Bekämpfung des Terrorismus (ABl. L 344, S. 93) sowie die Verordnung (EG) Nr. 2580/2001 über spezifische, gegen bestimmte Personen und Organisationen gerichtete restriktive Maßnahmen zur Bekämpfung des Terrorismus (ABl. L 344, S. 70) als Rechtsgrundlage für die Aufnahme der Hamas auf die EU-Terrorliste für nichtig. Gegen dieses Urteil hat der Rat der Europäischen Union 2015 Rechtsmittel eingelegt, das Verfahren vor dem EuGH, Rs. C-79/15 P (*Hamas/Rat*). Vgl. auch EuGH, Urt. v. 15.11.2012 – C-539/10 P und C-550/10 P sowie EuG, Urt. v. 16.10.2014 – T-208/11 und T-508/11.

1. *Protokoll zu Artikel 67 des Vertrags zur Gründung der Europäischen Gemeinschaft*

Das Protokoll zu Art. 67 des Vertrags zur Gründung der Europäischen Gemeinschaft konstatiert, dass der Rat Maßnahmen nach Art. 66 EGV-Nizza ab dem 01.05.2004 mit qualifizierter Mehrheit auf Vorschlag der Kommission und nach Anhörung des Europäischen Parlaments beschließt. Damit wird hervorgehoben, dass ab diesem Zeitpunkt auf die Verwaltungszusammenarbeit ein demokratischeres und damit das Freiheitselement im RFSR stärkende Entscheidungsverfahren angewendet wird, was für das hier zu untersuchende Verhältnis sehr konstruktiv ist – auch wenn das Mitentscheidungsverfahren nach Art. 251 EGV-Nizza weiterhin anzustreben ist.

2. *Erklärung zu Artikel 67 des Vertrags zur Gründung der Europäischen Gemeinschaft*

Nach der Erklärung zu Art. 67 des Vertrags zur Gründung der Europäischen Gemeinschaft erklären sich die Vertragsparteien damit einverstanden, dass der Rat gemäß Art. 67 Abs. 2, 2. Spiegelstrich EGV-Nizza Maßnahmen nach Art. 62 Nr. 3 und Art. 63 Nr. 3 lit. b EGV-Nizza (ab 1. Mai 2004) sowie gemäß Art. 62 Nr. 2 lit. a EGV-Nizza (sobald eine Einigung über den Anwendungsbereich der Maßnahmen bzgl. des Überschreitens der mitgliedstaatlichen Außengrenzen durch Personen vorliegt) nach dem Mitentscheidungsverfahren im Sinne des Art. 251 EGV-Nizza beschließt. Darüber hinaus hält die Erklärung das Bestreben des Rates fest, das Mitentscheidungsverfahren nach Art. 251 ab dem 01. Mai 2004 oder so bald wie möglich danach auf die übrigen bzw. einige der Titel IV-Bereiche anwendbar zu machen. Diese Absichtserklärung ist konstruktiv, da sie wiederum dazu führt, dass in den genannten RFSR-Bereichen das demokratische Mitentscheidungsverfahren angewendet wird und das Freiheitskonzept des RFSR dort somit erheblich gestärkt sowie hervorgehoben wird. Dieses trägt zu einem ausgewogenen Verhältnis von Freiheit und Sicherheit im RFSR bei und ist mithin zu begrüßen.

IV. Haager-Programm und -Aktionsplan

Die Kommission verfasste im Juni 2004 als Grundlage für das Haager Programm 2004–2009 eine „Mitteilung zur Bilanz des Tampere-Programms".[860] Auffällig ist, dass die Kommissionsmitteilung inhaltlich sehr viel ausgewogener hinsichtlich der Ausrichtung auf das Freiheits- und das Sicherheitskonzept des RFSR ist als

860 Mitteilung der Kommission an den Rat und das Europäische Parlament v. 02.06.2004, „Raum der Freiheit, der Sicherheit und des Rechts: Bilanz des Tampere-Programms und Perspektiven" (im Folgenden: Bilanz-Mitteilung der Kommission), SEK(2004)680 et SEK(2004)693, KOM(2004) 401 endgültig, S. 6.

die vorherigen Umsetzungsdokumente. Im Gegensatz zu diesen werden erstmals substanzielle Ausführungen zu den RFSR-Politiken betreffend den freien Personenverkehr gemäß Titel VI EGV-Nizza dargelegt, die tatsächlichen Bezug zu den Freiheitsrechten der Bürger haben sowie diese erweitern und nicht nur zuvorderst auf restriktive Kontroll- und Regulierungsmaßnahmen abzielen.[861] So wird in der Kommissionsmitteilung explizit auf den Grundrechtsschutz eingegangen und zudem konstatiert, dass Sicherheitsmaßnahmen zum Schutz des Freiheitselements Grundrechte achten müssen.[862] Diese rechtsstaatlich korrekte Darlegung des Zusammenhangs von dem ausschließlich an dem Freiheitsrecht orientierten Sicherheitskonzept ist sehr positiv und wird in der Mitteilung wiederholt erwähnt, ebenso die Notwenigkeit eines Gleichgewichts bzw. Ausgleichs beider Elemente.

In diesem Sinne bekräftigt die Kommission, dass es ihr „stets ein Anliegen war, zwischen Freiheit, Sicherheit und Recht einen Ausgleich zu finden".[863] Darüber hinaus konstatiert die Mitteilung, dass sich die Mitgliedstaaten in dem Rahmen des RFSR bisweilen nur ungern auf eine Zusammenarbeit einlassen, wenn ihre Interessen auf dem Spiel stehen. Da das Handeln der EU im RFSR jedoch nur erfolgreich sein kann, wenn in den Mitgliedstaaten der politische Wille besteht, den europäischen Beschlüssen tatsächlich Wirkung zu verleihen, ist im RFSR nach der Kommissionsmitteilung „die Politik der kleinen Schritte der einzige mögliche Weg".[864] Damit bestätigt die Kommissionsmitteilung die zuvor angestellten Überlegungen zu den Einzelgängen einiger Mitgliedstaaten (vgl. obige Opt-outs etc.) sowie das restriktive Verhalten der Mitgliedstaaten in einigen Politikbereichen und die dazu dargelegte Kritik hinsichtlich deren Auswirkung auf das Verhältnis von Freiheit und Sicherheit im RFSR.

Anschließend an diese Kommissionsmitteilung verabschiedete der Europäische Rat im November 2004 das sogenannte „Haager Programm (zur Stärkung von Freiheit, Sicherheit und Recht in der EU)"[865] als zweites Umsetzungsprogramm zum RFSR für die Jahre 2004–2009.[866] Im Juni 2005 wurde sodann auf Ersuchen des Europäischen Rates von dem Rat und der Kommission der sogenannte „Haager

861 Bilanz-Mitteilung der Kommission, a.a.O., S. 8–11.
862 Bilanz-Mitteilung der Kommission, a.a.O., S. 7 ff.
863 Bilanz-Mitteilung der Kommission, a.a.O., S. 4.
864 Bilanz-Mitteilung der Kommission, a.a.O., S. 5.
865 Haager Programm zur Stärkung von Freiheit, Sicherheit und Recht in der Europäischen Union, von EU-Rat angenommen am 05.11.2004, JAI 559, 16054/04.
866 Siehe ausführlich zum Haager Programm ionsgesamt auch „Security versus freedom? A challenge for Europe's future", 1. Aufl., Ashgate Verlag, Aldershot u.a. 2006, Thierry Balzacq/Sergio Carrera. Der nicht in Kraft getretene Verfassungsvertrag diente als Leitfaden für die Prioritäten des Haager-Programms, dennoch stellt der Nizza-Vertrag als der geltender Vertag die rechtliche Grundlage für die Maßnahmen des Rates dar, vgl. Haager-Programm, a.a.O., unter I, S. 3; unter II. 1, S. 5.

Aktionsplan" vorgelegt[867], mit dem das Haager Programm in konkrete Maßnahmen umgesetzt wurde.

1. Allgemeines

In der Einleitung des Haager Programms erklärt der EU-Rat, dass die Sicherheit der EU und ihrer Mitgliedstaaten „dringlicher denn je" ist.[868] Vor dem Hintergrund der Terroranschläge vom 11. September 2001 in den USA ist dieses verständlich, dennoch wird hier an zentraler Stelle allein auf das Sicherheitskonzept des RFSR hingewiesen, ohne dabei oder später auch auf das Freiheitselement einzugehen, was einseitig und daher problematisch ist.[869] Zudem wird anschließend auf die grenzüberschreitenden Probleme wie illegale Einwanderung, Menschenhandel und -schmuggel, Terrorismus sowie organisierte Kriminalität verwiesen[870], welche zum Großteil in keinem Zusammenhang zu den genannten Terroranschlägen stehen. Hier besteht somit die Gefahr, dass unter der Oberschrift der Terrorbekämpfung alle möglichen Sicherheitsmaßnahmen angenommen werden, ohne den rechtsstaatlich notwendigen Bezug zum Freiheitsrecht herzustellen. Nur in einem Nebensatz wird pauschal darauf hingewiesen, dass „jedoch die Achtung der Grundfreiheiten und -rechte" sichergestellt werden müsse, was jedoch keine angemessene Einbeziehung des Freiheitskonzepts darstellt.[871]

Auch bezüglich der Koordinierung sowie Kohärenz zwischen der inneren und der äußeren Dimension des RFSR wird allein konstatiert, dass dieses „insbesondere im Bereich der Sicherheit wichtiger geworden" ist und energisch verfolgt werden muss.[872] Somit wird auch hier explizit nur auf das Sicherheitselement des RFSR abgestellt, während das Freiheitselement, welches eigentlich der primäre Fokus sämtlicher RFSR-Maßnahmen sein müsste, nicht erwähnt. Wenig später fügt der EU-Rat hinzu, dass „eine zentrale Rolle" in der nahen Zukunft der Verhütung und Bekämpfung des Terrorismus zukommen wird.[873] Zudem wird ergänzt, dass das gemeinsame Vorhaben der Stärkung des RFSR von entscheidender Bedeutung für die Gewährleistung der Sicherheit des Gemeinwesens, des gegenseitigen Vertrauens und der Rechtsstaatlichkeit in der gesamten Union ist und „Freiheit, Recht,

---

867 Der Haager Aktionsplan wurde am 02./03. Juni 2005 vom Rat angenommen: Aktionsplan des Rates und der Kommission zu Umsetzung des Haager Programms zur Stärkung von Freiheit, Sicherheit und Recht in der EU, 10.06.2005, 9778/2/05 REV 2, JAI 207 (auch 2005/C 198/01).

868 Haager-Programm, a.a.O., unter I, S. 3.

869 Siehe hier zu auch: Didier Bigo/Anastassia Tsoukala, „Terror, insecurity and liberty: illiberal practices of liberal regimes after 9/11", 1. Aufl., Routledge Verlag, London u.a. 2008.

870 Haager-Programm, a.a.O., unter I, S. 3.

871 Haager-Programm, a.a.O., unter I, S. 3.

872 Haager-Programm, a.a.O., unter I, S. 3.

873 Haager-Programm, a.a.O., unter I, S. 4.

Sicherung der Außengrenzen, innere Sicherheit und Verhütung des Terrorismus" daher als ein für die Union insgesamt unteilbares Ganzes betrachtet werden soll.[874] Auch hier wird in der Schlussfolgerung primär auf Sicherheitsaspekte eingegangen und das Freiheitskonzept des RFSR zu einer Statistenrolle degradiert.

Als Ziel des Haager Programms wird sodann die Gewährleistung der Grundrechte, der Mindestnormen für Verfahrensgarantien sowie des Zugangs zur Justiz im Hinblick auf den Schutz von schutzbedürftigen Menschen sowie die Regulierung von Wanderungsbewegungen, die Kontrolle der EU-Außengrenzen, der Kampf gegen organisierte grenzüberschreitende Kriminalität, die Bekämpfung des Terrorismus, die Realisierung des Potenzials von Europol und Eurojust, die Weiterentwicklung der gegenseitigen Anerkennung sowohl in Zivil- als auch in Strafsachen sowie die Beseitigung rechtlicher und gerichtlicher Hindernisse bei Rechtsstreitigkeiten in Zivil- und Familiensachen mit grenzüberschreitenden Bezügen festgesetzt.[875] Die bisherige einseitige Ausrichtung des Haager Programms wird durch diese ausgeglichenere Prioritätensetzung etwas relativiert, jedoch überwiegen auch hier sicherheitsorientierte Themen.

In der anschließenden Darlegung der allgemeinen Ausrichtung des Haager-Programms wird jedoch erfreulicherweise als einziger Politikbereich gesondert auf die Grundrechte abgestellt und hervorgehoben, dass diese, wie sie in der EMRK und der Grundrechte-Charta der EU (GRC) sowie in der Genfer Flüchtlingskonvention gewährleistet sind, in vollem Umfang geachtet werden müssen.[876] Dabei wird insbesondere die Erweiterung der Europäischen Stelle zur Beobachtung von Fremdenfeindlichkeit und Rassismus in eine Europäische Agentur für Menschenrechte (die spätere FRA) angemahnt. Zudem wird der Schutz der Grundrechte als entscheidendes Ziel im Haager-Programm betont und die Aufnahme der GRC in den Verfassungsvertrag sowie der Beitritt zur EMRK zur gezielten Förderung der Grundrechte hervorgehoben. Ebenso wird auch in den allgemeinen Vorgaben des Aktionsplans die Achtung und aktive Förderung der Grundrechte unter erweiterndem Einbezug des Schutzes personenbezogener Daten und der Befugnisse des EuGH abgestellt.[877] Diese Festsetzungen sind wichtig für die Etablierung des Freiheitsrechts im RFSR.

2. *Leitlinien*

Das Haager Programm beinhaltet folgende vier Schwerpunkte:

---

874 Haager-Programm, a.a.O., unter I, S. 4.
875 Haager-Programm, a.a.O., unter I, S. 3.
876 Haager-Programm, a.a.O., unter II. 1, S. 5.
877 Haager Aktionsplan, a.a.O., unter 1.2. f.

a) Stärkung der Freiheit

Im Rahmen der **Leitlinien zur Stärkung der Freiheit** wird im Haager Programm als Erstes das Recht aller Unionsbürger hervorgehoben, sich im Hoheitsgebiet der Mitgliedstaaten frei aufzuhalten und die Unions-Organe ermutigt, die Teilhabe der Bürger am öffentlichen Leben zu fördern.[878] Im Aktionsplan folgen konkrete Maßnahmen zur Gewährleistung dieser Freizügigkeit aller EU-Bürger und ihrer Familienangehörigen.[879] Damit stärken die Umsetzungsdokumente das Freiheitskonzept des RFSR.

Die **Leitlinie zur Asyl-, Migrations- und Grenzpolitik** setzt nach dem Programm und Aktionsplan fest, dass die Erhebung, Weitergabe sowie der Austausch und die effiziente Verwendung aktueller Informationen und Daten über alle relevanten Entwicklungen bei Wanderungsbewegungen von entscheidender Bedeutung sind.[880] Hier ist zu kritisieren, dass keinerlei Datenschutzanforderungen erwähnt werden, obwohl die zuvorderst sicherheitsorientierte Datensammlung sowie -vernetzung erheblich in die Freiheitsrechte der Bürger eingreifen kann. Positiv ist jedoch die Forderung des Haager Programms, dass spätestens am 01.04.2005 ein Beschluss im Sinne des Art. 67 Abs. 2 EGV-Nizza anzunehmen ist, wonach das rechtsstaatlichere sowie demokratischere Mitentscheidungsverfahren des Art. 251 EGV-Nizza vorbehaltlich des Nizza-Vertrages auf alle Maßnahmen zur Stärkung der Freiheit des Titels IV mit Ausnahme der legalen Zuwanderung anzuwenden ist.[881]

Ein Schwerpunkt ist die gemeinsame europäische Asylregelung, bei der das Programm und der Aktionsplan die umfassende Anwendung der Genfer Flüchtlingskonvention und anderer einschlägiger Verträge betonen.[882] Hierdurch wird ebenfalls das im RFSR bisher unterrepräsentierte Freiheitselement gefördert. Die

---

878 Haager-Programm, a.a.O., unter III., 1., 1.1., S. 7.

879 Haager Aktionsplan, a.a.O., unter 2.1.

880 Haager Aktionsplan, a.a.O., unter 2.2. Zu dieser Thematik sehe eingehend unter: „Whose freedom, security and justice?: EU immigration and asylum law and policy", Anneliese Baldaccini/Elspeth Guild/Helen Toner (Hrsg.), 1. Aufl., Hart Verlag, Oxford 2007. Der Gesamtansatz für Migration und Mobilität (GAMM) bildet seit 2005 den übergeordneten Rahmen für die auswärtige Migrationspolitik der EU und verleiht dem Dialog und der Zusammenarbeit zwischen der EU und Drittstaaten in den Bereichen Migration und Asyl eine Struktur (Gesamtansatz zur Migrationsfrage, Rat der EU, 30.01.2006, 15914/1/05, EV 1, CONCL 3 sowie Gesamtansatz für Migration und Mobilität, KOM(2011) 743 endgültig v. 18.11.2011.). Der GAMM-Rahmen umfasst alle politischen Strategien mit Migrationsbezug, die für die Beziehungen zu Drittstaaten relevant sind, vgl. der Gesamtbericht über die Tätigkeit der Europäischen Union 2012, angenommen durch die Europäische Kommission am 28.01.2013, COM(2013) 19, S. 111.

881 Haager-Programm, a.a.O., unter III., 1., 1.2., S. 7 f.

882 Haager-Programm, a.a.O., unter III., 1., 1.3., S. 8 f.; Haager Aktionsplan, a.a.O., unter 2.3.

EuGH hat in den Urteilen *Elgafaji* und *Salahadin Abdulla u.a.*[883] in diesem Sinne die Verpflichtung konstatiert, die grundrechtliche Dimension der EU-Asylpolitik zu sichern und liefert damit einen wichtigen Beitrag zum Aufbau der RFSR-Acquis im Bereich Asyl.[884]

Sehr aufschlussreich ist die **Leitlinie zur legalen Zuwanderung und den Kampf gegen illegale Beschäftigung**. Denn hier wird im Programm erstmals auf die legale Zuwanderung eingegangen und derselben eine wichtige Rolle beim Ausbau der wissensbestimmten Wirtschaft in Europa sowie bei der Förderung der wirtschaftlichen Entwicklung zugeschrieben.[885] Im Aktionsplan wird die legale Einwanderung einschließlich Zulassungsverfahren anhand von Maßnahmen konkretisieret und auf das Grünbuch zur Wirtschaftsmigration Bezug genommen.[886] Die Einbeziehung der legalen Zuwanderung in die Umsetzung des RFSR ist konstruktiv und für einen Raum der Freiheit längst überfällig. Allerdings bezieht sich diese Zuwanderung lediglich auf einen wirtschaftlichen Hintergrund und ist somit kein umfassendes Freiheitsrecht, wie es in einem RFSR zu erwarten wäre, sodass hier noch Erweiterungsbedarf besteht. Zudem wird die Einrichtung des Informal Competencies Network (ICONET) als ein Internet-gestütztes Informationsnetz für die Migrationsbehörden der Mitgliedstaaten festgelegt.[887] Diese sicherheitsorientierte Maßnahme der Datensammlung enthält wiederum keine Datenschutzbestimmungen oder Ähnliches und vernachlässigt damit das Freiheitselement im RFSR.

Die **Leitlinie zur effizienten Integration von Drittstaatsangehörigen** konstatiert, dass ein kohärenter europäischer Integrationsrahmen sowie insbesondere eine wirkliche Chancengleichheit zur umfassenden Teilhabe in der Gesellschaft zu schaffen ist,[888] und stärkt damit das Freiheitsrecht von Drittstaatsangehörigen in der ansonsten eher protektonisch-sicherheitsorientierten Migrationspolitik des RFSR.[889] Hinsichtlich der externen Dimension von Asyl und Zuwanderung legt das Haager Programm zu der Partnerschaft mit Dritt-, Herkunfts- und Transitländern fest, die Drittländer partnerschaftlich zu unterstützen, um ihre Fähigkeit zur Regulierung von Wanderungsbewegungen und zum Schutz von Flüchtlingen

---

883 EuGH Urteil, C-19/08, 29.01.2009, Petrosian; EuGH Urteil, C-465/07, 17.02.2009, Elgafaji; EuGH Urteile C-175, 176, 178 und 179/08, 02.03.2010, Salahadin Abdulla u.a.

884 Koen, The Contribution of the European Court of Justice to the Area of Freedom, Security and Justice, S. 291 f., 298.

885 Haager-Programm, a.a.O., unter III., 1.4.

886 Haager Aktionsplan, a.a.O., unter 2.4.

887 Haager Aktionsplan, a.a.O., unter 2.6., a–f.

888 Haager-Programm, a.a.O., unter III., 1., 1.5., S. 10 f., Haager Aktionsplan, a.a.O., unter 2.5.

889 Siehe auch das EuGH-Urteil v. 27.06.2006 (*Familienzusammenführung*), Rs. C-540/03, Slg. 2006, I-5769. Siehe auch das frühere EuGH-Urteil v. 25.07.2002 (*MRAX*), Rs. C-459/99, Slg. 2002, I-6591.

zu verbessern.[890] Ebenfalls soll derart die illegale Zuwanderung bekämpft, Grenzschutzkapazitäten aufgebaut, die Rückkehrproblematik angegangen und über legale Zuwanderungsmöglichkeiten informiert werden, wobei Flüchtlingsproblemen durch dauerhafte Lösungen (Regionale Schutzprogramme der EU[891]) zu begegnen ist. Wie bisher enthält die Zuwanderungspolitik des RFSR somit auffällig viele sicherheitsorientierte Maßnahmen, die den eigentlichen freiheitsrechtlichen Gehalt dieses Rechtsbereiches in Vergessenheit geraten lassen. Anschließend konstatiert das Haager Programm jedoch, dass unzureichend regulierte Wanderungsbewegungen zu humanitären Katastrophen führen können, insbesondere bei Versuchen illegal in die EU einzureisen. Daher erkennt der EU-Rat an, dass „die EU im Geiste gemeinsamer Verantwortung zu einem leichter zugänglichen, gerechteren und wirksameren internationalen Schutzsystem in Partnerschaft mit Drittländern beitragen und zum frühestmöglichen Zeitpunkt Zugang zu Schutz und zu dauerhaften Lösungen gewähren muss".[892] Die darin liegende Betonung des Freiheitsrechtes ist notwendig und konstruktiv, es werden jedoch keinerlei konkrete Realisierungsmaßnahmen vorgenommen.

Bei der Festlegung einer wirksamen Rückkehr- und Rückübernahmepolitik wird sodann betont, dass die betreffenden Personen auf humane Weise und unter vollständiger Achtung ihrer Menschenrechte und Würde zurückgeführt werden.[893] Diese (an sich selbstverständliche) Hervorhebung des Freiheitskonzepts innerhalb einer rein sicherheitsorientierten Maßnahme ist zu begrüßen, dennoch lässt sie befürchten, dass die vorherigen Zusicherungen des EU-Rates nicht auf eine freiheitsrechtliche Migration, sondern primär auf eine freiheitsrechtlichere Rückkehrpolitik bezogen waren. Die anschließende Erwägung, ob es im Kontext der europäischen Rückübernahmepolitik angebracht wäre, fallweise die Erteilung von Kurzaufenthaltsvisa an Drittstaatsangehörige, wenn möglich und auf der Grundlage der Gegenseitigkeit, als Teil einer echten Partnerschaft in den

890 Das Zentrum für Migrationsmanagement CIGEM (Zentrum für Information und Migrationsmanagement), das die EU 2008 in Mali errichtet hat, soll über Auswanderungsbedingungen informieren, Hilfen und Unterstützung für Migranten geben, die zurückkehren wollen, über legale Möglichkeiten der Migration informieren, die Methoden der Schlepperbanden offenlegen sowie die aus Mali Ausgewanderten in ihrem Zielland unterstützen (EU-Kommisssion, IP/08/1463 v. 06.10.2008). Vielerorts wird jedoch die Kritik laut, dass es sich vielmehr um einen Außenposten der EU-Festung zur Migrationskontrolle handelt (Sarah M. Rich, „Cooperative Migration Policy, Uncooperative Reality: The E.U.'s Impossible ‚Management' of West African Migration", in: Journal of Public and International Affairs 2010, Vol. 21, Pinceton University, S. 49–72; Florian Trauner/Stephanie Deimel, „The impact of EU migration policies on African countries: the case of Mali", in: International Migration 2013, 51(4). S. 20–32).

891 Haager-Programm, a.a.O., unter III., 1., 1.6.2., S. 12 f.

892 Haager-Programm, a.a.O., unter III., 1., 1.6.1., S. 11 f. sowie 1.6.3., S. 13.

893 Haager Aktionsplan, a.a.O., unter 2.6., g–j.

Außenbeziehungen unter Einschluss der Migrationsangelegenheiten zu fördern[894], lässt jedoch auf eine wirkliche schrittweise Stärkung des Freiheitsrechts von Drittstaatsangehörigen hoffen. Die Maßnahmen des Aktionsplans hierzu sind jedoch wenig konkret.[895]

Die **Leitlinie zur Steuerung der Wanderungsbewegungen** setzt unter dem Verweis auf die Bedeutung der raschen Abschaffung der Binnengrenzkontrollen auf den Ausbau der Außengrenzkontrollen und die Bekämpfung der illegalen Einwanderung durch die Zusammenarbeit mit der zu schaffenden Grenzschutzagentur Frontex[896], mit Europol, Eurojust sowie ggf. einer Europäische Grenzschutztruppe.[897] Der Aktionsplan konkretisiert diese Vorgaben, insbesondere zum Abbau der Binnengrenzkontrollen (besonders SIS II) und zum integrierten Grenzschutz durch gesetzgeberische Maßnahmen.[898] Positiv ist allein, dass hier dargelegt wird, dass die umfassenden Sicherheitsmaßnahmen ihren Ausgangspunkt bei der Freizügigkeit und damit dem Freiheitskonzept haben. Ansonsten enthält diese Leitlinie jedoch ohne Bezugnahme allein sicherheitsorientierte Maßnahmen, die trotz ihrer extremen Vernetzung von Kompetenzen sowie Daten keine weitere freiheitsrechtliche Dimension aufweisen.

Darüber hinaus setzte das Haager Programm bezüglich Biometrie und Informationssystemen fest, dass die Steuerung von Wanderungsbewegungen (einschließlich der Bekämpfung der illegalen Einwanderung) anhand ineinandergreifender Sicherheitsmaßnahmen verstärkt werden sollte, durch die Visaantragsverfahren und Einreise- bzw. Ausreiseverfahren beim Überschreiten der Außengrenzen wirkungsvoll miteinander verbunden werden. Bei dieser ohnehin schon rein sicherheitsorientierten Vorgabe wird zusätzlich hervorgehoben, dass diese Maßnahmen auch von Bedeutung für die Verhütung und Bekämpfung der Kriminalität, insbesondere des Terrorismus, sind. Zur Verwirklichung dieses Zieles wird eine

894 Haager-Programm, a.a.O., unter III., 1., 1.7.3., S. 17 f.

895 Haager Aktionsplan, a.a.O., unter 2.7.

896 Frontex, die Europäischen Agentur für die operative Zusammenarbeit an den Außengrenzen der Mitgliedstaaten der EU, wurde 2004 durch die Verordnung (EG) 2007/2004, ABl. 2004 L 349/1 des Rates der EU v. 26.10.2004 errichtet und stellt damit neben Europol die zweite polizeiliche Sicherheitsbehörde auf EU-Ebene dar. Frontex wurde durch den Rat auf der Grundlage von Art. 62 Abs. 2 lit. a und 66 EGV errichtet, wobei der EuGH hierbei allerdings über die sehr zweifelhafte Wahl der Rechtsgrundlage nicht zu entscheiden hatte (siehe EuGH, Rs. C-77/05, *Vereinigtes Königreich/Rat*, Slg. 2007, I-000), Monar, Der RFSR im Verfassungsvertrag des Konvents, S. 540. Siehe speziell zu Frontex unter Mintze Beuving, „Frontex: Its Role and Organisation“, in: The institutional Dimension of the European Unions's Area of Freedom, Security and Justice; Jörg Monar (Hrsg.), Peter Lang Verlag, Brüssel 2010, S. 217–232 m.w.N.

897 Haager-Programm, a.a.O., unter III., 1., 1.7.1., S. 14 ff.

898 Haager Aktionsplan, a.a.O., unter 2.8., a–j.

harmonisierte Vorgehensweise in der EU in Bezug auf biometrische Identifikatoren oder Daten konstatiert.[899]

Zudem ist die Effizienz und Interoperabilität zwischen dem Schengener Informationssystem (SIS II), dem Visa-Informationssystem (VIS) und Eurodac zu prüfen, damit diese EU-Informationssysteme zur Bekämpfung der illegalen Einwanderung optimiert und die Grenzkontrollen verbessert werden können. Dabei ist jedoch dem Erfordernis, „das richtige Verhältnis zwischen Strafverfolgungszwecken und der Wahrung der Grundrechte zu finden", Rechnung zu tragen.[900] Im Aktionsplan werden diese Vorgaben, insbesondere das kohärente und harmonisierte Vorgehen für biometrische Identifikation bzw. Daten im RFSR und die größeren Synergien zwischen SIS II, VIS und Eurodac mit gesetzgeberischen Maßnahmen konkretisiert.[901] Auch hier wird somit allein auf das Sicherheitskonzept des RFSR abgestellt und eine umfangreiche Informations- sowie Datenvernetzung festgesetzt ohne das Freiheitskonzept des RFSR konkret einzubeziehen. Der Verweis auf die Verhältniswahrung ist ein Schritt in die richtige Richtung, jedoch bei Weitem nicht konkret genug. Besonders die fortschreitende Informations- und Kommunikationstechnologie sowie biometrische Identifikation im RFSR macht es notwendig die Beziehung zwischen der öffentlichen Ordnung sowie den Bürgern zu überdenken und einem angemessenen Verhältnis von Freiheit und Sicherheit höchste Priorität einzuräumen, was hier offensichtlich nicht gegeben ist.[902]

Zu der Visumpolitik wird im Programm und Aktionsplan aufgeführt, dass diese weiterzuentwickeln ist, um legale Reisen zu erleichtern und die illegale Einwanderung zu bekämpfen.[903] Dabei wird die Relevanz der Verwirklichung des VIS, beginnend u.a. mit der Eingabe der alphanumerischen Daten, der Lichtbilder und der biometrischen Daten festgelegt ohne dabei auf freiheitsrechtliche Aspekte wie den Datenschutz einzugehen, was unangemessen ist.

b) Stärkung der Sicherheit

Im Rahmen der Schwerpunktsetzung zur „Stärkung der Sicherheit" im RFSR stellt das Haager Programm hinsichtlich der **Leitlinie zur Verbesserung des Informationsaustauschs** fest, dass ein Konzept für den grenzüberschreitenden Austausch von strafverfolgungsrelevanten Informationen erforderlich ist, welches sich

---

899 Die Speicherung digitaler Fingerabdrücke auf deutschen Reisepässen ist zulässig, da das EU-Recht der Speicherung biometrischer Daten auf Pässen nicht entgegensteht, vgl. EuGH, Urteil v. 17.10.2013, Rs. C-291/12.

900 Haager-Programm, a.a.O., unter III., 1., 1.7.2., S. 16 f.

901 Haager Aktionsplan, a.a.O., unter 2.8., k–o.

902 Balzacq/Carrera – Bearb, Security versus freedom? A challenge for Europe's future, S. 276.

903 Haager-Programm, a.a.O., unter III., 1., 1.7.1.; Haager Aktionsplan, a.a.O., unter 2.9.

nach dem neu eingeführten Grundsatz der Verfügbarkeit richtet.[904] Als Methoden für diesen Informationsaustausch werden der gegenseitige Zugriff auf nationale Datenbanken, deren Interoperabilität oder ein direkter (Online-)Zugang, auch für Europol, zu den bestehenden zentralen Datenbanken der EU wie beispielsweise SIS genannt.[905] Im Aktionsplan werden diese Festsetzungen durch gesetzgeberische Maßnahmen zum Informationsaustausch zwischen den mitgliedstaatlichen Strafverfolgungs- und Justizbehörden mittels des Verfügbarkeitsgrundsatzes und unter Wahrung eines ausgewogenen Verhältnisses zwischen Datenschutz- und Sicherheitsinteressen konkretisiert. Dabei wird der Verfügbarkeitsgrundsatz für DNA, Fingerabdrücke, ballistische Daten, Telefonnummern, Kfz-Registrierungen und Personenstandsregister festgelegt. Zudem werden verstärkte Synergien zwischen SIS II, VIS und Eurodac sowie eine Verbindung zwischen SIS II und dem Europol-Informationssystem konstatiert.[906]

Die genannten umfangreichen Maßnahmen zum Informationsaustausch erweitern die Vernetzung der genannten Daten erheblich und somit auch die Gefahr von Eingriffen in das Freiheitsrecht des Einzelnen, vor allem in Form von Grundrechtsverletzungen. Auf die Wahrung des Freiheitsrechtes, an dem sich jegliche Sicherheitsmaßnahmen im RFSR zu orientieren haben, wird jedoch nur an einer Stelle knapp und pauschal eingegangen, indem die Wahrung eines ausgewogenen Verhältnisses zwischen Datenschutz- und Sicherheitsinteressen bestimmt wird. Diese Festsetzung ist zwar positiv, jedoch angesichts der umfangreichen sowie expliziten sicherheitsorientierten Informationsaustauschmaßnahmen bei weiten nicht konkret genug. Der grenzüberschreitende Austausch von strafverfolgungsrelevanten Informationen ist in einem RFSR sicherlich in vielerlei Hinsicht sinnvoll, jedoch muss diese sicherheitsorientierte Maßnahme den Fokus das Verhältnis zum Freiheitsrecht angemessen wahren. Dieses ist hier eindeutig nicht gegeben.

Bezüglich der **Leitlinie zum Terrorismus** betont das Haager Programm, dass der Terrorismus unter „uneingeschränkter Wahrung der Grundrechte“ wirksam

---

904 Dies bedeutet die grundsätzliche Anerkennung der Rechtswirksamkeit polizeilicher oder justitieller mitgliedstaatlicher Zwangsmaßnahmen in allen anderen EU-Staaten, sodass der jeweilige Vollstreckungsstaat seine sicherheitsrechtlichen Instrumente zugunsten des Verfolgerstaates ohne Rücksicht darauf einsetzen kann, ob der anerkennte Rechtsakt mit der eigenen Rechtsordnung im Einklang steht, z.B. dort strafbar ist. So kann unionsweit ein Strafverfolgungsbeamter in einem Mitgliedstaat, der für die Erfüllung seiner Aufgaben Informationen benötigt, diese aus einem anderen Mitgliedstaat erhalten und die Strafverfolgungsbehörde in dem anderen Mitgliedstaat, die über diese Informationen verfügt, sie für den erklärten Zweck bereitstellen. Vgl. Hirsch, Bemerkungen zum Schutz der Grundrechte im „Raum der Freiheit, der Sicherheit und des Rechts“ der Europäischen Gemeinschaft, S. 312.

905 Haager-Programm, a.a.O., unter III., 2., 2.1., S. 18 f.

906 Haager Aktionsplan, a.a.O., unter 3.1.

verhütet und bekämpft werden muss.[907] Dieser Ausgleich von Freiheits- und Sicherheitselement ist beispielhaft und zu begrüßen. Allerdings wird sodann detailliert aufgeführt, dass Europol sowie Eurojust verstärkt eingesetzt werden sollten und der Informationsaustausch auf hochrangiger Ebene zwischen den Sicherheitsdiensten beizubehalten ist.[908] Hier wird auf das Freiheitskonzept des RFSR nicht mehr eingegangen. Auch im Aktionsplan, in dem umfassende konkretisierende gesetzgeberische Maßnahmen zur Entwicklung eines Gesamtkonzepts für die Terrorismusbekämpfung dargelegt werden[909] und u.a. die Einrichtung spezialisierter mitgliedstaatlicher Kontaktstellen mit Zugang zu allen erforderlichen Informationen sowie nachrichtendienstlichen Erkenntnissen mit Bezug zu terroristischen Aktivitäten[910] sowie die Einrichtung eines europäischen Strafverfolgungsnetzes (LEN) bestimmt sind[911], wird das Freiheitkonzept des RFSR nicht weiter erwähnt. Angesichts dieser detaillierten Sicherheitsmaßnahmen mit ihrem erheblichen Auswirkungspotential auf das Freiheitsrecht der Bürger, ist das unverhältnismäßig.

Bezüglich der **Leitlinie zur polizeilichen Zusammenarbeit** stellt das Haager Programm für die wirksame Bekämpfung der grenzüberschreitenden Schwerkriminalität sowie des Terrorismus darauf ab, die praktische Zusammenarbeit zwischen den mitgliedstaatlichen Polizei- und Zollbehörden sowie mit Europol zu intensivieren. Ferner sollen Europol und Eurojust den Einsatz von gemeinsamen Ermittlungsgruppen der Mitgliedstaaten und ihre Teilnahme an diesen Gruppen fördern.[912] Ein weiterer Schwerpunkt ist die Koordinierung sowie Überwachung der grenzüberschreitenden operativen Zusammenarbeit durch die Strafverfolgungsbehörden und andere Behörden im RFSR.[913] Der Aktionsplan nennt darauf bezogen zahlreiche konkrete Maßnahmen, besonders zur grenzüberschreitenden operativen Zusammenarbeit.[914] In beiden Dokumenten sind damit ausschließlich sicherheitsorientierte Maßnahmen festgelegt, die eine für das Freiheitselement im RFSR tendenziell problematische Zusammenführung von Kompetenzen beinhalten und keinen freiheitsrechtlichen Bezug aufweisen.

Ein weiterer Schwerpunkt des Haager Programmes sowie des Aktionsplanes ist die **Leitlinie zur Bewältigung von Krisen mit grenzüberschreitender Wirkung** innerhalb der EU.[915] Diese hat das Ziel die innere Sicherheit in der EU

907 Haager-Programm, a.a.O., unter III., 2., 2.2., S. 19 ff.
908 Haager-Programm, a.a.O., unter III., 2., 2.2., S. 19 ff.
909 Haager Aktionsplan, a.a.O., unter 3.2.
910 Haager Aktionsplan, a.a.O., unter 3.2., c.
911 Haager Aktionsplan, a.a.O., unter 3.2., d.
912 Haager-Programm, a.a.O., unter III., 2., 2.3., S. 21 ff.
913 Haager-Programm, a.a.O., unter III., 2., 2.5., S. 25.
914 Haager Aktionsplan, a.a.O., unter 3.4.
915 Der am 27. Mai 2005 unterzeichnete Vertrag über die Vertiefung der grenzüberschreitenden Zusammenarbeit, insbesondere zur Bekämpfung des Terrorismus, der grenzüberschreitenden Kriminalität und der illegalen Migration (sog. Prümer Vertrag, Ratsdokument 10900/05, CRIMORG 65 vom 07.07.2005) führt die mit dem SDÜ begonnene verstärkte polizeiliche und justizielle Zusammenarbeit einzelner

zu gewährleisten.[916] Auch diesem Schwerpunkt ist kein Bezug zum Freiheitsrecht gegeben, was aufgrund dessen, dass das Sicherheitskonzept des RFSR allein zur Gewährleistung des Freiheitskonzepts bestehen kann, nicht hinnehmbar ist.

Als **Leitlinie der Kriminalprävention** setzten das Haager Programm sowie der Aktionsplan die Schaffung eines europäischen Instrumentariums für die Sammlung, die Analyse und den Vergleich von Informationen über Kriminalität und Viktimisierung sowie über deren jeweilige mitgliedstaatliche Entwicklung fest und beschließen dazu diverse Datenquellen als vereinbarte Indikatoren heranzuziehen, die durch Eurostat bei den Mitgliedstaaten erhoben werden.[917] Auch bei der **Leitlinie zur Bekämpfung der organisierten Kriminalität und Korruption** sind Partner wie Europol, Eurojust, die Task Force der Polizeichefs, das ENKP (Europäische Netz für Kriminalprävention) und die EPA (Europäische

---

Mitgliedstaaten fort und wird daher auch als Schengen III bezeichnet. Der Prümer Vertrag ist jedoch kein EU-, sondern ein zwischenstaatliches Abkommen (siehe Art. 1 Abs. 2 Prümer Vertrag). Nachdem aber in den Schlussfolgerungen des Europäischen Rates von Tampere (Oktober 1999) und erneut im Haager Programm (November 2004) die Erforderlichkeit einer Verbesserung des Informationsaustausches bezüglich der Strafverfolgung zwischen den EU-Mitgliedstaaten bekräftigt wurde, sind durch den sog. Prümer Beschluss des Rates (Beschluss 2008/615/JI des Rates v. 23. Juni 2008, ABl. EU 2008 Nr. L 210, S. 1 sowie den Durchführungsbeschluss 2008/616/JI, ABl. EU 2008 Nr. L 210, S. 12) jedoch sämtliche Bestimmungen des Vertrages von Prüm, die der polizeilichen und justiziellen Zusammenarbeit in Strafsachen zuzurechnen sind, in den Rahmen des Titels VI EUV-Nizza überführt und gelten seitdem als EU-Recht für alle Mitgliedstaaten. Für die EU-Mitgliedstaaten ist seitdem hinsichtlich solcher Sachverhalte daher das EU-Recht und nicht mehr der Prümer-Vertrag anwendbar. Hinsichtlich diejenigen Regelungen des Prümer Vertrages, die anderen Bereiche des RFSR zuzurechnen sind und nicht vergemeinschaftet wurden, gilt aber auch für die EU-Mitgliedstaaten weiterhin der Prümer-Vertrag. Der für den RFSR relevante Prümer-Beschluss und damit die vergemeinschafteten Normen des Vertrages von Prüm haben vor allem die Verbesserung des Informationsaustausches zwischen den für die Verhinderung und Verfolgung von Straftaten zuständigen Behörden zum Inhalt. So enthält der Beschluss Regelungen hinsichtlich der automatisierten Übermittlung von DNA-Profilen, daktyloskopischen Daten und bestimmten Daten aus nationalen Fahrzeugregistern, der Übermittlung von Daten im Zusammenhang mit Großveranstaltungen, der Übermittlung von Informationen zur Verhinderung terroristischer Straftaten sowie anderer Maßnahmen zur Vertiefung der grenzüberschreitenden polizeilichen Zusammenarbeit (Vgl. Art. 1 des Prümer Beschluss. Zum Vertrag von Prüm siehe ausführlich unter Hummer, EuR 2009, S. 517–529 sowie zu der Kritik der Umgehung des EU-Rechts, insbesondere des EU-Parlaments unter Papayannis, ZEuS, S. 220 ff., 239 ff. sowie Haack, Der RFSR im Vertrag von Lissabon – Rhetorik oder Integrationsschub?, S. 227).

916 Haager-Programm, a.a.O., unter III., 2., 2.4., S. 24; Haager Aktionsplan, a.a.O., unter 3.5.

917 Haager-Programm, a.a.O., unter III., 2., 2.6., S. 25 f.; Haager Aktionsplan, a.a.O., unter 3.6.

Polizeiakademie) verstärkt einzubeziehen.[918] Im Aktionsplan werden dazu Maßnahmen zur konsequenten Sammlung und Auswertung von Informationen zum verbesserten Kenntnisstand über die organisierte sowie schwere Kriminalität[919] und zur Korruptionsbekämpfung[920] bestimmt. Auch bei diesen letzten beiden Leitlinien handelt es sich um allein sicherheitsorientierte Maßnahmen, die eine erhebliche Datensammlung und Zusammenführung von Kompetenzen beinhalten, ohne dabei auf die Freiheitsrechte der betroffenen Bürger einzugehen. Dieses bedingt ein erhebliches Ungleichgewicht zwischen dem Sicherheits- und dem Freiheitselement im RFSR.

c) Stärkung des Rechts

Zu Beginn der Ausführungen hinsichtlich der „Stärkung des Rechts" im RFSR wird im Haager Programm konstatiert, dass die Schaffung eines Europas der Bürger weiter vorangebracht werden muss und der entstehende Europäische Rechtsraum in diesem Zusammenhang eine wichtige Rolle spielt.[921] Die darin liegende Betonung der Ausrichtung der Justiziellen Zusammenarbeit auf die Menschen in dem RFSR ist wesentlich für die Europäische Integration und stärkt das Freiheitsrecht der Bürger im RFSR.

Sodann wird als erste **Leitlinie der Europäische Gerichtshof** genannt. Konkret unterstreicht das Haager Programm die Bedeutung des EuGH in dem RFSR, befürwortet dessen Befugniserweiterung und konstatiert, dass im Interesse der europäischen Bürger sowie des Funktionierens des RFSR sichergestellt werden muss, dass der EuGH über Rechtsfragen rasch entschieden kann, insbesondere bezüglich von Vorabentscheidungsersuchen.[922] Dieses ist ein positives Novum, da der Wiener Aktionsplan und auch das Tampere-Programm auf dieses wichtige EU-Organ, vor allem für den RFSR, bisher nicht eingegangen sind. Die Hervorhebung der Relevanz des EuGH für den RFSR und die Förderung dessen umfassender Arbeitsweise im RFSR stärkt das Freiheitsrecht im RFSR und ist ein längst überfälliger Schritt. Dieser Befund wird jedoch dadurch erheblich geschmälert und teilweise ad absurdum geführt, dass der Aktionsplan hinsichtlich des EuGH keine Konkretisierungen aufweist.

Im Rahmen der **Leitlinie zur Festigung des gegenseitigen Vertrauens in der Justiziellen Zusammenarbeit** wird die uneingeschränkte Achtung der Unabhängigkeit der Justiz explizit festgehalten[923] und im Aktionsplan bestätigend in die Konkretisierung aufgenommen.[924] Das mag eine Selbstverständlichkeit sein,

---

918 Haager-Programm, a.a.O., unter III., 2., 2.7., S. 26.
919 Haager Aktionsplan, a.a.O., unter 3.3., b–f.
920 Haager Aktionsplan, a.a.O., unter 3.3., l–m.
921 Haager-Programm, a.a.O., unter III., 3., S. 26.
922 Haager-Programm, a.a.O., unter III., 3., 3.1., S. 27.
923 Haager-Programm, a.a.O., unter III., 3., 3.2., S. 27 f.
924 Haager Aktionsplan, a.a.O., unter 4.1.

jedoch ist diese Hervorhebung ein deutliches Signal zugunsten des Freiheitskonzepts in dem ansonsten sehr sicherheitsorientierten RFSR.

In einer weiteren Leitlinie konstatiert das Haager Programm, dass der **Ausbau der Justiziellen Zusammenarbeit in Strafsachen** wesentlich ist, damit in angemessener Weise an die Ermittlungen der mitgliedstaatlichen Strafverfolgungsbehörden und Europols angeknüpft werden kann.[925] Diese Schwerpunktsetzung wird durch zahlreiche Konkretisierungen im Aktionsplan bestätigt, indem u.a. im Rahmen des Grundsatzes der gegenseitigen Anerkennung und der Rechtsangleichung von Vorschriften primär auf sicherheitsorientierte Rechtsbereiche wie die Vorbestraftenkartei für in der EU verurteilte Drittstaatsangehörige und den Europäischen Haftbefehl eingegangen wird.[926] Damit wird die Justizielle Zusammenarbeit in Strafsachen zuvorderst auf das Sicherheitskonzept des RFSR bezogen, ohne eine freiheitsrechtliche Dimension einzubringen, was rechtsstaatlichen Grundsätzen widerspricht.

Demgegenüber wird im Haager Programm hinsichtlich der justiziellen Zusammenarbeit in Zivilsachen die Erleichterung grenzüberschreitender Zivilverfahren als wichtigstes politisches Ziel deklariert, damit die Grenzen zwischen den europäischen Ländern kein Hindernis[927] mehr für die EU-Bürger darstellen. Zudem wird die Relevanz der gegenseitigen Anerkennung gerichtlicher Entscheidungen als ein effizientes Mittel betont, mit dem die Rechte der Bürger geschützt und über die europäischen Grenzen hinweg durchgesetzt werden können.[928] Beide Leitlinien werden durch zahlreiche Maßnahmen im Aktionsplan konkretisiert[929] und stärken das Freiheitsrecht der Bürger angesichts der Dominanz des Sicherheitskonzepts im RFSR.

d) RFSR-Außendimension

Abschließend merkt der Europäische Rat im Haager Programm hinsichtlich der RFSR-Außendimension[930] an, dass auf der Grundlage des Programmes eine Strategie vorzulegen ist, die alle externen Aspekte der Unionspolitik für Freiheit, Sicherheit und Recht umfasst.[931] Im Gegensatz zum Tampere-Programm ist hier mithin der Fokus auf das Freiheits- und das Sicherheitselement des RFSR gleichermaßen gelegt und keine Hervorhebung des Sicherheitskonzepts gegeben. Diese Gewichtung wird im Aktionsplan bestätigt und durch die Festlegung einer Strategie zu allen externen Aspekten der Unionspolitik im RFSR konkretisiert.[932]

---

925 Haager-Programm, a.a.O., unter III., 3., 3.3., S. 28.
926 Haager Aktionsplan, a.a.O., unter 4.2.
927 Haager-Programm, a.a.O., unter III., 3., 3.4.1., S. 30.
928 Haager-Programm, a.a.O., unter III., 3., 3.4.2., S. 31 f.
929 Haager Aktionsplan, a.a.O., unter 4.3.
930 Siehe hierzu auch eingehend bei Kraus-Vonjahr, S. 275 ff.
931 Haager-Programm, a.a.O., unter III., 4., S. 33.
932 Haager Aktionsplan, a.a.O., unter 1.5.

e) Ergebnis

Das Haager Programm und der Aktionsplan weisen erfreulicherweise eine erheblich konkretere Umsetzung der primärrechtlichen Vorgaben auf als die Amsterdamer-Umsetzungsdokumente zum RFSR, indem sie inhaltlich ergiebiger und bei Weitem substantiierter sowie differenzierter ausgestaltet sind. So sind die Vorgaben zur Umsetzung der aufgeführten Leitlinien und Prioritäten im Haager Programm expliziter, ausführlicher und mit Fristen versehen. Auch der Aktionsplan ist detaillierter, indem er konkret formulierte gesetzgeberische und nicht gesetzgeberische Maßnahmen sowie die Zeitpunkte der anvisierten Maßnahme benennt. Ebenso sind statistische Instrumentarien genannt, um den Stand des Umsetzungsdefizits zu erkennen.[933]

Das hier relevante Verhältnis von Freiheit und Sicherheit im RFSR hat in den Haager Umsetzungsdokumenten jedoch wenig Niederschlag gefunden. Zwar ist als leitende Zielsetzung im Haager Programm der Schutz der Grundrechte angegeben, der operative Fokus ist jedoch auf sicherheitsbezogene Maßnahmen ausgerichtet. So liegt der Schwerpunkt der Haager Dokumente zuvorderst auf dem Informationsaustausch durch den Ausbau bestehender Datenbanken und den gemeinsamen Zugriff hierauf anhand des Prinzips der Verfügbarkeit, der grenzüberschreitenden polizeilichen und justiziellen Zusammenarbeit (insb. Terrorismusbekämpfung), einem restriktiven „Border Management", biometrischen Identifikatoren und dem Ausbau[934] der Sicherheitsforschung. In den allgemeinen Ausführungen und auch in den wesentlicheren Leitlinien liegt der Schwerpunkt damit weiterhin verstärkt auf dem Sicherheitskonzept des RFSR, während das Freiheitsrecht nur eine Nebenrolle spielt.[935]

Angesichts der konkreteren Regulierungen der Haager-Dokumente wirkt sich dieses Ungleichgewicht verstärkt aus. So sind nicht nur die meisten Schwerpunktsetzungen auf das Sicherheitselement ausgerichtet, sondern diese damit überwiegenden sicherheitsorientierten Ausführungen auch noch sehr viel detaillierter festgesetzt und umfangreicher konkretisiert als die freiheitsrechtlichen Regulierungen. Die wenigen Leitlinien zugunsten des Freiheitselements im RFSR sind damit hingegen deutlich knapper gestaltet und erfahren auch keine derart breite Konkretisierung. Zudem beinhalten gerade die Umsetzungsmaßnahmen zum „Raum der Freiheit" vielfach Abschottungsmaßnahmen, welche zuvorderst auf die Verringerung der Einwanderung sowie auf eine verbesserte Sicherung der Außengrenzen ausgerichtet sind[936] und wenig konstruktive Festsetzungen zugunsten der Grundrechte sowie dem Ausbau des Freiheitsrechts im RFSR beinhalten. Diese

933 Brown, The Stockholm solution, S. 482 ff., 498 f.

934 So auch EU-Kommission, Vertretung in Deutschland, EU-Nachrichten, Themenheft Nr. 10/2005, S. 20.

935 So auch Kaunert, Construction of a ‚European Public Order', S. 480 f.

936 Haager Programm, 16054/04, S. 7, unter III. 1. So auch Bogdandy/Bast – Monar, S. 759.

Aspekte werden den meisten Menschen in der EU sicherlich nicht mit dem Terminus „Freiheit" in Verbindung gebracht, was berechtigt ist, wie die Ausführungen unter Teil III gezeigt haben.

Des Weiteren trägt zu dem Ungleichgewicht zwischen Freiheit und Sicherheit bei, dass die Sicherheitsmaßnahmen deutlich vermehrt Regularien der Datensammlung und -Vernetzung beinhalten, jedoch keine ausreichenden freiheitsrechtlichen Schutzmaßnahmen proportional hierzu. Diese Weiterentwicklung der informationellen Zusammenarbeit ist in nahezu allen relevanten Handlungsfeldern des RFSR zu finden und damit das wesentliche Anliegen der Haager Dokumente. Dabei liegt der Fokus nicht nur auf der institutionellen Zusammenarbeit durch u.a. SIS II, VIS, oder Europol[937]. Vielmehr ist die Optimierung des unmittelbaren informationellen Kontakts der mitgliedstaatlichen Behörden auch durch z.B. ein Netz nationaler Experten und spezifische Einrichtungen wie Europol, Eurojust, ENKP und Frontex einbezogen und kann bis zu der Durchführung gemeinsamer operativer Maßnahmen anhand von Ermittlungsgruppen reichen.[938]

Hinsichtlich des Freiheitsrechts ist zu kritisieren, dass an der erheblich eingeschränkten EuGH-Zuständigkeit hinsichtlich der Kontrolle von Europol-Maßnahmen nichts verändert wird und die Europol-Konvention in weiten Teilen mit demokratischen Prinzipien unvereinbar ist.[939] Auch ist es unverständlich, dass die Umsetzungsdokumente keine konkreten Ausführungen zum EuGH und der gerichtlichen Kontrolle im RFSR sowie dem Europäischen Parlament beinhalten. Denn dieses eklatante politische Demokratiedefizit steht in einem wachsenden Spannungsverhältnis zu der wachsenden Integration und schwächt das Freiheitsrecht, insbesondere in der PJZS.[940] Die Dominanz der exekutiven Zusammenarbeit bedingt ein Defizit an demokratischer Kontrolle, sodass in einem besonders sensiblen RFSR-Bereich eine exekutive Fixierung fortbesteht.[941] Dadurch ist inzwischen im RFSR ein kaum noch überschaubares Geflecht von Beschlüssen, Protokollnotizen, Gremien und Eingriffsrechten entstanden. Die Entscheidungsfreiheit der nationalen Parlamente und ihre Eigenverantwortung werden dabei zur politischen Fiktion.[942]

Insgesamt fokussieren sich die Umsetzungsdokumente somit deutlich auf Sicherheit, während Freiheit vor allem als ein Instrument dargestellt wird, um die Sicherheit zu maximieren und zuvorderst durch die Augen der Polizei, des

---

937 Ebenso Jäger, S. 257.

938 Haager-Programm, a.a.O., unter III., 1.7, 2.3, 2.6, S. 6 ff.

939 Hirsch, Bemerkungen zum Schutz der Grundrechte im „Raum der Freiheit, der Sicherheit und des Rechts" der Europäischen Gemeinschaft, S. 312.

940 Hirsch, Bemerkungen zum Schutz der Grundrechte im „Raum der Freiheit, der Sicherheit und des Rechts" der Europäischen Gemeinschaft, S. 315.

941 Glaeßner/Lorenz, S. 31.

942 Hirsch, Bemerkungen zum Schutz der Grundrechte im „Raum der Freiheit, der Sicherheit und des Rechts" der Europäischen Gemeinschaft, S. 314.

Geheimdienstes und der Einwanderungsbehörden gesehen sowie auf einen beschützten Ort limitiert wird.[943] Damit marginalisiert das Haager Programm den Schutz der Grundrechte sowie den Grundsatz der demokratischen Rechenschaftspflicht und gerichtlichen Kontrolle zulasten des Freiheitsrechts im RFSR. Die Gesamtpriorität des Programms ist eindeutig die Stärkung der Sicherheit mit der Folge, dass die RFSR-Politik und -Rechtsrahmen nicht die notwendigen Mechanismen für die Schaffung eines RFSR auf der Grundlage der Freiheit aller bietet.[944]

Damit spiegelt sich in den Haager Dokumenten wider, dass es in dem RFSR nach dem 11. September 2001 als normativer defining point[945] ein massiver Aufbau sicherheitsrelevanter Bestrebungen strafrechtlicher und strafverfahrensrechtlicher Art stattgefunden hat.[946] Das durch die Terrorangriffe ausgelöste Entsetzen hat die Wahrnehmung von Sicherheit in der EU stark verändert und den RFSR für die Tendenz empfänglich gemacht, den Standard des Grundrechtsschutzes zugunsten der Terrorismusbekämpfung herabzusetzen[947] und den Zielwert Freiheit so zur Disposition zu stellen.[948] Die Argumente für eine verschärfte Sicherheitspolitik werden dabei in dem neuartigen Ausmaß der Gefahr sowie den Besonderheiten des fanatisierten Terrors gesehen.[949] Nach den Ereignissen des 11. September 2001 diente dieses Datum somit oftmals als „Chiffre" im RFSR, um (häufig durch beschleunigte Verfahren) die Kompetenzen der Sicherheitsbehörden auszuweiten, Regelungen für Einwanderung und Asyl zu verschärfen sowie umfangreiche Fahndungs- und Kontrollmaßnahmen durchzuführen, ohne deren Zweckmäßigkeit und Angemessenheit vorab gebührend zu prüfen.[950] Eine angemessene demokratische Kontrolle sowie Legitimation wurde hierbei ohne Widerspruch geschwächt, insbesondere indem den Parlamenten im Rahmen der schnellen Annahmeverfahren wenig Zeit und in einigen Fällen auch keine Autorität gegeben wurde, um die Sicherheitspakete des Rates zu prüfen.[951]

---

943 Balzacq/Carrera – Bearb, Security versus freedom? A challenge for Europe's future, S. 5 f., 36, 41 f., 85.

944 Bigo/Carrera/Guild/Walker, The Changing Landscape of European Liberty and Security, S. 14.

945 Kaunert, European Internal Security – Towards supranational governance in the AFSJ, S. 220.

946 Hirsch, Bemerkungen zum Schutz der Grundrechte im „Raum der Freiheit, der Sicherheit und des Rechts" der Europäischen Gemeinschaft, S. 311.

947 Limbach, Ist die kollektive Sicherheit der Feind der individuellen Freiheit?, S. 3.

948 Wolfgang Hoffmann-Riem, Freiheit und Sicherheit im Angesicht terroristischer Anschläge, in: Zeitschrift für Rechtspolitik 2002, Beck Verlag, München 2002, S. 497–501 (498).

949 Limbach, Ist die kollektive Sicherheit der Feind der individuellen Freiheit?, S. 4.

950 Knelangen, Die innen- und justizpolitische Zusammenarbeit der EU und die Bekämpfung des Terrorismus, S. 143. So auch den Boer, S. 17 f.

951 Anderson/Apap, Striking a Balance between Freedom, Security and Justice in an enlarged European Union, S. 7 f.

Zudem sind die angenommenen Maßnahmen im Wesentlichen Maße auf größere Kontroll- und Eingriffsmöglichkeiten der Behörden ausgerichtet, was die repressive Tendenz der EU im RFSR weiter vertieft hat.[952] Besonders gravierend ist zudem, dass eilig Sicherheitsvorschriften verschärft und die Kompetenz der Sicherheitsapparate erweitern wurden, anstatt die geltenden Sicherheitsgesetze voll auszuschöpfen sowie daraufhin zu überprüfen, ob eventuelle Sicherheitslücken auf Mängeln in den Sicherheitsorganen zurückzuführen sind und ob das vorhandene RFSR-Instrumentarium effektiver eingesetzt werden könnte.[953] Derartige Vollzugsdefizite liegen im RFSR oftmals darin, dass diejenigen mitgliedstaatlichen sowie EU-Behörden, die die Sicherheitsmaßnahmen anwenden sollen, personell und materiell nicht hinreichend dafür ausgestattet sind. Somit besteht für die getätigten Verschärfungen von Freiheitsrechten der Bürger, wie etwa der Einschränkung des Rechts auf Datenschutz kein Anlass.[954]

Natürlich mussten die Mitgliedstaaten und die EU im Rahmen des RFSR auf den 11. September 2001 reagieren, aber ein nicht unerheblicher Teil der danach angenommenen Anti-Terror-Maßnahmen hat erhebliche Auswirkungen auf die Freiheitsrechte der Bürger.[955] Als Beispiel sind hier die Befugnisse zur Beschlagnahme von Bankkonten terrorismusverdächtiger Personen, zur Einführung biometrischer Datenbanken sowie zur Speicherung von Telekommunikationsdaten ohne Verdacht auf Vorrat zu nennen.[956] So werden die persönlichen Identifikationsmerkmale der Fingerabdrücke und biometrischen Gesichtsscans seit dem 01.11.2007 von jedem EU-Bürger erfasst, der einen neuen Pass beantragt. Diese Maßnahmen sollen den Behörden ermöglichen Daten zu sammeln, die für Fahndungen nützlich sein könnten – verdachtsunabhängig und auf Vorrat erfolgt der damit bedingte „Generalverdacht“ explizit im Namen der Verbrechens- und Terrorbekämpfung im RFSR. Diese Sicherheitsmaßnahmen basieren auf der umstrittenen EG-Verordnung Nr. 2252/04, die durch ein EuGH-Urteil mit der Argumentation bestätigt wurde, dass der Grundrechtseingriff in das Recht auf Achtung des Privatlebens und auf Schutz personenbezogener Daten gemäß Art. 8 GRC durch das Gemeinwohlziel des Schutzes vor Passfälschungen sowie der betrügerischen Verwendung von Reisepässen gerechtfertigt sei.[957] Damit wurde im RFSR nach dem 11. September 2001

952 Monar, Die EU als RFSR und die Herausforderung des internationalen Terrorismus, S. 181. Analyse und Bewertung der Antworten der EU auf den 11. September 2001 im Rahmen des RFSR: Monar, Die EU als RFSR und die Herausforderung des internationalen Terrorismus, S. 172–181.

953 Meyer, Im Spannungsfeld von Sicherheit und Freiheit, S. 3 f., S. 10 ff.

954 Entschließung der Datenschutzbeauftragten des Bundes und der Länder bei ihrem Sondertreffen in Bonn am 1. Oktober 2001.

955 Tretter, Die EU aus datenschutzrechtlicher Sicht – Ein RFSR?, S. 35.

956 Hirsch, Terrorbekämpfung und Bürgerrechte, S. 44 f.

957 EuGH Urteil v. 17.10.13, C 291/12. Die Fingerabdruck-Pflicht greife zwar in das Recht auf Achtung des Privatlebens und auf Schutz personenbezogener Daten gemäß Art. 8 GRC ein. Der Grundrechtseingriff sei jedoch jedenfalls durch das

eine erhebliche innenpolitische Aufrüstung vollzogen und dabei eine gravierende Demontage des Freiheitsrechts bewirkt.[958]

Insbesondere vor dem Hintergrund der Terroranschläge von New York, Madrid und London unterliegt eine Vielzahl von Menschen der Annahme, dass Sicherheit an erster Stelle und Freiheit nur an zweiter stehen muss, um den heutigen Gefahren zu begegnen.[959] Die Gegner des Sicherheit-als-erstes Arguments werden dabei allzu leichtfertig als „Idealisten" dargestellt.[960] Dabei ist der RFSR jedoch im Prinzip der Freiheit verwurzelt. Sicherheit ist nur ein Werkzeug zur Unterstützung der Freiheit, welches durch die Herrschaft des Rechts und unter Menschenrechtsverpflichtungen angewendet werden muss. Es besteht die Notwendigkeit Demokratie und die individuellen Freiheiten als die wichtigsten Ziele zu begreifen. Dass bedingt, dass Sicherheitsmaßnahmen und -praktiken liberal-demokratische Prinzipien nicht länger gefährden dürfen, um eine totalitäre Überwachungsordnung zu vermeiden.[961]

Ansonsten werden anhand des „maximale Sicherheit"-Arguments die demokratische Prinzipien zerstört, die es eigentlich schützten soll.[962] Diesem muss gerade im RFSR ein besonderes Augenmerk gelten, da der RFSR aufgrund seiner spezifischen Rechtsmaterie leicht von politischen Schocks beeinflussbar ist, wie sich an den aufgezeigten Vorgängen nach dem 11. September 2001 erkennen lässt.[963] Angesichts dessen, dass im RFSR dadurch immer mehr Sicherheitspolitik zulasten von Grund- sowie Bürgerrechten betrieben wird[964], bewegt sich das Spannungsfeld von Freiheit und Sicherheit seit geraumer Zeit hin zum Pol der Sicherheit[965] zulasten der Freiheit[966] und das RFSR-Ziel „hohes Maß an Sicherheit" zeigt deutlich

---

Gemeinwohlziel des Schutzes vor Passfälschungen sowie der betrügerischen Verwendung von Reisepässen gerechtfertigt, da durch die neuen Passregelungen insbesondere die illegale Einreise von Personen in die EU verhindert wird und der Nutzen fälschungssicherere Pässe zu erhalten entsteht.

958 Hirsch, Bemerkungen zum Schutz der Grundrechte im „Raum der Freiheit, der Sicherheit und des Rechts" der Europäischen Gemeinschaft, S. 310 f.

959 Bigo, Delivering Liberty and Security? The Reframing of Freedom When Associated with Security, S. 388.

960 Bigo, Delivering Liberty and Security? The Reframing of Freedom When Associated with Security, S. 389.

961 Bigo, Delivering Liberty and Security? The Reframing of Freedom When Associated with Security, S. 389.

962 Limbach, Ist die kollektive Sicherheit der Feind der individuellen Freiheit?, S. 4.

963 Anderson/Apap, Striking a Balance between Freedom, Security and Justice in an enlarged European Union, S. 73.

964 Glaeßner/Lorenz, S. 22. Die Reaktionsmuster auf die Bedrohung durch den internationalen Terrorismus belegen dieses zudem.

965 Anderson/Apap, Striking a Balance between Freedom, Security and Justice in an enlarged European Union, S. 7.

966 Winfried Hassemer, Zum Spannungsverhältnis von Freiheit und Sicherheit. Drei Thesen, in: Vorgänge. Heft 3/2002, BWV, Berlin 2002, S. 10–15 (11).

seine expansive Tendenz.[967] Dadurch besteht zusehends ein Substanzverlust bei der Gewährleistung der Freiheitsrechte.[968] Die einseitige Fokussierung auf die Sicherheit birgt die Gefahr, dass die Einhaltung des Freiheitsrechts durch den RFSR zur Variable sicherheitspolitischen Ermessens gerät[969], damit wächst der RFSR primär über Fragen der Sicherheit zusammen, sodass die Entwicklung einer freiheitlichen Kultur zu kurz kommt.[970]

Ein fehlerhafter Ansatz des Haager Programms ist zudem die Art, in der „Freiheit" und „Sicherheit" als Antithese konstatiert werden, die einen ausgleichenden Ansatz erfordern. Die „Balance-Metapher" besteht im Wesentlichen aus der Notwendigkeit, das richtige Gleichgewicht zwischen Freiheit und Sicherheit in dem RFSR zu finden.[971] Es kann immer nur darum gehen, ob die Sicherheitsmaßnahmen ein Mehr an Freiheitsrecht ermöglichen bzw. dieses schützen und daher ggf. in einzelne Freiheitsrechte eingreifen dürfen. Denn Sicherheit und Freiheit schließen sich nicht aus, sie ergänzen sich, wenn sie zutreffend zur Anwendung gebracht werden.[972] Wenn Freiheit das Ziel eines jeden liberalen Regimes ist, ist Sicherheit ein Mittel, um Freiheit und Demokratie zu erreichen.

Positiv hervorzuheben ist allein, dass die Haager Dokumente neue freiheitsrechtliche Schwerpunkte setzen, wie die legale Einwanderung sowie die Stärkung des EuGH, und partiell ein Ausgleich beider RFSR-Elemente explizit betont wird. Wichtig ist ebenfalls, dass der Schutz der Grundrechte als entscheidendes Ziel angegeben wird.[973] Diese guten Ansätze werden jedoch, ebenso wie die meisten anderen positiven Zielsetzungen, die das Freiheitsrecht im RFSR stärken bzw. seine Relevanz vermehrt hervorheben, gar nicht oder nur in sehr geringem Ausmaß konkretisierend ausgefüllt, sodass die erhebliche Ausbreitung der Sicherheitsmaßnahmen in Umfang und Anzahl nicht ausgeglichen werden kann. Zudem erschweren weiterhin bestehende institutionelle Hürden und schwerfällige Entscheidungsmechanismen die erhoffte Effektivität.

---

967 Dobin, Migration und Schutz der inneren Sicherheit: rechtliche Fragen der Bekämpfung des islamistischen Terrorismus, S. 51.

968 Bielefeldt, Freiheit und Sicherheit im demokratischen Rechtsstaat, S. 5; Dobin, Migration und Schutz der inneren Sicherheit: rechtliche Fragen der Bekämpfung des islamistischen Terrorismus, S. 52.

969 Bielefeldt, Freiheit und Sicherheit im demokratischen Rechtsstaat, S. 13.

970 So auch Detlef Kreß in der Podiumsdiskussion „Zur Balance von Freiheit und Sicherheit in der Europäischen Union", in: Das Verhältnis von Freiheit und Sicherheit im gemeinsamen europäischen Raum, Friedrich-Ebert-Stiftung (Hrsg.), Forum Berlin v. 30.05.2005, S. 73–99 (96).

971 Bigo/Carrera/Guild/Walker, The Changing Landscape of European Liberty and Security, S. 14.

972 Bigo, Delivering Liberty and Security? The Reframing of Freedom When Associated with Security, S. 390, 399.

973 Haager-Programm, a.a.O., unter I, S. 11.

f) Folgemitteilungen

Gestützt auf das Haager-Programm erging 2005 die „Mitteilung der Kommission zur Außendimension des RFSR“ und skizziert die wichtigsten außenpolitischen Herausforderungen sowie Ziele für den RFSR.[974] Dabei wird in der Einleitung darauf abgestellt, dass im Interesse der inneren Sicherheit der EU die Werte, auf denen der RFSR fußt, „in andere Länder getragen werden“ müssen.[975] Zudem wird angeführt, dass Freiheit, Sicherheit und Recht die Grundlage für internationale Stabilität und Sicherheit sind.[976] Hiermit wird vorrangig auf das Sicherheitskonzept des RFSR abgestellt und das Freiheitselement nicht mit eingebunden, was keinem angemessenen Verhältnis beider Elemente entspricht. Im Anschluss daran werden als wichtigste externe Herausforderungen des RFSR die Bekämpfung des Terrorismus, der organisierten Kriminalität sowie der illegalen Zuwanderung, und die Hilfe an Drittländer zum Aufbau funktionierender Strafverfolgungsbehörden aufgeführt.[977] Abschließend wird dargelegt, dass außenpolitische Maßnahmen einen wesentlichen Beitrag zum Export von Sicherheit und Stabilität leisten[978] und als eines der geografischen Beispiele für den einzuschlagenden Weg an erster Stelle die Sicherheitspartnerschaft mit den USA benannt.[979] Auch hier liegt der Fokus somit allein auf dem Sicherheitselement des RFSR, eine wesentliche Bezugnahme respektive Ausrichtung auf das Freiheitselement ist hingegen nicht zu finden. Somit verstärkt diese Mitteilung[980] das gegebene Übergewicht des Sicherheitskonzepts im RFSR, indem es dieses auch in der Außendimension des RFSR festlegt.

---

974 Mitteilung der Kommission, „Eine Strategie für die Aussendimension des Raums der Freiheit, der Sicherheit und des Rechts“, 12.10.2005, KOM(2005) 491 endgültig.

975 Mitteilung der Kommission zur Außendimension, a.a.O., unter I.

976 Mitteilung der Kommission zur Außendimension, a.a.O., unter III.

977 Mitteilung der Kommission zur Außendimension, a.a.O., unter II.

978 Mitteilung der Kommission zur Außendimension, a.a.O., unter III.

979 Mitteilung der Kommission zur Außendimension, a.a.O., unter VII.

980 2006 erfolgt die Mitteilung der Kommission an den EU-Rat „Eine bürgernahe Agenda: Konkrete Ergebnisse für Europa“ (10.05.2006, KOM(2006) 211 endgültig), in der dargelegt wird, wie die EU in Zukunft verstärkt an den Belangen und Erwartungen der Bürger auszurichten ist. Hier wird als ein Grundprinzip und -wert der EU die Freiheit genannt. Zudem wird die Notwendigkeit konstatiert, den EU-Bürgern einen besseren Einblick in und ein größeres Mitspracherecht an EU-Maßnahmen zu gewähren zu wollen, was positiv ist (S. 2). Im Widerspruch dazu wird allerdings als eine der Zielsetzungen der neuen bürgernahen Agenda für Europa lediglich konstatiert die Sicherheit zuerhöhen (S. 3). Die Freiheitsrechte werden hier jedoch nicht genannt. In dem Kapitel zum RFSR wird sodann festgehalten, dass die Union im Vertrauen der Bürger Europa zu einem Ort machen muss, an dem die Sicherheit ebenso garantiert ist wie die Freiheit und die Ausübung der für die Europäer so wichtigen individuellen Freiheitsrechte (S. 6). Im Anschluss werden Prioritäten im Bereich des RFSR genannt, die durch die Achtung und Förderung der Grundrechte angeführt werden, ansonsten jedoch zuvorderst sicherheitsorientierte Bereiche betreffen (S. 6). In den Schlussfolgerungen der Mitteilung wird resümiert, dass

V. Ergebnis

Es wurde anhand des **Nizza-Vertrages** die Chancen für gravierende Fortschritte des RFSR im EUV sowie EGV vertan, da wenige Änderungen der einschlägigen Vertragstexte erfolgt sind. So ist in Titel VI EUV-Nizza die einseitige Ausrichtung der PJZS-Normen durch die Eingliederung von Eurojust noch verschärft worden, was für das Verhältnis von Freiheit und Sicherheit sehr negativ ist. Dieser Umstand kann durch die teilweise konstruktiven Änderungen in den Bestimmungen zur Verstärkten Zusammenarbeit nicht ansatzweise aufgewogen werden, da diese gering sind und zudem nur ein Rechtsinstrument der differenzierten Integration im Bereich des RFSR und keine zentrale RFSR-Normierung betreffen. Stark zu kritisieren sind zudem die anhaltenden juristischen Defizite im Bereich der PJZS, bei der es nach wie vor keine angemessene demokratische und gerichtliche Kontrolle gibt. Die leider einzige Weiterentwicklung in Titel IV EGV-Nizza ist hingegen zu begrüßen, da die vermehrte Anwendung des Mitentscheidungsverfahrens nach Art. 251 EGV-Nizza ein notwendiger Schritt zu mehr Rechtsstaatlichkeit und Demokratie darstellt und folglich auch das Freiheitselement im RFSR stärkt.

Somit hat der Nizza-Vertrag es im Bereich des RFSR jedoch lediglich bei marginalen Änderungen sowie bloßen Absichtserklärungen belassen. Damit wurde die Gelegenheit versäumt unausweichliche – wenn auch komplizierte und heikle – Fragen hinsichtlich des Verhältnisses von Freiheit und Sicherheit im RFSR anzugehen. Umso konstruktiver ist die Rolle des EuGH im RFSR zu sehen, dessen Urteile in den Mitgliedstaaten zu deutlichen Änderungen respektive Verschiebungen zugunsten eines angemesseneren Verhältnis von Freiheit und Sicherheit geführt haben.[981] Hier ist jedoch nicht außer Acht zu lassen, dass es sich bei der im RFSR normierten gemeinsamen Innen- und Justizpolitik der EU um äußerst sensible und politisch geprägte Bereiche nationaler Souveränitätsrechte und damit originär staatlicher Aufgaben handelt, in denen Entscheidungen bislang alleine den Mitgliedstaaten vorbehalten waren.[982] Zusammen mit der Heterogenität der Rechtsgrundlagen respektive Politiken im RFSR, dem unterschiedlichen Grad des Fortschritts bzw. der Rechtsstaatlichkeit der Mitgliedstaaten sowie verschiedenen

---

Freiheit und Sicherheit besser garantiert werden müssen (S. 11). Als Schlusssatz wird sodann jedoch konstatiert, dass die richtigen Rahmenbedingungen gegeben wären, wenn es der EU gelingt als Motor des Wohlstands, der Solidarität und der Sicherheit in Europa und dem Rest der Welt ein neues Vertrauen zu wecken. Auch hier fehlt jeglicher Bezug auf das Freiheitsrecht. Stattdessen zieht sich eine starke Fokussierung auf das Sicherheitselement des RFSR durch die Mitteilung, auch an den Stellen, an denen das Freiheitsrecht thematisiert wird. Dieses ist eine unangemessene Gewichtung, zumal das Sicherheitskonzept im RFSR bereits überpräsent ist.

981 Weber, Europäische Terrorismusbekämpfung – das Strafrecht als Integrationsdimension der EU, S. 111.

982 EU-Kommission, Vertretung in Deutschland, EU-Nachrichten, Themenheft Nr. 10/2005, S. 2.

innenpolitischen Hindernissen, führt dieses dazu, dass ein schleppender Mentalitätswandel und mangelndes Vertrauen der Mitgliedstaaten eine maßgebliche Weiterentwicklung des RFSR deutlich erschweren.[983] Angesichts dieser Problematik ist trotz der gravierenden Mängel in der RFSR-Normierung nicht zu verkennen, mit welchem doch erheblichen Tempo die EU auf dem Weg zu einem gemeinsamen RFSR voranschreitet.

Die **Haager Dokumente** bringen zwar eine partielle Verbesserung des Freiheitselements im RFSR mit sich, diese ist jedoch im Gegensatz zu dem erheblichen Ausbau des Sicherheitskonzepts nur minimal, sodass auch hier die vorherrschende Stellung der Sicherheit im RFSR weiter intensiviert wird. Somit enthalten das Haager Programm und der Aktionsplan nur wenige aussagekräftige und damit keine wirklichen und substanziellen Fortschritte bei der Herstellung eines angemessenen Verhältnisses von Freiheit und Sicherheit im RFSR. Der rote Faden bei allen Herausforderungen der JI-Politik sollte jedoch sein, die Freiheit des Einzelnen zu schützen und weiterzuentwickeln.[984] In diesem Sinne konstatiert daher auch der EU-Ausschuss des britischen Oberhauses in seinem Bericht zu dem Haager-Programm: „Protective elements (such as the protection of fundamental rights, the role of the proposed new Fundamental Rights Agency and the role of the European Court of Justice) are not covered in any detail and appear to be rather peripheral to the Programme. Finally, in comparison to the Tampere Conclusions, there is a striking lack of ambition in ‚freedom' provisions, such as EU citizenship rights, anti-discrimination measures, the fight against racism, and rights for third country nationals legally resident in the EU".[985] Als Reaktion auf die Haager Umsetzungsdokumente forderte daher das Europäische Parlament in einer auf das Haager Programm gestützten Mitteilung 2009 den EU-Rat, den Rat und die Kommission auf, sich von nun an in erster Linie mit der Verbesserung der Grund- und Bürgerrechte zu befassen.[986]

Im Gegensatz zu den geringen normativen Verbesserungen im Bereich des RFSR durch den Nizza-Vertrag sowie der Umsetzungsdokumente, hat die **Rechtsprechung des EuGH** respektive des EuG den RFSR hinsichtlich des Verhältnisses von Freiheit und Sicherheit während des Geltungszeitraums des Nizza-Vertrages

983 Kainer, Der europäische RFSR: Stand und Entwicklung eines integrationspolitischen Subkonzepts, S. 273. Skouris, Rechtsschutz im RFSR, S. 403.

984 EU-Kommissar Franco Frattini (EU-Kommissar für Freiheit, Sicherheit und Recht von 2004–2008), EU-Kommission, Vertretung in Deutschland, EU-Nachrichten, Themenheft Nr. 10/2005, S. 4.

985 HL Report of the European Union Committee (HL Paper 2005, Nr. 10), Chapter 3, S. 1, RdNr. 11, www.publications.parliament.uk/pa/ld200405/ldselect/ldeucom/84/84.pdf, 06.10.2011.

986 Entschließung des Europäischen Parlaments vom 24. April 2009 zu der jährlichen Aussprache über die 2008 erzielten Fortschritte in Bezug auf den RFSR, „Europäischer Raum der Freiheit, der Sicherheit und des Rechts", 2010/C 184 E/19, 24.04.2009, unter C., 2.

relevant weiterentwickelt, insbesondere in Bezug auf die Problematik der Säulenteilung.[987] Auf diese Weise hat der EuGH das Versäumnis der EU kompensiert, wobei wieder die Relevanz des EuGH als „Motor der Integration" im RFSR deutlich wird. Dabei hat der EuGH (sowie der EuG) trotz der ihm auferlegten Beschränkungen systematisch seine Aufgabe, alle Maßnahmen im Bereich des RFSR auf ihre Vereinbarkeit mit der Rechtsstaatlichkeit und der Achtung der Grund- und Menschenrechte zu prüfen, bekräftigt. Der EuGH hat unbegründete Sicherheitsmaßnahmen im RFSR auf judikativer Ebene anhand von wegweisenden Entscheidungen in die rechtsstaatlichen Schranken gewiesen und den RFSR so hinsichtlich eines angemessenen Verhältnisses von Freiheit und Sicherheit erheblich weiterentwickelt.[988] Auch wenn längst nicht alle Fragen im Hinblick auf das Verhältnis von Freiheit und Sicherheit geklärt sind, lässt die EuGH-Rechtsprechung deutliche Konturen einer EU-Grundrechtsrechtsprechung erkennen, die einerseits der Struktur der supranationalen Union gerecht wird[989] und andererseits deutlich macht, dass der EuGH auch in politisch heiklen Konstellationen an spezifischen EU-Errungenschaften beim Grundrechtschutz wie etwa einem starken Grundrecht auf effektiven Rechtsschutz festhält.[990]

D. Vertrag von Lissabon

Durch den aktuellen Lissabon-Vertrag[991] wurden der EUV sowie der in AEUV umbenannte EGV grundlegend reformiert.[992] Beide primärrechtlichen Verträge

---

987 Bogdandy/Bast – Monar, S. 768–771, 782–785. Siehe ebenfalls zur EU-Rechtssprechung im RFSR unter Vassilis Hatzopoulos, „With or without you ... judging politically in the field of Area of Freedom, Security and Justice", in: E.L.Rev. 2008, 33(1), S. 44–65.

988 Müller-Graff, Das Verhältnis von Grundrechten und Grundfreiheiten im Lichte des Europäischen Verfassungsvertrags, S. 20.

989 Siehe insbesondere EuGH, Urt. v. 27.06.2006 – Rs. C-540/03 (*Familienzusammenführung*).

990 Weinzierl, Deutsche und europäische Grundrechte im RFSR: Das Asylrecht als Testfall für den kooperativen Grundrechtsschutz in Europa, S. 268. Siehe insbesondere EuGH, Große Kammer, Urt. v. 03.09.2008 – verb. Rs. C402/05 P und C-415/05 P (*Kadi-Al Barakaat/Rat und Kommission*).

991 Vertrag von Lissabon (Amtsblatt Nr. C 306 vom 17. Dezember 2007) wurde am 13.12.2007 unterzeichnet und trat am 01.12.2009 in Kraft.

992 Das BVerfG hat in dem Lissabon-Urteil von 2009 den Lissabon-Vertrag und das deutsche Zustimmungsgesetz sowie die beschlossenen Grundgesetzänderungen für mit dem Grundgesetz vereinbar erklärt, BVerfG, Urt. vom 30.06.2009, 2 BvE 2/08 u. a., BVerfGE 123, 267. Dennoch behält sich das BVerfG die Letztkontrolle über „ausbrechende Rechtsakte" der EU und damit auch des EuGH vor. Allerdings machte es eine Neufassung der deutschen Begleitgesetzgebung zur Voraussetzung der Ratifikation des Vertrages. In dem Urteil ging das BVerfG ausführlich auf die Neuerungen im Bereich des RFSR, insbesondere die PJZS, ein. So ordnete das BVerfG das materielle und formelle Strafrecht sowie das polizeiliche Gewaltmonopol als

sind nunmehr gleichrangig und bilden die Rechtsgrundlage, auf die sich die Europäische Union als die Rechtsnachfolgerin der Europäischen Gemeinschaft gründet gemäß Art. 1 EUV-Lissabon bzw. AEUV. Durch den Lissabon-Vertrag sind sämtliche Normen des RFSR als ein einheitlicher supranationaler Titel im AEUV normiert worden. Die dabei im Bereich des RFSR getätigten Einzelreformen übertreffen jeden anderen EU-Politikbereich.[993]

I. EUV

Die Veränderungen des Verhältnisses von Freiheit und Sicherheit im RFSR durch den Lissabon-Vertrag sind nun im Folgenden als erstes in Bezug auf den konsolidierten EUV[994] zu untersuchen:

In die Präambel zum EUV-Lissabon wurde als zweiter Erwäggrund der Verweis auf die unverletzlichen und unveräußerlichen Rechte des Menschen sowie Freiheit eingefügt. Im Gegensatz zu den bisherigen EUV-Fassungen ist damit an zentraler Stelle in der Präambel ein Bekenntnis zu dem Freiheitsrecht als Grundstein der Werteordnung der EU gegeben. Dieses ist eine positive Entwicklung, denn auch wenn der Präambel selbst keine Rechtswirkung zukommt, so erstreckt sich die dortige Positionierung zum Freiheitsrecht auch auf den EU-Bereich des RFSR.

1. Art. 2 EUV

Dieses Bekenntnis zu der Relevanz des Freiheitsrechts wird in dem neuen Art. 2 EUV-Lissabon bestätigt, der Art. 6 EUV-Nizza dahin gehend erweitert, dass nun bereits im zweiten EUV-Artikel explizit konstatiert wird, auf welche Werte sich die Union „gründet" und dabei ausschließlich freiheitsrechtliche Werte nennt.[995] Zudem fokussiert Art. 2 EUV-Lissabon auf die Gleichheit der auf Freiheit basierenden Gesellschaft sowie öffentlichen Ordnung der EU und räumt diesen Werten einen umfassenden Anspruch auf praktische Wirksamkeit durch das entwickelte Handlungssystem der Union ein.[996] Die notwendige Weiterentwicklung dieser freiheitlichen Werte steht vor dem Hintergrund, dass die funktionelle Integration der „relance européenne" nicht mehr ausreicht, sondern einer wertebezogenen

---

besonders sensibel für die demokratische Selbstgestaltungsfähigkeit ein und machte sich dabei die Bedenken gegen eine weitgehende Harmonisierung des Bereichs Justiz und Inneres zu eigen. Aufgrund dessen erteilte das BVerfG einer dynamischen Interpretation der Auslegung der strafjustitiellen Kompetenzgrundlagen im Sinne des effet utile eine Absage.

993 Siehe auch Monar, Die Vertragsreformen von Lissabon in den Bereichen Inneres und Justiz: verstärkte Handlungsfähigkeit, Kontrolle und Differenzierung, S. 380.

994 Konsolidierte Fassung des Vertrags über die Europäische Union, Amtsblatt C 83 vom 30. März 2010.

995 Siehe hierzu auch Beutler, Die Werte der Europäischen Union und ihr Wert, S. 635 ff.

996 Vgl. Beutler, Die Werte der Europäischen Union und ihr Wert, S. 641.

Ergänzung bedarf. [997] Diese Ergänzung formuliert sich unter dem Titel eines Europa der Bürger und schließt in der weiteren Entwicklung somit den RFSR an – und übernimmt mit der dadurch implizierten Bestimmung des Verhältnisses von Sicherheit und Freiheit das Grundlagenthema der modernen Staatengeschichte in das Wertesystem des Unionsvertrags.[998]

2. Art. 3 EUV

Eine weitere positive Änderung des Lissabon-Vertrages liegt darin, dass der RFSR als Zielbestimmung der EU in Art. 3 Abs. 2 EUV-Lissabon[999] an zweiter Stelle genannt ist und damit im Vergleich zu dem entsprechenden Art. 2, 4. Spiegelstrich EUV-Nizza erheblich aufgewertet wurde, was den mittlerweile erreichten Stellenwert dieses Rechtsbereiches innerhalb der EU-Systematik widerspiegelt.[1000] Art. 3 Abs. 2 EUV beinhaltet einen umständlich erläuternden Relativsatz, der im Wesentlichen dem Inhalt des RFSR-Normenblocks der Art. 67-89 AEUV entspricht.[1001] Was konkret mit dieser Blankettformel des Art. 3 Abs. 2 EUV gemeint ist, erschließt sich nur aus der Zusammenschau verschiedener RFSR-Einzelbestimmungen, insbesondere des Art. 67 AEUV und der einschlägigen Kompetenznormen des AEUV. Neben einer geringfügigen Umformulierung der bisherigen Zielsetzung in Art. 3 Abs. 2 EUV, ist der neu eingefügte Bezug auf die „Bürgerinnen und Bürger", denen der RFSR geboten wird und an denen er sich folglich auszurichten hat, allein aussagekräftig. Denn durch die Einbeziehung der EU-Bürger in die Zielbestimmung des RFSR ist deren Rolle und damit auch deren (Freiheits-)Rechte in dem RFSR explizit betont.

Hieraus folgt, dass sich auch die Ausgestaltung von Freiheitsrecht respektive Sicherheit im RFSR an dem Einzelnen und nicht an nationalen Interessen zu orientieren hat, was ein angemessenes Gleichgewicht in rechtsstaatlich-demokratischer Sicht begünstigt. Es ist aber zu kritisieren, dass Art. 3 Abs. 2 EUV-Lissabon den das Freiheitsrecht zugunsten des Sicherheitskonzepts einschränkenden Zusatz des Art. 2 4. Spiegelstrich EUV-Nizza im Grunde beibehält[1002] und damit die Chance vertan wurde eine angemessenere Gewichtung von Freiheit und Sicherheit im RFSR an zentraler Stelle im Lissabon-Vertrag zu konstatieren. Gleichwohl bleiben

---

997 Beutler, Die Werte der Europäischen Union und ihr Wert, S. 645.

998 Beutler, Die Werte der Europäischen Union und ihr Wert, S. 645.

999 Art. 3 Abs.2 EUV-Lissabon begründet jedoch keine Kompetenzen der EU, wie aus dem Verweis des Abs. 6, im Gegensatz zu dem entsprechenden Art. 2 UAbs. 2 EUV-Nizza, um einiges deutlicher hervorgehen. Vgl. Frenz, Handbuch Europarecht, Bd. 6, Teil 3, Kap. 17, Rdnr. 2707.

1000 So auch Nettesheim, Grundrechtsschutz, S. 117 f.

1001 Müller-Graff, Der RFSR in der Lissabonner Reform, S. 105 f.

1002 „in dem – in Verbindung mit geeigneten Maßnahmen in Bezug auf die Kontrollen an den Außengrenzen, das Asyl, die Einwanderung sowie die Verhütung und Bekämpfung der Kriminalität – der freie Personenverkehr gewährleistet ist."

die Gesamtkonzeption des RFSR in Art. 3 Abs. 2 EUV bruchstückhaft und ihre Einzelziele vage, sodass der Titel „Raum der Freiheit, der Sicherheit und des Rechts" weitgehend eine bloße Worthülse darstellt.[1003] Allerdings ist das Fehlen klarer Konturen des RFSR angesichts der politischen Entwicklungsoffenheit auch notwendig, um künftigen Entwicklungen angemessen begegnen zu können.[1004]

3. *Art. 4 EUV*

Unter Aufhebung von Art. 3 EUV-Nizza wurde der neue Art. 4 EUV-Lissabon eingefügt, nach dessen Abs. 2 S. 2 die EU (in Anlehnung an Art. 6 Abs. 3 EUV-Nizza) die grundlegenden Funktionen des Staates achtet, vor allem die Aufrechterhaltung der öffentlichen Ordnung und den Schutz der nationalen Sicherheit, wobei insbesondere die nationale Sicherheit weiterhin der alleinigen Verantwortung der Mitgliedstaaten unterfällt. Diese Aussage wird in der speziellen RFSR-Norm Art. 72 AEUV noch einmal bekräftigt und bringt den mitgliedstaatlichen Vorbehalt gegenüber den souveränitätsnahen Rechtsbereichen des RFSR zum Ausdruck, was sich jedoch einseitig auf das Sicherheitskonzept des RFSR bezieht und dieses hervorhebt.

4. *Art. 6 EUV*

In dem neuen Art. 6 EUV-Lissabon werden in Abs. 1 die Rechte, Freiheiten und Grundsätze der EU-Grundrechtecharta (GRC) durch die EU verbindlich anerkannt und die Gleichrangigkeit mit den EU-Verträgen konstatiert. Der Lissabon-Vertrag vervollständigt durch die Einbeziehung der GRC in das Primärrecht der EU und deren Verbindlichkeit für fast alle Mitgliedstaaten den Grundrechtsschutz auf der EU-Ebene, was zweifelsohne ein Fortschritt ist, auch wenn es sich angesichts des GR-Schutzstandes des EuGH eher um einen graduellen Fortschritt als eine radikale inhaltliche Neuerung handelt.[1005] Gleichwohl sind die EU-Freiheitsrechte anhand der rechtsverbindlichen Eingliederung der GRC erstmals schriftlich festgelegt sowie Bestandteil des EU-Rechts und stärken so den Rahmen für den Schutz der Rechte des Einzelnen durch die EU-Organe sowie -Agenturen[1006] und damit das Freiheitselement des RFSR. Die rechtsverbindliche Eingliederung der GRC durch den Lissabon-Vertrag kann einen wesentlichen Beitrag dazu leisten, den EU-Bürger vor dem Risiko zu schützen, dass er als der eigentliche Begünstigte des RFSR durch Maßnahmen der Organe und Agenturen der EU auch zu deren Opfer werden kann.[1007] Das gilt vor allem für die PJZS als RFSR-Bereich von bislang geringerer

---

1003 Monar, Der RFSR im Verfassungsvertrag des Konvents, S. 538.
1004 Streinz/Ohler/Herrmann, Der Vertrag von Lissabon zur Reform der EU, Nr.II.
1005 von der Groeben/Schwarze/Hatje-Beutler, Art. 6, Rn. 1 ff.; Schima, Grundrechtsschutz, S. 342.
1006 Zu den EU-Agenturen siehe Weidenfeld/Wessels, S. 50 ff.
1007 Der dritte Jahresbericht über die Anwendung der GRC für 2012 (IP/13/411 v. 08.05.2013) zeigt anhand diverser grundrechtsrelevanter Fälle auf, dass die EU

Schutzdichte hinsichtlich der Tätigkeit von EU-Organen und -Strukturen.[1008] Der verstärkte Grundrechtsschutz stellt somit eine komplementäre und dringend notwendige Entwicklung zu den wachsenden Befugnissen der EU im RFSR dar.[1009] Negativ ist jedoch anzumerken, dass die GRC nicht in den Vertragstext aufgenommen wurde, sondern diesem (wenn auch gleichrangig) nur angehängt ist, was deren Symbolkraft erheblich trübt.

Mit Art. 6 Abs. 2 EUV-Lissabon hat sich die EU zum Beitritt der EMRK verpflichtet.[1010] Durch den Beitritt können die EU-Bürger anhand des Individualbeschwerdeverfahrens unmittelbar unionsrechtliche Bestimmungen von dem EGMR überprüfen lassen.[1011] Zudem kann sich die Rechtsprechung des EuGH und des EGMR hierdurch weiter einheitlich entwickeln und somit die Etablierung eines einheitlichen europäischen Systems der Grund- und Menschenrechte auf der Grundlage der EMRK und der GRC untermauern. Angesichts dessen ist der anvisierte Beitritt der EU zur EMRK sehr konstruktiv für das Freiheitsrecht im RFSR, da hierdurch die Grundrechte aktiv vorangebracht werden und der Grundrechtsschutz

---

den Aufbau eines kohärenteren Systems für den Schutz der Grundrechte weiter voranbringt: Die GRC entwickelt sich dank ihres rechtsverbindlichen Charakters zu einem Bezugspunkt nicht nur für die exekutiven bzw. legislativen EU-Organe, sondern auch für die europäischen und nationalen Gerichte. Dabei sorgt sie dafür, dass Grundrechte für die Bürger in Europa zu einer greifbaren Realität werden.

1008 Auf die GRC im RFSR und deren Bedeutung für das Verhältnis von Freiheit und Sicherheit wird unter Teil IV noch gesondert eingegangen.

1009 Kainer, Der RFSR nach dem Verfassungsvertrag, S. 297 f.; Siehe hierzu einghend unter Matthias Klatt, Die praktische Konkordanz von Kompetenzen, 1. Aufl., Mohr Siebeck, Tübingen 2014; Brummund, Kohärenter Grundrechtsschutz im RFSR, S. 163. Zusammenspiel zwischen dem Unionsrecht, den mitgliedstaatlichen Verfassungen und der EMRK.

1010 Die Kommission hat dem EuGH am 04.07.2013 um ein Gutachten hinsichtlich der Vereinbarkeit des mit dem Europarat ausgehandelten Beitrittsabkommens zur EMRK mit EU-Recht erbeten. Der EuGH hat in seinem Gutachten vom 18.12.2014 (2/13) konstatiert, dass das zwischen der EU und dem Europarat ausgehandelte EMRK-Beitrittsabkommen nicht vereinbar mit dem EU-Recht ist. Der EuGH verweist darauf, dass die EU-Verträge für den EMRK-Beitritt den Erhalt der besonderen Merkmale der Union und des Unionsrecht vorschreiben. Diese Merkmale sieht der EuGH beeinträchtigt, da nicht sichergestellt wird, dass die Normen der EMRK und der GRC aufeinander abgestimmt werden. Zudem verweist der EuGH darauf, dass nach dem Lissabon-Vertrag die EU-Mitgliedstaaten verpflichtet sind Streitigkeiten allein im Rahmen dieses Vertrages zu regeln. Diese Regelung ist beeinträchtigt, da im EMRK-Beitrittsabkommen nicht ausgeschlossen ist, dass der EGMR mit Rechtsstreitigkeiten zwischen den EU-Mitgliedstaaten respektive zwischen ihnen und der EU befasst wird. Aufgrund des ablehnenden EuGH-Gutachtens, kann das EMRK-Beitrittsabkommen nur nach Änderungen in Kraft treten, die den Bedenken des EuGH Rechnung berücksichtigen.

1011 Müller/Gusy, Polizeiliche und justizielle Zusammenarbeit, S. 214 f.

gestärkt wird. Ebenso verhält es sich mit Abs. 3, der im Wesentlichen mit Art. 6 Abs. 2 EUV-Nizza übereinstimmt und darüber hinaus jedoch in Übereinstimmung mit der ständigen Rechtsprechung des EuGH explizit betont, dass die Grundrechte der EMRK aus den gemeinsamen Verfassungsüberlieferungen der Mitgliedstaaten als allgemeine Grundsätze Teil des Unionsrechts sind.

5. Art. 12 EUV

Art. 12 EUV-Lissabon wurde neu eingefügt und konstatiert unter lit. c, dass die nationalen Parlamente sich im Rahmen des RFSR an den Bewertungsmechanismen zu der Durchführung der Unionspolitiken in diesem Bereich nach Art. 70 AEUV beteiligen und in die politische Kontrolle von Europol und die Bewertung der Tätigkeit von Eurojust nach den Art. 88 und 85 AEUV einbezogen werden. Damit betont Art. 12 EUV-Lissabon die aktive Teilhabe der mitgliedstaatlichen Parlamente in einzelnen Bereichen des RFSR, was aufgrund der demokratischen Struktur der Parlamente das Freiheitselement im RFSR fördert.[1012] Die Notwendigkeit einer Einbindung des Europäischen Parlaments sowie der nationalen Parlamente bei der Evaluierung der RFSR-Politiken mit der Folge, dass einer verstärkten Rechenschaftspflicht der europäischen und nationalen Behörden, wird insbesondere in Anbetracht des tendenziellen Zögerns der Mehrheit der Mitgliedstaaten offensichtlich, wenn es darum geht, die politischen Maßnahmen im Zusammenhang mit den Grund- und Bürgerrechten zu intensivieren.[1013]

6. Vergemeinschaftung

Gemäß Art. 1 Nr. 51 Lissabon-Vertrag werden die bisherigen RFSR-Normen des EUV betreffend die PJZS (die Art. 29-39 des Titels VI EUV-Nizza) vergemeinschaftet und durch die Vorschriften des 3. Teils Titel V Kapitel 1, 4 und 5 AEUV ersetzt.[1014] Durch diese Supranationalisierung der PJZS werden die zuvor artifiziell getrennten Handlungsbefugnisse der EU im RFSR grundsätzlich supranational zusammengefasst und mithin die spezifischen intergouvernementalen Handlungsformen des Art. 34 EUV-Nizza durch die gemeinschaftsrechtlichen Handlungsformen des Art. 288 AEUV ersetzt, sodass die Doppelstruktur im RFSR beendet ist.[1015] Infolgedessen

---

1012 Allerdings hat Art. 12 selbst keinen Regelungsinhalt inne, sodass auf die verwiesenen Normen im Folgenden an einschlägiger Stelle unter II. AEUV konkret eingegangen wird.

1013 Entschließung des Europäischen Parlaments vom 24. April 2009 zu der jährlichen Aussprache über die 2008 erzielten Fortschritte in Bezug auf den RFSR, „Europäischer Raum der Freiheit, der Sicherheit und des Rechts", 2010/C 184 E/19, 24.04.2009, unter B., 5. Spiegelstrich; unter C.1., 4. Spiegelstrich.

1014 Aufgrund dessen sind die Art. 41–42 EUV-Nizza überflüssig und werden gemäß Art. 1 Nr. 53 Lissabon-Vertrag aufgehoben.

1015 Die Entscheidung wurde zum Beschluss umgeformt, Art. 288 AEUV. Vgl. Müller-Graff, EuR 2009, S. 119.

entfällt in der PJZS insbesondere der Beschluss sowie der (der Richtlinie nachgebildete) Rahmenbeschluss, welche gemäß Art. 34 Abs. 2 lit. b, c EUV-Nizza explizit nicht unmittelbar wirksam waren.[1016] Somit findet die mit dem Amsterdam-Vertrag begonnene Überleitung der dritten Säule in die Supranationalität durch den Lissabon-Vertrag zumindest grundsätzlich (formal) ihren Abschluss.[1017] Damit unterfällt nun auch die PJZS der Rechtsstruktur des Gemeinschaftsrechts, was anhand dessen demokratischerer Struktur für das Freiheitselement des RFSR positiv ist. Denn insbesondere die Einbeziehung des EU-Grundrechtsschutzes sowie des direkt gewählten und damit Legitimität gewährleistenden Europäischen Parlaments[1018] ist in Anbetracht der eingriffsintensiven PJZS überfällig.[1019]

Zudem ist der gesamte RFSR-Normenkomplex nun in einem einheitlichen Titel reguliert und somit die Anwendung verschiedener (freiheits-)rechtlicher „Rechtsetzungs-Standards" minimiert. Vor allem unterliegen infolge der Supranationalisierung nun auch die PJZS-Rechtsakte grundsätzlich der uneingeschränkten Kontrolle durch die Jurisdiktion der EU-Gerichtsbarkeit gemäß Art. 258 ff. AEUV, sodass auch PJZS-Sekundärrecht im vollen Umfang überprüft wird und der Lissabon-Vertrag die Position des EuGH im Bereich des RFSR deutlich stärkt. Mithin sind insbesondere Einzelfallverfahren gemäß Art. 267, Art. 263 AEUV sowie das Vertragsverletzungsverfahren nach Art. 258 AEUV auch im Bereich der PJZS und damit im gesamten RFSR möglich.[1020] Durch diesen verstärkten judikativen Rechtsschutz[1021] ist nunmehr gewährleistet, dass Maßnahmen im gesamten RFSR uneingeschränkt umgesetzt werden und eine einheitliche Auslegung erfolgt. Zudem fällt mangels einer expliziten Ausschlussnorm auch die Tätigkeit von Europol in die Zuständigkeit des EuGH, was die Rechtsposition der EU-Bürger auch prozessual aufwertet.[1022] Dieses bedeutet eine erhebliche Stärkung des Freiheitskonzepts des RFSR.[1023] Auf die allerdings weiterhin bestehenden Ausnahmen von der Zuständigkeit des EuGH[1024] betreffend der PJZS im Speziellen und des RFSR im Allgemeinen wird im Folgenden unter II. an einschlägiger Stelle eingegangen.

1016 Vgl. Müller-Graff, EuR 2009, S. 119.

1017 Müller-Graff, EuR 2009, S. 119.

1018 Guild/Carrera, No Constitutional Treaty? Implications for the AFSJ, S. 3, 5; Zypries, Der RFSR in der Verfassung der Europäischen Union, S. 36. Entschließung des Europäischen Parlaments vom 24. April 2009 zu der jährlichen Aussprache über die 2008 erzielten Fortschritte in Bezug auf den RFSR, „Europäischer Raum der Freiheit, der Sicherheit und des Rechts", 2010/C 184 E/19, 24.04.2009, unter B., 1. Spiegelstrich.

1019 Graf, Die vertragliche Entwicklung des Raumes der Freiheit, der Sicherheit und des Rechts, S. 222 ff.

1020 Müller-Graff, Der RFSR in der Lissabonner Reform, S. 119 f.

1021 Müller-Graff, Der RFSR in der Lissabonner Reform, S. 124.

1022 So auch Thiele, EuR 2010, S. 49 f.

1023 Ausführlich auf den Schutz der Freiheitsrechte Einzelner wird unter F. IV. eingegangen.

1024 In Art. 276 AEUV und dem Protokoll zu den Übergangsbestimmungen, welches den bisherigen Besitzstand der dritten Säule gegen die erweiterte richterliche Kontrolle

Nach Art. 1 Nr. 52 i.V.m. Nr. 22 Lissabon-Vertrag werden die speziellen RFSR-Normen zur Verstärkten Zusammenarbeit (Art. 40–40b EUV-Nizza) und die allgemeinen Normen (Art. 43–45 EUV-Nizza) betreffend der Verstärkten Zusammenarbeit durch den neuen Art. 20 EUV-Lissabon i.V.m. Art. 326–334 AEUV ersetzt. Diese Modifizierung behält die wesentlichen Normierungen bei und bedingt nur eine nennenswerte Veränderung für das Verhältnis von Freiheit und Sicherheit im RFSR: Nach Art. 20 Abs. 2 S. 2 EUV-Lissabon beschließt der Rat gemäß dem in Art. 329 AEUV vorgesehenen Verfahren über die Ermächtigung zu einer Verstärkten Zusammenarbeit. In Art. 329 Abs. 1 UAbs. 2 AEUV ist festgesetzt, dass diese Ermächtigung wie bisher vom Rat auf Vorschlag der Kommission und jedoch nach Zustimmung des Europäischen Parlaments erteilt wird – nach der entsprechenden RFSR-Norm des Art. 40a Abs. 2 S. 1 EUV-Nizza wurde das Parlament bisher lediglich angehört. Diese gesteigerte Beteiligung des Parlamentes[1025] ist weitaus demokratischer[1026] und stärkt mithin das Freiheitselement des RFSR.

II. AEUV (Ex-EGV)

In einem zweiten Schritt sind nun die Veränderungen des Verhältnisses von Freiheit und Sicherheit im RFSR durch den Lissabon-Vertrag hinsichtlich des konsolidierten AEUV[1027], ehemals EGV[1028], zu erörtern:

In Art. 20–25 AEUV ist die Unionsbürgerschaft normiert und durch den Lissabon-Vertrag gegenüber der vorherigen Regulierung in Art. 17–22 EGV-Nizza leicht modifiziert, ein Verweis auf den RFSR ist jedoch nicht eingefügt worden. In Anbetracht dessen, dass sich der RFSR an dem EU-Bürger ausrichtet, also die (Freiheits-)Rechte des Einzelnen stärken soll, ist es misslich, dass in Art. 20 ff. AEUV keinerlei Bezug auf das hergestellt wird, was den EU-Bürgern im Rahmen des RFSR nach

für die Übergangsperiode „schützt". Zur Rolle des EuGH im RFSR siehe auch unter Vassilis Hatzopoulos, „Casual but Smart – The Court's New Clothes in the Area of Freedom, Security and Justice (AFSJ) after the Lisbon Treaty", in: The institutional Dimension of the European Unions's Area of Freedom, Security and Justice, Jörg Monar (Hrsg.), Peter Lang Verlag, Brüssel 2010, S. 145–165.

1025 Zur Rolle des Europäischen Parlament im RFSR siehe eingehend bei Emilio de Capitani, „The Evolving Role of the European Parliament in the AFSJ", in: The institutional Dimension of the European Unions's Area of Freedom, Security and Justice, Jörg Monar (Hrsg.), Peter Lang Verlag, Brüssel 2010, S. 113–144.

1026 Sie zu der Thematik der Herrschaftslegitimation in der EU auch Ernst Thomas Emde, „Herrschaftslegitimation ohne Volk? Zum demokratischen Prinzip in funktionalen und supranationalen Zweckverbänden", in: Freiheit des Subjekts und Organisation von Herrschaft, Christoph Enders/Johannes Masing (Hrsg.), Beiheft 17 zu „Der Staat", Duncker & Humblot Verlag, Berlin 2006, S. 65–78.

1027 Konsolidierte Fassung des Vertrags über die Arbeitsweise der Europäischen Union, Amtsblatt C 83 vom 30. März 2010.

1028 Durch Art. 2 Nr. 1 Lissabon-Vertrag wurde der EGV in AEUV umbenannt.

Art. 3 Abs. 2 EUV geboten wird. Ebenso fehlt eine ausdrückliche Bezugnahme zwischen dem Unionsbürgerrecht auf Freizügigkeit nach Art. 20 Abs. 2 lit. a AEUV und den RFSR-Bestimmungen zur Freizügigkeit sowie zur Abschaffung der Personenkontrollen an den Binnengrenzen gemäß Art. 3 Abs. 2 EUV, Art. 67 Abs. 2 AEUV, Art. 77 Abs. 1 lit. a AEUV. Es ist jedoch notwendig dem RFSR als zentrales Unionsziel durch eine deutliche Bezugnahme auf die Unionsbürgerschaft eine weitere positive, nicht-sekuritäre sowie -repressive Dimension[1029] zu verleihen und somit die Bedeutung des Freiheitsrechts in einem „Europa der Bürger" zu stärken. Dass dieses durch den Lissabon-Vertrag jedoch nicht erfolgt, ist angesichts der obig unter Teil III dargelegten Beziehung der Unionsbürgerschaft zu dem RFSR ein Manko für das Verhältnis von Freiheit und Sicherheit im RFSR.

Anhand Art. 2 Nr. 63 Lissabon-Vertrag wurde Titel IV EGV-Nizza (über Visa, Asyl, Einwanderung und andere Politiken betreffend den freien Personenverkehr) durch den neuen Titel V AEUV „Der Raum der Freiheit, der Sicherheit und des Rechts" ersetzt, in welchem aufgrund der Vergemeinschaftung nun auch die PJZS-Normen des Titels VI EUV-Nizza normiert sind. Innerhalb des Titel V AEUV (Art. 67–89) sind die RFSR-Vorschriften final-funktional in fünf Kapitel strukturiert[1030], wobei neben den allgemeinen Bestimmungen (Kap. 1) jeder bisherige RFSR-Bereich ein spezielles Kapitel darstellt: Politik im Bereich Grenzkontrollen, Asyl und Einwanderung (Kap. 2), Justizielle Zusammenarbeit in Zivilsachen (Kap. 3), Justizielle Zusammenarbeit in Strafsachen (Kap. 4), Polizeiliche Zusammenarbeit (Kap. 5).

Die Zuständigkeit der EU[1031] im Bereich des RFSR und dessen Rechtsgrundlagen sind mithin ausschließlich in Titel V AEUV festgesetzt und damit anhand des Lissabon-Vertrages erstmalig einheitlich normiert. Dieses hat zwar keine unmittelbare

---

1029 Vgl. Bogdandy/Bast – Monar, S. 789.

1030 Zur Erreichung der Zielvorgabe des Art. 3 Abs. 2 EUV-Lissabon.

1031 Die dargelegte Regelungskompetenz im RFSR unterliegt gemäß Art. 4 Abs. 2 lit. j) AEUV weiterhin der geteilten Zuständigkeit der Mitgliedstaaten und der EU, wobei auch Art. 4 keine Kompetenznorm ist, sondern sich nur auf die Zuständigkeitsverteilung bezieht. Die EU ist jedoch zudem nach dem neuen Art. 6 lit. g) AEUV für Maßnahmen zur (bloßen) Unterstützung, Koordinierung oder Ergänzung der mitgliedstaatlichen Verwaltungszusammenarbeit zuständig – die reine Unterstützungszuständigkeit der EU verdrängt die Zuständigkeit der Mitgliedstaaten jedoch gemäß Art. 2 Abs. 5 AEUV nicht, Frenz, Handbuch Europarecht, Bd. 6, Teil 3, Kap. 17, Rdnr. 2719. Diese Kompetenz findet im RFSR im Bereich der Verwaltungszusammenarbeit nach Art. 74 AEUV sowie bei der Förderung der Generalprävention gemäß Art. 84 AEUV Anwendung, welche später zu erörtern sind. Des Weiteren können erforderliche Maßnahmen, die der Verwirklichung des RFSR dienen und in den Verträgen nicht normiert sind, auf der Flexibilitätsklausel des Art. 352 AEUV gestützt werden. Jedoch sind auch hier die im Rahmen des RFSR festgesetzten Grenzen zu achten, wie etwa Art. 72 AEUV, vgl. Frenz, Handbuch Europarecht, Bd. 6, Teil 3, Kap. 17, Rdnr. 2721.

Folge für das Verhältnis von Freiheit und Sicherheit im RFSR, es stärkt das Freiheitselement jedoch zweifellos zumindest formal-mittelbar aufgrund der erhöhten Rechtseinheit sowie -klarheit, insbesondere für den EU-Bürger. Zudem ist aufgrund der Auflösung der Säulenstruktur durch den Lissabon-Vertrag nunmehr auch das gesamte Primärrecht von Titel V prinzipiell unmittelbar anwendbar, soweit die hierfür bestehenden Voraussetzungen der hinreichenden inhaltlichen Bestimmtheit und die fehlende Umsetzungsbedürftigkeit erfüllt sind.[1032] Dabei partizipiert das Sekundärrecht im Rahmen des RFSR an der unmittelbaren Anwendbarkeit des Rechts des AEUV, sodass es Vorrang gegenüber abweichendem nationalen Recht hat.[1033] Dieses ist für das Freiheitselement im RFSR eine konstruktive Entwicklung.

1. Allgemeine Bestimmungen

Bevor die einzelnen RFSR-Politikbereiche erörtert werden, werde im Folgenden die allgemeinen Bestimmungen zum RFSR untersucht.

a) Art. 67 AEUV

Die neue Eingangsvorschrift zu den Normen des RFSR bildet Art. 67 AEUV, in dem die dem RFSR in Art. 3 Abs. 2 EUV-Lissabon zugewiesenen Ziele konkretisiert werden. Dabei beinhaltet Art. 67 AEUV den wesentlichen Regelungsinhalt der entsprechenden Eingangsvorschriften Art. 29 EUV-Nizza sowie Art. 61 EGV-Nizza, stellt die grundsätzliche Zielsetzung jedoch klarer als bisher auf:[1034]

So wird in Art. 67 Abs. 2 AEUV als erster Rechtsbereich des RFSR die Politik im Bereich Grenzkontrollen, Asyl und Einwanderung (Kap. 2) umrissen. Hiernach entwickelt die EU nach Art. 67 Abs. 2 S. 1 AEUV eine „gemeinsame Politik" in den Bereichen Asyl, Einwanderung und Kontrollen an den Außengrenzen[1035], welche eine gemeinsame Politik in Bezug auf Visa und andere kurzfristige Aufenthaltstitel gemäß 77 Abs. 2 a AEUV beinhaltet. Damit eröffnet der Lissabon-Vertrag erstmalig eine gemeinsame Politik im RFSR[1036], was ein verstärktes Tätigwerden der

1032 Das gilt insbesondere für die gegenseitige Anerkennung und bestimme Individualgarantien (Art. 67 Abs.1, Abs. 2 S. 2AEUV, Art. 78 Abs. 1 S. 2 AEUV), Grabitz/Hilf/Nettesheim, Rdnr. 63–64.

1033 Grabitz/Hilf/Nettesheim, Rdnr. 67.

1034 Hailbronner, Der RFSR, S. 362.

1035 In Art. 78 Abs. 1 S. 1 AEUV ist der Terminus der gemeinsamen Politik für die Bereiche Asyl in Art. 79 Abs. 1 S. 1 AEUV und für den Bereich Einwanderung noch einmal explizit aufgenommen worden.

1036 Da im RFSR Zuständigkeiten berührt werden, die den Kern der Staatlichkeit betreffen und daher auf nationaler Ebene konsequent beibehalten wurden. Im Bereich der Asylpolitik war zuvor nur ein „gemeinsames Asylsystem" in den Schlussfolgerungen des Vorsitzes des Europäischen Rats v. Tampere zu entnehmen, Ratsdokument Nr. 200/1/99, § 13. In dem Primärrecht des EUV sowie EGV selbst waren bisher nur

EU ermöglicht, jedoch anstelle einer allgemeinen Zuständigkeit der EU lediglich einige aufgezählte Maßnahmen erfasst. Dennoch ist dieses als ein Fortschritt zu bewerten, zumal in der PJZS nach wie vor systematisch der Begriff der „Zusammenarbeit" verwendet wird.[1037] In Art. 67 Abs. 3 AEUV werden unter Zusammenfassung zweier Kapitel die Politikbereiche Justizielle Zusammenarbeit in Strafsachen (Kap. 4) und die Polizeiliche Zusammenarbeit (Kap. 5) dargelegt. Dabei konkretisiert Art. 67 Abs. 3 AEUV den Terminus Sicherheit dahin gehend, dass unter Sicherheit im Rahmen des RFSR die innere Sicherheit im Sinne der Kriminalitätsbekämpfung[1038] zu verstehen ist.[1039] Dazu ist konstatiert, dass die EU im RFSR die Zusammenarbeit von Polizeibehörden und Organen der Strafrechtspflege koordiniert um „ein hohes Maß an Sicherheit zu gewährleisten", somit ist hier die Ausrichtung des Strafrechts im RFSR auf Sicherheitsgewähr bereits vollzogen. Erst in 67 Abs. 4 AEUV wird der Politikbereich der justiziellen Zusammenarbeit in Zivilsachen benannt.

Die abweichende Anordnung der Politiken zwischen Art. 67 AEUV und den konkretisierenden Kap. 2–5 des Titels V AEUV ist historisch bedingt. Im Gegensatz zum Amsterdamer-Vertrag (siehe Art. 61 EGV-Amsterdam) sind hier keine Prioritäten bzgl. einzelner Sachfragen durch befristete Handlungsverpflichtungen zu entnehmen.[1040] Daher kann auch allein aus der Anordnung von Art. 67 Abs. 2 und 3 AEUV systematisch kein Vorrang des Freiheitsrechts oder der Sicherheit gefolgert werden.[1041]

Jedoch wird durch die Reihenfolge und den Wortlaut („und erforderlichenfalls") des Art. 67 Abs. 3[1042] deutlich, dass der RFSR weiterhin auf Kooperation (Prinzip der gegenseitigen Anerkennung) vor Integration (Prinzip der Rechtsangleichung)

---

gemeinsame Interessen bzw. Maßnahmen, Aktionen, Initiativen, Vorgehen, Bewertung, Regeln und Standpunkte erwähnt. Vgl. Müller-Graff/Monar, S. 38 f.

1037 In Art. 83 AEUV ist zudem die Beschränkung auf Mindestvorschriften im strafrechtlichen Bereich beibehalten. Des Weiteren obliegt es Europol und Eurojust nach Art. 85 Abs. 1 sowie Art. 88 Abs. 1 AEUV weiterhin primär die Zusammenarbeit zwischen den einzelstaatlichen Behörden „zu unterstützen und zu verstärken".

1038 Die in Art. 67 Abs. 3 AEUV neben der Kriminalität angesprochene Verhütung und Bekämpfung von Rassismus und Fremdenfeindlichkeit wird in Kap. 4 und 5 nicht konkreter behandelt.

1039 Denn die RFSR-Zielsetzung „hohes Maß an Sicherheit" soll durch „Maßnahmen zur Verhütung und Bekämpfung von Kriminalität sowie von Rassismus und Fremdenfeindlichkeit, zur Koordinierung und Zusammenarbeit von Polizeibehörden und Organen der Strafrechtspflege und den anderen zuständigen Behörden sowie durch die gegenseitige Anerkennung strafrechtlicher Entscheidungen und erforderlichenfalls durch die Angleichung der strafrechtlichen Rechtsvorschriften" umgesetzt werden.

1040 Siehe Grabitz/Hilf/Nettesheim, Rdnr. 11.

1041 Meyer, EuR 2011, S. 189.

1042 Ebenso in den konkrtisierenden Normen Art. 81 Abs. 1 und 82 Abs. 1, 2 AEUV.

basiert[1043] – auch wenn die Anwendung der Rechtsangleichung im Vergleich zum vorherig geltenden Primärrecht zumindest erweitert worden ist, wie noch aufzuführen ist. Für den insgesamt noch geringfügigen Einsatz der Rechtsangleichung im RFSR ist von zentraler Bedeutung, dass die RFSR-Bereiche sensible Materien der staatlichen Souveränität umfassen, die zudem im nationalen Rahmen politisch hochgradig brisant sind.[1044] Aufgrund dessen haben viele Mitgliedstaaten erhebliche Bedenken bezüglich der potenziellen Auswirkung von Harmonisierungsmaßnahmen auf ihre nationalen Rechtssysteme, die in Vorbehalten gegenüber der Übertragung von RFSR-relevanten Kompetenzen auf die EU-Ebene und einer dadurch bedingten Aufgabe mitgliedstaatlicher Kontrolle über Maßnahmen in diesen Bereichen resultieren.

Demzufolge ist der RFSR geprägt durch die geringe Bereitschaft der Mitgliedstaaten[1045] ihre nationalen Rechtssysteme in einem enger integrierten, einheitlichen EU-System zusammenzuschließen. Stattdessen besteht eine politische Präferenz zur Stärkung der Zusammenarbeit der mitgliedstaatlichen Rechtssysteme. Daher ist der Grundsatz der gegenseitigen Anerkennung unter den Mitgliedstaaten bei Weitem konsensfähiger[1046] als die Harmonisierung nationaler Vorschriften, welche als Bedrohung der Souveränität der Mitgliedstaaten empfunden wird. Somit zeigt auch der Lissabon-Vertrag im RFSR wenig integrative Ansätze auf und basiert weiterhin primär auf dem Grundsatz der gegenseitigen Anerkennung. Diese Konzeption ist nicht unerheblich für das Verhältnis von Freiheit und Sicherheit, da ein integrativer Ansatz die Gewährleistung eines einheitlichen Freiheitsrechts im RFSR effektiver gewährleistet als dies die Kooperation ermöglicht.

Im Gegensatz zu den genannten Vorgänger-Normen werden jedoch in dem zentralen Art. 67 Abs. 1 AEUV die Grundrechte neben der Integrität der nationalen Rechtsordnungen[1047] als primäre Grundsätze festgelegt, an welche die EU bei der

---

1043 Siehe auch Bogdandy/Bast – Monar, S. 779, 785–786.

1044 Vgl. Bogdandy/Bast – Monar, S. 785 ff.

1045 Ein Risiko der Harmonisierung der nationalen Rechtsordnungen ist in der Tat, dass sich die EU in Widerspruch zu dem Grundsatz der begrenzten Einzelermächtigung nach Art. 5 Abs. 1 EUV-Lissabon über eine vorgeschaltete Interpretation der ihr durch die Verträge zugewiesenen Handlungsbereiche ihre eigenen materiell-rechtlichen Kompetenzen erst inhaltlich definiert, um sie daraufhin legislativ auszufüllen. Dieses ist insbesondere im materiellen Strafrecht mit seinen zahlreichen undefinierten Rechtsbegriffen und damit für die PJZS im RFSR problematisch.

1046 Grabitz/Hilf/Nettesheim, Rdnr. 122.

1047 Dieses unterstreicht den bisherigen restriktiv-subsidiären Charakter des RFSR. Der Grundsatz der Achtungspflicht der EU gegenüber den mitgliedstaatlichen Rechtsordnungen und -traditionen ist eine sachbereichsspezifische Konkretisierung des Art. 4 Abs. 2 S. 1 EUV-Lissabon, der in allen Kapitel des Titel V eine wesentliche Bedeutung zukommt. Die Achtungspflicht ist eine unmittelbar anwendbare Schranke für EU-Rechtssetzung aufgrund von RFSR-Rechtsgrundlagen, da die Achtungspflicht gegenüber Operationalisierungen des Grundsatzes der gegenseitigen Anerkennung mitgliedstaatlicher Entscheidungen in Straf-, Zivil- oder

Gestaltung des RFSR gebunden ist. Art. 67 Abs. 1 AEUV enthält zwar keine zusätzliche spezifische Aussage, die nicht schon über Art. 6 EUV geschützt ist.[1048] Gleichwohl bestätigt diese prominente Positionierung in der ersten Norm des Titel V AEUV die Geltung und besondere Bedeutung der Grundrechte für den RFSR[1049], stellt sie bei der Bildung des RFSR auf die gleiche Ebene wie die in Art. 67 Abs. 2 ff. AEUV genannten Politikziele und weist zudem die EU-Organe an, sie in diesem sensiblen Politikbereich besonders zu beachten.[1050] Die Betonung der Achtung der Grundrechte als primären Grundsatz ist ein notwendiges Bekenntnis zu der besonderen Grundrechtssensibilität des RFSR sowie zu der Idee eines „Europas der Bürger"[1051], welche durch die Politikthematiken des RFSR bedingt bzw. in einem besonderen Maße gefordert sind[1052] und trägt dem besonderen Gefährdungspotential des Rechtsbereichs des RFSR für den Grundrechtsschutz Rechnung[1053]. Diese (wenn auch zaghafte) Bekräftigung der Relevanz der Grundrechte an erster Stelle des Teil V AEUV stärkt das Freiheitselement des RFSR.

b) Art. 68 AEUV

Gleich als zweite Norm in Titel V AEUV ist durch den Lissabon-Vertrag der Art. 68 AEUV neu eingefügt worden und konstatiert, dass die strategischen Leitlinien für die gesetzgeberische und operative Programmplanung im RFSR durch den Europäischen Rat festgelegt werden.[1054] Damit konstatiert Art. 68 erstmals ausdrücklich die Kompetenz der Staats- und Regierungschefs zur Steuerungsbefugnis des RFSR

Verwaltungssachen grundsätzlichen einen ordre-public-Vorbehalt verlangt, der dann vor allem den Rückgriff auf grundrechtliche Standards ermöglicht, Grabitz/Hilf/Nettesheim, Rdnr. 90 ff.

1048 Müller-Graff, Die justizielle Zusammenarbeit im „RFSR" im System des Europäischen Verfassungsvertrages, S. 1332; Streinz/Ohler/Herrmann, Der Vertrag von Lissabon zur Reform der EU, Nr. II. Kritisch zum ausgeprägten Sicherheitsdenken im Raum der Freiheit, der Sicherheit und des Rechts siehe auch Winfried Hassemer, ZStW 2004, 304 ff., de Gruyter Verlag, Berlin 2004.

1049 Auf die EU-Grundrechte in dem RFSR wird im Folgenden ausführlich eingegangen.

1050 Siehe auch Calliess/Ruffert, Rdnr. 2; Grabitz/Hilf/Nettesheim, Rdnr. 74.

1051 Während die erwähnte Achtung der verschiedenen Rechtsordnungen und -traditionen der Mitgliedstaaten die Idee eines „Europas der Staaten" betont.

1052 Grundlegend: EuGH, Urteil v. 03.05.2007, Rs.303/05, Slg. 2007, S. I-3633. Auf die Grundrechte im RFSR wird aufgrund deren besonderer Relevanz ausführlich unten unter Teil II, D Stellung genommen.

1053 Dieses trifft auch für die Identität und Souveränität der Mitgliedstaaten zu, was jedoch für die hier durchzuführende Untersuchung keine Bedeutung hat.

1054 Dieses erfolgt anhand von fünfjährigen Arbeitsprogrammen (Umsetzungsprogramme und Aktionspläne) mit Zielen und Strategien für die Weiterentwicklung der RFSR-Politik, welche in Teil V ausführlich untersucht werden. Hier wird auch auf die Rechtsnatur der strategischen Leitlinien eingegangen.

(hinsichtlich des Gesetzgebungsprogramms und des sonstigen operativen Handelns), was allerdings dem bisherigen Rechtsstand entspricht.[1055] Dass diese Praxis nun in den Vertrag aufgenommen wurde bedeutet, dass die Mitgliedstaaten auch in Zukunft grundlegende Weichen stellen und allgemeine Ziele der gemeinsamen Politik im RFSR vorgeben werden.[1056] In Anbetracht dessen und aufgrund des Umstandes, dass der Europäische Rat nur einstimmig beschließt, ist die ausdrücklich genannte Leitungsfunktion des Europäischen Rats in Art. 68 AEUV Ausdruck des intergouvernementalen Ursprungs des RFSR und damit des Souveränitätsvorbehalts der Mitgliedstaaten im RFSR.[1057] Das im RFSR am Rechtsetzungsverfahren beteiligte Europäische Parlament (wie auch die nationalen Parlamente) sind am Zustandekommen der strategischen Leitlinien nicht beteiligt. Dieses ist stark zu kritisieren, da das Parlament eine weitaus höhere demokratische Legitimität als der Europäische Rat[1058] innehat und es somit versäumt, wurde durch die Einbeziehung des Europäischen Parlaments das Freiheitselement des RFSR zu stärken.

c) *Art. 69 AEUV*

Ebenfalls neu eingeführt ist Art. 69 AEUV, in dem ausdrücklich hervorgehoben wird, dass bei Gesetzgebungsvorschlägen (und -initiativen) im Rahmen der PJZS den nationalen Parlamenten die Sorge für die Achtung des Subsidiaritätsprinzips[1059] obliegt.[1060] Auch wenn es sich der Rechtsnatur nach nicht um eine

1055 Hailbronner, Der RFSR, S. 362.

1056 Parusel, Abschottungs- und Anwerbungsstrategien, S. 226.

1057 Vgl. Art. 15 Abs. 4 EUV; Calliess/Ruffert, Rdnr. 5.

1058 Auch wenn der Europäische Rat als ein Organ der Union in besonderer Weise mitgliedstaatlich demokratisch legitimiert ist, vgl. Art. 10 Abs. 2 UAbs. 2 EUV-Lissabon, so wird er doch von der verfassungsrechtlichen monokratischen Exekutivspitze (den Staats- und Regierungschefs) beschickt und handelt grundsätzlich einstimmig; vgl. Grabitz/Hilf/Nettesheim, Rdnr. 4. Der Europäische Rat agiert daher stärker als der Garant mitgliedstaatlicher Interessen.

1059 Ansonsten gilt für den RFSR der allgemeine Subsidiaritätsgrundsatz nach Art. 5 Abs. 3 EUV-Lissabon, Art. 12 lit. a und b AEUV sowie das Protokoll über die nationalen Parlamente und das Protokoll über die Anwendung der Grundsätze der Subsidiarität und der Verhältnismäßigkeit, welche die Verantwortung der mitgliedstaatlichen Parlamente für die Einhaltung des Subsidiaritätsprinzips mittels des Subsidiaritäts-Frühwarnsystems hervorheben.

1060 Nach Maßgabe des Protokolls über die Anwendung der Grundsätze der Subsidiarität und der Verhältnismäßigkeit, Art. 69 AEUV. Gemäß Art. 7 Abs. 2 UAbs. 1 S. 1 des Protokolls muss der Gesetzgebungsentwurf überprüft werden, wenn dieses von nur einem Viertel der nationalen Parlamente gefordert wird. Diese niedrigere Schwelle ist Ausdruck des Souveränitätsvorbehalts der Mitgliedstaaten, da in anderen EU-Feldern gemäß Art. 7 Abs. 2 des Protokolls ein Drittel der Stimmen erforderlich ist. Für entsprechende Subsidiaritätsklagen der Mitgliedstaaten im Namen der nationalen Parlamente ist gemäß Art. 8 des Protokolls Nr. 2 der Rechtsweg zum Gerichtshof der EU eröffnet.

verletzungsfähige Pflicht, sondern allenfalls um eine Obliegenheit ohne Sanktion oder einen bloßen Appell handeln dürfte[1061], betont Art. 69 AEUV eine stärkere Beteiligung der demokratisch unmittelbar legitimierten nationalen Parlamente in der PJZS. Die damit einhergehende intensivere demokratische Kontrolle der bisherigen dritten Säule bedingt eine Stärkung des Freiheitselements in der PJZS, was gerade im Hinblick auf deren grundrechtssensible Materie, welche zuvorderst auf das Sicherheitskonzept des RFSR ausgerichtet ist, eine konstruktive Entwicklung darstellt. Insbesondere durch das „Protokoll über die Anwendung der Grundsätze der Subsidiarität und der Verhältnismäßigkeit" sowie dem „Protokoll über die Rolle der nationalen Parlamente", dass die Informationslage der nationalen Parlamente deutlich verbessert, bedeutet dies eine wirkliche Interventionsmöglichkeit der nationalen Parlamente im Legislativprozess der EU.[1062]

Damit verleiht der Lissabon-Vertrag eine verstärkte Rechenschaftspflicht gegenüber den nationalen Parlamenten hinsichtlich RFSR-Entscheidungen. Die Bedeutung der nationalen parlamentarischen Kontrolle und die direkte Verknüpfung mit dem EU-System sind nicht zu unterschätzen, da der Abstand zwischen den EU-Bürgern und den EU-Institutionen viel zu groß ist, wie in dem Ratifizierungsprozess des Verfassungsvertrags zu sehen war. Das Engagement der nationalen Parlamente im Gesetzgebungsprozess des RFSR ist entscheidend für eine hohe Beteiligung der Menschen in der EU.[1063]

Allerdings unterstreicht Art. 69 AEUV auch die Bedeutung der Subsidiaritätskontrolle hinsichtlich der besonderen Relevanz der sicherheitsorientierten PJZS für die staatliche Souveränität und ist damit Ausdruck des Souveränitätsvorbehalts der Mitgliedstaaten im RFSR. In dem Bereich der justiziellen Zusammenarbeit ist der Subsidiaritätsgrundsatz gemäß Art. 5 Abs. 3 EUV-Lissabon Entscheidungsparameter für die Erforderlichkeit des Erlasses bzw. des Umfangs von EU-Maßnahmen im RFSR. Diese konzeptionelle Begrenzung wird auch von dem Rat bestärkt, indem er betont, dass die Überprüfung von EU-Maßnahmen, welche sich mit strafrechtlichen Maßnahmen befassen, hinsichtlich der Wahrung des Subsidiaritätsprinzips notwendig und daher zu achten ist.[1064] Damit ist das Subsidiaritätsprinzip als

---

1061 Müller-Graff, EuR 2009, S. 122.

1062 Monar, Die Vertragsreformen von Lissabon in den Bereichen Inneres und Justiz: verstärkte Handlungsfähigkeit, Kontrolle und Differenzierung, S. 394. Die wirksame Nutzung dieser Möglichkeit, die zu völlig neuen Konfliktkonstellationen im Rahmen des Gesetzgebungsprozesses führen könnte, würde allerdings eine deutlich verbesserte Zusammenarbeit und Koordination der nationalen Kammern voraussetzen.

1063 Guild/Carrera, No Constitutional Treaty? Implications for the AFSJ, S. 4.

1064 Rats-Dokument 9446/07 v. 29.03.2007: Schlussfolgerungen des Rates zur Abänderung der EG-Richtlinie zur Durchsetzung der Rechte des geistigen Eigentums vom 21.02.2007. Vgl. Bogdandy/Bast – Monar, S. 762. Im Gegensatz dazu hat die Kommission aber gefolgert, dass EU-Maßnahmen in diesem Bereich, die zur Umsetzung von EU-Vertragszielen erforderlich sind, sogar in einem wesentlichen Ausmaß zulässig sind. Vgl. KOM(2005) 583.

Strukturmerkmal des RFSR anhand von Art. 69 AEUV zuvorderst auf die Sicherheitsdimension ausgerichtet.[1065]

d) Art. 70 AEUV

Weiterhin ist durch den Lissabon-Vertrag Art. 70 AEUV neu eingefügt, demzufolge der Rat auf Vorschlag der Kommission Maßnahmen zur Festlegung von Einzelheiten erlassen kann, nach denen die Mitgliedstaaten in Zusammenarbeit mit der Kommission eine objektive und unparteiische Bewertung der Durchführung der EU-Politik im RFSR durch die mitgliedstaatlichen Behörden vornehmen.[1066] Diese vertrauensbildenden Maßnahmen sollen insbesondere die Effektivität der Umsetzungsfähigkeit sowie die umfassende Anwendung des Grundsatzes der gegenseitigen Anerkennung fördern und durch die informative Rückkoppelung das Misstrauen der Mitgliedstaaten gegenüber dem Rechtsinstrument der Angleichung entgegenwirken.[1067] Art. 70 AEUV ist eine vertragliche Kodifizierung der vor allem in den Bereichen des Schengen-Besitzstandes, der Terrorismusbekämpfung und der Erweiterung der bereits bestehenden Praxis der kollektiven Evaluierung der Umsetzung von EU-Maßnahmen auf einzelstaatlicher Ebene.[1068]

Die nunmehr ausdrückliche Vertragsgrundlage fördert eine Ausweitung sowie Verbesserung dieser Verfahren, die aufgrund ihrer über die gesetzgeberische Umsetzung hinausgehende Konzentration auf Aspekte der praktischen Umsetzung durch die einzelstaatlichen Behörden sinnvoll sind.[1069] Zwar werden das Europäische Parlament und die nationalen Parlamente nach Art. 70 Satz 2 AEUV von dem Inhalt und den Ergebnissen dieser Bewertung lediglich unterrichtet[1070], das ist hier jedoch hinnehmbar, da eine stärkere Beteiligung der Parlamente zutreffenderweise als mit dem Charakter der gegenseitigen Kontrolle nur schwer zu vereinbaren bewertet wird.[1071] Die gegenseitige Bewertung der Mitgliedstaaten nach Art. 70 AEUV fördert durch Vertrauensbildung die einheitliche Rechtsanwendung im RFSR und somit die Bildung eines einheitlichen RFSR, was die Basis für die

---

1065 Siehe Bogdandy/Bast – Monar, S. Zu den erwähnten Maßnahmen vgl. unter Teil III B.

1066 Das Vertragsverletzungsverfahren (Art. 258–260 AEUV) ist unabhängig von einer Evaluierung nach Art. 70 AEUV möglich, wie auch dessen Eingangsformulierung betont.

1067 Vgl. Frenz, Handbuch Europarecht, Bd. 6, Teil 3, Kap. 17, Rdnr. 2814 f.; Vedder/Heintschel v. Heinegg, Rdnr. 3.

1068 Das Verfahren der gegenseitigen Bewertung der Fortschritte bei der mitgliedstaatlichen Durchführung von EU-Recht wurde bislang ohne besondere vertragliche Grundlage praktizierte, siehe Grabitz/Hilf/Nettesheim, Rdnr. 2.

1069 Monar, Die Vertragsreformen von Lissabon in den Bereichen Inneres und Justiz: verstärkte Handlungsfähigkeit, Kontrolle und Differenzierung, S. 392 f.

1070 Die Unterrichtung ist nachfolgend und daher keine Rechtmäßigkeitsvoraussetzung, vgl. Grabitz/Hilf/Nettesheim, Rdnr. 20.

1071 Siehe Lenz/Borchardt/Bitterlich, Rdnr. 3.

Gewährleistung eines angemessenen Verhältnisses von Freiheit und Sicherheit darstellt.

e) Art. 71 AEUV

Art. 71 AEUV erweitert die Art. 36 sowie Art. 39 Abs. 2 EUV-Nizza dahin gehend, dass ein ständiger Ausschuss im Rat eingesetzt wird, um zu gewährleisten, dass innerhalb der EU die operative Zusammenarbeit im Bereich der inneren Sicherheit gefördert und verstärkt wird. Zu diesem Zweck unterstützt der sogenannte Ausschuss COSI[1072] die Koordinierung der Maßnahmen der zuständigen nationalen Behörden.[1073] Der Aufgabenbereich dieses Koordinierungsausschusses ist somit nun explizit auf die Verbesserung der operativen Zusammenarbeit im Bereich der inneren Sicherheit limitiert[1074] und damit wie bisher alleine auf das Sicherheitskonzept ausgerichtet, was zu kritisieren ist. Im Gegensatz zu den vorherigen Verträgen erstreckt sich der Anwendungsbereich von Art. 71 AEUV darüber hinaus auf den gesamten Titel V AEUV und nicht nur auf die PJZS, was die einseitige Fokussierung auf das Sicherheitselement des RFSR zusätzlich verstärkt. Das gilt umso mehr, als dass dass das Europäische Parlament und die nationalen Parlamente über die Arbeiten des Ausschusses zwar informiert werden nach Art. 71 S. 4 AEUV, aber keine eigenen Beteiligungsrechte haben. Somit ist eine demokratische Kontrolle, die der Regulierung des Art. 71 eine freiheitliche Dimension verleihen würde, eindeutig nicht gegeben.

f) Art. 72 AEUV

Im Zusammenhang dazu werden die Zuständigkeiten für die Aufrechterhaltung der öffentlichen Ordnung und den Schutz der inneren Sicherheit im RFSR weiterhin nach dem speziellen Ordre-public-Vorbehalt des ehemaligen Art. 33 EUV-Nizza respektive Art. 64 Abs. 1 EGV-Nizza, der nun zusammenfassend in Art. 72 AEUV normiert ist, von den Mitgliedstaaten wahrgenommen.[1075] Diese machen somit auch künftig einen – in der Bedeutung umstrittenen[1076] – umfassenden

---

1072 Der Koordinierungsausschuss firmiert auch unter dem Kürzel „COSI", was für „Coopération Opérationnelle en matière de Sécurité Intérieure" steht, vgl. Calliess/Ruffert, Rdnr. 1.

1073 Nach Art. 71 S. 3, 4 AEUV können die Vertreter der betroffenen Einrichtungen und sonstigen Stellen der EU an den Arbeiten des Ausschusses beteiligt werden.

1074 Zudem ist der Koordinierungsausschuss als integraler Bestandteil des Rates an dessen politische Vorgaben gebunden. Somit nimmt der Koordinierungsausschuss keine legislativen Aufgaben wahr, diese werden hingegen von dem Ausschuss der Ständigen Vertreter nach Art. 240 AEUV übernommen, was die Transparenz der Aufgabenverteilung sowie den Grundsatz der Gewaltenteilung stärkt, vgl. Vedder/Heintschel v. Heinegg, Rdnr. 3.

1075 Streinz/Ohler/Herrmann, Der Vertrag von Lissabon zur Reform der EU, Teil, Nr. I.

1076 Siehe hierzu eingehend unter Lenz/Borchardt/Bitterlich, Rdnr. 2 ff.

Souveränitätsvorbehalt geltend[1077] und weisen der EU hier weiterhin lediglich eine subsidiäre Rolle zu. Art. 72 AEUV beinhaltet damit als domaine reservé der Mitgliedstaaten[1078] eine für den gesamten RFSR bedeutsame Querschnittsbeschränkung der EU-Kompetenzen, indem die ausschließliche Zuständigkeit der Mitgliedstaaten für alle Fragen der inneren Sicherheit vertragsrechtlich noch deutlicher als bisher geschützt wird, woraus sich erhebliche Einspruchsmöglichkeiten einzelner Mitgliedstaaten etwa gegen etwaige weitergehende Initiativen ergeben könnten. Diese Beschränkungen entsprechen weitgehend der restriktiven Logik des ersten (Wiener-)Aktionsplans, sodass sich an den Vorbehalten einiger Mitgliedstaaten trotz der Entwicklung von einem Jahrzehnt offenkundig wenig geändert hat.[1079] Dass die Reichweite dieses ordre-public-Vorbehaltes in der Praxis problematisch sein kann, zeichnet sich dadurch ab, dass weder eindeutig erkennbar ist, welche Zuständigkeiten der Mitgliedstaaten konkret gemeint sind, noch wann genau die EU diese Zuständigkeiten „berührt". [1080]

In Konsequenz dessen ist der EuGH gemäß Art. 276 AEUV (wie auch zuvor in Art. 35 Abs. 5 EUV-Nizza) nach wie vor für die Überprüfung dieser Maßnahmen in der PJZS nicht zuständig, sodass hier keine Kontrolle des einzelstaatlichen Gewaltmonopols stattfindet.[1081] Diese beibehaltenen mitgliedstaatlichen Souveränitätsvorbehalte verschärfen die Problematik der grundrechtsrelevanten respektive eingriffsintensiven Rechtsbereiche des RFSR, vor allem der PJZS und stellen eine herbe Zurückstellung respektive Einschränkung des Freiheitskonzeptes des RFSR dar, die zulasten der EU-Bürger geht.[1082]

g) 73, 74 AEUV

Art. 74 AEUV normiert die Verwaltungszusammenarbeit und erweitert Art. 66 EGV-Nizza dahin gehend, dass der Rat Maßnahmen erlässt, um die

1077 Damit fungiert zur Abgrenzung der Zuständigkeiten der EU zu den Mitgliedstaaten im gesamten RFSR neben den allgemeinen Kompetenzausübungsgrenzen (der Grundsatz der begrenzten Einzelermächtigung im Sinne des Art. 5 Abs. 1 S. 2, Abs. 2 EUV-Lissabon und für die Ausübung der Zuständigkeiten der EU zudem das Subsidiaritätsprinzip gemäß Art. 5 Abs. 3 EUV sowie nach Art. 5 Abs. 4 EUV der Grundsatz der Verhältnismäßigkeit) speziell der Ordre-public-Vorbehalt des Art. 72 AEUV.

1078 Müller-Graff, Der RFSR in der Lissabonner Reform, S. 111.

1079 Monar, Die Vertragsreformen von Lissabon in den Bereichen Inneres und Justiz: verstärkte Handlungsfähigkeit, Kontrolle und Differenzierung, S. 391 f.

1080 Haack, Der RFSR im Vertrag von Lissabon – Rhetorik oder Integrationsschub?, S. 224.

1081 Müller-Graff, EuR 2009, S. 115.

1082 Vgl. auch die Entschließung des Europäischen Parlaments vom 24. April 2009 zu der jährlichen Aussprache über die 2008 erzielten Fortschritte in Bezug auf den RFSR, „Europäischer Raum der Freiheit, der Sicherheit und des Rechts", 2010/C 184 E/19, 24.04.2009, unter A., 1. Spiegelstrich.

Verwaltungszusammenarbeit zwischen den zuständigen Dienststellen der Mitgliedstaaten in den gesamten Bereichen des RFSR (horizontale Kooperation) sowie die Zusammenarbeit zwischen diesen Dienststellen und der Kommission (vertikale Kooperation) zu gewährleisten.[1083] Damit gilt der Grundsatz der Verwaltungszusammenarbeit umfassend erstmals für den gesamten RFSR. Hierdurch wird dem Umstand Rechnung getragen, dass das Verhältnis zwischen den mitgliedstaatlichen Verwaltungen und den EU-Organen insbesondere im RFSR von dem Kooperationsgrundsatz geprägt ist, der auch in Art. 197 AEUV zum Ausdruck kommt.[1084] Negativ anzumerken ist aber, dass das Europäische Parlaments weiterhin gemäß Art. 74 S. 2 AEUV nur angehört wird, was zulasten demokratischer Willensbildung und damit auch zulasten des Freiheitselements im RFSR geht.

In Ergänzung zu Art. 74 AEUV beinhaltet die neu eingefügte deklaratorische Regelung des Art. 73 AEUV,[1085] das Recht der Mitgliedstaaten untereinander Formen der Zusammenarbeit und Koordinierung zwischen den zuständigen Dienststellen ihrer für den Schutz der nationalen Sicherheit verantwortlichen Verwaltungen in eigener Verantwortung einzurichten. Diese Regelung betrifft mithin allein das Sicherheitskonzept des RFSR und betont diese Ausrichtung durch die gesonderte Normierung ohne jegliche freiheitliche Dimension einzubringen. Dieses ist zu kritisieren und verdeutlicht die bisher festgestellte primäre Ausrichtung der RFSR-Normen auf das Sicherheitskonzept unter Vernachlässigung freiheitsrechtlicher Erwägungen. Dass Art. 73 AEUV Ausdruck des Souveränitätsanspruchs der Mitgliedstaaten ist, und diese demzufolge zuvorderst um die Anerkennung ihrer Unabhängigkeit in Bezug auf Sicherheitsaspekte bemüht sind, mindert die Kritik nicht, sondern verdeutlich den Ursprung der Problematik.

h) Art. 75 AEUV

Ebenfalls durch den Lissabon-Vertrag neu eingefügt ist die Rechtsetzungsbefugnis des Art. 75 AEUV, der auf Art. 60 EGV-Nizza basiert, diesen jedoch inhaltlich bemerkenswert erweitert und auf den RFSR ausrichtet. Demzufolge gewährt Art. 75 S. 1 AEUV bei entsprechender „Notwendigkeit" eine Kompetenz des Europäischen Parlament und des Rates nach dem ordentlichen Gesetzgebungsverfahren[1086] durch

---

1083 So sind etwa das EJN für Zivil- und Handelsrecht, Frontex, das VIS und das SIS II nach Art. 74 AEUV festgelegt worden – siehe hierzu eingehend unter Teil III, B., II. ff. Ausführliche Beispiele sind aufgelistet unter Frenz, Handbuch Europarecht, Bd. 6, Teil 3, Kap. 17, Rdnr. 2824.

1084 Unbeschadet der grundsätzlichen Organisations- und Verfahrensautonomie.

1085 Streinz/Ohler/Herrmann, Der Vertrag von Lissabon zur Reform der EU, Teil, Nr. I; Hellmann, Der Vertrag von Lissabon: vom Verfassungsvertrag zur Änderung der bestehenden Verträge – Einführung mit Synopse und Übersichten, S. 88.

1086 Das ordentliche Gesetzgebungsverfahren ist in Art. 289 Abs. 1 i.V.m. Art. 294 AEUV geregelt.

Verordnung eine Rahmengesetzgebung für Verwaltungsmaßnahmen[1087] in Bezug auf Kapitalbewegungen und Zahlungen zu beschließen, um die Ziele des Art. 67 AEUV bezüglich der Verhütung sowie Bekämpfung von Terrorismus und damit verbundenen Aktivitäten zu verwirklichen.[1088] Mithin verfolgt Art. 75 AEUV ausschließlich das Ziel das Sicherheitskonzept des RFSR zu stärken und ist auf dieses begrenzt. Eine freiheitsrechtliche Dimension weist die Norm hingegen nicht auf. Gleichwohl sind die Befugnisse recht weit gefasst und greifen tief in die Freiheitsrechte der Bürger ein, wie Art. 75 Abs. 1 S. 1 AEUV verdeutlicht, nach dem etwa das Einfrieren von Geldern, finanziellen Vermögenswerten oder wirtschaftlichen Erträgen, deren Eigentümer oder Besitzer natürliche oder juristische Personen, Gruppierungen oder nicht staatliche Einheiten sind, explizit ermöglicht ist.[1089] Konstruktiv für das Freiheitselement des RFSR ist allein, dass nach Art. 75 Abs. 3 AEUV in der Rahmenverordnung sowie in den Durchführungsmaßnahmen die erforderlichen Bestimmungen über den Rechtsschutz vorgesehen sein müssen.[1090]

i) Aufhebung von Art. 67–69 EGV-Nizza

Nach Art. 2, Nr. 67 Lissabon-Vertrag werden die Art. 67–69 EGV-Nizza aufgehoben, sodass aufgrund der Vergemeinschaftung des PJZS nun in dem gesamten RFSR grundsätzlich alle fünf Rechtsakte der Union im Sinne des Art. 13 Abs. 2 EUV i.V.m. Art. 288 AEUV nach ihrem jeweiligen Rechtsetzungsverfahren durch die EU-Organe Anwendung finden.[1091] Uneingeschränkt anwendbar sind damit ebenfalls die allgemeinen Prinzipien, die der EuGH zur Geltung des EG-Rechts aufgestellt hat, so etwa die Grundsätze der unmittelbaren Anwendbarkeit[1092] und des

1087 Die konkreten Umsetzungsmaßnahmen bestimmt der Rat auf Vorschlag der Kommission gemäß Art. 75 Abs. 2 AEUV.

1088 Mithin ermöglicht Art. 75 AEUV durch Verordnung einen rechtlichen Rahmen für das „Einfrieren" von Geldern und Vermögenswerten, Haack, Der RFSR im Vertrag von Lissabon – Rhetorik oder Integrationsschub?, S. 222.

1089 Der EuGH hat die Maßnahmen jedoch anhand der Wahrung der Verteidigungs- und der Eigentumsrechte begrenzt: Siehe EuGH, Urteil v. 03.09.2008 (*Kadi und Al Barakaat*), Rs. C-402 u. 415/05 P, Slg. 2008, S. I-6351.

1090 Daher müssen Rahmenverordnungen gemäß Art. 75 Abs. 1 AEUV einen Hinweis auf die Möglichkeit der Nichtigkeitsklage im Sinne des Art. 263 AEUV und ggf. die Amtshaftungsklage beinhalten. Die Umsetzungsmaßnahmen muss eine auf den Einzelfall zugeschnittenen Rechtsbehelfsbelehrung enthalten Frenz, Handbuch Europarecht, Bd. 6, Teil 3, Kap. 17, Rdnr. 2830.

1091 Neben Richtlinien sind daher insbesondere unmittelbar wirkende Verordnungen möglich. In den Primärnormen des RFSR ist die EU jedoch vor allem allgemein zum Erlass von „Maßnahmen" oder „Bestimmungen" ermächtigt, sodass alle Handlungsformen verfügbar sind. Frenz, Handbuch Europarecht, Bd. 4, Rdnr. 2765, 2768.

1092 Ständige Rechtsprechung seit EuGH Rs. 26/62, *Van Gend & Loos*, Slg. 1963, 1, S. 24 ff.

Anwendungsvorrangs[1093], aber auch der Auslegungsgrundsatz des effet utile.[1094] Es zählt zu den großen Leistungen des Lissabon-Vertrages, dass dadurch nun auch im RFSR das EU-Handlungsinstrumentarium weitestgehend vereinheitlicht ist und die bisherige Fragmentierung überwunden wurde.[1095]

So ist im RFSR das Mitentscheidungsverfahren als ordentliches Gesetzgebungsverfahren nach Art. 289 Abs. 1 sowie Art. 294 AEUV nunmehr hauptsächlich anzuwenden[1096], sodass (qualifizierte) Mehrheitsentscheidungen im Rat[1097] die Regel sind und es grundsätzlich der Zustimmung des Europäischen Parlaments als Mitgesetzgeber bedarf.[1098] Diese Minimierung der Einstimmigkeitsbeschlüsse im Rat und die Stärkung des EU-Parlaments durch Teilhabe[1099] verhindern einen engen, national orientierten Fokus auf die RFSR-Rechtssetzung. Denn die Möglichkeit eines einzelnen Mitgliedstaats Fortschritte zu blockieren fällt weg, stattdessen wird eine gemeinsame europäische Politik der demokratischen Rechenschaftspflicht (gegenüber den europäischen und nationalen Parlamenten) eröffnet und Rechtsstaatlichkeit gewährleistet.[1100] Zudem erhöhen Mehrheitsentscheidungen den Einigungsdruck und die Kompromissbereitschaft unter den einzelstaatlichen Delegationen im Rat. Dieses ist ein Gewinn an demokratischer Legitimität sowie rechtsstaatlicher Strukturen, der dem Verhältnis von Sicherheit und Freiheitsrecht

---

1093 Ständige Rechtsprechung seit EuGH Rs. 6/64, *Costa/ENEL*, Slg. 1964, S. 1251, 1270.

1094 Ständige Rechtsprechung; siehe z.B. EuGH Rs. C-46/93 und C-48/93, Slg. I-1996, S. 1029, 1146; Haack, Der RFSR im Vertrag von Lissabon – Rhetorik oder Integrationsschub?, S. 224 ff.

1095 Haack, Der RFSR im Vertrag von Lissabon – Rhetorik oder Integrationsschub?, S. 224 ff.

1096 Daneben ist in einigen Normen des RFSR jedoch das besondere Gesetzgebungsverfahren gemäß Art. 289 Abs. 2 AEUV festgesetzt, was dazuführt, dass der Rat hier weiterhin einstimmig beschließt.

1097 Zur Rolle des Rats im RFSR siehe unter Hans G. Nielsson/Julian Siegl, „The Council in the Area of Freedom, Security and Justice“, in: The institutional Dimension of the European Unions's Area of Freedom, Security and Justice, Jörg Monar (Hrsg.), Peter Lang Verlag, Brüssel 2010, S. 53–82.

1098 Im Rahmen des RFSR tritt der Rat der EU in der Formation als „Rat für Justiz und Inneres“ zusammen (im JI-Rat tagen die Justiz- und Innenminister der EU-Mitgliedstaaten), und ist gemeinsam mit dem Europäischen Parlament das formale Entscheidungsorgan des RFSR. In der Kommission sind der „Kommissar für Inneres“ und der „Kommissar für Justiz, Grundrechte und Bürgerschaft“ für die Politiken des RFSR zuständig (zuvor waren diese beiden Kommissionsämter zusammengelegt. Die Aufteilung in Justiz und Inneres verdeutlicht den Bedeutungszuwachs, den der RFSR erfahren hat. So auch Frenz, Handbuch Europarecht, Bd. 6, Teil 3, Kap. 17, Rdnr. 2762). In dem Europäischen Parlament sind der „Ausschuss für bürgerliche Freiheiten, Justiz und Inneres“ (LIBE) sowie der „Rechtsausschuss“ (JURI) für den Themenbereich des RFSR zuständig.

1099 Salminen, Depillarization and the Shaping of AFSJ, S. 301 f.

1100 Guild/Carrera, No Constitutional Treaty? Implications for the AFSJ, S. 13.

im RFSR förderlich und von daher ausdrücklich zu begrüßen ist. Wird hier in der weitergehenden Untersuchung der RFSR-Normen mithin kein Entscheidungsverfahren genannt, so ist das Mitentscheidungsverfahren als ordentliches Gesetzgebungsverfahren einschlägig.

Allerdings besteht trotz dieser konstruktiven Neuerung weiterhin ein demokratisches Defizit im RFSR (wie in der gesamten EU), da die Entscheidungen von nicht rechenschaftspflichtigen Organen anstatt von demokratisch gewählten Organen wie dem Parlament getroffen werden. Daneben besteht die Problematik, dass ein erheblicher Teil des Demokratieprozesses von der nationalen Ebene auf die EU-Ebene verlagert wurde, ohne dort jedoch ersetzt zu werden. Hier ist nicht das Demokratiedefizit die Hauptursache für die Funktionsstörungen innerhalb des RFSR, sondern vor allem ein unvermeidlicher Unterschied zwischen einzelstaatlichen Demokratiemodellen und Demokratie in internationalen Beziehungen. Beide Modelle können nicht identisch sein, sie ergänzen sich jedoch gut, solange sie aufeinander abgestimmt ausgeführt werden, was im RFSR nicht gegeben ist.[1101] Ursächlich sind hierfür die Defizite in der mitgliedstaatlichen Politik, welche sich in der unzureichenden Umsetzung von EU-Recht, mangelhaftem Konsenswillen und egoistischem Nationaldenken zeigen, was zahlreiche wesentliche RFSR-Vorhaben ausbremst.

j) Art. 76 AEUV

Zudem wurde durch den Lissabon-Vertrag Art. 76 AEUV neu eingefügt und Art. 34 Abs. 2 EUV-Nizza dahin gehend erweitert, dass Rechtsakte im Rahmen der PJZS sowie die in Art. 74 AEUV genannten Maßnahmen auch auf Initiative eines Viertels der Mitgliedstaaten und nicht nur auf Vorschlag der Kommission beschlossen werden. Diese Limitierung des Vorschlagsrechts der Kommission respektive das mitgliedstaatliche Initiativrecht ist die Konsequenz der genannten Raumplanungshoheit des Europäischen Rates im RFSR.[1102] Denn das durch Art. 74 AEUV weiterhin bestehende Initiativrecht der Mitgliedstaaten ist eine Ausnahme von dem grundsätzlichen Initiativmonopol der Kommission[1103] (Art. 17 Abs. 2 EUV-Lissabon) und damit wiederum ein für den RFSR typischer mitgliedstaatlicher Souveränitätsvorbehalt[1104], der die starke Stellung der Mitgliedstaaten zum Ausdruck bringt und sich alleine auf Rechtsakte der PJZS bezieht, die dem Sicherheitskonzept des RFSR zuzurechnen sind.

1101 Kranz, Gibt es ein Demokratiedefizit in der Europäischen Union, S. 423 f.

1102 Vgl. Grabitz/Hilf/Nettesheim, Rdnr. 5.

1103 Siehe zu der Rolle der Kommission im RFSR unter Richard Lewis/David Spencer, „The Commission's Role in Freedom, Security and Justice" in: The institutional Dimension of the European Unions's Area of Freedom, Security and Justice, Jörg Monar (Hrsg.), Peter Lang Verlag, Brüssel 2010, S. 83–110.

1104 Da die PJZS-Normen den Kern staatlicher Souveränität stark berühren.

Diese Differenzierung erleichtert als Kompromiss in der stark traditionell geprägten PJZS zwar den Übergang in das supranationale Verfahren[1105], gleichwohl ist es inhaltlich nicht geboten und betont das Sicherheitselement des RFSR gegenüber dem Freiheitselement unsachgemäß. Positiv anzumerken ist jedoch, dass Art. 76 lit. b AEUV im Gegensatz zu Art. 34 Abs. 2 EUV-Nizza ein Initiativrecht nur durch ein Viertel der Mitgliedstaaten zulässt und nicht wie bisher bereits jedem einzelnen Mitgliedstaat ein solches Recht gewährt. Dieses Quorum limitiert somit nationale mitgliedstaatliche Alleingänge im Bereich des Sicherheitskonzepts des RFSR, was im Sinne einer notwendigen gemeinschaftlichen europäischen Lösung zu befürworten ist. Es ist jedoch zu kritisieren, dass das EU-Parlament weiterhin kein Initiativrecht innehat, um selbst Gesetzesvorhaben einzubringen.

2. Politik im Bereich Grenzkontrollen, Asyl und Einwanderung

Mit Art. 2, Nr. 65 Lissabon-Vertrag werden Art. 62–64 EGV-Nizza durch das Kapitel 2 „Politik im Bereich Grenzkontrollen, Asyl und Einwanderung"[1106] mit Art. 77–80 AEUV ersetzt.

a) Art. 77 AEUV

Art. 77 AEUV normiert die „Grenzschutzpolitik"[1107] des RFSR und erweitert Art. 62 EGV-Nizza dahin gehend, dass die Kontrolllosigkeit des Personenverkehrs an den Binnengrenzen von der in Art. 61 lit. a EGV-Nizza gegebenen Ausrichtung auf den binnenmarktlichen Personenfreiverkehr entkoppelt wird.[1108] Zudem ist nach Art. 77 Abs. 1 lit. c AEUV schrittweise ein integriertes Grenzschutzsystem an den Außengrenzen einzuführen, was hinsichtlich der bisherigen Limitierung auf die Harmonisierung der Normen und Verfahren bei der Personenkontrolle eine bedeutsame materielle Weiterentwicklung darstellt.[1109] Dieses Grenzschutzsystem dient jedoch primär der Abschottung der EU vor ungewollten Grenzübertritten

---

1105 Zypries, Der RFSR in der Verfassung der Europäischen Union, S. 32; Monar, Die Vertragsreformen von Lissabon in den Bereichen Inneres und Justiz: verstärkte Handlungsfähigkeit, Kontrolle und Differenzierung, S. 382.

1106 Die Visapolitik ist ein gemäß Art. 77 Abs. 2 lit. a AEUV Teil der Politik im Bereich Grenzkontrollen.

1107 Nach dem neu eingefügten Art. 77 Abs. 4 AEUV wird deklaratorisch die Selbstverständlichkeit konstatiert, dass die Zuständigkeit der Mitgliedstaaten für die geografische Festlegung ihrer Grenzen nach dem Völkerrecht durch Art. 77 AEUV nicht berührt wird.

1108 Müller-Graff, EuR 2009, S. 115.

1109 Kainer, Der RFSR nach dem Verfassungsvertrag, S. 292. Die Rechtsgrundlage für Maßnahmen im Bereich des Außengrenzschutzes sind materiell erweitert, doch handelt es sich hier in erster Linie um eine Anpassung des vertraglichen Rahmens an einen breiteren Ansatz der EU-Außengrenzschutzpolitik, der u.a. im Haager Programm bereits seit Längerem zur Anwendung kommt. Monar, Die

von Drittstaatsangehörigen und ist daher allein dem Sicherheitskonzept des RFSR zuzurechnen. Das ist insbesondere ich Anbetracht dessen zu kritisieren, dass der zentrale Terminus „Grenzschutzsystem" als vielgestaltiger Oberbegriff undefiniert ist und jeden freiheitsrechtlichen Bezug vermissen lässt, sodass dieser oftmals berechtigt unter dem Begriff „Festung Europa" thematisiert wird.[1110]

In Anbetracht dessen, dass das aus Art. 62 EGV-Nizza übernommene Grenzschutzziel des kontrollfreien Überschreitens der Binnengrenzen unabhängig von der Staatsangehörigkeit (Art. 77 Abs. 1 lit. a AEUV)[1111] dem Freiheitskonzept des RFSR, die korrespondierende Elemente der Personenkontrolle sowie der wirksamen Überwachung des Grenzübertritts an den Außengrenzen (Art. 77 Abs. 1 lit. b AEUV) hingegen dem Sicherheitskonzept zuzuordnen sind, überwiegen im Bereich des Grenzschutzes nach Art. 77 Abs. 1 AEUV nunmehr die Politiken, die dem Sicherheitselement des RFSR dienen. Das ist mit dem rechtsstaatlich notwenigen Verhältnis von Freiheit und Sicherheit im RFSR nicht zu vereinbaren und daher scharf zu kritisieren.

Dieses in Art. 77 Abs. 1 AEUV festgelegte Verhältnis wird in der Ermächtigungsgrundlage des Art. 77 Abs. 2 AEUV allerdings etwas relativiert. In Art. 77 Abs. 2 lit. a, c, e AEUV sind Maßnahmen hinsichtlich der gemeinsamen Politik in Bezug auf Visa[1112] und andere kurzfristige Aufenthaltstitel; hinsichtlich der Voraussetzungen, unter denen sich Drittstaatsangehörige innerhalb der EU während eines kurzen Zeitraums frei bewegen können sowie bezüglich der Abschaffung der Binnengrenzkontrollen gleich welcher Staatsangehörigkeit festgelegt. Hierbei handelt es sich um Rechtsgebiete, die primär das Freiheitselement des RFSR stärken.

Vertragsreformen von Lissabon in den Bereichen Inneres und Justiz: verstärkte Handlungsfähigkeit, Kontrolle und Differenzierung, S. 385.

1110 Vgl. Monar, Die Vertragsreformen von Lissabon in den Bereichen Inneres und Justiz: verstärkte Handlungsfähigkeit, Kontrolle und Differenzierung, S. 385.

1111 Das Protokoll über die Anwendung bestimmter Aspekte des Art. 26 AEUV auf das Vereinigte Königreich und auf Irland behält dem Vereinigten Königreich ungeachtet der zentralen RFSR-Norm des Art. 77 AEUV das Recht vor, Binnenpersonenkontrollen an den Grenzen zu anderen Mitgliedstaaten durchzuführen und nimmt somit das Vereinigten Königreich sowie Irland von der Anwendung sämtlicher Normen des Schengen-Besitzstandes bezüglich der Grenzkontrollen aus. damit diese weiterhin untereinander Regelungen über den freien Personenverkehr zwischen ihren Hoheitsgebieten („einheitliches Reisegebiet") treffen können.

1112 Die EU hat im Rahmen der gemeinsamen Visapolitik u.a. nach Art. 74 AEUV das Visa-Informationssystem (VIS) als System für den Austausch von Visa-Daten zwischen den Mitgliedstaaten eingerichtet: Entscheidung 2004/512/EG des Rates v. 08.06.2004 zur Einrichtung des Visa-Informationssystems, ABl. L 213, S. 5. Siehe ebenso die VIS-VO (EG) Nr. 767/2008 des EP und des Rates v. 09.07.2008 über das Visa-Informationssystem (VIS) und den Datenaustausch zwischen den Mitgliedstaaten über Visa für einen kurzfristigen Aufenthalt (VIS-VO), ABl. L 218, S. 60.

Allerdings ist die Kompetenz zum Erlass von Maßnahmen bezüglich des Aufenthalts Drittstaatsangehöriger innerhalb der EU von 3 Monaten aus Art. 62 Abs. 2 lit. b EUV-Nizza durch Art. 77 Abs. 2 lit. c AEUV in „einen kurzen Zeitraum" geändert worden, was der Rechtsklarheit sowie dem Rechtsstatus dieser Menschen und damit dem Freiheitselement des RFSR nicht dienlich ist. In Art. 77 Abs. 2 lit. b, d AEUV werden zudem Maßnahmen betreffend die Personenkontrollen beim Überschreiten der Außengrenzen[1113] sowie Maßnahmen zur schrittweisen Einführung des erwähnten integrierten Grenzschutzsystems an den Außengrenzen, festgelegt.[1114] Hierbei handelt es sich um allein auf das Sicherheitskonzept des RFSR ausgerichtete Maßnahmen. Insgesamt überwiegen mithin die freiheitsrechtlich orientierten Maßnahmen, dennoch ist anhand der Zielbestimmung in Art. 77 Abs. 1 AEUV und der restriktiven Ausprägung selbst der eher freiheitlichen Maßnahmen in Abs. 2 eine stark sicherheitsorientierte Tendenz zu erkennen.

Der neu eingefügte Art. 77 Abs. 3 AEUV sieht eine subsidiäre Kompetenz vor, um die Ausübung des in Art. 20 Abs. 2 lit. a AEUV genannten Freizügigkeitsrechts für EU-Bürger zu erleichtern.[1115] Demzufolge kann der Rat anhand eines

1113 Sonderregelungen für die Kompetenzverteilung zwischen der EU und den Mitgliedstaaten für Vertragsschlüsse mit Drittstaaten im Anwendungsbereich des RFSR ergeben sich aus dem Protokoll über die Außenbeziehungen der Mitgliedstaaten hinsichtlich des Überschreitens der Außengrenzen. Diesem zufolge bleiben die Mitgliedstaaten für Übereinkünfte mit Drittstaaten über Grenzkontrollen zuständig (Art. 77 Abs. 2 lit. b AEUV). Jedoch müssen die entsprechenden Übereinkommen mit dem sonstigen EU-Recht und mit „anderen in Betracht kommenden internationalen Übereinkünften" inklusive solcher der EU konform sein.

1114 Hinsichtlich der Sicherung der Außengrenzen obliegt der nach Art. 74 AEUV erlassenen Europäischen Agentur für die operative Zusammenarbeit an den Außengrenzen (Frontex) die Koordination der einzelstaatlichen Aktionen zur Durchführung von Gemeinschaftsmaßnahmen im Bereich des Grenzschutzes an den Außengrenzen (EG-Verordnung 2007/2004 des Rates v. 26. Oktober 2004 zur Errichtung einer Europäischen Agentur für die operative Zusammenarbeit an den Außengrenzen der Mitgliedstaaten der Europäischen Union, ABl. L 349, S. 1). Daneben bestehen Soforteinsatzteams für Grenzsicherungszwecke (RABIT), welche eine verstärkte technische sowie operative Unterstützung eines Mitgliedstaates durch Grenzschutzbeamte anderer Mitgliedstaaten für eine begrenzte Dauer ermöglichen (EG-VO Nr. 863/2007 des EP und des Rates v. 11.07.2007 über einen Mechanismus zur Bildung von Soforteinsatzteams für Grenzsicherungszwecke und zur Änderung der EG-VO Nr. 2007/2004 des Rates hinsichtlich dieses Mechanismus und der Regelung der Aufgaben und Befugnisse von abgestellten Beamten, ABl. L 199, S. 30). Die Einsatzteams werden auf Antrag eines Mitgliedstaats tätig.

1115 Vgl. Frenz, Europarecht, Rdnr.671. Die gleichfalls subsidiäre Ermächtigung nach Art. 21 Abs. 2 AEUV ist bzgl. der Zielrichtung identisch mit Art. 77 Abs. 3 AEUV. Hier sind aber die Regelungsmaterien spezifischer benannt und auch in den sachlich zutreffenden Kontext der entfallenen Grenzkontrollen und der gleichwohl notwendigen Aufenthaltstitel gestellt, sodass Art. 77 Abs. 3 AEUV insoweit spezieller ist, Frenz, Handbuch Europarecht, Bd. 6, Teil 3, Kap. 17, Rdnr. 2871.

besonderen Gesetzgebungsverfahrens, welches lediglich die Anhörung des Europäischen Parlaments vorsieht, einstimmig Bestimmungen betreffend Pässe, Personalausweise, Aufenthaltstitel oder diesen gleichgestellten Dokumenten erlassen, sofern die Verträge hierfür anderweitig keine Befugnisse vorsehen und ein Tätigwerden der EU zur Erleichterung der Ausübung des Freizügigkeitsrechts erforderlich erscheint. Diese spezielle Abrundungsermächtigung der EU dient mithin der unionsbürgerlichen Freizügigkeit sowie der Aufenthaltsbefugnis und stärkt damit das Freiheitskonzept des RFSR. Allerdings ist stark zu kritisieren, dass das Europäische Parlament als demokratischstes EU-Organ explizit kein eigenes Kontrollrecht hat – insbesondere in Anbetracht dessen, dass dem Europäischen Parlament nach der allgemeinen Abrundungsklausel Art. 352 Abs. 1 S. 1 AEUV nunmehr ein Zustimmungserfordernis zugestanden ist.[1116]

b) Art. 78 AEUV

Art. 78 Abs. 1 AEUV normiert den Bereich „Asyl sowie subsidiären und vorübergehenden Schutz" und führt hier erstmals den Begriff einer gemeinsamen Politik ein. Dieser Umstand ist ein Bekenntnis zu der Relevanz und der Notwendigkeit gemeinsamer Regelungen in der RFSR-Asylpolitik, welche zwei häufig widersprüchliche Dimensionen aufweist. Auf der einen Seite muss die Asylpolitik zur Stärkung der Kontrollen der Migrationsströme an den EU-Außengrenzen beitragen, sodass Asyl nicht zur Umgehung der Eintrittsvorschriften in die EU genutzt wird und den Schutz auf diejenigen begrenzen, die ihn benötigen. Auf der anderen Seite muss die RFSR-Asylpolitik jedoch dafür sorgen, dass die EU Asyl nicht auf Grenzkontrollen minimiert, sondern einen effektiven Schutz für Asylsuchende gewährleistet. Diese freiheitsrechtliche Dimension der EU-Asylpolitik sollte den primären Fokus des Asylrechts im RFSR darstellen und ist nun auch von der EU-Rechtsordnung selbst anerkannt, insbesondere Art. 18 GRC bestätigt Asyl als ein durch Personen ausübbares Recht und nicht als ein Vorrecht der Staaten.[1117]

Art. 78 Abs. 1 AEUV erweitert Art. 63 Nr. 1, 2 EGV-Nizza in diesem Sinne dahin gehend, dass explizit konstatiert wird, dass jedem Drittstaatsangehörigen, der internationalen Schutz benötigt, ein angemessener Status angeboten und die Einhaltung des Grundsatzes der Nicht-Zurückweisung gewährleistet werden soll.[1118]

1116 So auch Müller-Graff, EuR 2009, S. 124.

1117 Koen, The Contribution of the European Court of Justice to the Area of Freedom, Security and Justice, S. 288 ff.

1118 In dem Protokoll Nr. 24 zum EUV-Lissabon/AEUV über die Gewährung von Asyl für Staatsangehörige von Mitgliedstaaten der EU erkennen sich die Mitgliedstaaten gegenseitig als sichere Herkunftsländer an. Hierbei wird auf das in den Mitgliedstaaten bestehende Niveau des Schutzes der Grundrechte und Grundfreiheiten verwiesen, Frenz, Handbuch Europarecht, Bd. 6, Teil 3, Kap. 17, Rdnr. 2877. Der Bundesrat hat am 19.09.2014 das Asylgesetz der Bundesregierung genehmigt, nach dem Serbien, Mazedonien und Bosnien-Herzegowina als sichere Herkunftsländer

Diese Zielausrichtung ist einzig am Freiheitselement des RFSR orientiert, was im Rahmen des RFSR leider selten und daher besonders positiv zu bewerten ist und den Weg zu einem freiheitsrechtlich ausgerichteten Asylrecht aufweist.

Die Ermächtigungsgrundlage des Art. 78 Abs. 2 AEUV stärkt die materiellen Handlungsbefugnisse der EU und konkretisiert diese Vorgaben mittels Maßnahmen zur Errichtung eines gemeinsamen europäischen Asylsystems (GEAS)[1119], sodass durch den Lissabon-Vertrag eine Vollharmonisierung des materiellen Asylrechts sowie des Asylverfahrensrechts festgesetzt ist.[1120] Dieses fördert die Einheitlichkeit des RFSR, was für das Verhältnis von Freiheit und Sicherheit elementar ist.[1121] Die Umsetzungsmaßnahmen umfassen nach Art. 78 Abs. 2 lit. a–c AEUV einen in der ganzen EU gültigen einheitlichen Asylstatus für Drittstaatsangehörige, einen einheitlichen subsidiären Schutzstatus für Drittstaatsangehörige, die keinen europäischen Asylstatus erhalten, aber internationalen Schutz benötigen sowie eine gemeinsame Regelung für den vorübergehenden Schutz von Vertriebenen im Falle eines Massenzustroms.[1122] Damit erweitert der Lissabon-Vertrag die bisherigen begrenzten Mindestnorm-Festsetzungen des Art. 63 Nr. 1, 2 EGV-Nizza und markiert durch die Möglichkeiten zur Füllung der bestehenden gesetzgeberischen Lücken sowie zur Konsolidierung der bisher noch fragmentierten EU-Asylgesetzgebung den Übergang zu einem umfassenderen Ansatz zugunsten des Freiheitsrechts von Drittstaatsangehörigen im RFSR, was ausdrücklich zu begrüßen ist.[1123]

Zur Gewährleistung dieser drei Schutzstati des Art. 78 Abs. 2 lit. a–c AEUV erweitern lit. d–f AEUV die bisherigen Verfahrensmaßnahmen anhand eines gemeinsamen Verfahrens für die Gewährung sowie den Entzug des einheitlichen Asylstatus respektive des subsidiären Schutzstatus durch Kriterien zur Bestimmung des für die Prüfung eines Antrags auf subsidiären Schutz zuständigen

---

gelten, was u.a. zur Folge hat, dass Asylbewerber aus diesen Ländern schneller ablehnt und abgeschoben werden können.

1119 Das GEAS besteht aus 3 Komponenten: Die unionsweite einheitliche Bestimmung des für die Behandlung des Asylantrags zuständigen Mitgliedstaates, die Angleichung der mitgliedstaatlichen Asylrechtsordnungen mit dem Ziel der Vereinheitlichung und der Lastenausgleich zwischen den Mitgliedstaaten. Siehe Müller-Graff/Repasi, Asyl-, Einwanderungs- und Visapolitik, S. 145 f.

1120 Monar, Der RFSR im Verfassungsvertrag des Konvents, S. 540.

1121 Zur Notwendigkeit eines einheitlichen Asylrechts in der EU, Schmidt, S. 146–153.

1122 Das Europäische Unterstützungsbüro für Asylfragen (EASO), mit Sitz in Valletta auf Malta, wurde durch die EU-Verordnung Nr. 439/2010 des Europäischen Parlamentes und des Rates v. 19. Mai 2010 eingerichtet und ist seit Mai 2011 einsatzbereit (IP/11/750 v. 17.06.2011). Die Hauptaufgabe von EASO ist die Stärkung der praktischen Zusammenarbeit der EU-Mitgliedstaaten im Asylbereich. Es soll bei der Umsetzung eines gemeinsamen europäischen Asylsystems mitwirken und zudem Mitgliedstaaten unterstützen, deren Asylsystem besonders belastet ist.

1123 Monar, Die Vertragsreformen von Lissabon in den Bereichen Inneres und Justiz: verstärkte Handlungsfähigkeit, Kontrolle und Differenzierung, S. 385.

Mitgliedstaats und durch Normen über die Aufnahmebedingungen von Personen, die Asyl oder subsidiären Schutz beantragen. Damit ist hier der Kompetenzbereich des RFSR ausgedehnt worden im Sinne einer gemeinsamen europäischen Herangehensweise, die dem Konzept des RFSR entspricht und ein ausgeglichenes Verhältnis von Freiheits- sowie Sicherheitskonzept begünstigt.[1124] Diese Errungenschaft wird jedoch dadurch geschmälert, dass infolge der Kompetenzerweiterung auch das Kontroll- und Abschottungspotential gegenüber Drittstaatsangehörigen erhöht wurde, was alleine dem Sicherheitskonzept des RFSR dient. Diese gesetzliche Auslegungslücke hat der EuGH partiell gefüllt und damit wiederum seine erhebliche Relevanz für den eingriffsintensiven RFSR aufgezeigt:

So hat der EuGH hat 2011 in den verbundenen Rechtssachen *C-411/10* sowie *C-493/10*[1125] zugunsten des Freiheitsrechts der Asylbewerber entschieden, dass ein Asylbewerber nicht von einem EU-Mitgliedstaat an einen anderen (eigentlich zuständigen) Mitgliedstaat überstellt werden darf, wenn die „systemischen Mängel" des dortigen Asylverfahrens eine unmenschliche oder erniedrigende Behandlung vermuten lassen.[1126] Insofern gibt es im EU-Recht keine unwiderlegliche Vermutung für die Beachtung der Grundrechte der Asylbewerber durch die Mitgliedstaaten. 2013 hat der EuGH diese Rechtsprechung in der Rechtssache *C-4/11*[1127] dahin gehend erweitert, dass die EU-Mitgliedstaaten zwar grundsätzlich weiterhin nicht verpflichtet sind Asylanträge zu prüfen, für die sie nach Dublin-II-VO nicht zuständig sind. Die Mitgliedstaaten können dieses nach dem EuGH aber tun oder einen anderen Mitgliedstaat ermitteln, der die Prüfung übernimmt, wenn es in dem eigentlich zuständigen Mitgliedstaat schwerwiegende Mängel im Asylverfahren oder bei den Aufnahmebedingungen gibt. Wenn ein Mitgliedstaat den Asylantrag nicht prüfen will, muss es anhand der Dublin-II-VO ermitteln, welcher Mitgliedstaat für die Prüfung des Asylantrags zuständig ist. Dauern diese Ermittlungen jedoch unangemessen lange, so muss der betroffene Mitgliedstaat den Asylantrag selbst prüfen. Dieses gilt auch, wenn nicht festgestellt werden kann, welcher Mitgliedstaat für die Prüfung des Asylantrags zuständig ist.

1124 Wichtige Rechtsinstrumente hierbei sind die Dublin II-Verordnung (ehemals Dubliner Übereinkommen), die regelt welcher Staat für die Prüfung eines Asylantrages zuständig ist (EG-Verordnung Nr.343/2003 des Rates v. 18. Februar 2003, Abl. EG L 50, S. 1) sowie das in der Folge geschaffene elektronische Fingerabdruckvergleichssystem EURODAC zur Erfassung von Fingerabdrücken Asylsuchender und illegaler Einwanderer (EG-Verordnung Nr. 2725/2000 des Rates v. 11. Dezember, Amtsblatt Nr. L 316, S. 1).

1125 EuGH, verb. Rs. C-411/10 und C-493/10 (N.S.), Urteil des EuGHs v. 21.12.2011.

1126 So hat das BVerfG 2010 die Überstellungen von Asylbewerbern nach Griechenland nach der Dublin II-VO aufgrund der dortigen kritischen Situation von Asylantragstellern wegen grundrechtlicher Bedenken gestoppt. Weinzierl, Deutsche und europäische Grundrechte im RFSR: Das Asylrecht als Testfall für den kooperativen Grundrechtsschutz in Europa, S. 260 ff.

1127 EuGH-Urteil v. 14.11.2013, C-4/11.

Diese Entscheidungen des EuGH bedeuten eine Stärkung des Freiheitsrechts für Drittstaatsangehörige, indem sie die Relevanz ihrer Grundrechte aufzeigen und zudem auch das Phänomen der sogenannten „refugees in orbit“ minimieren können.[1128] Daneben weisen diese Entscheidungen zu Dublin II jedoch ebenfalls darauf hin, dass der Grundrechtsschutz im RFSR noch nicht einheitlich eingehalten wird und dass das Vertrauen der Mitgliedstaaten untereinander begrenzt ist. Eine Europäische Anhörung oder eine Menschenrechtsrüge wäre hier daher dringend nötig.[1129] Offensichtlich in Sorge um die Schutzstandards der Mitgliedstaaten hat die Europäische Kommission bereits im Mai 2010 die Mitgliedstaaten aufgerufen sich zu ihrer Verpflichtung zu bekennen, ein Gemeinsames Asylsystem einzuführen und dadurch höhere Schutzstandards zu bieten.[1130] Ein Bericht der Europäischen Kommission über das methodische Vorgehen bei der Grundrechtskontrolle benennt im Hinblick auf das Asylrecht die Ingewahrsamnahme von Asylbewerbern, das Recht auf einen wirksamen Rechtsbehelf und die Rechte des Kindes als „besonders heikel“.[1131] Der EuGH[1132] hat hierzu entschieden, dass ein Mitgliedstaat sich nicht auf das Fehlen spezieller Hafteinrichtungen berufen darf, um abzuschiebende Drittstaatsangehörige in gewöhnlichen Haftanstalten unterzubringen und diese damit denselben Bedingungen wie Strafgefangenen zu unterwerfen. Zudem hat die EU-Kommission in Reaktion auf ein diesbezügliches EuGH-Urteil[1133] angekündigt, die derzeit nicht eindeutigen EU-Bestimmungen über die Handhabung von Asylanträgen von unbegleiteten Minderjährigen ohne Angehörige in den Mitgliedstaaten zu konkretisieren.[1134]

1128 „Refugess in orbit“ werden Flüchtlinge genannt, die zwischen den Mitgliedstaaten hin und her geschoben werden, weil kein Staat sich für die Prüfung ihres Schutzantrags zuständig hält. Weinzierl, Deutsche und europäische Grundrechte im RFSR: Das Asylrecht als Testfall für den kooperativen Grundrechtsschutz in Europa, S. 261.

1129 Aus „Der Raum der Freiheit, der Sicherheit und des Rechts“, Vortrag von Oliver Remien, am 15.11.2013 im Rahmen des Symposiums anlässlich des 60jährigen Bestehens der Stiftung Europa-Kolleg Hamburg.

1130 KOM (2010) 214 endg., S. 9.

1131 KOM (2009) 205 endg., Seite 4 f. Weinzierl, Deutsche und europäische Grundrechte im RFSR: Das Asylrecht als Testfall für den kooperativen Grundrechtsschutz in Europa, S. 264.

1132 EuGH, Urteile v. 17.07.2014 in der verb. Rs. C-473/13 und C-514/13 sowie der Rs. C-474/13 (*Adala Bero/Regierungspräsidium Kassel, Ettayebi Bouzalmate/Kreisverwaltung Kleve und Thi Ly Pham/Stadt Schweinfurt*). Dies gilt selbst dann, wenn der betroffene Drittstaatsangehörige in die Unterbringung in einer gewöhnlichen Haftanstalt einwilligt.

1133 EuGH, Urteil v. 06.06.2013 (MA u.a. gegen Secretary of State for the Home Departmen), Rs. C-648/11.

1134 Europäische Kommission, IP/14/723 v. 26.06.2014.

In dem neu eingefügten Art. 78 Abs. 2 lit. g AEUV wird die EU zur Partnerschaft sowie Zusammenarbeit mit Drittländern zwecks der Zustromsteuerung von Personen, die Asyl oder subsidiären bzw. vorübergehenden Schutz beantragen, ermächtigt. Diese Kompetenz birgt die Gefahr einer einseitigen sicherheitsorientierten und protektionistischen Handhabung durch die EU und zugleich jedoch die Chance einer freiheitlichen, am Wohl der betroffenen Menschen ausgerichteten, Lösung.

Durch Art. 78 Abs. 3 AEUV als Ausdruck des Solidaritätsgrundsatzes ist Art. 64 Abs. 2 EGV-Nizza dahin gehend modifiziert worden, dass die beschränkte Geltungsdauer (höchstens sechs Monate) der vorläufigen Maßnahmen[1135] aufgehoben wurde und zudem der Rat vor seiner Beschlussfassung das Europäische Parlament anhören muss.[1136] Die Anhörung des Parlaments ist ein konstruktiver Schritt, dennoch ist eine Kontrollmöglichkeit dieses demokratischen EU-Organs zu fordern, welche nach dem grundsätzlich anwendbaren Art. 294 AEUV eigentlich gegeben wäre und sich auch nicht allein aufgrund der Erfordernisse eines raschen Handelns verwerfen lässt.

c) Art. 79 AEUV

Die „gemeinsame Einwanderungspolitik" des RFSR ist nunmehr in Art. 79 AEUV festgesetzt und wird damit nicht nur erstmals explizit unter normierte Zielsetzungen gestellt, sondern nach Art. 79 Abs. 1 AEUV auch als „gemeinsame Politik" formuliert. Nach Art. 79 Abs. 1 AEUV ist die Zielvorgabe der Einwanderungspolitik eine in allen Phasen wirksame Steuerung der Migrationsströme, eine angemessene Behandlung von Drittstaatsangehörigen, die sich rechtmäßig in einem Mitgliedstaat aufhalten sowie die Verhütung respektive verstärkte Bekämpfung von illegaler Einwanderung und Menschenhandel. Damit fördert Art. 79 AEUV nicht zuvorderst die Einwanderung, sondern ist unter Außerachtlassung einer freiheitsrechtlichen Fokussierung auf restriktive Maßnahmen zur Bekämpfung der illegalen Einwanderung, Steuerung der Migrationsströme und Schutz der Außengrenzen verengt[1137], sodass die Einwanderungspolitik nicht primär freiheitsrechtlich orientiert, sondern vielmehr auf die Abschottung des RFSR ausgerichtet ist. Dieses Ungleichgewicht ist zu kritisieren und ein integratorischer Rückschritt gegenüber den diesbezüglichen Zielsetzungen des Tampere-Programms.

1135 Zur finanziellen Unterstützung einzelner Maßnahmen und somit zur Lastenverteilung wurde der Europäische Flüchtlingsfonds (EFF) eingerichtet. Hierzu eingehender unter Teil IV, B.

1136 Im Gegensatz zu der EGV-Nizza Norm enthält Art. 78 Abs. 3 AEUV keinen Verweis auf den Ordre-public Vorbehalt. Da dieser im Lissabon-Vertrag jedoch im allgemeinen Teil der RFSR-Vorschriften unter Art. 72 AEUV festgesetzt ist, gilt diese Norm nach wie vor auch für Art. 78 Abs. 3 AEUV.

1137 Kainer, Der RFSR nach dem Verfassungsvertrag, S. 292 f.

Die Ermächtigungsgrundlage des Art. 79 Abs. 2 AEUV konkretisiert auch hier diese Zielvorgaben durch Maßnahmen, welche sich größtenteils mit denen der entsprechenden Art. 63 Nr. 3, 4 EGV-Nizza decken, sodass die Neuterminierung des Bereichs Einwanderung als gemeinsame Politik nicht in einer wesentlichen Erweiterung der Handlungsbefugnisse resultiert. In Art. 79 Abs. 2 lit. c AEUV jedoch sind die schon bisher möglichen Maßnahmen gegen illegale Einwanderung durch die Einfügung der Abschiebung als allein sicherheitsorientierte Maßnahme ausdrücklich erweitert worden.[1138] Daneben ist erfreulicherweise durch Art. 79 Abs. 2 lit. d AEUV die Bekämpfung des Menschenhandels, insbesondere des Handels mit Frauen und Kindern, als freiheitsrechtliche Dimension der Einwanderungspolitik integriert worden.[1139]

Zusammengenommen fokussiert sich die EU-Einwanderungspolitik im RFSR durch den Lissabon-Vertrag weiterhin auf die Abwehr illegaler Einwanderung und zielt nicht zuvorderst auf eine aktive Zuwanderungspolitik ab. Es ist zwar ein berechtigtes Anliegen der EU die Zuwanderung zu steuern und zudem sind adäquatere Asyl- und Migrationsgesetze auch im Interesse der Aufnahme- und Herkunftsländer sowie der Migranten und Flüchtlinge selbst. Aber die EU hat den Terminus „Steuerung" derart restriktiv belegt, dass er mit Einwanderungsbeschränkung identisch ist und die meisten Maßnahmen nur noch darauf abstellen, die Zahl der Zuwanderer und Flüchtlinge zu limitieren. Freiheitsrechtliche Aspekte von Migration dagegen, wie etwa die Menschenrechte, haben derzeit nur einen nachrangigen Stellenwert im RFSR.[1140] Diese Schwerpunktsetzung steht in einem scharfen Widerspruch zu der Titulierung dieses Politikfeldes als „gemeinsame Einwanderungspolitik"[1141] und verhindert durch die Betonung des Sicherheitskonzepts zulasten des Freiheitsrechts ein rechtsstaatlich angemessenes Verhältnis dieser beiden Paradigmen.

Neben diesen RFSR-internen Maßnahmen hat die EU nach dem neu eingefügten Art. 79 Abs. 3 AEUV die ausdrückliche Befugnis Übereinkünfte mit Drittländern

---

1138 Monar, Die Vertragsreformen von Lissabon in den Bereichen Inneres und Justiz: verstärkte Handlungsfähigkeit, Kontrolle und Differenzierung, S. 385 f.

1139 Das Sekundärrecht in dem RFSR-Bereich der Einwanderungspolitik ist umfangreich, jedoch nicht Thema dieser Arbeit. Um dennoch einen Einblick zu gewähren, sind hier beispielhaft die Bestimmung der Voraussetzungen für die Einreise sowie den Aufenthalt von hochqualifizierten Arbeitskräften (mittels der sog. Blaue Karte EU: RL 2009/50/EG des Rates v. 25.05.2009, ABl. L 155, S. 17), die Festlegung von Mindeststandards für die Rückführung illegaler Einwanderer (sog. Abschiebe-Richtlinie: RL 2008/115/EG des EP und des Rates v. 16.12.2008, ABl. L 348, S. 98), sowie die Konstituierung eines einheitlichen Aufenthaltstitels für Drittstaatsangehörige (EG-VO Nr. 1030/2002 v. 13.06.2002, ABl. L 157, S. 1) zu nennen.

1140 Groß/Tryjanowski, Der Staat 2009, S. 277. Damit ist bisher nur eine partielle Mindestharmonisierung erfolgt, die einer vollständigen Umsetzung der internen Freizügigkeit auch für Drittstaatsangehörige verhindert.

1141 So auch Oppermann/Classen/Nettesheim, Rdnr. 20 f.

über eine Rückübernahme von Drittstaatsangehörigen in ihr Ursprungs- oder Herkunftsland zu schließen, die die Voraussetzungen für die Einreise in das Hoheitsgebiet eines der Mitgliedstaaten oder die Anwesenheit oder den Aufenthalt in diesem Gebiet nicht oder nicht mehr erfüllen (sog. Rücknahmeübereinkommen).[1142] Diese Rücknahmeübereinkommen nach Art. 79 Abs. 3 AEUV sind eine ausschließlich sicherheitsorientierte RFSR-Maßnahme, die der „Festung Europa" dienen und wiederum keinerlei freiheitliche Dimension aufweisen, wie es unter dem Terminus der Entwicklungspolitik eigentlich zu erwarten wäre.[1143] Konstruktiv ist allein, dass Art. 79 Abs. 3 AEUV eine ausdrückliche primärrechtliche Vertragsschlusskompetenz für die EU aus dem neu eingefügten Art. 216 Abs. 1 AEUV beinhaltet und es gemäß Art. 218 Abs. 6 lit. a v AEUV bei derartigen völkerrechtlichen Verträgen der EU im Anwendungsbereich von intern zustimmungspflichtigen RFSR-Bereichen wie hier (gemäß Art. 79 Abs. 2 AEUV) nunmehr der Zustimmung des Europäischen Parlaments bedarf.[1144] Diese Einbeziehung des Europäischen Parlaments auch bei internationalen Vereinbarungen[1145]

1142 Bezüglich der auswärtigen Dimension des RFSR gilt seit der Auflösung der Säulenstruktur durch den Lissabon-Vertrag die allgemeine Rechtslage (vgl. Grabitz/Hilf/Nettesheim, Rdnr. 35): In der Regel bestimmt sich die Vertragsschlusskompetenz der EU in Bereichen geteilter Zuständigkeit, wie ihn der RFSR gemäß Art. 4 Abs. 2 lit. j AEUV auch bezüglich der auswärtigen Kompetenzen darstellt, nach Art. 216 ff. AEUV. Hat die EU mithin für einen bestimmten RFSR-Bereich noch kein Abkommen mit einem Drittstaat abgeschlossen, so können die Mitgliedstaaten gemäß Art. 2 Abs. 2 AEUV unter Wahrung des Grundsatzes der loyalen Zusammenarbeit nach Art. 4 Abs. 3 EUV Abkommen mit Drittstaaten schließen. Schließt die EU jedoch Übereinkünfte nach dem neu eingefügten Art. 216 Abs. 1 AEUV, so binden diese gemäß Abs. 2 die EU-Organe und die Mitgliedstaaten.

1143 In diesem Sinne ist auch die 36. Erklärung (zum Lissabon-Vertrag) zu Art. 218 AEUV zu lesen, mit der die Konferenz bestätigt, dass die Mitgliedstaaten Übereinkünfte mit Drittländern oder internationalen Organisationen in den RFSR-Bereichen der JZZ sowie der PJZS (Kap. 3, 4 und 5) aushandeln und schließen können, nicht jedoch in dem Bereich Grenzkontrollen, Asyl und Einwanderung des Kap. 2.

1144 Vor dem Lissabon-Vertrag war das nach Art. 300 EGV-Nizza nicht gegeben. Der Rat beschließt nun nach Art. 218 Abs. 8 AEUV grundsätzlich mit qualifizierter Mehrheit, gemäß Art. 218 Abs. 8 UAbs. 1 beschließt er jedoch einstimmig, wenn die interne Rechtsgrundlage dies vorsieht.

1145 Dieses zeigt sich auch beim Abkommen zur Bekämpfung von Produkt- und Markenpiraterie (Anti-Counterfeiting Trade Agreement, ACTA), welches am 04.07.2012 durch das EU-Parlament abgelehnt wurde: Zum ersten Mal hat damit das Parlament von seinem im Lissabon-Vertrag verankerten Recht gemäß Art. 207 AEUV Gebrauch gemacht und ein internationales Handelsabkommen abgelehnt. Hintergrund waren die Bedenken, dass die mangelnde Klarheit des Abkommens unakzeptable Folgen für die Grundrechte haben können. So können viele der Maßnahmen eine breit angelegte Überwachung von Nutzern beinhalten, die tief in die

stärkt das Freiheitselement des RFSR und ist eine konstruktive Entwicklung.[1146]

Der durch den Lissabon-Vertrag ebenfalls neu eingefügte Art. 79 Abs. 4 AEUV setzt auf den ersten Blick erfreulicherweise einen Akzent, der dem Vorhaben „gemeinsame Einwanderungspolitik" gerecht wird, indem das Europäische Parlament und der Rat die Kompetenz erhalten, Maßnahmen zu beschließen, mit denen die mitgliedstaatlichen Bemühungen um die Integration der sich rechtmäßig in ihrem Hoheitsgebiet aufhaltenden Drittstaatsangehörigen gefördert und unterstützt werden (allerdings unter Ausschluss jeglicher Harmonisierung der Rechtsvorschriften der Mitgliedstaaten). Diese Förderung der Integration von Migranten stärkt die Fokussierung auf die für den RFSR elementare Integration und ist daher sehr zu begrüßen. Die Handlungsmöglichkeiten der EU werden jedoch durch Art. 79 Abs. 4 AEUV zweifach limitiert, indem nur die „Bemühungen" der Mitgliedstaaten „gefördert und unterstützt" werden und dieses auch noch unter Ausschluss der Anwendung der Rechtsangleichung der mitgliedstaatlichen Vorschriften. Damit ist der angedeutete Kompetenzdurchbruch der EU in der Integrationspolitik, wo die Mitgliedstaaten weiterhin partiell sehr unterschiedliche Ansätze verfolgen, deutlich reduziert.[1147]

Zudem hat die Einwanderungspolitik im Sinne des Art. 79 AEUV nach dem an Art. 63 UAbs. 2 EGV-Nizza angelehnten Art. 79 Abs. 5 AEUV keine Auswirkung auf das Recht der Mitgliedstaaten, zu bestimmen, wie viele Drittstaatsangehörige aus Drittländern in ihr Hoheitsgebiet einreisen dürfen, um dort Arbeit zu suchen. Damit bleibt die Verantwortung über den Kern der RFSR-Einwanderungspolitik zuvorderst in den Händen der Mitgliedstaaten[1148], sodass auch diese Veto-Norm allein protektionistisch auf das Sicherheitselement des RFSR ausgerichtet ist und keinen freiheitsrechtlichen Bezug aufweist. Dieses ist aus mitgliedstaatlicher Sicht verständlich, gleichwohl ist fraglich, wie gehaltvoll eine integrative „gemeinsame Einwanderungspolitik" im RFSR sein kann, solange die Mitgliedstaaten hier weiterhin rein nationale Interessen verfolgen. Somit klaffen auch hier hinsichtlich

---

Privatsphäre von Individuen eingreifen und unverhältnismäßig sind (Stellungnahme des Europäischen Datenschutzbeauftragten, EDPS/12/9 v. 24.04.2012).

1146 Die Zuständigkeit zur internen Durchführung derartiger Abkommen obliegt der EU nach Maßgabe ihrer Kompetenzen im RFSR (EuGH, Urteil v. 11.09.2007, Rs. C-431/05, Slg. 2007, I-2007). Die Durchsetzung der Verträge kann lediglich mittels der besonders geregelten Verfahren vor dem EuGH, einschließlich des Vertragsverletzungsverfahrens, erfolgen (EuGH, Urteil v. 07.10.2004, Rs. C-239/03, Slg. 2004, I-09325). Die Beilegung von Streitigkeiten zwischen Mitgliedstaaten aus gemischten Verträgen des RFSR vor dem Internationalen Gerichtshof scheidet aus. Soweit keine Unionsdurchführungsakte vorliegen, obliegt den mitgliedstaatlichen Gerichten die Entscheidung über die unmittelbare Anwendbarkeit des Abkommens.

1147 Monar, Die Vertragsreformen von Lissabon in den Bereichen Inneres und Justiz: verstärkte Handlungsfähigkeit, Kontrolle und Differenzierung, S. 385 f.

1148 Monar, Der RFSR im Verfassungsvertrag des Konvents, S. 541; Streinz/Ohler/Herrmann, Der Vertrag von Lissabon zur Reform der EU, Nr. I.

der ambitionierten Terminologie der „gemeinsamen Politik“ Anspruch und Wirklichkeit stark auseinander, was der Glaubwürdigkeit unter den Bürgern sicherlich nicht zugutekommt.[1149]

d) Art. 80 AEUV

Der das 2. Kapitel abschließende Art. 80 AEUV erweitert Art. 63 Nr. 2 lit. b EGV-Nizza dahin gehend, dass die gesamte RFSR-Politik des Kap. 2 sowie ihre Umsetzung[1150] einem spezifisch konkretisierten Grundsatz der Solidarität und der gerechten Lastenverteilung zwischen den Mitgliedstaaten unterfallen, einschließlich in finanzieller Hinsicht.[1151] Damit ist durch den Lissabon-Vertrag erstmals im Primärrecht das Solidaritätsgebot ausdrücklich festgesetzt und eine rechtliche Basis dafür eingeführt worden, dass nunmehr EU-Rechtsakte im Bereich der RFSR-Zugangspolitiken Maßnahmen zur gerechten Lastenverteilung zu enthalten haben.[1152] Damit sind EU-Maßnahmen, die einzelnen Mitgliedstaaten unproportional belasten[1153] nicht ohne gleichzeitige Festlegung eines Lastenverteilungsschlüssels möglich.

Auch wenn von diesen möglicherweise eine ambitionsdämpfende Wirkung ausgehen mag[1154], so handelt es sich gleichwohl um eine notwendige Weiterentwicklung des Gedankens des gemeinsamen Raumes und ist insofern auch für ein angemessenes Verhältnis von Freiheit und Sicherheit im RFSR relevant. Denn nimmt man das Konzept des RFSR Ernst und nicht als bloße Worthülse, so ist Art. 80 AEUV die richtige Konsequenz aus der Existenz eines alle Mitgliedstaaten umspannenden Raumes, in welchem bestimmte grenzüberschreitende Herausforderungen der Innen- und Justizpolitik als gemeinsame angesehen sowie gelöst werden sollen und sich die Mitgliedstaaten damit solidarisch der Belastungen annehmen, die aus den gemeinsamen Maßnahmen in diesen Bereichen resultieren.[1155] Diese Solidarität ist auch geboten, da die Belastung der einzelnen Mitgliedstaaten aufgrund ihrer geographischen Lage in der EU hinsichtlich der Kontrolle

---

1149 Monar, Die Vertragsreformen von Lissabon in den Bereichen Inneres und Justiz: verstärkte Handlungsfähigkeit, Kontrolle und Differenzierung, S. 385 f.

1150 Nach Art. 80 S. 2 AEUV müssen die aufgrund dieses Kapitels erlassenen Rechtsakte der EU entsprechende Maßnahmen für die Anwendung dieses Grundsatzes enthalten, wenn dies erforderlich ist.

1151 Daher bedürfen Maßnahmen in diesem Politikbereich, die einzelne Mitgliedstaaten unverhältnismäßig stark belasten, im Sinne des Art. 80 AEUV gleichzeitig einer Regelung über eine Lastenverteilung.

1152 Haack, Der RFSR im Vertrag von Lissabon – Rhetorik oder Integrationsschub?, S. 223.

1153 Etwa die effektive Kontrolle langer Land- oder Seegrenzen oder der Zustrom von Asylbewerbern.

1154 So Müller-Graff, EuR 2009, S. 115 f.

1155 Vgl. auch Müller-Graff/Monar, S. 37.

der Außengrenzen der EU sehr unterschiedlich ausfällt, obwohl die Sicherheit der Außengrenzen ein gemeinsames Interesse der Mitgliedstaaten ist und – zumindest im Schengen-Raum[1156] – ebenfalls einer gemeinsamen Regulierung unterworfen ist. Die starke Betonung des Prinzips der Solidarität der Mitgliedstaaten ist daher von erheblicher Bedeutung für die Außengrenz-, Asyl- und Einwanderungspolitik im RFSR, da die Entwicklung geeigneter Solidaritätsinstrumente eine Schlüsselfrage für die zukünftige Handlungsfähigkeit der EU in diesen Bereichen ist, sodass hier ein notwendiger und überfälliger Fortschritt getätigt wurde.[1157] Damit gilt der Solidaritätsgrundsatz nur für die Bereiche des Kapitels 2 und findet auf die restlichen RFSR-Politiken, etwa die grenzüberschreitende Kriminalitätsbekämpfung, zumindest formal, keine Anwendung.[1158]

3. *Justizielle Zusammenarbeit in Zivilsachen*

Die Justizielle Zusammenarbeit in Zivilsachen (JZZ) ist als Kapitel 3 in Art. 81 AEUV normiert[1159] und konkretisiert den erleichterten Zugang zum Recht im Sinne von Art. 67 Abs. 4 AEUV. Der Umstand, dass die JZZ durch den Lissabon-Vertrag im Gegensatz zu der Vorgängernorm des Art. 65 EGV-Nizza ein eigenes Kapitel bildet, hebt dessen Relevanz für den RFSR hervor, was angesichts der wesentlichen Rolle, die die JZZ als Raum des Rechts und damit als Bindeglied zwischen dem Freiheitskonzept und dem Sicherheitselement des RFSR einnimmt, von positiver Aussagekraft ist.

Art. 65 EGV-Nizza wird dahin gehend deutlich erweitert[1160], dass als Grundlage der Zusammenarbeit in Art. 81 Abs. 1 S. 1 AEUV explizit die gegenseitige Anerkennung gerichtlicher sowie außergerichtlicher Entscheidungen der Mitgliedstaaten konstituiert wird und daneben gemäß Art. 81 Abs. 1 S. 2 AEUV der Erlass von Maßnahmen zur Rechtsangleichung der mitgliedstaatlichen Vorschriften möglich ist. Als Kompetenzgrundlage ermöglicht Art. 81 Abs. 1 AEUV damit lediglich die Beseitigung einzelner Verfahrenshindernisse und kein einheitliches

---

1156 Die Lasten für die Außengrenzkontrollen im Schengen-System sind aufgrund des vorgeschriebenen Standards hinsichtlich Ausbildung, Personal und einzusetzender Technik, erheblich. Siehe EG-Verordnung Nr. 562/2006 des Europäischen Parlaments und des Rates v. 15. März 2006 über einen Gemeinschaftskodex für das Überschreiten der Grenzen durch Personen (Schengener Grenzkodex).

1157 Monar, Die Vertragsreformen von Lissabon in den Bereichen Inneres und Justiz: verstärkte Handlungsfähigkeit, Kontrolle und Differenzierung, S. 386 f.

1158 Zwar ist mit Art. 222 AEUV eine Solidaritätsklausel gegeben, in der (allein) für den Bereich des Terroranschlags der Solidaritätsgrundsatz festgeschrieben ist, jedoch ohne direkten Verweis auf den RFSR.

1159 Abkommen sowie Staatsverträge zwischen Mitgliedstaaten und Drittstaaten in Sachen justizieller Zusammenarbeit müssen gemäß Art. 351 AEUV mit den RFSR-Normen vereinbar sein.

1160 Kainer, Der RFSR nach dem Verfassungsvertrag, S. 293 f.

europäisches Zivilprozessrecht.[1161] Dennoch ist diese explizite Befugnis zu Harmonisierungsmaßnahmen im Bereich des Zivilrechts eine Weiterentwicklung, die bisher noch höchst umstritten war.[1162] Auch der Rechtsangleichung ist zwar nur eine beschränkte Nebenrolle („kann") zugewiesen, gleichwohl ist diese nun auch explizit im Rahmen der JZZ möglich. Diese Modifizierung ist konstruktiv, da sie die Etablierung eines einheitlichen Rechtsraums fördert, was für ein ausgewogenes Verhältnis von Freiheit und Sicherheit im RFSR elementar ist. Allerdings handelt es sich bei dem Grundsatz der gegenseitigen Anerkennung eher um eine deklaratorische schriftliche Verfestigung, da dieser Grundsatz in der JZZ seit Jahren gängige Praxis ist.[1163]

In diesem Zusammenhang hat der EuGH in den Urteilen *Krombach*[1164], *Eurofood*[1165], *ASML*[1166], *Apostolides*[1167] sowie *Weiss und Partner*[1168] zum Schutz der Grundrechte einige wichtige Leitlinien für die Anwendung[1169] der gegenseitigen Anerkennung von Urteilen aufgestellt.[1170] Der EuGH betont hier, dass die gegenseitige Anerkennung von zivil- und handelsrechtlichen Entscheidungen nicht absolut ist, sondern mit den Grundrechten vereinbar sein muss und nicht zu deren Lasten implementiert werden darf.[1171] Denn die gegenseitige Achtung unter den mitgliedstaatlichen Gerichten darf nicht zu einer Situation führen, die sich nachteilig auf grundlegende Verfahrensrechte auswirkt.[1172] In Fällen wie *Gasser*, *Turner*

1161 Da Art, 81 Abs. 1 AEUV nunmehr „grenzüberschreitendem Bezug" statt „grenzüberschreitenden Bezügen" in EUV-Nizza konstatiert.

1162 Monar, Die Vertragsreformen von Lissabon in den Bereichen Inneres und Justiz: verstärkte Handlungsfähigkeit, Kontrolle und Differenzierung, S. 387.

1163 Kampfer, Der RFSR, S. 75. Vgl. VO (EG) Nr. 44/2001, ABl. 2001 Nr. L 12/1.

1164 EuGH-Urteil, C-7/98, Krombach. Wiederholt im EuGH-Urteil C-394/07, 02.04.2009, Gambazzi.

1165 Ratsdokument Nr. 1346/2000; EuGH-Urteil, C-341/04, Eurofood.

1166 EuGH-Urteil, C-283/05, ASML.

1167 EuGH-Urteil, C-420/07, 28.04.2009, Apostolides.

1168 EuGH-Urteil, C-14/07, Weiss und Partner, hinsichtlich er Verordnung über die Zustellung gerichtlicher und außergerichtlicher Schriftstücke in Zivil-oder Handelssachen. Vgl. Koen, The Contribution of the European Court of Justice to the Area of Freedom, Security and Justice, S. 285.

1169 Durch Art. 27 Nr. 1 des Brüsseler Übereinkommens wird eine Entscheidung nicht anerkannt werden, wenn die Anerkennung der öffentlichen Ordnung des Staates, in dem die Anerkennung beantragt ist, widerspricht.

1170 Koen, The Contribution of the European Court of Justice to the Area of Freedom, Security and Justice, S. 282 ff.

1171 Koen, The Contribution of the European Court of Justice to the Area of Freedom, Security and Justice, S. 284.

1172 Koen, The Contribution of the European Court of Justice to the Area of Freedom, Security and Justice, S. 285.

und *Allianz*[1173] hat der EuGH zudem entschieden, dass Prozessführungsverbote[1174] aufgrund von Rechtssicherheit, des Prinzips des gegenseitigen Vertrauens und des effet utile mit EU-Recht unvereinbar sind und will so den RFSR-Grundrechtsschutz anhand von Verfahrensgarantien wahren.[1175] Die Rechtsprechung des EuGH zeigt somit auf, dass die EU-Grundrechte als Grenzwert für den freien Verkehr von Entscheidungen in Zivilsachen fungieren können und dass der EuGH grundsätzlich mitgliedstaatlichen Verfahrensinstrumenten entgegentritt, die das Recht auf effektiven gerichtlichen Rechtsschutz begrenzen können.[1176]

Der EU-Kompetenzzuwuchs in der JZZ zeigt sich zudem darin, dass in der Ermächtigungsgrundlage des Art. 81 Abs. 2 AEUV die Erforderlichkeit des reibungslosen Funktionierens des Binnenmarktes als Handlungsvoraussetzung für unionales Handeln entfällt, auch wenn sie das erste Beispiel dafür bildet.[1177] Der abschließend formulierte Art. 81 Abs. 2 AEUV ergänzt die beibehaltenen Umsetzungsmaßnahmen[1178] des Art. 65 EGV-Nizza um solche Kompetenzen, die die

---

1173 EuGH-Urteil, C-116/02, Gasser; EuGH-Urteil, C-159/02, Turner; EuGH-Urteil,C-185/0, 10.02.2009, Allianz. Prozessführungsverbote sind nicht nur in Zivilsachen, dessen Gegenstand in den Anwendungsbereich der Verordnung Brüssel I fällt, ausgeschlossen, sondern auch in Verfahren, die zwar nicht in ihren Anwendungsbereich fallen, aber ihre Wirksamkeit untergraben, vgl. EuGH-Urteil C-185/07 Allianz, § 22.

1174 Diese sog. „anti-suit injunction" nach engl. Recht untersagt dem Prozessgegner in Bezug auf einen bestimmten Streitgegenstand ein Parallelverfahren einzuleiten. Zweck einer solchen „anti-suit injunction" ist im Wesentlichen zu verhindern, dass eine der Parteien unter Verstoß gegen eine Gerichtsstandsvereinbarung vor einem ausländischen Gericht klagt. Im Ergebnis bedeutet dies, dass ein englisches Gericht beim Erlass einer „anti-suit injunction" über die Zuständigkeit bzw. Unzuständigkeit eines ausländischen Gerichtes entscheidet. Durch die Entmutigung repressiver und missbräuchlicher Verfahrenstaktiken sollen Prozessführungsverbote die Wirksamkeit von Gerichtsstandsklauseln und Schiedsverträge stärken, während sie die automatische Anwendung der Rechtshängigkeit (Lis pendens-Regelung) beschränken.

1175 Koen, The Contribution of the European Court of Justice to the Area of Freedom, Security and Justice, S. 286.

1176 Koen, The Contribution of the European Court of Justice to the Area of Freedom, Security and Justice, S. 288.

1177 Vgl. Müller-Graff, EuR 2009, S. 116. „soweit" in Art.65 EGV-Nizza und „insbesondere wenn" in Art. 81 AEUV, siehe hierzu die ausführliche Erörterung unter Teil III, A, I, 6.

1178 Auch in der justiziellen Zusammenarbeit in Zivilsachen sind umfangreiche sekundärrechtliche Umsetzungen gegeben, die kollisionsrechtlich u.a. das internationale Privatrecht der EU hinsichtlich der vertraglichen Schuldverhältnisse (Rom I-VO, EG-VO Nr. 593/2008 des EP und des Rates v. 17.06.2008, ABl. L 177, S. 6.) sowie der außervertraglichen Schuldverhältnisse (Rom II-VO, EG-VO Nr. 864/2007 des EP und des Rates v. 11.07.2007, ABl. L 199, S. 40) regulieren. Aus dem Sekundärrecht ist zudem die Etablierung des Europäischen Justiziellen Netzes für Zivil- und Handelssachen (Entscheidung 2001/470/EG des Rates v. 28.05.2001, ABl. L 174, S. 25) von Bedeutung, dem es obliegt die justizielle Zusammenarbeit zwischen

Entwicklung alternativer Methoden zur Beilegung von Streitigkeiten (lit. g) sowie die Weiterbildung von Richtern und Justizbediensteten (lit. h) sicherstellen sollen. Hierdurch wird die Judikative im RFSR gefördert, was sich positiv auf das Freiheitselement des RFSR auswirkt. Auch wenn die Weiterbildungskompetenz als EU-Aufgabe in ihrer Wirkungsmöglichkeit eher zweifelhaft erscheint, so ist dennoch insbesondere in den neuen EU-Mitgliedstaaten die Notwendigkeit des Aufbaus justizieller Kapazität zur Anwendung des Gemeinschaftsrechts nicht zu negieren.[1179]

Zudem ist durch den Lissabon-Vertrag der erleichterte Zugang zum Recht als übergeordnetes RFSR-Ziel (gemäß Art. 67 Abs. 4 AEUV) in dem generalklauselartigen Art. 81 Abs. 2 lit. e AEUV anhand einer eigenen, wenig konkreten Rechtsgrundlage zur Sicherstellung eines effektiven Zugangs zum Recht konkretisiert.[1180] Diese potenziell uferlose Kompetenznorm kann zu einem Einfalltor für alle möglichen Harmonisierungsmaßnahmen mit zivilrechtlichem oder zivilprozessualem Bezug werden und ist daher möglichst restriktiv auszulegen,[1181] auch wenn rechtlich lediglich die Erleichterung des mitgliedstaatlich gewährleisteten Zugangs zum Recht durch justizielle Zusammenarbeit in grenzüberschreitenden Sachverhalten festgesetzt ist.[1182] Gleichwohl stärkt jede effektive Maßnahme hinsichtlich des Zugangs zum Recht im RFSR die Freiheitsrechte der EU-Bürger und damit auch das Freiheitskonzept, was grundsätzlich konstruktiv ist.[1183] Daher könnte Art. 81 Abs. 2

---

den Mitgliedstaaten in Zivil- und Handelssachen zu vereinfachen und umfassende Information über das jeweilige nationale sowie unionsrechtliche Zivil- und Handelsrecht für die Öffentlichkeit wie auch für die Mitgliedstaaten bereitzustellen. Das EJN Zivil- und Handelssachen ist nicht zu verwechseln mit dem EJN von 1998, hierzu unter IV. In Bezug auf das sekundärrechtliche Verfahrensrecht im RFSR sind die Verordnungen über den europäischen Vollstreckungstitel bei unbestrittenen Forderungen (EG-VO Nr. 805/2004 des EP und des Rates v. 21.04.2004, ABl. L 143, S. 15.), über das europäische Mahnverfahren (EG-VO Nr. 1896/2006 des EP und des Rates v. 12.12.2006, ABl. L 399, S. 1.) und über die Geltendmachung geringfügiger Forderungen (EG-VO Nr. 861/2007 des EP und des Rates v. 11.07.2007, ABl. L 199, S. 1) überblickshalber aufzuführen. Siehe auch die Prozesskosten-RL, EuGVV, die EuZVO, die EuBVO; eingehend unter Frenz, Europarecht, Rdnr. 683.

1179 Müller-Graff, EuR 2009, S. 116.

1180 Vgl. Müller-Graff, EuR 2009, S. 116.

1181 Streinz/Ohler/Herrmann, Der Vertrag von Lissabon zur Reform der EU, Nr. II.

1182 Frenz, Handbuch Europarecht, Bd. 6, Teil 3, Kap. 17, Rdnr. 2921.

1183 Sobald die Richtlinie über die Weiterverwendung von Informationen des öffentlichen Sektors vollständig in einzelstaatliches Recht umgesetzt ist, werden alle allgemein zugänglichen Daten des öffentlichen Sektors (d.h., keine personenbezogenen Daten, sondern etwa Verkehrsinfos, Wetterdaten, Unternehmensregister oder Informationen zu Gerichtsverfahren) zur Weiterverwendung freigegeben, sodass die Bürger zukünftig leichter Zugang zu Informationen der öffentlichen Stellen haben. IP/13/316 v. 10.04.2013.

lit. e AEUV die europäische Harmonisierungsrechtsetzung deutlich vorantreiben, je nach Anwendung (weite oder enge Auslegung) durch die Kommission.[1184]

Insgesamt sind die geschilderten Handlungsermächtigungen des Art. 81 Abs. 2 AEUV präziser als bisher formuliert[1185] und können die Kommission bei neuen Gesetzgebungsvorschlägen stärken sowie möglichen Ultra vires Einwänden seitens der Mitgliedstaaten zuvorkommen.[1186] Jedoch umfasst Art. 81 AEUV weiterhin allein die Harmonisierung des Verfahrens- und Kollisionsrechts, nicht aber des materiellen Rechts, sodass eine ausdrückliche spezifische Kompetenz für die Harmonisierung des materiellen Zivilrechts[1187] nicht gegeben ist. Auch wenn eine Harmonisierung des materiellen Rechts schwerer zu erreichen ist, so liegt diese dennoch im Interesse der EU-Bürger sowie der Rechtssicherheit insgesamt und würde das Freiheitselement in der JZZ weiter stärken.[1188]

Art. 81 Abs. 3 AEUV enthält nur einen allgemeinen Verweis auf das Familienrecht ohne einen eigenen Kompetenzkatalog wie in Art. 81 Abs. 2 AEUV aufzuführen, bzw. hierauf zu verweisen.[1189] Auch der neu eingefügte Art. 81 Abs. 3 UAbs. 1 AEUV behält die Sonderregelungen des Art. 67 Abs. 5, 2. Spiegelstrich EGV-Nizza bei, sodass Maßnahmen in dem sensiblen Bereich des Familienrechts mit grenzüberschreitendem Bezug weiterhin nach einem besonderen Gesetzgebungsverfahren vom Rat einstimmig und lediglich nach der Anhörung des Europäischen Parlaments beschlossen werden.

Allerdings kann der Rat nun gemäß der neuen Passerelle-Regelung (sog. Brückenklausel) des Art. 81 Abs. 3 UAbs. 2 AEUV auf Vorschlag der Kommission[1190], aber wiederum nur nach Anhörung des Europäischen Parlaments und durch einstimmigen Beschluss festlegen, dass bestimmte Aspekte des transnationalen Familienrechts Gegenstand von Rechtsakten sein können, die gemäß dem ordentlichen Gesetzgebungsverfahren erlassen werden. Der genannte Beschluss des Rates kann jedoch nach Art. 81 Abs. 3 UAbs. 3 AEUV nur dann erlassen werden, wenn der zuvor an das nationale Parlament zu übermittelnde Vorschlag von keinem von diesen in Ausübung ihres Widerspruchsrechts innerhalb von sechs Monaten

---

1184 Kampfer, Der RFSR, S. 75.

1185 Zypries, Der RFSR in der Verfassung der Europäischen Union, S. 33.

1186 Monar, Die Vertragsreformen von Lissabon in den Bereichen Inneres und Justiz: verstärkte Handlungsfähigkeit, Kontrolle und Differenzierung, S. 387.

1187 Zypries, Der RFSR in der Verfassung der Europäischen Union, S. 33.

1188 Frenz, Handbuch Europarecht, Bd. 6, Teil 3, Kap. 17, Rdnr. 2928, 2931.

1189 Streinz/Ohler/Herrmann, Der Vertrag von Lissabon zur Reform der EU, Nr. II. Die Notwendigkeit eines grenzüberschreitenden Bezugs ist die einzige Einschränkung, was problematisch ist. Hierzu eingehend Frenz, Handbuch Europarecht, Bd. 6, Teil 3, Kap. 17, Rdnr. 2937 ff.

1190 Das die Entscheidung dem Rat auf Vorschlag der Kommission zukommt und nicht dem Europäischen Rat, unterscheidet diese spezielle Brückenklausel von der allgemeinen Brückenklausel (dem neuen vereinfachten Vertragsänderungsverfahren) des Art. 48 Abs. 7 EUV-Lissabon.

abgelehnt wird, was angesichts der sensiblen Materie oftmals unwahrscheinlich ist.[1191] Es ist bedauerlich und entbehrt jeder Notwendigkeit, dass der Lissabon-Vertrag die Sonderregelung zum Familienrecht beibehält und diesen Bereich nicht im Sinne des Freiheitskonzepts durch eine echte Beteiligung des Europäischen Parlamentes sowie das Mehrheitsverfahren öffnet.[1192] Die spezielle Brückenklausel weist in die richtige Richtung und ist daher konstruktiv, ist in ihren realen Möglichkeiten jedoch zu limitiert.

4. Justizielle Zusammenarbeit in Strafsachen

Die Justizielle Zusammenarbeit in Strafsachen (JZS) ist durch den Lissabon-Vertrag als 4. Kapitel in Art. 82–86 AEUV normiert.

a) Art. 82 AEUV

In Erweiterung des Art. 31 Abs. 1 EUV-Nizza konstatiert Art. 82 Abs. 1 UAbs. 1 AEUV nun explizit, dass die JZS auf dem Grundsatz der gegenseitigen Anerkennung gerichtlicher Urteile sowie Entscheidungen der Mitgliedstaaten basiert und zudem die Rechtsangleichung der mitgliedstaatlichen Vorschriften hinsichtlich bestimmter Bereiche des Strafverfahrens (Art. 82 Abs. 2 AEUV) sowie bestimmter Kriminalitätsbereiche (Art. 83 AEUV) umfasst[1193], was eine Verbreiterung der Handlungsgrundlage darstellt.[1194] Auffällig ist, dass damit in der JZS (anders als in der JZZ) der Grundsatz der gegenseitigen Anerkennung zwar das Hauptelement der programmatischen Ausrichtung ausmacht („beruht"), aber zugleich mit der Rechtsangleichung als Strukturmerkmal zumindest verbunden ist („und").[1195] Diese beiden Grundsätze bedingen einen einheitlichen Rechtsraum, was zugunsten des gleichen Freiheitsrechts der Bürger im RFSR zu befürworten ist.

Die Ermächtigungsgrundlage des Art. 82 Abs. 1 UAbs. 2 AEUV wurde ebenfalls erweitert und umfasst mit der Festlegung von Regeln sowie Verfahren zur Sicherstellung der Anerkennung aller Arten von Urteilen respektive gerichtlichen Entscheidungen in der EU (lit. a) im Gegensatz zu dem Anwendungsbereich des

1191 In Anbetracht dessen, dass hier eine Blockademöglichkeit und mithin z.T. nationale Souveränität aufgegeben wird, müssen die gesetzgebenden Organe in Deutschland jedoch vorab anhand eines Gesetzes im Sinne des Art. 23 Abs. 1 S. 2 GG zustimmen, vgl. BVerfGE 123, 267 (390 ff., 414, 434 ff.).

1192 So auch Zypries, Der RFSR in der Verfassung der Europäischen Union, S. 36.

1193 Haack, Der RFSR im Vertrag von Lissabon – Rhetorik oder Integrationsschub?, S. 223. Die allgemeinen Vorschriften zur Rechtsangleichung in Art. 114 f. AEUV werden insoweit verdrängt, Frenz, Handbuch Europarecht, Bd. 6, Teil 3, Kap. 17, Rdnr. 2791.

1194 Siehe eigehend zu materiellen Gehalt von Art. 82 AEUV unter Böse, Kompetenzen der Union auf dem Gebiet des Straf- und Strafverfahrensrechts, S. 159–162.

1195 Beide Grundsätze werden eingehend unter Teil V erörtert.

Art. 31 Abs. 1 lit. b, c EUV-Nizza erheblich umfangreichere Maßnahmen. Ebenso sind die Maßnahmen zur Erleichterung der Zusammenarbeit der mitgliedstaatlichen Behörden hinsichtlich der Strafverfolgung, des Vollzugs und der Vollstreckungen von Entscheidungen[1196] (lit. d) im Vergleich zu Art. 31 Abs. 1 lit. d bzw. a EUV-Nizza wesentlich ausgedehnt.[1197] Zudem ist in Art. 82 Abs. 1 UAbs. 2 lit. c AEUV eine neue Maßnahme in Bezug auf die Weiterbildung von Richtern, Staatsanwälten und Justizbediensteten hinzugefügt worden, um das für den Grundsatz der gegenseitigen Anerkennung unentbehrliche Vertrauen der nationalen Justizbehörden in die Justizsysteme der jeweils anderen Mitgliedstaaten zu fördern.[1198] Hierbei handelt es sich um eine geringe Kompetenzergänzung, die jedoch hinsichtlich der praktischen Bedeutung solcher Maßnahmen für die Stärkung eines einheitlichen Rechtsraumes überfällig ist. Insgesamt ist aber festzustellen, dass Art. 82 Abs. 1 AEUV wie die Vorgängernorm weiterhin zuvorderst auf das Sicherheitskonzept des RFSR ausgerichtet ist. Das Fehlen einer relevanten freiheitsrechtlichen Dimension ist stark zu kritisieren und wiegt umso schwerer, als dass der sicherheitsorientierte Anwendungsbereich der Norm erheblich ausgeweitet wurde.[1199]

Der neu eingefügte Art. 82 Abs. 2 AEUV ermöglicht die in Abs. 1 erwähnte Rechtsangleichung in Form von speziellen Mindestvorschriften im Strafverfahrensrecht,

---

1196 Sekundärrechtlich relevant ist hier insbesondere die Errichtung des Europäischen Justiziellen Netzes, dessen Aufgabe es ist über Kontaktstellen in den einzelnen mitgliedstaatlichen Justizbehörden die justizielle Zusammenarbeit und den Austausch rechtlicher sowie praktischer Informationen zwischen den Strafverfolgungsbehörden der Mitgliedstaaten aktiv zu unterstützen. Ebenso bedeutend ist der Erlass des Rahmenbeschlusses über die Durchführung und den Inhalt des Austauschs von Informationen aus dem Strafregister zwischen den Mitgliedstaaten (Rahmenbeschluss 2009/315/JI des Rates v. 26. Februar 2009, ABl. L 93, S. 23) und vor allem das darauf gestützte Europäische Strafregisterinformationssystem (ECRIS, Beschluss 2009/316/JI des Rates v. 06.04.2009 gemäß Art. 11 des Rahmenbeschlusses 2009/315/JI, ABl. L 93, S. 33. ECRIS beruht auf den mitgliedstaatlichen Strafregisterdatenbanken, siehe Art. 3 Abs. 1 des Beschlusses).

1197 Gleiches gilt für die Maßnahmen zur Verhinderungen und Beilegung von Kompetenzkonflikten zwischen den Mitgliedstaaten nach Art. 82 Abs. 1 UAbs. 2 lit. b AEUV. Diese können aus der strafgerichtlichen Zuständigkeit sowie aus der Anwendbarkeit des Strafrechts resultieren, da die nationalen Behörden parallel zu den Strafverfolgungsmaßnahmen der anderen mitgliedstaatlichen Behörden befugt sind, eigene Ermittlungen anzustellen. Die einzige rechtliche Schranke stellt das Verbot der doppelten Strafverfolgung (s.o.) dar. Allerdings findet dieser Grundsatz erst dann Anwendung, wenn bereits eine rechtskräftige Entscheidung in einem mitgliedstaatlichen Strafverfahren ergangen ist. Vgl. Frenz, Handbuch Europarecht, Bd. 6, Teil 3, Kap. 17, Rdnr. 3005.

1198 Lenz/Borchardt/Bitterlich, Rdnr. 21.

1199 Siehe ausführlich zur allgemeinen Entwicklung des RFSR unter Estella Baker/Christopher Hardin, „From past imperfect to future perfect? A longitudinal study of the third pillar", E.L.Rev. 2009, 34(1), S. 25–54.

soweit dies zur Erleichterung der gegenseitigen Anerkennung gerichtlicher Urteile und Entscheidungen sowie der PJZS mit grenzüberschreitender Dimension erforderlich sind.[1200] Diese Mindestvorschriften beschließen das Europäische Parlament und der Rat gemäß Art 82 Abs. 1 S. 1, 2 AEUV durch Richtlinien und haben dabei zur Konsensförderung als Zugeständnis an die Souveränitätsvorbehalte der Mitgliedstaaten, die Unterschiede zwischen deren Rechtsordnungen und -traditionen zu berücksichtigen.

Der Erlass von Mindestvorschriften ist nach Art. 82 Abs. 2 UAbs. 2 AEUV hinsichtlich der gegenseitigen mitgliedstaatlichen Zulässigkeit von Beweismitteln (lit. a), der Rechte des Einzelnen im Strafverfahren (lit. b), der Rechte der Opfer von Straftaten[1201] (lit. c) und sonstiger spezifischer Aspekte des Strafverfahrens (lit. d) zulässig. Hinsichtlich lit. d ist jedoch festgesetzt, dass die dort genannten sonstigen spezifischen Aspekte des Strafverfahrens vom Rat durch einstimmigen Beschluss erweiternd festgelegt werden können.[1202] Diese geforderte Einstimmigkeit ist eine Abweichung von dem nun auch in der JZS grundsätzlich anzuwendenden ordentlichen Gesetzgebungsverfahren und dient dem Schutz der hier normierten genuin staatlichen Rechtsmaterie als Ausdruck des mitgliedstaatlichen Souveränitätsvorbehalts. Diese Durchbrechung der Anwendung des ordentlichen Gesetzgebungsverfahrens ist aus den erwähnten negativen Folgen für das Verhältnis von Freiheit und Sicherheit zu kritisieren. Dennoch ist hier die restriktive Einstimmigkeitsfestsetzung aufgrund des Umstandes hinnehmbar, dass es der Zustimmung des Europäischen Parlaments als demokratisch-legitimiertes Organ bedarf und somit ein Ausgleich gegeben ist.

Insgesamt verfolgt Art. 82 Abs. 2 AEUV mithin einen recht weiten Ansatz. Vor allem durch den Einschluss der „sonstigen spezifischen Aspekte“ wird potenziell der gesamte Bereich des Strafverfahrensrechts für EU-Rechtsangleichungsmaßnahmen eröffnet.[1203] Durch das Prinzip der Rechtsangleichung ist diese Öffnung

1200 VGl. Kampfer, Der RFSR, S. 77. Dieser Ansatz ist recht weit, wenn nicht die einzelnen Tatbestandsmerkmale restriktiv gefasst und damit die grundsätzliche Zuordnung des Strafverfahrensrechts zu den nationalen Demokratien gewahrt wird. Mithin bedarf es einer tatsächlichen grenzüberschreitenden Dimension, BVerfG, Urteil v. 30.06.2009, 2 BvE 2/08, Rdnr. 359 ff.

1201 Die EU-Richtlinie 2012/29/EU über Mindeststandards für die Opfer von Straftaten ist im November 2015 in Kraft getreten und verleiht Opfern von Straftaten verbindliche Rechte und legt den EU-Mitgliedstaaten klare Pflichten zur Gewährleistung dieser Rechte in der Praxis auf, Eu-Kommission, IP/15/6095.

1202 Dieses Erfordernis der Einstimmigkeit für Beschlüsse nach Art. 82 Abs. 2 UAbs. 2 lit. d) AEUV kann nach dem allgemeinen Brückenverfahren im Sinne des Art. 48 Abs. 7 EUV in eine qualifizierte Mehrheit umgewandelt werden, vgl. Frenz, Europarecht, Kap., Rdnr. 689.

1203 Monar, Die Vertragsreformen von Lissabon in den Bereichen Inneres und Justiz: verstärkte Handlungsfähigkeit, Kontrolle und Differenzierung, S. 388 f. Diese gilt auch insofern, dass eine Öffnung partiell notwendig erscheint, da der Grundsatz der gegenseitigen Anerkennung als Kernelement der JZS ohne Fortschritte

sehr tief greifend und betrifft aufgrund der Politikmaterie primär das Sicherheitselement des RFSR, was hinsichtlich der Außerachtlassung einer freiheitlichen Dimension problematisch ist. Es ist jedoch sehr positiv, dass im Gegensatz zu Art. 82 Abs. 1 AEUV in Art. 82 Abs. 2 lit. b, c, AEUV ausdrücklich Normen zur Stärkung des Freiheitselementes des RFSR festgehalten sind, was durch das festgelegte Zustimmungserfordernis des Europäischen Parlamentes noch intensiviert wird, da so eine demokratischere Beteiligungsabweichung von dem grundsätzlich anzuwendenden bloßen Mitentscheidungsverfahren nach Art. 294 AEUV gegeben ist. Darüber hinaus betont Art. 82 Abs. 2 UAbs. 3 AEUV, dass es den Mitgliedstaaten offensteht, ein höheres Schutzniveau für den Einzelnen beizubehalten oder einzuführen, was das Freiheitskonzept des RFSR ebenfalls fördert.

Nach dem neu eingefügten Artikel 82 Abs. 3 AEUV kann hinsichtlich der Festlegung von Mindestvorschriften in Abs. 2 durch jeden einzelnen Mitgliedstaat ein sogenanntes Suspensives Vetorecht („Notbremse“) wahrgenommen werden. Dieses gilt auch für die Festlegung von materiell-rechtlichen Mindestvorschriften nach Art. 83 AEUV und wird daher im Folgenden unter b.) erörtert.

b) Art. 83 AEUV

Der neue Art. 83 Abs. 1 UAbs. 1 AEUV erweitert Art. 31 Abs. 1 lit. e EUV-Nizza und ermöglicht die in Art. 82 Abs. 1 UAbs. 1 AEUV konstatierte Rechtsangleichung durch Richtlinien in Form von Mindestvorschriften im materiellen Strafrecht. Konkret erfasst sind Normierungen von Straftaten und Strafen in Bereichen besonders schwerer Kriminalität, die aufgrund der Art oder der Auswirkungen der Straftaten oder aufgrund einer besonderen Notwendigkeit, sie auf einer gemeinsamen Grundlage zu bekämpfen, eine grenzüberschreitende Dimension[1204] haben.[1205] Somit liegt

---

bei der Angleichung der strafverfahrensrechtlichen Regelungen im RFSR wenig tragfähig ist. Denn die Anwendung sowie Weiterentwicklung des Prinzips der gegenseitigen Anerkennung mitsamt des vorausgesezten Vertrauens stößt aufgrund der immer noch ausgeprägten Unterschiede in den strafverfahrensrechtlichen Standards der einzelnen Mitgliedstaaten auf deutliche Vorbehalte.

1204 Da die Mitgliedstaaten aufgrund der souveränitätssensiblen Materie Befürchtungen hinsichtlich eines unkontrollierten Machtverlustes im Bereich der inneren Sicherheit an die EU haben, sind im Grunde lediglich Maßnahmen hinsichtlich schwerwiegende Formen grenzüberschreitender Kriminalität wie internationale organisierte Kriminalität und Terrorismus konsensfähig und somit im RFSR normiert. Dennoch sollte die Bedeutung der Europäisierung der inneren Sicherheit, bei der es sich durchaus um einen Paradigmenwechsel im Hinblick auf das traditionell rein einzelstaatliche Verständnis der inneren Sicherheit handelt, nicht verkannt werden. Vgl. Ausführungen unter Teil III, A., II und Bogdandy/Bast – Monar, S. 760–761. Andere Aspekte von Sicherheit, z.B. Lebensmittel- oder Umweltsicherheit, bleiben unberücksichtigt. Siehe auch Bogdandy/Bast – Monar, S. 761.

1205 Siehe eingehend zum materiellen Gehalt von Art. 83 AEUV unter Böse, Kompetenzen der Union auf dem Gebiet des Straf- und Strafverfahrensrechts, S. 152–159.

hinsichtlich des materiellen Strafrechts im RFSR eine erhebliche sachliche Erweiterung der Angleichungskompetenzen vor, wenn auch auf Mindestvorschriften begrenzt.[1206] Die abschließende Aufzählung in Art. 83 Abs. 1 UAbs. 2 AEUV ergänzt darüber hinaus die drei in Art. 31 Abs. 1 lit. e EUV-Nizza genannten Kriminalitätsbereiche um die folgenden: Menschenhandel, sexuelle Ausbeutung von Frauen und Kindern, illegaler Waffenhandel, Geldwäsche, Korruption, Fälschung von Zahlungsmitteln und Computerkriminalität. Damit ist der Anwendungsbereich der Harmonisierungsbefugnis[1207] in jederlei Hinsicht erheblich ausgeweitet worden, sodass *Müller-Graff* in dieser Katalogisierung bereits die Ermöglichung einer transnationalen sozialethischen Werteharmonisierung annimmt.[1208]

Art. 83 Abs. 1 AEUV etabliert zusätzlich eine Handlungsbefugnis zu Harmonisierungsmaßnahmen im Bereich des materiellen Strafrechts und öffnet somit zumindest potenziell weite Teile des materiellen Strafrechts der Mitgliedstaaten für EU-Harmonisierungsmaßnahmen.[1209] So ist in Art. 83 AEUV eine originäre EU-Strafrechtsetzungsgewalt etabliert, die de lege lata bislang im wissenschaftlichen Schrifttum überwiegend für nicht möglich gehalten wurde. Die Tatsache, dass der europäische Gesetzgeber nur Richtlinien erlassen darf, steht dem nicht entgegen. Denn Richtlinien gelten zwar nicht unmittelbar und entfalten keine unmittelbare Wirkung, sie dürfen jedoch detaillierte Vorgaben zur inhaltlichen Determination mitgliedstaatlicher Gesetzgebung enthalten[1210], wobei mitgliedstaatliches Recht stets richtlinienkonform auszulegen ist.[1211] Allerdings ist diese umfassende Befugnisausweitung für das Verhältnis von Freiheit und Sicherheit dahin gehend problematisch, als dass Art. 83 Abs. 1 AEUV ausschließlich auf das Sicherheitselement des RFSR ausgerichtet ist und wiederholt kein freiheitsrechtlicher Bezug vorliegt. Zudem sind die in Art. 83 Abs. 1 UAbs. 2 AEUV genannten Kriminalitätsbereichen zwar abschließend, aber nicht als fest umrissene Tatbestände formuliert,[1212] was für das Freiheitskonzept des RFSR sehr bedenklich ist.

Diese Ausrichtung wird dadurch noch verstärkt, dass der Rat nach dem neuen Art. 83 Abs. 1 UAbs. 3 AEUV „je nach Entwicklung der Kriminalität" zusätzliche

---

1206 Kainer, Der RFSR nach dem Verfassungsvertrag, S. 294 f. Siehe auch: Prävention und Repression im Raum der Freiheit, der Sicherheit und des Rechts. Belastbarkeit der Konzepte von Strafe und Gefahrenabwehr zwischen Staat und EU, Dieter Kugelmann/Peter Rackow, 1. Auflage, Reihe: Sicherheit. Polizeiwissenschaft und Sicherheitsforschung im Kontext, Bd. 4, Nomos Verlag, Baden-Baden 2014.

1207 Monar, Die Vertragsreformen von Lissabon in den Bereichen Inneres und Justiz: verstärkte Handlungsfähigkeit, Kontrolle und Differenzierung, S. 389 ff.

1208 Müller-Graff, EuR 2009, S. 117.

1209 Monar, Die Vertragsreformen von Lissabon in den Bereichen Inneres und Justiz: verstärkte Handlungsfähigkeit, Kontrolle und Differenzierung, S. 389.

1210 Der Terminus „Mindestvorschriften" beinhaltet nicht den Detaillierungsgrad.

1211 Streinz/Ohler/Herrmann, Der Vertrag von Lissabon zur Reform der EU, Nr. III 1.

1212 Esser, S. 31.

Kriminalitätsbereiche festlegen kann, die die Kriterien nach Art. 83 Abs. 1 AEUV erfüllen. Hierin ist eine dynamische Blankettermächtigung[1213] zugunsten des Sicherheitselements des RFSR zu sehen, die zudem keinen freiheitlichen Gesichtspunkt beinhaltet. Dieses wird dadurch noch intensiviert, dass der Rat hierbei zwar nach Zustimmung des Europäischen Parlaments beschließt, dieser Beschluss bedarf jedoch als Ausdruck des mitgliedstaatlichen Souveränitätsvorbehalts der Einstimmigkeit. In Anbetracht dieser Abweichung von dem grundsätzlich anzuwendenden ordentlichen Gesetzgebungsverfahren ist die höhergestufte Beteiligungsform des Europäischen Parlaments ein schwacher Ausgleich.

Darüber hinaus wird durch Art. 83 Abs. 2 S. 1 AEUV eine weitreichende strafrechtliche Annex-Kompetenz[1214] der EU festgelegt, indem durch Richtlinien Mindestvorschriften für die Festlegung von Straftaten und Strafen auf jedem Gebiet der EU festgelegt werden können[1215] auf dem Harmonisierungsmaßnahmen erfolgt sind und sich die Angleichung der strafrechtlichen Rechtsvorschriften der Mitgliedstaaten als unerlässlich für die wirksame Durchführung der EU-Politik erwiesen hat.[1216] Eine derartige Annex-Kompetenz hatte der EuGH schon zuvor etwa für den Umweltschutz anerkannt[1217], damit die Befolgung von EU-Rechtsvorschriften auch mit strafrechtlichen Sanktionen durchgesetzt werden kann. Art. 83 Abs. 2 AEUV ist mithin eine Bestätigung des wissenschaftlichen sowie judikativen Acquis[1218], welche die vom EuGH hergeleiteten Kompetenzen kodifiziert und zugleich bei Vorlage der obig genannten Voraussetzungen auf alle EU-Politiken erweitert.[1219] Diese Ermächtigungsgrundlage ist somit nicht nur thematisch bereits umfangreich, sondern wird dadurch noch zusätzlich erweitert, dass hier keine grenzüberschreitende Dimension festgesetzt ist. In Anbetracht dessen, dass die Norm allein am Sicherheitselement des RFSR orientiert ist und keine freiheitsrechtliche Dimension erhält, ist diese Entwicklung kritisch zu betrachten.

Die strukturell bedingten Gefahren, die für den Grundrechtsschutz von Teil- bzw. Mindestharmonisierung des RFSR-Rechts ausgehen, sind ein grundlegendes Problem, welches mit der fehlenden adäquaten parlamentarischen und

---

1213 So Frenz, Europarecht, Rdnr. 692. Zumal der einstimmige Beschluss auch hier gemäß des allg. Brückenverfahrens nach Art 48 Abs. 7 EUV in ein nur qualifiziertes Mehrheitserfordernis umgewandelt werden kann.

1214 BVerfGE 123, 267 (296f., 406).

1215 Streinz/Ohler/Herrmann, Der Vertrag von Lissabon zur Reform der EU, Nr. III 1, wobei das Gesetzgebungsverfahren der jeweiligen Primärmaßnahme anwendbar ist.

1216 Diese Richtlinien werden gemäß Art. 83 Abs. 2 S. 2 AEUV unbeschadet des Art. 76 AEUV nach dem gleichen ordentlichen oder besonderen Gesetzgebungsverfahren wie die betreffenden Harmonisierungsmaßnahmen erlassen.

1217 EuGH, Rs. C-440/05, Urt. v. 23.10.2007, S. I-9157 f., Rdnr. 66 – Kommission/Rat; Rs. C-176/03, Urt. v. 13.09.2005, S. I-7925, Rdnr. 48 – Kommission/Rat.

1218 Müller-Graff, EuR 2009, S. 117.

1219 So auch Frenz, Handbuch Europarecht, Bd. 6, Teil 3, Kap. 17, Rdnr. 3032.

judikativen Kontrolle von EU-Maßnahmen zusammenhängt: Die Gefahr einer einseitigen Harmonisierung restriktiver, sicherheitsorientierter Aspekte; die Gefahr der Harmonisierung auf den kleinsten gemeinsamen Nenner menschenrechtlicher Schutzstandards und die Gefahr einer Absenkung nationaler Schutzstandards auf nationaler Ebene in (rechtlich nicht erforderlicher) Anpassung an EU-Mindeststandards.[1220] Die Grenze einer solchen negativen Rechtsentwicklung sind aus der EU-Perspektive die EU-Grundrechte, die die Organe und Einrichtungen der EU sowie die Mitgliedstaaten bei der Durchführung des RFSR-Rechts binden und so ein grundrechtliches Mindestniveau sichern.

Nach dem neu eingefügten Art. 83 Abs. 3 hat der einzelne Mitgliedstaat AEUV bei der Festlegung von Mindestvorschriften gemäß Art. 83 Abs. 1, 2 AEUV die Möglichkeit eines sog. suspensiven Vetorechtes.[1221] Wie obig erwähnt, gilt dieses nach Art. 82 Abs. 3 AEUV ebenso für die Festlegung von Mindestvorschriften gemäß Art. 82 Abs. 2 AEUV. Bei dieser Regelung des suspensiven Vetorechtes wird deutlich, wie weit sich die EU im RFSR mittlerweile von dem Gedanken einheitlicher prozeduraler und institutioneller Prinzipien entfernt hat.[1222] Denn nach dem suspensiven Vetorecht ist bei mangelndem Einvernehmen im Europäischen Rat nach Art. 82 Abs. 3 UAbs. 2 bzw. Art. 83 Abs. 3 UAbs. 2 AEUV automatisch eine Verstärkte Zusammenarbeit durch mindestens neun Mitgliedstaaten nach Art. 20 EUV-Lissabon i.V.m. Art. 326 ff. AEUV möglich. In diesem Falle sind kein Kommissionsvorschlag sowie keine Ratsentscheidung mit qualifizierter Mehrheit nach Art. 20 EUV-Lissabon i.V.m. Art. 326 ff. AEUV notwendig, sodass Art. 82 Abs. 3 und Art. 83 Abs. 3 AEUV die allgemeinen Normen als eine sachbereichsspezifische Regelung über die (formalisierte) verstärkte Zusammenarbeit ergänzen.[1223]

Damit ist ein einzelner Mitgliedstaat in der Lage im Falle der Berührung einzelstaatlicher Sonderinteressen ein der Mehrheitsentscheidung unterworfenes Gesetzgebungsverfahren aussetzen zu lassen (respektive zu umgehen) und somit die ursprünglich intendierte Aktionseinheit im RFSR durch den Übergang zur „verstärkten Zusammenarbeit" aufzuheben. Diese Verfahrensvariante gelangt aufgrund der hohen politischen Kosten für den sie auslösenden Mitgliedstaat nur in Extremfällen zur Anwendung, gleichwohl ist ein solches Durchbrechen klarer

1220 Weinzierl, Deutsche und europäische Grundrechte im RFSR: Das Asylrecht als Testfall für den kooperativen Grundrechtsschutz in Europa, S. 268 ff.

1221 Auch Notbremsemechanismus/-verfahren genannt, Pernice, Vertrag von Lissabon, S. 99 ff. Ist ein Mitglied des Rates der Auffassung, dass ein Entwurf einer Richtlinie grundlegende Aspekte seiner Strafrechtsordnung berühren würde, so kann es beantragen, dass der Europäische Rat befasst wird – das ordentliche Gesetzgebungsverfahren wird sodann für vier Monaten.

1222 Monar, Die Vertragsreformen von Lissabon in den Bereichen Inneres und Justiz: verstärkte Handlungsfähigkeit, Kontrolle und Differenzierung, S. 383.

1223 Grabitz/Hilf/Nettesheim, Rdnr. 73. Hierzu ausführlich unter teil V, F, III). Zum Rechtsinstrument der Verstärkten Zusammenarbeit siehe zudem eingehend unter Derpa, S. 51–89, bezgl. des RFSR siehe S. 98 ff., 105–129, 198 f.

prozeduraler und institutioneller Prinzipien nur schwer zu rechtfertigen und dem EU-Bürger als dem Begünstigten des RFSR wohl kaum verständlich zu machen.[1224]

Einerseits ermöglicht die Verstärkte Zusammenarbeit zwar notwendige Entwicklungen im RFSR über die nationalen Vorbehalte hinweg, was sich in der Geschichte des RFSR oftmals als konstruktiv erwiesen hat. Andererseits stellt das suspensive Vetorecht als „Notbremse“ eine typische Kompromissregelung sowie ein nicht geringer Preis für den Übergang zu der Mehrheitsabstimmung des ordentlichen Gesetzgebungsverfahrens[1225] dar, bei der zwar grundsätzlich die Entscheidung nicht mit Einstimmigkeit, sondern mit qualifizierter Mehrheit erfolgt, aber im Hintergrund doch ein Vetorecht besteht. Die Möglichkeit der Mehrheitsentscheidung ist dadurch erheblich relativiert.[1226] Mithin forciert gerade die hier vorlägige vereinfachte Verstärkte Zusammenarbeit eine EU der „zwei Geschwindigkeiten“ und im Rahmen dessen eine EU der unterschiedlichen Rechtsstellungen der Bürger in dem eingriffsintensiven Bereich der JZS, was für das Verhältnis von Freiheit und Sicherheit im RFSR negativ ist.

c) *Art. 84 AEUV*

Art. 84 AEUV legt eine thematisch neue Handlungsermächtigung der EU im RFSR fest, der zufolge das Europäische Parlament und der Rat Maßnahmen beschließen können, um die mitgliedstaatliche Kriminalprävention[1227] zu fördern und zu unterstützen.[1228] Diese wird jedoch materiell dadurch stark beschnitten, dass jegliche Harmonisierung der Rechtsvorschriften der Mitgliedstaaten ausdrücklich ausgeschlossen ist.[1229] Gemäß Art. 67 Abs. 3 AEUV ist die Verhütung von Kriminalität, mithin Kriminalprävention, eines der Mittel zur Gewährleistung eines hohen

1224 Monar, Die Vertragsreformen von Lissabon in den Bereichen Inneres und Justiz: verstärkte Handlungsfähigkeit, Kontrolle und Differenzierung, S. 383 f.

1225 Monar, Die Vertragsreformen von Lissabon in den Bereichen Inneres und Justiz: verstärkte Handlungsfähigkeit, Kontrolle und Differenzierung, S. 388 f.

1226 Calliess/Ruffert, Rdnr. 69.

1227 Zur Definition des Terminus Kriminalprävention siehe die sekundärrechtliche Begriffsbestimmung im Beschluss 2009/902/JI des Rates v. 30.11.2009 zur Einrichtung eines Europäischen Netzes für Kriminalprävention (ENKP) und zur Aufhebung des Beschlusses 2001/427/JI, ABl. L 321, S. 44.

1228 Die Förderkompetenz bestimmt sich nach Art. 2 Abs. 5 AEUV.

1229 Monar, Die Vertragsreformen von Lissabon in den Bereichen Inneres und Justiz: verstärkte Handlungsfähigkeit, Kontrolle und Differenzierung, S. 389; Das Europäische Netz für Kriminalprävention (EUCPN) wurde am 28. Mai 2001 eingerichtet und am 30. November 2009 durch den Ratsbeschluss 2009/902/JI vom 30. November 2009 neu gegründet. Aufgabe des EUCPN nach Art. 2 des Ratsbeschlusses ist, unter Berücksichtigung der Kriminalpräventionsstrategie der EU zur Weiterentwicklung der verschiedenen Aspekte der Kriminalprävention auf der Ebene der EU beizutragen und Maßnahmen zur Kriminalprävention auf nationaler und örtlicher Ebene zu unterstützen.

Maßes an Sicherheit in der EU. Demzufolge ist auch Art. 84 AEUV nur auf die Verwirklichung des Sicherheitskonzeptes des RFSR hin ausgerichtet und enthält primärrechtlich keinen Bezug zu dessen Freiheitselement, was zu kritisieren ist.

d) Art. 85 AEUV

Eurojust ist durch den Lissabon-Vertrag erstmals anhand einer eigenen Norm in Art. 85 AEUV normiert. In Konkretisierung sowie Erweiterung von Art. 31 Abs. 2 EUV-Nizza besteht der Auftrag von Eurojust nach Art. 85 Abs. 1 S. 1 AEUV nunmehr darin, die Koordinierung sowie Zusammenarbeit der nationalen Strafverfolgungsbehörden zu unterstützen und zu fördern, wenn mindesten zwei Mitgliedstaaten betroffen sind oder eine Verfolgung auf gemeinsamer Grundlage erforderlich ist.[1230] Dafür sind nach Art. 85 Abs. 1 UAbs. 2 S. 2 lit. a AEUV die Aufgaben von Eurojust auf die Einleitung von strafrechtlichen Ermittlungsmaßnahmen[1231] und auch auf Vorschläge zur Einleitung von strafrechtlichen Verfolgungsmaßnahmen ohne Begrenzung auf die organisierte Kriminalität ausgedehnt worden. Bei einer Ausschöpfung dieses neuen Handlungsspielraums dürfte es für die einzelstaatlichen Behörden allerdings nur noch sehr begrenzte Möglichkeiten geben, einer Initiative von Eurojust nicht zu entsprechen.[1232] Diese erheblich erweiterten Ermittlungs- und Verfolgungsmaßnahmen werden gemäß Art. 85 Abs. 1 UABs. 2 S. 2 lit. a, b AEUV weiterhin von den zuständigen nationalen Behörden durchgeführt[1233] und von Eurojust koordiniert. Des Weiteren obliegt Eurojust nach Art. 85 Abs. 1 UAbs. 2 S. 2 lit. c AEUV wie bisher die Verstärkung der justiziellen Zusammenarbeit, jedoch nicht mehr nur durch eine enge Zusammenarbeit mit dem erwähnten EJN, sondern nun auch durch die Beilegung von Kompetenzkonflikten und anderen Maßnahmen.[1234]

1230 Grundlage für die Arbeit von Eurojust sind nach Art. 85 Abs. 1 S. 1 AEUV die von den mitgliedstaatlichen Behörden und von Europol durchgeführten Operationen und gelieferten Informationen.

1231 Aufgrund der besonders empfindlichen Berührung der demokratischen Selbstbestimmung durch Straf- und Strafverfahrensnormen fordert das BVerfG hier eine strikte Auslegung und eine besondere Rechtfertigung, BVerfGE 123, 267 (410).

1232 Monar, Die Vertragsreformen von Lissabon in den Bereichen Inneres und Justiz: verstärkte Handlungsfähigkeit, Kontrolle und Differenzierung, S. 390.

1233 Gemäß Art. 85 Abs. 3 AEUV werden dabei die förmlichen Prozesshandlungen im Rahmen der Strafverfolgungsmaßnahmen (nach Abs. 1) unbeschadet des Art. 86 AEUV von den zuständigen nationalen Bediensteten vorgenommen.

1234 Diese Vermittlungsfunktion bei Kompetenzkonflikten existierte in der Praxis bereits vor dem Lissabon-Vertrag, siehe Monar, Die Vertragsreformen von Lissabon in den Bereichen Inneres und Justiz: verstärkte Handlungsfähigkeit, Kontrolle und Differenzierung, S. 390.

Der Anwendungsbereich von Eurojust ist mithin erheblich ausgeweitet sowie aufgewertet worden[1235], zumal die in Art. 85 Abs. 1 UAbs. 2 S. 2 AEUV genannten Aufgabenbereichen lediglich exemplarischer Natur[1236] und daher nicht abschließend sind. Beides ist dahin gehend bedenklich, dass Eurojust allein auf das Sicherheitskonzept des RFSR ausgerichtet ist und keinen freiheitlichen Bezug aufweist, der die umfangreichen Befugnisse ausgleicht. Problematisch ist darüber hinaus, dass die Verordnungen[1237], durch welche der Aufbau, die Arbeitsweise, der Tätigkeitsbereich sowie die Aufgaben von Eurojust im Sinne des Art. 85 Abs. 1 UAbs. 2 S. 1 AEUV von dem Europäischen Parlament und dem Rat bestimmt werden, nach Art. 85 Abs. 1 UAbs. 3 AEUV ebenfalls die Einzelheiten für die Beteiligung des Europäischen Parlaments und der nationalen Parlamente an der Bewertung der Tätigkeit von Eurojust festlegen. Ein parlamentarisches Kontrollrecht ist somit explizit nicht festgesetzt, was insbesondere in Anbetracht der alleinigen Ausrichtung Eurojusts auf das Sicherheitselement des RFSR, eine hinreichende demokratische Überprüfung im Sinne des Freiheitselements des RFSR fraglich erscheinen lässt.[1238] Zumindest ist jedoch durch die vage formulierte Teilhabe der demokratisch legitimierten Parlamente ein gewisses freiheitsrechtliches Moment eingebracht und eine kritische Bewertung Eurojusts ermöglicht.

e) Art. 86 AEUV

Einen weiteren Ausbau des Sicherheitselements des RFSR hat der Lissabon-Vertrag dadurch getätigt, dass in dem neu eingefügten Art. 86 AEUV erstmals die bedeutsame Möglichkeit zur Schaffung einer Europäischen Staatsanwaltschaft (EuStA) detailliert verankert wurde. Nach Art. 86 Abs. 1 AEUV kann der Rat durch Verordnung „ausgehend von Eurojust"[1239] gemäß einem besonderen Gesetzgebungsverfahren zur Bekämpfung von Straftaten zum Nachteil der finanziellen Interessen der EU eine EuStA einsetzten.[1240] Die Zuständigkeit der EuStA ist zwar in

---

1235 Streinz/Ohler/Herrmann, Der Vertrag von Lissabon zur Reform der EU, Teil, §, Nr. III 2; Kampfer, Der RFSR, S. 78.

1236 Dass die Aufzählung in Art. 85 Abs. 1 UAbs. 2 S. 2 lediglich exemplarisch ist ergibt sich aus der Formulierung „kann Folgendes gehören", Frenz, Handbuch Europarecht, Bd. 6, Teil 3, Kap. 17, Rdnr. 3056.

1237 Nach der 27. Erklärung zum Lissabon-Vertrag sollten die Verordnungen nach Art. 85 Abs. 1 UAbs. 2 AEUV den nationalen Vorschriften und Verfahrensweisen im Zusammenhang mit der Einleitung strafrechtlicher Ermittlungsmaßnahmen Rechnung tragen, wodurch der Souveränitätsvorbehalt der Mitgliedstaaten zum Ausdruck kommt.

1238 Vgl. Frenz, Handbuch Europarecht, Bd. 6, Teil 3, Kap. 17, Rdnr. 2978.

1239 Zum Bedeutungsgehalt dieser Formulierung siehe Lukas Lingenthal, „Eine Europäische Staatsanwaltschaft ‚ausgehend von Eurojust'", in: ZEuS 2010, Heft 1, S. 79–109, Berliner Wissenschafts-Verlag, Berlin 2010.

1240 Diese Verordnung legt gemäß Art. 86 Abs. 3 AEUV die Satzung der EuStA, die Einzelheiten für die Erfüllung ihrer Aufgaben, die für ihre Tätigkeit geltenden

„genial“[1241] wirkender Einfachheit nach Art. 86 Abs. 2 S. 1 AEUV, „gegebenenfalls in Verbindung mit Europol“, bisher auf die strafrechtliche Untersuchung, Verfolgung sowie Anklageerhebung von Straftaten zum Nachteil der finanziellen Interessen der EU beschränkt. In diesem Umfang nimmt die EuStA jedoch vor den zuständigen mitgliedstaatlichen Gerichten die nach nationalem Verfahrensrecht vorgesehenen Aufgaben der Staatsanwaltschaft wahr (Abs. 2, S. 2). Für welche Straftaten die EuStA in diesem Rahmen konkret zuständig ist, wird nach Art. 86 Abs. 1 S. 1, 2, Abs. 2 S. 1 AEUV in der Verordnung zur Einrichtung der EuStA bestimmt, welche der Rat in Abweichung von dem grundsätzlich anzuwendenden ordentlichen Gesetzgebungsverfahren einstimmig[1242] (als Ausdruck des mitgliedstaatlichen Souveränitätsvorbehalts), aber immerhin nach der erhöhten Beteiligungsform der Zustimmung des Europäischen Parlaments, festlegt.[1243]

Nach der Passerelle-Regelung des Art. 86 Abs. 4 AEUV ist jedoch perspektivisch eine Befugnisausdehnung[1244] der EuStA durch einen lediglich einstimmigen Beschluss[1245] des Europäischen Rates[1246], der aber der Zustimmung des Europäischen Parlaments sowie der Anhörung der Kommission bedarf, vorgesehen. Die Befugnisausdehnung würde die EuStA-Zuständigkeit auf die Bekämpfung der schweren Kriminalität mit grenzüberschreitender Dimension sowie auf Personen, die als Täter oder Teilnehmer schwere, mehr als einen Mitgliedstaat betreffende Straftaten begangen haben, erweitern. Dass eine solche Weiterentwicklung angestrebt wird, zeigt sich recht eindeutig in der systematischen Einordnung der EuStA im RFSR-Titel und nicht, wie die Zielsetzung der Bekämpfung von Straftaten zum Nachteil des finanziellen Interesses der EU vermuten lassen könnte, in den Finanzvorschriften des AEUV.[1247]

Verfahrensvorschriften sowie die Regeln für die Zulässigkeit von Beweismitteln und für die gerichtliche Kontrolle der von der EuStA bei der Erfüllung ihrer Aufgaben vorgenommenen Prozesshandlungen fest.

1241 Müller-Graff, EuR 2009, S. 117.

1242 Auch hier ist die Möglichkeit der allgemeinen Brückenklausel nach Art. 48 Abs. 7 EUV zu beachten.

1243 Nach Art. 86 Abs. 1 UAbs. 2,3 AEUV ist die (automatische) Möglichkeit einer (sachbereichsspezifischen) Verstärkte Zusammenarbeit im RFSR von mindestens neun Mitgliedstaaten nach Art. 20 EUV i.V.m. Art. 326–334 AEUV gegeben, wenn im Rat kein einstimmiger Beschluss zustande kommt und auch im Europäischen Rat kein Einvernehmen erzielt wird.

1244 Vgl. Müller-Graff, EuR 2009, S. 117.

1245 Aufgrund dessen, dass hier der Europäische Rat und nicht der Rat entscheidet, ist ein Übergang zu einem Beschluss mit qualifizierter Mehrheit nach der allgemeinen Brückenklausel des Art. 48 Abs. 7 AEUV nicht möglich.

1246 Hier kommt eine quasi-gesetzgeberische Funktion der Staats- und Regierungschefs zur Anwendung, vgl. Monar, Die Vertragsreformen von Lissabon in den Bereichen Inneres und Justiz: verstärkte Handlungsfähigkeit, Kontrolle und Differenzierung, S. 389 f.

1247 Vgl. Esser, S. 44.

Die Einrichtung einer solchen Institution würde fraglos einen bedeutenden Schritt in Richtung eines effektiven europäischen Ermittlungs- und Strafverfolgungsraums mit entsprechenden Effizienzgewinnen bei der Bekämpfung der betreffenden Kriminalitätsformen markieren und – insbesondere aufgrund der grenzüberschreitenden Handlungsbefugnis dieser Staatsanwaltschaft – auch eine bedeutende integrationspolitische Entwicklung darstellen.[1248] Gleichwohl dient Art. 86 AEUV ausschließlich dem Sicherheitskonzept des RFSR und weist keine freiheitsrechtliche Dimension auf. Dieser Umstand ist insbesondere in Anbetracht der weitreichenden Ausdehnungsbefugnisse bezüglich des Anwendungsbereiches der EuStA bedenklich.

5. Polizeiliche Zusammenarbeit

Die Polizeiliche Zusammenarbeit ist als Kapitel 5 in Art. 87–89 AEUV normiert und umfasst nach Art. 87 Abs. 1 AEUV, angelehnt an Art. 30 Abs. 1 lit. a EUV-Nizza, die Entwicklung einer Zusammenarbeit zwischen allen auf die Verhütung oder die Aufdeckung von Straftaten sowie auf die entsprechenden Ermittlungen spezialisierten mitgliedstaatlichen Strafverfolgungsbehörden.

a) Art. 87 AEUV

In diesem Sinne können das Europäische Parlament und der Rat nach der Ermächtigungsgrundlage des Art. 87 Abs. 2 AEUV die dort abschließend aufgeführten Maßnahmen erlassen, welche größtenteils mit denen des Art. 30 Abs. 1 lit. b–d EUV-Nizza übereinstimmen.

Allerdings ist in Art. 87 Abs. 2 lit. a AEUV kein Hinweis mehr auf den Schutz personenbezogener Daten bei der sachdienlichen Informationseinholung, -speicherung[1249], -verarbeitung, -analyse und -austausch zu finden, wie noch in Art. 30 Abs. 1 lit. b EUV-Nizza. Auch wenn über Art. 16 Abs. 1 AEUV dieser Schutz auch im Bereich des RFSR gilt, wäre eine gesonderte Erwähnung aufgrund der sensiblen Materie der Polizeilichen Zusammenarbeit von Signalwirkung und daher wünschenswert. Dieses gilt umso mehr, als dass Art. 87 AEUV mangels dieses Verweises keinen freiheitsrechtlichen Bezug mehr aufweist und so nur noch auf das Sicherheitselement des RFSR ausgerichtet ist. Dieser Umstand wird dadurch noch verstärkt, dass die EU-Befugnisse hinsichtlich der Aufdeckung schwerwiegender

---

1248 Monar, Die Vertragsreformen von Lissabon in den Bereichen Inneres und Justiz: verstärkte Handlungsfähigkeit, Kontrolle und Differenzierung, S. 389 f.

1249 Ein prominentes sekundärrechtliches Beispiel ist hier die sog. Vorratsdatenspeicherungsrichtlinie: RL 2006/24/EG des EP und des Rates v. 15.03.2006 über die Vorratsspeicherung von Daten, die bei der Bereitstellung öffentlich zugänglicher elektronischer Kommunikationsdienste oder öffentlicher Kommunikationsnetze erzeugt oder verarbeitet werden, und zur Änderung der RL 2002/58/EG, ABl. L 105, S. 54.

Formen der organisierten Kriminalität erweitert wurden, indem nach Art. 87 Abs. 2 lit. c AEUV nun diesbezüglich gemeinsamen Ermittlungstechniken umfasst sind, während Art. 30 Abs. 1 lit. d EUV-Nizza nur die gemeinsame Bewertung derselben beinhaltete. Eine weitere Änderung durch den Lissabon-Vertrag liegt darin, dass der Austausch hinsichtlich des Personals allgemein nach Art. 87 Abs. 2 lit. b AEUV möglich ist und nicht mehr nur bezüglich der Verbindungsbeamten wie noch in Art. 30 Abs. 1 lit. c. Dieses fördert die Einheitlichkeit sowie die Integration des RFSR und ist daher für das Verhältnis von Freiheit und Sicherheit konstruktiv.[1250]

Verfahrensrechtliche Modifikationen entstehen insoweit, als dass der Rat über die Maßnahmen des Art. 87 Abs. 2 AEUV hinaus, gemäß Abs. 3 UAbs. 1 AEUV, der insoweit mit Art. 30 Abs. 1 lit. a EUV-Nizza übereinstimmt, Maßnahmen bezüglich der operativen Zusammenarbeit zwischen den erwähnten Behörden beschließen kann. Allerdings ergeht ein derartiger Beschluss einstimmig und lediglich nach Anhörung des Europäischen Parlaments.[1251] Hier wurde es verpasst, die operative Zusammenarbeit im RFSR durch den Lissabon-Vertrag demokratischer zu gestalten, was bedauerlich ist, insbesondere angesichts deren erheblichen freiheitsgefährdenden Potentials.

b) Art. 88 AEUV

Des Weiteren ist Europol durch den Lissabon-Vertrag in Art. 88 AEUV nun auch primärrechtlich normiert und dadurch nunmehr eine Einrichtung der EU.[1252] Die Aufgabe von Europol besteht in Erweiterung sowie Straffung von Art. 30 Abs. 2 lit. a–d EUV-Nizza gemäß Art. 88 Abs. 1 AEUV darin, die Tätigkeit sowie gegenseitige Zusammenarbeit der mitgliedstaatlichen Strafverfolgungsbehörden bei der

1250 Die Polizeichefs der EU-Staaten arbeiten als Task Force zusammen. Der Schulung hochrangiger Polizeibeamter dient dabei die Europäische Polizeiakademie (CEPOL bzw. EPA), eine rechtlich eigenständige Agentur der EU, vgl. Beschluss 2005/681/JI des Rates v. 20.09.2005 zur Errichtung der Europäischen Polizeiakademie und zur Aufhebung des Beschlusses 2000/820/JI, ABl. L 256, S. 63, gestützt auf Art. 30 Abs. 1 lit. c) und Art. 34 Abs. 2 lit. c) EU. Die Hauptaufgabe von CEPOL ist die Führungskräfte der mitgliedstaatlichen Polizeien mit den Möglichkeiten der polizeilichen und justiziellen Zusammenarbeit bei der grenzüberschreitenden Verbrechensbekämpfung vertraut zu machen, Art. 1 des Beschlusses.

1251 Auch hier kann die Brückenklausel des Art. 48 Abs. 7 EUV angewendet werden. Daneben sieht auch Art. 87 Abs. 3 UAbs. 2, 3 AEUV die (automatische) Möglichkeit einer (sachbereichsspezifischen) Verstärkten Zusammenarbeit von mindestens neun Mitgliedstaaten nach Art. 20 EUV i.V.m. Art. 326–334 AEUV vor, wenn im Rat kein einstimmiger Beschluss zustande kommt und auch im Europäischen Rat kein Einvernehmen erzielt wird. Laut Art. 87Abs. 3 UAbs. 4 AEUV gilt dieses jedoch nicht für Rechtsakte, die eine Weiterentwicklung des Schengen-Besitzstands darstellen.

1252 Die gerichtliche Kontrolle Europols durch den EuGH ist nach Art. 9, 10 des Protokolls Nr. 36 über die Übergangsbestimmungen bis spätestens 5 Jahre nach Inkrafttreten des Lissabon-Vertrages noch i.S. des Art. 35 EUV-Nizza eingeschränkt.

Verhütung und Bekämpfung grenzüberschreitender Kriminalität, des Terrorismus und der ein gemeinsames Interesse von EU-Politiken verletzenden Kriminalitätsformen, zu unterstützen.

Die Ermächtigungsgrundlage des Art. 88 Abs. 2 UAbs. 1 S. 2 AEUV schafft eine umfassende Vertragsgrundlage und benennt zu diesem Zweck als Aufgaben Europols exemplarisch[1253] das Einholen, Speichern, Verarbeiten, Analysieren und Austauschen von Informationen, welche insbesondere die Mitgliedstaaten oder Drittländer übermitteln (lit. a). Damit ist der Anwendungsbereich von Art. 30 Abs. 2 lit. a, b EUV-Nizza wesentlich ausgedehnt, der unter anderem nur „spezifisches Fachwissen“ beinhaltete und damit keine derart allgemeine Befugnis. Allerdings erfüllte Europol bereits einige der nun normierten Aufgaben auf partiell sehr dünner Rechtsgrundlage, sodass es sich hier um eine überfällige Ergänzung handelt.[1254] Allerdings ist die unpräzise Formulierung des Aufgabenkatalogs zu kritisieren: So ist schwere Kriminalität, welche zwei Mitgliedstaaten betrifft, erfasst, ohne jedoch eine konkrete Definition zu nennen. Gleiches gilt für den ungenauen Begriff des Terrorismus und alle Delikte, die ein gemeinsames Interesse verletzen, welches Gegenstand der EU-Politik ist.

Daneben ist in Art. 88 Abs. 2 UAbs. 1 S. 2 lit. b AEUV eine zusätzliche Befugniserweiterung Europols dadurch konstatiert, dass Europol die Koordinierung, Organisation und Durchführung von Ermittlungen und operativen Maßnahmen, gegebenenfalls in Verbindung mit Eurojust, gemeinsam mit den zuständigen mitgliedstaatlichen Behörden oder durch eine gemeinsame Ermittlungsgruppe durchführen. Damit werden auch hier die in der Vorgängernorm Art. 30 Abs. 2 lit. a–c EUV-Nizza festgesetzten Zuständigkeiten erheblich ausgebaut und verallgemeinert, wo noch von lediglich „spezifischen“ Ermittlungsmaßnahmen gesprochen wurde.[1255] So besteht nun neben der bisherigen Befugnis zur unterstützenden und koordinierenden Mitwirkung am operativen Zusammenwirken der mitgliedstaatlichen Polizeibehörden auch die Möglichkeit eigener operativer Maßnahmen durch Europol[1256], sodass im Kern eine Leitungsfunktion von Eurojust bei grenzüberschreitenden Ermittlungen angelegt ist.[1257] Dieses ist eine wesentliche Kompetenzerweiterung und damit erhebliche Aufwertung von Europols Stellung im RFSR.

Um einen Durchbruch hinsichtlich der Übertragung operativer Befugnisse auf Europol handelt es sich jedoch nicht, da Europol nach dem neuen Art. 88 Abs. 3 AEUV ausschließlich in Verbindung und in Absprache mit den mitgliedstaatlichen

---

1253 Dieses ergibt sich wiederum aus der Formulierung „kann Folgendes gehören“ in Art. 88 Abs. 2 UAbs. 1 S. 2 AEUV.

1254 Monar, Die Vertragsreformen von Lissabon in den Bereichen Inneres und Justiz: verstärkte Handlungsfähigkeit, Kontrolle und Differenzierung, S. 391.

1255 Kainer, Der RFSR nach dem Verfassungsvertrag, S. 296 f.

1256 Haack, Der RFSR im Vertrag von Lissabon – Rhetorik oder Integrationsschub?, S. 223.

1257 Kainer, Der RFSR nach dem Verfassungsvertrag, S. 295 f.

Behörden oder den Mitgliedstaaten selber operativ tätig werden darf, wobei die Anwendung von Zwangsmaßnahmen systemrational allein den zuständigen einzelstaatlichen Behörden vorbehalten bleibt.[1258] Der Koordinierungsauftrag, der Europol übertragen werden kann, könnte auch durch den in Art. 71 AEUV vorgesehenen neuen Ratsausschuss eingeschränkt werden. Obwohl kein Zweifel an der Notwendigkeit einer besseren Koordinierung der wachsenden operativen Dimension des RFSR (insbesondere in der PJZS) bestehen kann, wären überschneidende Koordinierungsbefugnisse sicherlich wenig effizient.[1259] Angesichts der fehlenden eigenen operativen Befugnisse ist es (noch) überzogen, Europol als „entfesselte Polizeimacht" zu bezeichnen. Allerdings gehen die Befugniserweiterungen zugunsten Europols in diese Richtung, was die Gewährleistung des Freiheitsrechts im RFSR angesichts des lückenhaften Rechtsschutzsystems in der PJZS stark gefährdet.[1260]

Insgesamt sind die Befugnisse Europols wesentlich ausgedehnt worden, was konturlos und nicht abschließend formuliert erfolgte, sodass der Aufgabenkatalog von Europol durch Art. 88 AEUV praktisch uferlos ist. Dieses ist angesichts der alleinigen Ausrichtung von Europol auf das Sicherheitskonzept des RFSR ohne eine freiheitsrechtliche Dimension besonders bedenklich und birgt die Gefahr, dass Sicherheitsaspekte dem Freiheitsrecht vorgezogen werden.[1261] Die Außerachtlassung des Freiheitskonzepts in Bezug auf Europol ist bedauerlich, da gerade die Arbeit Europols (insbesondere bzgl. Informationsaustausch und Datenverarbeitung) die Freiheitsrechte der EU-Bürger intensiv berühren kann.[1262] Positiv

---

1258 Ruffert, Die unionsverfassungsrechtlichen Grundlagen des RFSR, S. 32. Die Befugnisbeschränkung des Art. 88 Abs. 3 AEUV entspricht den Regelungskonzepten, die der polizeilichen Zusammenarbeit im Rahmen des SDÜ zugrunde liegen.

1259 Monar, Die Vertragsreformen von Lissabon in den Bereichen Inneres und Justiz: verstärkte Handlungsfähigkeit, Kontrolle und Differenzierung, S. 391.

1260 Diese sind durch das Scheitern des Ratifikationsverfahrens des Verfassungsvertrages und durch das langwierige Ratifikationsverfahren des Vertrages von Lissabon erneut deutlich zutage getreten. Siehe hierzu ausführlich unter Hanna Kistner-Bahr, Die Entwicklungstendenzen Europols im europäischen Integrationsprozess – Mögliche Ausweitung der Befugnisse Europols vom Informationsaustausch zur Ermittlungskompetenz unter Berücksichtigung des Vertrages von Lissabon, Köln Univ., Diss., Köln 2010.

1261 Vgl. Esser, S. 39 ff.

1262 Angesichts der zunehmend grenzüberschreitenden Art dieser Arbeit konstatiert der Europäische Datenschutzbeauftragte (EDSB, Peter Hustinx), dass es zwingend erforderlich ist, klar definierte Kriterien für die Übertragung von Informationen an Drittstaaten und internationalen Organisationen zu erarbeiten: Da sich die Tätigkeit von Europol auf die Zusammenarbeit mit und zwischen den Strafverfolgungsbehörden in Europa stützt, ist es wichtig, dass ein hohes Datenschutzniveau besteht; in der Praxis bedeutet dies, dass Europol personenbezogene Daten nur für bestimmte Untersuchungen sammeln sollte. Der EDSB-Vorschlag sieht vor, dass der EDSB als unabhängige europäischen Aufsichtsbehörde die Einhaltung der

ist allein, dass die Aufgaben, ebenso wie der Aufbau, die Arbeitsweise und der Tätigkeitsbereich von Europol nach Art. 88 Abs. 2 UAbs. 2 S. 1 AEUV von dem Europäischen Parlament und dem Rat durch Verordnungen gleichberechtigt sowie konkret bestimmt werden müssen.[1263] Dieses gilt jedoch nicht für Beschlüsse über operative Aufgaben Europols, die gemäß Art. 87 Abs. 3 UAbs. 1 AEUV weiterhin einstimmig durch den Rat und lediglich nach Anhörung des Europäischen Parlaments getroffen werden.

c) Art. 89 AEUV

Der das Kapitel 5 abschließende Art. 89 AEUV behält die Normierung des Art. 32 EUV-Nizza bei. Somit versäumt es der Lissabon-Vertrag auch hier aufgrund des mitgliedstaatlichen Souveränitätsvorbehalts[1264] die bloße Anhörung des Europäischen Parlaments durch ein demokratisches Kontrollrecht zu ersetzten und damit das Freiheitselement in der sicherheitsorientierten PJZS zu stärken. Zudem ist eine gehaltvolle Einigung durch die erforderliche Einstimmigkeit im Rat nicht leicht zu erzielen[1265], sodass die grenzüberschreitenden polizeilichen Operationen im RFSR weiterhin einer Vielzahl divergierender bi- und multilateraler Vereinbarungen hinsichtlich der Befugnisse unterliegen, die Polizeibeamte auf dem Gebiet des jeweiligen anderen Mitgliedstaates ausüben können.[1266]

III. Protokolle und Erklärungen zum Lissabon-Vertrag

Im Folgenden sind die dem Lissabon-Vertrag angefügten Protokolle sowie Erklärungen auf ihre Relevanz für das Verhältnis von Freiheit und Sicherheit zu untersuchen:

---

datenschutzrechtlichen Vorschriften durch Europol überwacht. Gleichzeitig soll die Aufsicht über Europol in enger Zusammenarbeit mit den nationalen Datenschutzbehörden durchgeführt werden – so wie dies bereits bei der Aufsicht über große IT-Datenbanken in der EU wie EURODAC, ZIS und anderen gegeben ist (EDPS/13/5 v. 03.06.2013).

1263 Siehe hierzu Jan Philipp Albrecht und Nils J. Janson, „Die Kontrolle des Europäischen Polizeiamtes durch das Europäische Parlament nach dem Vertrag von Lissabon und dem Europol-Beschluss", in: EuR 2012, Heft 2, S. 230–240.

1264 In Art. 40, 41 SDÜ ist die grenzüberschreitende Observation sowie die sog. Nacheile bei bestimmten schweren Straftaten normiert.

1265 Monar, Die Vertragsreformen von Lissabon in den Bereichen Inneres und Justiz: verstärkte Handlungsfähigkeit, Kontrolle und Differenzierung, S. 391.

1266 Monar, Die Vertragsreformen von Lissabon in den Bereichen Inneres und Justiz: verstärkte Handlungsfähigkeit, Kontrolle und Differenzierung, S. 391.

1. *Protokoll über die Anwendung der Grundsätze der Subsidiarität und der Verhältnismäßigkeit*

Das Protokoll über die Anwendung der Grundsätze der Subsidiarität und der Verhältnismäßigkeit erweitert das gleichnamige Protokoll zum EGV-Nizza in Bezug auf den RFSR dahin gehend, dass nach Art. 7 Abs. 2 Satz 1 der Entwurf eines Gesetzgebungsakts auf der Grundlage des Art. 76 AEUV betreffend den PJZS hinsichtlich der Einhaltung des Subsidiaritätsprinzips überprüft werden muss, wenn die Anzahl der begründeten Stellungnahmen ein Viertel der Gesamtzahl der den nationalen Parlamenten nach Abs. 1 UAbs. 2 zugewiesenen Stimmen beträgt. Bei allen anderen EU-Gesetzgebungsakten beträgt die Schwelle ein Drittel (Abs. 2 S. 1), sodass hier eine Sonderregelung zugunsten der in Art. 76 primär in Bezug genommenen sicherheitsorientierten PJZS vorliegt, welche einen Überrest der aufgehobenen „dritten Säule" darstellt. Diese Sonderregelung bedingt jedoch eine Erleichterung der demokratischen Kontrolle dieser sensiblen Politikbereiche und ist daher nicht kontraproduktiv, sondern vielmehr dem in der PJZS unterrepräsentierten Freiheitskonzept förderlich.

Zudem enthält Art. 8 des Protokolls eine gänzlich neue Klagemöglichkeit auch im RFSR, der zufolge der EuGH für Klagen wegen Verstoßes eines Gesetzgebungsaktes gegen das Subsidiaritätsprinzip zuständig ist, die entsprechend der jeweiligen innerstaatlichen Rechtsordnung von einem Mitgliedstaat im Namen seines nationalen Parlaments oder einer Kammer dieses Parlaments übermittelt werden.[1267] Zu kritisieren ist dabei, dass nicht etwa den nationalen Parlamenten eine unmittelbare Klagemöglichkeit eingeräumt wird, sondern eine Form der gesetzlichen Prozessstandschaft eingeführt wird, in dessen Rahmen der jeweilige Mitgliedstaat im Namen des nationalen Parlaments vor dem EuGH klagt. Zwar enthält Art. 8 dieses Protokolls eine Verpflichtung der Mitgliedstaaten entsprechende nationale Verfahrensmöglichkeiten zu schaffen, doch die genaue Art der Umsetzung obliegt den einzelnen Mitgliedstaaten. Problematisch ist dabei, dass auch für die Subsidiaritätsklage die zwei Monats-Frist des Art. 263 Abs. 6 AEUV gilt, sodass es entscheidend ist, dass die nationalen Regierungen die nationalen Parlamente bereits in den Gesetzgebungsprozess selbst einbinden.

Insoweit ist es positiv zu bewerten, dass Art. 4 UAbs. 1 des Protokolls konstatiert, dass die Kommission ihre Entwürfe von Gesetzgebungsakten den nationalen Parlamenten sowie dem Unionsgesetzgeber gleichzeitig zuleitet und den nationalen Parlamenten zudem die besondere Form der erwähnten Subsidiaritätsrüge gemäß Art. 7 des Protokolls ermöglicht wird. Auf diese Weise wird gewährleistet, dass die nationalen Parlamente die notwendigen Informationen rechtzeitig erhalten, um von ihren Kompetenzen hinreichend Gebrauch zu machen und bei kritischen Rechtsakten die notwendigen Schritte für eine Klage einleiten zu können.

1267 Es handelt sich bei dieser Klage um eine besondere Form der Nichtigkeitsklage, vgl. hierzu eingehend Thiele, EuR 2010, S. 46–48.

Dieses stärkt die Rechte der demokratisch legitimierten und zudem genuin freiheitsrechtfreundlichen nationalen Parlamente, was konstruktiv ist.

2. *Protokoll über die Anwendung der Charta der Grundrechte der Europäischen Union auf Polen und das Vereinigte Königreich*

Dieses Protokoll ist aufgrund des Erlasses der GRC durch den Lissabon-Vertrag neu hinzugefügt worden. Nach Art. 1 Abs. 1 des Protokolls bewirkt die GRC keine Ausweitung der Befugnis des EuGH oder eines Gerichts Polens oder des Vereinigten Königreichs in der Weise, dass ein solches Gericht die Feststellung treffen könnte, dass die Rechtsvorschriften oder Verwaltungspraktiken in einem dieser Staaten nicht mit der GRC in Einklang stehen. Insbesondere schafft Titel IV GRC (Solidarität) nach Art. 1 Abs. 2 des Protokolls keine für Polen oder das Vereinigte Königreich geltenden einklagbaren Rechte, soweit diese nicht schon im nationalen Recht verankert sind. Um zudem die Schaffung neuen Rechts explizit auszuschließen, betont Art. 2 des Protokolls zusätzlich, dass eine Bestimmung der GRC, die auf nationales Recht bzw. Praxis verweist, nur insoweit auf Polen und das Vereinigte Königreich Anwendung findet, wie die in der Norm enthaltenen Rechte oder Grundsätze durch deren innerstaatliche Rechts- und Verwaltungspraktiken anerkannt sind.

Damit konstatiert das Protokoll zugunsten von Polen sowie dem Vereinigten Königreich eine umfassende Opt-out Regelung hinsichtlich der Anwendung der GRC, sodass eine Wirkung der Charta auf das innerstaatliche Recht dieser Mitgliedstaaten nicht gegeben ist. Für diese Mitgliedstaaten gelten zwar dennoch die anerkannten Grundrechte aus der EuGH-Rechtsprechung, aus der Überlieferung der Verfassungstraditionen sowie der EMRK. Gleichwohl wird den betroffenen Bürgern die Geltendmachung ihre Rechte mangels eines schriftlichen Statuts wie die GRC im Gegensatz zu anderen Mitgliedstaaten erschwert, was sich negativ auf das Freiheitselement des RFSR auswirkt. Gerade die GRC ist ein zentraler Bestandteil des RFSR und hat zudem eine hohe Symbolkraft, sodass dieses Opt-out auch integrationspolitisch das falsche Signal setzt.

3. *Protokoll über die Übergangsbestimmungen*

Dieses Protokoll ist ebenfalls durch den Lissabon-Vertrag neu eingefügt und enthält in seinem Titel VII Übergangsbestimmungen über die vor dem Inkrafttreten des Lissabon-Vertrages u.a. nach dem intergouvernementalen Titel VI EUV-Nizza betreffend den RFSR-Bereich der PJZS angenommenen Rechtsakte. Im Sinne des Kontinuitätsprinzips bestimmt Art. 9 des Protokolls, dass die auf der Grundlage des Titels VI EU-Nizza vor Inkrafttreten des Lissabon-Vertrages angenommenen PJZS-Rechtsakte ihre Rechtswirkung behalten, bis sie aufgehoben, für nichtig erklärt oder geändert werden. In Übereinstimmung mit Art. 34 Abs. 2 lit. EU-Nizza bedeutet dies, dass bereits bestehende EU-Gesetze (Rahmenbeschlüsse) keine unmittelbare Wirkung haben, es sei denn der EU-Gesetzgeber beschließt sie zu ändern. Somit ist die erwähnte Rechtsprechung zur Rs. *Pupino* noch von größter Bedeutung.[1268] Für nach dem 1. Dezember 2009 verabschiedete Rechtsakte gilt sodann die klassische Rechtsprechung der unmittelbaren Wirkung.

Nach Art. 10 Abs. 1 des Protokolls finden zudem im Rahmen der PJZS die Befugnisse der Kommission nach Art. 258 AEUV keine Anwendung und die Zuständigkeiten des EuGHs nach Titel VI EUV-Nizza bleiben unverändert bestehen, einschließlich in den Fällen, in denen sie nach Art. 35 Abs. 2 EUV-Nizza anerkannt wurden. Dadurch ist eine Anrufung des EuGH durch die Kommission aufgrund einer mitgliedstaatlichen Vertragsverletzung im Rahmen der PJZS (Art. 285 AEUV) verhindert. Darüber hinaus ist die aus der Vergemeinschaftung der PJZS resultierende allgemeine Zuständigkeit des EuGHs zugunsten der beibehaltenen Beschränkungen der EuGH-Befugnisse in der PJZS aus Titel VI EUV-Nizza ausgesetzt. Beide Regelungen verhindern respektive erschweren eine umfassende gerichtliche Kontrolle der PJZS und schwächen damit das Freiheitselement des RFSR erheblich.

Während die Übergangsregelung des Art. 9 des Protokolls noch als technische Notwendigkeit verstanden werden kann, sind die Normierungen des Art. 10 zweifelslos durch den politischen Willen gekennzeichnet einige der zwischenstaatlichen Elemente der dritten Säule trotz deren formale Aufhebung beizubehalten.[1269] Konstruktiv ist daher die Normierung des Art. 10 Abs. 2 des Protokolls, nach dem bei Änderung einer der unter Abs. 1 genannten Rechtsakte, die in dem Lissabon-Vertrag vorgesehenen Befugnisse gelten. Allerdings bewirkt dieses eine weitere Differenzierungsnotwendigkeit, die den RFSR verkompliziert, da nun zwischen EU-Rechtsvorschriften in der PJZS, die vor dem Inkrafttreten des Lissabon-Vertrages verabschiedet worden sind und solchen, die danach verabschiedet wurden, differenziert werden muss.[1270] Sehr positiv ist daher, dass gemäß der Gleitklausel des Abs. 3 die Übergangsmaßnahmen nach Abs. 1 spätestens fünf Jahre nach dem Inkrafttreten des Lissabon-Vertrages automatisch außer Kraft treten, sodass die geschilderte Schwächung des Freiheitselements in der PJZS durch die bisherigen Beschränkungen der justiziellen Kontrolle durch den EuGH am 01. Dezember 2014 aufgehoben wurde. So hat nun der einzelne Bürger etwa die Möglichkeit Auskunftsansprüche gegen Europol auch gerichtlich geltend zu machen.[1271]

Art. 10 Abs. 4 UAbs. 1 des Protokolls räumt jedoch dem Vereinigten Königreich ein diesbezügliches Opt-Out ein, nach dem dieser Mitgliedstaat dem Rat spätestens sechs Monate vor dem Ende des Übergangszeitraums mitteilen kann, dass es die in dem Lissabon-Vertrag festgelegten Befugnisse der in Abs. 1 genannten Organe nicht anerkennt, sodass diese Rechtsakte auf das Vereinigte Königreich ab

---

1268 Koen, The Contribution of the European Court of Justice to the Area of Freedom, Security and Justice, S. 270 f.

1269 Bogdandy/Bast – Monar, S. 772.

1270 Koen, The Contribution of the European Court of Justice to the Area of Freedom, Security and Justice, S. 269.

1271 Siehe hierzu Thiele, EuR 2010, S. 49.

Ende des Übergangszeitraumes keine Anwendung finden.[1272] Das dem Vereinigten Königreich damit ermöglichte Opt-Out aus Normen bezüglich der gerichtlichen Kontrolle der besonders grundrechtssensiblen PJZS schwächt das Freiheitselement des RFSR, denn die durch Opt-out Regelungen bedingte Rechtszersplitterung widerspricht der Konzeption des RFSR als ein gemeinsamer Raum und macht die einheitliche Etablierung von Freiheit und Sicherheit in der gesamten EU unmöglich.[1273] Ausgenommen sind jedoch immerhin die nach Abs. 2 geänderten Rechtsakte, die für das Vereinigte Königreich Geltung haben. Gleichwohl ist dieser einseitige britische Opt-out ein Negativmerkmal des Lissabon-Vertrags, da hier ein Mitgliedstaat das erste Mal dazu berechtigt wird aus Teilen des bestehenden Besitzstandes zurückzutreten.[1274]

In Art. 10 Abs. 5 S. 1 des Protokolls ist darüber hinaus ein zusätzliches Opt-in für das Vereinigte Königreich konstatiert, mithin ein Opt-out aus dem obigen Opt-out: Das Vereinigte Königreich kann danach dem Rat jederzeit mitteilen, dass es sich an Rechtsakten beteiligen möchte, die nach Abs. 4 UAbs. 1 für das Vereinigte Königreich nicht mehr gelten[1275] und somit die Normierung des Lissabon-Vertrages Anwendung finden lassen. Die Beliebigkeit, die das eingeräumte Opt-in zum Ausdruck bringt, verstärkt die negativen Auswirkungen des genannten Opt-outs auf das Verhältnis von Freiheit und Sicherheit im RFSR, da das Differenzierungspotential noch weiter erhöht wird, sodass die Wirkungsweise des RFSR und damit ein angemessenes Verhältnis von Freiheit und Sicherheit ad absurdum geführt wird. Zudem ist die Differenzierung innerhalb der Opt-in Normierungen zusätzlich dadurch intensiviert[1276], dass nicht nur im Rahmen des Gesetzgebungsverfahrens jederzeit ein Opt-in erklärt werden kann, sondern auch noch nach der Annahme des jeweiligen Aktes durch die anderen Mitgliedstaaten.

1272 Der Rat (ohne das Vereinigte Königreich) beschließt mit qualifizierter Mehrheit auf Vorschlag der Kommission die erforderlichen Folge- und Übergangsmaßnahmen, Art. 10 Abs. 4 UAbs. 2 des Protokolls. Zudem kann der Rat mit qualifizierter Mehrheit auf Vorschlag der Kommission ferner einen Beschluss annehmen, mit dem bestimmt wird, dass das Vereinigte Königreich etwaige unmittelbare finanzielle Folgen trägt, die sich zwangsläufig und unvermeidbar daraus ergeben, dass es sich nicht mehr an diesen Rechtsakten beteiligt (Art. 10 Abs. 4 UAbs. 3 des Protokolls).

1273 Peers, In a World of Their Own? Justice and Home Affairs Opt-Outs and the Treaty of Lisbon, S. 411 ff.

1274 Koen, The Contribution of the European Court of Justice to the Area of Freedom, Security and Justice, S. 271 f.

1275 Nach Art. 10 Abs. 5 S. 2 des Protokolls finden sodann die einschlägigen Bestimmungen des Protokolls über den in den Rahmen der EU einbezogenen Schengen-Besitzstand bzw. des Protokolls über die Position des Vereinigten Königreichs und Irlands hinsichtlich des RFSR Anwendung.

1276 Peers, In a World of Their Own? Justice and Home Affairs Opt-Outs and the Treaty of Lisbon, S. 411 ff.

Es ist jedoch zu beachten, dass der EuGH in den Rechtssachen *C-77/05* und *C-137/05* zumindest festgestellt hat, dass sich ein Mitgliedstaat ausschließlich dann an Maßnahmen aufgrund des Schengen-Besitzstands bzw. des RFSR-Rechts sowie an den entsprechenden Sekundärrechts-Beschlüssen beteiligen kann, wenn diese (zugrunde liegenden) Bestimmungen für ihn gelten.[1277] Anhand dieser Klarstellung des EuGH wird immerhin ein Teil der opportunistischen Anwendung der Opt-ins des Art. 10 Abs. 5 S. 1 des Protokolls verhindert und für eine gewisse Kohärenz gesorgt.[1278] Konstruktiv ist zudem, dass die Opt-ins die Möglichkeit einer „Rücknahme" der mitgliedstaatlichen Opt-out Regelungen eröffnen, wodurch der gemeinsame Raum sowie die einheitliche Teilhabe an Freiheit und Sicherheit gestärkt wird. Dennoch besteht anhand der Opt-in des Art. 10 Abs. 5 S. 1 des Protokolls weiterhin die Möglichkeit für die betreffenden Mitgliedstaaten sich nur an den für sie (vermeintlich) vorteilhaften Maßnahmen im RFSR zu beteiligen. Dieses sind größtenteils Regelungen, die das Sicherheitselement des RFSR und nicht dessen Freiheitskonzept stärken, was sehr problematisch ist.

4. *Protokoll über den in den Rahmen der Europäischen Union einbezogenen Schengen-Besitzstand*

Durch den Lissabon-Vertrag[1279] wird das „Protokoll zur Einbeziehung des Schengen-Besitzstands in den Rahmen der Europäischen Union" in das „Protokoll über den in den Rahmen der Europäischen Union einbezogenen Schengen-Besitzstand"

1277 EuGH, Urteil v. 18.12.2007 (*Großbritannien/Rat*), Rs. C-77/05, Slg. 2007, S. I-11459 und Urteil v. 18.12.2007 (*Großbritannien/Rat*), Rs. C-137/05, Slg. 2007, I-11593: Das Vereinigte Königreich und Irland konnten sich daher nicht an der Annahme der VO 2007/2004 zur Errichtung der Grenzagentur FRONTEX beteiligen sowie an der VO 2252/2004 über Normen für Sicherheitsmerkmale bzw. biometrische Daten in Reisedokumenten, da diese auf dem Schengener Grenzkontroll-Acquis aufbauen, was auf beide Staaten gemäß der genannten Lissabon-Protokolle keine Anwendung findet. In Anlehnung an die genannte Rechtsprechung des EuGHs ist davon auszugehen, dass auch bei Abstimmungen im EP, die eine Weiterentwicklung des Schengen-Besitzstands betreffen, nur Abgeordnete aus Mitgliedstaaten mitwirken dürfen, in denen die Rechtsakte Anwendung finden, Frenz, Handbuch Europarecht, Bd. 6, Teil 3, Kap. 17, Rdnr. 2754.

1278 Siehe auch Sharpston, S. 433. Dadurch wird jedoch ein anderes Problem nicht verhindert: Sind nicht alle Mitglieder des Rates stimmberechtigt, so berechnet sich die qualifizierte Mehrheit nach den besonderen Bestimmungen des Art. 238 Abs. 3 AEUV sowie des Art. 3 des Protokolls Nr. 36 über die Übergangsbestimmungen. Somit bedingen die Opt-outs der einzelnen Mitgliedstaaten z.T. sehr komplizierte Sonderberechnungen und mithin intransparente Entscheidungsprozesse. Positiv ist jedoch, dass gemäß Art. 7 Schengen-Protokoll weitere Opt-outs für neu hinzukommende Mitgliedstaaten nicht möglich sind.

1279 Namentlich Art. 1, Nr. 18a des Protokoll Nr. 1 (zur Änderung der Protokolle zum EUV, EGV und/oder dem EAGV) zum Lissabon-Vertrag.

umbenannt. Neben einigen geringfügigen Änderungen, die für diese Untersuchung irrelevant sind, beinhaltet das Protokoll jedoch folgende aussagekräftige Modifizierungen zu Art. 5 des Protokolls:

Fällt der Beschluss zu einem Opt-in Antrag von dem Vereinigten Königreich oder Irland nach Art. 4 Schengen-Protokoll positiv aus, so können diese Mitgliedstaaten gemäß des neuen Art. 5 Abs. 2 S. 1, 2 dennoch eine Opt-out Regelung (aus dem vorherigen Opt-in) wahrnehmen und binnen drei Monaten mitteilen, dass sie sich an der Maßnahme nicht mehr beteiligen möchten. In diesem Fall sieht das Schengen-Protokoll ein neues Aussetzungs-Verfahren gemäß Art. 5 Abs. 2 S. 3, Abs. 3–5 vor, dass die Beteiligung des jeweiligen Mitgliedstaates so umfassend wie möglich aufrechterhalten soll – der Opt-out aus dem Opt-in soll mithin möglichst gering gehalten werden. Beeinträchtigt das jedoch die praktische Durchführbarkeit des jeweiligen Teils des Schengen-Besitzstands oder die Kohärenz ernsthaft, so kann die Maßnahme von den übrigen Schengen-Staaten (unter Zurücknahme des Beschlusses) ohne Geltung für den betreffenden Mitgliedstaat angenommen werden. Es sei denn, das Vereinigte Königreich und Irland haben ihre Nichtbeteiligungs-Mitteilung vor Annahme der Maßnahme gemäß Art. 5 Abs. 5 Schengen-Protokoll zurückgezogen – dieses würde dann den Opt-out aus dem Opt-out des Opt-in aus dem generellen Opt-out bzgl. des Schengen-Besitzstandes darstellen.[1280] Mithin gewährt das Protokoll aus der unterlassenen Schengen-Mitgliedschaft ein Opt-in, welches zudem seinerseits durch ein Opt-out zurückgenommen und bei Bedarf wieder mittels eines Opt-in eingesetzt werden kann.

Es ist ersichtlich, dass die differenzierte Integration durch den neu eingefügten Art. 5 Abs. 2–5 Schengen-Protokoll erheblich ausgeweitet wurde, indem dem das Vereinigte Königreich sowie Irland zwei weitere Sonderregelungen eingeräumt wurden. Diese Normierungen erhöhen die Beliebigkeit der Anwendung des Schengen-Besitzstandes, welche für die Funktionsweise des RFSR als eines einheitlichen Raumes sowie der einheitlichen Gewährung des Freiheitsrechts jedoch zentral ist. Dass die Anwendung dieser Normen zu einer derartigen Disposition gestellt wird, ist auch anhand des nachvollziehbaren Hintergrundes dieser Mitgliedstaaten trotz ihrer Vorbehalte in den Schengenbesitzstand einbeziehen zu wollen, nicht gerechtfertigt und schadet der Einheitlichkeit des RFSR immens. Insbesondere das durch den Schengenbesitzstand gestärkte Freiheitsrecht der EU-Bürger wird durch die eingeräumte Beliebigkeit der Beteiligung in den betroffenen Mitgliedstaaten erheblich geschwächt.

1280 Diese Möglichkeit zur jederzeitigen Zurücknahme des Opt-outs nach Art. 5 Abs. 2 des Protokolls vor der Annahme der auf dem Schengen-Besitzstand aufbauenden Maßnahme wird in der 44. Erklärung zum Lissabon-Vertrag noch einmal ausdrücklich festgestellt.

5. *Protokoll über die Position des Vereinigten Königreichs und Irlands hinsichtlich des RFSR*

Durch den Lissabon-Vertrag[1281] wird das „Protokoll über die Position des Vereinigten Königreichs und Irlands" in das „Protokoll über die Position des Vereinigten Königreichs und Irlands hinsichtlich des Raums der Freiheit, der Sicherheit und des Rechts" umbenannt. Neben einigen unwesentlichen Änderungen ist das Protokoll folgendermaßen modifiziert worden:

Nach dem Opt-out der erweiterten Art. 1 und 2 des Protokolls sind nunmehr der gesamte Titel V AEUV und damit anders als bisher auch die vergemeinschafteten PJZS-Normen für das Vereinigte Königreich sowie Irland nicht bindend.[1282] Mithin sind sämtliche RFSR-Vorschriften, alle auf diesen beruhenden Maßnahmen, Normen internationaler Übereinkünfte, die von der EU im Bereich des RFSR geschlossen werden und EuGH-Entscheidungen, in denen solche Vorschriften oder Maßnahmen ausgelegt werden, für das Vereinigte Königreich respektive Irland nicht anwendbar.[1283] Die Erweiterung des Opt-outs auf die PJZS ist ein herber Rückschlag für das Freiheitselement des RFSR, da die erfolgte Vergemeinschaftung der PJZS eine demokratischere sowie rechtsstaatlichere Handhabung dieses sensiblen Rechtsgebietes ermöglicht, welche auf das Vereinigte Königreich bzw. Irland nun jedoch keine Anwendung findet. Dieses, wie das gesamte Opt-out, widerspricht dem Grundgedanken respektive der Funktionsweise des RFSR zutiefst und erschwert zudem den Integrationsprozess empfindlich.

Darüber hinaus ist durch den neuen Art. 4a Abs. 1 des Protokolls ein zusätzliches Opt-out eingefügt worden, indem für die genannten Mitgliedstaaten nun ebenfalls solche erlassenen RFSR-Maßnahmen keine Anwendung finden, mit denen eine bereits bestehende Maßnahme, die für sie bindend ist (nach einem Opt-in gemäß Art. 3 oder Art. 4 des Protokolls), geändert wird – es sei denn es liegt ein erneuter Opt-in nach Art. 3 oder 4 des Protokolls vor. Damit wird die bisherige negative Tendenz noch zusätzlich verstärkt und die Beliebigkeit der Teilnahme des Vereinigten Königreichs bzw. Irlands[1284] auf die Spitze getrieben,

---

1281 Namentlich Art. 1 Nr. 20a des Protokoll Nr. 1 (zur Änderung der Protokolle zum EUV, EGV und/oder dem EAGV) zum Lissabon-Vertrag.

1282 Siehe hierzu auch Fritz Zeder, „Britisches ‚pull-out' aus der polizeilichen und justiziellen Zusammenarbeit in Strafsachen vor Lissabon: Splendid Isolation?", in: EuR 2013, Heft 4, S. 454–466, Nomos Verlag, Baden-Baden 2013.

1283 Siehe hierzu Justine N. Stefanelli, „Whose rule of law? An analysis of the UK's decision not to opt-in to the EU asylum procedures and reception conditions Directives", in: International & Comparative Law Quarterly 2011, Cambridge University Press 2014, S. 1055–1064.

1284 Von dieser Möglichkeit haben beide Mitgliedstaaten reichlichen Gebrauch gemacht. Insbesondere bei Maßnahmen in den Bereichen Asyl und Einwanderung, nicht jedoch in den Bereichen Grenzkontrollen, Visa-Politik und legale Zuwanderung. Siehe Bogdandy/Bast – Monar, S. 775 m.w.N.

was für die Funktionsweise des RFSR und damit auch für ein angemessenes Verhältnis von Freiheit und Sicherheit fatal ist. Eine substantiierte Vermittlung dieser willkürlichen und den Interessen des RFSR widersprechenden Handhabung an die EU-Bürger dürfte zudem nicht möglich sein, was angesichts der Relevanz einer transparenten Kommunikation und einer aktiven Bürgerbeteiligung erschwerend hinzukommt.

Dass der neue Opt-out des Art. 4a Abs. 1 des Protokoll erhebliche negative Konsequenzen für den RFSR mit sich bringt, wird dadurch verdeutlicht, dass es für notwendig erachtet wurde in Abs. 2 zu normieren, dass der Rat auf Vorschlag der Kommission feststellen kann, dass die Nichtbeteiligung des Vereinigten Königreichs oder Irlands an der geänderten Fassung einer bestehenden Maßnahme (nach Abs. 1) die Anwendung dieser Maßnahme für andere Mitgliedstaaten oder die EU impraktikabel macht und daraufhin das Vereinigte Königreich bzw. Irland nachdrücklich ersucht, eine Mitteilung nach Art. 3 oder Art. 4 des Protokolls innerhalb einer Frist vorzunehmen. Art. 4a Abs. 3 des Protokolls normiert insofern folgerichtig, dass der Rat mit qualifizierter Mehrheit auf Vorschlag der Kommission festlegen kann, dass das Vereinigte Königreich oder Irland etwaige unmittelbare finanzielle Folgen zu tragen haben, die sich zwangsläufig und unvermeidbar daraus ergeben, dass sich diese Mitgliedstaaten nicht mehr an der bestehenden Maßnahme beteiligen[1285].

Der ebenfalls neu eingefügte Art. 6a des Protokolls steht im Zusammenhang mit der Einbeziehung der PJZS-Normen in das Opt-out nach Art. 1 des Protokolls und normiert Folgendes: Die anhand von Art. 16 AEUV festgelegten Vorschriften über die Verarbeitung personenbezogener Daten durch die Mitgliedstaaten in der Ausübung von Tätigkeiten, die in den Anwendungsbereich des Titel V Kap. 4 und 5 AUEV fallen, sind für das Vereinigte Königreich und Irland allein dann bindend, wenn sie durch EU-Vorschriften hinsichtlich der PJZS verpflichtet sind, in deren Rahmen die anhand von Art. 16 AEUV festgelegten Vorschriften eingehalten werden müssen. Art. 6a des Protokolls unterstreicht damit die sicherheitsorientierte Ausrichtung des Protokolls, indem sich das Vereinigte Königreich und Irland insbesondere jegliche Anwendung freiheitsstärkender Normen vorbehalten und damit auch an den Datenschutz in der ohnehin tendenziell freiheitseinschränkenden PJZS nicht gebunden sein wollen. In diese Richtung weist auch der neue Art. 9 des Protokolls, nachdem das Protokoll im Bezug auf Irland allein für Art. 75 AEUV keine Anwendung findet und damit diejenige RFSR-Norm Bindungswirkung entfaltet, welche sich am eindeutigsten allein dem Sicherheitskonzept widmet.

1285 Im Einklang damit ist zudem in Art. 5 neu eingefügt, dass der Rat mit allen seinen Mitgliedern nach Anhörung des Europäischen Parlaments einstimmig eine finanzielle Beteiligung beschließen kann.

6. *Protokoll über die Position Dänemarks*

Durch den Lissabon-Vertrag[1286] wird das Protokoll über die Position Dänemarks verschiedenfach geändert. Neben einer Reihe von unwesentlichen Modifizierungen, sind jedoch auch hier einige für das Verhältnis von Freiheit und Sicherheit im RFSR relevante Veränderungen gegeben:

So enthält der in der Präambel neu eingefügte dritte Erwäggrund die Formulierung, dass „es im Interesse der Union liegt, die uneingeschränkte Anwendung des Besitzstands RFSR zu gewährleisten". Dieser Feststellung kommt zwar keine normative Geltung zu, dennoch bringt die EU hier endlich zum Ausdruck, dass die umfassende Anwendung der RFSR-Normen für die Funktionsweise der EU wichtig ist und die Opt-outs Dänemarks daher nur ultimo ratio sein können. Diese Klarstellung hat zumindest einen gewissen symbolischen Wert und positioniert sich zugunsten des durch die Opt-outs geschwächten Freiheitselements im RFSR.

Diese positive Tendenz wird jedoch durch die weiteren Modifizierungen des Protokolls nicht fortgeführt. Wie auch in dem Protokoll über die Position des Vereinigten Königreichs und Irlands hinsichtlich des RFSR, wird auch hier in Art. 1 der Anwendungsbereich des Opt-outs von den Normen des Titel IV EGV-Amsterdam auf den gesamten Titel V AEUV und damit auch auf die PJZS ausgedehnt. Diese umfassende Erweiterung der Nichtanwendbarkeit sämtlicher RFSR-Maßnahmen auf Dänemark hat zur Folge, dass Dänemark nicht an der Weiterentwicklung des RFSR teilnimmt. Das es sich hier bei um eine äußerst negative Entwicklung handelt, wurde bereits obig unter 5. dargelegt.

Zudem sind nach dem erweiterten Art. 2 S. 1 des Protokolls nun auch solche Entscheidungen des EuGH, in denen nach Titel V AEUV geänderte oder änderbare (RFSR-)Maßnahmen ausgelegt werden, für Dänemark nicht bindend. Mithin ist auch der Rahmen der EuGH-Rechtsprechung, der auf Dänemark keine Anwendung findet, erweitert worden. Diese mangelnde Jurisdiktion bedeutet eine weitere Schwächung des Freiheitsrechtes im RFSR.

Ebenso ist der neue Art. 2a des Protokolls einzuschätzen, nach dem Art. 2 des Protokolls auch für die anhand von Art. 16 AEUV festgelegten Vorschriften über die Verarbeitung personenbezogener Daten durch die Mitgliedstaaten in der Ausübung von Tätigkeiten, die in den Anwendungsbereich des Titel V Kap. 4 und 5 AEUV fallen, gilt. Mithin sind die freiheitsrechtlichen Datenschutzbestimmungen im Sinne des Art. 16 AEUV zugunsten der EU-Bürger im Rahmen von PJZS-Tätigkeiten auf Dänemark nicht anwendbar, sodass auch hier das Freiheitselement im RFSR zurückgedrängt wird.

Neben den bereits bestehenden Opt-in Regelungen in Art. 4 und Art. 7 des Protokolls, steht Dänemark nach dem neu eingefügten Art. 8 Abs. 1 ein weiteres Opt-in offen, demzufolge es jederzeit mitteilen kann, dass Teil I des Protokolls aus den neuen Anhang-Bestimmungen (zu diesem Protokoll) besteht und sechs

1286 Art. 1, Nr. 21 Protokoll Nr. 1 zum Lissabon-Vertrag.

Monate danach der gesamte Schengen-Besitzstand sowie alle zur Ergänzung dieses Besitzstands erlassenen Maßnahmen, die für Dänemark bis dahin als Verpflichtungen im Rahmen des Völkerrechts bindend waren, Dänemark nun gemäß Art. 8 Abs. 2 als Unionsrecht binden. Der genannte neue Anhang zu diesem Protokoll enthält in Art. 3 Abs. 1 Protokoll-Anhang ein neues Opt-in hinsichtlich der Beteiligung an RFSR-Maßnahme zum Zeitpunkt deren Annahme sowie ein weiteres Opt-in gemäß Art. 4 Protokoll-Anhang bezüglich der jederzeit möglichen späteren Beteiligung.

Zudem wird durch Art. 5 Protokoll-Anhang das Opt-out des Protokolls auf bereits bindende RFSR-Maßnahmen, die geändert werden, ausgedehnt. Art. 7 Protokoll-Anhang reguliert zudem (in Erweiterung von Art. 2a des Protokolls) die Anwendbarkeit von Art. 16 AEUV-Vorschriften über den Datenschutz in der PJZS. Diese Normierungen des Protokoll-Anhangs sind identisch mit den bereits erörterten Art. 3, 4, 4a und 6a des Protokolls über die Position des Vereinigten Königreichs und Irlands hinsichtlich des RFSR, so das hierzu das obig unter 5.) Gesagte gilt. Darüber hinaus sind jedoch zwei Konkretisierungen in Art. 6 Protokoll-Anhang festgesetzt: Nach dessen Abs. 1 S. 1 hat die Mitteilung nach Art. 4 spätestens sechs Monate nach dem endgültigen Erlass einer Maßnahme zu erfolgen, wenn diese Maßnahme eine Ergänzung des Schengen-Besitzstands darstellt. Gemäß Art. 6 Abs. 2 Protokoll-Anhang gilt zudem eine Mitteilung nach Art. 3 zu Maßnahmen, die eine Ergänzung des Schengen-Besitzstands darstellen, unwiderruflich als Mitteilung nach Art. 3 zu weiteren Vorschlägen oder Initiativen zur Ergänzung dieser Maßnahmen, sofern diese Vorschläge oder Initiativen eine Ergänzung des Schengen-Besitzstands darstellen. Damit schränkt Art. 6 Protokoll-Anhang die Beliebigkeit der zahlreichen Opt-ins durch die Frist in Abs. 1 sowie die unwiderrufliche Geltungserweiterung in Abs. 2 zumindest ein wenig ein, was zu begrüßen ist.

Insgesamt betrachtet hat das neue Opt-in nach Art. 8 des Protokolls mithin zur Folge, dass der Schengen-Besitzstand für Dänemark als Unionsrecht gilt, was aufgrund dessen Stärkung des Freiheitsrechts positiv ist. Allerdings bedingt das Opt-in des Art. 8 des Protokolls gleichzeitig die Anwendung des Protokoll-Anhangs als Teil I des Protokolls, was dazu führt, dass Dänemark noch mehr Opt-in Regelungen zur Verfügung stehen. Dieses eröffnet die Möglichkeiten, dass Dänemark sich an einzelnen oder allen RFSR-Maßnahmen beteiligt, was das Freiheitsrecht im RFSR und damit ein ausgewogenes Verhältnis von Freiheit und Sicherheit stärken würde. Andererseits ist durch die diversen Opt-in und Opt-outs die Teilnahme am RFSR in einem noch größeren Maße zur Disposition Dänemarks gestellt, sodass die Funktion des RFSR und auch dessen Akzeptanz durch die EU-Bürger der Beliebigkeit preisgegeben sind.

7. Erklärung zum Schutz personenbezogener Daten im Bereich PJZS

Durch diese Erklärung erkennt die Konferenz an, dass es sich aufgrund des besonderen Charakters der Bereiche PJZS als erforderlich erweisen könnte in diesen Bereichen spezifische, auf Art. 16 AEUV gestützte Vorschriften über den Schutz personenbezogener Daten und den freien Datenverkehr zu erlassen. Hintergrund dieser Erklärung ist, dass der nach Art. 16 Abs. 1 AEUV, Art. 8 GRC grundrechtlich gewährleisteter Datenschutz bei der Durchführung von EU-Recht im RFSR speziell auf Grundlage des Art. 16 Abs. 2 AEUV geregelt werden kann.

Auch wenn es sich hierbei lediglich um eine Erklärung handelt, so kommt dieser dennoch eine positive Symbolwirkung in dem Sinne zu, dass die Konferenz die Notwendigkeit der Stärkung freiheitsrechtlicher Elementen in der nahezu ausschließlich sicherheitsorientierten PJZS erkannt hat und zumindest den Willen bekundet hiernach zu handeln. Dieses ist gerade für die PJZS von Relevanz, da dessen Bestimmungen die Freiheitsrechte der EU-Bürger stark einschränken können und dadurch im Rahmen des RFSR ein erhöhtes freiheitsgefährdendes Potential innehaben.

8. Erklärung zu den Art. 75 und 215 AEUV

Mit dieser Erklärung weist die Konferenz darauf hin, dass die Achtung der Grundrechte und -freiheiten es insbesondere erforderlich macht, dass der Rechtsschutz der betreffenden Einzelpersonen oder Einheiten im Rahmen von Art. 75 AEUV gebührend berücksichtigt wird. Zu diesem Zweck und zur Gewährleistung einer gründlichen gerichtlichen Prüfung von Beschlüssen, durch die Einzelpersonen oder Einheiten restriktiven Maßnahmen nach Art. 75 AEUV unterworfen werden, müssen die Beschlüsse auf klaren und eindeutigen Kriterien beruhen. Diese Kriterien müssen auf die Besonderheiten der jeweiligen restriktiven Maßnahme zugeschnitten sein.

Diese Erklärung ist positiv, da hierdurch zumindest explizit hervorgehoben wird, dass der äußerst restriktive und allein auf das Sicherheitselement des RFSR ausgerichtete Art. 75 AEUV einige elementare freiheitsrechtliche Grundsätze zu beachten hat.

9. Erklärung zu Art. 10 des Protokolls über die Übergangsbestimmungen

Anhand dieser Erklärung ersucht die Konferenz das Europäische Parlament, den Rat und die Kommission, sich im Rahmen ihrer jeweiligen Befugnisse zu bemühen, in geeigneten Fällen und nach Möglichkeit innerhalb der in Art. 10 Abs. 3 des Protokolls über die Übergangsbestimmungen genannten Frist von fünf Jahren Rechtsakte zu erlassen, mit denen die in Art. 10 Abs. 1 jenes Protokolls genannten Rechtsakte geändert oder ersetzt werden. Diese Aufforderung an die genannten EU-Rechtsetzungsorgane ist sehr konstruktiv, da eine zeitnahe Änderung respektive Ersetzung der PJZS-Rechtsakte des Art. 10 Abs. 1 des Protokolls über die Übergangsbestimmungen gemäß Abs. 2 zur Folge hat, dass für die in Abs. 1 aufgeführten EU-Organe die Befugnisse des Lissabon-Vertrages Anwendung finden. Dadurch werden die Zuständigkeiten der Kommission und des EuGH erweitert und eine umfassendere gerichtliche Kontrolle der sicherheitsorientierten PJZS schneller ermöglicht, was das Freiheitselement im RFSR stärkt.

10. Erklärung Irlands zu Art. 3 des Protokolls über die Position des Vereinigten Königreichs und Irlands hinsichtlich des RFSR

Anhand dieser Erklärung bekundet Irland seine feste Absicht, sein Opt-in-Recht aus Art. 3 des Protokolls über die Position des Vereinigten Königreichs und Irlands hinsichtlich des RFSR im größten Umfang wahrzunehmen, der ihm möglich erscheint, insbesondere hinsichtlich Maßnahmen im Bereich der polizeilichen Zusammenarbeit. Zudem beabsichtigt Irland, die Funktionsweise des umfassenden Opt-outs gemäß Art. 8 des Protokolls innerhalb von drei Jahren nach Inkrafttreten des Lissabon-Vertrages zu überprüfen. Die Absichtsbekundung Irlands, sich an der Annahme von RFSR-Maßnahmen in einem größtmöglichen Maße zu beteiligen, ist ein Schritt in die richtige, da dringend notwendige Richtung, der einheitlichen Anwendung der RFSR-Normen. Es ist jedoch bedauerlich und zugleich exemplarisch für die Situation im RFSR, dass Irland die Teilnahme zuvorderst in der allein sicherheitsorientierten polizeilichen Zusammenarbeit als relevant erachtet und ausbauen möchte.

11. Erklärung des Vereinigten Königreichs Großbritannien und Nordirland zu Art. 75 AEUV

Mittels dieser Erklärung konstatiert das Vereinigte Königreich, dass es beabsichtigt, sein Recht nach Art. 3 des Protokolls über die Position des Vereinigten Königreichs und Irlands hinsichtlich des RFSR wahrzunehmen und sich an der Annahme aller Vorschläge zu beteiligen, die im Rahmen von Art. 75 AEUV vorgelegt werden. Damit nimmt das Vereinigte Königreich einen Opt-in lediglich bezüglich der restriktiven und allein auf das Sicherheitselement ausgerichteten Festlegung finanzieller Sanktionen, die der Verhütung und Bekämpfung von Terrorismus und damit verbundenen Aktivitäten dienen im Sinne des Art. 75 AEUV vor, während das Freiheitselement des RFSR fördernde Normierungen keine Erwähnung finden. Diese einseitige Handhabung der Beteiligung am RFSR ist, insbesondere in Anbetracht der ohnehin vorherrschenden Stellung des Sicherheitskonzepts, stark zu kritisieren.

12. Erklärung 45–47 zu Art. 5 Abs. 2–5 des Protokolls über den in den Rahmen der Europäischen Union einbezogenen Schengen-Besitzstand

Die 45. Erklärung konstatiert, dass der Rat, wenn das Vereinigte Königreich bzw. Irland ihm mitteilt sich gemäß Art. 5 Abs. 2 des Schengen-Protokolls nicht an einer Maßnahme beteiligen zu wollen, die auf einen Teil des Schengen-Besitzstands aufbaut, an dem sich das Vereinigte Königreich bzw. Irland beteiligt, eine eingehende Erörterung der möglichen Auswirkungen der Nichtbeteiligung des betreffenden Mitgliedstaats an der betreffenden Maßnahme führen wird. In Fortführung dessen legt die 46. Erklärung fest, dass die Kommission, falls der Rat nach einer ersten vertieften Erörterung der Frage keinen Beschluss nach Art. 5 Abs. 3 des Protokolls fasst, dem Rat einen geänderten Vorschlag bezüglich einer weiteren vertieften Überprüfung (innerhalb einer vier-Monatsfrist) durch den Rat, vorlegen kann. Abschließend bestimmt die 47. Erklärung, dass in den Bedingungen, die in dem Beschluss nach Art. 5 Abs. 3, 4 oder 5 des Protokolls festzulegen sind, vorgesehen werden kann, dass der betreffende Mitgliedstaat etwaige unmittelbare finanzielle Folgen zu tragen hat, die sich zwangsläufig und unvermeidbar daraus ergeben, dass er sich an dem in einem Beschluss des Rates nach Art. 4 des Protokolls aufgeführten Besitzstand in seiner Gesamtheit oder in Teilen nicht mehr beteiligt.

Die drei Erklärungen verdeutlichen durch die Hervorhebung der durchzuführenden Erörterungen und vertieften Überprüfungen der Nichtbeteiligung der genannten Mitgliedstaaten an Schengen-Maßnahmen sowie der eingeräumten Möglichkeit für die Auferlegung deren finanzieller Folgen, dass die Auswirkungen der Nichtbeteiligung mitunter gravierend für den RFSR sowie die EU-Bürger sind und somit die zahlreichen Opt-in/Opt-out Regelungen nicht folgenlos bleiben sollen. Damit bestätigen die Erklärungen die obigen kritischen Ausführungen zu dem Schengen-Protokoll.

13. *Erläuterung zu Art. 6 GRC*

Die erklärenden Erläuterungen des Konvents zu Art. 6 GRC[1287] konstatieren, dass die Rechte aus Art. 6 GRC insbesondere dann geachtet werden müssen, wenn das Europäische Parlament und der Rat Gesetzgebungsakte im Bereich der justiziellen Zusammenarbeit in Strafsachen auf der Grundlage der Art. 82, 83 sowie 85 AEUV, vor allem zur Festlegung gemeinsamer Mindestvorschriften über die Tatbestandsmerkmale strafbarer Handlungen und die Strafen respektive über bestimmte Aspekte des Verfahrensrechts erlassen. Auch wenn der Erläuterung keine Rechtsbindung zukommt, so ist es doch ein positives Zeichen, dass die Einhaltung von Art. 6 GRC gerade im Rahmen der sehr sicherheitsorientierten justiziellen Zusammenarbeit in Strafsachen hervorgehoben wird und dadurch die Relevanz des Freiheitselements im RFSR bekräftigt.

IV. EU-Grundrechtecharta

Wie aufgezeigt, wurde die EU-Grundrechtecharta (GRC) durch den Lissabon-Vertrag in das EU-Primärrecht einbezogenen. In diesem Kapitel werden die Beziehung der GRC zum RFSR sowie deren wichtige Rolle für das Verhältnis von Freiheit und Sicherheit im RFSR aufgezeigt.

Die Ziele des RFSR sollen nach den EU-Verträgen durch komplementäres Handeln auf europäischer und mitgliedstaatlicher Ebene erreicht werden, sodass der RFSR in diesem Sinne einen Ebenen übergreifenden Funktionsraum darstellt.[1288]

1287 Amtsblatt Nr. 2007/C 303/02, S. 17 ff.
1288 Grabitz/Hilf/Nettesheim, Rdnr. 20.

Die Kompatibilität dieser Ebenen übergreifenden Handlungen wird insbesondere durch die Grundrechte der EU gesichert. Daher ist hier anhand der GRC allein auf die Grundrechte im RFSR einzugehen. Eine darüber hinausgehende Erörterung der Grundfreiheiten wird in Anbetracht des begrenzten Umfangs dieser Arbeit nicht durchgeführt. Zu den Grundfreiheiten ist allein festzuhalten, dass diese und die Grundrechte im RFSR in einer funktionellen Wechselbeziehung zueinanderstehen[1289]: Werden die Grundfreiheiten von Einzelnen wahrgenommen, so wirken die Grundrechte oftmals als Verstärker der Grundfreiheiten, wenn eine europarechtliche Einschränkung der Grundfreiheit gegen Grundrechtserwägungen verstößt. Darüber hinaus dienen die EU-Grundrechte zur Auslegung der immanenten Schranken der Grundfreiheiten. Gleichzeitig können die EU-Grundrechte jedoch auch entgegengesetzt wirken, indem die Grundrechte den Gebrauch der Grundfreiheiten entgegengestellt werden und Eingriffe in Grundfreiheiten rechtfertigen können.[1290] Grundrechte und Grundfreiheiten verkörpern dabei beide EU-Primärrechte und stehen grundsätzlich gleichrangig nebeneinander, sodass sie im Kollisionsfall mit Blick auf das Kohärenzgebot des Art. 3 Abs. 1 EUV-Lissabon mittels einer Verhältnismäßigkeitsprüfung zum Ausgleich zu bringen sind.[1291]

Die in der GRC erstmals schriftlich verankerten Rechte, Freiheiten und Grundsätze binden die EU gemäß Art. 6 Abs. 1 EUV-Lissabon primärrechtlich und sind somit auch im Bereich des RFSR zu beachten, wie bereits obig erwähnt.[1292] In der GRC selbst wird unter Abs. 2 der Präambel auf den RFSR Bezug genommen, was dessen Relevanz für den wirksamen Grundrechtsschutz in der EU widerspiegelt. Dieser Grundrechtsschutz wird in Titel V AEUV jedoch nicht gesondert geregelt, stattdessen wird die besondere Bedeutung der Achtungspflicht aus Art. 6 Abs. 1 EUV-Lissabon für den RFSR lediglich in Art. 67 Abs. 1, 1. Spiegelstrich AEUV

1289 Siehe auch Beutler, Grenzenlose Freiheit, S. 60. Zum Verhältnis von Grundfreiheiten und Grundrechten in der EU siehe eingehend unter Schultz, S. 104–180; Frenz, EuR 2002, S. 603–618; Mayer, EuR 2009, S. 89 f. Siehe auch Verica Trstenjak, „The growing overlap of fundamental freedoms and fundamental rights in the case-law of the CJEU“, in: E.L.Rev. 2013, 38(3), S. 293–315.

1290 Vgl. EuGH, Urteil v. 18.06.1991, (*ERT*), C-260/89, Slg. 1991, I-2925; EuGH, Urteil v. 15.02.1995 (*Bosman*), Rs. C-415/93, Slg. 1995, I-4921; EuGH, Urteil v. 26.06.1997 (*Familiapress*), Rs. C-368/95, Slg. 1997, I-3689; EuGH, Urteil v. 12.06.2003 (*Schmidberger*), Rs. C-112/00, Slg. 2003, S. I-5659; EuGH, Urteil v. 14.10.2004 (*Omega*), Rs. C-36/02, Slg. 2004, I-9609.

1291 Vgl. EuGH, EuZW 2003, S. 592 (597), Tz. 81 f. (*Schmidberger*); Arndt/Fischer, Europarecht, S. 130.

1292 Siehe auch Nettesheim, Grundrechtsschutz, S. 121. Bindungsadressat der EU-Grundrechte ist zuvorderst die EU als Hoheitsträgerin und damit alle ihre Organe. Daneben sind die Mitgliedstaaten im Anwendungsbereich von Unionsrecht an die EU-Grundrechte gebunden, mithin wenn sie EU-Recht durchführen oder zu beachten haben Zu den Bindungsadressaten der GRC siehe detailliert unter Grabitz/Hilf/Nettesheim, Rdnr. 78 ff.

aufgrund der erhöhten Eingriffssensibilität der Justiz- und Innenpolitik hervorgehoben.[1293] Über diese Norm wird somit die gemeinsame EU-Grundrechtskultur für den RFSR betont, welche Grundlage von Freiheit und Sicherheit sowie zugleich Grenze daraus resultierenden Handelns im RFSR ist.[1294]

Die EU-Grundrechte stehen in Orientierung an die EMRK-Grundrechte allen Personen zu, die im Einzelfall der Hoheitsgewalt eines Mitgliedstaats unterworfen sind.[1295] Demnach ist die Staatsangehörigkeit natürlicher Personen gemäß Art. 67 Abs. 2 S. 2 AEUV grundsätzlich irrelevant für die Grundrechtsfähigkeit und -berechtigung im RFSR.[1296] Im Rahmen des dreigleisigen Grundrechtsschutzes nach Art. 6 Abs. 3 EUV-Lissabon finden im RFSR neben der GRC die Grundrechte der EMRK sowie die gemeinsamen Grundrechtsverfassungstraditionen der Mitgliedstaaten als allgemeine Grundsätze des EU-Rechts Anwendung.[1297]

Die Aufnahme der GRC in das verbindliche Primärrecht der EU durch den Lissabon-Vertrag in Art. 6 Abs. 1 EUV ist ein wichtiges Signal für den Grundrechtsschutz in der EU und insofern eine Betonung des Freiheitsrechtes im RFSR. Es ist jedoch ein äußerst negatives Signal, dass sich Polen und das Vereinigte Königreich durch (die obig genannten) Protokolle zum Lissabon-Vertrag Sonderregeln verschafft haben, welche ihre nationalen Rechtssysteme und -praktiken von der verbindlichen Wirkung der GRC befreit.[1298] Für die Effektivität der GRC, die Stärkung des Freiheitsrechts im RFSR und auch für die Aussagekraft eines an den Bürgern orientierten RFSR ist dieses sehr problematisch und sollte in einer grundsätzlich auf gleiche Rechte ausgerichteten Rechtsgemeinschaft nicht haltbar sein.[1299]

Um der Absenkung grundrechtlicher Mindeststandards durch den Prozess der Europäisierung entgegenzuwirken und ein hohes Grundrechtsschutzniveau in der

---

1293 Wie obig unter Teil IV aufgezeigt.

1294 Meyer, EuR 2011, S. 191.

1295 Vgl. Art. 1, 14 EMRK.

1296 Die zentrale Idee der Menschenrechtskodifikation liegt gerade in der internationalen Definition individueller Freiheit gegenüber dem staatlichen Bereich. Dieser am Individuum und seinem überpositiven Würdeanspruch anknüpfende Ansatz sieht gerade von Merkmalen ab, die wie Staatsangehörigkeit, Geschlecht und Rasse vom einzelnen nicht beeinflussbar sind. Vgl. Grabitz/Hilf/Nettesheim, Rdnr. 106 ff. m.w.N.

1297 Das Stockholmer Programm spricht von der „Schaffung eines einheitlichen europäischen Systems der Grund- und Menschenrechte auf der Grundlage der Europäischen Konvention und der Charta der Grundrechte“ und mahnt damit einen zügigen Beitritt der EU zur EMRK an, Stockholm-Programm, a.a.O., S. 11. Vgl. zudem Calliess/Ruffert, Rdnr. 77.

1298 Gemäß dem Protokoll über die Anwendung der Charta der Grundrechte der Europäischen Union auf Polen und das Vereinigte Königreich, ABl. 2007 C 306, S. 156. Siehe ausführlich in Mayer, EuR 2009, S. 90 ff.

1299 Auch wenn zu berücksichtigen ist, dass eine primärrechtliche GRC ohne dieses Zusage an Polen und das Vereinigte Königreich wohl nicht möglich gewesen wäre.

EU zu sichern, enthält die GRC ein Homogenitätsgebot sowie ein Günstigkeitsgebot. Nach dem Homogenitätsgebot entsprechen die EU-Grundrechte gemäß Art. 52 Abs. 3 Satz 1 GRC den gleichartigen EMRK-Rechten und die nationalen Grundrechte den gleichartigen EU-Grundrechten gemäß Art. 52 Abs. 4 GRC. Zudem bestimmt das Günstigkeitsgebot, dass weiterreichende EMRK-Rechte sowie weiterreichende mitgliedstaatliche Grundrechte nach Art. 53 GRC vor EU-Grundrechten Vorrang haben. Zugleich steht jedoch gemäß Art. 52 Abs. 3 Satz 2 GRC das Homogenitätsgebot weiterreichenden EU-Grundrechten nicht entgegen. In diesem Sinne betont die EuGH-Rechtsprechung die Teilung der Verantwortung zwischen der EU und den Mitgliedstaaten bei der Gewährleistung des Grundrechtsschutzes[1300], die dabei durch die Agentur für Grundrechte (FRA) unterstützt werden.[1301]

1. *Die EU-Grundrechte im RFSR*

Die Dichotomie der RFSR-Materien in Form von Entgrenzung der mitgliedstaatlichen Gewalt (freiheitlich-liberal) auf der einen Seite sowie Enträumlichung von Staatsgewalt (Verstärkung und Effektivierung staatlicher Hoheitsgewalt) auf der anderen Seite, ist nach *Nettesheim*[1302] für die Konzeption sowie Durchführung des Grundrechtsschutzes im RFSR von elementarer Bedeutung und mündet in der Durchsetzung von individueller Freiheit nach innen bei grundsätzlicher Abgrenzung nach außen.[1303]

1300 Etwa EuGH, Urteil v. 27.06.2006, Rs. C-540/03 (*Familienzusammenführung*), Rdnr. 22, 23, 104–106. So muss einerseits der EU-Gesetzgeber bei der Setzung von Sekundärrecht die EU-Grundrechte beachten, andererseits sind die Mitgliedstaaten verpflichtet im Rahmen eines vom EU-Sekundärrecht belassenen Ermessensspielraums eine Auslegung zu wählen, die mit den EU-Grundrechten vereinbar ist.

1301 Die Agentur für Grundrechte (FRA) wurde durch EG-Verordnung Nr. 168/2007 des Rates v. 15.02.2007, ABl. L 53 vom 22.02.2007, gegründet. Sie soll Einrichtungen und Behörden der EU und ihrer Mitgliedstaaten bei der Umsetzung des Gemeinschaftsrechts in Grundrechtsfragen zur Seite stehen und ihnen Informationen und Fachkenntnisse bereitstellen, um sie bei der Festlegung von Maßnahmen oder Aktionen zu unterstützen, vgl. Art. 2 der VO. Damit dient die FRAU der Gewährleistung des Grundrechtsschutzes im RFSR. Zur FRA siehe ausführlich unter Frenz, Handbuch Europarecht, Bd. 4, Rdnr. 790.

1302 Nettesheim, S. 25 ff. m.w.N.

1303 Siehe allgemein zu der GRC und dem RFSR: „The European Charter of Fundamental Rights and the Area of Freedom, Security and Justice“, Valentina Bazzocchi, in: The EU Charter of Fundamental Rights – From Declaration to Binding Instrument, Giacomo Di Federico (Hrsg.), S. 177–197, 1. Aufl., Springer Verlag, Heidelberg u.a. 2011. Siehe ebenfalls: „Kohärenter Grundrechtsschutz im Raum der Freiheit, der Sicherheit und des Rechts“, Fabian Brummund, Nomos Verlag, Baden-Baden 2010.

a) Allgemein

Die Grundrechte der GRC sind in den RFSR-Kapiteln 1, 2, 4 und 5 des AEUV unmittelbar zu beachten. In Kapitel 3 des AEUV über die JZZ finden die Grundrechte über eine dogmatische Konstruktion des EGMR[1304] Anwendung, nach der bei der Gestaltung des Privatrechts die staatliche Schutzpflicht für die Grundrechte eine umfassende Wirksamkeit dieser auch im Privatrecht bewirkt. Allerdings stellen die EU-Grundrechte gemäß Art 51 Abs. 2 GRC keine eigene Kompetenzgrundlage dar, sodass die EU-Grundrechte keine von den Voraussetzungen einer RFSR-Kompetenzgrundlage gelöste Schutzpflicht begründen können.

Viele der Gewährleistungen der GRC haben nur respektive vor allem im RFSR einen Anwendungsbereich und sind spezifisch für den RFSR aufgenommen worden. Der Hintergrund hierfür sind die im RFSR-Recht normierten umfangreichen Maßnahmen zu Datensammlungen, -austausch und -analyse durch das SIS II, VIS, Eurodac sowie durch Europol, zudem die eingriffsintensiven Maßnahmen in der JZS[1305] und die steigende Zusammenarbeit mit Drittstaaten im Bereich des Datenaustauschs.[1306] Hinsichtlich dessen sind für den RFSR die Freiheitsrechte nach Art. 6 ff. GRC, insbesondere die umfassende Formulierung des Rechtes auf den Schutz personenbezogener Daten nach Art. 8 GRC, die speziellen Garantien für Ausländer gemäß Art. 18 f. GRC, das Gleichheitsrecht nach Art. 20 GRC und die Nichtdiskriminierung nach Art. 21 GRC sowie die justiziellen Rechte gemäß Art. 47 ff. GRC[1307] besonders relevant und als positive Entwicklung für den Rechtsschutz im RFSR zu werten.[1308]

Die zentrale Achtungspflicht aus Art. 6 EUV-Lissabon wird mittels spezifischer Grundrechtsnormierungen des RFSR konkretisiert.[1309] So betont die obig erörterte Erklärung zum Schutz personenbezogener Daten im Bereich der PJZS die Möglichkeit der konkretisierenden Normierung des grundrechtlich gewährleisteten Datenschutzes (Art. 16 Abs. 1 AEUV, Art. 8 GRC) im RFSR-Bereich der PJZS auf Grundlage von Art. 16 Abs. 2 AEUV. Dieses ist anhand des Rahmenbeschlusses 2008/977/JI[1310] über den Schutz personenbezogener Daten, die innerhalb der PJZS verarbeitet werden, erfolgt und konkretisierend normiert worden.[1311]

1304 Das ist für die GRC relevant, da diese gemäß Art. 52 Abs. 3 GRC den Mindest-Schutzstandard der EMRK nicht unterlaufen darf.

1305 Kainer, Der RFSR nach dem Verfassungsvertrag, S. 297 f.

1306 Etwa das SWIFT-Abkommen zwischen Europol und den USA vom 20.12.2002, welches den Austausch von personenbezogenen Daten vorsieht.

1307 Siehe hierzu eingehend unter Pabel, Justizgrundrechte, S. 808 ff.

1308 EuGH, Urteil v. 03.05.2007, Rs. 303/05, Slg. 2007, S. I-3633, Nr. 169; Grabitz/Hilf/Nettesheim, Rdnr. 76 ff.

1309 Vgl. auch Grabitz/Hilf/Nettesheim, Rdnr. 82 ff.

1310 EU ABl. 2008 L 350/60.

1311 Nach Art. 3 Abs. 1 des Rahmenbeschlusses etwa dürfen die zuständigen Behörden personenbezogene Daten nur zu festgelegten, eindeutigen und rechtmäßigen Zwecken im Rahmen ihrer Aufgaben erheben und nur zu dem Zweck verarbeiten, zu

Eine spezifische Konkretisierung erfährt zudem der Rechtsgrundsatz „ne bis in idem" im RFSR.[1312] Der Geltungsbereich dieses Grundsatzes ist mittels Art. 50 GRC auf die gesamte EU erstreckt, im RFSR gilt das Verbot der Doppelbestrafung für alle Schengen-Mitgliedstaaten ebenfalls über Art. 54–58 SDÜ.[1313] Im RFSR hat der Grundsatz im Rahmen der Justiziellen Zusammenarbeit in Strafsachen jedoch besondere Relevanz und ist daher in Art. 82 Abs. 1 UAbs. 1 lit. b AEUV mittels Maßnahmen zur Vermeidung von Kompetenzkonflikten zwischen den Gerichten der Mitgliedstaaten im Hinblick auf Strafverfahren spezifisch konkretisiert.[1314] Bezüglich der Justiziellen Zusammenarbeit in Zivilsachen ist zudem eine gleich gelagerte spezifische Konkretisierung des Doppelbestrafungsverbots in Art. 81 Abs. 2 lit. c AEUV gegeben.

Von beträchtlicher Bedeutung für den RFSR sind auch die justiziellen Rechte in Kapitel VI der GRC. Denn unter anderem durch die Aufnahme eines Rechtes auf Prozesskostenhilfe (Art. 47 GRC), des Grundsatzes der Verhältnismäßigkeit im Zusammenhang mit Straftaten sowie Strafen (Art. 49 GRC) und eines erweitert formulierten Doppelbestrafungsverbots (Art. 50 GRC) reicht die Charta deutlich über eine Minimalausstattung klassischer Verteidigungsrechte hinaus und verstärkt das Freiheitsrecht des Einzelnen im RFSR merklich.[1315] Der Umstand, dass die Ausgestaltung der GRC den Mindeststandard der klassischen Abwehrrechte überschreitet, zeigt tendenziell die dringend notwenige Entwicklung eines Grundrechtsschutzstandards im RFSR an, der mit der fortschreitenden Etablierung eines EU-Strafrechtssystems mithalten kann.[1316]

So bedingt die rechtsverbindliche GRC eine erkennbare Stärkung der Freiheitsrechte im RFSR und das insbesondere für die RFSR-Felder, welche bislang gegenüber der Tätigkeit von EU-Organen sowie -Strukturen eine geringe Schutzdichte aufwiesen. Ein gewichtiges Manko für ein ausgewogenes Verhältnis von Freiheit und Sicherheit im RFSR ist jedoch, dass auch durch den Lissabon-Vertrag in den primärrechtlichen RFSR-Normen kein direkter Bezug zu der GRC oder einer ihrer

---

dem die Daten erhoben worden sind. In Art. 4 ist die Berichtigung, Löschung und Sperrung solcher Daten festgelegt.

1312 So auch Wasmeier/Thwaites, E.L.Rev. 2006, S. 570, 571, 573, 575–578. Siehe auch Fremuth, Die EU auf dem Weg in die Supranationalität – Untersuchung der Rechtsnatur der EU anhand der PJZS, S. 95 ff.

1313 Wegweisende Urteile des EuGH vgl.: Urteil v. 11.02.2003, Rs. C-187/01, Slg. 2003, S. I-1345; Urteil v. 10.03.2005, Rs. C-469/03, Slg. 2005, S. I-2009; Urteil v. 11.12.2008, Rs. C-297/07, Slg. 2008, S. I-9425; Urteil v. 22.12.2008, Rs. C-491/07, Slg. 2008, S. I-11039.

1314 Vgl. das Grünbuch über Kompetenzkonflikte und den Grundsatz ne bis in idem in Strafverfahren KOM(2005) 696 endgültig.

1315 Zur Bedeutung der justiziellen Rechte der Charta siehe J. Vogel, The European Integrated Criminal Justice System and its Constitutional Framework, Maastricht Journal 12 (2005), S. 125.

1316 Siehe Bogdandy/Bast – Monar, S. 795.

Artikel zu finden ist, wie obig bereits angesprochen wurde. Dieses Missverhältnis wird auch dadurch nicht geändert, dass die Grundrechte in Art. 67 Abs. 1 AEUV zumindest an erster Stelle erwähnt werden. Denn die Formulierung des erwähnten Verweises in Art. 67 Abs. 1 AEUV, dass im Rahmen des RFSR die Grundrechte „geachtet werden", wird in seiner Zaghaftigkeit sowie Unklarheit der Bedeutung der Grundrechte im RFSR nicht im Ansatz gerecht und hätte in der gewählten Form auch ohne die GRC eingeführt werden können. Für das Verhältnis von Freiheit und Sicherheit im RFSR und für die tatsächliche Etablierung eines am Bürger orientierten RFSR respektive Europas ist es grundlegend, dass die EU-Grundrechte deutlich zu einem integralen Bestandteil des Vertragsziels des RFSR gemacht werden und dessen primärrechtliche Bestimmungen infolgedessen an einschlägiger Stelle einen direkten Bezug zu den relevanten Rechten der GRC aufweisen.

Dieses gilt umso mehr, als dass die in den letzten Jahren intensivierte Gesetzgebungsaktivität der EU im RFSR zur Folge hat, dass europäische Rechtsakte ein neuartiges Potenzial an Grundrechtsgefährdungen mit sich bringen. Paradigmatische Beispiele sind hier der Rahmenbeschluss zum Europäischen Haftbefehl[1317] und die Regelung zur Vorratsdatenspeicherung[1318] sowie die seit den Anschlägen vom 09. September 2001 (zumindest empfundene) Gefährdungslage im Sinne einer Gefahr für die innere Sicherheit, welche regelmäßig mit einer Gefährdung für die Grundrechte und damit für das Freiheitsrecht einhergeht. Hier geht es mithin um Grundrechtsfragen, die für die EU-Bürger existentiell sind und sich auf das Verhältnis von Freiheit und Sicherheit im RFSR gravierend auswirken.[1319]

b) Freiheit und Sicherheit nach Art. 6 GRC im RFSR

Für diese Arbeit ist insbesondere Art. 6 GRC von Interesse, da dieser Artikel die sich im RFSR wiederfindenden Elemente Freiheit und Sicherheit konkret behandelt. Es stellt sich somit die Frage, was unter Freiheit und Sicherheit im Rahmen des Art. 6 GRC zu verstehen ist sowie in welchem Verhältnis beide Termini zueinander und zu dem RFSR stehen.

Nach Art. 6 GRC hat jede Person „das Recht auf Freiheit und Sicherheit." Damit hat Art. 6 GRC die Formulierung des Art. 5 Abs. 1 S. 1 EMRK exakt übernommen, dessen weitere (einschränkende) Ausführungen[1320] sind jedoch trotz dahin

---

1317 Rahmenbeschluss 2002/584/JI des Rates vom 13.06.2002 über den Europäischen Haftbefehl und die Übergabeverfahren zwischen den Mitgliedstaaten, EU-Abl. 2002 Nr. L 190/1.

1318 Richtlinie 2006/24/EG über die Vorratsspeicherung von Daten, EU-Abl. 2006 Nr. L 105/54 v. 13.04.2006.

1319 Vgl. Mayer, EuR 2009, S. 99 f.

1320 Vgl. Art. 5 Abs. 1 S. 2, Abs. 2–5 EMRK, wo die abschließenden Gründe und Bedingen für eine mögliche Freiheitsentziehung festgelegt sind.

gehender Anträge nicht in die Vorschrift eingegangen, ein angedachter Vorbehalt[1321] wurde wieder herausgenommen. Gleichwohl ist der Schutzbereich nach Art. 6 GRC nicht geringer als der des Art. 5 EMRK, da Bestimmungen der GRC gemäß Art. 52 Abs. 3 GRC hinsichtlich Bedeutung und Tragweite nicht hinter gleichlautenden EMRK-Bestimmungen zurückbleiben dürfen.[1322] Somit gelten die einschränkenden Ausführungen des Art. 5 EMRK auch für Art. 6 GRC.[1323]

Freiheitsrecht
Das Recht auf Freiheit nach Art. 6 GRC darf mithin nur in den in Art. 5 EMRK abschließend genannten und mithin restriktiv auszulegen Fällen entzogen werden.[1324] Dieser Zusammenhang ist relevant für den Schutzumfang nach Art. 6 GRC: Die von Art. 6 GRC mittelbar übernommenen einschränkenden Tatbestandsmerkmale des Art. 5 EMRK zeigen deutlich auf, dass „das Recht auf Freiheit" nach Art. 6 GRC einen klassischen Ansatz verfolgt und nicht die allgemeine Entfaltung der Persönlichkeit schützen soll, sondern vor staatlichen Übergriffen in Form von Freiheitsentzug (originär)[1325] und mittlerweile auch durch Kontroll- und Nachprüfungsmaßnahmen.[1326] Dieses Freiheitsrecht ist jedoch auch für die Entfaltung der Persönlichkeit von elementarer Bedeutung, da sich mit der Umwelt ebenfalls die Wirkungen des Handelns und dadurch die Rückwirkungen auf die Personen verändern.[1327] Das Recht auf Freiheit nach Art. 6 GRC ist dabei kein mittels Tatbestand und Rechtsfolge konkret umrissene Norm, sondern eine Zielvorgabe, deren passende Rechtsnormen als Mittel zur Zielverwirklichung in den Grenzen der GRC von Rechtswissenschaft und -praxis zu ermitteln sind.[1328] Diese Auslegung wird auch von dem EGMR vertreten[1329], dessen Interpretation aufgrund der dargelegten Orientierung des Art. 6 GRC an Art. 5 EMRK zu folgen ist.[1330]

1321 Siehe Meyer, Rdnr. 5–9 m.w.N.; Frenz, Handbuch Europarecht, Bd. 4, Rdnr. 1058: „die Freiheit darf nur in gesetzlich vorgeschriebenen Fällen und Formen entzogen werden".

1322 Vgl. Erläuterungen zu Art. 6 GRC, Abl. 2007 C 303/19.

1323 Siehe auch Frenz, Handbuch Europarecht, Bd. 4, Rdnr. 1059; Calliess/Ruffert, Rdnr. 4.

1324 Hierzu eingehend unter Frenz, Handbuch Europarecht, Bd. 4, Rdnr. 1080 ff.

1325 Mithin die körperliche Fortbewegungsfreiheit, das Recht auf Freiheit ist hier mithin ein Recht gegen Freiheitsbeschränkungen siehe Klement, Freiheit der Person, S. 348 ff., 351.

1326 Vgl. Frenz, Handbuch Europarecht, Bd. 4, Rdnr. 1061 ff., 1078; Calliess/Ruffert, Rdnr. 6, 8 m.w.N.; Meyer, Rdnr. 1, 11.; Jarass, GRC, Rdnr. 6. Anderer Auffassung: Calliess/Ruffert, Rdnr. 11. Ebenso Mager, S. 71 f.

1327 Siehe auch Klement, Freiheit der Person, S. 351.

1328 Klement, Freiheit der Person, S. 348 ff.

1329 Siehe Lindner, Bay.VBl. 2001, S.

1330 Siehe Frenz, Handbuch Europarecht, Bd. 4, Rdnr. 1061.

Dieses Ergebnis steht gemäß Art. 53 GRC auch nicht im Widerspruch zu der Rechtsprechung des EuGHs[1331], der zufolge die allgemeine Handlungsfreiheit als Auffanggrundrecht den Status eines Grundsatzes des Gemeinschaftsrechts (gemäß Art. 6 Abs. 2 EUV-Amsterdam) hat. Denn da der EuGH lediglich ein allgemeines Auffanggrundrecht annimmt, ist keine zwingende Verankerung in Art. 6 GRC geboten, welche aufgrund des Zusammenhanges zu Art. 5 EMRK auch nicht möglich ist.[1332] Eine Schutzlücke ist hierdurch nicht gegeben, da die allgemeine Handlungsfreiheit in ihrer nicht durch Art. 6 GRC geschützten Erscheinungsform durch die Einzelgrundrechte der EGRC, wie Art. 2, 3 und 8 GRC abgedeckt ist.[1333] Zudem steht Art. 6 GRC an der Spitze der Freiheitsrechte in der GRC und stellt mithin ein Fundamentalrecht dar. Dieser Elementarcharakter spricht ebenfalls gegen eine Einordnung von Art. 6 GRC als Auffanggrundrecht. Gleichwohl wirkt Art. 6 GRC über den genannten Anwendungsbereich auf das gesamte RFSR-Recht, da das Recht auf Freiheit das „Fanal" eines individuellen Freiheitsbegriffs ist, innerhalb dessen der Wert der Freiheit in einer offenen Persönlichkeitsentfaltung des Einzelnen um ihrer selbst willen liegt.[1334]

Sicherheit

In Art. 6 GRC steht das Recht auf Freiheit der Sicherheit gegenüber, wie auch in Art. 5 EMRK. Diese Platzierung spricht auf den ersten Blick für eine gleichgewichtige Bedeutung und damit für einen eigenständigen Schutzbereich der Sicherheit.[1335] Allerdings sind die Termini Freiheit und Sicherheit durch ein „und" verbunden. Zudem heißt es nicht „Recht auf Freiheit und Recht auf Sicherheit", womit eindeutig zwei verschiedene Rechte in einem Grundrecht vereint wären, denen jeweils eine eigene Bedeutung zukommen müsste. Vielmehr heißt es „Recht auf Freiheit und Sicherheit", sodass beide auch in einem Grundrecht verbunden sein können und ein einheitliches Ganzes bilden. Näher definiert ist in Art. 5 EMRK jedoch nur das Recht auf Freiheit, sodass diesem ein faktisches Übergewicht zukommt, welches sich auch in der Spruchpraxis des EGMR widerspiegelt.[1336] Nach der Rechtsprechung des EGMR kommt der Sicherheit damit keine eigenständige und somit auch keine gleichgewichtige Bedeutung zu.[1337]

Vielmehr wird Sicherheit zusammen mit dem Freiheitsrecht betrachtet und als dessen Erweiterung dahin angesehen, dass ein effektiver Schutz gegen willkürliche

---

1331 EuGH, Urteil v. 21.05.1987 (*Rau/BALM*), Rs. 133–136/85, Slg. 1987, S. 2338 f., Rdnr. 15 ff.; Urteil v. 21.09.1989 (*Hoechst*), Rs. 46/87 u. 227/88, Slg. 1989, S. 2924, Rdnr. 19.

1332 Eine Übernahme der Konzeption von Art. 2 Abs. 1 GG nach Art. 53 GRC ist wegen der unterschiedlichen mitgliedstaatlichen Verfassungstraditionen nicht möglich. Siehe ausführlich unter Frenz, Handbuch Europarecht, Bd. 4, Rdnr. 1064 ff.

1333 So auch Klement, Freiheit der Person, S. 349.

1334 Vgl. Klement, Freiheit der Person, S. 348.

1335 So wohl Klement, Freiheit der Person, S. 383 ff.

1336 Calliess/Ruffert, Rdnr. 7 m.w.N.

1337 Calliess/Ruffert, Rdnr. 7, 9 m.w.N.

staatliche Eingriffe in das Recht auf Freiheit gewährleistet ist.[1338] Da Art. 5 EMRK bei Beeinträchtigung der Freiheit bestimmte Rechte garantiert, kann Sicherheit nur auf die Freiheit bezogen werden: Die garantierte Freiheit (Art. 5 sowie 9 ff. EMRK) soll sicher sein.[1339] Resultat dessen ist Rechtssicherheit bei Freiheitsentziehungen und gerade kein umfassendes Grundrecht auf Sicherheit.[1340] Zudem ist das zweite Kapitel der GRC mit „Freiheiten" überschrieben und allein diese sind in Art. 6–19 GRC näher ausgeführt. Daher kann Sicherheit nach Art. 6 GRC nicht als strukturidentisches Element gegenüber dem Freiheitsrecht ausgelegt werden, sondern Sicherheit ist auch auf der EU-Ebene nur eine Zielbestimmung, die allein der Verwirklichung des Freiheitsrechts dient.[1341] Dieses Ergebnis geht konform mit der zuvor aufgezeigten begrenzten Tragweite des Freiheitsbegriffs, welcher sich im Wesentlichen auf den Freiheitsentzug beschränkt und sich nicht auf die allgemeine Handlungsfreiheit erstrecken lässt. Die starke Anlehnung von Art. 6 GRC an Art. 5 EMRK erfordert eine gleichermaßen enge Sicht, sodass auch hier die „Sicherheit" in den durch den beschränkten Freiheitsbegriff begrenzten Kontext auszulegen ist und sich mithin eine umfassende Erweiterung des Rechts auf Sicherheit als ein eigenständiges Grundrecht neben dem Recht auf Freiheit verbietet.

Ein derartiges Grundrecht auf Sicherheit ist auch trotz entsprechender Verstöße von der EU-Rechtsprechung gerade nicht anerkannt worden. Denn ein Grundrecht auf Sicherheit meint eine einklagbare Gesamtheit aller staatlichen Schutzpflichten.[1342] Damit bildet es einen Gegensatz zur ursprünglichen Funktion der Grundrechte als Abwehrrechte gegenüber staatlicher Macht.[1343] Genau dieser Gegensatz ist das Problematische des Grundrechts auf Sicherheit, da er das Verständnis eines sicheren Staates von der Idee des Freiheitsrechts ablöst. Wie schon unter Teil II aufgezeigt ist Sicherheit jedoch kein Wert an sich, sondern nur als Bedingung für die Möglichkeit der Freiheit zu begreifen und damit immer im Kontext zur Freiheit zu sehen.

Wird Sicherheit zu einem Grundrecht, droht die Gefahr, dass die Sicherheitsaufgabe sich aus ihrer funktionalen Zuordnung zu den Freiheitsrechten herauslöst und zum Selbstzweck wird[1344], vor der Immanuel Kant warnte: Der Staat, der nur wegen und aus der Freiheit seiner Bürger besteht, beginnt sich gegen diese zu wenden. Denn wo Sicherheit garantiert sein soll, muss auch das kleinste „humane

1338 Vgl. EGMR, Urteil v. 08.06.1976, Nr. 5100–5102/71 u.a., EuGRZ 1976 (Engel u.a./Niederlande), S. 221 (224); Urteil v. 25.06.1996 (Amuur u.a./Frankreich), Nr. 19776/92, Rdnr. 42, NVwZ 1997, S. 1102 (1103); Urteil v. 25.05.1998 (Kurt/Türkei), Nr. 24276/94, Rdnr. 123, Rep. 1998-III.

1339 Mager, S. 72 f.

1340 So auch Meyer, Rdnr. 12; Frenz, Handbuch Europarecht, Bd. 4, Rdnr. 1097–1099.

1341 Mager, S. 72.

1342 Isensee, S. 33; vgl. auch Calliess, ZRP, S. 1 ff.

1343 Siehe auch Mager, S. 60–62, 67.

1344 Bielefeldt, Freiheit und Sicherheit im demokratischen Rechtsstaat, S. 14.

Restrisiko“ ausgeschaltet werden. So wird die „Vernichtung“ des Freiheitsrechts programmiert. Zudem ist ein Grundrecht auf Sicherheit aufgrund der Unmöglichkeit umfassende Sicherheit zu gewährleisten, schlicht nicht umsetzbar.[1345]

Es bedarf eines Grundrechts auf Sicherheit zudem auch nicht[1346]: Hier ist es wichtig, den Zusammenhang von Freiheit und Sicherheit nicht aus dem Blick zu verlieren. Dieser Zusammenhang wird durch den Begriff. „Sicherheit“ in Art. 6 GRC bzw. in Art. 5 Abs. 1 EMRK bestätigt.[1347] Dort wird nicht die innere Sicherheit eines ganzen Staatswesens in Bezug genommen, sondern der in der Aufklärung entwickelte Sicherheitsbegriff verwendet: Gemeint ist mithin (nur) die persönliche Sicherheit des Einzelnen vor staatlichen Eingriffen in der Form, dass staatliche Eingriffe in das Freiheitsrecht mit dem jeweiligen materiellen sowie formellen Recht im Einklang sein müssen – einen allgemeinen Anspruch auf staatlichen Schutz gegenüber Angriffen Dritter besteht jedoch nicht[1348] und damit auch kein Recht auf Sicherheit aus Art. 6 GRC.[1349] Behält man den Zusammenhang von Freiheit und Sicherheit im Blick, wird deutlich, dass es keinen inhaltlich gerechtfertigten Bedarf für ein eigenes Grundrecht auf Sicherheit gibt, denn der Staat hat bereits die Aufgabe das Recht auf Leben, auf freie Meinungsäußerung, auf Eigentum etc. zu sichern.[1350] Bejaht man die Schutzpflicht des Staates, wenn und soweit das persönliche Freiheitsrecht von Menschen unmittelbar bedroht oder verletzt ist, dann ist ein Rückgriff auf ein Grundrecht auf Sicherheit obsolet.

Des Weiteren wurde in den Beratungen zur GRC eine eigene Bedeutung des Rechts auf Sicherheit verneint, da dieser Terminus vielmehr gleichsam eine Sicherheit vor Freiheitsentzug meint.[1351] Insbesondere wurde die Frage, Sicherheit auch auf den staatlichen Schutz vor Angriffen Privater zu beziehen, im Rahmen der Beratungen des Grundrechtekonvents zu Art. 6 EGRC ausdrücklich erörtert und abgelehnt.[1352] Eine solche Erweiterung kann daher auch nicht über

---

1345 Siehe hierzu eingehend Vierrath, S. 160 ff.

1346 Baum, S. 32; Albrecht, S. 46 ff; Gusy, S. 221 f.

1347 Die Rechte nach Art. 6 GR entsprechen den Rechten, die durch Art. 5 EMRK garantiert sind, denen sie nach Art. 52 Abs. 3 GRC an Bedeutung und Tragweite gleichkommen. Die Einschränkungen, die legitim an diesen Rechten vorgenommen werden können, dürfen daher nicht über die Einschränkungen hinausgehen, die im Rahmen des Art. 5 EMRK zulässig sind.

1348 Siehe statt vieler Meyer, Rdnr. 1–16, insbes. 12. Vgl. Auch Jaeckel, E.L.Rev. 2003, S. 511, insbes. 512; Frenz, Handbuch Europarecht, Bd. 4, Rdnr. 1069 m.w.N., 1070 f, 1076.

1349 Dobin, Migration und Schutz der inneren Sicherheit: rechtliche Fragen der Bekämpfung des islamistischen Terrorismus, S. 52 f.

1350 Bielefeldt, Freiheit und Sicherheit im demokratischen Rechtsstaat, S. 14.

1351 Zudem befürchtete man gleichwohl einen eigenständigen Bedeutungsgehalt, sodass eine übermäßige Bindung der Sicherheitsbehörden und der Polizei damit einherginge, siehe Frenz, Handbuch Europarecht, Bd. 4, Rdnr. 1071.

1352 Frenz, Handbuch Europarecht, Bd. 4, Rdnr. 1069.

Art. 9 IPbpR begründet werden, der ein Recht auf Schutz vor Angriffen Privater umfasst.[1353]

Daher bleibt es bei der allgemeinen Aufgabenstellung, eine hinreichende Sicherheit im RFSR zu verwirklichen, welche aber nicht grundrechtlich abgesichert ist. Dem Recht auf Freiheit nach Art. 6 GRC kann in der EU auch nicht anhand einer eigenständigen europarechtlichen Interpretation des RFSR eine gegenüber Art. 5 EMRK erweiterte Bedeutung zukommen, da der RFSR (anders als die GRC) programmatisch aufgebaut ist.[1354] Dieses zeigt sich nach dem Lissabon-Vertrag auch trotz der verstärkten EU-Kompetenzen in den klassischen Bereichen der Sicherheit, der justiziellen Zusammenarbeit in Strafsachen (Art. 82 ff. AEUV) und der polizeilichen Zusammenarbeit (Art. 87 ff. AEUV), da es sich hier lediglich um Kompetenzzuweisungen an EU-Organe und um keine subjektiven Rechte handelt. Durch den RFSR kann mithin schwerlich die Tragweite eines den Einzelnen unmittelbar berechtigenden Grundrechts bestimmt werden. Andernfalls würde allein aus bloßen Zielvorschriften, welche auch originär mitgliedstaatliche Bereiche betreffen, die Grundrechte erweitert und insoweit die Geltungsreichweite des europäischen Rechts vergrößert. Genau dies aber wollte man mit der GRC vermeiden, siehe Art. 52 GRC.

Allerdings hat der EGMR Art. 5 EMRK über diese enge Konzeption von Freiheit und Sicherheit hinaus eine Schutzpflicht der Mitgliedstaaten entnommen, alle erforderlichen Maßnahmen zum Schutz ihrer Bürger zu ergreifen.[1355] Das würde mit der allgemeinen Dogmatik korrespondieren, den europäischen Grundrechten auch eine Schutzpflicht zu entnehmen. Insoweit geht der generelle Ansatz der EU-Grundrechte ohnehin über den der EMRK hinaus, welche in erster Linie als Abwehrrechte gesehen werden. Im Bereich des Habeas-corpus-Rechts nach Art. 6 EGRC ist allerdings in Übereinstimmung mit Art. 5 EMRK der Bezug auf den Freiheitsentzug und die diesbezüglichen Sicherungen zu beachten, deren Schutz als Abwehrrecht konzipiert ist. Art. 52 Abs. 3 S. 2 GRC würde zwar einen über den Schutz der EMRK hinausgehenden Gewährleistungsgehalt ermöglichen, macht ihn aber nicht zwingend und kann nur eingeschränkt greifen, wenn ein Grundrecht der EGRC ganz bewusst wortgetreu der entsprechenden Gewährleistung

---

1353 UN-Menschenrechtsausschuss, Entsch. V. 12.07.1990, Nr. 195/1985, Rdnr. 5.5 (Delgado Páez/Kolumbien); Entsch. V. 14.07.1993, Nr. 314/1988, Rdnr. 6.4 (Bwalya/Zambia); Entsch. V. 20.10.1993, Nr. 468/1991, Rdnr. 9.2 (Oló Bahamonde); Entsch. V. 22.07.2002, Nr. 916/2000, Rdnr. 7.2 (Jayawardena/Sri Lanka). Vgl. Meyer, Rdnr. 3.

1354 Siehe ausführlich unter Frenz, Handbuch Europarecht, Bd. 4, Rdnr. 1072–1074.

1355 Dem EGMR zufolge, gilt das aber nur, wenn die Behörden ein reelles und unmittelbar bevorstehendes Risiko für das Leben von einer oder mehrerer bestimmten Personen kennen oder kennen müssen: EGMR, Urteil v. 28.10.1998 (Osman/Vereinigtes Königreich), Nr. 23452/94, Rdnr. 115 f., Rep. 1998-VIII. Siehe Ausführungen unter Frenz, Handbuch Europarecht, Bd. 4, Rdnr. 1100 ff.

der EMRK nachgebildet wurde, wie dies für Art. 6 GRC zutrifft.[1356] Daher können Schutzpflichten in diesem Rahmen nur hinzutreten, ohne als eigene Schutzkomponente über diesen freiheitlichen Ansatz hinaus fungieren zu können.

Somit erwachsen aus Art. 6 GRC keine Schutzpflichten, Sicherheit vor etwa terroristischen Anschlägen zu gewähren, außer staatliche Maßnahmen bieten keine hinreichenden Vorkehrungen, damit die rechtsstaatlichen Sicherungen nach Art. 5 Abs. 2-5 EMRK eingehalten werden können.[1357] Infolgedessen entsteht für die EU-Bürger jedoch keine Schutzlücke hinsichtlich z.B. terroristischer Gefahren, da hier bezogen auf Leben und Gesundheit Art. 2 sowie 3 GRC greifen. Das Recht auf Sicherheit im Rahmen von Art. 6 GRC bezieht sich damit insbesondere auf rechtsstaatliche Sicherungen und beinhaltet die auch vom EuGH geforderte Garantie vor Willkür bei Maßnahmen des Freiheitsentzugs.[1358] Allenfalls können sich behutsame Erweiterungen des Sicherheitsterminus, wie beim Freiheitsbegriff, aufgrund der zunehmenden Verdichtung der europäischen Grundrechtsstandards ergeben. Das betrifft dann aber eher eine Ausdehnung rechtsstaatlicher Sicherungen und damit eine Ergänzung des in Art. 5 Abs. 2-5 EMRK aufgeführten Kanons.

c) Konklusion

In Art. 6 GRC findet sich der Doppelauftrag des Rechtsstaatsprinzips wieder, wonach jeder Mensch ein Recht auf Freiheit und Sicherheit als Bestandteile des europäischen Rechtsstaatsprinzips hat.[1359] Da aus Art. 6 GRC weder eine allgemeine Handlungsfreiheit noch ein umfassendes Recht auf Sicherheit folgen, sind die Eingriffe auf den vorgenannten engen Bereich beschränkt. Freiheit und Sicherheit bilden nach Art. 6 GRC keine sich gegenüberstehenden gleichwertigen Komponenten, sondern es geht um die Freiheit durch Sicherheit und nur in diesem begrenzten Ausmaße um eine „sichere Freiheit“[1360], sodass Sicherheit immer eine Freiheitsdimension enthalten muss.[1361] Dieses Ergebnis deckt sich auch mit den

---

1356 Frenz, Handbuch Europarecht, Bd. 4, Rdnr. 1105 f.

1357 Vgl. Frenz, Handbuch Europarecht, Bd. 4, Rdnr. 1109. Insoweit handelt es sich aber eher um Ansprüche auf sachgerechte Organisation, die Verstöße grundsätzlich ausschließen, sowie um einen Grundrechtsschutz durch Verfahren, welcher einen nicht rechtsstaatlichen Maßstäben entsprechenden Freiheitsentzug unmöglich macht.

1358 Vgl. auch EGMR (GK), Urteil v. 29.01.2008 (Saadi/Vereinigtes Königreich), Nr. 13329/03, Rdnr. 69.

1359 Hierzu ausführlich in der konkreten Untersuchung des RFSR-Primärrechts unter Teil IV.

1360 Frenz, Handbuch Europarecht, Bd. 4, Rdnr. 1076 m.w.N.; so auch Meyer, Rdnr. 12.

1361 Calliess, S. 767. So auch in der Mitteilung der Kommission an den Rat und das Europäische Parlament bzgl. Der Aufstellung eines Rahmenprogramms für Solidarität und die Steuerung der Migrationsströme für den Zeitraum 2007–2013, Bundesratsdrucksachen 325/05 v. 11.05.2005, unter 1. Einführung: „Der Raum der Freiheit, der Sicherheit und des Rechts muss ein Gleichgewicht herstellen zwischen

rechtstheoretischen Ausführungen des Teils II und verdeutlicht, dass Sicherheitsmaßnahmen im RFSR ihre Rechtfertigung wie auch Grenze allein in der Festigung des Freiheitsrechts haben können.

Eine solche enge Konzeption steht auch nicht in Widerspruch zu dem EU-Ziel des RFSR[1362]. Art. 6 GRC muss nach Art. 67 Abs. 1 AEUV geachtet werden[1363] und bildet (wie aufgeführt) eine Grenze und zu wahrende objektive Wertentscheidung im Raum. Es ist aber zu kritisieren, dass sich diese theoretische Gewichtung von Freiheit und Sicherheit im RFSR in der Realität des Primärrechts nur unzureichend wiederfindet und stattdessen primär eine Ausrichtung an der Maxime der Sicherheit vorherrscht, wie die obigen Untersuchungen zeigen.

2. Formeller und materieller Grundrechtsschutz im RFSR

Abschließend ist noch einmal konkret auf den Grundrechtsschutz im RFSR einzugehen und die bisherigen diesbezüglichen Erkenntnisse aus den Untersuchungen des Primärrechts zu bündeln respektive zu vertiefen.

a) Vor dem Lissabon-Vertrag

Vor dem Lissabon-Vertrag war der materielle Grundrechtsschutz im RFSR derart ausgestaltet, dass die EU-Grundrechte im Rahmen von Titel IV EGV-Maastricht als allgemeine Rechtsgrundsätze des Gemeinschaftsrechts durch den EuGH hergeleitet[1364] und durch den Vertrag von Maastricht in Art. 6 Abs. 2 EUV-Maastricht bestätigt wurden. Im Rahmen von Titel VI EUV-Nizza galt Art. 6 Abs. 2 EUV-Nizza als eigenständiger Regelungsgehalt, welcher für den Erlass von Maßnahmen in der 3. Säule relevant war (Art. 34 Abs. 2 EUV-Nizza). Aufgrund der eigenen Völkerrechtssubjektivität von Europol, war diese EU-Organisation nicht nach Art. 6 Abs. 2 EUV-Nizza verpflichtet.

Der formelle Grundrechtsschutz und damit die Möglichkeit Verletzungen der EU-Grundrechte durch die EU gerichtlich geltend zu machen, waren im Rahmen des RFSR in Titel IV EGV-Nizza durch die Begrenzung des Vorabentscheidungsverfahrens auf letztinstanzliche Gerichte gemäß Art. 68 Abs. 1 EGV-Nizza stark

den garantierten Grundrechten des Einzelnen und grundlegenden Erfordernissen (Sicherheit, Justiz), deren Sicherung von der Europäischen Union erwartet wird."

1362 Folgende Ausführungen, vgl. Frenz, Handbuch Europarecht, Bd. 4, Rdnr. 1104.

1363 Vor allem aber bei der Normgebung auf europäischer Ebene, namentlich um Strafen bei organisierter Kriminalität, Terrorismus und illegalem Drogenhandel festzulegen (s. Art. 31 Abs. 1 lit. E) EU/83 Abs. 1 AEUV), sind die Sicherungen des Art. 6 EGRC i.V.m. Art. 5 EMRK strikt einzuhalten, vgl. Frenz, Handbuch Europarecht, Bd. 4, Rdnr. 1072 ff.

1364 Ständige Rechtsprechung seit EuGH, Rs. 29/69, *Stauder*, Slg. 1969, 419, Rdnr. 1, 6 f.

eingeschränkt.[1365] Aufgrund der einschlägigen grundrechtssensiblen Thematiken ist der vorläufige Rechtsschutz im RFSR jedoch besonders relevant, sodass auch hier der EuGH eine entscheidende Rolle im RFSR spielt, indem er über den Mechanismus des Vorabentscheidungsersuchens zu einer einheitlichen Anwendung innerhalb des RFSR, wie auch zur Sicherung des individuellen Rechtsschutzes beiträgt.

Gerade in der RFSR-Rechtsmaterie können sich Ersuche durch eine Dringlichkeit auszeichnen, die das normale Vorabentscheidungsverfahren aufgrund seiner durchschnittlichen Dauer von ca. 17 Monaten nicht gerecht zu werden vermag.[1366] Denn gerade in den grundrechtssensiblen Bereichen des RFSR sind schnelle Entscheidungsprozesse von wesentlicher Bedeutung, sodass hier oftmals die Maxime „verzögerte Gerechtigkeit ist verweigerte Gerechtigkeit" („justice delayed is justice denied") einschlägig ist.[1367] Diese Erforderlichkeit für eine rasche Entscheidungsfindung darf sich jedoch nicht zulasten des Grundrechtsschutzes – insbesondere in Bezug auf die Rechte der Verteidigung – auswirken. Aus diesem Grund kann das Vorabentscheidungsverfahren von dem EuGH im RFSR daher gemäß Art. 23a EuGH Satzung, Art. 104 a, b EuGH-VerfO in zwei Konstellationen anhand eines Eil(vorlage)verfahrens (dem sog. beschleunigten Vorabentscheidungsverfahren) durchgeführt werden.[1368] Dieser Umstand kennzeichnet den Beitrag des EuGH zum RFSR stark[1369] und stellt einen gelungenen Kompromiss zwischen der rechtsstaatlich gebotenen Beschleunigung des Vorabentscheidungsverfahrens (Verfahrensdauer) und ihrer elementaren Funktion der Kohärenz- und Akzeptanzsicherung dar:

So kann zum einen der EuGH-Präsident nach Art. 104a EuGH-VerfO auf Antrag eines nationalen Gerichts ausnahmsweise beschließen ein beschleunigtes Vorlageverfahren anzuwenden, wenn aufgrund der betreffenden Umstände eine Entscheidung über die Frage an den EuGH von außergewöhnlicher Dringlichkeit ist.[1370] Zum anderen kann speziell für den Bereich des RFSR auf Antrag eines nationalen Gerichts oder ausnahmsweise von Amts wegen durch den EuGH nach Art. 104b EuGH-VerfO ein Eilvorlageverfahren durchgeführt werden, wenn rechtliche und

---

1365 Allerdings erstreckt sich nach der Rechtsprechung des EuGH die Garantie des effektiven Rechtsschutzes für die Rechte Einzelner vor dem EuGH sowie vor den nationalen Gerichten auch auf die Grundlage von primärem respektive sekundärem RFSR-Recht. EuGH, Urteil v. 27.02.2007, Rs. C-354/04, Slg. 2007, S. I-1579. Grabitz/Hilf/Nettesheim, Rdnr. 72.

1366 Paraschas, Das Eilvorabentscheidungsverfahren zum RFSR beim EuGH, S. 256 f.

1367 Etwa im Bereich der Einwanderung, des Asyls, in Bezug auf Strafverfahren und in Familiensachen.

1368 Siehe auch Calliess/Ruffert, Rdnr. 33 m.w.N. Das Eilvorlageverfahren wurde zum 01.03.2008 beim EuGH eingerichtet.

1369 Koen, The Contribution of the European Court of Justice to the Area of Freedom, Security and Justice, S. 272.

1370 Koen, The Contribution of the European Court of Justice to the Area of Freedom, Security and Justice, S. 273.

tatsächliche Umstände eine Dringlichkeit ergeben. Anhand dieser Norm kann der EuGH den sensibelsten Fragen bezüglich des RFSR gerecht werden, wenn die nationalen Gerichte nicht auf die Beantwortung der Rechtsfragen im Rahmen der sonst üblichen Zeit der Vorabentscheidung warten können.[1371] Insbesondere wenn die Antwort auf die Vorlagefrage entscheidend für die Beurteilung der rechtlichen Situation von durch die nationalen Behörden inhaftierten Personen oder in Verfahren betreffend der elterlichen Sorge von Kindern ist.

Das EuG hat im Rahmen einer Nichtigkeitsklage (Urt. v. 10.11.2015, T-321/15) zum ersten Mal von Art. 151 Abs. 2 der neuen Verfahrensordnung Gebrauch gemacht und von Amts wegen beschlossen in das beschleunigte Verfahren zu wechseln. So konnte das EuG gemäß § 153 der neuen Verfahrensordnung innerhalb von viereinhalb Monaten entscheiden. Innerhalb kürzester Zeit wurde dieses Eilverfahren sowohl in der justiziellen Zusammenarbeit in Zivilsachen[1372], wie auch in der justiziellen Zusammenarbeit in Strafsachen[1373] sowie im Bereich Visa, Asyl und Einwanderung[1374] angewendet. Im Rahmen des Titels VI EUV war der formelle Grundrechtsschutz jedoch dadurch beschränkt, dass keine Individualnichtigkeitsklage vorgesehen war und das Vorabentscheidungsverfahren gemäß Art. 35 Abs. 2 EUV-Nizza fakultativ ausgestaltet gewesen ist. Ein Sonderfall stellt auch hier Europol dar, auf das Art. 35 EUV-Nizza aufgrund seines Status nicht anwendbar war. Anhand des sogenannten Europol-Auslegungsprotokolls[1375] bestand allerdings die Möglichkeit die Zuständigkeit des EuGH für Vorabentscheidungsverfahren anzuerkennen, wegen des Immunitätenprotokolls[1376] lief dieser Weg jedoch praktisch leer.

b) Nach dem Lissabon-Vertrag

Durch den Lissabon-Vertrag[1377] wurde der materielle Grundrechtsschutz erheblich aufgewertet.[1378] Im RFSR ist die GRC nun gemäß Art. 6 Abs. 1 UAbs. 1 EUV auch förmlich verbindlich. Der Anwendungsbereich der GRC erstreckt sich nach Art. 51

1371 Koen, The Contribution of the European Court of Justice to the Area of Freedom, Security and Justice, S. 275 ff., 280.

1372 Erstmal in: EuGH, Urteil v. 11.07.2008 (*Rinau*), Rs. C-195/08 PPU, Slg. 2008, S. I-5271; EuGH, Urteil v. 23.12.2009 (*Detiček*), Rs. C-403/09.

1373 EuGH, Urteil v. 17.07.2008 (*Kozlowski*), Rs. C-66/08; EuGH, Urteil v. 12.08.2008 (*Goicoechea*),Rs. C-296/08, Slg. 2008, S. I- 6307. EuGH, Urteil v. 01.12.2008 (*Leymann und Pustovarov*), Rs. C-388/08.

1374 EuGH, Urteil v. 30.11.2009 (*Kadzoev*), Rs. C-357/09.

1375 Europol-Auslegungsprotokoll von 17.12.1997, Abl. EG Nr. C 299 v. 09.10.1996, S. 2.

1376 Protokoll über die Vorrechte und Immunitäten für Europol-Bedienstete, ABlEG 1997 Nr. C 221, S. 2; BGBl. 1998 II, S. 975.

1377 Zu den Änderungen der Grundrechtsordnung im EU-Recht nach dem Lissabon-Vertrag siehe ausführlich unter Pache/Rösch, EuR 2009, S. 769–790.

1378 Vgl. Umfassend unter von der Groeben/Schwarze/Hatje-Beutler, Art. 6, Rn. 1 ff.

Abs. 1 S. 1 GRC auf Organe der EU[1379] sowie Einrichtungen und sonstige Stellen der Union.[1380] Dadurch ist erstmals die gesamte Hoheitsgewalt der EU, sowie deren Mitgliedstaaten bei Ausführung von EU-Recht im RFSR materiell an die Grundrechte gebunden. Das ist insbesondere für die RFSR-Materien der PJZS von besonderer Relevanz, da diese bislang eine geringere Schutzdichte hinsichtlich der Tätigkeit von EU-Organen und -Strukturen aufwiesen. Gerade hier ist angesichts der erweiterten sicherheitsorientierten EU-Handlungsmöglichkeiten im RFSR die Kontrollfunktion des EuGH sehr wichtig.[1381]

Auch der formelle Grundrechtsschutz wurde im RFSR erheblich ausgeweitet.[1382] So ist durch Art. 251 ff. AEUV erstmals eine allgemeine gerichtliche Kontrolle durch den EuGH eröffnet.[1383] Damit werden sowohl die Kohärenz der EU-Rechtsordnung als auch die Schutzmöglichkeiten der Rechte des Einzelnen im Bereich des RFSR und damit das Freiheitsrecht der EU-Bürger gestärkt. Konkret wurde als Folge der Aufhebung der Säulentrennung das Vorabentscheidungsverfahren (mit der erwähnten Beschränkung während des fünfjährigen Übergangszeitraums) auch in den Bereichen der ehemaligen dritten Säule für alle Mitgliedstaaten verbindlich. Zugleich entfällt gemäß Art. 267 AEUV, die auf die Materien der ehemaligen ersten Säule im Bereich des RFSR anwendbare Beschränkung der Einleitung von Vorabentscheidungsverfahren auf letztinstanzliche nationale Gerichte sowie auch der auf die dritte Säule anwendbare Ausschluss von Entscheidungen des EuGH zu primärrechtlichen Fragen nach Art. 234 EGV-Nizza.[1384]

Folglich müssen dringende Fragen der Visa-, Einwanderungs-, Asyl oder der justiziellen Zusammenarbeit in Zivilsachen nicht mehr bis zum letztinstanzlichen nationalen Gericht gehen, bevor sie an den EuGH gerichtet werden können. Stattdessen können nunmehr auch Amtsgerichte dringende Fragen an den EuGH

1379 Siehe Art. 13 Abs. 1 EUV: EP, Europ. Rat, Rat, Kommission, EuGH, EZB und der Rechnungshof.

1380 Sämtliche Instanzen, die durch primäres oder sekundäres Gemeinschafts- bzw. Unionsrecht geschaffen wurden, wie Eurojust und Europol seit 01.01.2010.

1381 Monar, Die Vertragsreformen von Lissabon in den Bereichen Inneres und Justiz: verstärkte Handlungsfähigkeit, Kontrolle und Differenzierung, S. 395.

1382 Siehe zur allgemeinen Änderung des Rechtschutzsystem durch den Lissabon-Vertrag Thiele, EuR 2010, S. 30 ff., insbesondere für den RFSR S. 49 f. Zum Grundrechtsschutz durch die Eilvorlage siehe Frenz, Handbuch Europarecht, Bd. 4, Rdnr. 749 f.

1383 Es bestehen jedoch, wie obig aufgezeigt, signifikante Einschränkungen durch Art. 276 AEUV und die Protokolle Nr. 21, 22 sowie 36 zum Lissabon-Vertrag.

1384 Innerhalb des Verfahrens nach Art. 267 AEUV beurteilt allein das nationale Gericht, das mit dem Rechtsstreit befasst ist und in dessen Verantwortungsbereich die zu erlassende Entscheidung fällt, die Erheblichkeit der dem EuGH vorgelegten Fragen. Daher ist der EuGH grundsätzlich gehalten, über ihm vorgelegte Fragen zu befinden, wenn sie die Auslegung des Unionsrechts betreffen, siehe *Paint Graphos u. A*, verbundenen Rs. C-78/08 bis C-80/08, EuGH-Entscheidung v. 08.09.2011.

überbringen, der eine Entscheidung unter Rückgriff auf das dringende Vorabentscheidungsverfahren schnellst möglich erlassen kann.[1385] Zudem verbessert der Umstand, dass der EuGH nunmehr die Zuständigkeit hat Fragen von Untergerichten zu beantworten, den Dialog zwischen der Justiz auf nationaler und EU-Ebene in Bezug auf Fragen zum RFSR.[1386]

Besonders relevant ist, dass in Art. 267 UAbs. 4 AEUV nun primärrechtlich explizit festgesetzt ist, dass bei einem Vorabentscheidungsersuch eines nationalen Gerichts, welches eine inhaftierte Person in einem schwebenden Verfahren betrifft, das beschleunigte Vorabentscheidungsverfahren anzuwenden ist. Dieses verbessert das Freiheitsrecht der EU-Bürger erheblich und ist daher eine konstruktive Entwicklung. Dieses gilt umso mehr, als dass Vorabentscheidungen gemäß Art. 267 AEUV nicht nur verbindliche Rechtswirkungen ex tunc, sondern auch erga omnes haben, sodass die EuGH-Erkenntnisse nicht nur das vorlegende Gericht, sondern alle Mitgliedstaaten binden.[1387] Ein weiterer Fortschritt für das Freiheitsrecht im RFSR ist, dass durch den Lissabon-Vertrag die Immunität von Europol-Bediensteten, die an – oft grundrechtssensiblen – operativen Tätigkeiten teilnehmen, aufgehoben wurde, sodass das Vorabentscheidungsverfahren hier nicht mehr leer läuft..[1388]

Ebenfalls bedeutsam ist, dass durch den Lissabon-Vertrag nun natürliche oder juristische Person gegen alle an sie gerichteten oder sie unmittelbar und individuell betreffenden Handlungen der EU-Einrichtungen gemäß Art. 263 UAbs. 4 AEUV Alt. 1 Nichtigkeitsklage erheben können. Damit wird nicht mehr auf den speziellen Rechtsakt der Entscheidung, sondern auf den allgemeineren Begriff der „Handlung“ abgestellt, der sich auch in Art. 263 Abs. 1 AEUV findet. Hiernach können private Kläger gegen alle in Art. 288 AEUV genannten klassischen Handlungsformen der Union – Verordnungen, Richtlinien und Beschlüsse – vorgehen. Darüber hinaus umfasst der Begriff der Handlung jedoch generell alle Maßnahmen der Unionsorgane, die Rechtswirkungen nach außen erzeugen, mithin auch atypische Handlungsformen.[1389] Handlungen der EU sind damit sowohl im Rahmen des Vorabentscheidungsverfahrens als auch im Rahmen der Nichtigkeitsklage zulässige Verfahrensgegenstände (Art. 263 Abs. 1 S. 3 AEUV, Art. 267 Abs. 1 lit. B AEUV). Dieses zeigt, dass der EuGH versucht einen direkten Zugang der Bürger

---

1385 Koen, The Contribution of the European Court of Justice to the Area of Freedom, Security and Justice, S. 265.

1386 Koen, The Contribution of the European Court of Justice to the Area of Freedom, Security and Justice, S. 290 f.

1387 Koen, The Contribution of the European Court of Justice to the Area of Freedom, Security and Justice, S. 272 ff.

1388 Esser, S. 41. Der Immunitätsschutz der einzelnen Bediensteten nach Art. 41 Europol-Übereinkommen steht dem nicht entgegen, da er nur die Gerichtsbarkeit der Mitgliedstaaten beschränkt. Streinz/Ohler/Herrmann, Der Vertrag von Lissabon zur Reform der EU, Nr. IV.

1389 Thiele, EuR 2010, S. 42 ff.

zur EU-Justiz zu erleichtern[1390], was sehr positiv für das Freiheitsrecht im RFSR ist. Allerdings ist durch Art. 263 UAbs. 4 Alt. 1 AEUV eine Ausweitung der Klagemöglichkeiten nicht zwangsläufig gegeben. Denn Verordnungen sowie Richtlinien sind abstrakt-generelle Rechtsakte und private Kläger als deren direkte Adressaten somit ausgeschlossen, sodass private Kläger weiterhin eine unmittelbare sowie individuelle Betroffenheit nachweisen müssen (sofern der angegriffene Rechtsakt nicht an sie gerichtet ist), was hinsichtlich der individuellen Betroffenheit oftmals problematisch ist.[1391] Dieses gilt auch insofern, dass der Begriff der „individuellen Betroffenheit" von den Mitgliedstaaten im Lissabon-Vertrag erneut übernommen wurde, ohne diesem ausdrücklich einem anderen Inhalt zuzuweisen.[1392] Inwiefern die Erweiterung der Klagegegenstände zu einer erweiterten Klagemöglichkeit privater Kläger führt, hängt damit maßgeblich von der Praxis des EuGH ab.[1393]

Eine gewisse Verbesserung im Hinblick auf den Individualrechtsschutz bietet daher die vereinfachte Klagemöglichkeit gegen Rechtsakte mit „Verordnungscharakter" gemäß Art. 263 UAbs. 4 Alt. 2 AEUV:[1394] Gegen diese können natürliche und juristische Personen nun ohne das Erfordernis einer individuellen Betroffenheit vorgehen, sofern sie unmittelbar betroffen sind und es keiner Durchführungsakte bedarf. Damit wird die Konstellation des EuG-Urteils in der Rechtssache *Jego-Quéré/Kommission*[1395] übernommen und bei der Nichtigkeitsklage die bisherige Anwendung der restriktiven Plaumann-Rechtsprechung[1396] ausgeschlossen, indem

---

1390 Koen, The Contribution of the European Court of Justice to the Area of Freedom, Security and Justice, S. 265.

1391 Thiele, EuR 2010, S. 42 ff.

1392 Thiele, EuR 2010, S. 43–46.

1393 Thiele, EuR 2010, S. 43–46. In diesem Sinne hat der EuGH jüngst klargestellt, dass es nach EU-Recht grundsätzlich möglich ist, die Troika aus Europäischer Zentralbank, Internationalem Währungsfonds und Europäischer Kommission auf Schadensersatz zu verklagen, wenn deren Krisenmaßnahmen nachweislich Grundrechte verletzen, vgl. EuGH, Urteile vom 20.09.2016 in den verb. Rs. C-8/15 P (*Ledra Advertising/Kommission und EZB*), C-9/15P (*Eleftheriou u.a./Kommission und EZB*) und C-10/15 P (*Theophilou/Kommission und EZB*) sowie in den verb. Rs. C-105/15 P (*Mallis und Malli/Kommission und EZB*), C-106/15 P (*Tameio Pronoias Prosopikou Trapezis Kyprou/Kommission und EZB*), C-107/15 P (*Chatzithoma/Kommission und EZB*), C-108/15 P (*Chatziioannou/Kommission und EZB*) und C-109/15 P (*Nikolaou/Kommission und EZB*).

1394 Thiele, EuR 2010, S. 43–46.

1395 EuGH, Rs. C-263/02 P (*Kommission/Jégo-Quéré*), Slg. 2004, I-3425, Rn. 34. Vgl. ebenfalls EuGH, Rs. C-309/89, Slg. 1994, I-1853 (*Codorniú/Rat*). Vgl. Auch EuG, Rs. T-135/96, Slg. 1998, II-2335 Rdnr. 68 f. (*UEAPME/Rat*).

1396 EuGH, Urteil v. 15.07.1963, Rs. 25/62 (*Plaumann & CO./Kommission*), Slg. 1963, S. 211, 238 f. Ein Kläger war danach nur dann individuell betroffen, „wenn die Entscheidung ihn wegen bestimmter persönlicher Eigenschaften oder besonderer, ihn aus dem Kreis aller übrigen Personen heraushebender Umstände berührt und ihn daher in ähnlicher Weise individualisiert wie den Adressaten". Erforderlich

die unmittelbare Betroffenheit ausreichend ist und auf die individuelle Betroffenheit verzichtet wird. Diese Erweiterung der Klagemöglichkeiten von Einzelnen korrespondiert zudem auf die vom EuG festgestellte Rechtsschutzlücke im Bereich der PJZS hinsichtlich der vom Rat zum Zweck finanzieller Sanktionen erstellten sog. Terroristenlisten.[1397]

Nicht eindeutig ist aber, was unter dem in Art. 263 UAbs. 4 Alt. 2 AEUV enthaltene Tatbestandsmerkmal „Rechtsakte mit Verordnungscharakter" zu verstehen ist. In Art. 288 AEUV wird er nicht genannt. Es ist jedoch nicht davon auszugehen, dass nunmehr alle Verordnungen im Sinne des Art. 288 AEUV auch von der Sonderregelung des Art. 263 UAbs. 4 AEUV erfasst werden. Die sprachlich unschöne Konsequenz dessen ist, dass es nach dem Lissabon-Vertrag Verordnungen gibt, die keinen Verordnungscharakter aufweisen. Darunter wird man nur solche Verordnungen fassen können, die nicht in einem Gesetzgebungsverfahren nach Art. 289 AEUV erlassen wurden und daher gemäß Art. 289 Abs. 3 AEUV keine den Verordnungscharakter ausschließenden Gesetzgebungsakte sind. Hierzu hat der EuGH in dem Urteil zur Rechtssache *C-583/11 P (Inuit)*[1398] klargestellt, dass sich das Tatbestandsmerkmal „Rechtsakte mit Verordnungscharakter" nach Art. 263 UAbs. 4 Alt. 2 AEUV nicht auf EU-Gesetzgebungsakte erstreckt und somit bei einer relevanten Detailfrage des EU-Individualrechtsschutzes für Rechtssicherheit gesorgt.[1399] Von der Sonderregelung umfasst sind danach primär Durchführungsverordnungen der Kommission, die nach Art. 290 Abs. 1 AEUV ausdrücklich keinen Gesetzescharakter aufweisen. Letztlich obliegt es aber dem EuGH in seiner Funktion als „Hüter der Verträge" im Einzelnen zu bestimmen, welche Rechtsakte von dieser Sonderregelung umfasst sind. Zudem bedingt die weitere Voraussetzung des Art. 263 UAbs. 4 Alt. 2 AEUV, die unmittelbare Betroffenheit und das Fehlen weiter Durchführungsmaßnahmen, dass die Anfechtungsmöglichkeit auf die Fälle der formellen unmittelbaren Betroffenheit beschränkt wird. Bei materieller Unmittelbarkeit sind daher doch wieder die nationalen Gerichte zuständig, sodass aus der Sonderregelung des Art. 263 UAbs. 4 AEUV eine kaum mehr nachvollziehbare Überschneidung von Rechtsschutzebenen resultiert.

---

war für den Gerichtshof, dass der Kläger aus der Masse der betroffenen Personen aufgrund seiner besonderen Situation klar erkennbar war.

1397 EuGH-Urteile: Rs. C-354/04 P (*Gestoras pro Amnestia u.a./Rat*), Slg. 2007, I-1579; Rs. C-355/04 P (*Segi u.a./Rat*), Slg. 2007, I-1657; Monar, Die Vertragsreformen von Lissabon in den Bereichen Inneres und Justiz: verstärkte Handlungsfähigkeit, Kontrolle und Differenzierung, S. 395.

1398 EuGH, Urteil vom 03.10.2013, Rs. C-583/11 P (*Inuit*). Im Einklang mit dem erstinstanzlichen Inuit-Urteil des EuG vom 06.09.2011, T-18/10.

1399 Nowak/Behrend, EuR 2014, S. 95 f.

V. Stockholmer-Programm und -Aktionsplan

Hinsichtlich der Annahme des Mehrjahresprogrammes zur Umsetzung des RFSR für den Zeitraum 2010–2014 forderte das Europäische Parlament den Europäischen Rat, den Rat sowie die Kommission dazu auf, das Europäische Parlament formell einzubeziehen, um diesem eine entscheidende Rolle bei der Ausarbeitung der Prioritäten im RFSR und ihrer Umsetzung zu ermöglichen.[1400] Diese Forderung entspricht dem bisher Erarbeiteten, dass eine Einbeziehung des demokratisch legitimierten Europäischen Parlaments nicht nur aus formell-rechtsstaatlichen Gesichtspunkten zu begrüßen ist, sondern auch inhaltlich eine ausgewogenere Beachtung von Freiheit und Sicherheit begünstigt.

Dieses zeigt sich besonders an der Entschließung des Europäischen Parlaments vom 25. November 2009.[1401] Zutreffend wird dort hervorgehoben, dass der Schutz und die Förderung der Grundrechte jedes Einzelnen sowie der Aufbau eines Europas der Rechte und der Gerechtigkeit unteilbare zentrale Werte der europäischen Politik sind.[1402] Zudem betont das Europäische Parlament die Notwendigkeit der uneingeschränkten Ausweitung der Zuständigkeit des EuGHs.[1403] In Bestätigung der obigen Ausarbeitungen weist das Europäische Parlament auch darauf hin, dass der Zugang zur Justiz im gesamten RFSR durch die Existenz von nationalen Ausnahmeregelungen („Opt-outs") komplizierter sowie weniger transparent wird und dass diese daher im Interesse von Fairness, Kohärenz und Einfachheit möglichst vermieden werden sollten.[1404]

Besonders bemerkenswert ist, dass das Parlament konkret festsetzt, dass „die Ausgewogenheit zwischen Sicherheit und Freiheit" unter der Perspektive zu sehen ist, dass die EU „im Grundsatz der Freiheit verwurzelt ist" und dass daher allein „zur Unterstützung dieser Freiheit" die Sicherheit „im Einklang mit rechtsstaatlichen Grundsätzen sowie unter Einhaltung der aus den Grundrechten erwachsenden Verpflichtungen verfolgt werden muss."[1405] In diesem Sinne wird die Erzielung einer stärkeren Ausgewogenheit zwischen der Sicherheit der Bürger und dem

---

1400 Entschließung des Europäischen Parlaments vom 24. April 2009 zu der jährlichen Aussprache über die 2008 erzielten Fortschritte in Bezug auf den RFSR, „Europäischer Raum der Freiheit, der Sicherheit und des Rechts", 2010/C 184 E/19, 24.04.2009, unter C., 2.

1401 Entschließung des Europäischen Parlaments vom 25.11.2009 zu der Mitteilung der Kommission an das Europäische Parlament und den Rat – Ein Raum der Freiheit, der Sicherheit und des Rechts im Dienste der Bürger, 2010/C 285 E/02.

1402 Entschließung d. EU-Parlaments v. 25.11.09, a.a.O., unter 1., 2. Spiegelstrich.

1403 Sodass Vorabentscheidungen zu allen den RFSR betreffenden Fragen möglich sind, und um es der Kommission zu ermöglichen, Vertragsverletzungsverfahren einzuleiten: Entschließung des Europäischen Parlaments v. 25.11.2009, a.a.O., unter 3.

1404 Entschließung des Europäischen Parlaments v. 25.11.2009, a.a.O., unter 4.

1405 Entschließung des Europäischen Parlaments v. 25.11.2009, a.a.O., unter 7.

Schutz ihrer individuellen freiheitlichen Rechte verlangt.[1406] Damit wird der obig unter Teil II dargelegte Grundsatz, dass Sicherheitsmaßnahmen im RFSR immer am Erhalt des Freiheitsrechts auszurichten sind (und nicht umgekehrt) bestätigt. Dieses entspricht, wie bisher aufgezeigt, jedoch leider nicht der gesetzgeberischen Realität im EU-Recht, sodass dieser Hinweis des Europäischen Parlamentes mehr als berechtigt und wegweisend ist.

Im Dezember 2009 verabschiedete der Europäische Rat sodann das „**Stockholmer Programm** – Ein offenes und sicheres Europa im Dienste und zum Schutz der Bürger“ (sog. Programm von Stockholm)[1407] als neues Mehrjahresprogramm für den Zeitraum 2010–2014, welches die Nachfolge des Haager-Programmes antritt.[1408]. Auf Aufforderung des EU-Rates[1409] hat die Kommission im April 2010 einen Aktionsplan zur Umsetzung des Stockholmer Programms vorgelegt.[1410] Dieser sog. **Stockholmer Aktionsplan** setzt die Ziele und Prioritäten des Stockholmer Programms in konkrete Maßnahmen um und legt einen klaren Zeitplan für deren Annahme und Durchführung fest.

Der JI-Rat kritisierte den Stockholmer Aktionsplan der Kommission jedoch erheblich, indem er konstatierte, dass einige Maßnahmen des Aktionsplanes über das Stockholmer Programm hinausgehen und zudem Prioritäten des Programmes nicht in den Aktionsplan übernommen wurden.[1411] In diesem Kontext verwies der Rat ausdrücklich auf die strategische Leitlinienkompetenz des EU-Rats gemäß Art. 68 AEUV und betont nachdrücklich, dass das Stockholmer Programm den alleinigen Bezugsrahmen für die politische und operative Agenda der EU im Bereich des RFSR darstellt. [1412] Mangels einer strengeren Orientierung der Kommission am Stockholmer Programm hat der Rat den Aktionsplan erstmals nicht an-, sondern nur zu Kenntnis genommen und stattdessen lediglich Schlussfolgerungen erklärt[1413], in denen die Kommission aufgefordert wird nur die Initiativen

---

1406 Entschließung des Europäischen Parlaments v. 25.11.2009, a.a.O., unter 8, 2. Spiegelstrich.

1407 „Das Stockholmer Programm – Ein offenes und sicheres Europa im Dienste und zum Schutz der Bürger“, 2010/C 115/01 bzw. Ratsdokument 17024/09.

1408 Vgl. Auch Mitteilung der Kommission an das Europäische Parlament und den Rat, „Ein Raum der Freiheit, der Sicherheit und des Rechts im Dienste der Bürger, 10.06.2009, KOM(2009) 262 endgültig.

1409 „Im Lichte des Stockholmer Programms“, Stockholmer Programm, a.a.O., unter 1.2.10.

1410 „Ein Raum der Freiheit, der Sicherheit und des Rechts für die Bürger Europas – Aktionsplan zur Umsetzung des Stockholmer Programms“ (Stockholmer Aktionsplan), Mitteilung der Kommission an das Europäische Parlament, den Rat, den Europäischen Wirtschats- und Sozialausschuss und den Ausschuss der Regionen, 20.04.2010, KOM(2010) 171 endgültig.

1411 JI-Rat, 19.05.2010, Ratsdokument Nr. 9935/10, JAI 445, S. 3.

1412 JI-Rat, 19.05.2010, Ratsdokument Nr. 9935/10, JAI 445, S. 2 f.

1413 JI-Rat, 19.05.2010, Ratsdokument Nr. 9935/10, JAI 445, S. 3. Hier ist somit der obig dargelegte interinstitutionelle Streit um die Verbindlichkeit der strategischen

zu ergreifen, die voll und ganz mit dem Stockholmer Programm im Einklang stehen. [1414] Dieser Dissens zwischen der Kommission und dem Rat kommt ebenfalls im Aktionsplan zum Ausdruck, wo zu Beginn ausgeführt wird, dass das Stockholmer Programm zwar die Prioritäten für die Weiterentwicklung des RFSR setzt, den eigentlichen Kern aber die ambitionierten Vorhaben ausmachen, die die Kommission in ihrer Mitteilung vom Juni 2009, die zur Annahme des Stockholmer Programms führte, skizziert hatte.[1415]

1. *Allgemeines*

Im Stockholm-Programm wird zu Beginn die Relevanz des RFSR auf dem Weg zu einem Europa der Bürger gewürdigt sowie der Aufbau des RFSR als ein zentrales Anliegen der EU-Bevölkerung und damit einhergehend dessen vorrangige Bedeutung hervorgehoben.[1416] Es wird richtig darauf hingewiesen, dass die EU weiterhin vor Herausforderungen steht, die auch in Bezug auf den RFSR in umfassender Weise angegangen werden müssen.[1417] In diesem Sinne sieht auch der Aktionsplan den RFSR als Antwort auf langfristige globale Herausforderungen, bei der die Achtung der Menschenwürde sowie die Wahrung von Freiheit als „unverrückbare europäische Werte" stets im Mittelpunkt der Anstrengungen stehen müssen.[1418] Auf diese Weise soll das Europa der Menschen vorangebracht werden, indem die Bürger ihre Rechte ausüben und vollumfänglich an der europäischen Integration teilnehmen können.[1419] Hiermit wird das Vorgehen im RFSR freiheitlich ausgerichtet und das Freiheitsrecht als Maßstab für jegliche Maßnahmen festgesetzt, was zu begrüßen ist.

Als politische Priorität setzt das Stockholmer Programm die Wahrung der Grundrechte, Grundfreiheiten sowie die Unversehrtheit des Einzelnen und zugleich die Sicherheit in Europa fest. Dabei wird zutreffend konstatiert, dass es von größter Wichtigkeit ist, einerseits Strafverfolgungsmaßnahmen und andererseits Maßnahmen zur Sicherung individueller Rechte sowie Rechtsstaatlichkeit gleichgerichtet miteinander zu verbinden und eine gegenseitige Verstärkung zu bewirken.[1420] Dabei sollen alle Maßnahmen den Unionsbürger und andere Personen, für die die EU Verantwortung trägt, in den Mittelpunkt stellen.[1421] Der Aktionsplan bekräftigt,

---

Leitlinien und ihr Verhältnis insbesondere zu dem Initiativrecht der Kommission nur wenige Monate nach Inkrafttreten des Lissabon-Vertrages „mit voller Wucht ausgebrochen": Calliess/Ruffert, Rdnr. 5.

1414 JI-Rat, 19.05.2010, Ratsdokument Nr. 9935/10, JAI 445, S. 3.

1415 Stockholmer Aktionsplan, a.a.O., unter 1.

1416 Stockholmer Programm, a.a.O., unter 1, vor 1.1.

1417 Stockholmer Programm, a.a.O., unter 1, vor 1.1.

1418 Stockholmer Aktionsplan, a.a.O., unter 1.

1419 Stockholmer Aktionsplan, a.a.O., unter 1.

1420 Stockholmer Programm, a.a.O., unter 1.1.

1421 Stockholmer Programm, a.a.O., unter 1.1.

dass die GRC die Richtschnur bei der Umsetzung des Vertragsrechts darstellt und dass der RFSR daher zuvorderst ein Raum der tatsächlich geachteten Grundrechte für alle Menschen, Drittstaatsangehörige eingeschlossen, sein muss.[1422] Es ist ein wichtiger Fortschritt, dass in beiden Dokumenten die Relevanz eines Ausgleichs zwischen den freiheitlichen und den sicherheitsorientierten Maßnahmen im RFSR hervorgehoben und das Freiheitsrecht der Bürger als Maßstab gesetzt wird.

2. Leitlinien

Das Stockholm-Programm weist folgende sechs Leitlinien auf:

a) Raum des Schutzes der Grundrechte

Als erste Hauptpriorität nennt das Programm[1423] folgerichtig, dass der RFSR zuvorderst ein gemeinsamer Raum des Schutzes der Grundrechte sein soll, in dem die in der GRC und der EMRK verankerten Rechte zu den zentralen Werten zählen. Dazu gehören die Wahrung der persönlichen Rechte und Freiheiten, insbesondere der Privatsphäre über Staatsgrenzen hinweg, vor allem durch den Schutz personenbezogener Daten.[1424] Der Aktionsplan konstatiert hierzu konkretisierend[1425], dass die GRC zur Richtschnur des Handelns der EU werden muss.[1426] Diese Ausrichtung des Handels im RFSR an der GRC als erste Hauptpriorität entspricht der unter Teil II festgestellten notwendigen rechtsstaatlichen Gewichtung und ist als sehr konstruktiv für die Etablierung eines umfassenden Freiheitsrechts zu erachten.

aa. In diesem Sinne wird durch das Programm, bezüglich des in der GRC enthaltenen **Rechts auf Schutz der Privatsphäre** respektive des **Schutzes personenbezogener Daten**, das Recht auf Freiheit als übergreifend angesehen. Daher soll eine umfassende Strategie zum Datenschutz innerhalb der EU und in ihren Beziehungen zu Drittstaaten etabliert werden, welche eine größtmögliche Achtung des Schutzes der Privatsphäre sicherstellt.[1427] Hierbei wird hervorgehoben[1428], dass es äußerst wichtig ist, dass die EU-Organe sowie die Mitgliedstaaten sicherstellen, dass die Anwendung der Methodik für eine systematische und strenge Überwachung der Einhaltung der EMRK und der in der GRC verankerten Rechte

---

1422 Stockholmer Aktionsplan, a.a.O., unter 8; unter Anhang, S. 70 ff.; unter 1.

1423 Stockholmer Programm, a.a.O., unter 1.1.

1424 Stockholmer Programm, a.a.O., unter 1.1.

1425 Stockholmer Aktionsplan, a.a.O., unter 2.

1426 Dieses wird bzw. Wurde in Grundzügen durch die Richtlinien über einen Mindestsockel an Verfahrensrechten (IP/11/689 der EU-Kommission), über das Recht auf Dolmetsch- und Übersetzungsleistungen (IP/10/1305 der EU-Kommission) und über das Recht auf Belehrung in Strafverfahren (IP/12/430 bzw. 575 der EU-Kommission) angegangen.

1427 Stockholmer Programm, a.a.O., unter 2.5.

1428 Stockholmer Programm, a.a.O., unter 2.

während des gesamten Gesetzgebungsverfahrens gestärkt wird.[1429] Zudem soll normiert werden, unter welchen Umständen ein Eingriff öffentlicher Stellen in die Ausübung dieser Rechte gerechtfertigt ist, und Datenschutzprinzipien auch im Rahmen der Privatsphäre anwenden.[1430] Es ist zu begrüßen, dass das Programm – nicht zuletzt auch angesichts der zunehmenden automatischen Sammlung, Speicherung sowie Vernetzung personenbezogener Daten – die Wahrung der Grundrechte im RFSR hervorhebt, da hierdurch die Priorität auf das Freiheitsrecht gesetzt wird und nicht auf Sicherheitsmaßnahmen.[1431] Der Aktionsplan führt hierzu nur einzelne Konkretisierung aus, die jedoch sehr vage sind und keine tatsächlichen Umsetzungsmaßnahmen enthalten, was angesichts dieser wichtigen Festlegungen des Programms unverständlich ist.[1432]

(1) Denn die Datenschutzaffäre um die USA-Spähprogramme, wie des amerikanischen Geheimdienst NSA (Prism)[1433], zeigen auf, wie **relevant EU-Datenschutzregeln** sind. Die Reform des Datenschutzes in der EU durch eine europäische Datenschutzgrundverordnung ist daher ein zentrales Projekt der Union.[1434] Nach dreijährigen Verhandlungen[1435] haben

1429 Stockholmer Programm, a.a.O., unter 2.1.

1430 Die Grundprinzipien wie Zweckgebundenheit, Verhältnismäßigkeit und Rechtmäßigkeit der Verarbeitung, zeitlich begrenzte Speicherung, Sicherheit und Vertraulichkeit sowie die Achtung der Rechte des Einzelnen, eine Kontrolle durch unabhängige nationale Aufsichtsbehörden und der Zugang zu einem wirksamen Rechtsschutz müssen umfassend gewährleistet werden.

1431 Siehe auch Paul Luif und Florian Trauner, „The Prüm Process: The Effects of Enhanced Cooperation within Europe and with the United States in Combating Serious Crime“, in: Freedom, security, and justice in the European Union: internal and external dimensions of increased cooperation after the Lisbon treaty, Ronald L. Holzhacker/Paul Luif (Hrsg.), 1. Aufl., Springer Verlag, New York 2014, S. 101–118.

1432 Stockholmer Aktionsplan, a.a.O., unter Anhang, S. 11 ff..

1433 Auch in Frankreich gibt es nach Informationen der Tageszeitung Le Monde ein Geheimdienstprogramm zur Überwachung der elektronischen Kommunikation, mit dem der Auslandsnachrichtendienst DGSE (Direction Générale de la Sécurité Extérieure) systematisch Verbindungsdaten von Computern und Telefonen speichert, die über französische Leitungen gehen. Anders als beim britischen Programm „Tempora“ fehle dafür jede rechtliche Kontrolle. (05.07.2013, http://www.sueddeutsche.de/politik/abhoerskandal-frankreich-soll-massenhaft-internet-kommunikation-ueberwachen-1.1713094).

1434 Siehe Jean-Claude Juncker, Ein neuer Start für Europa: Meine Agenda für Jobs, Wachstum, Fairness und demokratischen Wandel, Politische Leitlinien für die nächste Europäische Kommission, Rede zur Eröffnung der Plenartagung des Europäischen Parlaments am 15. Juli 2014 in Straßburg, abgerufen am 20.03.2015 unter https://ec.europa.eu/commission/sites/beta-political/files/juncker-political-guidelines-speech_de_0.pdf, S. 10.

1435 Hier ist jedoch nicht außer Acht zu lassen, dass es sich um ein sehr umfangreiches und kontroverses Rechtsgebiet handelt, Müller/Gusy, Polizeiliche und justizielle

sich das Europäische Parlament und der Rat Ende 2015 auf eine neue EU-Datenschutzgrundverordnung sowie eine ergänzende Richtlinie mit speziellen Datenschutzregelungen für die PJZS geeinigt.[1436] Die Datenschutz-Grundverordnung wird somit ab 2018 die bisherige Datenschutzrichtlinie aus dem Jahr 1995 ersetzen, welche dem Internetzeitalter nicht mehr angemessen ist sowie nationale Gestaltungsspielräume erlaubt und so einen datenschutzrechtlichen „Race to the bottom" generiert.[1437] Die neue Grundverordnung soll den Zugang zu persönlichen Daten durch ausländische öffentliche Behörden zugunsten eines ausreichenden Schutzniveaus der Privatsphäre von EU-Bürgern eng begrenzen sowie streng kontrollieren und passt damit die bestehenden Datenschutzregeln anhand eines einheitlichen und starken europäischen Datenschutzrechts an das digitale Zeitalter an.[1438] Durch das sogenannte Marktortprinzip, muss jeder, der in der EU Waren oder Dienstleistungen anbietet, EU-Datenschutzrecht beachten, unabhängig davon, wo seine Server stehen, was die Verbraucherrechte erheblich stärkt.

Zwar beinhaltet die EU-Datenschutz-Grundverordnung kein sog. „Recht auf Vergessenwerden", aber ein erweitertes Recht auf Berichtigung und Löschung persönlicher Daten, nach dem u.a. eine Pflicht zur Ergreifung aller vernünftigen Maßnahmen besteht, die zu einer Löschung der Daten führen.[1439] Wichtig ist, dass es bei der Grundverordnung nicht um die Frage geht, ob Sicherheit oder Schutz der Privatsphäre relevanter ist, sondern um die Vereinbarung beider Faktoren zugunsten des Freiheitsrechts der Bürger. Daher ist die EU-Datenschutz-Grundverordnung aufgrund der zu erwartenden Verschärfungen der datenschutzrechtlichen Anforderungen und deren beträchtliche Auswirkung auf das Freiheitsrecht der EU-Bürger ein Schritt zur Reformierung des EU-Datenschutzrechtes sowie dessen Kontrolle durch unabhängige

---

Zusammenarbeit, S. 209–211. Siehe auch Alexander Nguyen, „Die Verhandlungen um die EU-Datenschutz-VO unter litauischer Ratspräsidentschaft", in: Recht der Datenverarbeitung 2014, Heft 1, Datakontext, München 2014, S. 26–30.

1436 Vgl. EU-Kommission, 15.12.2015, IP/15/6321. Die Verordnung ist seit dem 24.05.2016 in Kraft und muss bis 2018 umgesetzt werden. Die Europäische Kommission hatte einen Entwurf hierzu 2012 vorgelegt: Europäische Kommission, COM(2012) 11 final v. 25.01.2012 sowie KOM (2012) 11 und 10 endg. V. 25.01.2012. Das Europäische Parlament hatte diesem 2014 in partiell geänderter Form zugestimmt; Europäisches Parlament, P7_TA(2014)0212 v. 12.03.2014; Toggenburg, Menschenrechtspolitik, S. 204.

1437 Zumal der EuGH am 11.12.2014 entschieden hat, dass die EU-Datenschutz-RL auch für private Aufzeichnungen im öffentlichen Raum gilt., vgl. EuGH, Rs. C-212/13, *František Ryneš/Úřad pro ochranu osobních údajů.*

1438 Pressemitteilung der EU-Kommission v. 15.06.2015, „Justizminister unterstützen Kommissionsvorschlag über neue Datenschutzbestimmungen zur Stärkung des Digitalen Binnenmarkts", IP/15/5176.

1439 Art. 17 DS-GVO.

Datenschutzbehörden. Auch ist es entscheidend, dass hiermit erstmals europaweit ein einheitliches Datenschutzniveau geschaffen wird, auch wenn die Verordnung hinter den Forderungen des EU-Parlaments zurückbleibt[1440] und partiell ein niedrigeres Schutzniveau aufweist als das deutsche Datenschutzrecht.[1441]

(2) Auch hinsichtlich des Datenschutzes zeigt sich wieder die **besondere Relevanz des EuGH im RFSR**, der zahlreiche grundlegende Entscheidungen zum Datenschutz getroffen hat.[1442]
So hat das EuGH 2014 in den verb. Rechtssachen *C-293/12, C-594/12 (Digital Rights Ireland und Seitlinger u.a.)*[1443] zur *Vorratsdatenspeicherungs-RL (2006/24/EG)*[1444] entschieden, dass diese in der jetzigen Fassung gegen europäisches Recht verstößt. Die Richtlinie beinhaltet danach einen Eingriff von großem Ausmaß und besonderer Schwere in die Grundrechte auf Achtung des Privatlebens und auf den Schutz personenbezogener Daten gemäß Art 7 und 8 GRC, der sich nicht auf das absolut Notwendige beschränkt, sodass die Grenzen der Verhältnismäßigkeit überschritten wurden. Gleichwohl stellt der EuGH nicht infrage, dass es im Interesse des Gemeinwohls liegt, organisierte Kriminalität und Terrorismus zu bekämpfen. Eine solche Zielsetzung kann jedoch für sich genommen die Erforderlichkeit einer Speicherungsmaßnahme nicht rechtfertigen. Jedenfalls verlange der Schutz des Grundrechts auf Achtung des Privatlebens, dass sich die Ausnahmen vom Schutz personenbezogener Daten und dessen Einschränkungen auf das absolut notwendige beschränken müssen. Damit erteilt der EuGH einer anlasslosen, umfassenden Speicherung von Daten auf Vorrat eine klare Absage. Nicht ausgeschlossen wird

---

1440 Vgl. Europäisches Parlament, P7_TA(2014)0212 v. 12.03.2014.

1441 So ist es nach der EU-Datenschutz-Grundverordnung im Rahmen der Bonitätsbewertung von Wirtschaftsauskunfteien möglich finanzielle Forderungen an einen Verbraucher in die Bewertung einfließen zu lassen, auch wenn dieser deren Rechtmäßigkeit bestreitet. Ebenso kann nach der Grundverordnung die Bonität eines Verbrauchers auch anhand seiner Anschrift bewertet werden.

1442 Siehe Rolf Schwartmann/Elissavet Theodorou, „Aktuelle Rechtsprechung des EuGH zum Datenschutzrecht", in: Recht der Datenverarbeitung 2014, Heft 2, Datakontext, München 2014, S. 61–72.

1443 EuGH, Urteil v. 08.04.2010. (*Digital Rights Ireland und Seitlinger u.a.*), verb. Rs. C-293/12, C-594/12.

1444 Die EU-Richtlinie regelt, dass alle Verbindungs- sowie Standortdaten von Telefon- und Internetnutzern durch die Telekommunikationsbetreibern und Internetanbietern mindestens sechs Monate lang gespeichert werden müssen, um sie zur Strafverfolgung nutzen zu können. Vgl. Müller/Gusy, Polizeiliche und justizielle Zusammenarbeit, S. 211 f. Sowie Toggenburg, Menschenrechtspolitik, S. 205. Siehe auch das Urteil des BverfG zur Vorratsdatenspeicherung: BverfG, Urteil v. 02.03.2010 (Vorratsdatenspeicherung), 1 BvR 256/08, 1 BvR 263/08, 1 BvR 586/08; siehe auch Frenz, Handbuch Europarecht, Bd. 6, Teil 3, Kap. 17, Rdnr. 2742.

hingegen eine gezielte, begrenzte Speicherung von Daten. Dies entspricht dem „Quick Freeze“-Modell, wonach auf gerichtliche Anordnung bei Vorliegen bestimmter Verdachtsmomente für eine schwere Straftat relevante Daten für begrenzte Zeit gespeichert bleiben dürfen.[1445] Die Entscheidung des EuGH zur Vorratsdatenspeicherung ist bemerkenswert, da der EuGH bestätigt, dass die generelle und anlasslose Speicherung von Telekommunikationsdaten mit dem Grundrecht auf Achtung des Privatlebens sowie mit dem Grundrecht auf Datenschutz unvereinbar ist. Diese Funktion als Hüter der in der GRC garantierten Freiheitsrechte[1446] hat der EuGH auch in seiner jüngsten Entscheidung zur anlasslosen Datenspeicherung bestätigt, nach der Mitgliedstaaten den Betreibern elektronischer Kommunikationsdienste keine anlasslose Verpflichtung zur Vorratsdatenspeicherung auferlegen dürfen, da das EU-Recht eine allgemeine und unterschiedslose Vorratsspeicherung von Verkehrs- und Standortdaten untersagt.[1447]

Zudem füllte der EuGH eine weiterhin bestehende Rechtsschutzlücke 2014 durch das Urteil in der Rechtssache *C-131/12* (*Google Spain ./. AEPD*), indem er urteilte[1448], dass in Zukunft nicht nur der Betreiber einer Internetseite für deren Inhalt verantwortlich ist, sondern auch der Suchmaschinenbetreiber, der die Daten erhebt und verarbeitet. Somit sind Suchmaschinenbetreiber für ihre Suchergebnissen verantwortlich und EU-Bürger können von den Suchmaschinenbetreibern beantragen, die entsprechenden Suchergebnisse zu löschen,

---

1445 Gerichtshof der Europäischen Union, Pressemitteilung Nr. 54/14 vom 08.04.2014.

1446 Eine Analyse von Peter Schaar, EuGH beerdigt die Vorratsdatenspeicherung, Heise, 08.04.2014, abgerufen am 17.06.2014, http://www.heise.de/newsticker/meldung/Analyse-EuGH-beerdigt-die-Vorratsdatenspeicherung-2166159.html; vgl. DIE ZEIT, Kommentar von Patrick Beuth, 08.04.2014. Das Konzept der Vorratsdaten ist erledigt, abgerufen am 17.06.2014 unter http://www.zeit.de/digital/datenschutz/2014-04/vorratsdatenspeicherung-eugh-urteil-kommentar).

1447 EuGH, Urteil v. 21.12.2016, verb. Rs. C-203/15 (*Tele2 Sverige AB/Post-och telestyrelsen*) und C-698/15 (*Secretary of State for the Home Department/Tom Watson u.a.*). Es steht den Mitgliedstaaten aber frei, vorbeugend eine gezielte Vorratsspeicherung dieser Daten zum alleinigen Zweck der Bekämpfung schwerer Straftaten vorzusehen, sofern eine solche Speicherung hinsichtlich der Kategorien von zu speichernden Daten, der erfassten Kommunikationsmittel, der betroffenen Personen und der vorgesehenen Dauer der Speicherung auf das absolut Notwendige beschränkt ist. Der Zugang der nationalen Behörden zu den auf Vorrat gespeicherten Daten muss jedoch von Voraussetzungen abhängig gemacht werden, zu denen insbesondere eine vorherige Kontrolle durch eine unabhängige Stelle und die Vorratsspeicherung der Daten im Gebiet der Union gehören.

1448 EuGH, Urteil v. 13.05.2014 (*Google Spain ./. AEPD*), Rs. C-131/12 zur Richtlinie 95/46/EG des Europäischen Parlaments und des Rates vom 24.10.1995 zum Schutz natürlicher Personen bei der Verarbeitung personenbezogener Daten und zum freien Datenverkehr.

wenn diese ihr Recht auf Privatsphäre verletzen – das sog. Recht auf Vergessenwerden.[1449] Wird einem solchen Antrag nicht stattgegeben, so können sich die Betroffenen an den jeweiligen mitgliedstaatlichen Datenschutzbeauftragten wenden und die Löschung ggf. vor den nationalen Gerichten einklagen.

Diese Hervorhebung des Freiheitsrechts der Bürger bestätigt das Urteil des EuGH zur Safe-Harbor-Abkommen[1450] zwischen der EU sowie der USA und setzt damit ein weiteres positives Signal für den Grundrechtsschutz im RFSR. Hierin hat der EuGH[1451] die Entscheidung 2000/520/EG der Kommission[1452], in der festgestellt wird, dass die USA durch das „Safe Harbor"-Abkommen zum Datenaustausch ein angemessenes Schutzniveau übermittelter personenbezogener Daten gewährleisten, gemäß der im Licht der Art. 7, 8 und 47 GRC ausgelegten Richtlinie 95/46[1453] für ungültig erklärt. Der EuGH stellt in seinem Urteil fest, dass die Safe-Harbor-Regelung durch ungezielte Überwachungsprogramme Eingriffe der amerikanischen Behörden in die Grundrechte der EU-Bürger ermöglicht.[1454] Denn die Safe-Harbor-Regelung verletzt das Wesensgehalt des durch Art. 7 der Charta garantierten Grundrechts auf Achtung des Privatlebens, da es den Behörden gestattet generell auf den Inhalt elektronischer Kommunikation zuzugreifen und alle personenbezogenen Daten sämtlicher Personen zu speichern, ohne objektive Kriterien vorzusehen, die es ermöglichen, den Zugang der Behörden zu den Daten und deren spätere Nutzung zu beschränken. Zudem verletzt die Regelung den Wesensgehalt des in Art. 47 GRC geschützten Grundrechts auf wirksamen gerichtlichen Rechtsschutz, da es keine Möglichkeit für den Bürger vorsieht, mittels eines Rechtsbehelfs Zugang zu den ihn betreffenden personenbezogenen Daten zu erlangen oder ihre Berichtigung oder Löschung zu erwirken.

1449 Das Urteil folgt damit nicht den Empfehlungen der Schlussanträge des Generalanwalts Niilo Jääskinen (Schlussanträge des Generalanwalts Niilo Jääskinen, 25.06.2013, Rs. C-131/12), nach dem ein sog. Recht auf Vergessenwerden aufgrund des Rechts auf Meinungsfreiheit gemäß Art. 11 der EU-Charta zumindest nicht anhand der aktuellen Datenschutzrichtlinie der EU besteht.

1450 Dieses Abkommen beinhaltet freiwillige Datenschutzstandards für Unternehmen aus Drittstaaten, die personenbezogene Daten aus der EU in die USA übermitteln.

1451 EuGH, Urteil vom 06.10.2015, Rs. C-362/14, *Maximillian Schrems ./. Data Protection Commissioner.*

1452 Vom 26. Juli 2000.

1453 Richtline zum Schutz natürlicher Personen bei der Verarbeitung personenbezogener Daten und zum freien Datenverkehr in der durch die Verordnung (EG) Nr. 1882/2003 vom 29. September 2003 geänderten Fassung.

1454 Da die Safe-Harbor-Regelung nur für US-Unternehmen gilt, die sich ihr unterwerfen, nicht aber für die US-Behörden. Außerdem haben die Erfordernisse der nationalen Sicherheit, des öffentlichen Interesses und der Durchführung von Gesetzen der Vereinigten Staaten Vorrang vor der Safe-Harbor-Regelung, sodass die dort vorgesehenen Schutzregeln sodann unangewandt zu lassen sind.

Hier zeigt sich wiederum, wie wichtig und effektiv die Kontrollfunktion des EuGH zum Schutz des Freiheitsrechts der EU-Bürger im RFSR ist. Es ist zu hoffen, dass die EU-Organe die EuGH-Urteile auch als Wegweiser für andere RFSR-Vorhaben erkennen, die ebenfalls zu einer massenweisen sowie anlasslosen Datenspeicherung auf Vorrat führen würden, wie etwa das europaweite System zur Speicherung von Daten über Flugpassagiere und das Einreise-Ausreise-Register.

Allerdings hat die EU-Kommission jüngst im Juli 2016 eine neue Datenschutzvereinbarung zwischen der EU und den USA, das sog. „EU-US-Datenschutzschild" („EU-U.S. Privacy Shield") als Nachfolgeabkommen zu „Safe Harbor" angenommen.[1455] Hiernach soll in den USA künftig eine Ombudsstelle über den Umgang mit Daten wachen und das willkürliche massenhafte Sammeln von Daten nur noch unter bestimmten Bedingungen erlaubt sein. Allerdings wird das Abkommen von dem EU-Datenschutzbeauftragte Giovanni Buttarelli[1456] selbst als unzureichend angesehen. Dem ist zuzustimmen, da auch das „EU-US-Datenschutzschild" die Daten der EU-Bürger nicht hinreichend sowie konkret genug vor willkürlicher Massenüberwachung schützt. So ist vor allem zu kritisieren, dass US-Behörden sich vorbehalten haben zum Zweck der nationalen Sicherheit Daten sammeln zu dürfen und so bei jeglicher Befürchtung von Gefahren weiterhin in großem Umfang auf Daten von EU-Bürgern zugreifen können. Eine engere Grenzziehung zum Schutz des Freiheitsrechts ist hier ausgeblieben, sodass fraglich ist, ob das neue Abkommen die von dem EuGH aufgestellten Datenschutzkriterien erfüllt.

Die rechtsstaatliche Ausrichtung am Freiheitsrecht der Menschen ist jedoch einer der Grundwerte, auf dem die EU basiert. Der Kampf gegen den Terrorismus darf niemals zum Ziele vermeintlicher Sicherheitsinteressen als Rechtfertigung für rechtswidrige Programme zur Massenüberwachung im RFSR dienen. In diesem Sinne sieht auch der deutsche Justizminister Mass[1457] keine Rechtsgrundlage des Staates zur anlasslosen Auswertung sämtlicher Kommunikation und kritisiert die allumfassende Überwachungsmentalität schon angesichts der praktischen Unmöglichkeit die riesigen Datenmengen überhaupt noch auswerten zu können.[1458]

1455 Europäische Kommission, Pressemitteilung vom 12.07.2016, IP/16/246; Kommissionsmitteilung vom 29.02.2016, COM(2016) 117 final.

1456 Pressemitteilung des EU-Datenschutzbeauftragten vom 30.05.2016, EDPS/2016/11.

1457 Interview mit dem Bundesjustizminister Heiko Maas (SPD) in der FAZ vom 27.06.2014, abgerufen am 27.06.2014 unter http://www.faz.net/aktuell/politik/inland/justizminister-im-f-a-z-gespraech-maas-erwaegt-entflechtung-von-google-13014260.html.

1458 Dieser zuzustimmenden Einschätzung zum Trotz hat die Bundesregierung 2015 einen Gesetzesentwurf zur Vorratsdatenspeicherung verabschiedet, der zumindest die Vorgaben aus den jeweiligen Entscheidungen des EuGH und des BverfG zur Vorratsdatenspeicherung berücksichtigen soll.

(3) Des Weiteren hat das EU-Parlament als Konsequenzen aus dem Skandal um das massive Ausspähen von europäischen Bürgern und Institutionen durch den US-Geheimdienst NSA 2014 eine Entschließung angenommen[1459], um den **Datenschutz für EU-Bürger zu verstärken.**[1460] Danach bietet das momentane Vorgehen der USA den EU-Bürgern keinen angemessenen Schutz, sodass das EU-Parlament die USA erfolgreich dazu aufgefordert hat, dem Datenschutzrahmenabkommen mit der EU zuzustimmen, über das seit Jahren verhandelt wird.[1461] Dazu konstatiert das EU-Parlament, dass die Zustimmung zum transatlantischen Freihandelsabkommen (Transatlantic Trade and Investment Partnership, TTIP) zwischen den USA und der EU gefährdet sei, solange die pauschale Massenüberwachung sowie das Abfangen von Nachrichten in EU-Institutionen sowie diplomatischen Vertretungen durch die nationale Sicherheitsbehörde der USA nicht völlig eingestellt werden und in dem Freihandelsabkommen die EU-Grundrechte in vollem Umfang respektiert werden. Die Entschließung des EU-Parlaments ist zu begrüßen, da sie das Freiheitsrecht im Sinne des Stockholm-Programms durch das Bestehen auf eine Gewährleistung der Grundrechte im RFSR explizit stärkt. Insbesondere die Verknüpfung des EU-Parlamentes, dem TTIP nur im Gegenzug zu einem angemessenen Schutz der Freiheitsrechte, insbesondere des Grundrechts auf Datenschutz zuzustimmen, ist zu begrüßen, da der Hintergrund hier die Stärkung des Freiheitsrechts ist. Denn der Zweck[1462] des Datenschutzrahmenabkommens ist es ein hohes Maß an Schutz von persönlichen Daten zu gewährleisten und die Zusammenarbeit zwischen den USA und der EU zur Verhütung, Aufdeckung, Untersuchung oder Verfolgung von Straftaten zu verbessern. Zudem sollen wirksame Methoden zum Nachweis der Rechtmäßigkeit der Verarbeitung und Nutzung von persönlichen Informationen etabliert werden.[1463] Somit

---

1459 Plenartagung Pressemitteilung, 12.03.2014, REF: 20140307IPR38203.

1460 Als Grundlage diente der Abschlussbericht einer sechsmonatigen Untersuchung der US-Massenüberwachungsprogramme durch eine Arbeitsgruppe, die vom Ausschuss für bürgerliche Freiheiten, Justiz und Inneres durchgeführt wurde und im September 2013 begonnen hatte.

1461 Europäische Kommission, MEMO/10/216 v. 26.05.2010; MEMO/13/1010 v. 18.11.2013 sowie EU-Kommission, Presseerklärung 14/208, v. 25.06.2014. Inzwischen haben die EU-Justizminister und die USA das Datenschutzrahmenabkommen am 02.06.2016 unterzeichnet. Das EU-Parlament hat dem Abkommen am 01.12.2016 zugestimmt, bevor das Abkommen in Kraft treten kann, bedarf es noch der Entscheidung des Rates.

1462 Vgl. Rat der EU, 09.04.2014, EU restricted, JAI 220/USA 9/DATAPROTECT 56/ RELEX 319.

1463 Allerdings gibt ein veröffentlichtes internes („nur für den Dienstgebrauch") Arbeitsdokument zum TTIP begründete Zweifel, wie substantiiert die durch das Datenschutzrahmenabkommen eingeforderten Datenschutzstandards sind und ob

bietet das erste verbindliche Datenschutzabkommen zwischen den USA und der EU eine große Chance, das Grundrecht auf Datenschutz und damit das Freiheitsrecht der EU-Bürger zu stärken. Es wird daher entscheidend auf die konkrete Ausgestaltung des Datenschutzrahmenabkommens ankommen und inwiefern die EU es schafft, freiheitsrechtliche Gesichtspunkte durchzusetzen. Die offenen Streitpunkte[1464] sind in diesem Sinne maßgeblich, da sie die Bestimmungen über Rechtsmittelverfahren von EU-Bürgern gegenüber den USA, die Zweckbindung sowie sensible Daten beinhalten, die schwerwiegende Auswirkungen auf den Einzelnen haben. So ist nach dem Arbeitsdokument neben der massenhaften Übermittlung von Daten über unverdächtige Personen, auch die Erstellung von Profilen vorgesehen, etwa zur automatisierten Sortierung Einreisender in die USA in Gefahrenklassen. Statt der gezielten Verfolgung mutmaßlicher Straftäter drohen damit neue Datenbanken über unverdächtige EU-Bürger, die jahrelang auf Vorrat gespeichert werden. Zudem will die US-Regierung das Abkommen nicht vom Parlament ratifizieren lassen, sodass dieses bloß ein Verwaltungsabkommen ohne Gesetzeskraft und ohne einklagbare Rechte wäre. Auch wenn die EU-Kommission ein Klagerecht vor US-Gerichten durchgesetzt hat, so kann jedes Klageverfahren in den USA durch die Regierung mittels der Berufung auf die nationale Sicherheit verhindert werden.[1465]

(4) In einem starken Widerspruch zu den freiheitlichen Festsetzungen des Programmes stehen die Verhandlungen der EU hinsichtlich des umstrittenen **TTIP**-Abkommens mit den USA. Hier hat die EU-Kommission zwar 2015 die Verhandlungstexte veröffentlicht[1466], um die Verhandlungen transparenter zu gestalten, was ein Schritt in die richtige Richtung ist. Diese Handhabung

---

diese tatsächlich das angekündigte Vertrauen in die Datenströme zwischen der EU und den USA wiederherstellen können. Vgl. Rat der EU, 09.04.2014, EU restricted, JAI 220/USA 9/DATAPROTECT 56/RELEX 319. Abgerufen am 20.06.2014 über netzpolitik.org, https://netzpolitik.org/2014/internes-dokument-der-eu-kommission-usa-wollen-transatlantisches-datenschutz-abkommen-verwaessern. Europäische Kommission, IP/13/1166 sowie MEMO/13/1059 v. 27.11.2013.

1464 Vgl. Rat der EU, 09.04.2014, EU restricted, JAI 220/USA 9/DATAPROTECT 56/RELEX 319.

1465 Jean-Claude Juncker, Ein neuer Start für Europa: Meine Agenda für Jobs, Wachstum, Fairness und demokratischen Wandel, Politische Leitlinien für die nächste Europäische Kommission, Rede zur Eröffnung der Plenartagung des Europäischen Parlaments am 15. Juli 2014 in Straßburg, abgerufen am 20.03.2015 unter http://ec.europa.eu/priorities/docs/pg_de.pdf, S. 10.

1466 Veröffentlicht am 07.01.2015 bzgl. Vorschläge für rechtliche Bestimmungen des TTIP: http://data.consilium.europa.eu/doc/document/ST-11103-2013-DCL-1/de/pdf, abgerufen am 07.08.2016; am 06.02.2015 veröffentlicht bzgl. Der regulatorischen Zusammenarbeit mit den USA: http://trade.ec.europa.eu/doclib/docs/2015/february/tradoc_153120.pdf, abgerufen am 09.08.2016.

seitens der EU ist jedoch nicht als ausreichen zu erachten, solange keine offene Diskussion unter echter Bürgerbeteiligung stattfindet. In diesem Sinne kritisiert auch das EU-Parlament[1467] immer wieder, dass das TTIP durch die EU hinter verschlossenen Türen verhandelt und keine breitangelegte öffentliche Debatte ermöglicht wird. Angesichts dessen ist es auch in Hinblick auf rechtsstaatliche Grundsätze indiskutabel, dass die demokratisch gewählten Mitglieder der nationalen Parlamente aufgrund von Vorbehalten seitens der USA weiterhin keinen umfassenden Zugang zu den TTIP-Dokumenten haben und die sogenannten konsolidierten Texte anders, als die amerikanischen Kongressmitglieder nicht einsehen können.[1468] EU-Handelskommissarin Cecilia Malmström versprach hier Besserung[1469], gleichwohl ist dieses Übergehen der Parlamente und der Bürgerbeteiligung in strittigen EU-Vorhaben symptomatisch für die rechtsstaatlichen Defizite im RFSR.

Es ist daher begrüßenswert, dass die Kommission Anfang 2015 die umstrittene TTIP-Klausel des Investor-Staat-Streitschlichtungsverfahrens (ISDS-System)[1470] vorübergehend aus den Verhandlungen genommen hat[1471], nachdem das EU-Parlament verlangt hatte, dass diese privaten Schiedsgerichte des TTIP durch ein demokratisches sowie transparentes System unabhängiger Gerichte mit Berufungsinstanz ersetzt werden.[1472] Hier zeigt sich wieder, wie relevant die Funktion des EU-Parlaments als Impulsgeber für einen ausreichenden Freiheitsschutz im RFSR ist.

bb. Als ein anderer Grundstein der ersten Hauptpriorität wird im Programm die **uneingeschränkte Ausübung des Rechts auf Freizügigkeit** der Bürger und ihrer Familienangehörigen innerhalb der EU benannt[1473], welches die Mitgliedstaaten weiter gegen Handlungen krimineller Art mit rigorosen sowie verhältnismäßigen Maßnahmen schützen sollen. Im Rahmen dessen soll den Unionsbürgern hinsichtlich der Ausübung ihres Rechts auf Freizügigkeit Unterstützung zur Überwindung von administrativen oder rechtlichen Hürden zuteilwerden. Auch soll ein Aufenthaltsrecht für Familienangehörige

---

1467 EU-Parlament, Entschluss vom 08.07.2015.

1468 So die FAZ vom 13.11.2015, abgerufen am selben Tage unter http://www.faz.net/aktuell/politik/europaeische-union/freihandelsabkommen-abgeordnete-erhalten-einblick-in-ttip-dokumente-13910843.html.

1469 EU-Kommission, Pressemitteilung vom 03.12.2105.

1470 Der ISDS regelt, wie ausländische Investoren vor Verstaatlichungen und anderer „unfairer" Behandlung im Gastland bewahrt werden können. Vgl. http://www.euractiv.de/sections/eu-aussenpolitik/eu-parlament-legt-erklaerung-zu-handelsabkommen-ttip-vor-311912, abgerufen am 06.02.2015.

1471 http://www.euractiv.de/sections/eu-aussenpolitik/ttip-verhandlungen-isds-steht-nicht-auf-dem-verhandlungsprogramm-311737, abgerufen am 02.02.2015.

1472 Vgl. http://www.bernd-lange.de/imperia/md/content/bezirkhannover/berndlange/2015/preliminary_draft_2014-2228_ini__b_lange.pdf, abgerufen am 15.03.2015.

1473 Stockholmer Programm, a.a.O., unter 2.2.

nach EU-Recht zu erlangen sein, ohne jedoch die Einwanderungsvorschriften durch Missbrauch und Betrug zu gefährden.[1474] Diese Festsetzungen stärken das Freiheitsrecht von Drittstaatsangehörigen im RFSR.

Tatsächlich sind die Freizügigkeit innerhalb des RFSR und damit die Migration innerhalb der EU jedoch in ihrer Umsetzung problematisch, da sie oftmals auf nationale Vorbehalte treffen. So hat etwa die politische Agenda in einigen Mitgliedstaaten bezüglich der ab 2014 geltenden vollen Arbeitnehmerfreizügigkeit für EU-Bürger aus Rumänien sowie Bulgarien vorab für eine unsachliche und oftmals populistische Debatte gesorgt. Hierbei wurde fehlerhaft eine Armutseinwanderung von gering qualifizierten Migranten propagiert, die vor allem Sozialleistungen in Anspruch nehmen wollen, aber kaum Chancen auf dem Arbeitsmarkt haben und so das Sozialsystem belasten. Der EU-Arbeitskommissar László Andor konstatierte dazu berechtigt, dass das EU-Recht Schutzbestimmungen enthält, die den Missbrauch der Sozialsysteme in anderen EU-Staaten verhindern sollen.[1475] So hat auch der EuGH 2014 entschieden[1476], dass nicht erwerbstätige Unionsbürger, die sich allein mit dem Ziel, in den Genuss von Sozialhilfe zu kommen, in einen anderen Mitgliedstaat begeben, von bestimmten Sozialleistungen ausgeschlossen werden können. Zudem können es sich die vielen EU-Mitgliedstaaten (wie etwa Deutschland) schon allein aufgrund des demographischen Wandels und des Fachkräftemangels nicht leisten, auf Einwanderung zu verzichten. Die großen Vorteile der Arbeitnehmerfreizügigkeit sind vielmehr positiv für das betreffende Wohlfahrtsystem, indem sie den Fachkräftemangel und andere Beschäftigungsengpässe im RFSR mindern können.

cc. Als einen weiteren Grundstein wird im Programm festgelegt, dass die **Mobilitätspartnerschaften mit Drittländern** einer gemeinsamen Einwanderungspolitik entsprechen sollen, die einen rechtsbasierten Ansatz und faire Behandlung beinhaltet.[1477] In diesem Sinne sollen die EU und ihre Mitgliedstaaten für ein sicheres Umfeld sorgen, sodass im RFSR ein Zusammenleben ermöglicht ist, in dem die Vielfalt respektiert wird und die Schutzbedürftigen

---

1474 Der von Deutschland 2007 eingeführte Deutschtest als Voraussetzung des Ehegattenzuzugs ist nach dem EuGH (Urteil v. 30.04.2014, Rs. C-138/13) nicht mit einem Abkommen mit der Türkei vereinbar und erschwert zudem die Familienzusammenführung nach EU-Recht.

1475 Siehe das Memo und die Presseerklärung der EU-Kommission: MEMO/14/1 v. 01.01.2014 sowie IP/14/13 v. 13.01.2014. Siehe auch Dario Sarmadi, „EU spricht Klartext zu ‚Sozialtourismus' ", Euroactiv v. 14.01.2014, abgerufen am 20.01.2014 unter http://www.euractiv.de/soziales-europa/artikel/eu-spricht-klartext-zu-sozialtourismus-008425. Für die Kommunen problematisch ist allein die Konzentration vieler Empfänger staatlicher Leistungen in einzelnen Orten.

1476 EuGH, Urteil vom 11.12.2014, RS. C-333/13, *Elisabeta Dano, Florin Dano/Jobcenter Leipzig.*

1477 Stockholmer Programm, a.a.O., unter 2.2.

geschützt werden.[1478] Insbesondere gilt es Diskriminierung, Rassismus, Antisemitismus, Fremdenfeindlichkeit und Homophobie mit aller Entschlossenheit weiterhin zu bekämpfen.[1479] Der Aktionsplan äußert sich zu diesem Programmpunkt leider nur partiell.[1480]

Dieser Programmpunkt thematisiert die Migration in die EU und damit eine der zentralen Herausforderungen für die EU in den kommenden Jahren. Es ist daher begrüßenswert, dass im Programm ein gemeinsamer sowie rechtsbasierter Ansatz konstatiert ist, da dieses auch das bisher im RFSR-Recht wenig beachtete Freiheitsrecht der Drittstaatsangehörigen inkludiert und somit stärkt. Zudem ist es positiv, dass sich Sicherheitsmaßnahmen ausschließlich auf das Ziel, das friedliche Ausleben der Freiheitsrechte jedes Bürgers gemeinsam in der Gemeinschaft zu ermöglichen, beziehen. Damit ist das festgestellte rechtsstaatlich angemessene Verhältnis von dem Freiheitsrecht als Ausgangs- und Endpunkt jeglicher Sicherheitsmaßnahmen gewahrt. Gerade angesichts der momentanen Herausforderung der Mitgliedstaaten eine Vielzahl von Migranten im Rahmen des anhaltenden Stroms von Flüchtlingen in die EU zu integrieren und der partiell erheblichen rechtspopulistischen Stimmungen Herr zu werden, ist diese Zielsetzung von erheblicher Bedeutung für das Gelingen des RFSR.

Allerdings fällt die tatsächliche Umsetzung auch hier sehr problematisch aus. Insbesondere in Anbetracht der jüngsten Terroranschläge in Berlin, des IS-Terrors insgesamt und der gewaltigen Migrationsströme in die EU, führten diverse Mitgliedstaaten die Binnengrenzenkontrolle im RFSR ad hoc kurzfristig oder auch für einige Monate mit der Begründung wieder ein, dass die Migrationsbewegungen bzw. illegale Einwanderung eine Gefahr für die innere Sicherheit darstellen würden.[1481] So lösen die (partiell politisch geschürten) Ängste vor unkontrollierbaren Migrationsbewegungen in einigen Mitgliedstaaten rückwärtsgewandte nationalstaatliche Überlegungen aus, die – anstelle der Auseinandersetzung mit den Ursachen der Migrationsproblematik – oftmals nur Symptombekämpfung betreiben, indem sie durch massive Grenzaufrüstung ein Europa der Zäune vorantreiben und so das Freiheitsrecht im RFSR massiv beschränken.[1482]

Die Schengen-Regeln auszuheben stellt jedoch keine Lösung der Migrationsprobleme im RFSR dar, auch wenn dieses im Krisenfall als Ausnahme

1478 Stockholmer Programm, a.a.O., unter 2.3.

1479 Dieses beinhaltet auch die Rechte des Kindes sowie der Opfer von Straftaten (einschließlich Terrorismus) zu stärken.

1480 Stockholmer Aktionsplan, a.a.O., unter Anhang, S. 12 ff., 17. Siehe hierzu die öffentliche Debatte der Kommission unter IP/11/1346.

1481 So führten jüngst Dänemark und Schweden vorübergehende Grenzkontrollen ein, EU-Kommission, Presseerklärung vom 06.01.2015.

1482 Müller/Gusy, Polizeiliche und justizielle Zusammenarbeit, S. 209.

im Schengener Grenzkodex ausdrücklich vorgesehen und geregelt ist.[1483] Die Migrationsströme in die EU sind faktisch nicht zu verhindern, dieses wäre zudem auch nicht im Sinne der freiheitsrechtlichen Werte des RFSR, sondern würde eine Festung Europa etablieren.[1484] Das einseitige Aussetzen des Schengen-Abkommens und damit des Rechts der EU-Bürger auf Freizügigkeit ist als Ultima-ratio Maßnahme des EU-Rechts vor populistischen Motiven sowie innenpolitischem Kalkül der Mitgliedstaaten zu schützen. Das Schengensystem ist ein Grundpfeiler des RFSR und eine wesentliche Errungenschaft der EU. Somit konstatierte die Europäische Kommission richtig[1485], dass nicht mittels kurzfristiger Lösungen, wie den Binnengrenzkontrollen, auf komplexe und sich ständig verändernde Probleme wie den politischen Verhältnissen der arabischen Anrainerstaaten reagiert werden kann, und hält begrüßenswerter Weise explizit an der Personenfreizügigkeit fest.[1486] Auch das EU-Parlament betont[1487] die zentrale Bedeutung eines europäischen Ansatzes anstelle eines „Europas der Zäune" und verlangt die wirksame Anwendung des Gemeinsamen Europäischen Asylsystems mit humanen Standards in der gesamten EU. Weiter fordert das EU-Parlament als „absolut vorrangig", dass die EU und ihre Mitgliedstaaten sichere sowie legale Wege für Flüchtlinge schaffen – wie etwa humanitäre Korridore und Visa aus humanitären Gründen – sowie die Möglichkeit schon im EU-Ausland – etwa in Botschaften – Asyl zu beantragen.[1488]

Insbesondere die Aussage des EU-Parlaments ist äußerst positiv zu werten, da hier ein freiheitlich orientierter Ansatz gewählt wird, der die Menschenrechte der Migranten in den Vordergrund stellt und nicht deren „Bekämpfung". Die Mobilitätspartnerschaften mit Drittländern sollten daher einer gemeinsamen Einwanderungspolitik entsprechen, die einen rechtsbasierten Ansatz und faire Behandlung beinhaltet. Hier ist jedoch die breite Diversifikation hinsichtlich der Beteiligung der Mitgliedstaaten (Differenzierung) sehr problematisch, da es ein gemeinsames Vorgehen im RFSR erschwert.[1489] Migration und Flüchtlingsströme sind jedoch eine der größten

---

1483 Siehe auch Erklärung der Europäischen Kommission vom 13.09.2015, Statement/15/5638 sowie vom 23.10.2015, IP/15/5900.

1484 Müller/Gusy, Polizeiliche und justizielle Zusammenarbeit, S. 212 ff.

1485 KOM(2011) 248 endg. Vom. 04.05.2011.

1486 Siehe EU-Kommission, MEMO/14/9 v. 15.01.2014. Nach dem durch die Schengenreform abgeänderten Grenzkodex können die Schengen-Mitgliedstaaten jedoch können künftig Grenzkontrollen als Notfallmechanismus wieder einführen (bis zu zwei Jahre), wenn sie die massenhafte Ankunft von Flüchtlingen befürchten. Voraussetzung ist, dass ein Schengen-Staat trotz EU-Hilfe seine Außengrenzen nicht mehr schützen kann und die innere Sicherheit anderer Staaten „massiv bedroht" ist.

1487 Entschließung des EU-Parlaments vom 10.09.2015, REF: 20150904IPR91613.

1488 Entschließung des EU-Parlaments vom 10.09.2015, REF: 20150904IPR91613.

1489 Guild/Carrera/Faure Atger, Challenges and Prospects for the EU's AFSJ: Recommendations to the European Commission for the Stockholm Programme, S. 17.

Herausforderungen für den RFSR. Hieran wird sich zeigen, wie handlungsfähig die EU ist und ob die Mitgliedstaaten bereit sind gemeinsam auf der Grundlage des Freiheitsrechts – und nicht auf Basis nationaler Sicherheitsinteressen – zu agieren und der historischen Idee der EU gerecht zu werden.

Angesichts dessen ist die diskutierte Einrichtung sogenannter Transitzonen, um eine schnelle Abschiebung von Asylbewerbern ohne Erfolgsaussichten oder ohne Papiere zu ermöglichen, ein Schritt in die falsche Richtung. Denn Asylbewerber sollen in diesen Transitzonen entgegen jeder freiheitsrechtlichen Erwägung eingezäunt werden, was einer Quasi-Festnahme mit Freiheitsentzug gleichkäme, zumal kein Widerspruchsrecht gegen derartige Entscheide vorgesehen ist.

dd. Der **Schutz der Rechte des Einzelnen im Rahmen von Strafverfahren** ist ein weiterer Grundwert der Union, den es nach dem Programm zu stärken gilt.[1490] Der Aktionsplan enthält hierzu Konkretisierungen mittels Legislativvorschlägen – besonders zur Rechtsbelehrung und der Belehrung über den Tatvorwurf, zu Rechtsbeistand und Prozesskostenhilfe sowie zur Kommunikation mit Angehörigen, Arbeitgebern etc. betreffend besondere Garantien für schutzbedürftige Verdächtige oder Beschuldigte.[1491] Das Strafverfahren ist besonders grundrechtssensibel, sodass der Ausbau freiheitsrechtlicher Standards hier elementar für die Rechtsstaatlichkeit des RFSR und daher zu begrüßen ist. Insbesondere die Standards für die Rechte der Verteidigung und ein faires Verfahren sind im Rahmen der RFSR-Rechtsvorschriften lange vernachlässigt worden, sodass die Einbeziehung dieser Aspekte – zumal sehr grundrechtssensibel – überfällig und damit äußerst positiv ist.[1492] Dieses gilt insbesondere in Anbetracht der noch immer recht unterschiedlichen Verfahrensrechte in den einzelnen Mitgliedstaaten.

b) Raum des Rechts und der Justiz

Die zweite Hauptpriorität ist nach dem Programm ein Europa als Raum des Rechts und der Justiz. Dazu wird im Sinne der einheitlichen Etablierung des Freiheitsrechts im RFSR festgesetzt[1493], dass der europäische Rechtsraum so konsolidiert werden muss, dass die derzeitige Zersplitterung überwunden wird. Dabei sind vorrangig Verfahren einzuführen, die den Zugang zur Justiz erleichtern und Hindernisse für die Anerkennung von gerichtlichen Entscheidungen in anderen Mitgliedstaaten beseitigen, damit die Menschen ihre Rechte überall in der EU geltend machen können. Der Aktionsplan erweitert zutreffend, dass es nicht reicht, nur Rechte einzuführen, da Rechte und Pflichten erst dann Realität werden, wenn sich deren

---

1490 Stockholmer Programm, a.a.O., unter 2.4.

1491 Stockholmer Aktionsplan, a.a.O., unter Anhang, S. 15.

1492 Guild/Carrera/Faure Atger, Challenges and Prospects for the EU's AFSJ: Recommendations to the European Commission for the Stockholm Programme, S. 18.

1493 Stockholmer Programm, a.a.O., unter 1.1.

Inhaber ohne Weiteres auf sie berufen kann. In diesem Sinne soll die Kommission auch die Arbeiten an einer europäischen Staatsanwaltschaft auf der Grundlage von Eurojust vorantreiben.[1494] Die Kommission hat daher den Vorschlag für eine Verordnung über die Errichtung der Europäischen Staatsanwaltschaft (EPPO) vorgelegt, um Straftaten zum Nachteil der finanziellen Interessen der EU besser zu bekämpfen[1495] und drängt darauf, dass dieser angenommen wird.[1496]

aa. Das Programm führt als einen Grundstein zu dieser Hauptpriorität aus[1497], dass die **Teilhabe der Bürger am demokratischen Leben der EU** in Form der Transparenz des Beschlussfassungsprozesses, des Zugangs zu Dokumenten und einer guten Verwaltungsführung zu intensivieren ist, etwa durch die Initiative nach Art. 11 EUV-Lissabon.[1498] Dabei soll das allgemeine Bewusstsein für die gegebenen Rechte gestärkt werden und der Zugang der Bürger zur Justiz, insbesondere durch die E-Justiz und die Vernetzung nationaler Register sowie Datenbanken im Einklang mit den Datenschutzbestimmungen, erleichtert werden.[1499] Der Aktionsplan enthält zu diesen Aspekten jedoch nur periphere Ausführungen.[1500] Dabei ist es für die Ausübung des Freiheitsrechts der Bürger grundlegend, dass der Zugang zu Dokumenten möglichst offen gestaltet ist und das die EU-Bürger nicht nur ein derartiges Zugangsrecht haben, sondern auch die tatsächliche Möglichkeit, dieses Recht zu nutzen.[1501] Besonders relevant für eine freiheitliche öffentliche Ordnung im RFSR und deren integrative Kraft ist zudem die Transparenz der Beschlussfassungsprozesse, welche weiterhin erhebliche Mängel aufweist, wie sich nicht zuletzt in den TTIP-Verhandlungen zeigt.

bb. Als weiterer Grundstein der zweiten Hauptpriorität soll angesichts der grenzüberschreitenden Kriminalität zur Umsetzung des Grundsatzes der

1494 Stockholmer Aktionsplan, a.a.O., unter 4.

1495 Rat der Europäischen Union, Sachstand hinsichtlich der vom Europäischen Rat im Bereich der Union der Freiheit, der Sicherheit und des Rechts vorgegebenen Leitlinien v. 14. Oktober 2014, unter I., 27. Der Rat hat den Vorschlag des Kommissionspräsidenten zur Errichtung einer EUSta jüngst auf dem Treffen der Justiz- und Innenminister der EU am 12./13.03.2015 diskutiert, vgl. EU-Kommission, Dokument-Nr. 7178/15, S. 8.

1496 Siehe: Die Lage der Union 2015, 10 Prioritäten der Europäischen Kommission – eine Bilanz, 09.09.2015, Nr. 7.

1497 Stockholmer Programm, a.a.O., unter 2.6. und 3 ff.

1498 Laut IP/11/962 der EU-Kommission beantragen EU-Bürger bereits 2011 häufiger Zugang zu Kommissionsdokumenten als jemals zuvor.

1499 Stockholmer Programm, a.a.O., unter 3.4.1. Etwa das Europäische Unternehmensregister und das Europäische Grundbuchportal EULIS. Vgl. auch die Empfehlung der EU-Kommission an die Mitgliedstaaten, IP/13/524 v. 11.06.2013.

1500 Stockholmer Aktionsplan, a.a.O., unter Anhang, S. 18 und 25.

1501 Hagedorn, Reformen für Justiz und Inneres: eine Frage der Balance; der RFSR, S. 4.

gegenseitigen Anerkennung die **Effizienz der justiziellen Zusammenarbeit im Bereich des Strafrechts**[1502] durch einen systematischen Informationsaustausch sowie die Angleichung des materiellen Rechts und des Verfahrensrechts verstärkt werden.[1503] Zur Stärkung des gegenseitigen Vertrauens fordert das Programm u.a. einen engeren Kontakt zwischen ranghohen mitgliedstaatlichen JI-Beamten im Rahmen von Europol, Eurojust und Frontex.[1504] Zudem sollen die operativen Fähigkeiten aller JI-Akteure sowie die ihnen zur Verfügung stehenden Instrumente verbessert werden. [1505]

Für den Bereich des Strafrechts beinhaltet das die Frage zur Notwenigkeit der Festlegung von gemeinsamen Begriffsbestimmungen und Strafen, die Einführung von strafrechtlichen Bestimmungen als ultima-ratio für den Schutz der jeweiligen Interessen sowie die Festsetzung von gemeinsamen Straftatbeständen respektive Mindestrahmen für die angedrohte Höchststrafe bei Straftaten gemäß Art. 83 Abs. 1 AEUV.[1506] Bei aller Sinnhaftigkeit dieser allein sicherheitsorientierten Festsetzungen ist es zu kritisieren, dass diese keine grundrechtlichen Erwägungen enthalten und somit kein Bezug zum Freiheitsrecht gegeben ist, was gerade in der eingriffsintensiven PJZS einen schweren Mangel darstellt und der Grundausrichtung jeglicher rechtsstaatlichen Sicherheitsmaßnahmen widerspricht. Im Zivilrecht sollen alle zwischengeschalteten Maßnahmen (Exequaturverfahren) abgeschafft werden[1507], was jedoch mit einigen Schutzvorkehrungen hinsichtlich verfahrensrechtlicher Maßnahmen sowie von Maßnahmen die Kollisionsnormen[1508] betreffend einhergehen muss. Das wesentliche Ziel im Bereich des Zivilprozessrechts ist aber die Grenzen zwischen den Mitgliedstaaten als Hindernis für die Beilegung von Streitigkeiten in Zivilsachen bzw. die Einleitung von Gerichtsverfahren oder die Vollstreckung von Entscheidungen in Zivilsachen zu beseitigen.[1509]. Dieses stärkt die Ausübung des Freiheitsrechts der Bürger und ist daher zu begrüßen.

1502 Stockholmer Programm, a.a.O., unter 3.2.6.

1503 Stockholmer Programm, a.a.O., unter 3.1.1. sowie 3.3.; Stockholmer Aktionsplan, a.a.O., unter Anhang, S. 19 ff.

1504 Stockholmer Programm, a.a.O., unter 3.2.1., 3.2.2.

1505 Stockholmer Programm, a.a.O., unter 3.2.4.

1506 Stockholmer Programm, a.a.O., unter 3.3.1. Der Aktionsplan konkretisiert diese Vorgaben durch einige Legislativvorschläge nur rudimentär, Stockholmer Aktionsplan, a.a.O., unter Anhang, S. 23.

1507 Stockholmer Programm, a.a.O., unter 3.1.2.; Stockholmer Aktionsplan, a.a.O., unter Anhang, S. 20 f.

1508 Stockholmer Programm, a.a.O., unter 3.3.2.; z. B. Recht auf Anhörung, Zustellung von Schriftstücken, Frist für die Vorlage von Gutachten usw.

1509 Stockholmer Programm, a.a.O., unter 3.3.2.; Stockholmer Aktionsplan, a.a.O., unter Anhang, S. 24. Etwa gemeinsame zivilprozessrechtliche Mindeststandards oder Standardregeln für die grenzüberschreitende Vollstreckung von Urteilen und Entscheidungen.

c) *Ein Europa, das schützt*

Die dritte Hauptpriorität ist nach dem Programm ein Europa, das schützt. So soll zum Schutz vor transnationalen Bedrohungen eine Strategie der inneren Sicherheit entwickelt werden[1510], welche die Stärkung der Zusammenarbeit in den Bereichen polizeiliche Zusammenarbeit, Grenzmanagement, justizielle Zusammenarbeit in Strafsachen und Zivilschutz sowie die Verbesserung des Informationsaustauschs anhand eines koordinierten Konzepts beinhaltet.[1511] Ziel ist es die Sicherheitslage innerhalb der EU weiter zu verbessern und damit das Leben sowie die Sicherheit der EU-Bürger zu schützen und gegen organisierte Kriminalität, Terrorismus und sonstige Bedrohungen vorzugehen.[1512] Zum Ausbau des notwendigen Instrumentariums bedarf es nach dem Programm[1513] eines integrierten Ansatzes anhand einer gemeinsamen europäischen „Strafverfolgungskultur" sowie einer angemessenen technischen Infrastruktur zur Optimierung des Informationsaustauschs.[1514] Hierbei soll das im RFSR entstandene umfangreiche Instrumentarium zur Sammlung, Verarbeitung und gemeinsamen Nutzung von Informationen zwischen den nationalen sowie EU-Behörden durch den Grundsatz der Verfügbarkeit weiterhin erheblich vorangebracht werden.[1515]

Im Rahmen dessen betont das Programm[1516], dass die neuen Technologien mit den aktuellen Entwicklungen hinsichtlich der Mobilität zwar Schritt halten, gleichzeitig aber auch zugunsten der Freiheit des Einzelnen unionsweit ein hohes Maß an Netz- und Informationssicherheit gewährleisten müssen. Daher soll die Strategie für das Informationsmanagement im Bereich der inneren Sicherheit im RFSR eine gezielte Datenerhebung umfassen, damit sowohl die Grundrechte der Bürger geschützt werden als auch eine Informationsüberflutung der zuständigen Behörden vermieden wird. Ebenso sind Leitsätze für eine Strategie des Datenaustauschs mit Drittstaaten für Strafverfolgungszwecke und die Interoperabilität von IT-Systemen festzusetzen, wobei die vollständige Einhaltung der Datenschutz- und

---

1510 Siehe kritisch hierzu Brown, The Stockholm solution, S. 485 ff.

1511 Stockholmer Programm, a.a.O., unter 1.1. Die „EU-Strategie der inneren Sicherheit" wurde am 22.11.2010 verbabschiedet, IP/10/1535 der EU-Kommission. Siehe auch IP/11/1453 und den aktuellen Jahresbericht über die Durchführung der EU-Strategie der inneren Sicherheit, IP/13/317 v. 10.04.2013.

1512 Stockholmer Programm, a.a.O., unter 4.1. Die Entwicklung und Durchführung der Strategie der inneren Sicherheit sollte zu einer der vorrangigen Aufgaben des nach Art. 71 AEUV eingesetzten Ständigen Ausschusses für die innere Sicherheit (COSI) werden.

1513 Stockholmer Programm, a.a.O., unter 4.2.

1514 So hat etwa die Kommission am 12.06.2013 vorgeschlagen, zur verstärkten Bekämpfung von Steuerhinterziehung den automatischen Informationsaustausch zwischen den Steuerverwaltungen in der EU zu erweitern; IP/13/530 v. 12.06.2013.

1515 Stockholmer Programm, a.a.O., unter 4.2.2.

1516 Stockholmer Programm, a.a.O., unter 4.2.3.

Datensicherheitsgrundsätze bei der Entwicklung dieser Systeme zu gewährleisten ist.[1517]

Diese Bindung an die Freiheitsrechte der Bürger ist positiv und wichtig, um einen angemessenen Rahmen der angestrebten Sicherheitsmaßnahmen zu gewähren. Der Aktionsplan[1518] beinhaltet Legislativvorschläge zu den im Programm genannten Aspekten – insbesondere für ein europäisches Strafregister für Drittstaatsangehörige und zum Europäischen Strafregisterinformationssystem (ECRIS) – sowie entsprechende Verhandlungsmandate mit Drittstaaten.[1519] Dabei betont auch der Aktionsplan[1520], dass die Strategie der inneren Sicherheit auf der Grundlage der uneingeschränkten Achtung der Grundrechte, des internationalen Schutzes und der Rechtsstaatlichkeit basieren muss. Diese Hervorhebung des Freiheitsrechts ist erfreulich, jedoch angesichts der im Programm konstatierten umfassenden Sicherheitseinrichtung der weitergehend massiven Datensammlung sowie -vernetzung nicht als ausreichend zu erachten. Das Freiheitsrecht der Bürger wird hier allein als zu beachtende Nebenkomponente dargestellt und nicht als Ziel- und Ausgangspunkt sämtlicher Sicherheitsmaßnahmen, wie es rechtsstaatlich angemessen wäre. Allen voran fehlen konkretisierende Maßnahmen zur Gewährleistung der Grundrechte, sodass die gegebenen Aussagen zu vage bleiben, um die intensiven Eingriffe des Programms zu rechtfertigen.

1517 Stockholmer Programm, a.a.O., unter 4.2 ff.

1518 Stockholmer Aktionsplan, a.a.O., unter Anhang, S. 30 ff. Zudem sind ein Bericht über die Anwendung der Richtlinie 2006/24/EG über die Vorratsspeicherung von Daten, ein Bericht über die Umsetzung des Rahmenbeschlusses 2006/960/JI betreffend des vereinfachten Informationsaustauschs zwischen den nationalen Strafverfolgungsbehörden sowie ein Bericht über die Durchführung des Prümer Beschlusses (Beschluss 2008/615/JI) hinsichtlich der Verknüpfung von DNA-, Fingerabdruck- und Fahrzeugdatenbanken vorlägig.

1519 So hat das Europäische Parlament am 11.02.2010 das Swift-Abkommen mit den USA über die Weitergabe von Banküberweisungendaten abgelehnt. Das zweite Swift-Abkommen, welches den Datenschutz stärker berücksichtigt, wurde angenommen; vgl. Abkommen zwischen der EU und den USA über die Verarbeitung von Zahlungsverkehrsdaten und deren Übermittlung aus der EU an die USA für die Zwecke des Programms zum Aufspüren der Finanzierung des Terrorismus, ABl. 2010 L 195, S. 5. Zudem hat das EU-Parlament am 19.04.2012 das Abkommen über die Verarbeitung von Fluggastdatensätzen (Passenger Name Records, PNR) mit den USA gebilligt, KOM(2011) 807 endgültig. Im Rahmen des Abkommens, das am 1. Juli 2012 in Kraft trat, werden die Daten der in die USA reisenden Fluggäste zur Bekämpfung von schweren internationalen Verbrechen sowie Terrorismus verwendet und mithin den Behörden Zugriff auf umfassende Passagierinformationen eröffnet. Vgl. Toggenburg, Menschenrechtspolitik, S. 205; Der Gesamtbericht über die Tätigkeit der Europäischen Union 2012 v. 28.01.2013, COM(2013) 19, S. 117.

1520 Stockholmer Aktionsplan, a.a.O., unter 5.

aa. Als ein Grundstein der dritten Hauptpriorität konstatiert das Programm[1521], dass die **Bekämpfung des Terrorismus** aufgrund der weiterhin erheblichen Gefahr hohe Priorität hat. Dabei muss die EU jedoch sicherstellen, dass alle Maßnahmen zur Terrorismusbekämpfung unter Wahrung der Rechtsstaatlichkeit und der uneingeschränkten Achtung der Grundrechte und -freiheiten erfolgen. Zudem sollen keine Personengruppen stigmatisiert werden und der interkulturelle Dialog zur Förderung beiderseitigen Wissens sowie Verständnis vertieft werden. Das Programm bekräftigt die Strategie der Terrorismusbekämpfung und fordert eine Verstärkung des Präventionsansatzes, wobei das Völkerrecht, insbesondere mit den Menschenrechtsvorschriften, vollständig zu beachten ist. Der Aktionsplan beinhaltet hierzu eingehende Konkretisierungen, führt jedoch nichts zu den Grundrechten aus, sondern ist auf die Bekämpfung der Radikalisierung und Finanzierung zum Zwecke der Terrorismusbekämpfung fokussiert.[1522]

Der Ruf nach immer drastischeren Sicherheitsgesetzen wird durch die Fokussierung des Programms auf die Strategie der inneren Sicherheit im RFSR genüge getan. Es wird dabei jedoch übersehen, dass auf eine Bedrohung nicht allein mit immer schärferen Gesetzen reagiert werden kann, da das zu verteidigende Freiheitsrecht dadurch nicht geschützt, sondern erst recht abschafft wird, wie die Ausführungen unter Teil II gezeigt haben. Zur Bekämpfung terroristischer Bedrohungen ist statt der Symptombekämpfung durch immer weitere anlasslose Überwachungsbefugnisse, Ursachenbekämpfung von Nöten, um das Abdriften von Menschen in den Extremismus zu verhindern und Perspektiven zu eröffnen.[1523] Gleichwohl vermehren sich nach jedem Attentat die Rufe nach verstärkten Sicherheitsmaßnahmen im Kampf gegen den Terrorismus. Hier ist jedoch wiederum die tatsächliche Kausalität zu beachten, denn bisher konnte die Vorratsdatenspeicherung die Attentate weder verhindern, noch wesentlich zur Aufklärung beitragen.[1524] Stattdessen verhindert die Forderung nach anlassloser Datenspeicherung eine tatsächliche Optimierung der Sicherheit, da sie eine wirkungsvolle Ursachenbekämpfung negiert und die Freiheitsrechte der Bürger ohne Sicherheitsgewinn beschneidet.

Entscheidend ist zudem eine bessere Kooperation der Mitgliedstaaten im RFSR, insbesondere von Polizei und Justiz, sowie ein gemeinsames Vorgehen im Rahmen der EU jenseits nationalen Kalküls. Hier wirkt jedoch

---

1521 Stockholmer Programm, a.a.O., unter 4.5.

1522 Stockholmer Aktionsplan, a.a.O., unter Anhang, S. 42–44.

1523 Nordrhein-Westfalens Innenminister Ralf Jäger (SPD) im Interview mit Der Spiegel, Artikel auf SPON vom 09.06.2015, abgerufen am selben Tag unter: http://www.spiegel.de/politik/deutschland/innere-sicherheit-interview-mit-nrw-innenminister-jaeger-a-1037785.html.

1524 http://www.euractiv.de/sections/eu-innenpolitik/zoff-um-vorratsdatenspeicherung-ruf-nach-schaerferen-ueberwachungsgesetzen, abgerufen am 13.01.2015.

auf europäischer Ebene verstärkend, dass die Gewährleistung physischer Sicherheit eng verbunden ist mit ökonomischen Sicherheitsinteressen.[1525] Die Betonung der wirtschafts- und währungspolitischen Zusammenarbeit in der EU führte demnach nicht nur dazu, dass durch wirtschaftliche Verflechtung Sicherheit geschaffen wird, sondern auch dazu, Sicherheit zur Gewährleistung wirtschaftlicher Freiheit zu instrumentalisieren. Somit führte nicht nur die Weigerung der EU-Mitgliedstaaten nationale Verantwortung und Interessen im Bereich der inneren Sicherheit abzugeben, sondern auch die einzelstaatlichen Wirtschaftsinteressen dazu, dass der EU die notwendigen Kompetenzen zur Schaffung des RFSR nur unzureichend übertragen wurden.[1526]

(1) Gleichwohl hat der EU-Rat im Februar 2015[1527]eine Erklärung abgegeben, die Richtschnur für dessen Arbeit in den kommenden Monaten ist und sich auf die Sicherheit der Bürger als eine „unmittelbare Notwendigkeit" fokussiert. Im Kampf gegen den Terrorismus fordert der EU-Rat das EU-Parlament dazu auf, den überarbeiteten Kommissionsvorschlag der seit 2010[1528] anvisierten Richtlinie für ein EU-Konzept zur Verwendung von Fluggastdatensätzen **PNR-System (Passenger Name Record)** zur Speicherung von Fluggastdaten unter Beachtung von Datenschutzgarantien „dringend" zu beschließen.[1529] Nach jahrelangem Streit haben sich die EU-Innenminister im Dezember 2015 mit dem Innenausschuss des Europaparlaments grundsätzlich auf die umstrittene Speicherung und Auswertung von Fluggastdaten zur Terrorabwehr verständigt. Aus Datenschutzgründen hatte das EU-Parlament den Kommissionsentwurf bisher blockiert, unter dem Eindruck der Anschlagsserie in Paris jedoch nun einer europaweiten Fluggastdatenspeicherung zugestimmt, nach der die Datensätze mit 42 Einzelangaben[1530]

1525 Calliess, Die Europäisierung der Staatsaufgabe Sicherheit unter den Rahmenbedingungen des freiheitlichen Rechtsstaats, S. 73.

1526 Calliess, Die Europäisierung der Staatsaufgabe Sicherheit unter den Rahmenbedingungen des freiheitlichen Rechtsstaats, S. 73.

1527 In Brüssel am 12.02.2015, http://ec.europa.eu/deutschland/press/pr_releases/13045_de.htm, abgerufen am 19.01.2015; vgl. http://www.consilium.europa.eu/de/press/press-releases/2015/02/150212-european-council-statement-fight-against-terrorism/, abgerufen am 12.02.2015 sowie Ratsdokument Nr. 9798/15.

1528 Die Kommission hatte im Februar 2010 einen Vorschlag für eine Fluggastdatensatz-Richtlinie vorgelegt, der durch den LIBE-Ausschuss im April 2013 abgelehnt wurde.

1529 EU-Kommission, Ergebnisse des 3376. Rats-Treffen der Justiz- und Innenminister der EU am 12./13.03.2015, Dokument-Nr. 7178/15, S. 4. Der Ausschuss für bürgerliche Freiheiten des EU-Parlament hatte den ursprünglichen PNR-Kommissionsvorschlag im 2013 abgelehnt.

1530 Zu diesen persönlichen Daten gehören neben Name und Anschrift auch Informationen zu gewünschten Sondermahlzeiten, da so ersichtlich ist, ob jemand etwa nach halal-Richtlinien bereitetes Essen bestellt hat, vgl. http://www.euractiv.de/sections/verbraucherschutz/terrorbekaempfung-eu-kommission-will-fluggastdaten-speicherung-fuer-fuenf, abgerufen am 29.01.2015.

zur Einsichtnahme aller Sicherheitsbehörden als Kompromiss sechs Monate unverschlüsselt gespeichert werden und anschließend personalisiert fünf Jahre lang aufbewahrt und ausgewertet werden.[1531]

Auch wenn betroffene Bürger das Recht haben, sollen ihre Datensätze einzusehen und löschen zu lassen, verletzen diese pauschalisierenden Vorschläge beider EU-Organe zur anlasslosen sowie unterschiedslos erfolgenden Sammlung respektive Speicherung und damit Massenüberwachung der durch die EU unter Generalverdacht gestellten Fluggäste das Recht auf den Schutz des Privatlebens sowie der persönlichen Daten nach Art. 7 und 8 GRC. Zudem ist keine Notwendigkeit ersichtlich, die einen solchen umfassenden und verdachtslosen Eingriff im Sinne des Verhältnismäßigkeitsprinzips rechtfertigen würde. Zumal der EuGH bereits 2014 zur Vorratsdatenspeicherungs-Richtlinie geurteilt hatte, dass eine derartige anlasslose Überwachung aller Bürger durch eine Vorratsdatenspeicherung ohne konkreten Verdacht mit der Europäischen Grundrechtecharta unvereinbar sowie unverhältnismäßig ist.[1532] In diesem Sinne hat auch der Europäische Gerichtshof für Menschenrechte (EGMR) im Januar 2015 erst entschieden, dass die Überwachung privater Einzelpersonen aus Antiterrorgründen unzulässig ist.[1533]

(2) Daneben will die EU-Kommission den **Informationsaustausch über Terrorverdächtige** zwischen den Schengen-Staaten verbessern und hat zur Sicherung der EU-Außengrenzen Maßnahmen zur **Stärkung des SIS** angenommen:[1534] Bei der Überprüfung von Reisedokumenten an den Außengrenzen können nun durch die Mitgliedstaaten ungültig gemachte persönliche Ausweisdokumente von Personen, die sich Terrorgruppen außerhalb der EU anschließen könnten, konfisziert und die betroffene Person festgenommen werden. Zudem ist ein weitreichender Ausbau des SIS durch die EU-Kommission für 2017 geplant.[1535] Angesichts dieser umfangreichen geplanten Anti-Terror-Maßnahmen konstatiert die EU-Kommission, dass für eine neue

---

1531 Vgl. Art. 12 der RL (EU) 2016/681 vom 27.04.2016 über die Verwendung von Fluggastdatensätzen (PNR-Daten) zur Verhütung, Aufdeckung, Ermittlung und Verfolgung von terroristischen Straftaten und schwerer Kriminalität, in Kraft getreten am 24.05.2016.

1532 EuGH, Urteil vom 8. April 2014, verb. Rs. C-293/12 und C-594/12 (*Digital Rights Ireland u.a.*), siehe oben unter S. 313 ff.

1533 Pressemitteilung des EGMR v. 12.01.2016, ECHR 014 (2016).

1534 Am 29.01.2015, vgl. http://ec.europa.eu/deutschland/press/pr_releases/13045_de.htm, abgerufen am 19.01.2015.

1535 Das SIS soll ausgebaut werden, um den Informationsaustausch zwischen den Mitgliedstaaten über Straftäter und Gefährder technisch und operativ zu verbessern. Vgl. EU-Kommission, Presseerklärung v. 21.12.2016, IP/16/4402.

EU-Richtlinie zur Vorratsdatenspeicherung keine Notwendigkeit besteht[1536], zumal die Mitgliedstaaten unter Wahrung der vom EuGH genannten Grundsätze in dem Bereich der Vorratsdatenspeicherung selbst aktiv werden können.[1537] Gleichwohl verlangt Europol [1538], dass die aktuelle Europol-Reform so verändert wird, dass Europol mehr Rechte für seine Internetüberwachungseinheit (Internet Referral Unit, EU IRU) erhält, da es „unerlässlich" sei, dass Europol in Zukunft auch direkt in einen „Dialog" mit Internetunternehmen treten dürfe und vermehrt Daten sammelt, um seinen Auftrag zu erfüllen. Dieser Antrag ist sehr kritisch zu sehen, da Europol bereits umfassende Eingriffsrechte besitzt und zudem hier eine einseitige Sicherheitslogik ohne freiheitsrechtliche Ausrichtung verfolgt wird, die rechtsstaatlich nicht zu legitimieren ist.

Dennoch will die EU im Kampf gegen den Terrorismus die Außengrenzen stärker kontrollieren, die operativen Kompetenzen von Frontex stärken[1539] und vermehrt Daten zwischen den Sicherheitsbehörden austauschen. Dafür sollen anhand „gemeinsamer Risikoindikatoren" systematische Kontrollen von Einzelpersonen bei der Ein- und Ausreise aus dem Schengen-Raum eingeführt werden[1540], deren Daten mit den Anti-Terror-Datensätzen anderer EU-Behörden abgeglichen werden sollen. Daneben sollen die mitgliedstaatlichen Strafverfolgungs- und Justizbehörden den Informationsaustausch sowie die operative Zusammenarbeit untereinander sowie mit Europol und Eurojust intensivieren. Diese anvisierten ständigen Grenzkontrollen sind ein Verstoß gegen den Schengener Grenzkodex, welcher flächendeckende Kontrollen nur auf konkreten Verdacht hin und allein stichprobenartig erlaubt – etwas anderes hat auch der EuGH bisher nicht entschieden. Um sicherzustellen,

---

1536 Pressemitteilung der EU-Kommisssion vom 09.03.2015 anläßlich der Orientierungsdebatte zur künftigen Sicherheitsagenda, abgerufen an demselben Tag unter http://ec.europa.eu/deutschland/press/pr_releases/13145_de.htm.

1537 Das Bunderverfassungsgericht hatte die deutschen Vorgaben zur Vorratsdatenspeicherung bereits 2010 für rechtswidrig erklärt (BVerfG, Urteil v. 02.03.2010 (Vorratsdatenspeicherung), 1 BvR 256/08, 1 BvR 263/08, 1 BvR 586/08), seitdem gibt es keine deutsche Normierung mehr.

1538 „Europol will eine Datensuperbehörde werden", euroaktiv v. 10.11.2015, abgerufen am selbigen Tage unter http://www.euractiv.de/sections/eu-innenpolitik/europol-will-eine-datensuperbehoerde-werden-319340.

1539 EU-Kommission, Ergebnisse des 3376. Rats-Treffen der Justiz- und Innenminister der EU am 12./13.03.2015, Dokument-Nr. 7178/15, S. 5.

1540 EU-Kommission, Ergebnisse des 3376. Rats-Treffen der Justiz- und Innenminister der EU am 12./13.03.2015, Dokument-Nr. 7178/15, S. 4. Auch Bundesinnenminister Thomas de Maizière will Terrorkämpfer aus dem Ausland (sog. Foreign Fighters) vor der Einreise in die EU hindern und die Grenzkontrollen massiv verschärfen, vgl. http://www.euractiv.de/sections/eu-innenpolitik/anti-terror-massnahmen-eu-will-neue-leitlinien-gegen-kaempfer-312377, abgerufen am 24.02.2015.

dass EU-Grenzkontrollen im Einklang mit EU-Recht und insbesondere der GRC stehen, bedarf es einer besseren EU-Grenzüberwachungsgesetzgebung und keine vermehrte Überwachung sowie Datensammlung. Insbesondere die Aktivitäten von Frontex müssen gründlicher nach den Grundsätzen der Transparenz und Rechenschaftspflicht überprüft werden.[1541]

Auch wenn die RFSR-Sicherheitspolitik sich grundsätzlich zu ihrer Funktion zugunsten des Freiheitsschutzes bekennt, sind solche „ganzheitlichen" Sicherheitskonzepte, die die Freiheitsrechte in den größeren Zusammenhang einer umfassenden Sicherheit integrieren, problematisch. Den hier kann der Stellenwert der Freiheitsrechte davon abhängig gemacht werden, dass sie die ihnen zugedachte Sicherheitsfunktion tatsächlich erfüllen, sodass die Freiheitsrechte im Ergebnis in Abhängigkeit zur Sicherheitspolitik geraten.[1542] Aufgrund der massiven Ausweitung der Sammlung, Verarbeitung sowie Nutzung von Daten respektive Informationen der Bürger und der enormen Intensivierung der Vernetzung dieses Informationsaustausches, insbesondere mit der Sicherheitsbehörde Europol, sind die Grundrechte jedoch unzureichend geschützt. Zudem fehlt jeglicher Hinweis, dass auch in den inhaltlich primär sicherheitsorientierten Thematiken des RFSR, grundsätzlich alle Sicherheitsmaßnahmen dem Freiheitsrecht dienen müssen. Stattdessen werden auch hier wenig konkrete Verweise auf die Beachtung des Grundrechtsschutzes den Sicherheitsbestimmungen als Ausgleich hintenangestellt.

bb. Als weiteren Grundstein der dritten Hauptpriorität fordert das Programm[1543] eine **wirksamere europäische Zusammenarbeit im Bereich der Strafverfolgung**, wobei die Bekämpfung typischer grenzübergreifender Kriminalitätsformen, die große Auswirkungen auf den Alltag der EU-Bürger haben, prioritär ist. Hierbei soll Europol zu einem Knotenpunkt des Informationsaustauschs zwischen den mitgliedstaatlichen Strafverfolgungsbehörden werden, auch die Zusammenarbeit mit Interpol soll intensiviert werden. Zudem ist das Instrument der gemeinsamen Ermittlungsgruppen von den zuständigen nationalen Behörden so weit wie möglich einzusetzen, wobei Europol und Eurojust systematisch über diese Einsetzung informiert und in wichtige grenzüberschreitende Operationen einbezogen werden sollen. Es ist jedoch sicherzustellen, dass die Tätigkeit von Europol gemäß Art. 85 und 88 AEUV

1541 Guild/Carrera/Faure Atger, Challenges and Prospects for the EU's AFSJ: Recommendations to the European Commission for the Stockholm Programme, S. 15. Siehe hierzu auch Luisa Marin, „Protecting the EU's Borders from ... Fundamental Rights? Squaring the Circle Between Frontex's Border Surveillance and Human Right", in: Freedom, security, and justice in the European Union: internal and external dimensions of increased cooperation after the Lisbon treaty, Ronald L. Holzhacker/Paul Luif (Hrsg.), 1. Aufl., Springer Verlag, New York 2014, S. 75–100.

1542 Bielefeldt, Freiheit und Sicherheit im demokratischen Rechtsstaat, S. 22.

1543 Stockholmer Programm, a.a.O., unter 4.3.

durch das Europäische Parlament und die nationalen Parlamente kontrolliert und bewertet werden kann. Dieses wurde jüngst auch von dem EU-Rat noch einmal betont und soll nun besser ungesetzt werden[1544], was erfreulich ist. Nach dem Aktionsplan sollen Europol, SitCen und Eurojust in vollem Umfang in die Terrorismusbekämpfung einbezogen werden.[1545]

Zum Schutz vor schwerer und organisierter Kriminalität bedarf es nach dem Programm[1546] der Bekämpfung dieser Kriminalitätserscheinungen durch einen systematischen Informationsaustausch, die umfassende Nutzung der Unionseinrichtungen und Ermittlungsinstrumente und ggf. der Entwicklung gemeinsamer Ermittlungs- und Präventionsmethoden sowie eine stärkere Zusammenarbeit mit Drittländern.[1547] Ein weiterer Fokus gilt der Cyberkriminalität[1548], wobei ein sehr hohes Maß an Netzsicherheit und eine schnellere Reaktion auf Internet-Störungen oder Cyber-Angriffe ermöglicht werden muss. Zudem sollen nach dem Programm[1549] zur wirksameren Kriminalprävention aktiv Maßnahmen ergriffen werden, die verhindern, dass Kriminalität überhaupt erst entsteht, wie in Art. 84 AEUV festgelegt. Im Sinne des Freiheitsrechts ist es zu begrüßen, dass die Stockholmer Dokumente hier erstmals darauf hinwirken, sich im Rahmen der PJZS nicht nur auf restriktive Sicherheitsmaßnahme zu fokussieren, sondern auch auf die Ursachen für Kriminalität. Ebenso positiv ist es, dass die EU-Strategie den Schutz der Privatsphäre und Datenschutz allgemein als Leitprinzipien für die Cybersicherheit benennt. Die Umsetzungsmaßnahmen des Aktionsplans spiegeln dieses jedoch nicht ausreichend wider. Cybersicherheit kann kein Freibrief für die unbegrenzte Überwachung und Analyse persönlicher Daten sein, vielmehr hat Cybersicherheit eine grundlegende Rolle beim

---

1544 EU-Kommission, Ergebnisse des 3376. Rats-Treffen der Justiz- und Innenminister der EU am 12./13.03.2015, Dokument-Nr. 7178/15, S. 7.

1545 Stockholmer Aktionsplan, a.a.O., unter Anhang, S. 33 ff.

1546 Stockholmer Programm, a.a.O., unter 4.4.

1547 Stockholmer Programm, a.a.O., unter 4.4.2–4.4.6. Das Europäische Parlament und der Ministerrat haben sich auf die Einführung einer sogenannten „Europäischen Ermittlungsanordnung" geeinigt (Siehe Ratsdok.-Nr 11735/11 sowie Nr. 7805/13 v. 26.03.2013), das in Strafverfahren oder bei Verwaltungsangelegenheiten, die eine strafrechtliche Dimension haben, zur Anwendung kommen soll. Vgl. Bundesrechtsanwaltskammer, Nachrichten aus Brüssel, 20/2013 v. 29.11.2013. Die sog. die Visa-Warndatei wurde am 01.06.2013 in Deutschland in Betrieb genommen, vgl. Gesetz zur Errichtung einer Visa-Warndatei (Visa-Warndateigesetz, VWDG).

1548 Am 11.01.2013 wurde auf Vorschlag der Kommission das Europäische Zentrum zur Bekämpfung von Cyberkriminalität (European Cybercrime Center, ECC) eröffnet, welches Bürger und Unternehmen besser gegen Kriminalität im Internet schützen soll. Das ECC soll insb. gegen illegalen Online-Aktivitäten krimineller Organisationen vorgehen, die hohe Erträge abwerfen, EU-Kommission, IP/13/13 v. 09.01.2013.

1549 Stockholmer Programm, a.a.O., unter 4.3.2.

Online-Schutz der Privatsphäre und des Datenschutzes einzunehmen, indem die Datenverarbeitung verhältnismäßig und rechtmäßig erfolgt.[1550]

d) *Zugang zu Europa*

Als die vierte Hauptpriorität setzt das Programm den Zugang zu Europa in einer globalisierten Welt fest, indem das integrierte Grenzmanagement und die Visumpolitik des RFSR den Zielen dienen sollen, den rechtmäßigen Zugang zur EU zu erleichtern sowie parallel dazu die illegale Einwanderung und grenzüberschreitende Kriminalität zu bekämpfen, um die Sicherheit der EU-Bürger zu gewährleisten.[1551] Grundlegend ist dafür nach dem Programm das integrierte Grenzmanagement des RFSR für die Außengrenzen.[1552] Dabei darf die Verstärkung der Grenzkontrollen aber nicht den Zugang zu Schutzsystemen verhindern.[1553] Es sind zudem die Tätigkeiten von Frontex und des Europäischen Unterstützungsbüros für Asylfragen (EASO) in Bezug auf die Aufnahme von Migranten an den EU-Außengrenzen zu koordinieren[1554], wobei die Rolle von Frontex ausgebaut und die Schaffung einer Europäischen Grenzschutztruppe geprüft werden soll.

Darüber hinaus ist die notwendige Zusammenarbeit zwischen den Mitgliedstaaten und Frontex derart zu gestalten, dass die erforderlichen Überwachungsdaten unverzüglich gemeinsam genutzt werden können. Zudem sollten die Möglichkeiten eines umfangreicheren Informationsaustauschs und einer engeren Zusammenarbeit zwischen Grenzschutzbehörden und anderen Strafverfolgungsbehörden evaluiert werden, damit die Effizienz verstärkt und die grenzüberschreitende Kriminalität wirksamer bekämpft werden kann.

Dabei wird von dem Programm der weitere schrittweise Ausbau des Europäischen Grenzüberwachungssystem EUROSUR (European Border Surveillance System) an den Ost- und Südgrenzen begrüßt. Zudem ist die Inbetriebnahme des SIS II[1555] und die Einführung des VIS[1556] weiterhin ein wichtiges Ziel, wobei das VIS mittelfristig in das SIS II integriert werden soll.[1557] Darüber hinaus soll nach dem Programm zur Verbesserung der Sicherheit der EU-Bürger, ein elektronisches

---

1550 Stellungnahme des Europäischen Datenschutzbeauftragten (Peter Hustinx). zur EU-Cybersicherheitsstrategie; IP/13/94 v. 07.02.2013; EDPS/13/6 v. 17.06.2013.

1551 Stockholmer Programm, a.a.O., unter 1.1.

1552 Stockholmer Programm, a.a.O., unter 5.1.

1553 Siehe hier auch das Urteil des EGMR vom 23.02.2012 in der Rs. *Hirsi Jamaa u.a. gegen Italien* (27765/09), welches zugunsten nach Libyen abgeschobener Flüchtlinge erging.

1554 Mittlerweile sind die Befugnisse von Frontex erheblich ausgeweitet worden, vgl. Frontex-Verordnung. Zudem gibt es einen internen Grundrechtebeauftragten, jedoch keine unabhängigen Beobachter.

1555 Das SIS II wurde am 09.04.2013 in Betrieb genommen, IP/13/309 der EU-Kommission.

1556 Das VIS wurde am 11.10.2011 in Betrieb genommen, IP/11/1169 der EU-Kommission.

1557 Müller-Graff/Repasi, Asyl-, Einwanderungs- und Visapolitik, S. 151.

System zum automatischen Abgleich aller Personen, die in den Schengen-Raum einreisen oder aus diesem ausreisen, mit einschlägigen Datenbanken eingeführt werden (Einreise-/Ausreisesystem[1558]), die die Mitgliedstaaten austauschen können.[1559] Diese Möglichkeiten durch neue und interoperable Technologien bergen ein großes Potenzial für ein effizienteres und sichereres Grenzmanagement, sollten jedoch nicht zu einer Diskriminierung von Reisenden führen. Der Aktionsplan enthält Konkretisierungen, die Grundrechte oder andere freiheitsrechtliche Aspekte jedoch nicht inkludieren.[1560]

aa. Die Notwendigkeit der **Sammlung und Speicherung exzessiver Mengen personenbezogener Daten** ist kritisch zu sehen, da es keine eindeutigen Beweise dafür gibt, dass die Schaffung eines intelligenten Grenzkontrollsystems für die EU-Außengrenzen ihr erklärtes Ziel erreichen wird und keine Anzeichen dafür, dass dieses effizient genug sein wird, um die Eingriffe in die Privatsphäre zu rechtfertigen. Die Einrichtung weiterer Datenbanken neben VIS, SIS, CIS, Eurodac, die eine große Menge an personenbezogenen Daten speichern werden, ist unverhältnismäßig – zumal die zunehmende Anzahl von Datenbanken im RFSR es betroffenen Bürgern schwieriger macht, ihre Rechte auszuüben. Der allgemeine Trend, Strafverfolgungsbehörden Zugang zu personenbezogenen Daten von Personen, die im Prinzip keiner Straftat verdächtigt sind, zu geben, ist eine gefährliche Entwicklung hin zu einem europäischen Überwachungsstaat unter Sicherheitsdiktat[1561], indem die EU-Bürger unter Generalverdacht gestellt werden, was einer rechtsstaatlichen Ausrichtung des EU-Handelns am Freiheitsrecht massiv widerspricht.

In diesem Zusammenhang ist es auch äußerst problematisch, dass die EU im Rahmen des RFSR an einer umfassenden und weitgehend automatischen Überwachungsplattform für öffentliche Räume namens „INDECT" arbeitet. Dieses Projekt befasst sich mit der intelligenten Überwachung von Gefahren im öffentlichen Raum sowie im Internet und mit Datenschutz bzw. Verschlüsselung. Dabei soll die Indect-Plattform auch auf soziale Netzwerke und Überwachungsdrohnen zugreifen sowie mittels Software die Beziehungsmuster zwischen Menschen und Organisation erkennen, indem sie Websites und soziale Netzwerke analysiert.[1562] Diese anvisierte umfassende und anlasslose Überwachung des öffentlichen Raumes durch INDECT ist als eine weitere Stufe der bereits hohen Sicherheitsausrichtung im RFSR stark zu beanstanden

1558 Das Einreise/Ausreisesystem stützt sich auf die Nutzung von Biometrie (Fingerabdrücke), um an den Grenzen die Identitäten von Personen zu bestätigen und die Aufenthaltsdauer von Drittstaatsangehörigen zu berechnen; EDPS/13/08 v. 19.07.2013.

1559 EU-Kommission, 15.12.2015, IP/15/6327.

1560 Stockholmer Aktionsplan, a.a.O., unter Anhang, S. 47 f.

1561 Vgl. auch die Stellungnahme des Europäischen Datenschutzbeauftragten, EDPS/13/08 v. 19.07.2013.

1562 Siehe http://www.indect-project.eu.

und wird angesichts des Fehlens jeglicher Ausrichtung am Freiheitsrecht nicht fernliegend als ein Projekt „Orwell'schen Ausmaßes" bezeichnet.[1563]

bb. Das mittlerweile aktivierte **Grenzkontrollsystem Eurosur**[1564] ist ein Kommunikationsnetzwerk, das die Erkennung, Vorbeugung und Bekämpfung der illegalen Einwanderung und grenzüberschreitenden Kriminalität durch einen verstärkten sowie effektiveren Informationsaustausch verbessern soll.[1565] Eurosur läuft unter der Führung der EU-Grenzschutzagentur Frontex, die eine wichtige Rolle bei der Erstellung und Analyse des „Europäischen Lagebilds" anhand der von den Mitgliedstaaten zusammengetragenen Informationen einnimmt, welche durch Überwachungsinstrumente wie Radar, Satellitenbildern, Drohnen oder Schiffsmeldesystemen einen Austausch von Daten in Echtzeit ermöglicht. Eurosur muss zwar die GRC beachten und insbesondere den Schutz personenbezogener Daten[1566], dennoch stellt Eurosur eine besonders eklatante Fortsetzung der sicherheitsorientierten repressiven Logik der RFSR-Flüchtlingspolitik dar, was sehr kritisch zu sehen ist. Die innen- und justizpolitische Zusammenarbeit im RFSR wird hier vor allem deshalb vertieft, um Wohlstand vor „Gefahren von außen" durch Flüchtlinge und Migranten unter Außerachtlassung elementarer freiheitsrechtlicher Gewährleistungen zu schützen[1567], was einen schwerwiegenden Verstoß gegen ein angemessenes Verhältnis von Freiheit und Sicherheit bedeutet. Die Militarisierung der EU-Grenzen durch Eurosur als politische Antwort des RFSR auf die Migrationsprobleme ist zudem skandalös, da je mehr die Grenzen militarisiert werden, desto gefährlicher werden die Routen, welche die Flüchtlinge nehmen müssen, sodass die Militarisierung der Grenzen das Ausmaß der Tragödien an den EU-Küsten maximiert, ohne den Abwanderungsdruck zu lindern.[1568]

Damit ist Eurosur ein anschauliches Beispiel für die Grundrechte-/Rechtsstaatlichkeit-Spannung in den politischen Prozessen des RFSR. Die Umsetzung der integrierten Grenzverwaltungsstrategie wurde stark beeinflusst durch den Sicherheitszusammenhang zwischen der unregelmäßigen

---

1563 Vgl. Tretter, Die EU aus datenschutzrechtlicher Sicht – Ein RFSR?, S. 45.

1564 Eurosur wurde am 02.12.2013 in Betrieb genommen, Legislative Entschließung des Europäischen Parlaments vom 10. Oktober 2013 zu dem Vorschlag für eine Verordnung des Europäischen Parlaments und des Rates zur Errichtung eines Europäischen Grenzüberwachungssystems (EUROSUR), P7_TA(2013)0416.

1565 Pressemitteilung des EU-Parlamentes vom 10.10.2013, abgerufen am 17.10.2013 unter http://www.europarl.europa.eu/news/de/news-room/content/20131007IPR21624/html/EU-Grenzkontrollen-Abgeordnete-verabschieden-Eurosur-Regeln.

1566 Europäische Kommission – IP/13/1182 v. 29.11.2013 sowie DIE WELT, abgerufen am 02.12.2013 unter http://www.welt.de/politik/ausland/article122476529/EU-bekaempft-illegale-Einwanderung-per-Satellit.html.

1567 Heilig, Freiheit und Sicherheit in Europa: Trilog zur europäisierten Innenpolitik, S. 74.

1568 EU-Kommission, Vertretung in Deutschland EU-Nachrichten, Themenheft Nr. 21/2007, Teil 2 (Migration), S. 9.

Form der menschlichen Mobilität sowie Grenzsicherheit und von einem unbewiesenen Glauben in die Sicherheitstechnik als „ultrasolution" für jede konstruierte Bedrohung mit der die EU konfrontiert werden könnte. Indem Grenzmanagement und irreguläre Migration zusammen behandelt wird, trägt die Kommission einer kriminalisierten Perspektive auf Migration Rechnung. Die dramatische Entwicklung der elektronischen technischen Möglichkeiten im Bereich der Sicherheit erweckt den fehlerhaften Eindruck, dass es eine technische Lösung für soziale Probleme gibt.[1569] Dieses ist nicht nur falsch, sondern führt insbesondere zur Stigmatisierung von Personengruppen auf der Grundlage der Erfassung und Verwendung ihrer personenbezogenen Daten. Nirgendwo wird dies deutlicher als in dem RFSR, mit der Entwicklung von Eurosur, SIS II, VIS, Eurodac etc.[1570]

Das Europäische Parlament hat gleichwohl den Vorschlag der Europäischen Kommission zur Schaffung einer europäischen Agentur für Grenz- und Küstenschutz („European Border and Coast Guard")[1571] angenommen, die seit Oktober 2016 im Einsatz ist.[1572] Der Schwerpunkt des neuen EU-Grenzschutzes liegt auf der Prävention von Schwachstellen beim mitgliedstaatlichen Management der Außengrenzen, indem die nationalen Grenzschutzbehörden unterstützt, beobachtet und bei Bedarf verstärkt werden. Ziel ist es hierdurch die EU-Außengrenzen besser zu schützen, um so die innere Sicherheit zu erhöhen und den wachsenden Migrationsdruck besser steuern zu können. Dazu erhält der Grenz- und Küstenschutz insbesondere erweiterte Kompetenzen sowie mehr Personal und Ausrüstung.[1573] So hat die Agentur das Recht, unmittelbar tätig zu werden und europäische Grenzschutz- und Küstenwache-Teams einzusetzen, wenn ein Mitgliedstaat nicht in der Lage oder nicht gewillt ist, die erforderlichen Grenzsicherungsmaßnahmen zu treffen.[1574] Damit ist der neue EU-Grenzschutz zuvorderst restriktiv auf Sicherheit ausgerichtet und lässt keine freiheitsrechtliche Rationale erkennen.

1569 D. Bigo, S. Carrera and E. Guild, What Future for the Area of Freedom, Security and Justice? – Recommendations on EU Migration and Border Policies in a Globalising World, CEPS Policy Brief No. 156, Centre for European Policy Studies, Brussels, March 2008. Ebenso unter Vollmer, Europäische Migrations- und Außengrenzenpolitik – Wege aus der Sackgasse?, S. 58.

1570 Guild/Carrera/Faure Atger, Challenges and Prospects for the EU's AFSJ: Recommendations to the European Commission for the Stockholm Programme, S. 7 ff. Siehe hierzu eingehend unter Evelien Brouwer, Digital Borders and Real Rights: Effective Remedies for Third-Country Nationals in the Schengen Information System, Wolf Legal Publishers, Nijmegen 2008.

1571 EU-Kommission, 15.12.2015, IP/15/6327.

1572 EU-Kommission, Pressemitteilung, v. 15.12.2015, IP/15/6327.

1573 Vgl. Europäische Kommission – Pressemitteilung, v. 15.12.2015, IP/15/6327.

1574 Presseerklärung der EU-Kommission vom 10.01.2017; EU-Kommission, 15.12.2015, IP/15/6327.

cc. Diese negative Ausrichtung der Grenzschutzpolitik im RFSR bestätigt die 2014 verabschiedete Verordnung[1575] zur Festlegung von Regelungen für die **Überwachung der Seeaußengrenzen** im Rahmen der von Frontex koordinierten operativen Zusammenarbeit. Diese Verordnung sollte die erwähnte EGMR-Rechtsprechung in der Rechtssache *Hirsi Jamaa u.a.*[1576] aufnehmen[1577], welche Italiens Zurückweisungspolitik von Flüchtlingen auf Hoher See als rechtswidrig verurteilt hatte. Nach der neuen Verordnung können Flüchtlingsboote von Frontex-Beamten abgefangen, an der Weiterfahrt gehindert, durchsucht sowie beschlagnahmt und die an Bord befindlichen Personen In Gewahrsam genommen werden.[1578] Außerdem kann das Boot angewiesen werden den Kurs zu ändern, was durch Eskortieren oder Geleiten des Schiffs sowie das Befördern der an Bord befindlichen Personen zu einem Drittstaat, sichergestellt werden kann.[1579] Zwar enthält die Verordnung grundrechtliche Bestimmungen und konstatiert u.a., dass Personen entgegen des Grundsatzes der Nichtzurückweisung nicht in Drittstaaten überstellt werden dürfen, in denen den Betroffenen Folter, unmenschliche Behandlung oder andere Menschenrechtsverletzungen drohen.[1580] Allerdings sind die konkretisierenden Bestimmungen zur Umsetzung äußerst vage und die Zuständigkeitsfragen bezüglich der Aufnahme von Flüchtlingen weiterhin ungeklärt. Zudem ist die Vorstellung fragwürdig, auf See eine faire und rechtsstaatliche Prüfung von Asylgesuchen vorzunehmen.[1581] Insgesamt erscheinen die freiheitsrechtlichen Verpflichtungen als viel zu unzureichend und wenig konkret hinsichtlich der weitreichenden Befugnisse für Frontex-Beamten, sodass der Schwerpunkt weiterhin auf der verstärkten Abwehr, anstatt auf einer freiheitlichen RFSR-Flüchtlingspolitik liegt.

1575 Legislative Entschließung des Europäischen Parlaments vom 16. April 2014 zu dem Vorschlag für eine Verordnung des Europäischen Parlaments und des Rates zur Festlegung von Regelungen für die Überwachung der Seeaußengrenzen im Rahmen der von der Europäischen Agentur für die operative Zusammenarbeit an den Außengrenzen der Mitgliedstaaten der Europäischen Union koordinierten operativen Zusammenarbeit, COM(2013)0197 – C7-0098/2013 – 2013/0106(COD), A7-0461/2013, P7_TA-PROV(2014)0418.

1576 EGMR, Urteil vom 23.02.2012 (*Hirsi Jamaa u.a. gegen Italien*), Rs. 27765/09.

1577 Siehe auch Mariagiulia Giuffre, „Watered-down rights on the high seas: Hirsi Jamaa and others v Italy“, in: International & Comparative Law Quarterly 2012, Cambridge University Press 2014, S. 728–750.

1578 Art. 6, 7 und 8 VO, a.a.O.

1579 Art. 7 VO, a.a.O.

1580 Art. 4. 9 und 13 VO, a.a.O.

1581 Zumal Rechtsbeistände, Übersetzer etc. bei Frontex-Operationen nur zum Einsatz kommen sollen, wenn das als „notwendig“ erachtet wird, vgl. Art. 6–8 VO, a.a.O.

Diese Ausrichtung bestätigt die von Frontex koordinierte EU-Mission „Triton", welche 2014 die erfolgreiche italienische Seenotrettungsmission „Mare Nostrum"[1582] ablöste.[1583] Denn während Mare Nostrum primär eine humanitäre Such- und Rettungsoperation war, liegt der Fokus bei Triton explizit[1584] in der Verstärkung der Überwachung der EU-Außengrenzen und hat die Seenotrettung von Flüchtlingen allein als Nebeneffekt, was ein fundamentaler Unterschied ist.[1585] Es ist stark zu kritisieren, dass bei Triton zuvorderst die Grenzsicherung, und nicht die Rettung von Menschenleben im Fokus steht. Diese Ausrichtung auf Sicherheit anstelle von Menschenrechten widerspricht dem Wertekanon der EU. Es ist unerlässlich, dass die EU das Gemeinsame Europäische Asylsystem umsetzt und Anstrengungen unternimmt, um ein echtes Europäisches Migrationsprogramm zu etablieren. Ein Schritt in die richtige Richtung ist daher, dass sich Frontex und Italien in Abstimmung mit den anderen beteiligten Mitgliedstaaten auf einen neuen Einsatzplan für Triton geeinigt haben, der das Einsatzgebiet nach Süden bis an die Grenze der maltesischen Seenot-Rettungszone ausweitet und damit zumindest wieder dem Einsatzgebiet der früheren Operation Mare Nostrum entspricht.[1586]

dd. Die RFSR-Migrationspolitik leidet im Ganzen unter behaupteten Unsicherheiten, nach denen die Migranten/Flüchtlinge die Ursache von Unsicherheit sind und Migration nicht als natürliches Phänomen, sondern als Anomalie respektive Problem begriffen und kriminalisiert sowie illegalisiert wird.[1587] Besonders zu beanstanden ist, dass im Stockholm-Programm Asylaspekte mit der

---

1582 Nach den Schiffsunglücken vor Lampedusa 2013 hatte Italien die Rettungsmission „Mare Nostrum" als eine militärische Operation mit humanitären Zwecken gegründet.

1583 http://ec.europa.eu/deutschland/press/pr_releases/13101_de.htm, Pressemitteilung abgerufen am 19.02.2015.

1584 Rat der Europäischen Union, Sachstand hinsichtlich der vom Europäischen Rat im Bereich der Union der Freiheit, der Sicherheit und des Rechts vorgegebenen Leitlinien v. 14. Oktober 2014, Nr. 5. So auch Gil Arias, der stellvertretende Dirketor von Frontex, unter http://www.europaforum.public.lu/fr/actualites/2014/09/pe-comm-libe-frontex-triton/index.html, abgerufen am 20.09.2014. Ebenso die Erklärung der ehemaligen EU-Innenkommissarin Malmström: http://europa.eu/rapid/press-release_STATEMENT-14-346_en.htm; http://ec.europa.eu/deutschland/press/pr_releases/12819_de.htm, abgerufen am 31.10.2014.

1585 Darüberhinaus ist Triton auch in finanzieller und technischer Hinsicht deutlich schlechter ausgestattet als Mare Nostrum.

1586 Europäische Kommission, Pressemitteilung, „Erste Vorschläge der Europäischen Kommission zur Umsetzung der Migrationsagenda", 27.05.2015, IP/15/5039.

1587 Vollmer, Europäische Migrations- und Außengrenzenpolitik – Wege aus der Sackgasse?, S. 57.

Grenzsicherheit in Verbindung gebracht werden und so suggeriert wird, dass hier eine Beziehung besteht, die tatsächlich nicht gegeben ist.[1588] So verdeutlichen etwa das VIS, SIS II sowie das geplante umfassende Entry-/Exit-System anhand deren umfassender elektronischer Erfassung die unproportionale Handhabung des Zugangsrechts im RFSR. Es bedarf einer klaren Unterscheidung zwischen einer imaginären und einer realen Gefährdung, um eine Balance zwischen Sicherheit und freiheitlicher Migration im RFSR zu etablieren.[1589] Der Schritt der EU in Richtung einer gemeinsamen Einwanderungspolitik wurde hier nicht mit der erforderlichen Offenheit getan,[1590] sodass es einer Neuorientierung der Migrationsstrategie im RFSR dringend bedarf[1591], welche die Institutionalisierung sowie Weiterentwicklung der Grundrechte und ethischen Implikationen der RFSR-Politik umfassen muss.[1592]

Insgesamt betrachtet wird nur anfangs durch die vierte Hauptpriorität ein Augenmerk auf einen angemessenen Ausgleich von Freiheit und Sicherheitsmaßnahmen gelegt. Im Weiteren zeigt sich jedoch deutlich, dass auch der Zugang zu Europa in einer globalisierten Welt vor allem der kontrollierten Abschottung nach außen durch Grenzmanagement dienen soll und zuvorderst auf das Sicherheitselement ausgerichtet ist. Ebenso ist auch die größere Rolle von Frontex und der zu intensivierende Informationsaustausch zu lesen, die in keinem Zusammenhang zu dem Freiheitsrecht gebracht werden. Stattdessen werden freiheitliche Gesichtspunkte nur allgemein und lapidar erwähnt. Der Schwerpunkt der politischen Aktivitäten im RFSR liegt dagegen im Ausbau der Außengrenzkontrollen mit der Stärkung von Frontex, der Inbetriebnahme von Eurosur sowie Eurodac, VIS und SIS II, sodass hier ein Ausbau der „Festung Europa" entsteht.[1593] Insbesondere die Fokussierung auf die Weiterentwicklung sowie Vernetzung der Informationssysteme im RFSR birgt das Risiko eines weiteren Schrittes in Richtung der EU als eine Europäische Überwachungsgesellschaft.[1594]

1588 Kaunert, European Internal Security – Towards supranational governance in the AFSJ, S. 223.

1589 Apap, Conclusion: A Practical Set of Recommendations, S. 320.

1590 Apap, Conclusion: A Practical Set of Recommendations, S. 321; so auch den Boer, S. 18.

1591 Vollmer, Europäische Migrations- und Außengrenzenpolitik – Wege aus der Sackgasse?, S. 58.

1592 Guild/Carrera/Faure Atger, Challenges and Prospects for the EU's AFSJ: Recommendations to the European Commission for the Stockholm Programme, S. 7 ff. Siehe hierzu eingehend unter Evelien Brouwer, Digital Borders and Real Rights: Effective Remedies for Third-Country Nationals in the Schengen Information System, Wolf Legal Publishers, Nijmegen 2008.

1593 Müller-Graff/Repasi, Asyl-, Einwanderungs- und Visapolitik, S. 151 ff.

1594 Peers, EU Justice and Home Affairs Law, S. 225.

e) Europa der Verantwortung

Die fünfte Hauptpriorität ist nach dem Programm ein Europa der Verantwortung, der Solidarität und der Partnerschaft in Migrations- und Asylfragen.[1595] Die Entwicklung einer umfassenden EU-Migrationspolitik ist als eines der politischen Hauptziele des RFSR festgesetzt, in dessen Rahmen ein gemeinsames Asylsystem geschaffen werden soll, welches Menschen, die internationalen Schutz benötigen, den Zugang durch die Gestaltung der legalen Migration rechtlich sichert und ein effizientes Asylverfahren gewährleistet.[1596] Aufgrund des zunehmenden Drucks durch illegale Migrationsströme soll jedoch neben der Erhaltung eines glaubwürdigen bzw. nachhaltigen EU-Zuwanderungs- und Asylsystems auch die illegale Zuwanderung bekämpft werden.[1597]

aa. Ein Grundstein dieser Hauptpriorität ist es daher **Menschenhandel und Schleusung** zu bekämpfen. Hierbei ist der Fokus auf die Kooperation mit Drittländern an den Migrationsrouten zu legen. [1598] Zusammen mit Herkunftsländern soll auf diese Weise eine konzertierte Mobilität und Migration gefördert werden und dabei mehr Möglichkeiten für eine würdige Existenzsicherung in Drittländern geschaffen werden, damit die Abwanderung hochqualifizierter Kräfte möglichst gering gehalten wird.[1599]

In diesem Zusammenhang hat die EU-Kommission 2015 die neue **Europäische Migrationsagenda** vorgestellt[1600], welche auf den politischen Leitlinien von Kommissionspräsident Juncker basiert und die Verbesserung des Umgangs mit der Migration erstmals zu einer ausdrücklichen Priorität der

---

1595 Stockholmer Programm, a.a.O., unter 1.1.

1596 Eine sog. Aussetzungsklausel als Kernelement der Änderungen der EG-Verordnung Nr. 539/2001 über die Bestimmung der visumpflichtigen und visumfreien Drittstaaten (Legislative Entschließung des Europäischen Parlaments vom 12.09.2013, P7_TA(2013)0370 sowie Europäische Kommission, KOM(2013) 853 final, v. 27.11.2013) ermöglicht es jedoch künftig den EU-Mitgliedstaaten bei einem erheblichen Missbrauch als Ultima Ratio eine bereits eingeführte Visumfreiheit zeitlich beschränkt wieder rückgängig zu machen; siehe Art. 1a der konsolidierten Verordnung EG Nr. 539/2001.

1597 Stockholmer Programm, a.a.O., unter 6.

1598 Stockholmer Programm, a.a.O., unter 6.1.1.

1599 Stockholmer Programm, a.a.O., unter 6.1.2. Stockholmer Aktionsplan, a.a.O., unter Anhang, S. 53 f. Siehe hierzu den Kommissionsvorschlag IP/11/532.

1600 Europäische Kommission, Pressemitteilung, Migration besser bewältigen – die Europäische Agenda für Migration, 13 Mai 2015, IP/15/4956. Europäische Kommission, Pressemitteilung, „Erste Vorschläge der Europäischen Kommission zur Umsetzung der Migrationsagenda“, 27.05.2015, IP/15/5039. Der Kommissionsvorschlag muss nach Anhörung des Europäischen Parlaments vom Rat mit qualifizierter Mehrheit angenommen werden.

Kommission erklärt. Kommissionspräsident Juncker konstatierte dazu[1601], dass es ein Gebot der Menschlichkeit sei, auf der Grundlage der gemeinsamen Werte die Bedürftigen durch eine starke gemeinsame Asylpolitik zu schützen. Ein weiterer Teil der Migrationsagenda[1602] verlangt schnellere Abschiebungen illegaler Einwanderer sowie Anreize für Transit- und Herkunftsländer, Flüchtlinge wieder aufzunehmen. Dabei sollen insbesondere auch anhand des Instruments der Entwicklungszusammenarbeit diejenigen Staaten belohnt werden, die mit der EU zusammenarbeiten. Frontex soll dabei nicht nur wie bisher Abschiebungen für die Mitgliedstaaten koordinieren und finanzieren, sondern nunmehr auch selbst einleiten können. Es ist sehr positiv für einen ausgeglichenen RFSR, dass die Verbesserung des Umgangs mit Migration nunmehr eine Priorität im RFSR darstellt, ohne allein auf deren Bekämpfung abzustellen. Besonders hervorzuheben ist daher, dass Juncker die legale Zuwanderung voranbringen möchte, auch wenn diese allein im Zusammenhang mit dem Fachkräftemangel sowie den demographischen Herausforderungen in der EU genannt wird und nicht als freiheitsrechtlicher Aspekt aufgrund der Menschenrechte als solcher.

Als Sofortmaßnahme hat das Europäische Parlament 2015 den Vorschlag der EU-Kommission im Dringlichkeitsverfahren für einen Notfallplan zur Umsiedlung von 120.000 Asylsuchenden aus Italien, Griechenland und Ungarn innerhalb der EU angenommen.[1603] Kommissionspräsident Juncker hatte hierbei gegen den Willen der Mitgliedstaaten einen mutigen Vorschlag für eine gerechtere Verteilung der Flüchtlinge gemacht[1604], indem die EU-Kommission eine verbindliche Quote zur Verteilung von Flüchtlingen vorgeschlagen[1605] hatte

---

1601 Jean-Claude Juncker, Ein neuer Start für Europa: Meine Agenda für Jobs, Wachstum, Fairness und demokratischen Wandel, Politische Leitlinien für die nächste Europäische Kommission, Rede zur Eröffnung der Plenartagung des Europäischen Parlaments am 15. Juli 2014 in Straßburg, abgerufen am 20.03.2015 unter http://ec.europa.eu/priorities/docs/pg_de.pdf, S. 10–11.

1602 Europäische Kommission, Pressemitteilung, Migration besser bewältigen – die Europäische Agenda für Migration, 13 Mai 2015, IP/15/4956. Europäische Kommission, Pressemitteilung, „Erste Vorschläge der Europäischen Kommission zur Umsetzung der Migrationsagenda", 27.05.2015, IP/15/5039.

1603 Pressemitteilung des Europäischen Parlamentes von 25.09.2015, REF: 20150915 IPR93259.

1604 Europäische Kommission, Pressemitteilung, „Erste Vorschläge der Europäischen Kommission zur Umsetzung der Migrationsagenda", 27.05.2015, IP/15/5039.

1605 Europäische Kommission, Pressemitteilung, Migration besser bewältigen – die Europäische Agenda für Migration, 13 Mai 2015, IP/15/4956. Europäische Kommission, Pressemitteilung, „Erste Vorschläge der Europäischen Kommission zur Umsetzung der Migrationsagenda", 27.05.2015, IP/15/5039. Großbritannien, Irland und Dänemark müssten an dem Quotensystem aufgrund der dargelegten Ausnahmerechte im RFSR nicht partizipieren.

mit einem Verteilungsschlüssel, welcher sowohl der Aufnahme- als auch der Integrationskapazität der Mitgliedstaaten Rechnung trägt. Doch insbesondere die östlichen EU-Länder sowie auch Deutschland und Frankreich, sperrten sich gegen die Kommissionspläne, da sie sich zu stark belastet sahen und eine dauerhafte Aufweichung der Dublin-Regeln befürchten.[1606] Daher basiert die Umverteilung von Flüchtlingen in der EU weiterhin auf einer einmaligen Regelung, ein dauerhafter Verteilungsschlüssel ist bisher gescheitert. Die Unfähigkeit der EU-Mitgliedstaaten eine bindende Regelung zur Verteilung der Flüchtlinge zu finden ist angesichts der rund 500 Millionen Einwohnern der EU enttäuschend und lässt an einer fundierten Solidarität zwischen den Mitgliedstaaten zweifeln. Daher ist es im Sinne einer fairen Lastenverteilung angesichts der Außengrenzländer zu begrüßen, dass nun doch eine Einführung eines ständigen Mechanismus zur Abänderung der Dublin-Regelung geplant ist, die bestimmt, welcher Mitgliedstaat für die Abwicklung der Asylanträge zuständig.[1607]

Der Kommissionspräsident hat die mitgliedstaatlichen Regierungen wiederholt zu einer raschen Umsetzung der gemeinsamen Beschlüsse zur Bewältigung der Flüchtlingskrise aufgefordert.[1608] Die Umsetzung der beschlossenen Flüchtlingsaufnahme respektive -Verteilung im RFSR gestaltet sich jedoch äußerst schwierig und kommt nur langsam voran, da immer mehr Mitgliedstaaten einen Aufnahmestopp sowie Grenzkontrollen bzw. -zäune einführen, da sie sich am Ende ihrer Kapazitäten sowie in ihrer innere Sicherheit bedroht sehen.[1609] Derartige Obergrenzen widersprechen jedoch einem an dem Freiheitsrecht aller Menschen ausgerichteten RFSR und dementsprechend auch dem EU-Asylrecht, nach dem jeder Asylberechtigte das Anrecht darauf hat, als Flüchtling anerkannt zu werden. In diesem Sinne hält auch der Präsident des EuGH Koen Lenaerts die in mehreren Mitgliedsländern geplante Obergrenze für die Aufnahme von Flüchtlingen für schwer vereinbar mit europäischem Recht.[1610] Schwerwiegend ist hier besonders, dass die Terrorismusdebatte oftmals zulasten der Flüchtlinge austragen wird, die Schutz und Sicherheit vor demselben Terrorismus in der EU suchen. Es fehlt an einer sachlichen Auseinandersetzung mit der Thematik, die zuvorderst an dem Freiheitsrecht der Menschen orientiert sein sollte und nicht an nationalen Sicherheitserwägungen. Die

---

1606 Europäische Kommission, Pressemitteilung, Migration besser bewältigen – die Europäische Agenda für Migration, 13.05.2015, IP/15/4956.

1607 Entschließung des EU-Parlaments vom 10.09.2015, REF: 20150904IPR91613.

1608 Pressemitteilung der EU-Kommission v. 30.10.2015, siehe http://ec.europa.eu/deutschland/press/pr_releases/13732_de.htm.

1609 So haben etwa Deutschland, Österreich, Dänemark, Norwegen und Schweden Schengen-Grenzkontrollen wiedereingeführt, welche jüngst durch den Rat für weitere drei Monate verlängert wurden, vgl. EU-Kommission, Pressemitteilung v. 11.11.2016.

1610 Vgl. Artikel von Dario Sarmadi auf EurActiv.de v. 18.01.2016, abgerufen am 24.01.2016 unter www.euractiv.de/sections/eu-innenpolitik/eugh-praesident-fluechtlings-obergrenze-mit-eu-recht-kaum-vereinbar-321050.

Grenzaufrüstung sowie Aufnahmestopps schaden den Errungenschaften eines einheitlichen RFSR, insbesondere dem Schengen-Raum und damit der Freizügigkeit innerhalb der EU und sind zudem nutzlos, da die Flüchtlingskrise ohne eine wirksame Bekämpfung der Fluchtursachen nicht zu lösen ist.

An dem Umgang mit der Flüchtlingskrise in dem RFSR zeigen sich wiederholt die erheblichen Defizite der Mitgliedstaaten gemeinsam im Sinne einer freiheitlichen einheitlichen Union zu handeln und nicht einzelstaatlichen Sicherheitsinteressen den Vorrang zu gewähren. Die Alternative zur EU ist aber ein Europa des Nationalismus und der Grenzen. Nicht nur die EU zeigt derzeit Schwächen, sondern einige Mitgliedstaaten versagen durch nationale Egoismen und den Unwillen zur Umsetzung einer einheitlichen EU-Politik sowie den Rückzug in nationale Denkmuster. Komplexe Herausforderungen wie Migration, Terrorismus oder internationale Kriminalität sind jedoch nur im Rahmen der EU gemeinsam zu bewältigen. Einige Mitgliedstaaten stellen sich ihrer Verantwortung jedoch nicht und besinnen sich auf Solidarität allein dann, wenn es darum geht, für sich selbst etwas zu fordern.[1611]

Insgesamt fokussieren sich die meisten Mitgliedstaaten zuvorderst auf den Schutz ihrer Grenzen vor Flüchtlingen und nicht auf den Schutz der Flüchtlinge. Dieses zeigt sich besonders brutal an der exzessiven Grenzzaunziehung einiger Mitgliedstaaten, etwa in Griechenland, den spanischen Exklaven Ceuta und Melilla in Marokko, Bulgarien sowie Ungarn, die partiell mit Überwachungskameras sowie Bewegungssensoren versehen sind und Gummigeschosse zur Flüchtlingsabwehr einsetzen.[1612] Hier scheint allzu leichtfertig vergessen, was seit jeher die besondere Stärke Europas gewesen ist: Weltoffen sein und vom Fremden lernen.[1613]

Ein anderes aktuelles Beispiel für das Versagen der Mitgliedstaaten in der Flüchtlingsproblematik gemeinsam im Sinne des Freiheitsrechts zu agieren, ist das im März 2016 in Kraft getretene Abkommen zwischen der EU und der Türkei, das den Ansturm der Flüchtlinge begrenzen soll. Die Türkei hat sich hierin verpflichtet, alle irregulär auf die griechischen Inseln gelangten Flüchtlinge zurückzunehmen. Im Gegenzug soll die EU für jeden abgeschobenen Flüchtling bis zu einer Obergrenze von 72.000 Menschen einen syrischen Flüchtling aus der Türkei auf legalem Wege in die EU einreisen lassen. In Umsetzung dessen werden in Griechenland Flüchtlinge über Wochen unter unzureichenden

---

1611 Interview mit dem ehemaligen EU-Parlamentspräsident Martin Schultz, in DIE WELT v. 07.12.2015, abgerufen am selben Tage unter http://www.welt.de/politik/ausland/article149696117/Die-Europaeische-Union-ist-in-Gefahr.html.

1612 Dieses hat die Regierung Spaniens bestätigt; Die Süddeutsche Zeitung, 17.02.2014, abgerufen am 17.06.2014, http://www.sueddeutsche.de/politik/exklaven-melilla-und-ceuta-tausende-fluechtlinge-wollen-ueber-marokko-in-die-eu-1.1891611. Vgl. 25.09.2015; http://www.euractiv.de/sections/eu-aussenpolitik/fluechtlingskrise-ungarn-baut-stacheldraht-grenze-zu-slowenien-317961.

1613 Kocka, Verfelchtung und Differenz. Zum Problem der Grenzen Europas, S. 57.

Bedingungen in überfüllten Registrierungslagern („Hotspots“) festgehalten, wo die Asylanträge überprüft werden.[1614] Die Hotspots entwickelten sich deshalb zu „Haftzentren“, kritisiert etwa der UNHCR, der daher seine Tätigkeiten in allen geschlossenen Zentren auf den Inseln beendet hat. Auch das EU-Parlament übte Kritik an dem Abkommen, da etwa weiter offen ist, wie eine Abschiebung der Flüchtlinge in die Türkei ohne Zwang funktionieren soll, was mit den Zurückgeführten geschehen soll und wie die 72.000 syrischen Flüchtlinge in der EU verteilt werden. Diese Kritik ist berechtigt. Die EU-Vereinbarung mit der Türkei gegen die Zuwanderung von Flüchtlingen über die Ägäis und der dahinterstehende Ansatz Notleidende ohne eine ausreichende individuelle Prüfung von Fluchtgründen aus der EU fernzuhalten, zielt nicht auf Hilfe, sondern auf restriktive Grenzkontrollen zur Etablierung der „Festung Europa“ ab. Diese kollektive und willkürliche Ausweisung verstößt gegen das durch die EU-Grundrechte – insbesondere das Recht auf Asyl – gewährleistete Freiheitsrecht im RFSR und steht in einem scharfen Kontrast zu den liberalen Werten, zu denen sich die EU vertraglich verpflichtet hat.

bb. Als weiterer Grundstein der fünften Hauptpriorität soll das **Gemeinsame Europäische Asylsystem (GEAS)** zur Schaffung eines einheitlichen Asylverfahrens gleichzeitig auf hohen Schutzstandards sowie auf fairen und wirksamen Verfahren, mit denen Missbrauch verhindert werden kann, beruhen.[1615] Entscheidend ist, dass Personen unabhängig davon, in welchem Mitgliedstaat sie ihren Asylantrag stellen, eine gleichwertige Behandlung hinsichtlich der Aufnahmebedingungen, des Verfahrens und der Bestimmung des Status erfahren.[1616] Die GEAS soll daher nach dem Programm[1617] ein zentrales politisches Ziel der EU zur Harmonisierung der nationalen Vorschriften und deren Anwendung sein. Der Aktionsplan konkretisiert die Vorgaben u.a. durch eine Mitteilung über die Entwicklung von Eurodac, insbesondere über die Möglichkeit, es zu einem unterstützenden Instrument für das GEAS zu entwickeln.[1618]

1614 So dokumentiert von Human Rights Watch unter https://www.hrw.org/news/2016/04/19/eu/greece-first-turkey-deportations-riddled-abuse, abgerufen am 24.07.2016.

1615 Stockholmer Programm, a.a.O., unter 6.2.

1616 Der EuGH entschied (Urteil v. 07.12.2013, C-199/12 – C-201/12), dass homosexuelle Flüchtlinge Anspruch auf Asyl zusteht, wenn ihnen in ihrer Heimat Verfolgung wegen ihrer sexuellen Orientierung droht und in den jeweiligen Herkunftsländern tatsächlich auch Haftstrafen wegen homosexueller Handlungen verhängt werden. Anschließend urteilte der EuGH (Urteil v. 02.12.2014, verb. Rs. C-148/13 – C-150/13), dass die homosexuelle Ausrichtung von Flüchtlingen als Asylgrund geprüft werden darf und nationale Behörden berechtigt sind, die Asylbewerber zu befragen, um die behauptete sexuelle Ausrichtung zu prüfen – wobei Fragen zu Einzelheiten sexueller Praktiken jedoch gegen die GRC verstoßen.

1617 Stockholmer Programm, a.a.O., unter 6.2.1.

1618 Stockholmer Aktionsplan, a.a.O., unter Anhang, S. 59 f.

Das Gemeinsame Europäische Asylsystem (GEAS) wurde 2013 durch das EU-Parlament angenommen und wird als neues Asylrecht in allen Mitgliedstaaten außer Großbritannien und Dänemark ins nationale Recht übernommen. Jedoch ist der Asylkompromiss kein radikaler Umbruch, sondern fokussiert weiterhin insbesondere (nur) auf politisch Verfolgte, Minderheiten, Kriegsvertriebene oder Folteropfer. Allerdings kann das GEAS zumindest als kollektives Bekenntnis der EU zur moralischen Verpflichtung der Tradition der Asylgewährung gesehen werden.

cc. Zudem ist nach dem Programm eine wirksame und **nachhaltige Rückkehrpolitik** wesentlich für ein gut funktionierendes Migrationssystem in der EU.[1619] Daher sollen die EU und ihre Mitgliedstaaten die Bemühungen zur Rückführung von sich unrechtmäßig aufhaltenden Drittstaatsangehörigen intensivieren und Maßnahmen zur effizienten und kostengünstigen Heimatüberweisung sondieren, wobei die uneingeschränkte Achtung des Grundsatzes der Nicht-Zurückweisung, der Grundrechte und der Würde der einzelnen Rückkehrer zu wahren ist. Dabei sollte die freiwillige Rückkehr Vorrang haben, auch wenn effiziente Mittel zur Durchsetzung der Rückführung unerlässlich sind. So sind etwa Einreiseverbote in das SIS aufzunehmen und der Informationsaustausch zu erleichtern. Der Aktionsplan setzt dieses anhand einer Mitteilung über die Entwicklung einer kohärenten Rückübernahmestrategie, einschließlich einer gemeinsamen Strategie gegenüber Drittländern, die bei der Rückübernahme ihrer eigenen Staatsangehörigen nicht kooperieren, um.[1620] Zudem erweitert der Aktionsplan die Maßnahmen dahin gehend, dass die Verhütung und Verringerung der irregulären Migration im Sinne der Glaubwürdigkeit und des Erfolgs der EU-Politik in diesem Bereich im Einklang mit der GRC erfolgen muss.[1621]

Damit ist dieser Abschnitt allein restriktiv im Sinne einer „Festung Europa“ ausgerichtet, indem sich allein auf die Rückführung respektive Abschiebung der Migranten konzentriert wird, ohne Ausführungen zu der Möglichkeit legaler Einwanderung zu beinhalten.

Gleichzeitig setzt das Programm jedoch fest[1622], dass die (legale) Zuwanderung von Arbeitskräften in den RFSR angesichts der großen demografischen Herausforderungen im Einklang mit den Arbeitsmarktbedürfnissen der Mitgliedstaaten zur Wirtschaftsentwicklung der EU beitragen kann, sodass flexiblere Aufnahmesysteme zu schaffen sind, die mit der steigenden Nachfrage nach Arbeitskräften einhergehen, indem kohärente einwanderungspolitische Maßnahmen hinsichtlich der gesuchten Fähigkeiten durchgeführt werden.

1619 Stockholmer Programm, a.a.O., unter 6.1.2/6.

1620 Stockholmer Aktionsplan, a.a.O., unter Anhang, S. 56 f.

1621 Stockholmer Aktionsplan, a.a.O., unter 6.

1622 Stockholmer Programm, a.a.O., unter 6.1.3.

In diesem Sinne hat die Europäische Kommission 2014 einen Entwurf vorgelegt[1623], demzufolge die Visa-Einreisebestimmungen für den Schengen-Raum vereinfacht werden sollen, um das Wirtschaftswachstum zu erhöhen. Im Wesentlichen sollen sich nach dem Kommissionsvorschlag Inhaber eines Kurzaufenthaltsvisums länger als bisher (90 Tage) in dem Schengen-Raum aufhalten und Drittstaatenangehörige künftig leichter ein Visum beantragen können. Ziel ist somit nicht die vollständige Verhinderung von Einwanderung, sondern vielmehr die Durchsetzung einer politisch abgestimmten Selektion zwischen unerwünschter (hier wird mit Gefahrenabwehr reagiert) und erwünschter Einwanderung (Hoch qualifizierte, Renten-/Sozialsystem, Fachkräftemangel).[1624] So vereinbaren die Mitgliedstaaten anhand von Partnerschaftsabkommen mit Drittstaaten Kriterien, die einem ausgewählten Personenkreis Visaerleichterungen ermöglichen,[1625] und fördern so eine maßgeschneiderte Zuwanderung.[1626]

Die Notwendigkeit benötigten Arbeitskräften den Zugang zur EU zu erleichtern ist zweifelsohne gegeben und ist nicht zuletzt hinsichtlich der demografischen Herausforderungen sinnvoll, um längerfristig die Wirtschaftsleistung der EU zu sichern. Allerdings ist diese Eindimensionalität der Visa-Erleichterung zu kritisieren, da diese rein ökonomische Betrachtung der Menschenwürde widerspricht und entgegen des Wertekanons der EU nicht an dem Freiheitsrecht ausgerichtet ist, sondern allein einer wirtschaftlichen Maxime folgt. Es ist ebenso wichtig im Sinne einer echten gemeinsamen Einwanderungs- und Asylpolitik des RFSR anhand einer proaktiven Integrationspolitik sämtlichen Asylbewerbern eine Chance auf eine legale Einreise in den RFSR zu ermöglich, ohne auf deren wirtschaftlichen „Nutzen" für die EU abzustellen. Bei allen Defiziten lässt die RFSR-Einwanderungspolitik gleichwohl erste Strukturen eines europäischen Einwanderungsrechts anhand der Richtlinie über die Rechtsstellung langfristig aufenthaltsberechtigter Drittstaatsangehöriger[1627], der Richtlinie über ein einheitliches Verfahren zur Beantragung einer kombinierten Erlaubnis für Drittstaatsangehörige[1628] und der Blue-Card-Richtlinie[1629]

1623 Europäische Kommission, IP/14/347 vom 01.04.2014.

1624 Vollmer, Europäische Migrations- und Außengrenzenpolitik – Wege aus der Sackgasse?, S. 55.

1625 So etwa das Partnerschaftsabkommen zwischen neun EU-Länder (u.a. Deutschland) und Marokko; MEX/13/0607 v. 07.06.2013.

1626 Vgl. IP/13/275 der EU-Kommission.

1627 RL 2003/109/EG, ABl. EG 2004 Nr. L 16, S. 44.

1628 RL 2011/98/EU, ABl. EU 2011 Nr. L 343, S. 1.

1629 Richtlinie 2009/50/EG über die Bedingungen für die Einreise und den Aufenthalt von Drittstaatsangehörigen zur Ausübung einer hochqualifizierten Beschäftigung, ABl. L 155, S. 17 v. 18.06.2009. Die Richtlinie legt gemeinsame, effiziente Regeln fest, die hochqualifizierten Personen aus Nicht-EU-Ländern den Zugang zu den

deutlich erkennen.[1630] Auch hier ist jedoch die Rechtsprechung des EuGH aufgrund ihres wegweisenden Gehalts von großer Relevanz.[1631]

Zusammenfassend enthält dieser Abschnitt diverse konstruktive Maßnahmen, die jedoch explizit durch sicherheitsorientierte Vorgaben überlagert werden, sodass der Schwerpunkt der Einwanderungs- und Asylpolitik nicht freiheitsrechtlich auf der Achtung der Grundrechte und die Menschenwürde liegt, sondern weiterhin die sicherheitsorientierte „Festung Europa" ausbaut, ohne konsequent auf Einwanderungs- und Asylmaßnahmen zu fokussieren. Hauptaspekte der Migrationspolitik im RFSR sind die Bekämpfung der irregulären Einwanderung, insbesondere mittels der Abschlüsse von Rückführungsübereinkommen[1632] und die selektive Einwanderung für qualifizierte Arbeitskräfte aus Drittländern, um die Lücken auf dem EU-Arbeitsmarkt zu schließen. Das ist deutlich zu beanstanden. Dabei steht Frontex immer im Zentrum und koordiniert die Ruckführungen, RABIT und die Grenzüberwachung zunehmend selbst.[1633] Damit handelt es sich um eine restriktive Politik mit dem Zweck der Eingrenzung von Einwanderung und zu geringer Beachtung der Menschenrechte.[1634] Zwischen Terrorismus und Einwanderung gibt es faktisch keine eindeutige Beziehung. Die terroristischen Anschläge wurden jedoch zum Anlass genommen, um die einwanderungspolitischen Konzepte zu legitimieren, sodass hier eine Instrumentalisierung der terroristischen Bedrohung vorliegt, die der Maxime des Freiheitsrechts im RFSR widerspricht.[1635]

f) Die externe Dimension des RFSR

Die letzte Hauptpriorität ist die externe Dimension des RFSR in der globalisierten Welt, welche nach dem Programm von entscheidender Bedeutung ist, um die Abwehr von Bedrohungen sicherzustellen.[1636] Dabei soll die externe Dimension

---

EU-Arbeitsmärkten ermöglicht, um so den Arbeitskräftebedarf zu decken, wo dies mit EU-Staatsangehörigen nicht möglich ist.

1630 Müller-Graff/Repasi, Asyl-, Einwanderungs- und Visapolitik, S. 148.

1631 Siehe etwa das EuGH, Urteil v. 24.04.2012 (*Servet Kamberaj gegen Istituto per l'Edilizia sociale della Provincia autonoma di Bolzano (IPES) u.a.*), Rs. C-571/10. Hier konstatiert das Gericht, dasst das EU-Recht einer nationalen Regelung entgegen steht, welche langfristig aufenthaltsberechtigte Drittstaatsangehörige und Unionsbürger bei der Wohngeldmittelnaufteilung ungleich behandelt, sofern das Wohngeld allen, die nicht über ausreichende Mittel verfügen, ein menschenwürdiges Dasein sicherstellen soll. Siehe eingehend unter de Vries, E.L.Rev. 2013, S. 248–258.

1632 U.a. mit der Türkei, vgl. 2012KOM(2012) 239 endg.

1633 Müller-Graff/Repasi, Asyl-, Einwanderungs- und Visapolitik, S. 149.

1634 Peers, EU Justice and Home Affairs Law, S. 594.

1635 Boswell, Innere Sicherheit durch Einwanderungskontrolle?, S. 135.

1636 Stockholmer Programm, a.a.O., unter 7.

des RFSR stärker in die anderen Politikbereiche der EU integriert werden und sich das auswärtige Handeln der EU auf dem Gebiet des RFSR darauf fokussieren den Informationsaustausch durch multilaterale bzw. bilaterale Abkommen auszubauen.[1637] So ist die Zusammenarbeit der EU mit Herkunfts- sowie Transitländern nach dem Programm zu intensivieren und dabei ein sicherer Informationsaustausch, der angemessenen Datenschutzstandards entspricht, zwischen der EU und wichtigen strategischen Drittländern herzustellen.[1638] Auch die Justiz ist zur Förderung der Rechtsstaatlichkeit und der Menschenrechte zum Ziel der Sicherheit zu unterstützen. Darüber hinaus konstatiert das Programm[1639], dass den Werten der EU im Rahmen der externen Dimension des RFSR Geltung verschafft werden muss und zu beachten ist, dass die internen und externen Aspekte der Menschenrechte miteinander verknüpft sind. Der Aktionsplan enthält Konkretisierungen, die überwiegend restriktiv sind, Belange der Grundrechte werden dabei nur peripher benannt.[1640].

Damit ist auch die externe Dimension des RFSR durch die Dokumente expressis verbis auf das Ziel der inneren Sicherheit ausgerichtet, was einem angemessenen rechtsstaatlichen Gleichgewicht von Freiheit und Sicherheit grundlegend widerspricht. Nach rechtsstaatlichen Gesichtspunkten kann das Sicherheitselement nie Ausgangspunkt einer Regelung sein, sondern hat vielmehr der Gewährleistung des Freiheitsrechts zu dienen. Hier wird jedoch Sicherheit als alleinige Zielausrichtung benannt und die Notwendigkeit der Beachtung der Freiheitsrechte lediglich nebenbei, bzw. als Anhängsel erwähnt. Damit versäumt es die EU auch in der externen Dimension des RFSR klar und deutlich zu konstatieren, dass die Leitmaxime jeglicher Normierungen das Freiheitsrecht sein muss und nicht Sicherheit. Diese Fehlgewichtung wird dadurch verstärkt, dass der Integrationsprozess im RFSR insgesamt eine zunehmende Externalisierung aufweist[1641] und auch dem Daten- und Informationsaustausch eine stetig wachsende Funktion zugesprochen wird, ohne näher auf die Datenschutzstandards sowie den Grundrechtsschutz einzugehen.[1642] Diese prioritären Thematiken werden dagegen stets lediglich nebenbei angesprochen, was nicht akzeptabel ist.

1637 Stockholmer Programm, a.a.O., unter 7.1.

1638 Stockholmer Programm, a.a.O., unter 7.3.

1639 Stockholmer Programm, a.a.O., unter 7.2.

1640 Stockholmer Aktionsplan, a.a.O., unter 7. sowie unter Anhang, S. 62–68.

1641 Durch zunehmende außenpolitische Aspekte bzw. Bezüge der RFSR-Materie, vgl. Merli, S. 374 f.

1642 In diesem Kontext ist es konstruktiv, dass die USA und die EU bis Sommer 2014 ein umfassendes Datenschutz-Rahmenabkommen auf dem Gebiet der Strafverfolgung für die Zusammenarbeit von Polizei und Justiz schaffen wollen, vgl. Pressemitteilung der Europäischen Kommisson, MEMO/13/1010 v. 18.11.2013.

VI. Post-Stockholm-Programm

Der Europäische Rat hat auf seiner Tagung im Juni 2014 als Nachfolgedokument zum Stockholm-Programm die strategischen Leitlinien für die gesetzgeberische und operative Programmplanung im RFSR für 2015 bis 2020 anhand des sogenannten Post-Stockholm-Programms verabschiedet.[1643] Ein eigenständiger Aktionsplan hierzu ist nicht vorhanden.

1. *Allgemein*

Vor der Darlegung der Leitlinien zu den einzelnen RFSR-Politiken wird in dem Programm allgemein konstatiert, dass eines der „wichtigsten Ziele der EU“ die Schaffung eines RFSR unter uneingeschränkter Achtung sowie Förderung der Grundrechte, einschließlich des Datenschutzes, ist.[1644] Zu diesem Zweck sollen kohärente politische Maßnahmen in Bezug auf die Bereiche Asyl, Einwanderung, Grenzen sowie polizeiliche und justizielle Zusammenarbeit ergriffen werden.[1645] Insbesondere das Recht der Freizügigkeit der Unionsbürger soll als eine der grundlegenden Freiheiten der EU geschützt werden, auch vor möglichem Missbrauch oder betrügerischer Geltendmachung von Ansprüchen.[1646] Diese Bezugnahme auf die Ausrichtung auf die Grundrechte zu Beginn des Programms wird deren Stellung sowie Relevanz im RFSR gerecht und stärkt das Freiheitsrecht der Bürger, was zu begrüßen ist. Insbesondere ist erfreulich, dass die Grundrechte hier als Ausgangspunkt der Maßnahmen im RFSR genannt werden und nicht bloß als nebenbei zu beachtender Randaspekt, wie das zuvor oft der Fall gewesen ist. Ebenso relevant ist das Bekenntnis der EU zur Freizügigkeit als elementares Freiheitsrecht im RFSR, da die Freizügigkeit der Menschen im Rahmen der aktuellen Flüchtlingskrise durch die zunehmende Einführung von mitgliedstaatlichen Grenzkontrollen innerhalb des RFSR stark gefährdet ist und damit eine der zentralen Errungenschaften der EU darstellt.

Zur weiteren allgemeinen Ausrichtung des RFSR konstatiert das Post-Stockholm-Programm, dass es einer einheitlichen Umsetzung, wirksamen Anwendung und Konsolidierung der vorhandenen Rechtsinstrumente sowie politischen Maßnahmen durch die Mitgliedstaaten und die EU-Organen bedarf.[1647] Hierfür soll

---

1643 Schlussfolgerungen der Tagung des Europäischen Rates vom 26./27. Juni 2014 betreffend den Raum der Freiheit, der Sicherheit und des Rechts und einige damit zusammenhängende Querschnittsthemen, EUCO 79/14, CO EUR 4, CONCL 2.

1644 Schlussfolgerungen der Tagung des Europäischen Rates vom 26./27. Juni 2014, unter I., 1.

1645 Schlussfolgerungen der Tagung des Europäischen Rates vom 26./27. Juni 2014, unter I., 4.

1646 Schlussfolgerungen der Tagung des Europäischen Rates vom 26./27. Juni 2014, unter I., 12.

1647 Schlussfolgerungen der Tagung des Europäischen Rates vom 26./27. Juni 2014, unter I., 3.

die (insbesondere operative) Zusammenarbeit intensiviert werden und die Innovationen in den Informations- sowie Kommunikationstechnologien genutzt werden. Zudem sollen die interne sowie auswärtige Politik der EU besser miteinander verbunden werden, was sich in der Zusammenarbeit zwischen den EU-Organen und -Einrichtungen widerspiegeln muss.[1648] Insbesondere die einheitliche Umsetzung sowie Anwendung des RFSR ist ein wesentlicher Punkt, den das Programm berechtigt in den Fokus stellt. Denn zahlreiche konstruktive Maßnahmen im RFSR, gerade zugunsten des Freiheitsrechts, werden von den Mitgliedstaaten nur zögerlich umgesetzt, was der Integration im RFSR erheblich schadet und eine Entwicklung des RFSR behindert. Es ist dringend notwendig, dass die Mitgliedstaaten die vorhandenen Regelungen im RFSR tatsächlich umsetzten und gänzlich ausnutzen, anstatt immer weitere restriktive Sicherheitsmaßnahmen zu fordern, die in ihrer Masse letztlich nicht mehr koordinier- sowie erfassbar sind und zudem die Freiheitsrechte der Menschen verletzen.

In diesem Sinne ist es positiv, dass der Europäische Rat in dem Post-Stockholm-Programm anerkennt,[1649] dass die EU angesichts von Herausforderungen wie der weltweiten Instabilität sowie der weltweiten demografischen Entwicklungen, einer wirksamen und gut gesteuerten Migrations-, Asyl- und Grenzpolitik im Einklang mit den Vertragsgrundsätzen der Solidarität und der gerechten Aufteilung der Verantwortlichkeiten bedarf. Die gegenwärtigen massiven Migrationsprobleme kann die EU nur gemeinsam bewältigen. Es bedarf daher im RFSR eines umfassenden Ansatzes, um dem freiheitlichen Wertekanon der EU gerecht zu werden, indem endlich die Möglichkeit einer fairen legalen Zuwanderung geschaffen und zudem schutzbedürftigen Personen Schutz gewährt wird. Wenn das gewährleistet ist, widerspricht es auch nicht rechtsstaatlichen Grundsätzen gegen irreguläre Migration vorzugehen und ein effizientes Management der EU-Außengrenzen durchzuführen. Problematisch ist jedoch das momentan uneinheitliche Vorgehen in der EU, bei dem einzelne Mitgliedstaaten in Verkennung jeglicher Menschenrechte allein nach nationalstaatlichem Sicherheitskalkül agieren und ihrer Verantwortung im Sinne der Solidarität sowie der gerechten Aufteilung der Belastungen nicht gerecht werden.

2. *Leitlinien*

Die genannte Grundausrichtung des Post-Stockholm-Programms wird sodann durch einzelne Leitlinien zu den Politiken des RFSR konkretisiert:

Als erster Schwerpunkt wird benannt, dass die EU, um attraktiv für Talente und Fachkräfte zu bleiben, eine kohärente Strategie zur **Maximierung der**

1648 Schlussfolgerungen der Tagung des Europäischen Rates vom 26./27. Juni 2014, unter I., 2.

1649 Schlussfolgerungen der Tagung des Europäischen Rates vom 26./27. Juni 2014, unter I., 5.

Möglichkeiten der legalen Zuwanderung entwickeln und hierbei die Bemühungen der Mitgliedstaaten unterstützen muss, eine aktive Integrationspolitik sowie den sozialen Zusammenhalt zu fördern.[1650] Durch die legale Zuwanderung wird das Freiheitsrecht von Drittstaatsangehörigen im RFSR gestärkt, was positiv ist. Es ist jedoch zu bemängeln, dass die Möglichkeit der legalen Zuwanderung nicht als Freiheitsrecht als solches begriffen wird, sondern an den Nutzen für die Wirtschaftskraft der EU gekoppelt ist.

Ein weiterer Schwerpunkt des Programms ist eine starke **europäische Asylpolitik** auf der Grundlage von Solidarität und Verantwortung.[1651] Dabei hat die vollständige Umsetzung und wirksame Anwendung des Rechtsrahmens des Gemeinsamen Europäischen Asylsystems (GEAS)[1652] absolute Priorität, um durch einen hohen gemeinsamen Standard und stärkere Zusammenarbeit Rahmenbedingungen zu etablieren, sodass Asylbewerbern innerhalb der gesamten Union die gleichen Verfahrensgarantien und der gleiche Schutz gewährt werden.[1653] Diese Festsetzung ist längst überfällig und ein wichtiger Schritt in Richtung eines freiheitlichen sowie funktionalen RFSR. Gerade hinsichtlich des aktuellen Migrationszustroms ist es grundlegend, dass einheitliche Verfahrens- und Schutzstandards zugunsten Drittstaatsangehöriger gegeben sind. Zu Recht wird von den Mitgliedstaaten erwartet[1654], dass sie ein flexibles nationales Asylsystem mit derartigen Kapazitäten einrichten, dass sie unter Achtung der EU-Standards die auf ihrem Hoheitsgebiet gestellten Asylanträge – auch bei plötzlichen Migrationsströmen – bewältigen können. Die Glaubwürdigkeit der Zukunftsfähigkeit der EU hängt unter anderem entscheidend davon ab, dass die Mitgliedstaaten sich in der Lage zeigen mit dem Migrationszustrom auf eine rechtsstaatliche Weise geeinigt umzugehen.

1650 Schlussfolgerungen der Tagung des Europäischen Rates vom 26./27. Juni 2014, unter I., 6.

1651 Schlussfolgerungen der Tagung des Europäischen Rates vom 26./27. Juni 2014, unter I., 7.

1652 Der Rechtsrahmen des GEAS umfasst drei Richtlinien und zwei Verordnungen: die Anerkennungsrichtlinie, die Richtlinie über die Aufnahmebedingungen, die Verfahrensrichtlinie, die Dublin-Verordnung und die Eurodac-Verordnung. Der Eckpfeiler des GEAS ist die Dublin-Verordnung, mit der geregelt wird, welcher Mitgliedstaat für die Prüfung eines Antrags auf internationalen Schutz zuständig ist Vgl. Rat der Europäischen Union, Sachstand hinsichtlich der vom Europäischen Rat im Bereich der Union der Freiheit, der Sicherheit und des Rechts vorgegebenen Leitlinien v. 14. Oktober 2014, Nr. 8.

1653 Damit einhergehen sollte eine verstärkte Rolle des seit 2011 in Betrieb genommenen Europäischen Unterstützungsbüros für Asylfragen (EASO). A.a.o., unter I., 7.

1654 Rat der Europäischen Union, Sachstand hinsichtlich der vom Europäischen Rat im Bereich der Union der Freiheit, der Sicherheit und des Rechts vorgegebenen Leitlinien v. 14. Oktober 2014, Nr. 9 und 10.

Eine weitere Leitlinie des Post-Stockholm-Programms stellt die **Migrationspolitik** der EU dar.[1655] Hiernach ist es wesentlich die eigentlichen Ursachen für die irregulären Migrationsströme anzugehen und die Zusammenarbeit mit den Herkunfts- sowie Transitländern zu intensivieren.[1656] Zudem soll nach dem Programm die Migrationspolitik viel stärker integraler Bestandteil der Außen- und Entwicklungspolitik der EU werden. Das Hauptaugenmerk soll dabei der Ausweitung regionaler Schutzprogramme, der Bekämpfung von Schleuserkriminalität und Menschenhandel, einer wirksamen gemeinsamen Rückkehrpolitik sowie der vollständigen Umsetzung der Task Force „Mittelmeerraum"-Maßnahmen gelten.

Diese Priorisierung einer umfassenden Ursachenbekämpfung ist der richtige Ansatz für eine dauerhafte Lösung der Flüchtlingsproblematik, da hiermit nicht nur kurzfristige restriktive Symptombekämpfung betrieben wird, ohne sich mit den eigentlichen Ursprüngen auseinanderzusetzen. Zusammen mit der Verhinderung der irregulären Migration wird dieses dabei helfen zu vermeiden, dass Migranten, die auf gefährlichen Routen reisen, weiterhin vor Europa zu Tode kommen. Allerdings ist diese Schwerpunktsetzung der Ursachenbekämpfung bisher in der aktuellen Ausgestaltung durch RFSR-Maßnahmen noch nicht sichtbar geworden. Stattdessen wird weiterhin zuvorderst eine restriktive „Migrationsbekämpfung" durchgeführt, die auf der Stärkung von Frontex und der Aufrüstung der EU-Außengrenzen basiert.[1657] Es bleibt abzuwarten, ob die EU im RFSR ihren freiheitlichen Zielsetzungen gerecht wird und diese in die Tat umsetzt.

Eine weitere Leitlinie des Post-Stockholm-Programms ist ein wirksames **Management der gemeinsamen Außengrenzen** der EU, um „einen starken Schutz sicherzustellen".[1658] Konkret soll zum einen das integrierte Außengrenzmanagement modernisiert werden, um ein intelligentes Grenzmanagement mit einem Ein-/Ausreise-Erfassungssystem und einem Registrierungsprogramm für Reisende mit Unterstützung der EU-Agentur für IT-Großsysteme eu-LISA zu gewährleisten

---

1655 Schlussfolgerungen der Tagung des Europäischen Rates vom 26./27. Juni 2014, unter I., 8.

1656 Um unkontrollierte Wanderungsbewegungen zu verhindern, will die EU sogenannte Hotspots einrichten, wo Migranten frühzeitig registriert sowie anschließend innerhalb der EU gleichmäßig verteilt werden. In vier Wochen sollen die ersten Hotspots in Italien und Griechenland bereit sein; EU-Komission, Pressemitteilung v. 14. Oktober 2015, IP/15/5839. Schlussfolgerungen der Tagung des Europäischen Rates v. 15. Oktober 2015, CO EUR 10, CONCL 4, unter 2. k–q. gl. ebenfalls Schlussfolgerungen der Tagung des Europäischen Rates v. 15. Oktober 2015, CO EUR 10, CONCL 4, unter 2. k–q.

1657 Rat der Europäischen Union, Sachstand hinsichtlich der vom Europäischen Rat im Bereich der Union der Freiheit, der Sicherheit und des Rechts vorgegebenen Leitlinien v. 14. Oktober 2014, Nr. 3 und 4.

1658 Schlussfolgerungen der Tagung des Europäischen Rates vom 26./27. Juni 2014, unter I., 9.

(sog. Pilotprojekt „intelligente Grenzen").[1659] In diesem Sinne haben der Rat und das EU-Parlement sich jüngst auf eine verpflichtende systematische Kontrolle sowie Erfassung aller Ein- bzw. Ausreisenden an den EU-Außengrenzen geeinigt.[1660] Zum anderen soll Frontex unter umfassender Nutzung von EUROSUR im Sinne der europäischen Solidarität seine operative Unterstützung verstärken und seine Fähigkeit zur Reaktion auf die Entwicklungen der Migrationsströme erhöhen. Dazu soll im Rahmen von Frontex die Einrichtung eines europäischen Systems von Grenzschutzbeamten zur Überwachung der Außengrenzen untersucht werden. Zugleich muss die gemeinsame Visumpolitik einen legalen Reiseverkehr und die verstärkte konsularische Schengen-Zusammenarbeit erleichtern.

Hier ist grundsätzlich zu kritisieren, dass die per Definition bereits restriktive Grenzüberwachungspolitik im RFSR zusätzlich ausdrücklich auf das Ziel der Sicherheit ausgerichtet ist („um einen starken Schutz sicherzustellen"). Dieses widerspricht dem unter Teil II dargestellten notwendigen rechtsstaatlichen Verhältnis von Freiheit und Sicherheit, nach dem Sicherheitsmaßnahmen stets dem Freiheitsrecht dienen müssen. Die alleinige Fokussierung des Programms auf das Freiheitsrecht spiegelt sich auch in dem Projekt „intelligente Grenzen" nieder. Das Ein-/Ausreise-Erfassungssystem und das Registrierungsprogramm für Reisende erfassen anlasslos und damit unverhältnismäßig die Bewegungsmuster jedes Menschen, der die EU betritt sowie verlässt, was ein eklatanter Verstoß gegen die Grundrechte darstellt. Zudem ist der Nutzen solcher Systeme schon allein in Anbetracht der Massen an Daten, die es zu analysieren gilt, weder ersichtlich noch bewiesen. Verschärfend kommt hinzu, dass auch Strafverfolgungsbehörden Zugang zu dem Einreise-/Ausreisesystem bekommen sollen.[1661]

1659 Vgl. Siehe auch Rat der Europäischen Union, Sachstand hinsichtlich der vom Europäischen Rat im Bereich der Union der Freiheit, der Sicherheit und des Rechts vorgegebenen Leitlinien v. 14. Oktober 2014., Nr. 11 ff.

1660 EU-Komission, Pressemitteilung vom 06.12.2016. Zudem plant die EU-Kommission die Einführung einer EU-Reiseinformations- und -genehmigungssystem für nicht-visumpflichtige Ausländer („ETIAS"). Stellt sich bei der Prüfung der Genehmigung heraus, dass eine Person ein Sicherheitsrisiko darstellt oder sich illegal in der Union niederlassen will, würde ihr die Einreise in den Schengen-Raum verweigert werden, vgl. EU-Komission, Pressemitteilung vom 16.11.2016, IP/16/3674.

1661 Siehe Rat der Europäischen Union, Sachstand hinsichtlich der vom Europäischen Rat im Bereich der Union der Freiheit, der Sicherheit und des Rechts vorgegebenen Leitlinien v. 14. Oktober 2014, Nr. 16. Zudem hat der Rat (Justiz und Inneres) in den Schlussfolgerungen seiner Tagung vom 5. Juni 2014 (Dok. 6626/4/14) zu Terrorismus und Grenzsicherheit konstatiert, dass „die Prüfung der in dem Paket ‚Intelligente Grenzen' enthaltenen Vorschläge (zu einem Einreise-/Ausreisesystem und zu einem Registrierungsprogramm für Reisende) [...] fortgesetzt werden [sollte]; ferner sollten die Kommission und die Mitgliedstaaten die rechtlichen und technischen Voraussetzungen prüfen, die erfüllt sein müssen, damit die zuständigen Behörden der Mitgliedstaaten für Strafverfolgungszwecke Zugang zu dem

In diesen Kontext fügt sich auch der weitere Ausbau der Kompetenzen von Frontex ein, die allein restriktiver Natur sind und die „Festung Europa" absichern sollen. Was gänzlich fehlt, ist jedweder Hinweis auf die Freiheitsrechte der Menschen, was insbesondere in Anbetracht der angeführten eingriffsintensiven Sicherheitsmaßnahmen scharf zu kritisieren ist. Lediglich in einer späteren Entschließung des Rates wird allzu lapidar darauf verwiesen, dass bei der Ausgestaltung des Pakets „intelligente Grenzen" insbesondere der jüngsten Rechtsprechung des EUGH Rechnung getragen werden muss, indem die Prüfung der Notwendigkeit sowie der Verhältnismäßigkeit (Grundsatz der Berechtigung zu Informationen, „need to know") zu beachten ist.[1662]

Ein weiterer Schwerpunkt des Post-Stockholm-Programms ist es den EU-Bürgern einen **Raum der Sicherheit zu garantieren**.[1663] Bei der Verhütung und Bekämpfung von Kriminalität und Terrorismus soll durch operative polizeiliche Zusammenarbeit sowie einen verbesserten grenzüberschreitenden Informationsaustausch gegen schwere und organisierte Kriminalität und gegen Radikalisierung sowie Extremismus vorgegangen werden. Hierbei soll die EU die nationalen Behörden durch die Mobilisierung aller Instrumente der justiziellen und polizeilichen Zusammenarbeit – mit einer verstärkten Koordinierungsrolle für Europol und Eurojust – unterstützen, auch durch die Entwicklung von Instrumenten wie dem EU-weiten System der Fluggastdatensätze (PNR).

Da Terrorismus und organisierte Kriminalität komplexe sicherheitspolitische Herausforderungen im steten Wandel sind und nicht an den europäischen Grenzen haltmachen, ist es wichtig, dass die EU im RFSR anhand eines koordinierten und kooperativen europäischen Ansatzes gemeinsam vorgeht. Es ist jedoch unverständlich, dass in dem Programm in dieser Hinsicht keinerlei Ausführungen zum Freiheitsrecht als Zielkomponente angegeben sind, zumal Maßnahmen in der PJZS erheblich grundrechtsgefährdend sind.

Als letzter Schwerpunkt wird in dem Programm das reibungslose **Funktionieren des Europäischen Rechtsraums** genannt.[1664] Zur Verbesserung der justiziellen Zusammenarbeit zwischen den Mitgliedstaaten soll insbesondere das

---

Einreise-/Ausreisesystem erhalten, so dass dieser Zugang von Anfang an gegeben ist."

1662 Siehe Rat der Europäischen Union, Sachstand hinsichtlich der vom Europäischen Rat im Bereich der Union der Freiheit, der Sicherheit und des Rechts vorgegebenen Leitlinien v. 14. Oktober 2014, Nr. 18.

1663 Schlussfolgerungen der Tagung des Europäischen Rates vom 26./27. Juni 2014, unter I., 10. Im April 2015 hat die Kommission zudem eine Europäische Sicherheitsagenda vorgelegt. Die Agenda ist die Grundlage für die Zusammenarbeit und die gemeinsamen Maßnahmen in den nächsten fünf Jahren. Besonderes Gewicht liegt dabei auf dem Austausch von Informationen und der Zusammenarbeit von Polizei und Justiz.

1664 Schlussfolgerungen der Tagung des Europäischen Rates vom 26./27. Juni 2014, unter I., 11.

gegenseitige Vertrauen in die jeweiligen Rechtsordnungen sowie die Einheitlichkeit und Klarheit der EU-Rechtsvorschriften gefördert werden. Dabei ist auch der Zugang zur Justiz für die Bürger zu vereinfachen (E-Justiz). Diese Aspekte sind gerade im Hinblick auf die momentane Krise der EU sehr wichtig, um dem nationalistischen Auseinanderdriften der Mitgliedstaaten entgegenzuwirken und die Teilhabemöglichkeit der EU-Bürger zu erleichtern. Des Weiteren sind nach dem Programm die Rechte von Beschuldigten bzw. Verdächtigen und der Opferschutz in Strafverfahren weiter zu stärken. Insbesondere die Beschuldigtenrechte sind im RFSR noch sehr unterschiedlich ausgeprägt, sodass es sehr erfreulich ist, dass hier endlich ein Schwerpunkt gesetzt wird, der zudem auch durch die grundrechtliche Eingriffsintensität äußerst relevant ist. Zudem ist nach dem Programm weiterhin die gegenseitige Anerkennung von Entscheidungen und Urteilen in Zivilsachen zu verbessern und die Vollstreckung von Urteilen mit grenzüberschreitenden Auswirkungen zu prüfen. Dabei ist der Informationsaustausch zwischen den Mitgliedstaaten zu intensivieren und die grenzüberschreitenden Tätigkeiten sowie die operative Zusammenarbeit unter Einbeziehung von Eurojust zu erleichtern. Diese Punkte dienen der Einheit des RFSR und damit der Ermöglichung gleicher Rechte aller EU-Bürger, was daher nach wie vor begrüßenswert ist und das Fundament des RFSR bildet.

3. *Strategische Agenda*

In der Anlage I des Post-Stockholm-Programms hat sich der Europäische Rat auf fünf übergeordneten strategischen Prioritäten („Strategische Agenda für die Union in Zeiten des Wandels") als Leitfaden für die nächsten Jahre verständigt[1665], die von den Mitgliedstaaten prioritär umzusetzen sind.[1666] Als lediglich vierte Priorität ist dabei der Rechtsbereich des RFSR festgelegt[1667]: Hiernach soll im RFSR zum Ziel der Gewährleistung von Recht, Schutz sowie Gerechtigkeit unter der uneingeschränkten Achtung von Grundrechten und Rechtsstaatlichkeit gemeinsam auf den Grundwerten der EU gehandelt werden. Aufgrund der grenzüberschreitenden Dimensionen von etwa Terrorismus und organisierter Kriminalität wird dabei eine stärkere Zusammenarbeit im RFSR im Bereich der PJZS, aber auch hinsichtlich der JZZ, als erforderlich angesehen. Als eine weitere Herausforderung der kommenden Jahre wird die Steuerung der Migrationsströme gesehen, die mithilfe von Solidarität und einer gerechten Aufteilung der Verantwortlichkeiten gehandhabt werden soll.

1665 Schlussfolgerungen der Tagung des Europäischen Rates vom 26./27. Juni 2014, unter Anlage 1.

1666 Schlussfolgerungen der Tagung des Europäischen Rates vom 26./27. Juni 2014, unter III., 26.

1667 Schlussfolgerungen der Tagung des Europäischen Rates vom 26./27. Juni 2014, unter Anlage 1, Nr. 4.

Angesichts dessen werden bis 2020 folgenden drei Prioritäten im RFSR festgesetzt:

Eine **bessere Steuerung der Migration** in all ihren Aspekten durch ein besseres Management der EU-Außengrenzen zur Verhinderung des Fachkräftemangels in der EU, zur Bekämpfung der irregulären Migration und zum Schutz schutzbedürftiger Personen im Wege einer umsichtigen Asylpolitik. Die zweite Priorität ist die **Verhütung respektive Bekämpfung von organisierter Kriminalität und Terrorismus sowie Radikalisierung** unter Achtung der Grundrechte und -werte, einschließlich des Schutzes personenbezogener Daten. Die dritte Priorität ist eine **Verbesserung der justiziellen Zusammenarbeit** zwischen den Mitgliedstaaten, indem Brücken zwischen den verschiedenen Rechtssystemen und -traditionen geschlagen werden, damit Bürger und Unternehmen ihre Rechte in der EU leichter wahrnehmen können.

Die Hervorhebung der Beachtung der Grundrechte ist äußerst wichtig und positiv, wünschenswert wäre aber diese darüber hinaus als zentrale Parameter für jegliches Handeln im RFSR zu benennen. Daneben ist beachtlich, dass der Bezug von RFSR-Maßnahmen zu den Rechten der Menschen in der EU klarer als bisher dargestellt wird und so das RFSR-Ziel, den Menschen in den Mittelpunkt jeglichen Handelns zu rücken, gerecht wird. Insgesamt ist auffällig, dass die Prioritäten allesamt einen freiheitsrechtlichen Bezug aufweisen, was im RFSR zuvor leider nicht selbstverständlich war und daher besonders erfreulich ist.

VII. Ergebnis

1. EUV- sowie AEUV-Lissabon

Hinsichtlich der RFSR-Normen im EUV- sowie AEUV-Lissabon lässt sich Folgendes für das Verhältnis von Freiheit und Sicherheit zusammenfassen:

a. Die **Vergemeinschaftung der PJZS** und die dadurch bedingte Abschaffung der Säulentrennung und die Etablierung der gesamten RFSR-Normen als supranationales Recht im AEUV ist eine große Errungenschaft des Lissabon-Vertrags. Durch die Aufhebung der EU-Säulenstruktur und die Vergemeinschaftung der PJZS ist im RFSR der Ansatz einer funktionellen und organisatorischen Integration der Sicherheitsaufgaben auf der EU-Ebene auszumachen, der zu weniger Rechtsunsicherheit führt und zusammenhängende Regelungen ermöglicht.

   Die rechtliche Dualität der bisherigen Säulenteilung der RFSR-Materie ist zumeist aufgehoben und damit auch die zahlreichen Lücken und Ineffizienzen. Das hat Bedeutung vor allem für die Gesetzgebungsverfahren und den Rechtsschutz, für die nunmehr die allgemeinen Bestimmungen gelten. Die damit einhergehende Anwendbarkeit der (im Gegensatz zum Intergouvernementalrecht des EUV) demokratischeren Strukturen, effizientere Beschlussfassungsverfahren sowie erweiterte Befugnisse der EU-Organe (allen voran des EuGH und des Europäischen Parlamentes) in der allein sicherheitsorientierten und daher besonders problematischen PJZS stärkt das Freiheitskonzept im RFSR erheblich. Denn die Neuerungen in der PJZS bedingen vor allem eine breitere demokratische Legitimation, eine verbesserte gerichtliche Kontrolle und einen verbesserten Rechtsschutz (insbesondere beim Grundrechtsschutz), indem die PJZS prinzipiell der Rechtsprechung des EuGH unterworfen ist.

Somit ist die Rechtssicherheit sowie Transparenz erhöht, da einheitliche Rechtsinstrumente sowie Gesetzgebungsverfahren für alle RFSR-Handlungsbereiche gelten und eine stärkere Einbindung des Europäischen Parlaments in die Entscheidungsprozesse sowie die Erweiterung der EuGH-Zuständigkeit vorliegen. Der so entstehende institutionelle Rahmen im RFSR stärkt die Handlungsfähigkeit und die rechtliche sowie politische Einheit im RFSR. Die Zusammenführung der verschiedenen Dimensionen des RFSR dient damit der rechtlichen Klarheit des gesamten Konzepts des RFSR, das nunmehr als ein Ganzes ausgelegt und praktiziert werden muss, und hat den Spielraum der EU für politische Entscheidungsfindung im RFSR deutlich erhöht. Zudem entfällt durch die Vergemeinschaftung der PJZS die Notwendigkeit der Annahme paralleler Rechtsakte bei bisher säulenübergreifenden Maßnahmen, was zu mehr Transparenz und Rechtsklarheit im RFSR führt, da die gleichen Rechtsinstrumente für alle Handlungsbereiche Anwendung finden und so Rechtsgrundlagenstreitigkeiten über die bislang schwierige Abgrenzung zwischen den EUV-/EGV-Kompetenzgrundlagen[1668] nicht mehr gegeben sind.[1669] Dadurch ist die Kohärenz des rechtsstaatlichen Rahmens des RFSR erheblich gestärkt.

Der Übergang zu supranationalen Handlungsformen erfolgt in der PJZS jedoch nicht umfassend, sondern in einer abgestimmten Differenzierung, welche die Komplexität und die Schwierigkeiten dieses Übergangs widerspiegelt.[1670] Zwar signalisiert die Verwendung der Begriffe „Maßnahme" respektive „Bestimmung", dass in weiten Bereichen des RFSR alle Handlungsformen verfügbar sind. Demgegenüber erfolgt jedoch eine Beschränkung auf Richtlinien für die Festlegung bestimmter Mindestvorschriften sowie auf die Beschlussform in einigen wenigen Bereichen. Zudem wird die EU in der PJZS zum Erlass von Verordnungen ermächtigt, soweit ihre eigene institutionelle Ausgestaltung tangiert ist. Insgesamt ist damit das notwendige Maß an demokratischer Legitimität in der PJZS nur unter Vorbehalten gewährleistet.[1671]

Es ist jedoch zu kritisieren, dass die Kommission gemäß Art. 76 AEUV weiterhin kein Initiativmonopol in der PJZS innehat. Ebenso negativ ist, insbesondere da der Lissabon-Vertrag ansonsten sämtliche bisherigen

1668 Haack, Der RFSR im Vertrag von Lissabon – Rhetorik oder Integrationsschub?, S. 221 f.
1669 Vgl. Bogdandy/Bast – Monar, S. 771.
1670 Vgl. Müller-Graff, EuR 2009, S. 120.
1671 Nalewajko, Grundsatz der gegenseitigen Anerkennung: Eckstein der justiziellen Zusammenarbeit in Strafsachen in der Europäischen Union?, S. 129.

Beschränkungen der richterlichen Kontrollmöglichkeiten der EU-Gerichtsbarkeit aufhebt[1672], dass gerade in der freiheitsrechtlich sensiblen Materie der PJZS die Zuständigkeit des EuGH gemäß Art. 276 AEUV für die umfassenden sicherheitspolitischen Kernaufgaben der Mitgliedstaaten weiterhin ausgeschlossen ist und die Befugnisbeschränkungen des EuGH im Sinne des Titels VI EUV-Nizza bestehenden bleiben.[1673] Hierdurch wird die mittels der Supranationalisierung der PJZS erreichte grundsätzliche Unterstellung des gesamten RFSR unter die Jurisdiktion der europäischen Gerichtsbarkeit zulasten des Freiheitsrechts der EU-Bürger erheblich abgeschwächt sowie der einheitliche und umfassende Rechtsschutz im RFSR unterlaufen.

Zudem ist auch in der PJZS das Risiko zunehmender Verwendung allgemeiner Kompetenzregelungen nicht zu negieren, vor allem in Anbetracht der grundrechtsrelevanten, aber am Sicherheitskonzept orientierten Materie, der somit ein erheblich freiheitsgefährdendes Potential zukommt. In diesem Sinne ist auch auffällig, dass die obig angesprochene Möglichkeit der unmittelbar wirkenden Verordnungen im RFSR zuvorderst in der allein auf das Sicherheitskonzept ausgerichteten PJZS konkret verankert ist, siehe Art. 75, 85,86 und 88 AEUV. Das ist stark zu kritisieren und entspricht nicht dem Bild eines angemessenen Verhältnisses von Freiheit und Sicherheit im RFSR.

b. Eine weitere wesentliche Errungenschaft des Lissabon-Vertrages ist die **Veränderung auf struktureller Ebene**, allen voran die Ausweitung der Mehrheitsentscheidung und die Einführung des ordentlichen Gesetzgebungsverfahrens als Standardverfahren. Der Lissabon-Vertrag reduziert hierdurch die erhebliche Komplexität des Primärrechts im RFSR, verbessert die operative Koordinierung[1674] und hat einen einheitlichen Rechtsrahmen zur Förderung der Demokratie[1675], der Effizienz, der Rechtssicherheit, der Transparenz der Rechtsakte und der Überwindung der derzeitigen demokratischen sowie gerichtlichen Defizite geschaffen. Indem der Lissabon-Vertrag den Weg zu einer effizienteren, demokratischeren EU mit größerer Rechenschaftspflicht ebnet, misst der Vertrag den Interessen der EU-Bürger einen höheren Stellenwert bei und stellt sie mehr in den Mittelpunkt der Maßnahmen und Ziele

1672 Monar, Die Vertragsreformen von Lissabon in den Bereichen Inneres und Justiz: verstärkte Handlungsfähigkeit, Kontrolle und Differenzierung, S. 394.

1673 Vgl. das Protokoll über die Übergangsbestimmungen zum Lissabon-Vertrag sowie obig unter Teil IV.

1674 Anderson/Apap, Striking a Balance between Freedom, Security and Justice in an enlarged European Union, S. 73.

1675 Vgl. auch BVerfG, Urteil v. 26.2.2014, 2 BvE 2/13; BVerfG, Urteil v. 09.11.2011, 2 BvC 4/10, 2 BvC 6/10, 2 BvC 8/10 sowie Felten, EuR 2014, S. 321.

im RFSR, was das Freiheitsrecht der Menschen stärkt.[1676] Der Lissabon-Vertrag zeigt damit Ansätze zu einer Reform der rechtlichen und institutionellen Strukturen.[1677]

Der Vertrag von Lissabon enthält zudem eine ganze Reihe von Reformen, die zu einer größeren Handlungsfähigkeit der EU hinsichtlich Entscheidungsverfahren, Kompetenzen und Umsetzungsfähigkeit im RFSR beitragen. Allerdings bleibt es im Rahmen des RFSR inhaltlich nicht bei einer Zusammenfügung der zuvor intergouvernemental strukturierten Handlungsmöglichkeiten und der supranationalen Verbandskompetenzen der EU sowie der dadurch bedingten Kompetenzausweitung in der PJZS. Vielmehr werden die diversen unionalen Zuständigkeiten auch in den anderen einzelnen RFSR-Politiken teilweise tief gehend modifiziert.[1678] Insgesamt ist das Konzept des RFSR im Lissabon-Vertrag von einer starken Tendenz zur Vereinheitlichung, Verdichtung und zur Supranationalisierung geprägt[1679]; auch wenn diese Entwicklungen nicht von allen Mitgliedstaaten mitgetragen werden.[1680] Damit ist der RFSR in die Richtung einer stärkeren supranationalen Integration vorangebracht worden und stellt sich unter dem Lissabon-Vertrag nicht nur rhetorisch, sondern auch inhaltlich als ein zentrales Feld der Integrationspolitik dar[1681], dessen Weichen aufgrund zahlreicher neuer EU-Kompetenznormen im RFSR auf Vertiefung gestellt sind.[1682]

So beinhaltet der Lissabon-Vertrag eine beträchtliche Erweiterung von EU-Handlungsbefugnissen im RFSR, die in den einzelnen Politikfeldern recht unterschiedlich ausfallen und insgesamt allerdings eine einseitige sicherheitsorientierte Kompetenzerweiterung bedeuten, was zu kritisieren ist.[1683] Zudem handelt es sich im RFSR um geteilte Zuständigkeiten gem. Art. 4 Abs. 2 lit. j AEUV, sodass auf der Grundlage des Prinzips der begrenzten Einzelermächtigung nach Art. 5 Abs. 2 und 4 EUV materiell-rechtlich nur noch das Verhältnismäßigkeitsprinzip des Art. 5 Abs. 4 AEUV und das Subsidiaritätsprinzip des Art. 5 Abs. 3 EUV sowie dessen prozedurale Absicherung nach dem neuen

---

1676 Ein anschauliches Beispiel für diese neue Ausrichtung ist die Europäische Bürgerinitiative: Der Gesamtbericht über die Tätigkeit der Europäischen Union 2012, angenommen durch die Europäische Kommission am 28.01.2013, COM(2013) 19, S. 37.

1677 Parusel, Abschottungs- und Anwerbungsstrategien, S. 223.

1678 Müller-Graff, EuR 2009, S. 114.

1679 Müller-Graff, Der „RFSR" im neuen Verfassungsvertrag für Europa – Neuerungen und Notwendigkeiten seiner Rekonstruktion, S. 602.

1680 Haack, Der RFSR im Vertrag von Lissabon – Rhetorik oder Integrationsschub?, S. 231.

1681 Haack, Der RFSR im Vertrag von Lissabon – Rhetorik oder Integrationsschub?, S. 227 f.

1682 Kampfer, Der RFSR, S. 74.

1683 Monar, Die Vertragsreformen von Lissabon in den Bereichen Inneres und Justiz: verstärkte Handlungsfähigkeit, Kontrolle und Differenzierung, S. 388.

einschlägigen Subsidiaritätsprotokoll eine fassbare Ausübungsgrenze darstellen.[1684]

Das Entwicklungspotential des RFSR sowie dessen Gefährdungspotential für das Freiheitsrecht liegen genau darin, dass Reichweite und Inhalt des RFSR praktisch kaum begrenzt sind. In diesem Sinne sind die markantesten Neuerungen des Lissabon-Vertrages im RFSR im Aufwuchs und in der Strukturierung supranationaler instrumenteller EU-Verbandskompetenzen zu konstatieren, die insgesamt auf eine Verdichtung der rechtlichen Vernetzung des transnationalen Gemeinwesens zielen.[1685] Die dadurch erzielte Schaffung eines kohärenteren, transparenteren und rechtlich solideren Rahmens konnte wichtige Defizite im RFSR beheben. Doch der Preis der erörterten mutigen Neuerungen zahlt der Lissabon-Vertrag mit damit verbundenen filigranen Differenzierungen im Entscheidungsverfahren. Denn mit der thematischen Erweiterung und der Supranationalisierung geht die obig dargestellte unübersichtliche Komplexierung der Rechtsetzung einher.

Der Lissabon-Vertrag löst somit längst nicht alle bestehenden Entwicklungsprobleme des RFSR, sondern verstärkt einige sogar noch. Die Fortschritte hinsichtlich Entscheidungsverfahren, Kompetenzen und Umsetzungsfähigkeit sind in einem Ausmaß mit Ausnahmen und Beschränkungen durchsetzt, dass die möglichen Effizienzgewinne teilweise wieder reduziert sind und keine Transparenz ermöglichen. Zudem ist der Preis, der für die erzielten Fortschritte in Gestalt von umfangreichen Verfahrensvarianten und stark erhöhtem Differenzierungspotenzial gezahlt wurde sehr hoch, sodass man sich die Frage stellen muss, wie sehr der RFRR noch als wirkliches „gemeinsames" EU-Projekt gelten kann.[1686]

So finden sich Ausnahmen vom ordentlichen Gesetzgebungsverfahren weiterhin an mehreren Stellen innerhalb des primärrechtlichen Regelungsganzen zum RFSR und dies in solchen Zusammenhängen, die im Hinblick auf die Souveränitätsansprüche der Staaten und im Hinblick auf die Verschiedenheit ihrer Rechtstraditionen ganz besonders sensibel erscheinen.[1687] Damit bleiben bedeutende nationale Vetomöglichkeiten in den Bereichen der bisherigen dritten Säule als ein weiteres Relikt der formal aufgehobenen Säulenteilung erhalten[1688], die ihren intergouvernementalen Ursprung nicht verleugnen

1684 Müller-Graff, Der RFSR in der Lissabonner Reform, S. 111.

1685 Müller-Graff, EuR 2009, S. 113 f.; Müller-Graff, Der RFSR in der Lissabonner Reform, S. 113.

1686 Monar, Die Vertragsreformen von Lissabon in den Bereichen Inneres und Justiz: verstärkte Handlungsfähigkeit, Kontrolle und Differenzierung, S. 397.

1687 Haack, Der RFSR im Vertrag von Lissabon – Rhetorik oder Integrationsschub?, S. 228.

1688 Monar, Die Vertragsreformen von Lissabon in den Bereichen Inneres und Justiz: verstärkte Handlungsfähigkeit, Kontrolle und Differenzierung, S. 383.

können.[1689] Die damit durch die Ausnahmeregelungen in den RFRR-Materien bestehen bleibende Komplexität im Bereich der Entscheidungsverfahren wird zudem im Lissabon-Vertrag durch zwei neue Verfahrensvarianten erheblich vergrößert: Die Möglichkeit eines suspensiven Vetos bei der Strafrechtsgesetzgebung durch einen einzelnen Mitgliedstaat nach Art. 82 Abs. 3 und 83 Abs. 3, 86 Abs. 1 und 87 Abs. 3, AEUV um nationalen Souveränitätsvorbehalten Rechnung zu tragen.[1690] Im Hinblick auf die Rechtsetzungsverfahren zeigt sich damit zunächst einmal ein uneinheitliches Bild, das geprägt bleibt von Fragmentierung. Doch dürfen die angesprochenen Ausnahmen und Gegenausnahmen nicht zur Fehleinschätzung verleiten, denn mit der prinzipiellen Einführung des ordentlichen Gesetzgebungsverfahrens auf dem Gebiet des RFSR geht der Lissabon-Vertrag einen höchst bedeutsamen Schritt hin zu einem universellen supranationalen Normgebungsprozess.[1691]

Neben dem Regelverfahren des ordentlichen Gesetzgebungsverfahrens gibt es die dargelegten zahlreichen davon abweichenden Verfahren mit themenbezogen differenzierter Beteiligung(-sintensität), namentlich[1692]: Die Abweichung von dem Initiativmonopol der Kommission, die Abweichungen vom Prinzip der qualifizierten Mehrheitsentscheidung zugunsten des Einstimmigkeitsprinzips im Rat sowie vereinzelte Abweichungen von der Beteiligung des Europäischen Parlaments nach dem Mitentscheidungsverfahren in beide Richtungen (zugunsten eines Zustimmungserfordernisses und in Form bloßer Anhörung).

Zudem liegt eine weitere Abweichung in der neu geschaffenen Möglichkeit, in vier RFSR-Bereichen auf mitgliedstaatliche Initiative den Europäischen Rat einzuschalten. Eine weitere Abweichung enthält der Einzelfall des Beschlusses des Europäischen Rates im Sinne des. Art. 86 Abs. 4 S. 2 AEUV, demzufolge der Europäische Rat nach Zustimmung des Europäischen Parlaments und nach Anhörung der Kommission beschließt. Diese Reduzierung der Kommission auf eine Anhörung deutet auf einen Ausschluss des Vorschlagsrechts der Kommission nach Art. 76 AEUV hin, sofern der Beschluss als Rechtsakt angesehen wird. Eine weitere Abweichung liegt in der Einschaltung der nationalen Parlamente mit der Schaffung eines Vetorechts für jedes einzelne Parlament im Fall einer Passerelle-Entscheidung im Familienrecht mit grenzüberschreitendem Bezug gemäß Art. 81 Abs. 3 S. 1 AEUV. Schließlich kommt es im Fall von Abkommen mit Drittstaaten über die Rückübernahme

---

1689 Siehe hierzu Monar, Der RFSR im Verfassungsvertrag des Konvents, S. 537 ff.

1690 Streinz/Ohler/Herrmann, Der Vertrag von Lissabon zur Reform der EU, Nr. I.

1691 Haack, Der RFSR im Vertrag von Lissabon – Rhetorik oder Integrationsschub?, S. 230; Monar, Die Vertragsreformen von Lissabon in den Bereichen Inneres und Justiz: verstärkte Handlungsfähigkeit, Kontrolle und Differenzierung, S. 393; Müller-Graff, Der RFSR in der Lissabonner Reform, S. 122 ff.

1692 Müller-Graff, EuR 2009, S. 121–124; Müller-Graff, Der RFSR in der Lissabonner Reform, S. 120 f.

von Drittstaatsangehörigen zum Verfahren über den Abschluss internationaler Übereinkünfte nach Art. 218 AEUV. Diese abweichenden Verfahrensmuster, die sich jeweils auf bestimmte qualifizierte Sachgegenstände beziehen, sind mehr der divergierenden politischen Souveränitätssensibilität der einzelnen RFSR-Bereiche als einem substantiell konzeptionell definierbaren Differenzierungsmuster geschuldet.[1693]

Durch die genannten Ausnahmeregelungen sind ersichtlich primär die sensiblen Materien hinsichtlich der staatlichen Souveränität betroffen, sodass die einhergehenden mitgliedstaatlichen Vetomöglichkeiten insbesondere im Bereich der PJZS fortbestehen werden. Institutionell sowie prozedural wird die alte Säulenteilung damit zu einem gewissen Grad bestehen bleiben.[1694] Diese versteckte Fortexistenz der unterschiedlichen Verfahrensregeln, Handlungsformen und Beteiligungsformen insbesondere in der sicherheitsorientierten PJZS wirken sich negativ auf das Verhältnis von Freiheit und Sicherheit im RFSR aus und könnte zudem weiterhin Probleme bei bestimmten übergreifenden Maßnahmen zur Folge haben.[1695] Darüber hinaus generieren diese zahlreichen Differenzierungen im Entscheidungsverfahren sowie den Handlungsformen im RFSR ein weniger an Raum und erschweren damit zusätzlich ein angemessenes Verhältnis von Freiheit und Sicherheit.

c. Mindestens ebenso bedeutsam und zur Sicherung der Legitimation eines expandierenden RFSR notwendig, ist die **Ausweitung sowie Verbesserung der parlamentarischen und richterlichen Kontrollmöglichkeiten** und damit auch die Gewährleistung der institutionellen Balance im RFSR.[1696] Eine weitere wesentliche Errungenschaft des Lissabon-Vertrages ist daher die Aufwertung des Europäischen Parlaments als Mitgesetzgeber sowie die Ausdehnung der Zuständigkeit des EuGH.[1697] Darüber hinaus stärkt der Lissabon-Vertrag die Rolle der mitgliedstaatlichen Parlamente und versetzt diese damit in eine erheblich bessere Lage, die Entwicklung des RFSR insgesamt politisch besser zu kontrollieren und aktiv mitgestalten zu können.[1698] Vor allem hinsichtlich der Entscheidungsprozesse im RFSR erleichtert sowie fördert der Lissabon-Vertrag hierdurch die bisher schwache demokratische sowie gerichtliche Verantwortung und verbessert die demokratische

---

1693 Müller-Graff, EuR 2009, S. 122.

1694 Bogdandy/Bast – Monar, S. 772.

1695 So auch Bogdandy/Bast – Monar, S. 772.

1696 Monar, Die Vertragsreformen von Lissabon in den Bereichen Inneres und Justiz: verstärkte Handlungsfähigkeit, Kontrolle und Differenzierung, S. 393, 397 sowie Lenaerts, The principle of democracy in the case law of the European Court of Justice, S. 271–315.

1697 Koen, The Contribution of the European Court of Justice to the Area of Freedom, Security and Justice, S. 260.

1698 Monar, Die Vertragsreformen von Lissabon in den Bereichen Inneres und Justiz: verstärkte Handlungsfähigkeit, Kontrolle und Differenzierung, S. 394.

Rechenschaftspflicht und das institutionelle Gleichgewicht.[1699] Die neue Positionierung der Parlamente und des EuGH in Form von diversen zusätzlichen Mitwirkungs- bzw. Kontrollrechten im RFSR, insbesondere in der PJZS, ist ein positives Signal des Lissabon-Vertrages und fördert durch die demokratischeren Strukturen ein ausgewogenes Verhältnis von Freiheit und Sicherheit – auch wenn die parlamentarische und gerichtliche Mitwirkung insgesamt immer noch als unzureichend anzusehen ist. Das berüchtigte „Demokratiedefizit"[1700] der EU wird im RFSR zwar reduziert, aber nicht entfernt und es gibt potenziell schwerwiegende Einschränkungen der Rolle des EuGH.

Es muss sich allerdings beim Lissabon-Vertrag vergegenwärtigt werden, dass es wsich um ein Abkommen handelt, welches von 27 Staaten verhandelt wurde und insbesondere im RFSR-Bereich das Ergebnis eines schwierigen Kompromisses darstellt.[1701] Zudem ist hinsichtlich der demokratischen Legitimation der spezifische Charakter der EU zu berücksichtigen, da die EU selbst kein Staat ist, sodass die demokratischen Mechanismen der EU nicht direkt mit denen einer staatlichen Organisationsform korrespondieren können.[1702]

Gleichwohl muss der RFSR der EU die Bedingungen einer modernen Demokratie erfüllen.[1703] Dieses gilt umso mehr, als dass Maßnahmen im Bereich des RFSR Rechte von Einzelnen in sehr viel unmittelbarerer Form berühren können, als beispielsweise wirtschaftliche Regelungen im Bereich des Binnenmarkts. Der RFSR umfasst in seinem potenziellen Maßnahmenbereich immerhin einige der stärksten Formen staatlicher Machtausübung gegenüber dem Einzelnen, wie etwa Verhaftung, Gefängnisstrafen, das Einfrieren von Vermögenswerten und die Speicherung und Auswertung von persönlichen Daten. Dies gilt auch für Drittstaatsangehörige, die – als Asylsuchende oder illegale Einwanderer – der restriktiven Seite der EU-Asyl- und Einwanderungspolitik (reduzierte Verfahrensgarantien bei „offensichtlich unbegründeten Asylanträgen", Rückführungsabkommen mit bestimmten Drittstaaten usw.) ausgesetzt sein können. Von daher sind wirksame parlamentarische und richterliche Kontrollverfahren für den Bereich des RFSR von besonderer Bedeutung. Insbesondere die gerichtliche Kontrolle über die exekutiven Maßnahmen in dem RFSR ist entscheidend für den Schutz des Freiheitsrechts der Bürger sowie der Rechtsstaatlichkeit.[1704]

1699 Streinz/Ohler/Herrmann, Der Vertrag von Lissabon zur Reform der EU, Nr. I. So auch Monar, Institutional Framework of the AFSJ, S. 46 ff.

1700 Siehe hierzu auch Claudio Franzius, „Demokratiedefizit in der EU: Demokratisierung der Europäischen Union", in: EuR 2013, Heft 6, S. 655–669.

1701 Kunze, Europa heisst Freiheit, S. 27.

1702 Kunze, Europa heisst Freiheit, S. 30.

1703 Kunze, Europa heisst Freiheit, S. 27.

1704 Guild/Carrera, No Constitutional Treaty? Implications for the AFSJ, S. 4.

d. Eine weitere wesentliche Errungenschaft des Lissabon-Vertrages ist die **verbindliche Einbeziehung der Grundrechtecharta in das Primärrecht**[1705] und die damit verbundene Stärkung des Freiheitselements im RFSR – auch wenn es wünschenswert gewesen wäre, dass die GRC direkt in den Lissabon-Vertrag aufgenommen wird. Zudem ist als positive Änderung im RFSR hervorzuheben, dass der weitgehende Wegfall früherer Ausnahmen von den allgemeinen Regeln über die Gerichtsbarkeit der EU bedingt[1706], dass der für den Grundrechtsschutz so elementare Rechtsschutz im RFSR schrittweise vervollständigt wird. Damit wurden die Schutzmöglichkeiten der Rechte des Einzelnen im Bereich des RFSR gestärkt und mithin der Grundrechtsschutz im RFSR durch den Lissabon-Vertrag deutlich verbessert, was sich auch positiv auf das Verhältnis von Freiheitsrecht und Sicherheit für die EU-Bürger auswirkt.

Der Grundrechtsschutz sowie die Reform des gemeinschaftlichen Rechtsschutzsystems allgemein bilden beim Lissabon-Vertrag jedoch keinen besonderen Schwerpunkt, sodass das bisher bestehende gemeinschaftliche Rechtsschutzsystem in seinen wesentlichen Grundzügen unangetastet bleibt.[1707]

In diesem Kontext ist daher zu kritisieren, dass in den gesamten primärrechtlichen RFSR-Normen weiterhin keine unmittelbar anwendbaren subjektiven Rechte (Gewährleistungen) zugunsten der EU-Bürger vorgesehen wurden[1708] und damit keine unmittelbar einklagbare Rechte des Einzelnen begründet sind. Die Möglichkeiten, den RFSR verfassungsrechtlich eng mit den Rechten der GRC und der Unionsbürgerschaft zu verbinden und damit seinen positiven Gehalt auszuweiten, sind auch durch den Lissabon-Vertrag nicht genutzt worden.[1709] Zudem ist dadurch nicht gefördert, dass sich im RFSR ähnlich wie im Bereich der Grundfreiheiten, aus der EuGH-Rechtsprechung heraus eine Eigendynamik entwickelt, welche über die subjektiven Rechte die Integration weiter voranbringt.[1710]

Das kontrollfreie Überqueren der Binnengrenzen gemäß Art. 67 Abs. 2 S. 1 AEUV kommt einem subjektiven Recht noch am nächsten, es ist jedoch auch nicht als Individualrecht ausformuliert, unterliegt zudem dem ordre-public-Vorbehalt nach Art. 72 AEUV und wird durch einige Ausnahmemöglichkeiten im Schengener Grenzkodex[1711] teilweise begrenzt, sodass es nicht als

1705 Kampfer, Der RFSR, S. 79.

1706 Wie obig dargelegt, bestehen Einschränkungen weiterhin nach Art. 276 AEUV und Art. 10 Protokoll über die Übergangsbestimmungen.

1707 Thiele, EuR 2010, S. 30 ff.

1708 So auch Müller-Graff, EuR 2009, S. 113; Monar, S. 286 f. m.w.N.

1709 Bogdandy/Bast – Monar, S. 795–797.

1710 Haack, Der RFSR im Vertrag von Lissabon – Rhetorik oder Integrationsschub?, S. 226.

1711 Diese Ausnahmemöglichkeiten sind jedoch an diverse Bedingungen geknüpft, vgl. obige Ausführungen.

uneingeschränkt einklagbares Individualrecht einzustufen ist. Somit ist dem EU-Bürger die Einforderung der Begünstigungen des RFSR mangels individueller Rechte nicht möglich, sodass der Einzelne im RFSR lediglich passiv begünstigt wird und daher die Stellung eines bloßen Empfängers des RFSR und dessen Vorteile innehat.[1712] Subjektive Rechte unmittelbar aus dem Primärrecht ergeben sich im Rahmen des RFSR vielmehr einzig aus der GRC.[1713] Die dadurch bedingte Delegation der Gewährleistung des RFSR an die unionale Sekundärrechtspolitik[1714] ist in Anbetracht dessen, dass der RFSR auf den EU-Bürger ausgerichtet sein möchte und dieses auch sein muss, um ein ausgewogenes Verhältnis von Freiheit und Sicherheit und damit seine (rechtsstaatliche) Funktionsweise zu garantieren, ein schwerwiegendes Manko des Lissabon-Vertrages.

Allerdings sind durch die vollständige Supranationalisierung des RFSR die Handlungsinstrumente der EU nun umfassend anwendbar, sodass der Erlass von Richtlinien respektive Verordnungen in einem größeren Umfang möglich ist und diese immerhin direkte bzw. bei fehlerhafter Umsetzung unmittelbare Rechtswirkungen für den einzelnen Bürger entfalten können.[1715] Diese mittelbare Implementierung subjektiver Rechte ist durch die Vergemeinschaftung der PJZS nun auch in diesem Bereich möglich, was aufgrund dessen grundrechtssensibler Materie positiv für das Freiheitsrecht im RFSR ist. Damit bestehen zwar nur subjektive Rechte aus dem RFSR-Sekundärrecht, dennoch ist dieses vom Primärrecht zumindest intendiert und hierdurch die Rechtsposition der EU-Bürger etwas erweitert.

Die durch den Lissabon-Vertrag bedingte Ausdehnung der Zuständigkeiten des EuGH führt zudem dazu, dass das gesamte RFSR-Sekundärrecht nahezu umfassend überprüft wird und mithin auch Einzelfall-Verfahren möglich sind, die der Einzelne mittelbar initiieren kann. Möglich ist jedoch, dass sich aus der Kombination einer verbindlichen GRC im RFSR einerseits und der EuGH-Zuständigkeit im gesamten RFSR (der dessen Maßnahmen auch auf die Vereinbarkeit mit der GRC prüft) andererseits, langfristig eine Rechtsprechung etablieren könnte, die über die Grundrechte(charta) subjektive Rechte im RFSR-Primärrecht entwickelt.[1716]

1712 Diese Rechtsstellung findet sich in der Formulierung „bietet" nach Art. 3 Abs. 2 EUV wieder. Vgl. Bogdandy/Bast – Monar, S. 88, welcher sich gar an die Gewährung königlicher Gnade an die Untertanen im Zeitalter des aufgeklärten Absolutismus erinnert sieht.

1713 Sodass diese im RFSR bei der Schließung eventueller Rechtsschutzlücken Bedeutung gewinnen kann, Müller-Graff, EuR 2009, S. 124.

1714 So auch Müller-Graff, EuR 2009, S. 113; Müller-Graff, Der RFSR in der Lissabonner Reform, S. 112 ff.

1715 Vgl. Haack, S. 287 f.

1716 So Haack, S. 288.

Der Beitrag des EuGH zu dem RFSR ist signifikant und es ist eindeutig, dass der RFSR unter dem Lissabon-Vertrag durch die EuGH-Rechtsprechung noch stärker beeinflusst sein wird.[1717] Ausschlaggebend ist, wie die EU-Gerichte, vor allem der EuGH, die Wirkkraft der GRC bewerten und das Freiheitsrecht der Bürger und RFSR-Sicherheitsmaßnahmen in ein Verhältnis bringen.[1718]

Ansonsten sind die durch den Lissabon-Vertrag vorgenommenen Änderungen des Rechtsschutzsystems skeptisch zu beurteilen. Es ist insbesondere negativ anzumerken, dass dort, wo wirklicher Reformbedarf bestand, notwendige Reformen unterblieben sind. So haben die Mitgliedstaaten den Individualrechtsschutz auf Unionsebene rechtsstaatlichen Grundsätzen nicht angepasst, mit der Folge, dass es weiterhin keine EU-Grundrechtsbeschwerde, Individualrechtsbeschwerde[1719] oder Vergleichbares im RFSR gibt.[1720] Im Grunde bleibt es daher, abgesehen von der Nichtigkeitsklage nach Art 263 UAbs. 4 AEUV dabei, dass sich die Bürger in Grundrechtsfragen nur über die nationalen Gerichte im Wege des Vorlageverfahrens und nicht unmittelbar an die EU-Gerichtsbarkeit wenden können.[1721] Damit ist der Rechtsschutz der Bürger im RFSR grundsätzlich von der Anwendung und der Ausgestaltung europäischer Regelungen, darunter der GRC, in den Mitgliedstaaten abhängig.[1722] Dieses widerspricht dem Gedanken eines am Menschen orientierten RFSR und beeinträchtigt das Freiheitsrecht im RFSR, denn der Schutz der Grundrechte stellt ein Prius dar, das das Bestehen und die Entwicklung des RFSR legitimiert.[1723]

1717 Koen, The Contribution of the European Court of Justice to the Area of Freedom, Security and Justice, S. 261 ff., 301.

1718 Kampfer, Der RFSR, S. 84.

1719 Nalewajko, Grundsatz der gegenseitigen Anerkennung: Eckstein der justiziellen Zusammenarbeit in Strafsachen in der Europäischen Union?, S. 158.

1720 Deutsche Vorschläge für eine Grundrechtsbeschwerde direkt zum EuGH sind bereits im Konvent zur Ausarbeitung des Verfassungsvertrages erfolglos geblieben. Mayer, EuR 2009, S. 87 f.

1721 In den Rs. *Hans Akerberg Fransson* sowie Rs. *Stefano Melloni* konstatierte der EuGH die Präzedenzfälle, dass auch Grundrechtsstreitigkeiten, die das EU-Recht nur peripher berühren, im Zweifel immer dem EuGH vorzulegen sind, sodass hier die Anwendbarkeit der GRC und die Zuständigkeit des EuGH extensiv ausgelegt wurde. Der BGH hingegen sieht hierin nur eine Einzelfallentscheidung (siehe Rs. Anti-Terror-Dateigesetz, BVerfG, 1 BvR 1215/07 v. 24.04.2013, Absatz-Nr. 91), da ansonsten von einem Ultra-vires-Akt auszugehen sein.

1722 Nalewajko, Grundsatz der gegenseitigen Anerkennung: Eckstein der justiziellen Zusammenarbeit in Strafsachen in der Europäischen Union?, S. 173.

1723 EuGH-Generalanwalt Cruz Villalon zu EuGH, Urteil v. 21.10.2010 (I.B.), Rs. C-306/09, vgl. Johan Callewaert, „Grundrechtsschutz und gegenseitige Anerkennung im Raum der Freiheit, der Sicherheit und des Rechts", in: ZEusS 2014, Heft 1, S. 79–90, Nomos, Baden-Baden 2014, S. 90.

Auch die systemwidrige Modifizierung der Nichtigkeitsklage privater Kläger nach Art 263 UAbs. 4 AEUV ist kritisch zu betrachten, da sie eine nicht nachvollziehbare Überschneidung der Rechtsschutzebenen und eine unnötige Verkomplizierung des Rechtsschutzsystems insgesamt bedingt.[1724] Art 263 UAbs. 4 AEUV stellt sich damit als ein untauglicher Versuch dar, den Individualrechtsschutz auf unionsrechtlicher Ebene zu verbessern und lenkt zudem von den eigentlichen Problemen, insbesondere der fehlenden Grundrechtsbeschwerde, ab.[1725] Angesichts der sich stetig ausweitenden Kompetenzen der EU im RFSR und der damit einhergehend zunehmenden Betroffenheit des einzelnen EU-Bürgers durch Handlungen der Gemeinschaft ist dieses stark zu kritisieren.[1726]

Angesichts dessen, dass ein eigenes Individualbeschwerdeverfahren im RFSR weiterhin fehlt, trifft den EuGH im Rahmen aller ihm eröffneten prozeduralen Möglichkeiten eine besondere Grundrechtsschutzverantwortung.[1727] In diesem Sinne hat der EuGH zur strittigen Anwendbarkeit der GRC auf den Vollzug von EU-Recht durch die Mitgliedstaaten konstatiert, dass die Anwendbarkeit des Unionsrechts die Anwendbarkeit der durch die EU-Charta garantierten Grundrechte umfasst (Rs. *Ackerberg Fransson*[1728]) sowie das die Geltung der Unionsrechte und damit der GRC in einem Mitgliedstaat nicht durch die Geltendmachung nationalen (Verfassungs-)Rechts beeinträchtigt werden kann (Rs. *Melloni*[1729]).[1730]

Zusammenfassend ist die materiell-rechtliche sowie prozessuale Rechtsposition des Bürgers aufgewertet, jedoch erheblich weit unter den Möglichkeiten eines ausgewogenen RFSR, der an den Bürgern orientiert ist. Auch nach dem Inkrafttreten des Lissabon-Vertrages ein effektiver Rechtsschutz gegen zahlreiche unmittelbar wirkende Unionsrechtsakte, die keines nationalen Umsetzungsaktes mehr bedürfen, nicht gewährleistet. Die erfolgten Änderungen des Rechtsschutzsystems sind lediglich punktuell. Positiv hervorstechen tut allein die Öffnung des Rechtsschutzes in der PJZS, während der Individualrechtsschutz im gesamten RFSR rechtsstaatlichen Grundsätzen jedoch nicht angepasst wurde. Es besteht vielmehr weiterhin ein hohes Maß an Rechtsunsicherheit, und selbst wenn der geforderte nationale Rechtsschutz in allen Mitgliedstaaten ausreichend sein sollte, könnte das europäische

1724 Thiele, EuR 2010, S. 43–46.
1725 Thiele, EuR 2010, S. 50.
1726 Thiele, EuR 2010, S. 38–46.
1727 Kotzur, Neuerungen auf dem Gebiet des Rechtsschutzes durch den Vertrag von Lissabon, S. 19.
1728 EugH, Urteil v. 26.02.2013(*Ackerberg Fransson*), Rs. C 617/10.
1729 EuGH, Urteil v. 26.02.2013 (*Melloni*), Rs. C-399/11.
1730 Gstrein/Zeitzmann, ZEuS 2013, S. 239–260, insb. S. 254 und 259.

Rechtsschutzsystem schon aufgrund seiner Komplexität kaum als ein modernes und zukunftsfähiges bezeichnet werden.[1731]

Hier hat der Lissabon-Vertrag eindeutig eine Chance verstreichen lassen zugunsten des Freiheitselements im RFSR eine klare sowie wirkungsvolle Position zu beziehen und den RFSR in dieser Hinsicht ausschlaggebend weiterzuentwickeln. Dieses ist insbesondere in Anbetracht dessen stark zu kritisieren, dass das Europäische Parlament im Vorwege des Lissabon-Vertrages eine substantiierte Stärkung der Handlungskompetenz der EU-Bürger im RFSR gefordert hatte, indem diese in den Legislativprozess eingebunden werden und einen besseren Zugang zum EuGH erhalten.[1732]

e. Die problematischste „Errungenschaft" des Lissabon-Vertrages ist jedoch die **Ausdehnung des hohen Grads der Differenzierung im RFSR** aufgrund der Opt-outs und Opt-ins sowie der Möglichkeiten verstärkter Zusammenarbeit. Dieser Aufschwung der „Flexibilität" mit der großen Gefahr der Rechtszersplitterung und politischer Spannungen belegt den fehlenden mitgliedstaatlichen Konsens hinsichtlich der Natur sowie Finalität des RFSR als politisches Konzept der EU und ist der Peis, den Europa für das Reformpaket bezahlen muss.[1733]

Der Lissabon-Vertrag behält damit nicht nur die bestehenden Ausnahmeregelungen für Dänemark, Irland und das Vereinigte Königreich bei, sondern dehnt diese auf die PJZS aus und gestaltet die bereits komplexen Vertragsbestimmungen zu den Opt-outs/-ins im RFSR damit zum Nachteil des Freiheitselements noch komplexer.[1734] Der politische Wunsch die Zusammenarbeit auf EU-Ebene im RFSR zu verbessern hat differenzierte Integrationsprozesse von „verschiedenen Geschwindigkeiten" ermöglicht, was Flexibilität, aber eben auch Fragmentierung schafft.[1735] Nunmehr haben die drei genannten Mitgliedstaaten einen den gesamten RFSR umfassenden ‚Opt-out' erhalten, der durch die gewährten ‚Opt-in'-Möglichkeiten ein großes Maß an Flexibilität hinsichtlich der Beteiligung am RFSR bietet. Dies gestaltet nicht nur die Entscheidungsverfahren, die institutionelle Entwicklung und die Verhandlungen

---

1731 Thiele, EuR 2010, S. 43–46.

1732 Entschließung des Europäischen Parlaments vom 24. April 2009 zu der jährlichen Aussprache über die 2008 erzielten Fortschritte in Bezug auf den RFSR, „Europäischer Raum der Freiheit, der Sicherheit und des Rechts", 2010/C 184 E/19, 24.04.2009, unter C.1., 1–3. Spiegelstrich.

1733 Vgl. Monar, E.L.Rev. 1998, S. 355. So auch Bogdandy/Bast – Monar, S. 796.

1734 Peers, In a World of Their Own? Justice and Home Affairs Opt-Outs and the Treaty of Lisbon, S. 383.

1735 In diesem Sinne ist auch der Auffruf des deutschen Wirtschaftsminister Sigmar Gabriel und seines französischen Kollegen Emmanuel Macron zu sehen, die hinsichtlich des möglichen „Grexit" und „Brexit" in einem Aufruf am 04.06.2015 in mehreren europäischen Zeitungen, ein Europa der zwei Geschwindigkeiten hinsichtlich der Eurozone forderten.

mit Drittstaaten schwieriger, sondern geht auch zulasten der Glaubwürdigkeit des RFSR als grundlegendes Vertrags- und Integrationsziel sowie der einheitlichen internationalen Handlungsfähigkeit der EU im RFSR und insbesondere der einheitlichen Gewährung des Freiheitsrechts.[1736] Dass die Verstärkte Zusammenarbeit nach Art. 20 Abs. 2 EUV allein als „letztes Mittel" zur Erreichung der EU-Ziele im RFSR dient, verdeutlicht, dass den Gesetzgebern die negative Auswirkung der Verstärkten Zusammenarbeit als Form der Differenzierung bewusst gewesen ist und diese deswegen lediglich eine ultima-ratio Lösung darstellt. Denn die Verstärkte Zusammenarbeit wirkt sich in der Form auf das Verhältnis von Freiheit und Sicherheit im RFSR aus, als das durch deren „ungleichzeitige Integration" der RFSR als zentrales gemeinsames Vertragsziel teilweise ein Vorhaben einiger Mitgliedstaaten wird und damit nicht allen EU-Bürgern überall im RFSR dasselbe Maß an Freiheit und Sicherheit offen steht.

Es ist daher ein Paradoxon, dass gerade ein im Grunde „integrationsfeindlich" ausgestaltetes Rechtsinstrument wie die Verstärkte Zusammenarbeit oftmals den einzigen Weg zur (langfristigen) Integration im RFSR darstellt. Die zahlreichen neuen Möglichkeiten der Differenzierung im RFSR anhand der verstärkten Zusammenarbeit, der Opt-outs und –ins und der Notbremseverfahren unterwerfen den RFSR mehr und mehr der dominierenden Logik des Verfolgens separater Interessen, indem etwas rechtlich nicht konsensfähiges, passend gemacht wird. Dieses vertieft die EU der zwei Geschwindigkeiten, führt leicht zu einem Auseinanderdriften der Mitgliedstaaten und ist eine Herausforderung des Gemeinschaftsgedankens, was der Grundidee des RFSR zuwiderläuft, der zufolge einheitliche Regelungen und eine einheitliche Rechtsanwendung für mehr Transparenz und Rechtssicherheit sorgen sollen.[1737] Obwohl der RFSR ein gemeinsames, durch den Lissabon-Vertrag sogar noch aufgewertetes Vertragsziel darstellt, wird der RFSR damit zumindest in Teilen potenziell zu einem Projekt für nur einige Mitgliedstaaten, der anhand einer differenzierten Integration folglich nicht allen EU-Bürgern überall im RFSR dasselbe Ausmaß an Freiheit bietet.[1738]

Der Lissabon-Vertrag erhöht damit das Differenzierungspotenzial. Dieses war ein notwendiger Teil des politischen Kompromisses, der im Lissabon-Vertrag die Aufhebung der Säulenteilung und die weitgehende Vergemeinschaftung der PJZS ermöglicht hat, untergräbt aber noch tiefer als bisher die politische sowie rechtliche Einheit und Glaubwürdigkeit des RFSR als eines

1736 Monar, Die Vertragsreformen von Lissabon in den Bereichen Inneres und Justiz: verstärkte Handlungsfähigkeit, Kontrolle und Differenzierung, S. 396.

1737 Peers, In a World of Their Own? Justice and Home Affairs Opt-Outs and the Treaty of Lisbon, S. 411 ff.; Kampfer, Der RFSR, S. 83.

1738 Monar, Die Vertragsreformen von Lissabon in den Bereichen Inneres und Justiz: verstärkte Handlungsfähigkeit, Kontrolle und Differenzierung, S. 397.

allen Unionsbürgern gleichermaßen und nicht nur selektiv den Mitgliedstaaten dienenden Vertragsziels.[1739] Dies hat auch Auswirkungen auf die Stellung des Einzelnen, dessen Anteil an den von der EU gebotenen Gütern der „Freiheit", der „Sicherheit" und des „Rechts" abhängig von der Beteiligung der einzelnen Mitgliedstaaten variiert, sodass die komplizierten mitgliedstaatlichen Sonderstatus insbesondere zulasten der EuGH-Zuständigkeit sowie der Anwendbarkeit der RFSR-Normen und der GRC erheblich verstärkt sind. Hierdurch wird das bereits bestehende Strukturproblem eines (partiellen) Europas der Nationalstaaten noch verstärkt, was der Grundidee sowie Funktionsweise des RFSR grundlegend widerspricht.

Diese Optionalität der Teilnahme im RFSR durch das Prinzip der Differenzierung hat damit die Nachteile für das Verhältnis von Freiheit und Sicherheit intensiviert, da die Rechtsstellung des einzelnen Bürgers je nach Beteiligung des Mitgliedstaates differieren kann und so auch der gewährte Grad an Freiheit und Sicherheit. Auch wenn die Differenzierung einen nachvollziehbaren Hintergrund hat, ist diese anhaltende Entwicklung für das Verhältnis von Freiheit und Sicherheit im RFSR sehr kritisch zu bewerten. Denn den Mitgliedstaaten wird durch die Differenzierung die Option einer abgestuften Form der Mitgliedschaft eröffnet, welche sie von einigen der elementaren RFSR Vertragszielen und -bestimmungen ausnimmt und die Wirksamkeit des RFSR somit erheblich mindert.

Gerade das der Differenzierung innewohnende Charakteristikum der Optionalität der mitgliedstaatlichen Teilnahme an EU-Regelungen führt zwangsweise dazu, dass das dargelegte Raum-Konzept des RFSR nicht einheitlich wirken kann sowie zu dem Umstand, dass die EU-Bürger sich zudem in keinem in sich geschlossenem und auf alle Mitgliedstaaten gleichermaßen anwendbaren rechtlichen Rahmen bewegen können.[1740] Damit führt das die Differenzierung auszeichnende Konzept des getrennten Verfolgens unterschiedlicher mitgliedstaatlicher Interessen im Rahmen des RFSR die grundliegende Idee des RFSR teilweise ad absurdum. Aus diesem Grund blockiert das Differenzierungsmodell zudem die europäische Integration, wenn es in der Anwendung nicht auf substantiiert vorgetragene Ausnahmen Anwendung findet, sondern zu Umgehung unliebsamer EU-Regelungen verwendet wird, welchen jedoch eine zentrale Rolle für die Etablierung eines angemessenen Verhältnisses von Freiheit und Sicherheit im RFSR zukommt.

1739 Verstärkt wird dieser Effekt auf anderer Ebene durch die aktuelle Schuldenkrise und die Problematiken der Währungsunion mit dem separaten Voranschreiten der Euro-Staaten gegenüber den Nicht-Euro-Staaten.

1740 Dieses verdeutlicht auch die 26. Erklärung zur Nichtbeteiligung eines Mitgliedstaats an einer auf den Dritten Teil Titel V AEUV gestützten Maßnahme zum Lissabon-Vertrag.

f. Die im Lissabon-Vertrag enthaltenen Reformen im RFSR sind durchaus gehaltvoll und als Fortschritt zu werten.[1741] Es fehlt jedoch weiterhin an einem klaren dogmatischen sowie integrationspolitischen **(Ziel-)Konzept für den RFSR** und an der notwendigen Transparenz.[1742] Das inhaltliche Konzept und die übergreifenden Leitprinzipien im RFSR sind unklar[1743], es bestehen Inkonsistenzen zwischen Zielen und Ermächtigungen[1744], sodass ein gemeinsames durchgreifendes Politikkonzept nur schwer erkennbar ist[1745], was Verständlichkeit und Akzeptanz verhindert. Dieses gilt umso mehr, als dass die Zuständigkeiten der EU im Bereich des RFSR durch den Lissabon-Vertrag in erheblichem Umfang sachlich erweitert werden und sich deutlich über den bisherigen Umfang hinaus auf Aufgabenfelder erstrecken, die zu den Kernanliegen jedes neuzeitlichen Staates gehören.[1746]

Damit zusammenhängend gibt es im RFSR weiterhin keine primärrechtlich unmittelbar anwendbaren Vorschriften respektive Gewährleistungen, sondern ausnahmslos Ziel- und Programmfestlegungen, Kompetenzzuweisungen und Handlungsoptionen zugunsten der EU respektive deren Mitgliedstaaten. Diese weisen partiell fragwürdig ambitiöse Einzelziele auf und sind zumeist wenig geglückt in Ziel- und Befugnisnormen aufgelistet sowie zu ausführlich und detailliert gehalten.[1747] Die Normierung der Einzelaufgaben des RFSR in Art. 77 ff. AEU lassen damit kein den RFSR konzeptionell kohärent begründendes und spezifisch zusammenhaltendes Zielkonzept mit schlüssig ableitbaren Vorgaben für Einzelmaßnahmen erkennen.[1748] Es fehlt insbesondere in der PJZS weiterhin zu oft an einem einheitlichen und durchdachten Konzept der Normen, das einen roten Faden erkennen lässt.[1749] Somit ist der konglomerate Zielbefund sowohl in der Zielbestimmung des EUV-Lissabon, als auch in den Einzelbestimmungen des AEUV nicht überwunden, sondern fortgesetzt. [1750] Trotz der auch gegebenen positiven Entwicklungen

---

1741 Müller-Graff, Die justizielle Zusammenarbeit im „RFSR" im System des Europäischen Verfassungsvertrages, S. 1324, 1328 f.

1742 Müller-Graff, Der „RFSR" im neuen Verfassungsvertrag für Europa – Neuerungen und Notwendigkeiten seiner Rekonstruktion, S. 608.

1743 Kainer, Der RFSR nach dem Verfassungsvertrag, S. 286.

1744 Kainer, Der RFSR nach dem Verfassungsvertrag, S. 291.

1745 Kainer, Der RFSR nach dem Verfassungsvertrag, S. 287.

1746 Haack, Der RFSR im Vertrag von Lissabon – Rhetorik oder Integrationsschub?, S. 223; Kainer, Der RFSR nach dem Verfassungsvertrag, S. 297.

1747 Kainer, Der RFSR nach dem Verfassungsvertrag, S. 292; Müller-Graff, Der „RFSR" im neuen Verfassungsvertrag für Europa – Neuerungen und Notwendigkeiten seiner Rekonstruktion, S. 612.

1748 Müller-Graff, Die justizielle Zusammenarbeit im „RFSR" im System des Europäischen Verfassungsvertrages, S. 1332, 1335.

1749 Satzger, Grundsätze eines europäischen Strafrechts, S. 69.

1750 Müller-Graff, Der „RFSR" im neuen Verfassungsvertrag für Europa – Neuerungen und Notwendigkeiten seiner Rekonstruktion, S. 610.

ist das Risiko der zunehmenden Verwendung allgemeiner Kompetenzregelungen eine abnehmende Rechtsklarheit für die Bürger sowie hinsichtlich der Zuständigkeitsabgrenzungen zwischen der EU und den Mitgliedstaaten.[1751]

Zudem leidet der RFSR unter einem Mangel an Transparenz aufgrund des Flickenteppichs an unterschiedlichen Entscheidungsverfahren, der Unverständlichkeit ihrer gesetzlichen Ordnung, der vorherrschenden Kultur der abgeschirmten Entscheidungsfindung und dem Mangel an öffentlicher Konsultation.[1752] Der RFSR hat damit weiterhin die komplizierteste Entscheidungsfindungsstruktur innerhalb der EU.[1753] Zwar ist die Transparenz des Rechtsmaterials des RFSR durch die Vergemeinschaftung etwas verbessert, sie ist jedoch aufgrund der divergierenden Beteiligungsformen und Entscheidungsmodalitäten weiterhin sehr komplex in räumlicher (Opt-Outs), zeitlicher (Übergangsvorschriften etc.) und rechtlicher (Sonderregelungen) Hinsicht.[1754] So überwindet der Vertrag nicht den Stückwerk- sowie Kompromisscharakter der Normen im RFSR, sodass die Rechtsgrundlagen im RFSR aufgrund ihrer Unübersichtlichkeit, Systemlosigkeit, mangelnder Normenklarheit sowie der diversen Ausnahmen, Opt-outs etc. elementaren rechtsstaatlichen Anforderungen nicht genügen.

g. **Zusammenfassend** fällt die Bilanz zum RFSR daher ambivalent aus. Die Erörterung des Lissabon-Vertrages zeigt, dass sich die dargestellten erheblichen Modifizierungen sowie Erweiterungen der RFSR-Normen in zahlreichen positiven Entwicklungen zugunsten des Freiheitskonzepts des RFSR niedergeschlagen haben. Der RFSR ist Gegenstand konzertierter EU-Politik und zählt zahlreiche inhaltliche sowie institutionelle Mechanismen auf, die die EU-Rechtslandschaft diversifizieren und bereichern.[1755] Insgesamt ist der Lissabon-Vertrag jedoch nicht weitreichend genug[1756] und spektakuläre Änderungen sind ausgeblieben.[1757] Am Schwerwiegendsten ist jedoch, dass die Erweiterungen zugunsten des Sicherheitselements bei Weitem überwiegen,

---

1751 Müller-Graff/Gusy, S. 64 f.

1752 So auch den Boer, S. 20 f.; Merli, S. 386 ff. Ebenfalls siehe: Thomas Oppermann, „Reformvertrag statt EU-Verfassung – Etikettenschwindel oder mehr?“, S. 33–46 (41–45), sowie Martin Selmayr, „Der Vertrag ohne Pathos. Zur notwenigen Reform von Lissabon usw.“, S. 47–92 (55 ff.), beides in: Verfassung und Politik im Prozess der europäischen Integration, Ernst-Joachim Mestmäcker/Wernhard Möschel/Martin Nettesheim (Hrsg.), 1. Aufl., Nomos Verlag, Baden-Baden 2008, Graf, Die vertragliche Entwicklung des Raumes der Freiheit, der Sicherheit und des Rechts, S. 222 ff.

1753 Kaunert, Construction of a ‚European Public Order‘, S. 460.

1754 Merli, RFSR, S. 22 ff.

1755 Guild/Carrera/Faure Atger, Challenges and Prospects for the EU's AFSJ: Recommendations to the European Commission for the Stockholm Programme, S. 1.

1756 So auch den Boer, S. 27.

1757 Ruffert, Der RFSR nach dem Reformvertrag – Kontinuierliche Verfassungsgebung in schwierigem Terrain,. S. 170.

was stark zu kritisieren ist, zumal das Sicherheitselement im RFSR bereits zuvor überpräsent war.[1758]

Insbesondere die zunehmende polizeiliche Kooperation und die Erweiterung der strafjustiziellen Zusammenarbeit[1759] im RFSR, bei denen die Mitgliedstaaten ohne einen Ausgleich auf freiheitsrechtlicher Ebene bestimmend bleiben, ist eine problematische Entwicklung.[1760] Hier besteht zweifelsohne das Potential, dass über das Einfallstor des hohen Sicherheitsniveaus alle erdenklichen Vorhaben gerechtfertigt werden, ohne zum Freiheitsschutz unerlässlich zu sein.[1761] Das Zögern der Mehrheit der Mitgliedstaaten, wenn es darum geht, die politischen Maßnahmen im Zusammenhang mit den Grund- sowie Bürgerrechten zu intensivieren und damit das Freiheitskonzept des RFSR zu stärken ist bedauernswert, zumal das Europäische Parlament diese Problematik erkannt und im Vorwege des Lissabon-Vertrages angemahnt hatte.[1762]

Somit verbindet der Lissabon-Vertrag Bestätigungen sowie Konkretisierungen des Status quo mit Themenerweiterungen[1763], die dazu führen, dass auch dieser Vertrag im RFSR eine Ausrichtung auf das Sicherheitselement beibehält und sogar noch ausbaut. Dieses Ergebnis soll jedoch nicht außer Acht lassen, dass nominelle Modifizierungen zugunsten des Freiheitselements aufgrund der souveränitätssensiblen Materie des RFSR ein schwieriges Unterfangen sind und die durch den Lissabon-Vertrag durchaus erreichten zahlreichen Verbesserungen der Freiheitskonzeption daher hoch einzuschätzen sind. Ein angemessenes Verhältnis von Freiheit und Sicherheit ist jedoch auch durch den Lissabon-Vertrag nicht erreicht, da die zahlreichen sehr positiven und grundlegenden Änderungen zugunsten des Freiheitsrechts durch die erheblichen sowie weitreichenden Modifizierungen zugunsten der Sicherheitsausrichtung relativiert worden sind. Der Akteur der Freiheit auf der europäischen Ebene muss somit noch weiter erweckt werden.[1764]

1758 Monar, Der RFSR im Verfassungsvertrag des Konvents, S. 549.

1759 Müller-Graff, Der „RFSR" im neuen Verfassungsvertrag für Europa – Neuerungen und Notwendigkeiten seiner Rekonstruktion, S. 609, 614 ff.; Haack, Der RFSR im Vertrag von Lissabon – Rhetorik oder Integrationsschub?, S. 223; Kainer, Der RFSR nach dem Verfassungsvertrag, S. 297.

1760 Siehe hierzu allgemein: „The Future of Police and Judicial Cooperation in the EU", Cyrille Fijnaut/Jannemieke Ouwerkerk, Martinus Nijhoff Publishers, Leiden u.a. 2010.

1761 Hierzu auch Ribičič, S. 277 ff.

1762 Entschließung des Europäischen Parlaments vom 24. April 2009 zu der jährlichen Aussprache über die 2008 erzielten Fortschritte in Bezug auf den RFSR, „Europäischer Raum der Freiheit, der Sicherheit und des Rechts", 2010/C 184 E/19, 24.04.2009, unter B., 2. Spiegelstrich.

1763 Müller-Graff, EuR 2009, S. 117.

1764 Freiheit versus Sicherheit – Redner, S. 108 f.

2. Stockholm-Programm sowie Stockholmer Aktionsplan

Hinsichtlich des Stockholm-Programms sowie des Stockholmer Aktionsplans lässt sich Folgendes für das Verhältnis von Freiheit und Sicherheit zusammenfassen:

Das Stockholm-Programm und der dazugehörige Aktionsplan sind auf den ersten Blick eine konstruktive Entwicklung, da sie konkrete Angaben zu dem weiteren Vorgehen im RFSR machen und Maßnahmen sowie Prioritäten bezüglich der Umsetzung des Lissabon-Vertrages umfassender gestalten als die Vorgängerdokumente. Ebenso wird ausführlich dargelegt, wie die Rechtsvorschriften und die praktischen Unterstützungsmaßnahmen verbessert werden könnten und die Durchführung der bestehenden Rechtsinstrumente zu verbessern ist. Auch erfolgen erstmals Konkretisierungersuche des EU-Rats an die anderen Organe und explizite Vorgaben zu jeder Leitlinie. Zudem sind die freiheitsrechtlichen Maßnahmen partiell ausdefinierter, werden öfter aufgezeigt und sind um Einbeziehung bemüht. So werden auch die Interessen sowie Bedürfnisse der EU-Bürger und anderer Personen, für die die EU Verantwortung trägt, zunehmend in den Mittelpunkt gerückt und thematisiert. Die Wahrung der Grundrechte wird ebenfalls vermehrt angemahnt, jedoch nur peripher umrissen und nicht klar ausdefiniert. Als Prioritäten des Stockholmer Programms werden somit zwar die Förderung der Grundrechte, die Entwicklung Europas als Raum des Rechts und der Justiz und die Schaffung eines Europas, das Schutz bietet, betont und als ein weiterer Schwerpunkt die Verantwortung und die Solidarität in Migrations- und Asylfragen genannt – konkret erfolgen hier aber nur sehr wenige Ausführungen.

Ganz anders verhält es sich mit den sicherheitsorientierten Maßnahmen im RFSR, hier werden das Programm und auch der Aktionsplan sehr genau. Den ausführlichen und detaillierten sicherheitsorientierten Vorhaben stehen in den Dokumenten vergleichsweise wenig ambitionierte, allgemein gehaltene Absichtserklärungen zum Schutz des Freiheitsrechts gegenüber. So wird zwar auf das Problem des wachsenden Austausches personenbezogener Daten hingewiesen und von der Notwendigkeit einer EU-weiten Regelung zum Schutz personenbezogener Daten gesprochen. Mit keinem Wort wird jedoch auf spezifische datenschutzrechtliche Gefährdungen und Lücken eingegangen, geschweige denn Überlegungen angestellt, wie diesen begegnet werden könnte.[1765] So herrscht eine auffällige Divergenz zwischen den Prioritäten, die in den allgemeinen Ausführungen am Anfang beider Dokumente getätigt werden und eine angemessene Beachtung des Freiheitsrechts als Orientierungspunkt der (Sicherheits-)Maßnahmen im RFSR enthalten einerseits sowie den darauffolgenden konkreten Ausführungen zu den Prioritäten der einzelnen RFSR-Bereiche andererseits, die die zuvor gesetzten Ansprüche nicht erfüllen, sondern das Freiheitsrecht nur am Rande berücksichtigen.

1765 Tretter, Die EU aus datenschutzrechtlicher Sicht – Ein RFSR?, S. 38 f.

So verdeutlich und verfestigst sich in den beiden Dokumenten, dass die EU die Etablierung einer einheitlichen europäischen Sicherheitsarchitektur im RFSR anvisiert. Anhand des starken Ausbaus der polizeilichen, militärischen und geheimdienstlichen Zusammenarbeit sowie der Implementierung neuer technischer Maßnahmen zur Überwachung und Kontrolle im Bereich des Datenaustauschs und der Internetüberwachung wird eine neue europäische Sicherheitsarchitektur im RFSR formuliert. Ein Ausgleich durch gerichtliche Kontrolle respektive eine Ausrichtung unter freiheitlichen Gesichtspunkten erfolgt jedoch nicht, was stark zu kritisieren ist. Auch in einer stabilen Demokratie bedarf es jedoch Institutionen, die der Politik entgegentreten und diese kontrollieren, wenn diese in Zeiten der Krise versucht ist den liberalen Rechtsstaat in seinem Kernbestand einzuengen.[1766]

Dem Prinzip der Verfügbarkeit zufolge soll der Informationsaustausch zwischen den Mitgliedstaaten weiterhin erheblich vereinfacht werden, indem nationale Datenbanken innerhalb des RFSR zentral vernetzt und den mitgliedstaatlichen Behörden frei zugänglich gemacht werden. Dabei ist für Bürger nicht erkennbar, welche Informationen im Rahmen der Terrorismus- und Verbrechensbekämpfung gespeichert werden, wer genau Zugriff auf diese Daten erhält und nach welcher Zeitspanne deren Löschung erfolgt.[1767] Des Weiteren ist nach dem Prinzip der Verfügbarkeit zwar normiert, welche Informationen zu welchen Bedingungen weitergegeben werden dürfen, gleichwohl können sämtliche Daten ohne Einschränkungen weitergegeben werden. Angesichts dessen, dass es sich hierbei um sensible Informationen handeln kann und bisher kein sicherer Schutz vor dem Zugriff Unbefugter gewährleistet scheint, ist dieses bedenklich.[1768] Zudem birgt der Grundsatz der Verfügbarkeit die Gefahr, dass der Austausch auch von personenbezogenen Daten ermöglicht wird, die nicht rechtmäßig erhoben wurden. Auch hierfür sind gemeinsame Regeln zu fordern. Insgesamt fehlt hier eine angemessene Ausrichtung auf das Freiheitselement im RFSR, was nicht hinnehmbar ist.

Die Dokumente visieren des Weiteren eine Strategie zur Erleichterung des Informationsaustausches zwischen den nationalen Polizeibehörden nach den entsprechenden Normen des Prümer Vertrages an, wonach die mitgliedstaatlichen Strafverfolgungs- und Polizeibehörden direkt auf bestimmte nationale Datenbanken (etwa DNA-Analysen, Identifizierungsdaten etc.) zugreifen und sich ohne richterlichen Vorbehalt austauschen können.[1769] Zur Stärkung Europols sollen die mitgliedstaatlichen Beamten in gemeinsame Ermittlungsgruppen eingegliedert werden sowie sämtliche nationalen Datenbanken auch Europol bzw. Eurojust zugänglich gemacht werden. Darüber hinaus soll die Kopplung verschiedener Polizeibehörden künftig mittels eines Ad-hoc-Netzes vereinfacht werden, indem mobile Geräte in einem Datennetzwerk Informationen austauschen können, ohne

1766 Limbach, Ist die kollektive Sicherheit der Feind der individuellen Freiheit?, S. 11.
1767 Wicht, S. 1.
1768 Wicht, S. 4.
1769 Wicht, S. 3 f.

dass es einer übergeordneten Netzinfrastruktur bedarf. Überwachungskameras sowie Bewegungsmelder sollen zudem die von ihnen gesammelten Daten selbstständig in dieses Netz senden können. [1770] Auch zu diesen Maßnahmen fehlt ein freiheitliches Korrektiv, geschweige denn eine Ausrichtung auf das Freiheitsrecht der Bürger, wie es rechtsstaatlich notwendig wäre.

Damit die geplante Interoperabilität von IT-Systemen vollständig datenschutzkonform verläuft, ist nach den Dokumenten zur Bewältigung des Datenflusses die Schaffung einer Verwaltungsbehörde unter Europol/Eurojust angestrebt. Die Polizei- und Sicherheitsbehörden aller Mitgliedstaaten erhalten somit Zugang zum SIS, ZIS, VIS und Eurodac. Dieser erweiterte Zugriff auf die verknüpften Datenbanken ist stark zu kritisieren, vor allem der unkontrollierte Zugriff von europäischen Geheimdiensten ist problematisch, da hier das Trennungsgebot von Militär, Polizei, Grenzschutz und Geheimdienst zunehmend theoretisch wird und Datenschutzverstöße wahrscheinlicher werden.[1771] Denkwürdig sind hier auch der Austausch von Daten mit Interpol, aber auch die direkten Zugriffsmöglichkeiten von EU-Einrichtungen wie Europol oder Eurojust, die ihrerseits mangels eines entsprechenden Datenschutzstandards einen kaum kontrollierbaren Datenaustausch mit Drittstaaten pflegen. Weitere Kritikpunkte sind die Forcierung der Risikoanalyse mittels Software sowie von grenzüberschreitenden Online-Zugriffen und die angestrebte elektronische Vernetzung der nationalen Strafregister durch e-justice[1772] ohne jegliche konkrete Bindung an die Freiheitsrechte.

Des Weiteren ist die Kapazitätenaufstockung zur verbesserten Überwachung des Internets bezüglich des sehr vagen Terminus „terroristischer Aktivitäten" und die zunehmende Vernetzung der Zusammenarbeit der mitgliedstaatlichen Sicherheitsbehörden kritisch zu betrachten. Problematisch ist, dass kein Mangel an Daten vorherrscht, sondern an der effizienten Bewertung der vorliegenden Informationen.[1773] Gleichwohl werden EU-Bürger unter Generalverdacht gestellt, überwacht und personenbezogene Daten zentral gesammelt sowie ausgewertet. Dieser Ansatz ist rein restriktiv und weist keine positiven Elemente auf, sodass sich hierbei die Sicherheitsaspekte nicht an dem Freiheitselement orientieren und so demokratische Grundwerte leichtfertig über Bord geworfen werden.[1774]

Ein ähnlicher Paradigmenwechsel wie bei der Datenkontrolle zeichnet die Dokumente bei der Terrorabwehr ab, wo ebenfalls die Vernetzung bislang getrennter

1770 Wicht, S. 4.

1771 Wicht, S. 2.

1772 Im Juli 2012 stellte die Kommission ein „e-Justice"-Portal vor, welches den Zugang zum Recht erleichtern und Hilfe bei grenzüberschreitenden juristischen Problemen bieten soll, s. der Gesamtbericht über die Tätigkeit der Europäischen Union 2012, angenommen durch die Europäische Kommission am 28.01.2013, COM(2013) 19, S. 39.

1773 Siehe auch Brown, The Stockholm solution, S. 495 f.

1774 Wicht, S. 2 f.

Datenbanken vorgesehen ist, indem die geheimdienstlichen Erkenntnisse der Sitcen[1775] dem EU-Rat, der Kommission, Europol sowie Eurojust zugänglich gemacht werden sollen.[1776] Der Sicherung der Privatsphäre kommt aufgrund des raschen technologischen Wandels mit grenzenlosem Informationsaustausch größte Bedeutung zu, weshalb im RFSR für eine konsequente Anwendung des Grundrechts auf Datenschutz zu sorgen ist und sämtliche Sicherheitsmaßnahmen ausnahmslos an freiheitsrechtlichen Gesichtspunkten zu messen sind. Es ist notwendig, eindeutige und enge Grenzen für den Informationsaustausch zwischen den Mitgliedstaaten festzulegen, da andernfalls die Gefahr besteht, dass gegen die persönliche Integrität verstoßen und die Register ineffektiv werden, während gleichzeitig die Risiken der Datenunsicherheit und der Korruption zunehmen.[1777]

Weiterhin setzen die Programme die kontinuierliche Verstärkung der militärischen Kontrolle an den Außengrenzen fort, indem der Ausbau des Europäischen Grenzüberwachungssystems Eurosur festgelegt ist und Eurosur dabei mittels Satelliten, Überwachungskameras in Flugzeugen und Drohnen die EU-Grenzen sichern sowie die gesammelten Daten innerhalb der EU weiterleiten soll.[1778] Des Weiteren soll Frontex ausgebaut werden, um anhand der militärischen Flüchtlingsabwehr im Mittelmeerraum ein lückenloses Überwachungsnetz gegen illegale Flüchtlinge zu etablieren. Zur weiteren Verstärkung der Flüchtlingsabwehr an den EU-Außengrenzen soll den Geheimdiensten der Zugriff auf bisher nur polizeilich genutzte europäische Datenbanken ermöglicht werden und die Informationssysteme innerhalb der EU in der „Agentur zum Betriebsmanagement von IT-Großsystemen" (EU-LISA[1779]) zusammengeführt und verknüpft werden.[1780]

Zudem intensivieren die Dokumente die EU-Finanzierung von Flüchtlings(Abschiebe)lager in Drittstaaten und die Verabschiedung von Rückführungsvereinbarungen mit angrenzenden „Pufferstaaten", um Flüchtlinge bereits vor der EU-Grenze abzufangen[1781]. Zudem wird zur besseren Steuerung der Migration die Eröffnung

---

1775 Gemeinsame Lage- und Analyseabteilung: EU Situation Centre, hier werden die Info der Geheimdienste zusammengetragen u ausgewertet.

1776 Wicht, S. 2.

1777 Entschließung des Europäischen Parlaments v. 25.11.2009, a.a.O., unter 93.

1778 Siehe IP/11/1528 der EU-Kommission v. 12.12.2011 sowie Rat der EU, Dokument Nr. 13438/12 v. 06.09.2012; EU-Kommission, COM(2012) 259 final v. 08.06.2012.

1779 Durch die EU-Verordnung Nr. 1077/2011 v. 25.10.2011 wurde die EU-Agentur für das Betriebsmanagement von IT-Großsystemen im RFSR (EU-LISA) gegründet (ABl. L 286 vom 01.11.2011, S. 1) und nahm am 01.12.2012 ihre Tätigkeit auf, die zuvorderst in der Sicherstellung der ununterbrochenen Betriebsfähigkeit von VIS, SIS II und dem Eurodac-System besteht.

1780 BT Drs. 4365, Wicht, S. 2.

1781 So wurde bereits 2004 das Konzept der ENP (Europäische Nachbarschaftspolitik) mit Visa- und Handelserleichterungen und speziellen Förderprogrammen für Nachbarstaaten im Gegenzug zu Rückübernahmeabkommen entwickelt; vgl. ec.europa.eu/world/enp/policy_de.htm.

neuer Migrationszentren in wichtigen (v.a. afrikanischen) Drittstaaten vorangetrieben. Damit wird die Strategie der EU-Migrationspolitik von einer Militarisierung der Außengrenzen hin zu einer Instrumentalisierung der Entwicklungspolitik in den Herkunftsländern erweitert, bei der die Kontrolle der Migrationsbewegungen im Vordergrund steht zuvor der Verhinderung und Abschreckung dient. Des Weiteren fördert die EU durch diese RFSR-Maßnahmen eine Politik der „ausgewählten Migration" von Eliten, um so eine saubere restriktive Migration nach europäischen Bedürfnissen zu etablieren, anstatt eine freiheitsrechtliche tatsächliche Asyl- und Einwanderungspolitik zu etablieren.[1782] Darüber hinaus verstärken die Dokumente das Vorgehen der EU im Rahmen des RFSR mit möglichst zahlreichen Drittstaaten Rücknahmeabkommen abzuschließen, welche Abschiebungen erleichtern und setzten deren Unterzeichnung in einen direkten Zusammenhang mit Verhandlungen über finanzielle Unterstützung.[1783]

Der EU wird in diesem Zusammenhang zu Recht vorgehalten, dass sie durch solche Strategien versucht, vor allem die restriktiven Bestandteile ihrer Einwanderungspolitik[1784] in die Nachbarstaaten zu exportieren und über die Stärkung der Sicherheitsapparate (semi)autoritärer Staaten[1785] sowie die generelle Stabilisierung der Regime dieser Staaten das Ziel der Demokratisierung und die Durchsetzung menschenrechtlicher Belange vernachlässigt.[1786]

Es findet sich in keinem der Dokumente ein irgendwie gearteter freiheitsrechtlich ausgerichteter Lösungsansatz zur Bekämpfung der Fluchtursachen, obwohl die Flüchtlingszahl angesichts der katastrophalen Situation in den Heimatländern unstreitig anwachsen wird.[1787] Stattdessen wird die Sekuritarisierung des RFSR hier anhand der schrankenlosen Unterordnung der Asyl- und Einwanderungspolitik des RFSR unter dem Primat der (inneren) Sicherheit weiterverfolgt.[1788] So wird der schon eingeschlagene politische Kurs der Einmauerung, Überwachung sowie Kontrolle noch einmal erheblich verschärft, sodass die Flüchtlingsbekämpfung als menschenfeindliche Vokabel für die programmatischen Zukunftsstrategien der

1782 Vgl. „Afrikaner schon zuhause abschrecken" in: TAZ online, von Thomas Böwing, Jana Janicki, 06.10.2008, abrufbar unter http://www.taz.de/!23961/.

1783 Solche Rückübernahmeabkommen hat die EU etwa mit der Türkei, Georgien, Moldau, Pakistan, Russland, der Ukraine sowie Kap Verde geschlossen ab, vgl. der Gesamtbericht über die Tätigkeit der Europäischen Union 2012, angenommen durch die Europäische Kommission am 28.01.2013, COM(2013) 19, S. 110 f.

1784 Der Aufbau und die Verbesserung der Kapazitäten des Sicherheitsapparates, der Grenzschutz, die Übertragung eines weitgefassten Aufgabenkatalogs, der Austausch von Informationen und Technik, Konditionalität bzgl. Handelsbeziehungen oder finanzieller Programme.

1785 Libyen, Algerien, Marokko etc.

1786 Kahl, Die EU und der Kampf gegen den Terrorismus – die schwierige Balance zwischen Sicherheit und Freiheit, S. 124.

1787 Wicht, S. 1.

1788 So auch Müller-Graff/Monar, S. 35.

EU-Politik im RFSR und der zunehmend härteren Vorgehensweise der EU-Mitgliedstaaten in Form der bereits erwähnten „Abschottung nach außen und Überwachung nach innen“ steht.[1789]

Auch die zunehmende Militarisierung der Außengrenzen hat und wird den Migrationsstrom in den RFSR nicht verhindern, solange diese Menschen in den Herkunftsländern keine Zukunft haben.[1790] Die EU muss sich im RFSR hingegen diesen globalen ökonomischen und humanitären Herausforderungen stellen und den wachsenden Konsens hinsichtlich der Notwendigkeit einer ganzheitliche Asyl- und Migrationspolitik im RFSR ausbauen sowie umsetzten, anstatt in vorwiegend sicherheitsorientierten Einzelkonsensen auf dem kleinsten gemeinsamen Nenner[1791] auszuweichen. Es ist unhaltbar für den RFSR, dass es bei der Migration in die EU zum Alltag gehört, dass Menschen, die in Erwartung einer besseren Zukunft nach Europa wandern, auf dem Weg dorthin ums Leben kommen.[1792] „Wegzuschauen und sie hineinsegeln zu lassen in einen vorhersehbaren Tod, missachtet unsere europäischen Werte“[1793], sodass der Respekt vor dem universellen Wert des Freiheitsrechts des Menschen als Grundauftrag der RFSR der EU gebietet die prekäre Spannung im RFSR zwischen defensiver Erkenntnisverweigerung und pragmatischer Realitätsakzeptanz, zwischen politisch kurzatmigem Aktionismus mit appellativen Postulaten und dem pragmatischen Bemühen um kontinuierliche Fortschritte[1794] zugunsten einer echten freiheitlichen Asyl- und Migrationspolitik mit einem legalen Einwanderungssystem aufzulösen.

Daher ist auch der geplante Einsatz des Militärs zur Migrationsabwehr abzulehnen. Es ist stattdessen die Entwicklung einer strikteren Einwanderungspolitik in enger Verknüpfung mit den anderen EU-Politikbereichen zu fordern, vor allem mit der Beschäftigungspolitik, damit die legale Einwanderung eine Alternative zur illegalen Einwanderung darstellt und sich möglichst positiv sowohl für die Mitgliedstaaten als auch für das Wohlergehen der Einwanderer selbst auswirkt.[1795] Zudem relativieren die Dokumente zunehmend die Trennung zwischen Terrorbekämpfung sowie Flüchtlingsabwehr und die zwischen zivilen außenpolitischen und militärischen Aufgaben, indem die Zusammenarbeit zwischen Militär, Polizei und Entwicklungshilfe bei Auslandseinsätzen zukünftig intensiviert werden

1789 Wicht, S. 1.

1790 Siehe unter Hans-Jürgen Schlamp, „Flüchtlingsdrama vor Lampedusa: Europas Versagen“, http://www.spiegel.de/politik/ausland/lampedusa-mehr-als-hundert-fluechtlinge-sterben-schiffsunglueck-a-925999.html, abgerufen am 10.08.2013.

1791 Parusel, Abschottungs- und Anwerbungsstrategien, S. 5 ff.

1792 Parusel, Abschottungs- und Anwerbungsstrategien, S. 251.

1793 Bundespräsident Joachim Gauck am 04.10.2013 bei der Verleihung des Verdienstordens der Bundesrepublik Deutschland, siehe http://www.zeit.de/politik/deutschland/2013-10/gauck-lampedusa-fluechtlinge-kritik-europa, abgerufen am 08.10.2103.

1794 Parusel, Abschottungs- und Anwerbungsstrategien, S. 6 f.

1795 Entschließung des Europäischen Parlaments v. 25.11.2009, a.a.O., unter 46.

soll.[1796] So soll etwa die paramilitärische Europäische Gendarmerietruppe (EGF), welche zivile sowie militärische Aufgaben vermengt und dabei eng mit Frontex zusammenarbeitet, nach dem Programm in den Rechtsrahmen der EU überführt werden und könnte dadurch im ganzen RFSR agieren.[1797]

Neben der Flüchtlings- und Terrorismusbekämpfung wird auch die Kriminalitätsbekämpfung nach den Dokumenten verstärkt, indem zur grenzübergreifenden Kriminalitätsbekämpfung das ECRIS (Europ. Strafregisterinformationssystem) ausgeweitet wird und EICTCN (Index von Straftätern aus Drittstaaten), EPIS (Europ. Kriminalaktennachweis) sowie EUCPN (Europ. Netz zur Kriminalitätsverhütung) einzurichten sind. Bei EUCPN werden alle EU-Daten zu Verbrechen gesammelt sowie statistisch ausgewertet und in Kooperation mit Europol soll via Data-Mining-Programme zur Durchsuchung riesiger Datenbestände, Prognosen über zukünftige Straftaten erstellt werden.[1798] Zudem sind Vorbehalte gegen die Erleichterung (mitgliedstaatlich gemeinsamer) operativer Tätigkeiten, die hinsichtlich verdeckter Ermittlungen, der Überwachung der Bürger usw. keine europäische Definition und keine gemeinsamen Standards beinhalten, angebracht.[1799] Durch die Dokumente wird zudem sichtbar, dass ebenfalls der für den RFSR zentrale Schengenraum und damit das Freizügigkeitsrecht (Reisefreiheit) der EU-Bürger beeinflusst werden. SIS ist schon lange keine einfache Datenbank mehr und hat nun verstärkt den Schwerpunkt auf der Prävention sowie Erkennung von Bedrohungen der öffentlichen Ordnung und Sicherheit.

Des Weiteren sollen im Rahmen der „Smart Borders"-Initiative zur moderneren sowie effizienteren Grenzmanagement und damit zur Eindämmung der irregulären Migration Daten von Millionen Reisenden erfassen werden: So soll ein elektronisches Registriersystem für Reisende in/aus den mitgliedstaatlichen Hoheitsgebieten (Entry-Exit-System, EES) etabliert und die Einführung eines Registrierungsprogramms für Vielreisende (Registered Traveller Programme, RTP) untersucht werden.[1800] Das RTP ist ein Registrierungsprogramm, anhand dessen sicherheitsgeprüfte Vielreisende aus Drittländern die Möglichkeit haben mit vereinfachten Grenzkontrollen in die EU einzureisen. Mit dem zentralen elektronischen Grenzregister EES sollen Einreise- sowie Ausreiseinformationen von Drittstaatsangehörigen elektronisch gespeichert und vernetzt werden, um z.B. abgelaufene Visa zu erkennen und zuständigen Behörden zu verständigen.[1801]

1796 Wicht, S. 3.

1797 Die EGF wurde 2004 von einigen EU-MGS durch multilaterales Abkommen gegründet; Wicht, S. 3.

1798 Wicht, S. 3 f.

1799 Entschließung des Europäischen Parlaments v. 25.11.2009, a.a.O., unter 86.

1800 Europäische Kommission, IP/13/162 v. 28.02.2013, COM/2013/0095 2013/0057/COD. Auch die schwarz-rote Regierung in Deutschland hat das EES in ihrem Koaliationsvertrag festgehalten. Zuletzt hat die Kommission in einer Erklärung vom 27.10.2015 an diesem Vorhaben festgehalten, COM(2015) 610 final.

1801 Siehe Europäische Kommission – MEMO/13/141 v. 28.02.2013.

Zwar ist eine einschränkende Passkontrolle damit nicht gegeben und der RFSR weiterhin grenzenlos, er wird jedoch umso schärfer überwacht und kontrolliert.[1802]

Bereits drei Jahre nach der Einführung von EES sollen alle nicht dauerhaft im Schengen-Raum lebenden Drittstaatsangehörigen bei der Einreise alle zehn Fingerabdrücke hinterlassen müssen, wobei die biometrischen Daten mindestens sechs Monate (bei sog. Overstays fünf Jahre) gespeichert werden sollen – ungeachtet dessen, ob sie einer Straftat verdächtigt werden oder nicht.[1803] Des Weiteren könnte die geplante Vorratsdatenspeicherung des EES äußerst problematisch werden, wenn in einem der beteiligten Systeme Defekte oder eine fehlerhafte Erfassung auftreten, wie jüngst im SIS geschehen, was angesichts der Vielzahl an EU-Außengrenzposten kaum vermeidbar erscheint.[1804] Zudem erfasst das EES nicht, wo sich sog. Overstayers aufhalten, sodass der Nutzen des EES zweifelhaft ist. Die umfangreiche Datenbank des EES ist somit klar und einseitig als Sicherheitsmaßnahme konzipiert und ausgerichtet. Auch hier sind eine angemessene Orientierung am Freiheitsrecht oder freiheitsrechtliche Ausgleichsmaßnahmen nicht ersichtlich. Mithin sind die Notwendigkeit sowie die Verhältnismäßigkeit einer Datenbank dieses Ausmaßes nicht erkenntlich. Das ursprünglich freiheitlich ausgerichtete Schengensystem beinhaltet nun zunehmend mehr die Kontrolle und Speicherung der Bewegungsdaten des Einzelnen und dient damit einer allein sicherheitsausgerichteten Überwachung.[1805]

Es ist zwar sinnvoll und notwendig, dass der Staat neue Möglichkeiten nutzt, um auf neue Gefährdungslagen mit neuen Instrumenten zu reagieren, jedoch ist hier kritisch zu intervenieren, da Sicherheit nicht zum freiheitlichen Nulltarif zu erhalten ist.[1806] Die einseitige Fokussierung auf das Sicherheitsrecht im RFSR ist rechtsstaatlich heikel, denn er verändert den Ausgleich von Freiheit und Sicherheit, indem er präventiv auf Sicherheit ausgerichtet ist.[1807] Der Rechtsstaat muss sich aber davor hüten, der Versuchung zu erliegen, Angriffe auf die von ihm garantierte Friedensordnung mit den Mitteln der Angreifer abzuwehren.[1808] Es sind keine freiheitsverkürzenden Mittel einzusetzen, die das Wesen der Demokratie und des Rechtsstaates aushöhlen. Vielmehr gilt es einen freiheitlichen Wertekonsenses aufrechtzuerhalten, ohne den der RFSR nicht existieren kann.[1809] Es ist zu fordern,

---

1802 Wicht, S. 5.

1803 Europäische Kommission, COM(2013) 95 final, 2013/0057 (COD) v. 28.02.2013.

1804 Peers, EU Justice and Home Affairs Law, S. 293.

1805 Peers, EU Justice and Home Affairs Law, S. 293.

1806 Hoffmann-Riem, Freiheit und Sicherheit im Angesicht terroristischer Anschläge, S. 35.

1807 Voßkuhle, Das Verhältnis von Freiheitsrecht und Sicherheit – Hat der 11. September 2001 das deutsche Verfassungsrecht verändert?, S. 1109 f.

1808 Dobin, Migration und Schutz der inneren Sicherheit: rechtliche Fragen der Bekämpfung des islamistischen Terrorismus, S. 191.

1809 Dobin, Migration und Schutz der inneren Sicherheit: rechtliche Fragen der Bekämpfung des islamistischen Terrorismus, S. 57 ff.

dass vor allen geplanten Maßnahmen der EU in dem Bereich des RFSR eindeutige Kriterien festgelegt werden, um die Verhältnismäßigkeit sowie Notwendigkeit der Einschränkungen von Grundrechten gründlich zu beurteilen und so eine Orientierung der Sicherheitsmaßnahmen an dem Freiheitsrecht zu gewährleisten.[1810]

Insgesamt wird ersichtlich, dass auch durch das Stockholm-Programm und den dazugehörigen Aktionsplan, Maßnahmen einseitig dem expansiven Sicherheitsgedanken untergeordnet werden und somit die Gefahr eines dauernden Ungleichgewichts zulasten des Freiheitsrechts[1811] im RFSR nicht gemindert, sondern forciert wird. Anhand der Umsetzungsdokumente zum Lissabon-Vertrag hat die EU im RFSR somit nahezu unbemerkt von der öffentlichen Wahrnehmung ihre repressive Politik fortgeführt. Auf diese Weise wird die bereits angesprochene „Festung Europa" im RFSR gestärkt, vor allem indem die Überwachung der Bürger erhöht, deren Daten in zunehmend unüberschaubaren Datennetzen gesammelt, gespeichert und verarbeitet werden. Auffällig ist dabei, dass positive Maßnahmen und Ursachenforschung durch die Programme, etwa in Bezug auf den Terrorismus, die illegale Einwanderung etc. nicht wirklich gefördert werden, sondern nur peripher und vage Erwähnung finden. Stattdessen wird jedoch aktiv die Weiterentwicklung von Frontex, Eurosur, Europol, des gemeinsamen Schengener Gesetz- und Visummanagements sowie der immer stärkeren Verschmelzung von innerer und äußerer Sicherheit vorangetrieben.

In den Hintergrund treten dabei die eigentlich zentralen Belange des Freiheitsrechts und damit Fragen der ausstehenden Demokratisierung europäischer Institutionen mit weitreichenden Kompetenzen, wie etwa Europol. [1812] Konkrete respektive greifbare Veränderungen sind in den Lissabon-Dokumenten daher nur hinsichtlich des Sicherheitskonzepts des RFSR auszumachen. All dieses verdeutlicht, dass die Umsetzungsdokumente weiterhin der rechtsstaatlich fatalen Logik folgen, dass sich das Freiheitsrecht an der Sicherheit zu orientieren hat – das Gegenteil ist jedoch der Fall.[1813] Dabei werden die rechtsstaatlichen Grenzen der Öffentlichen Gewalt unter dem Vorwand respektive dem Ziel der Terrorismusbekämpfung etc. immer mehr aufgeweicht und so die für den RFSR grundlegende Balance zwischen Sicherheit und Freiheitsrecht immer mehr zugunsten von Sicherheitsaspekten verschoben. Der EU-Bürger zahlt einen hohen Preis für den vermeintlichen Sicherheitsgewinn zulasten der Freiheit[1814], insbesondere indem

1810 Die Strategie für die Einhaltung der GRC von 2010 (Europäische Kommission, IP/10/1348 v. 19.10.2010) gibt Hoffnung, da die Kommission konstatiert, alle neuen EU-Vorschriften auf jeder Stufe des Gesetzgebungsverfahrens auf ihre Vereinbarkeit mit der GRC zu überprüfen. Vgl. Tretter, Die EU aus datenschutzrechtlicher Sicht – Ein RFSR?, S. 49.

1811 Vgl. Müller-Graff/Monar, S. 32.

1812 Heilig, Freiheit und Sicherheit in Europa: Trilog zur europäisierten Innenpolitik, S. 44.

1813 Wicht, S. 5.

1814 Wicht, S. 5.

erhebliche Gefährdungen der Freiheitsrechte der Menschen durch die veränderte Sicherheitsarchitektur des RFSR durch eingestreute Verweise auf die Grundrechte in den Umsetzungsdokumenten leichtfertig abgetan werden.

Summa summarum zeigt sich somit bei der genaueren Untersuchung des Programms und des Aktionsplans, dass sich diese Dokumente inhaltlich oftmals wiederholen, auf inhaltsleere Phrasen zurückgreifen und insbesondere eine einseitige Fokussierung auf sicherheitsorientierte RFSR-Maßnahmen aufweisen. Damit kann weder das Stockholm-Programm, noch der Aktionsplan die ambitionierten Zielsetzungen in den jeweiligen Einführungen gerecht werden, die durchaus eine prioritäre Festsetzung auf das Freiheitsrecht respektive ein angemessenes Gleichgewicht zwischen diesem und dem Bereich der inneren Sicherheit erkennen lassen. Insgesamt betrachtet, folgen beide Dokumente der Gewichtung des Lissabon-Vertrages und verpassen die wichtige Gelegenheit durch eine eigene Gewichtung einen Ausgleich für die Freiheit und Sicherheit im RFSR zu schaffen. Ein angemessenes Verhältnis von Freiheit und Sicherheit ist mithin auch durch die Umsetzungsdokumente zum Lissabon-Vertrag nicht erreicht, da zwar eine Vielzahl von ambitionierten positiven Weiterentwicklungen zugunsten des Freiheitsrechts gegeben ist, diese jedoch durch die bei Weitem zahlenmäßig überwiegenden sowie auch inhaltlich erheblich weitreichenderen Modifizierungen zugunsten einer wachsenden „Sekuritarisierung" des RFSR relativiert werden.

3. Post-Stockholm-Programm

Hinsichtlich des Post-Stockholm-Programms lässt sich Folgendes für das Verhältnis von Freiheit und Sicherheit zusammenfassen:

Insgesamt ist hinsichtlich des Post-Stockholm-Programms auffällig, dass es im Gegensatz zu den bisherigen Programmen deutlich weniger umfangreich ist und eher eine knappe Auflistung von Prioritäten darstellt, als ein detailliertes Umsetzungsdokument. So weist das Post-Stockholm-Programm gerade einmal sieben Seiten auf, während das Stockholm-Programm etwa 38 Seiten einnimmt. Wie strategische Leitlinien für ein derartig umfangreiches und komplexes Rechtsgebiet wie den RFSR auf nur sieben Seiten angemessen gestaltet werden sollen, wurde nicht ersichtlich.

Inhaltlich bleibt das Post-Stockholm-Programm angesichts seiner Kürze auch recht oberflächlich. Gleichwohl bringt das Programm in seiner Oberflächlichkeit eine Andeutung auf einen eventuellen Richtungswechsel bzw. ein Umdenken in der Gestaltung des RFSR mit sich, indem erstmalig explizit die Grundrechte als Basis jedes Handelns der Agenda im RFSR festgesetzt werden. Dieses entspricht der rechtsstaatlich angemessenen Gewichtung von Freiheit und Sicherheit im RFSR und ist daher sehr positiv. Zumal die Grundausrichtung des RFSR bisher sicherheitsorientiert ist und damit ein freiheitliches Korrektiv besonders notwendig ist. Dieses gilt besonders in Zeiten, in denen viele Mitgliedstaaten meinen auf den Migrationsdruck, sowie die Terrorismusgefahr durch immer mehr und immer umfassendere Sicherheitsmaßnahmen reagieren zu müssen und dabei in die Freiheitsrechte ihrer Bürger sowie der Drittstaatsangehörigen immer tiefer eingreifen.

Es ist daher besonders positiv, dass das Post-Stockholm-Programm nicht von Sicherheitsgedanken diktiert scheint. Im Einklang mit der anfänglichen Positionierung zu den Grundrechten und der Freizügigkeit, sind die Prioritäten des Programms die Handhabung der Flüchtlingskrise und des Migrationsdrucks an den EU-Außengrenzen. Es wird, zögerlich, aber immerhin erkennbar ersichtlich, dass die EU erkannt hat, dass es eines fundamentalen Überdenkens der Handhabung der gemeinsamen EU-Außengrenzkontrolle und des EU-Asylrechts bedarf. Es ist so erstaunlich wie erfreulich angesichts der zunehmenden restriktiven nationalen Ausrichtung vieler Mitgliedstaaten, dass die erste Priorität die Möglichkeiten der legalen Zuwanderung beinhaltet und so dann die Solidarität sowie Verantwortung in der EU und die Ausgestaltung der Migrationspolitik folgen. Erst dann werden als letzte Prioritäten die eher restriktiven Maßnahmen zur EU-Außengrenzsicherung und zum Raum der Sicherheit dargelegt.

Diese Prioritätensetzung fokussiert sich auf das Freiheitsrecht und ist damit rechtsstaatlich angemessen. Auch wenn in den einzelnen Leitlinien weiterhin noch eine unangemessene Gewichtung auf Sicherheitsaspekte erfolgt und inhaltlich nur eine Wiederholung bereits bekannter Maßnahmen dargestellt ist, ist hier ein Umdenken im RFSR ersichtlich, welches äußerst positiv ist. Die Errungenschaft des Post-Stockholm-Programms liegt damit nicht in neuen inhaltlichen Erkenntnissen, was dem sehr geringen Umfang des Dokumentes geschuldet sein dürfte, sondern in der erfolgten Priorisierung der Maßnahmen und der Fokussierung auf Freiheitsrechte und die Menschen im RFSR – einschließlich Drittstaatsangehöriger. Die EU hat erkannt, dass es im RFSR gelingen muss humanitäre und wirksame Lösungen zu finden, da sich ansonsten inhumane, nationalistische und damit keine dem Wertekanon der EU entsprechenden Lösungen durchsetzen werden.[1815] Damit ist ein wichtiger Schritt auf dem Weg zu einer umfassenden freiheitsrechtlichen Strategie im RFSR im Einklang mit den Grundrechten und den internationalen Verpflichtungen getan.

1815 Vgl. die Ausführungen von Präsident Donald Tusk im Anschluss an die Tagung des Europäischen Rates vom 15. Oktober 2015, Pressemitteilung des Europäischen Rates, 732/15. Vgl. auch die Ausführungen von Präsident Donald Tusk im Anschluss an die Tagung des Europäischen Rates vom 15. Oktober 2015, Pressemitteilung des Europäischen Rates, 732/15.

Teil V: Resümee

In diesem letzten Kapitel der Arbeit wird die vorherige umfangreiche Untersuchung des Verhältnisses von Freiheit und Sicherheit im RFSR resümiert. In einem ersten Schritt wird dazu eine Zusammenfassung der bisherigen Kapitel zu einem Endergebnis vorgenommen und ein Fazit gezogen (**A.**). Auf Basis dessen werden sodann Anregungen zu zukünftigen Gestaltung des RFSR aufgezeigt (**B.**).

A. Endergebnis

Das Ziel dieser Arbeit war es zu untersuchen, wie sich das Verhältnis von Freiheit und Sicherheit im RFSR entwickelt hat und im Rahmen dessen aufzuzeigen, inwieweit der RFSR den EU-Bürger nach dem EU-Primärrecht tatsächlich ein angemessenes Verhältnis von Freiheit und Sicherheit bietet. Die vorliegende Arbeit erörtert daher auf der Basis der theoretischen Grundlagenkapitel II und III die Entwicklung des Verhältnisses von Freiheit und Sicherheit im RFSR-Recht bis zum Status quo in Kapitel IV. Die Untersuchung des komplexen RFSR verlangte eine differenzierte Betrachtungsweise und das gilt insbesondere hinsichtlich der Konstatierung eines Ergebnisses zum Verhältnis von Freiheit und Sicherheit. Dieses ergibt sich nicht nur aus der Vielzahl der analysierten Verträge respektive Normen, sondern ebenfalls aus der vielfach dargelegten komplexen Rechtsmaterie des RFSR, welche zudem als genuin staatliches JI-Recht auf EU-Ebene ganz besonders im Spannungsfeld staatlicher Souveränität steht. Um dieser Vielschichtigkeit gerecht zu werden und dennoch ein übersichtliches Ergebnis erstellen zu können, wurde bereits jeweils am Ende der verschiedenen Kapitel dieser Arbeit ein ausführliches zusammenfassendes Ergebnis erstellt. Unter Bezugnahme auf die anfangs erläuterten Zielsetzung dieser Arbeit (vgl. Teil I, B.) werden die einzelnen Teilabschnitte daher nur knapp resümiert und sodann ein Fazit gezogen.

I. Notwendigkeit und Voraussetzungen eines rechtsstaatlich angemessenen Verhältnisses von Freiheit und Sicherheit

In Teil II wurde daher die Notwendigkeit und insbesondere die Voraussetzung eines rechtsstaatlich angemessenen Verhältnisses von Freiheit und Sicherheit als Paradigmen öffentlicher Ordnung dargelegt.

Unter Bezugnahme auf die Rechtsphilosophie der Aufklärung wurde herausgearbeitet, dass sich Freiheit und Sicherheit als die zentralen Parameter der demokratisch-rechtsstaatlichen öffentlichen Ordnung entwickelt haben. Hierbei wurde der Entwicklungsbogen von dem absolutistisch geprägten leviathanischen Staatsdenken bei Thomas Hobbes über die dem Freiheitsrecht zu dienen bestimmte staatliche Sicherheit nach John Locke sowie Jean-Jacques Rousseau bis zu Freiheit als Bedingung von Rechtlichkeit und leitendes Ziel der Gesetzgebung bei Immanuel

Kant gezogen. Es wurde deutlich, dass dieses rechtsphilosophische Verständnis von dem Freiheitsrecht als Orientierungsmaßstab jeglicher Sicherheitsmaßnahmen der Nährboden für die daraufhin entstehenden demokratischen öffentlichen Ordnungen war, die die individuelle Freiheit der Bürger auf Verfassungsebene rechtlich absicherten. Anschließend wurde herausgearbeitet, dass dieses Verständnis von Freiheit und Sicherheit eine Wandlung vollzogen hat, respektive noch vollzieht, indem das Freiheitsrecht zunehmend als Schutz durch den Staat verstanden wird und nicht mehr vor dem Staat. Damit verändert sich die das Verständnis prägende Erfahrung des Freiheitsrechts von der vom Staat erkämpften und nur in äußeren Grenzen durch abstrakte Gesetze geschützten Freiheit zur staatlich konstituierten Freiheit, die am Primat der Sicherheit ausgerichtet wird, was der Idee der rechtsstaatlichen demokratischen öffentlichen Ordnung zuwiderläuft. Angesichts dessen wurde sodann aufgezeigt, dass ein angemessenes Verhältnis von Freiheit und Sicherheit in einer öffentlichen Ordnung grundlegend ist, um eine am Menschen orientierte demokratische Rechtsstaatlichkeit zu wahren und eine Aufwertung des Freiheitsrechts zu erreichen. Daher ist die Zuordnung von Freiheit und Sicherheit elementar für den RFSR, der den öffentlichen Raum der EU mit Schwerpunkt auf die EU-Bürger darstellen soll.

Es wurde anschließend herausgearbeitet, wie ein rechtsstaatlich gebotenes Verhältnis von Freiheit und Sicherheit konkret ausgestaltet sein sollte. Hierfür ist die zuvor erörterte Erkenntnis grundlegend, dass eine demokratische Rechtsordnung kein Selbstzweck ist, sondern der Aufrechterhaltung des Freiheitsrechts des Einzelnen dient. Denn damit ist Sicherheit nicht um ihrer selbst willen ein Wert, sondern weil sie das Freiheitsrecht gewährleistet. Sicherheit kann in einer rechtsstaatlichen öffentlichen Ordnung somit immer nur Ausfluss des Freiheitsrechts sein. Allein dieser Bezug auf das Freiheitsrecht gibt der Sicherheit (und das diese gewährleistende Gewaltmonopol) ihre Legitimität, sodass nicht Sicherheit, sondern das Freiheitsrecht die öffentliche Ordnung legitimiert. Beschränkungen des Freiheitsrechts zugunsten der Sicherheit müssen somit ihren Ausgangs- und Endpunkt in der Ausrichtung auf das Freiheitsrecht haben. Freiheit und Sicherheit als Paradigmen öffentlicher Ordnung stehen dabei jedoch in einer ambivalenten Beziehung zueinander, da sie sich gleichzeitig gegenseitig bedingen und begrenzen. Ohne Sicherheit ist keine Freiheit, ohne diese jedoch auch keine Sicherheit möglich. Beide Güter stehen somit in einem Komplementärverhältnis zueinander und setzen sich wechselseitig voraus. Damit sind Freiheit und Sicherheit keine abstrakten Antipoden, vielmehr stellen sie zwei Seiten derselben Medaille dar und können aufgrund dieses Spannungsverhältnisses im Konflikt miteinander stehen. Das Recht dient dabei als vermittelndes Ausgleichsinstrument bzw. Steuermodus für die sich mitunter gegenseitig beschränkenden Rechtsgüter Freiheit und Sicherheit.

In dem durch diese Schnittmenge von Freiheit und Sicherheit gesteckten Rahmen bewegt sich rechtsstaatliches Handeln, in dem das gebotene Verhältnis von Freiheit und Sicherheit zu ermitteln ist. Rechtsstaatlich notwendig ist daher stets eine Abwägung zwischen dem faktischen Sicherheitsgewinn und der mit diesem verbundenen Freiheitseinbuße, bei den sicherheitsorientierten Einschränkungen des Freiheitsrechts stets geeignet, erforderlich und angemessen sein müssen. Jede Gesetzgebung, die eine Freiheitseinschränkung des Einzelnen zugunsten der Sicherheit beinhaltet, muss die zwingende Notwendigkeit dafür darlegen. Je mittelbarer der Bezug der staatlichen Sicherheitsmaßnahme zur gebotenen Schnittmenge des Verhältnisses von Freiheit und Sicherheit ist, desto höher sind dessen Rechtfertigungsanforderungen unter freiheitlichen Gesichtspunkten. Eine öffentlich-rechtliche Einschränkung der individuellen Freiheit zugunsten der Sicherheit ist somit nur dann legitimiert, wenn dem Freiheitseingriff durch einen hinreichenden Sicherheitsgewinn, der der Gewährleistung des Freiheitsrechts dient, eine freiheitssichernde Wirkung zukommt und das Freiheitsrecht dafür aber nicht mehr als unbedingt erforderlich eingeschränkt wird – die sog. „Freiheitsverträglichkeitsprüfung" von Sicherheitsmaßnahmen. Die öffentliche Ordnung muss zudem eine konsequente Orientierung und strenge Bindung an die Unveräußerlichkeit des Freiheitsrechts gewährleisten, damit Sicherheitsmaßnahmen das Freiheitsrecht nicht schleichend erodieren. Eine elementare Kontrollfunktion spielen hierbei insbesondere die nationalen wie EU-Gerichte. In einer demokratischen öffentlichen Ordnung ist die Gewährung eines angemessenen Verhältnisses von Freiheit und Sicherheit zudem nur in einem von Verantwortung geprägten Kooperationsverhältnis von öffentlichen Institutionen und den Bürgern realisierbar.

II. Entwicklung und Funktionsweise des RFSR als eigenständiger Teilbereich der EU

In Teil III, als dem zweiten Teilziel, wurde die Entwicklung des RFSR zu einem eigenständigen Teilbereich der EU untersucht, um aufzuzeigen, dass und warum es sich bei dem RFSR um eine öffentliche Ordnung der EU handelt, in dem die zuvor erörterten öffentlich-rechtlichen Güter Freiheit und Sicherheit zur Anwendung kommen. Hierbei wurde dargelegt, dass der RFSR bei seiner Gründung als Ergänzung des Gemeinsamen Marktes zu betrachten war und sich aber mittlerweile zu einem unabhängigen Bereich der EU entwickelt hat, welcher neben dem Gemeinsamen Markt als Struktureinheit der EU steht. Als die maßgeblichen Triebkräfte dieser Entkoppelungs-Entwicklung des RFSR wurden dabei die grenzüberschreitenden Herausforderungen der Justiz- und Innenpolitik in der EU, der Handlungsdruck aus anderen EU-Politikbereichen (spill-over Effekt), die Interessen mitgliedstaatlicher Akteure an einer Europäisierung zur Effektuierung eigener politischer Ziele sowie die Eigendynamik europäisierter RFSR-Politikbereiche festgestellt. Somit hat der RFSR eine Eigenständigkeit erreicht, welche es gebietet, diesen anhand seiner eigenen Elemente zu untersuchen.

Anschließend wurde die Funktionalität sowie Wirkungsweise des RFSR untersucht, da diese Mechanismen die Rechtssetzung und Umsetzung des RFSR-Rechts bedingen. Im Rahmen dessen wurde der RFSR zuerst zu den diesem thematisch besonders nahestehenden EU-Bereichen des Binnenmarktes und der Unionsbürgerschaft abgegrenzt. Diese Erörterung hat aufgezeigt, dass trotz der erlangten

Eigenständigkeit des RFSR, eine enge Wechselbeziehung (insbesondere) zu dem Binnenmarkt und der Unionsbürgerschaft besteht, die aus den thematischen Überschneidungen sowie entwicklungspolitischen Zusammenhängen resultiert. Daran anschließend wurde die Relevanz des Raum-Konzeptes für die Wirkungsweise des RFSR herausgearbeitet. Hierbei wurde deutlich, dass sich zusammenfassend zwei spezifische Charakteristika des RFSR als Raumkonzept benennen lassen: Zum einen Flexibilität, welche ausreichend Spielraum gewährleistet, um die divergierenden mitgliedstaatlichen Ambitionen und die verschieden ausgestalteten Politikbereiche des RFSR zu vereinbaren. Zum anderen die einheitliche territoriale Dimension, welche die Aufspaltung in die einzelnen mitgliedstaatlichen Territorien hinsichtlich gemeinsamer Herausforderungen und Antworten überwinden kann. Die Bedeutung des Raumkonzeptes für das Verhältnis von Freiheit und Sicherheit liegt damit darin, dass dieses nur dann rechtsstaatlich angemessen gewährleistet werden kann, wenn Freiheit und Sicherheit in dem gesamten Raum des RFSR den gleichen Gehalt aufweisen. Die Konstruktion des RFSR als Raum ist daher konstitutiv für ein angemessenes Verhältnis von Freiheit und Sicherheit.

Darauf aufbauend wurden die wichtigsten sechs Strukturmerkmale zur Umsetzung des RFSR erörtert. Hierbei wurde deutlich, dass der Grundsatz der gegenseitigen Anerkennung trotz der umfassenden Supranationalisierung des RFSR-Rechts weiterhin das tragende Strukturmerkmal zur Umsetzung des RFSR ist und der integrativere Grundsatz der Rechtsangleichung erheblich weniger eingesetzt wird. Dieses gründet sich, ebenso wie die immer wiederkehrende und oftmals rein deklaratorische Hervorhebung des Subsidiaritätsgrundsatzes im RFSR vor allem auf der Furcht der Mitgliedstaaten vor einer zu starken Rolle der EU in der die Staatlichkeit berührenden Rechtsmaterie der Justiz- und Innenpolitik. Als Resultat dieser Fokussierung auf die gegenseitige Anerkennung ist eine gut funktionierende Zusammenarbeit der Verwaltungen der Mitgliedstaaten im RFSR grundlegend. Dem entgegengesetzt ist das Prinzip der Differenzierung im RFSR weitaus stärker ausgeprägt im Vergleich zu anderen EU-Gebieten, was zwar eine schnellere, da abgestufte Integration ermöglicht, dabei jedoch oftmals divergierende Rechtsgestaltung und somit eine Fragmentierung des RFSR in ein Europa der zwei Geschwindigkeiten bedingt. Der Grundsatz der Solidarität ist in dem RFSR-Recht nun erstmals spezifisch kodifiziert und wird damit der besonderen Bedeutung, welcher der gerechten Aufteilung der Verantwortung und Lasten im RFSR zukommt, gerecht.

In einem letzten Schritt wurde die Wirkungsweise und Relevanz der EU-Integration im RFSR untersucht. Hierbei wurde dargelegt, dass die Beziehung von Freiheitsrecht sowie Sicherheit im RFSR zum europäischen Integrationsprozess insbesondere dadurch gekennzeichnet ist, dass der RFSR nach Art. 3 Abs. 2 EU die Menschen in den Mittelpunkt stellen soll. Somit beeinträchtigt das Verhältnis von Freiheit und Sicherheit den Integrationsprozess nicht nur allgemein dadurch, dass Integration entweder durch den Fokus auf Sicherheitsmaßnahmen in eine restriktive Richtung oder aber durch die Ausrichtung auf das Freiheitsrecht liberal ausgestaltet werden kann. Sondern darüber hinaus ist im RFSR durch die

Zielbestimmung auf den Menschen eine besondere Einbeziehung der Bürger und damit eine erhöhte Orientierung an deren Belangen gefordert, die eine Ausrichtung auf das Freiheitsrecht der Menschen fordert und so der Konstellation von Freiheit und Sicherheit eine gehobene Relevanz gibt.

III. Das Verhältnis von Freiheit und Sicherheit im RFSR-Recht

Teil IV, als das dritte Teilziel, bildet den Schwerpunkt der Arbeit, da hier die Erkenntnisse aus den vorherigen Grundlagenkapiteln zusammengeführt wurden, indem das Primärrecht des RFSR als zentraler Untersuchungsparameter auf das konkrete Verhältnis von Freiheit und Sicherheit hin chronologisch analysiert wurde. Dabei wurde erörtert, wie das Verhältnis von Freiheit und Sicherheit in den RFSR-Normen der primärrechtlichen Verträge der EU, deren programmatische Konkretisierung durch die Umsetzungsprogramme und Aktionspläne sowie in der gerichtlichen Auslegung durch die EU-Gerichtsbarkeit konkret ausgestaltet ist. Im Rahmen dessen wurde chronologisch vorgegangen, um aufzuzeigen, wie sich das Verhältnis von Freiheit und Sicherheit im RFSR durch die Reformen der vertraglichen Grundlagen entwickelt hat, inwieweit die einzelnen Verträge tatsächlich qualitative Veränderungen gebracht haben und was dieses für den Integrationsprozess der EU bedeutet:

Durch den **Maastricht-Vertrag** wurde der Rechtsbereich des RFSR (damals als ZBJI) erstmals in das EU-Primärrecht integriert. Die bisherigen intergouvernementalen Strukturen wurden jedoch größtenteils beibehalten, sodass die EU hier so gut wie keine gesetzgebenden Kompetenzen innehatte, was angesichts der genuin sicherheitsorientierten Ausrichtung der Mitgliedstaaten zulasten des Freiheitsrechts wirkte. Aufgrund der rechtlich brisanten Materie der ZBJI waren die Normierungen im Maastricht-Vertrag inhaltlich nur vage und enthielten keine subjektiven Rechte für die EU-Bürger. Zudem fehlte der ZBJI eine demokratische Legitimität aufgrund der erheblichen Defizite in der demokratischen und gerichtlichen Kontrolle, da es dem Europäischen Parlament an Mitentscheidungsrechten mangelte und der EuGH unzureichende Kontrollrechte hatte. Des Weiteren war eine umfassende Politik in der ZBJI nicht erkenntlich und ein effektives Vorgehen erschwert, was sich u.a. aus dem Fehlen von klaren Zielen, der Unzulänglichkeit der gegebenen Instrumente, der Vorherrschaft der Einstimmigkeit, einer umständlichen Fünf-Ebenen-Entscheidungsstruktur, dem nicht ausschließlichen Initiativrecht der Kommission sowie der unklaren rechtlichen Status der „gemeinsamen Aktionen" und „gemeinsamen Standpunkte" begründete.

Diese Aspekte wirken sich deutlich zulasten des Freiheitsrechts in der ZBJI aus, da sie das dieses fördernde rechtsstaatliche sowie demokratische Handeln erschweren. Gleichwohl wurden durch die Überführung der ZBJI in das Primärrecht der EU wichtige erste Schritte für eine Zusammenarbeit in der ZBJI geschaffen. Darüber hinaus erhielt die Kommission ein Ko-Initiativrecht und das Europäische Parlament zumindest ein Informationsrecht und wurde zu grundsätzlichen Fragen konsultiert. Diese Errungenschaften waren aber wie aufgezeigt nicht ausreichend, um im Sinne der EU-Bürger die unter Teil II dargelegte notwendige Dimension des Verhältnisses von Freiheit und Sicherheit Wirklichkeit werden zu lassen, da sie die dargelegten Defizite nicht aufzuwiegen vermöchten.

Es wurde daher erkenntlich, dass in den ZBJI-Normen des Maastricht-Vertrages kein ausgewogenes Verhältnis von Freiheit und Sicherheit angelegt war, sondern ein Überwiegen des Sicherheitskonzepts. Es ist jedoch nicht außer Acht zu lassen, dass sich der Vertragstext um die Implementierung des Freiheitselements sichtbar bemühte und diese Leistung der Mitgliedstaaten angesichts der problematischen Materie ein enormer Schritt für die europäische Integration und damit auch für die EU-Bürger darstellt. Dieses gilt insbesondere in Anbetracht dessen, dass der Maastricht-Vertrag die erste vertragliche Kodifizierung der ZBJI-Materie auf EU-Ebene ist und die Aufnahme als intergouvernementale Zusammenarbeit verbindlicher ist als die vorherige völkerrechtliche Bindung außerhalb des EU-Konzepts. So gewährte die Institutionalisierung der ZBJI im dritten Pfeiler des EUV als Kompromiss dennoch gesetzgeberische Verbindungen mit den EU-Organen und gab dem Verhältnis von Freiheit und Sicherheit damit wichtige Anstöße.

Durch den auf den Maastricht-Vertrag folgenden **Amsterdam-Vertrag** wurde die PJZS in dem (nun so titulierten) RFSR materiell-rechtlich deutlich erweitert und konkretisiert. Damit einhergehend hat sich jedoch keine Besserung des Verhältnisses von Freiheit und Sicherheit eingestellt, vielmehr ist die stark einseitige Ausrichtung der PJZS auf das Sicherheitskonzept weiter ausgebaut worden, wie dieses vor allem in Art. 29 EUV-Amsterdam sowie Art. 61 lit. e EGV-Amsterdam explizit deutlich wird. Der Schutz der Freiheitsrechte im Kontext des sich ausweitenden PJZS erscheint schwach und partiell nicht existent. Besonders zu kritisieren ist hier das Fehlen der unmittelbaren Wirkung, einer verbindlichen Jurisdiktion und des Mehrstimmigkeitsprinzips. Zudem bestand im Amsterdam-Vertrag weiter die Prävalenz der Einstimmigkeitsregel im Rat fort und führt zu der Annahme von Rechtsvorschriften auf dem kleinsten gemeinsamen Nenner. Ebenso negativ ist das Fehlen einer demokratischen Grundlage für Maßnahmen des dritten Pfeilers, mangelnde Transparenz sowie Effektivität der Gesetzgebungsverfahren, begrenzte gerichtliche und parlamentarische Kontrolle und als Folge von all diesen Aspekten, ein niedrigeres Niveau des Rechtsschutzes für die Rechte der Bürger.

Diese Defizite waren in der PJZS aufgrund der Relevanz für die Freiheitsrechte der Bürger von besonderer Brisanz. Gleichwohl bewirkte der Amsterdam-Vertrag auch positive Entwicklungen in der PJZS. So wurden die Initiativmöglichkeiten bei Rechtsetzungsakten zugunsten der Kommission, die Zuständigkeit des EuGHs, die Beschlussfassung im Rat und die Beteiligung des Europäischen Parlamentes ausgebaut und wichtige Gemeinschaftsbestimmungen fanden auch in der PJZS Anwendung – zwar nach wie vor ungenügend, da die Verfahren umständlich sowie intransparent waren und zulasten des Freiheitsrechts gehen, aber bei aller beizubehaltenden Kritik ist ein Fortschritt hier zumindest durchaus zu erkennen.

Der Amsterdam-Vertrag überführte zudem die RFSR-Normen des Titel IV EGV-Amsterdam in das EGV-Reglement, sodass hier weitestgehend das supranationale Unionsrecht anwendbar wurde, was aufgrund der (im Gegensatz zum

EUV) rechtsstaatlicheren und damit freiheitsrechtlicheren Strukturen des EGV, sehr positiv zu bewerten ist. Zudem wurden die nun im EGV-Amsterdam geregelten RFSR-Bereiche ebenfalls erheblich konkretisiert und erweitert. Damit einhergehend fand jedoch, anders als im EUV-Amsterdam, keine explizit einseitige Betonung des Sicherheitskonzepts des RFSR satt. Die Bereiche Grenzkontrollen, Visa, Asyl, Einwanderung und Drittstaatsangehörige wiesen zwar immer noch eine überwiegend sicherheitsorientierte Tendenz auf, es sind jedoch zumindest viele Änderungen festgestellt worden, die das Freiheitsrecht der EU-Bürger konstruktiv beeinflussen können.

Angesichts der Supranationalisierung ist es allerdings als destruktiv zu bewerten, dass die Befugnisse des EuGHs eingeschränkt sind sowie das Mitentscheidungsverfahren und damit auch das Ausmaß der Beteiligung des Europäischen Parlamentes teilweise zur Disposition des Rates gestellt wird. Zudem wurden zahlreiche Reformen im RFSR durch die „Opt-outs/-in"-Protokollregelungen zugunsten des Vereinigten Königreichs, Irlands und Dänemarks in den vergemeinschafteten Bereichen Asyl, Einwanderung, Grenzkontrollen und zivilrechtliche Zusammenarbeit „erkauft" und gestatteten im Rahmen einer beliebigen Flexibilität somit diesen EU-Staaten, bestimmte Schritte der gemeinsamen Asyl- und Migrationspolitik nicht umzusetzen. Hierdurch ergaben sich gravierende Unterschiede im Rechtsstatus der jeweiligen EU-Bürger, was das Freiheitsrecht im RFSR erheblich schmälerte und stark zu kritisieren ist. Insgesamt ist jedoch nicht außer Acht zu lassen, dass die RFSR-Vorschriften auch im EGV-Amsterdam eine politisch äußerst sensible Materie umfassen, die dem (mitglied-)staatlichen Souveränitätsbereich sehr nah ist.

Aufgrund der Säulenteilung durch den Amsterdam-Vertrag wurden auf die RFSR-Normen (bereichsabhängig) sehr unterschiedliche Rechtsgrundlagen, Verfahrensweisen und Rechtsinstrumente angewendet. Dieses betraf auch säulenübergreifende Fragen, sodass die Aufteilung der RFSR-Bereiche zwischen der ersten und dritten Säule mangelnde Transparenz, rechtliche Komplexität und Mehrdeutigkeit verursachte. Dieses führte dazu, dass das Verhältnis von Freiheit und Sicherheit aufgrund der Säulenteilung im RFSR stark divergierte. Die doppelte Rechtsdimension im RFSR schaffte zudem Unsicherheit hinsichtlich der genauen Rechtswirkungen der einzelnen RFSR-Rechtsakte für die Bürger. Ebenso problematisch für das Verhältnis von Freiheit und Sicherheit waren die Konsequenzen der Säulenteilung für die richterliche und parlamentarische Kontrolle. Obwohl der EuGH seine Rolle als säulenübergreifende Rechtsschutzinstanz bekräftigte, bestanden neben der im RFSR insgesamt weiterhin limitierten Zuständigkeit des EuGHs zudem deutliche Unterschiede zwischen der ersten und der dritten Säule des RFSR hinsichtlich der richterlichen Kontrollmöglichkeiten und daher auch des Rechtsschutzes des Freiheitsrechts des Einzelnen. Ebenso hatte das Europäische Parlament sehr divergierende Einfluss- und Kontrollmöglichkeiten in den beiden Säulen, womit eine weitere Dimension freiheitsrechtlicher Asymmetrie bezüglich des RFSR vorlag. Dieses Manko der eingeschränkten sowie je nach Säule divergierenden Kompetenz des EuGH sowie des EU-Parlamentes wurde durch die, aufgrund der dargestellten Protokolle, fehlende Bindungswirkung der Urteile für Dänemark, Großbritannien und Irland noch erweitert und führt zu einer Partikularisierung des rechtlichen Besitzstandes und der Rechtsprechung des EuGH, die sich zulasten des Freiheitsrechts in einem unterschiedlichen Rechtsschutzniveau des einzelnen EU-Bürgers innerhalb des RFSR niederschlug.

Es ist zwar für das Freiheitselement eine konstruktive Entwicklung, dass den EU-Bürger durch den Amsterdam-Vertrag zumindest mittelbar durch das RFSR-Sekundärrecht subjektive Rechtsposition eingeräumt werden konnte. Besonders schwerwiegend für das Freiheitselement des RFSR insgesamt war jedoch, dass im Rahmen des RFSR diverse Normen das individuelle Dasein der EU-Bürger unmittelbar betreffen und dennoch im gesamten Primärrecht des RFSR weiterhin keine subjektiven Rechte verankert waren. Die durch den Amsterdam-Vertrag zweifellos auch erzielten Fortschritte für ein ausgewogeneres Verhältnis von Freiheit und Sicherheit waren zwar weiterhin nicht ausreichend, jedoch in Anbetracht der schwierigen Umstände eine nicht zu unterschätzende Leistung der EU.

Der auf den Amsterdam-Vertrag folgende **Nizza-Vertrag** führte im Bereich des RFSR lediglich zu marginalen Änderungen und bloßen Absichtserklärungen. Die Haager Umsetzungsdokumente zum Nizza-Vertrag haben zwar eine partielle Verbesserung des Freiheitselements im RFSR festgesetzt, diese ist jedoch im Gegensatz zu dem erheblichen Ausbau des Sicherheitskonzepts nur minimal, sodass auch hier die vorherrschende Stellung der Sicherheit im RFSR intensiviert wurde. Das Haager Programm und der Aktionsplan enthalten nur wenige aussagekräftige und damit keine wirklichen substanziellen Fortschritte bei der Herstellung eines angemessenen Verhältnisses von Freiheit und Sicherheit im RFSR.

Damit wurde die Gelegenheit versäumt unausweichliche – wenn auch komplizierte und heikle – Fragen hinsichtlich des Verhältnisses von Freiheit und Sicherheit im RFSR anzugehen. Hier ist jedoch nicht außer Acht zu lassen, dass es sich bei der im RFSR normierten gemeinsamen Innen- und Justizpolitik der EU um äußerst sensible und politisch geprägte Bereiche nationaler Souveränitätsrechte und damit originär staatlicher Aufgaben handelt, in denen Entscheidungen bislang allein den Mitgliedstaaten vorbehalten waren. Zusammen mit der Heterogenität der Rechtsgrundlagen respektive Politiken im RFSR, dem unterschiedlichen Grad des Fortschritts bzw. der Rechtsstaatlichkeit der Mitgliedstaaten sowie verschiedener innenpolitischer Hindernisse, führt dieses dazu, dass ein schleppender Mentalitätswandel und mangelndes Vertrauen der Mitgliedstaaten einen maßgeblichen Wandel im RFSR deutlich erschwert. Angesichts dieser Problematik ist trotz der gravierenden Mängel in der RFSR-Normierung nicht zu verkennen, mit welchem doch erheblichen Tempo die EU auf dem Weg zu einem gemeinsamen RFSR voranschreitet.

Umso konstruktiver ist die Rolle des EuGHs im RFSR zu sehen, dessen Urteile zu deutlichen Änderungen respektive Verschiebungen zugunsten eines angemesseneren Verhältnisses von Freiheit und Sicherheit geführt haben, insbesondere in Bezug auf die Problematik der Säulenteilung. Auf diese Weise hat der EuGH jenes Versäumnis der EU kompensiert, wobei wieder die Relevanz des EuGHs als „Motor der Integration" im RFSR deutlich wird. Dabei hat der EuGH (sowie der EuG) trotz der ihm auferlegten Beschränkungen systematisch seine Aufgabe, alle Maßnahmen im Bereich des RFSR auf ihre Vereinbarkeit mit der Rechtsstaatlichkeit und der Achtung der Grund- und Menschenrechte zu prüfen, bekräftigt. Der EuGH hat unbegründete Sicherheitsmaßnahmen im RFSR auf judikativer Ebene anhand von wegweisenden Entscheidungen in die rechtsstaatlichen Schranken gewiesen und den RFSR so hinsichtlich eines angemessenen Verhältnisses von Freiheit und Sicherheit erheblich weiterentwickelt. Auch wenn längst nicht alle Fragen im Hinblick auf das Verhältnis von Freiheit und Sicherheit geklärt sind, lässt die EuGH-Rechtsprechung deutliche Konturen einer EU-Grundrechtsrechtsprechung erkennen, die einerseits der Struktur der supranationalen Union gerecht wird und andererseits deutlich macht, dass der EuGH auch in politisch heiklen Konstellationen an spezifischen EU-Errungenschaften beim Grundrechtsschutz wie etwa einem starken Grundrecht auf effektiven Rechtsschutz festhält.

Der auf den Nizza-Vertrag folgende und nunmehr geltende **Lissabon-Vertrag** führte zu zahlreichen Änderungen des RFSR-Besitzstandes. Eine Errungenschaft des Lissabon-Vertrages ist die Aufhebung der EU-Säulenstruktur und die Vergemeinschaftung der PJZS. Die rechtliche Dualität der bisherigen Säulenteilung der RFSR-Materie wurde dadurch zumeist aufgehoben und damit die zahlreichen Lücken und Ineffizienzen. Hierdurch ist im RFSR der Anfang zu einer funktionellen und organisatorischen Integration der Sicherheitsaufgaben auf EU-Ebene gemacht, die zu weniger Rechtsunsicherheit führt und zusammenhängende Regelungen ermöglicht. Das hat Bedeutung vor allem für die Gesetzgebungsverfahren und den Rechtsschutz, für die nunmehr die allgemeinen (AEUV-)Bestimmungen gelten. Die damit einhergehende Anwendbarkeit der demokratischeren Strukturen, effizientere Beschlussfassungsverfahren sowie erweiterte Befugnisse der EU-Organe (allen voran des EuGHs und des Europäischen Parlamentes) in der allein sicherheitsorientierten und daher besonders problematischen PJZS stärkt das Freiheitskonzept im RFSR erheblich.

Es ist jedoch zu kritisieren, dass die Kommission weiterhin kein Initiativmonopol in der PJZS innehat. Ebenso negativ ist, insbesondere da der Lissabon-Vertrag ansonsten sämtliche bisherigen Beschränkungen der richterlichen Kontrollmöglichkeiten der EU-Gerichtsbarkeit aufhebt, dass gerade in der freiheitsrechtlich sensiblen Materie der PJZS die Zuständigkeit des EuGHs für die umfassenden sicherheitspolitischen Kernaufgaben der Mitgliedstaaten weiterhin ausgeschlossen ist und die Befugnisbeschränkungen des EuGH bestehen bleiben. Hierdurch wird die mittels der Supranationalisierung der PJZS erreichte grundsätzliche Unterstellung des gesamten RFSR unter die Jurisdiktion der europäischen Gerichtsbarkeit zulasten des Freiheitsrechts der EU-Bürger erheblich abgeschwächt sowie der einheitliche und umfassende Rechtsschutz im RFSR unterlaufen.

Eine weitere Errungenschaft des Lissabon-Vertrages ist die Veränderung auf struktureller Ebene, allen voran die Ausweitung der Mehrheitsentscheidung und die Einführung des ordentlichen Gesetzgebungsverfahrens als Standardverfahren. Der Lissabon-Vertrag reduziert hierdurch die erhebliche Komplexität des

Primärrechts im RFSR, verbessert die operative Koordinierung und hat einen einheitlichen Rechtsrahmen zur Förderung der Demokratie, der Effizienz, der Rechtssicherheit, der Transparenz der Rechtsakte und der Überwindung der derzeitigen demokratischen sowie gerichtlichen Defizite geschaffen. Indem der Lissabon-Vertrag den Weg zu einer effizienteren, demokratischeren EU mit größerer Rechenschaftspflicht ebnet, misst der Vertrag den Interessen der EU-Bürger einen höheren Stellenwert bei und stellt sie mehr in den Mittelpunkt der Maßnahmen und Ziele im RFSR, was das Freiheitsrecht der Menschen stärkt. Insgesamt ist das Konzept des RFSR im Lissabon-Vertrag von einer starken Tendenz zur Vereinheitlichung, Verdichtung und zur Supranationalisierung geprägt; auch wenn diese Entwicklungen nicht von allen Mitgliedstaaten mitgetragen werden. Damit ist der RFSR in die Richtung einer stärkeren supranationalen Integration vorangebracht worden.

Zudem beinhaltet der Lissabon-Vertrag eine beträchtliche Erweiterung von EU-Handlungsbefugnissen im RFSR, die in den einzelnen Politikfeldern recht unterschiedlich ausfallen und insgesamt allerdings eine einseitige sicherheitsorientierte Kompetenzerweiterung bedeuten, was zu kritisieren ist. Das Entwicklungspotential des RFSR sowie dessen Gefährdungspotential für das Freiheitsrecht liegen genau darin, dass Reichweite und Inhalt des RFSR praktisch kaum begrenzt sind. In diesem Sinne sind die markantesten Neuerungen des Lissabon-Vertrages im RFSR im Aufwuchs und in der Strukturierung supranationaler instrumenteller EU-Verbandskompetenzen zu konstatieren, die insgesamt auf eine Verdichtung der rechtlichen Vernetzung des transnationalen Gemeinwesens zielen. Die dadurch erzielte Schaffung eines kohärenteren, transparenteren und rechtlich solideren Rahmens konnte wichtige Defizite im RFSR beheben. Doch der Preis der erörterten Neuerungen zahlt der Lissabon-Vertrag mit damit verbundenen filigranen Differenzierungen im Entscheidungsverfahren. Denn mit der thematischen Erweiterung und der Supranationalisierung geht die obig dargestellte unübersichtliche Komplexierung der Rechtsetzung einher. Der Lissabon-Vertrag löst somit längst nicht alle bestehenden Entwicklungsprobleme des RFSR, sondern verstärkt einige sogar noch. Die Fortschritte hinsichtlich Entscheidungsverfahren, Kompetenzen und Umsetzungsfähigkeit sind in einem Ausmaß mit Ausnahmen und Beschränkungen durchsetzt, dass die möglichen Effizienzgewinne teilweise wieder reduziert sind und keine Transparenz ermöglichen. Zudem ist der Preis, der für die erzielten Fortschritte in Gestalt von umfangreichen Verfahrensvarianten und stark erhöhtem Differenzierungspotenzial gezahlt wurde sehr hoch, sodass man sich die Frage stellen muss, wie sehr der RFSR noch als wirkliches „gemeinsames" EU-Projekt gelten kann.

Eine andere Neuerung des Lissabon-Vertrages ist die Aufwertung des Europäischen Parlaments als Mitgesetzgeber sowie die Ausdehnung der Zuständigkeit des EuGHs. Darüber hinaus stärkt der Lissabon-Vertrag die Rolle der mitgliedstaatlichen Parlamente und versetzt diese damit in eine erheblich bessere Lage, die Entwicklung des RFSR insgesamt politisch besser zu kontrollieren und aktiv mitgestalten zu können. Vor allem hinsichtlich der Entscheidungsprozesse im RFSR erleichtert sowie fördert der Lissabon-Vertrag hierdurch die bisher schwache demokratische sowie gerichtliche Verantwortung und verbessert die die demokratische Rechenschaftspflicht und das institutionelle Gleichgewicht. Die neue Positionierung der Parlamente und des EuGH in Form von diversen zusätzlichen Mitwirkungs- bzw. Kontrollrechten im RFSR, insbesondere in der PJZS, ist ein positives Signal des Lissabon-Vertrages und fördert durch die demokratischeren Strukturen ein ausgewogenes Verhältnis von Freiheit und Sicherheit – auch wenn die parlamentarische und gerichtliche Mitwirkung insgesamt immer noch als unzureichend anzusehen ist. Das berüchtigte „Demokratiedefizit“ der EU wird im RFSR zwar reduziert, aber nicht entfernt und es gibt potenziell schwerwiegende Einschränkungen der Rolle des EuGHs.

Eine weitere Errungenschaft des Lissabon-Vertrages ist die verbindliche Einbeziehung der Grundrechtecharta in das Primärrecht und die damit verbundene Stärkung des Freiheitselements im RFSR – auch wenn es wünschenswert gewesen wäre, dass die GRC direkt in den Lissabon-Vertrag aufgenommen wird. Zudem ist als positive Änderung im RFSR hervorzuheben, dass der weitgehende Wegfall früherer Ausnahmen von den allgemeinen Regeln über die Gerichtsbarkeit der EU bedingt, dass der für den Grundrechtsschutz so elementare Rechtsschutz im RFSR schrittweise vervollständigt wird. Damit wurden die Schutzmöglichkeiten der Rechte des Einzelnen im Bereich des RFSR gestärkt und mithin der Grundrechtsschutz im RFSR durch den Lissabon-Vertrag deutlich verbessert, was sich positiv auf das Verhältnis von Freiheitsrecht und Sicherheit für die EU-Bürger auswirkt. Der Grundrechtsschutz sowie die Reform des gemeinschaftlichen Rechtsschutzsystems allgemein bilden beim Lissabon-Vertrag jedoch keinen besonderen Schwerpunkt, sodass das bisher bestehende gemeinschaftliche Rechtsschutzsystem in seinen wesentlichen Grundzügen unangetastet bleibt. In diesem Kontext ist daher zu kritisieren, dass in den gesamten primärrechtlichen RFSR-Normen weiterhin keine unmittelbar anwendbaren subjektiven Rechte zugunsten der EU-Bürger vorgesehen wurden und damit keine unmittelbar einklagbaren Rechte des Einzelnen gegeben sind. Die Möglichkeiten, den RFSR eng mit den Rechten der GRC und der Unionsbürgerschaft zu verbinden und damit seinen positiven Gehalt auszuweiten, sind auch durch den Lissabon-Vertrag nicht genutzt worden.

Zudem wird dadurch nicht gefördert, dass sich im RFSR anhand der EuGH-Rechtsprechung eine Eigendynamik entwickelt, welche im Wege der Integration die Stärkung subjektive Rechte weiter voranbringt (ähnlich wie im Bereich der Grundfreiheiten). Allerdings sind durch die vollständige Supranationalisierung des RFSR die Handlungsinstrumente der EU nun umfassend anwendbar, sodass der Erlass von Richtlinien respektive Verordnungen in einem größeren Umfang möglich ist und diese immerhin direkte bzw. bei fehlerhafter Umsetzung unmittelbare Rechtswirkung für den einzelnen Bürger entfalten können. Diese mittelbare Implementierung subjektiver Rechte ist durch die Vergemeinschaftung der PJZS nun auch in diesem Bereich möglich, was aufgrund dessen grundrechtssensibler Materie positiv für das Freiheitsrecht im RFSR ist. Damit bestehen zwar nur subjektive Rechte aus dem RFSR-Sekundärrecht, dennoch ist dieses vom Primärrecht zumindest intendiert und hierdurch die Rechtsposition der EU-Bürger etwas erweitert. Die durch den Lissabon-Vertrag bedingte Ausdehnung der Zuständigkeiten des EuGH führt zudem dazu, dass das gesamte RFSR-Sekundärrecht nahezu umfassend überprüft wird und mithin auch Einzelfall-Verfahren möglich sind, die EU-Büger mittelbar initiieren können.

Ansonsten sind die durch den Lissabon-Vertrag vorgenommenen Änderungen des Rechtsschutzsystems skeptisch zu beurteilen. Es ist insbesondere negativ anzumerken, dass dort, wo wirklicher Reformbedarf bestand, notwendige Reformen unterblieben sind. So haben die Mitgliedstaaten den Individualrechtsschutz auf Unionsebene rechtsstaatlichen Grundsätzen nicht angepasst, mit der Folge, dass es weiterhin keine EU-Grundrechtsbeschwerde, Individualrechtsbeschwerde oder Vergleichbares im RFSR gibt. Im Grunde bleibt es daher, abgesehen von der Nichtigkeitsklage dabei, dass sich die Bürger in Grundrechtsfragen nur über die nationalen Gerichte im Wege des Vorlageverfahrens und nicht unmittelbar an die EU-Gerichtsbarkeit wenden können. Damit ist der Rechtsschutz der Bürger im RFSR grundsätzlich von der Anwendung und der Ausgestaltung europäischer Regelungen, darunter der GRC, in den Mitgliedstaaten abhängig. Dieses widerspricht dem Gedanken eines am Menschen orientierten RFSR und beeinträchtigt das Freiheitsrecht im RFSR, denn der Schutz der Grundrechte stellt ein Prius dar, welcher das Bestehen und die Entwicklung des RFSR legitimiert.

Zusammengenommen wurde die materiell-rechtliche sowie prozessuale Rechtsposition des Bürgers aufgewertet, jedoch erheblich weit unter den Möglichkeiten eines ausgewogenen RFSR, der an den Bürgern orientiert ist. Auch nach dem Inkrafttreten des Lissabon-Vertrages ist ein effektiver Rechtsschutz gegen zahlreiche unmittelbar wirkende Unionsrechtsakte, die keines nationalen Umsetzungsaktes mehr bedürfen, nicht gewährleistet. Die erfolgten Änderungen des Rechtsschutzsystems sind lediglich punktuell. Positiv hervorstechen tut allein die Öffnung des Rechtsschutzes in der PJZS, während der Individualrechtsschutz im RFSR insgesamt rechtsstaatlichen Grundsätzen jedoch nicht angepasst wurde. Es besteht vielmehr weiterhin ein hohes Maß an Rechtsunsicherheit, und selbst wenn der geforderte nationale Rechtsschutz in allen Mitgliedstaaten ausreichend sein sollte, könnte das europäische Rechtsschutzsystem schon aufgrund seiner Komplexität kaum als ein modernes und zukunftsfähiges bezeichnet werden. Hier hat der Lissabon-Vertrag eindeutig eine Opportunität verstreichen lassen zugunsten des Freiheitselements im RFSR eine klare sowie wirkungsvolle Position zu beziehen und den RFSR in dieser Hinsicht ausschlaggebend weiterzuentwickeln. Dieses ist insbesondere in Anbetracht dessen stark zu kritisieren, dass das Europäische Parlament im Vorwege des Lissabon-Vertrages eine substantiierte Stärkung der Handlungskompetenz der EU-Bürger im RFSR gefordert hatte, indem diese in den Legislativprozess eingebunden werden und einen besseren Zugang zum EuGH erhalten.

Eine problematische Neuerung des Lissabon-Vertrages ist die Ausdehnung des hohen Grads der Differenzierung im RFSR aufgrund der Opt-outs und Opt-ins sowie die zahlreichen Möglichkeiten der Verstärkten Zusammenarbeit. Dieser Aufschwung der „Flexibilität“ mit der großen Gefahr der Rechtszersplitterung und politischer Spannungen belegt den fehlenden mitgliedstaatlichen Konsens hinsichtlich der Natur sowie Finalität des RFSR als politisches Konzept der EU und ist der Preis, den Europa für das Reformpaket bezahlen muss. Der Lissabon-Vertrag behält damit nicht nur die bestehenden Ausnahmeregelungen für Dänemark, Irland und das Vereinigte Königreich bei, sondern dehnt diese auf die PJZS aus und gestaltet die bereits ohnehin komplexen Vertragsbestimmungen zu den Opt-outs/-ins im RFSR damit zum Nachteil des Freiheitselements noch komplexer. Diese Optionalität der Teilnahme im RFSR durch das Prinzip der Differenzierung hat damit die Nachteile für das Verhältnis von Freiheit und Sicherheit intensiviert, da die Rechtsstellung des einzelnen Bürgers je nach Beteiligung des Mitgliedstaates differieren kann und so auch der gewährte Grad an Freiheit und Sicherheit.

Auch wenn die Differenzierung einen nachvollziehbaren Hintergrund hat, ist diese anhaltende Entwicklung für das Verhältnis von Freiheit und Sicherheit im RFSR sehr kritisch zu bewerten. Denn den Mitgliedstaaten wird durch die Differenzierung die Option einer abgestuften Form der Mitgliedschaft eröffnet, welche sie von einigen der elementaren RFSR Vertragszielen und -bestimmungen ausnimmt und die Wirksamkeit des RFSR somit erheblich mindert. Gerade das der Differenzierung innewohnende Charakteristikum der Optionalität der mitgliedstaatlichen Teilnahme an EU-Regelungen führt zwangsweise dazu, dass das dargelegte Raum-Konzept des RFSR nicht einheitlich wirken kann sowie dass die EU-Bürger sich zudem in keinem in sich geschlossenen und auf alle Mitgliedstaaten gleichermaßen anwendbaren rechtlichen Rahmen bewegen können. Damit führt das die Differenzierung auszeichnende Konzept des getrennten Verfolgens unterschiedlicher mitgliedstaatlicher Interessen im Rahmen des RFSR die grundliegende Idee des RFSR partiell ad absurdum. Aus diesem Grund blockiert das Differenzierungsmodell zudem die europäische Integration, wenn es in der Anwendung nicht auf substantiiert vorgetragene Ausnahmen Anwendung findet, sondern zu Umgehung unliebsamer EU-Regelungen verwendet wird, welchen jedoch eine zentrale Rolle bei der Etablierung eines angemessenen Verhältnisses von Freiheit und Sicherheit im RFSR zukommt.

Am schwerwiegendsten ist jedoch, dass die Erweiterungen zugunsten des Sicherheitselements bei Weitem überwiegen, was stark zu kritisieren ist, zumal das Sicherheitselement im RFSR bereits zuvor überpräsent war. Insbesondere die zunehmende polizeiliche Kooperation und die Erweiterung der strafjustiziellen Zusammenarbeit im RFSR, bei dem die Mitgliedstaaten bestimmend bleiben, ohne einen Ausgleich auf freiheitsrechtlicher Ebene zu schaffen, ist eine problematische Entwicklung. Hier besteht zweifelsohne das Potential, dass über das Einfallstor des hohen Sicherheitsniveaus alle erdenklichen Vorhaben gerechtfertigt werden, ohne zum Freiheitsschutz unerlässlich zu sein. Bedenklich ist zudem, dass anhand des starken Ausbaus der polizeilichen, militärischen und geheimdienstlichen Zusammenarbeit sowie der Implementierung neuer technischer Maßnahmen zur Überwachung und Kontrolle im Bereich des Datenaustauschs und der Internetüberwachung eine neue europäische Sicherheitsarchitektur im RFSR formuliert wurde. Eine Ausrichtung unter freiheitlichen Gesichtspunkten respektive ein

Ausgleich durch gerichtliche Kontrolle erfolgt jedoch nicht, was stark zu kritisieren ist.

Eine ähnliche einseitige Ausrichtung auf Sicherheit manifestiert sich bei der Terrorabwehr ab, wo ebenfalls die Vernetzung bislang getrennter Datenbanken vorgesehen ist, indem die geheimdienstlichen Erkenntnisse der Sitcen dem EU-Rat, der Kommission, Europol sowie Eurojust zugänglich gemacht werden sollen. Auch hier ist nur eine unzureichende Ausrichtung auf das Freiheitsrecht gegeben. Eindeutige und enge Grenzen für den Informationsaustausch zwischen den Mitgliedstaaten werden zudem nicht festgelegt, was die Gefahr der Verletzung des Rechts auf den Schutz persönlicher Daten erhöht. Weiterhin forciert der Lissabon-Vertrag die kontinuierliche Verstärkung der militärischen Kontrolle an den Außengrenzen und die militärische Abwehr gegen illegale Flüchtlinge im Mittelmeerraum. Es findet sich hier kein fundierter freiheitsrechtlich ausgerichteter Lösungsansatz zur Bekämpfung der Fluchtursachen. Vielmehr setzt der Lissabon-Vertrag die Sekuritarisierung des RFSR anhand der schrankenlosen Unterordnung der Asyl- und Einwanderungspolitik des RFSR unter dem Primat der (inneren) Sicherheit fort und verschärft den schon bisher eingeschlagenen rechtspolitischen Kurs der Einmauerung, Überwachung sowie Kontrolle erheblich. Besonders brisant ist, dass hiervon vermehrt RFSR-Bereiche betroffen sind, die zuvorderst keinen inneren Zusammenhang zur Sicherheitspolitik haben – wie etwa die Asylpolitik. Neben der Flüchtlings- und Terrorismusbekämpfung wird auch die Kriminalitätsbekämpfung verstärkt, indem zur grenzübergreifenden Kriminalitätsbekämpfung das ECRIS ausgeweitet wird und EICTCN, EPIS sowie EUCPN einzurichten sind und die Smart Borders-Initiative stückweise umgesetzt wird.

Es ist zwar sinnvoll und notwendig, dass die EU Möglichkeiten nutzt, um auf neue Gefährdungslagen mit neuen Instrumenten zu reagieren, jedoch ist Sicherheit nicht zum freiheitlichen Nulltarif zu erhalten. Die einseitige Fokussierung auf das Sicherheitsrecht im RFSR ist rechtsstaatlich unangemessen, da es den Ausgleich von Freiheit und Sicherheit verkehrt, indem er präventiv auf Sicherheit ausrichtet. Auf diese Weise wird die bereits angesprochene „Festung Europa" im RFSR gestärkt, vor allem indem die Überwachung der Bürger erhöht, deren Daten in zunehmend unüberschaubaren Datennetzen gesammelt, gespeichert und verarbeitet werden. In den Hintergrund treten dabei die eigentlich zentralen Belange des Freiheitsrechts und damit Fragen der ausstehenden Demokratisierung europäischer Institutionen mit weitreichenden Kompetenzen, wie etwa Europol. Konkrete respektive greifbare Veränderungen sind in den Lissabon-Dokumenten daher nur hinsichtlich des Sicherheitskonzepts des RFSR auszumachen. All dieses verdeutlicht, dass der Lissabon-Vertrag primär weiterhin der rechtsstaatlich fatalen Logik folgt, dass sich das Freiheitsrecht an der Sicherheit zu orientieren hat. Dabei werden die rechtsstaatlichen Grenzen der Öffentlichen Gewalt unter dem Vorwand respektive Ziel der Terrorismusbekämpfung etc. immer mehr aufgeweicht und so das für den RFSR grundlegende Verhältnis zwischen Sicherheit und Freiheitsrecht immer mehr zugunsten von Sicherheitsaspekten verschoben.

Das Zögern der Mehrheit der Mitgliedstaaten, wenn es darum geht, die politischen Maßnahmen im Zusammenhang mit den Grund- sowie Bürgerrechten zu intensivieren und damit das Freiheitskonzept des RFSR zu stärken ist bedauernswert und stark zu kritisieren, zumal das Europäische Parlament diese Problematik erkannt und im Vorwege des Lissabon-Vertrages angemahnt hatte.

Die Erörterung des Lissabon-Vertrages zeigt, dass sich die dargestellten Modifizierungen sowie Erweiterung der RFSR-Normen in zahlreichen positiven Entwicklungen zugunsten des Freiheitskonzepts des RFSR niedergeschlagen haben. Insgesamt ist der Lissabon-Vertrag jedoch nicht weitreichend genug und spektakuläre Änderungen sind ausgeblieben. Es fehlt weiterhin an einem klaren dogmatischen sowie integrationspolitischen (Ziel-)Konzept für den RFSR und an der notwendigen Transparenz. Das inhaltliche Konzept und die übergreifenden Leitprinzipien im RFSR sind unklar, es bestehen Inkonsistenzen zwischen Zielen und Ermächtigungen, sodass ein gemeinsames durchgreifendes Politikkonzept nur schwer erkennbar ist, was Verständlichkeit und Akzeptanz verhindert. Zudem leidet der RFSR unter einem Mangel an Transparenz aufgrund des Flickenteppichs an unterschiedlichen Entscheidungsverfahren, der Unverständlichkeit ihrer gesetzlichen Ordnung, der vorherrschenden Kultur der abgeschirmten Entscheidungsfindung und dem Mangel an öffentlicher Konsultation. Zusammenfassend fällt die Bilanz zum RFSR daher ambivalent aus.

Somit verbindet der Lissabon-Vertrag Bestätigungen sowie Konkretisierungen des Status quo mit Themenerweiterungen, die dazu führen, dass auch dieser Vertrag im RFSR eine Ausrichtung auf das Sicherheitselement beibehält und sogar noch ausbaut. Dieses Ergebnis soll jedoch nicht außer Acht lassen, dass nominelle Modifizierungen zugunsten des Freiheitselements aufgrund der souveränitätssensiblen Materie des RFSR ein schwieriges Unterfangen sind und die durch den Lissabon-Vertrag durchaus erreichten zahlreichen Verbesserungen der Freiheitskonzeption daher hoch einzuschätzen sind. Ein angemessenes Verhältnis von Freiheit und Sicherheit ist jedoch auch durch den Lissabon-Vertrag nicht erreicht, da die zahlreichen sehr positiven und grundlegenden Änderungen zugunsten des Freiheitsrechts durch die erheblichen sowie weitreichenden Modifizierungen zugunsten der Sicherheitsausrichtung relativiert worden sind. Es muss sich allerdings beim Lissabon-Vertrag vergegenwärtigt werden, dass es sich um ein Abkommen handelt, welches von 27 Staaten verhandelt wurde und insbesondere im RFSR-Bereich das Ergebnis eines schwierigen Kompromisses darstellt.

Es stimmt daher positiv, dass das aktuelle Umsetzungsdokument zum Lissabon-Vertrag (das sog. Post-Stockholm Programm) die Prioritätensetzung endlich auf das Freiheitsrecht fokussiert. Auch wenn in einzelnen Leitlinien weiterhin eine unangemessene Gewichtung auf Sicherheitsaspekte erfolgt und inhaltlich hauptsächlich eine Wiederholung bereits bekannter Maßnahmen dargestellt ist, ist hier ein Umdenken im RFSR ersichtlich, welches positiv ist. Die Errungenschaft des Post-Stockholm-Programms liegt damit nicht in neuen inhaltlichen Erkenntnissen, was dem sehr geringen Umfang des Dokumentes geschuldet sein dürfte, sondern in der erfolgten Priorisierung der Maßnahmen und der Fokussierung auf

Freiheitsrechte und die Menschen im RFSR – einschließlich Drittstaatsangehörige. Die EU hat erkannt, dass es im RFSR gelingen muss humanitäre und wirksame Lösungen zu finden, da sich ansonsten inhumane, nationalistische und damit keine dem Wertekanon der EU entsprechenden Lösungen durchsetzen werden. Damit ist ein wichtiger Schritt auf dem Weg zu einer umfassenden freiheitsrechtlichen Strategie im RFSR im Einklang mit den Grundrechten und den internationalen Verpflichtungen getan.

IV. Fazit

Als erstes Teilziel dieser Arbeit konnte aufgezeigt werden, das eine Notwendigkeit besteht, ein rechtsstaatlich angemessenes Verhältnis von Freiheit und Sicherheit als Paradigmen öffentlicher Ordnung im RFSR zu etablieren. Insbesondere konnten die Voraussetzungen eines rechtsstaatlich angemessenen Verhältnisses von Freiheit und Sicherheit herausgearbeitet werden, mit dem Ergebnis, dass das Freiheitsrecht der Zweck jeder rechtsstaatlichen öffentlichen Ordnung ist und somit Ausgangs- sowie Endpunkt jeder Sicherheitsmaßnahme sein muss. Sicherheit kann daher immer nur eine Bedingung für die Ermöglichung von Freiheit sein, nicht ein Zielwert für sich. Die Regierungen und Parlamente der Mitgliedstaaten sowie die EU-Organe haben somit eine Bringschuld zu erfüllen, wenn sie das Freiheitsrecht der Bürger im Interesse der Sicherheit einschränken wollen: Es muss dargelegt werden, dass der Eingriff verhältnismäßig ist und durch einen hinreichenden Gewinn an Sicherheit aufgewogen wird. Dieser Sicherheitsgewinn darf jedoch nicht beliebig sein, sondern muss die Voraussetzung dafür schaffen, dass die Menschen im RFSR in Freiheit leben können.

Als zweites Teilziel dieser Arbeit konnte dargelegt werden, dass sich der RFSR mittlerweile zu einem selbstständigen und unabhängigen Teilbereich der EU entwickelt hat, in dem die zuvor erörterten öffentlich-rechtlichen Güter Freiheit und Sicherheit zur Anwendung kommen. Hierbei wurden auch die Funktions- sowie Umsetzungsweise des RFSR untersucht, indem insbesondere die Wirkungsweise des Raum-Konzeptes sowie der relevantesten Strukturmerkmale des RFSR erörtert wurden. Im Anschluss daran konnte die Bedeutung des Verhältnisses von Freiheit und Sicherheit im RFSR für die Europäische Integration aufgezeigt werden.

Als drittes Teilziel und Schwerpunkt der Arbeit konnte die Entwicklung des Verhältnisses von Freiheit und Sicherheit im RFSR dargelegt werden. Hierbei wurde ersichtlich, dass in allen vier bisherigen EU-Verträgen kein angemessenes Verhältnis von Freiheit und Sicherheit gegeben war bzw. ist. Stattdessen ist in jedem Vertrag eindeutig eine vorherrschende Stellung des Sicherheitskonzepts im RFSR zu konstatieren und damit einer Ausrichtung an der sicherheitsorientierten Rationale statt an der des Freiheitsrechts. Zwar konnte in jedem Vertrag und insbesondere in dem aktuellen Lissabon-Vertrag eine Stärkung des Freiheitsrechts festgestellt werden, diese positiven und partiell grundlegenden Änderungen zugunsten des Freiheitsrechts wurden jedoch jeweils durch die erheblichen sowie weitreichenden Modifizierungen zugunsten der Sicherheitsausrichtung relativiert.

So weist auch der Lissabon-Vertrag kein angemessenes Verhältnis zwischen Freiheit und Sicherheit auf, da er zwar vermehrt für ein gemeinsames Bekenntnis zur Freiheit auf der Grundlage der Menschenrechte, der demokratischen Institutionen und der Rechtsstaatlichkeit als Ausgangsparadigma eintritt, inhaltlich jedoch den Ausgangs- sowie Schwerpunkt weiterhin auf Sicherheitsmaßnahmen legt. Dieses ergibt sich daraus, dass nicht nur sicherheitsorientierte Normen respektive Maßnahmen im RFSR überwiegen, sondern diese auch deutlich weitreichender sind und einen größeren Wirkungskreis aufweisen als die wenigen verbindlichen Festsetzungen des Freiheitsrechts.

Hinzu kommt, dass auch das Freiheitsrecht im RFSR partiell sehr sicherheitsbezogen ist und genuin nicht sicherheitsorientierte RFSR-Bereiche sekuritarisiert wurden. Das gilt insbesondere für die bislang lediglich fragmentarisch entwickelte gemeinsame Einwanderungspolitik im Rahmen des RFSR, welche weiterhin zuvorderst ein von Sicherheitserwägungen geprägter Rechtsbereich zur Bekämpfung der illegalen Einwanderung ist. Ebenso verhält es sich mit der Visa- und Asylpolitik, die seit den Terroranschlägen vom 11. September 2001 immer stärker als repressives Instrument an der inneren Sicherheit ausgerichtet wurde und nicht zur Etablierung von Freiheitsrecht dient. Durch die starke Betonung der justiziellen Zusammenarbeit in Strafsachen respektive der grenzüberschreitenden Strafverfolgung wird die Prädominanz des Sicherheitsgedankens zudem erhöht. Darüber hinaus schwächt die Zunahme der Differenzierung im RFSR das Freiheitsrecht strukturell mehr als das Sicherheitskonzept. Hierdurch stellt die Sicherheitskonzeption des RFSR, ursprünglich ein Junktim zum Raum der Freiheit durch polizeiliche und justizielle Absicherung, mittlerweile den Hauptfokus des RFSR dar.

Damit ist trotz der Vielzahl an konstruktiven Entwicklungen zugunsten des Freiheitsrechts im RFSR insgesamt weiterhin eine übergeordnete Stellung der restriktiven Sicherheitskonzeption gegeben, was rechtsstaatlich äußerst bedenklich ist. Denn die Ausrichtung auf Sicherheitsaspekte und die damit einhergehende immer größere Dominanz bzw. Überbetonung der Sicherheit im RFSR widerspricht den angeführten Voraussetzungen eines angemessenen Verhältnisses von Freiheit und Sicherheit – allen voran der Ausrichtung jeglicher Normierung sowie Regelung an dem Primat des Freiheitsrechts. Durch Sicherheit als zentraler Parameter der gegenwärtigen Entwicklung im RFSR ist das rechtsstaatlich angemessene Verhältnis von Freiheit und Sicherheit verkehrt, sodass die freiheitlichen Aspekte zwangsläufig in den Hintergrund geraten und höchstens vage am Rande erwähnt werden, was zu der Gefahr immer intensiverer Eingriffe in das Freiheitsrecht der Bürger führt.

Infolgedessen geht mit der rasanten Entwicklung des RFSR zu einem der Hauptintegrationsziele der EU eine neue Dimension grundrechtlicher Gefährdungslagen einher. Durch die Fokussierung der RFSR-Normen auf Sicherheitsaspekte und die damit einhergehende restriktive Ausrichtung des RFSR unter Vernachlässigung des Freiheitsrechts ist die Etablierung eines unionalen freiheitlichen „Raum der Bürger" massiv gestört, was eine erfolgreiche Europäische Integration behindert und stattdessen die Exklusion der Mitgliedstaaten („Brexit“) untereinander sowie gegenüber Drittstaaten fördert.

B. Anregungen

Im Folgenden wird abschließend aufgezeigt, welche Konsequenzen die durch diese Arbeit erlangten obigen Erkenntnisse für die zukünftige rechtliche Gestaltung des Verhältnisses von Freiheit und Sicherheit im RFSR haben. Im Zuge dessen sollen Anregungen dafür gegeben werden, wie der RFSR zukünftig gestaltet werden könnte, um ein ausgewogenes Verhältnis von Freiheit und Sicherheit im RFSR zu gewährleisten und das Ziel eines Europas der Bürger zu erreichen. Hierunter fällt auch die Frage, was der zukünftige Beitrag des RFSR im Rahmen des Wirkens der EU überhaupt sein kann und was das EU-Recht für den RFSR gewährleisten muss, um dessen Entwicklungsmöglichkeiten zu verwirklichen.

I. Allgemein

Wird der RFSR zu einem europäischen Leviathan oder bewahrheitet sich Kants Diagnose aus „Zum ewigen Frieden“[1816] in der Hinsicht, dass das Freiheitsrecht als zentrales Prinzip im ganzen RFSR einheitlich ausgestaltet sowie gewährleistet sein wird und so die Idee eines zum ewigen Frieden führenden EU-Bürgerrechts konkret wird?

Im Rahmen dieser Arbeit wurde ersichtlich, dass dieses entscheidend davon abhängt, ob es gelingt, der einseitigen Sicherheitsausrichtung im RFSR Einhalt zu bieten[1817], indem das gegenwärtig problematische Verhältnis von Freiheit und Sicherheit im RFSR angemessen ausgestaltet wird.

Denn die Europäisierung von Sicherheitsfragen und -strategien im RFSR ist ein unumkehrbarer Prozess.[1818] Die weitreichenden Kompetenzübertragungen auf die EU im RFSR sind mit erheblichen Konsequenzen für die EU-Bürger verbunden, wie etwas das BVerfG-Urteil zum Europäischen Haftbefehl aufgezeigt hat.[1819] Hierdurch

---

1816 Vgl. Kant, Frieden, Abschnitt 2, 3. Definitivartikel.

1817 Siehe auch Müller-Graff/Monar, S. 35.

1818 Glaeßner, Sicherheit durch Integration? Nationale und europäische Politik im Spannungsfeld von Sicherheit und Freiheit, S. 127 f.

1819 BVerfG, Urteil v. 18.07.2005, 2 BvR 2236/04, BVerfGE 113, 273 zu dem Rahmenbeschluss 2002/584/JI des Rates vom 13.06.2002 über den Europäischen Haftbefehl und die Übergabeverfahren zwischen den Mitgliedstaaten, EU-ABl. 2002 Nr. L 190/1. Da die Mitgliedstaaten hierdurch verpflichtet sind die Haftbefehle anderer Mitgliedstaaten zu vollstrecken und die betreffenden Personen zu übergeben, ohne die Anordnung im Einzelnen zu überprüfen, werden die Bürger im eigenen Staat Maßnahmen einer ausländischen Hoheitsgewalt unterworfen, Nettesheim, S. 41, siehe auch van Ooyen, EU-Haftbefehl, S. 63 ff. Insbesondere seitens der deutschen Strafrechtswissenschaft erfolgte heftige Kritik.

hat der RFSR eine „stille Dynamik" entwickelt[1820], die von den nationalen Parlamenten und dem EU-Parlament kaum noch nachvollzogen werden kann.[1821] Der dadurch bedingte einseitige Kontrollzuwachs zugunsten der Mitgliedstaaten ist kontraproduktiv und vernichtet anhand eines Wettrüstens beim Thema Sicherheit, das sich von den eigentlichen Problematiken immer weiter entfernt[1822], die Freiheit, die der RFSR zu schützen sucht.

Insbesondere das gemeinsame Vorgehen zum Ziele einer grenzüberschreitenden Sicherheit in den sensiblen Bereichen der Innen- und Justizpolitik des RFSR kann leicht dazu führen, dass sich die EU zu einem bürokratischen „Überwachungs-, Kontroll- und Sicherheitsstaat" mit erheblichen Verhältnismäßigkeitsdefiziten entwickelt.[1823] Das Problem hierbei ist jedoch nicht die Ausweitung europäischer Zusammenarbeit an sich, sondern die Praxis, dass immerzu erweiterte Sicherheitsmaßnahmen nicht ausreichend durch entsprechende Kontrollmöglichkeiten zugunsten der Bürger abgesichert und an dem Freiheitsrecht ausgerichtet werden.[1824]

Die EU ist weitaus mehr als nur ein großer gemeinsamer Markt ist, sie ist eine Union gemeinsamer Werte[1825] und bedarf daher eines gemeinsamen europäischen Handelns auf der freiheitlichen Grundlage der uneingeschränkten Achtung der Grundrechte sowie der Rechtsstaatlichkeit. Daher sind auch notwendige Sicherheitsmaßnahmen nur unter Achtung der Grundrechte umzusetzen.[1826] Die EU als der weltgrößte Verbund von Rechtsstaaten darf es nicht zulassen, dass Angst die Gesellschaft maßlos werden lässt und den RFSR als europäische öffentliche Ordnung selbst zerstört, anstatt sich auf ihre freiheitsrechtliche Tradition zu

1820 Ähnlich auch Merli, S. 373.

1821 Calliess, Die Europäisierung der Staatsaufgabe Sicherheit unter den Rahmenbedingungen des freiheitlichen Rechtsstaats, S. 72.

1822 Trojanow/Zeh, Angriff auf die Freiheit, S. 134.

1823 Z.B. der Ausbau der kaum kontrollierten Einheiten Europol sowie Eurojust und Erweiterung um einen nicht ebenso schwer zu kontrollierenden europäischen Grenzschutz sowie Geheimdienst, vgl. Calliess, S. 759 m.w.N.; Monar, S. 167.

1824 Glaeßner, Sicherheit durch Integration? Nationale und europäische Politik im Spannungsfeld von Sicherheit und Freiheit, S. 127 f.

1825 Vgl. auch Jean-Claude Juncker, Ein neuer Start für Europa: Meine Agenda für Jobs, Wachstum, Fairness und demokratischen Wandel, Politische Leitlinien für die nächste Europäische Kommission, Rede zur Eröffnung der Plenartagung des Europäischen Parlaments am 15. Juli 2014 in Straßburg, abgerufen am 20.03.2015 unter http://ec.europa.eu/priorities/docs/pg_de.pdf, S. 9.

1826 Jean-Claude Juncker, Ein neuer Start für Europa: Meine Agenda für Jobs, Wachstum, Fairness und demokratischen Wandel, Politische Leitlinien für die nächste Europäische Kommission, Rede zur Eröffnung der Plenartagung des Europäischen Parlaments am 15. Juli 2014 in Straßburg, abgerufen am 20.03.2015 unter http://ec.europa.eu/priorities/docs/pg_de.pdf, S. 10.

fokussieren.[1827] Die aktuellen Schwierigkeiten in der EU, durch die die Zeichen zu schnell sowie immer expansiver auf Sicherheit gestellt werden, dürfen nicht weiter dazu führen, dass das Freiheitsrecht als eigentlich zentrales Element rechtsstaatlichen Handelns im RFSR in den Hintergrund gerät. Es ist daher dringend geboten im RFSR die richtige Richtung hin zu einem angemessenen Verhältnis von Freiheit und Sicherheit einzuschlagen, um den RFSR nicht zu einem repressiven Leviathan werden zu lassen.

Dieses angemessene Verhältnis von Freiheit und Sicherheit zu erreichen ist trotz der Vielzahl der aktuellen negativen Tendenzen im RFSR nicht aussichtslos. Denn der RFSR besteht im EU-Recht noch nicht lange und hat trotz seiner besonderen institutionellen Struktur sowie seines komplexen und sensiblen Regelungsinhaltes viele konstruktive Errungenschaften vorzuweisen. Gerade aber diese Heterogenität des RFSR und die besonders hohe Sensibilität dessen Regelungsmaterie für Grundrechte sowie die nationale Souveränität der Mitgliedstaaten, der Vielzahl an Akteuren mit divergierenden Interessen und Rechtstraditionen und der hohe Grad an Differenzierung bewirken langwierige institutionelle Prozesse[1828], sodass eine rasche Lösung der angesprochenen Problematiken im RFSR nicht zu erwarten ist. Im Sachbereich des RFSR liegt vielmehr eine ungeheure Sprengkraft[1829], die erklärt, weswegen gemeinsame und effektive Fortschritte im RFSR schwer zu erreichen sowie beizubehalten sind.[1830] Gleichwohl gilt es die Entwicklung des RFSR voranzutreiben, indem der Fokus sämtlichen Handelns in dem RFSR einzig auf das Freiheitsrecht der Bürger auszurichten ist und alle Sicherheitsmaßnahmen diesem als Ausgangs- und Endpunkt zu dienen haben.

II. Einzelne Anregungen

Im Einzelnen werden daher folgende Anregungen vorgeschlagen:

1. Stärkung des Freiheitsrechts

Das klar definierte Ziel des RFSR muss eine am Freiheitsrecht der Menschen politisch handlungsfähige und demokratisch legitimierte EU der Bürger sein.[1831] Die Idee des Europäischen Integrationsprozesses im RFSR bedarf der Ausrichtung jeglichen Handels auf das Freiheitsrecht mit der EU-GRC als Wertefundament.[1832]

1827 Interview mit dem EU-Datenschutzbeauftragten Giovanni Buttarelli, http://www.europarl.europa.eu/news/de/news-room/content/20150126STO15020/html/Interview-mit-EU-Datenschutzbeauftragtem-zu-zuk%C3%BCnftigen-Herausforderungen, abgerufen am 27.01.2015.
1828 Vgl. Monar, Institutional Framework of the AFSJ, S. 45.
1829 Dörr, Das beschleunigte Vorabentscheidungsverfahren im RFSR, S. 354.
1830 Balzacq/Carrera, Security versus freedom? A challenge for Europe's future, S. 1.
1831 Habermas, Ein Essay zur Verfassung Europas, S. 39 ff.
1832 Gnauck, S. 57.

Der umfassende Schutz des Freiheitsrechts stellt den Kern der europäischen Integration im RFSR dar und kann allein langfristig Legitimität für eine europäische Innen- und Justizpolitik schaffen.[1833] Soll die EU im Kontext des RFSR nicht zu einem europäischen Leviathan werden, so muss sie das den RFSR gestaltende Recht ernst nehmen und durch eine intensivere Förderung des Freiheitsrechts dem gebotenen Verhältnis von Freiheit und Sicherheit Rechnung tragen. Hierzu gilt es das Freiheitsrecht im gesamten Primär- sowie Sekundärrecht des RFSR entschieden zu stärken.[1834]

Dafür sind klare Regelungen zur inhaltlichen Freiheitsdefinition sowie zur Absicherung der Freiheitsgewährleistungen im RFSR gegen aktuelle und zukünftige Beeinträchtigungen notwendig.[1835] Erforderlich ist daher die Fortentwicklung des RFSR als liberal-rechtsstaatliches Modell anhand einer primären Ausrichtung auf das Freiheitsrecht, bei dem die Freiheitsbeschränkung der Rechtfertigung bedarf, nicht aber die Berufung auf die Freiheit.[1836] Das Freiheitsrecht darf nicht bloß die Zugabe einer möglichst erfolgreichen Sicherheitsunion im RFSR sein, denn ohne die entschlossene Verwirklichung und Verteidigung der Freiheitsrechte wird die gesamte EU keine solide Grundlage haben. Dieses gilt insbesondere für den Rechtsbereich des RFSR, da dessen Regelungsinhalte das tägliche Leben der Bürger grundrechtsrelevant berühren. Es bedarf gerade hier einer klaren Ausrichtung am Freiheitsrecht, um zu verhindern, dass das dynamische Zusammenwirken der Mitgliedstaaten im RFSR dazuführt, dass dieser einseitig als Sicherheitsraum ausgestaltet wird und sich dabei zulasten des Freiheitsrechts ein europäischer Leviathan[1837] manifestiert. Daher ist auch der Entwicklung entgegenzuwirken, dass das Freiheitsrecht im zunehmenden Maße nicht als die eigentliche Stärke des Gemeinwesens, sondern als Behinderung einer „wehrhaften Demokratie" verstanden wird.[1838] Wie dargelegt, ist die Angst um Sicherheit und die dadurch bedingte Fokussierung auf die Sicherheitsgewährleistung mitsamt ihren Begleiterscheinungen zulasten des Freiheitsrechts ein Produkt der Hobbsschen Welt. Um gegen eine solche Entwicklung „*Widerstand zu organisieren*"[1839], die hobbsschen Züge

---

1833 So auch Hagedorn, Reformen für Justiz und Inneres: eine Frage der Balance; der RFSR, S. 5.

1834 Allerdings haben die EU-Mitgliedstaaten angesichts der Flüchtlingskrise die Verlängerung von Binnengrenzkontrollen bis November 2016 beschlossen. Europäische Kommission, Mitteilung vom 04.05.2016, COM(2016) 275 final.

1835 Müller-Graff, Die justizielle Zusammenarbeit im „RFSR" im System des Europäischen Verfassungsvertrages, S. 1333.

1836 Schwarz, Die Dogmatik der Grundrechte – Schutz und Abwehr im freiheitssichernden Staat, S. 47.

1837 Vgl. Calliess, S. 759 m.w.N. So auch Monar, S. 167.

1838 Hirsch, Bemerkungen zum Schutz der Grundrechte im „Raum der Freiheit, der Sicherheit und des Rechts" der Europäischen Gemeinschaft, S. 307.

1839 Baum, S. 31.

durch Kants Humanität der Inklusion und Teilhabe statt Repression sowie Exklusion[1840] zu ersetzten[1841] und somit zum Gelingen des RFSR beizutragen, bedarf es des skizzierten angemessenen Verhältnisses von Freiheit und Sicherheit und damit der Aufwertung des Freiheitsrechts. Daher sollten die EU und die diese bildenden Mitgliedstaaten aktiv und nachhaltig für die Stärkung des individuellen Freiheitsrechts eintreten.

Angesichts des bestehenden Ungleichgewichts zwischen Freiheit und Sicherheit sollte dabei ein vorrangiges Ziel des RFSR darin bestehen, sicherzustellen, dass den Bürgern innerhalb der gesamten EU ein gleich hohes Maß an Grundrechtsschutz gewährt wird sowie dass der Mangel an subjektiven Rechten im RFSR behoben wird.[1842] Der wirksame Schutz und die wirksame Förderung der Grundrechte sind die Grundlage der Demokratie in der EU und notwendige Voraussetzungen für die Konsolidierung des RFSR. Diese spiegelt sich jedoch in der Vertragswirklichkeit sowie Umsetzung des RFSR bisher nicht ausreichend wieder.[1843] Daher ist dringend erforderlich, dass die EU und ihre Mitgliedstaaten die Förderung der Grundrechte aktiv vorantreiben. So ist sicherzustellen, dass bei zukünftigen RFSR-Maßnahmen die grundlegende Bedeutung der Grundrechte uneingeschränkt respektiert wird und dass die Umsetzung dieses Ziels angemessen überwacht und effizient ausgestaltet wird.[1844]

Zudem sind die EU-Bürger umfassend über ihre Grundrechte zu informieren und im Falle der Verletzung dieser Rechte Möglichkeiten aufzuzeigen, entweder auf nationaler oder auf europäischer Ebene den Rechtsweg zu beschreiten.[1845] Gleichfalls sind Maßnahmen zu ergreifen, um den im Bereich des RFSR tätigen Einrichtungen der EU und der Mitgliedstaaten die Schlüsselrolle der Grundrechte bewusster zu machen.[1846] Die Ministerin für EU-Angelegenheiten Birgitta Ohlsson hält hierbei einen EU-Kommissar ausschließlich für Menschenrechte für wünschenswert.[1847] Dem ist zuzustimmen, denn diese Arbeit hat deutlich aufgezeigt wie sensibel und verletzbar die Freiheitsrechte bereits allein im RFSR sind.

1840 Siehe zu dieser Thematik allgemein: „A right to inclusion and exclusion?: normative fault lines of the EU's area of freedom, security and justice", Hans Lindahl, 1. Aufl., Hart Publ., Oxford u.a. 2009.

1841 Vgl. auch Bauman, S. 88 ff.

1842 Guild/Carrera/Faure Atger, Challenges and Prospects for the EU's AFSJ: Recommendations to the European Commission for the Stockholm Programme, S. 2 ff.

1843 Guild/Carrera/Faure Atger, Challenges and Prospects for the EU's AFSJ: Recommendations to the European Commission for the Stockholm Programme, S. 13.

1844 Entschließung des Europäischen Parlaments v. 25.11.2009, a.a.O., unter 21, 117.

1845 Entschließung des Europäischen Parlaments v. 25.11.2009, a.a.O., unter 25.

1846 Entschließung des Europäischen Parlaments v. 25.11.2009, a.a.O., unter 25.

1847 EurAktiv v. 18.07.2014.

Es erscheint zudem angebracht die EU-GRC in den EUV respektive AEUV zu integrieren, da die erhebliche Relevanz der Charta in keinem Verhältnis zu deren Positionierung als bloßer Anhang zum Lissabon-Vertrag steht. Zwar handelt es sich hierbei nur um eine formale Änderung, da diese drei Dokumente bereits jetzt rechtlich gleichrangig sind und die rechtliche Bindungswirkung der EU-GRC identisch bliebe. Dennoch würde der Aufnahme der EU-GRC in den Vertragstext selbst eine starke Signalwirkung zukommen, da der Stellenwert der EU-GRC als zentraler Teil der Verträge eklatant höher ausfallen würde als im Lissabon-Vertrag, dem die EU-GRC lediglich angehängt ist und diese somit eher einer Erklärung als einem wesentlichen Vertragsbestandteil gleicht.

Zudem erscheint es sinnvoll, dass die gegenseitige Anerkennung als der dominierende Umsetzungsgrundsatz im RFSR grundrechtlich begleitet wird und nur unter der Prämisse einer entsprechend kontrollierten, ausgleichschaffenden Achtung der Grundrechte der Betroffenen und der Rechtsstaatlichkeit des Verfahrens zur Anwendung kommt, um ein europäisches Strafverfahren nicht zum deutlich reduzierten Preis der Freiheitsrechte zu erkaufen.[1848] Denn das Anerkennungsprinzip bedingt mangels einer echten Rechtseinheit weniger „Raum“ als bei der Rechtsangleichung und ermöglicht durch seine Konstruktion die Inanspruchnahme des Freiheitsrechts im RFSR lediglich auf einem Minimalniveau, was eine reduziert verankerte Gewährleistung des Freiheitsrechts im RFSR insgesamt zur Folge.[1849] Zudem führt der Anerkennungsgrundsatz zu einem erheblichen Grad an Ungewissheit diesbezüglich, zu welchen Ergebnissen eine Erstreckungswirkung von Entscheidungen eines Mitgliedstaates in einem anderen Mitgliedstaat führen kann, was die Auswirkung auf die Rechtstellung von Einzelnen komplex macht.[1850] So kann die gegenseitige Anerkennung zu einer Perpetuierung von Grundrechtseingriffen führen, die auf der Ebene des materiellen Strafrechts oder Strafprozessrechts eines Mitgliedstaats ausgelöst wurden und sich im anerkennenden Staat fortsetzen.[1851]

1848 Nalewajko, Grundsatz der gegenseitigen Anerkennung: Eckstein der justiziellen Zusammenarbeit in Strafsachen in der Europäischen Union?, S. 173 f.

1849 Ob das Prinzip der gegenseitigen Anerkennung als der primäre Grundsatz des RFSR ausreicht, um die ambitionierten Ziele dieses grundlegenden EU-Vertragsziels zu erreichen, ist nicht Thema dieser Arbeit. Zweifelsohne ist diese Prädominanz in anderen, enger integrierten Politikbereichen der EU (z.B. der gemeinsamen Wettbewerbs-/Handelspolitik) nicht gegeben.

1850 Nalewajko, Grundsatz der gegenseitigen Anerkennung: Eckstein der justiziellen Zusammenarbeit in Strafsachen in der Europäischen Union?, S. 147 ff.; Streinz/Ohler/Herrmann, Der Vertrag von Lissabon zur Reform der EU, Nr. III 1.

1851 Während die gegenseitige Anerkennung im Zivilrecht anhand der EuGVVO bereits weitgehend umgesetzt ist, bereitet diese im Bereich des Strafrechts noch erhebliche Schwierigkeiten, wie zuletzt die Debatte um den Europäischen Haftbefehl gezeigt hat. Der Kern des Problems liegt darin, dass nicht die gegenseitige Anerkennung das gegenseitige mitgliedstaatliche Vertrauen fördert, sondern die gegenseitige Anerkennung vielmehr solches Vertrauen voraussetzt. So auch Calliess/Ruffert,

2. *Stärkung der Gerichte und Parlamente*

Um den aufgezeigten Mangel im RFSR an demokratischen und rechtsstaatlichen Strukturen insgesamt entgegenzutreten, muss dem EuGH und dem EU-Parlament sowie den nationalen Parlamenten eine noch zentralere Rolle zukommen.[1852] Besonders die Einbeziehung des Europäischen Parlaments durch erweiterte Mitwirkungs- und Kontrollrechte als einzig unmittelbar vom Bürger gewähltes EU-Organ ist grundlegend, da die Geschichte der Europäischen Integration insbesondere eine Geschichte der zunehmenden Bedeutung des Europäischen Parlaments ist.[1853]

Hier ist auch zu bedenken, dass sich anhand des RFSR ein starkes institutionelles Eigeninteresse deutlich macht, was die strukturellen Probleme des RFSR oft überdeckt. Es geht vor allem um Effektivität, statt um die notwendige Einbettung in einen freiheitlich-liberalen Rahmen.[1854] Kann aber die Rechtserzeugung in einem überstaatlichen System wie der EU aufgrund von Legitimationsdefiziten bislang den parlamentarisch-demokratischen Ansprüchen des Staatsrechts kaum genügen, so kommt den Schutzmechanismen des Freiheitsrechts und damit dem Rechtsschutz des Einzelnen in einem solchen System überragende Bedeutung zu.[1855] Angesichts der grundrechtsrelevanten Materie des RFSR ist die Kontrollfunktion des EuGHs für die Achtung des Freiheitsrechts daher besonders wichtig sowie wirkungsvoll. Dieses wird dadurch noch verstärkt, dass die Mitgliedstaaten aufgrund des brisanten Regelungsgehaltes des RFSR oftmals keine Einigung erzielen. Der EuGH ist somit anzuhalten mit seinen etablierten Rechtsprechungsmethoden und -prinzipien den RFSR weiterhin zu ordnen, gerichtlich zu kontrollieren und Kohärenz zu verleihen.[1856]

Es lässt hoffen, dass Kommissionspräsident Juncker erklärte, insbesondere die Partnerschaft mit dem EU-Parlament auf dem Weg zu einer demokratischeren EU intensivieren zu wollen und hierbei keinen technokratischen, sondern einen

---

Rdnr. 1. Diese Dominanz der Mitgliedstaaten und die damit einhergehende zuvorderst subsidiäre Rolle der EU-Organe prägt den RFSR und unterscheidet ihn von anderen, enger integrierten Politikbereichen (z.B. die gemeinsame Wettbewerbs- oder Handelspolitik; Bogdandy/Bast – Monar, S. 786; Peers, EU Justice and Home Affairs Law, S. 752 f.

1852 Nalewajko, Grundsatz der gegenseitigen Anerkennung: Eckstein der justiziellen Zusammenarbeit in Strafsachen in der Europäischen Union?, S. 133.

1853 Beutler, Grenzenlose Freiheit, S. 58 f.

1854 Nettesheim, Grundrechtsschutz, S. 146 f.

1855 Weber, Europäische Terrorismusbekämpfung – das Strafrecht als Integrationsdimension der EU, S. 107.

1856 Skouris, Rechtsschutz im RFSR, S. 416.

politischen Dialog zu führen.[1857] Ebenso betonte Juncker die Relevanz der Beziehungen zu den nationalen Parlamenten und will die Interaktion mit diesen zur Stärkung der Annäherung der EU an ihre Bürger nutzen.[1858]

3. *Objektiv bestimmbare und überprüfbare Faktoren für öffentlich-rechtliches Handeln*

Das Recht der Bürger sich vor unabhängigen Gerichten gegen Eingriffe in ihre Freiheitsrechte zur Wehr zu setzen ist als Rechtswegegarantie ein Kernbestandteil des Freiheitsrechts.[1859] Es bedarf daher objektiv bestimmbarer und überprüfbarer Faktoren für öffentlich-rechtliches Handeln (Verdacht, Gefahr), um einem gefährlichen Paradigmenwechsel entgegenzuwirken, der in dem Verhältnismäßigkeitsverlust zwischen Freiheit und Sicherheit resultiert: Um (vermeintliche) Sicherheit zu gewinnen, werden präventive Eingriffe in das Freiheitsrecht (v.a. in Form von Grundrechtsverstößen) hingenommen[1860] und die Prinzipien des klassischen Sicherheitsrechts drohen umgekehrt zu werden.[1861] Dieses hätte die rechtsstaatlich sehr bedenkliche Folge, dass der Bürger den Staat nicht mehr durch legales Verhalten auf Distanz halten kann. Nichtgefährlichkeit würde so zur Ausnahme, die der Bürger dem Staat als Folge einer schleichenden Beweislastumkehr zu beweisen hat.[1862]

Wie aufgezeigt, geht die Entwicklung im RFSR seit Längerem dahin, dass sich polizeiliches Handeln zunehmend ins Vorfeld konkreter Gefahrenabwehr verlagert. Die in den letzten Jahren zutage getretene Bedrohung durch islamistischen Terrorismus hat diese Tendenz zur weit ausgreifenden Prävention in der Sicherheitspolitik jedoch nicht geschaffen, sondern lediglich verstärkt.[1863] Vor allem die Fehlentwicklung im Irak ist inzwischen zum Lehrstück dafür geworden, dass eine Politik, die sich anschickt, Freiheit mit Mitteln militärischer Sicherheitstechnik „herzustellen“ und dabei den – institutionell kontrollierten – Respekt vor den

1857 Jean-Claude Juncker, Ein neuer Start für Europa: Meine Agenda für Jobs, Wachstum, Fairness und demokratischen Wandel, Politische Leitlinien für die nächste Europäische Kommission, Rede zur Eröffnung der Plenartagung des Europäischen Parlaments am 15. Juli 2014 in Straßburg, abgerufen am 20.03.2015 unter http://ec.europa.eu/priorities/docs/pg_de.pdf, S. 12.

1858 Jean-Claude Juncker, Ein neuer Start für Europa: Meine Agenda für Jobs, Wachstum, Fairness und demokratischen Wandel, Politische Leitlinien für die nächste Europäische Kommission, Rede zur Eröffnung der Plenartagung des Europäischen Parlaments am 15. Juli 2014 in Straßburg, abgerufen am 20.03.2015 unter http://ec.europa.eu/priorities/docs/pg_de.pdf, S. 13.

1859 Bielefeldt, Freiheit und Sicherheit im demokratischen Rechtsstaat, S. 18.

1860 Ebenso Albrecht, S. 11; Baum, S. 34; v. Arnauld/Staack, S. 13; Monar, S. 177.

1861 Vgl. statt vieler BVerfGE 110, 33 (58 ff.).

1862 Calliess, S. 763; v. Arnauld/Staack, S. 19; Hoffmann-Riem, S. 123.

1863 Bielefeldt, Freiheit und Sicherheit im demokratischen Rechtsstaat, S. 4.

Menschenrechten vernachlässigt, im Ergebnis weder Freiheit noch Sicherheit erreichen kann.[1864]

Damit verbunden ist die Entwicklung, dass von der öffentlichen Ordnung zunehmend die Gewährleistung einer allumfassenden „Zukunftssicherheit“ erwartet wird. Die öffentliche Ordnung kann jedoch mangels Kenntnis aller Schadensquellen und –folgen keine präzisen und wirkungsvollen Auflagen zur Schadensverhütung machen.[1865] Gleichwohl wird die Sicherheitskompetenz der öffentlichen Ordnung in Reaktion auf die tatsächlichen oder vermeintlichen Sicherheitsbedürfnisse in der Gesellschaft zunehmend nicht mehr nur daran gemessen werden, ob es gelingt Störungen der öffentlichen Sicherheit und Ordnung repressiv zu begegnen, nachdem sie eingetreten sind, sondern auch an daran, präventiv für Sicherheit zu sorgen.[1866]

Die Verlagerung der Sicherheitspolitik im RFSR hin zur Prävention und damit in das Vorfeld einer Rechtsgutsverletzung wird zudem dadurch gefördert, dass die Gefahren gegen welche die RFSR-Sicherheitsarchitektur errichtet wird, vor allem „moderne Gefährdungen“ wie die organisierte Kriminalität und der internationale Terrorismus sind. Gerade bei Letzterem ist die prinzipielle Vorhersehbarkeit der Gefahr[1867] und die Erkennbarkeit der Gegner nicht mehr gegeben, sodass dementsprechend auch keine erfolgsversprechenden Mittel der Gegenwehr bestehen.[1868] Das ergibt sich zum Teil aus der Natur des Terrorismus, der in der Regel nicht auf Einzelpersonen, sondern in seinem symbolischen Gehalt auf bestimmte Gesellschaftsformen zielt. Da hier die potentiellen Täter infolgedessen nicht bekannt sind, gewinnt die Prävention an Bedeutung. Mangels eines dadurch bedingten konkreten, sichtbaren „Feindes“, besteht für den Einzelnen die Gefahr durch nicht konformes Verhalten allzu schnell in den Verdacht zu geraten die öffentliche Sicherheit und Ordnung zu beeinträchtigen.[1869]

Rechtlich problematische Konsequenz der Ausweitung der Sicherheitsprävention ist damit die Vorverlagerung des zulässigen Eingriffszeitpunkts für öffentlichrechtliche Maßnahmen und die Absenkung staatlicher Eingriffshürden im RFSR[1870]

1864 Bielefeldt, Freiheit und Sicherheit im demokratischen Rechtsstaat, S. 12. Vgl. Wolfgang S. Heinz/Jan-Michael Arend, Internationale Terrorismusbekämpfung und Menschenrechte. Entwicklungen 2003/2004. Studie des Deutschen Instituts für Menschenrechte, Berlin 2004.

1865 Calliess, S. 760.

1866 Calliess, S. 762; Calliess, Die Europäisierung der Staatsaufgabe Sicherheit unter den Rahmenbedingungen des freiheitlichen Rechtsstaats, S. 85 f. So auch Mager, S. 79 ff.

1867 Hoffmann-Riem, S. 118.

1868 Hoffmann-Riem, Freiheit und Sicherheit im Angesicht terroristischer Anschläge, S. 36.

1869 Glaeßner, Sicherheit durch Integration? Nationale und europäische Politik im Spannungsfeld von Sicherheit und Freiheit, S. 118.

1870 Gegenüber dem klassischen Polizeirecht. Siehe Calliess, S. 762 sowie Voßkuhle, Das Verhältnis von Freiheitsrecht und Sicherheit – Hat der 11. September 2001 das deutsche Verfassungsrecht verändert?, S. 1108 f.

und damit die Intensivierung der Verschränkung von präventiver Gefahrenabwehr und repressiver Strafverfolgung. Es ist die kontinuierliche und nicht hinreichend reflektierte Steigerung der Punitivität zu kritisieren, bei der das PJZS-Strafrecht immer öfter, immer früher und immer schärfer eingreifen soll, ohne dass das tatsächliche Ausmaß des Freiheitsgewinns dabei hinreichend berücksichtigt wird.[1871] Es wird oft nicht wahrgenommen, dass freiheitseinschränkende Maßnahmen mit der Gefahr des Terrorismus und der organisierten Kriminalität begründet werden, sich jedoch selten darauf begrenzen und stattdessen allgemein (und ohne explizite Notwendigkeit) das Einsatzfeld von Straf- und Polizeirecht sowie der Exekutive ausweiten.[1872] Dieses birgt eine Gefahr, da es die Tendenz offenbart, die Freiheit zugunsten der Sicherheit einzuschränken, ohne dass es dessen bedarf.

Denn Prävention durch Sicherheitsmaßnahmen verleitet wegen der Unbestimmbarkeit künftiger Risiken dazu, dass die Freiheitsrechte der Bürger stärker eingeschränkt werden, als es mit Blick auf die wahrscheinlichen Gefahren rechtlich erforderlich wäre.[1873] Besorgniserregende Folge des in jüngerer Zeit forcierten Ausbaus präventiver Sicherheitspolitik besteht indessen genau darin, dass rechtsstaatliche Normen, Zweckbindungen und Eingriffsschwellen zunehmend an Präzision verlieren, womit zugleich die Möglichkeiten politischer und justizieller Gegenkontrolle öffentlich-rechtlichen Handelns zum Teil dramatisch abnehmen.[1874]

Aufgrund der starken Rechtsfertigungskraft genügt zur Akzeptanz von Sicherheitsmaßnahmen oftmals jeglicher Hinweis auf eine terroristische Bedrohung. Ohne dass viel Sorge auf den Nachweis gelegt wird, ob bzw. wie weit neue öffentlich-rechtliche Maßnahmen zur Abwehr dieser Risiken effektiv sind und ob die mit ihnen verbundenen Freiheitseinschränkungen rechtlich verhältnismäßig sind, werden gravierende Einschnitte in das Freiheitsrecht getätigt.[1875]

1871 Satzger, 69, 70 f.

1872 Hoffmann-Riem, S. 121; Monar, S. 177. Siehe etwa § 29 des Council document SN 3926/6/01 REV 6, welches der Rat der EU am 20. September 2001 angenommen hat. Vgl. auch Douglas-Scott, E.L.Rev. 2004, S. 222 ff.

1873 Meyer, Im Spannungsfeld von Sicherheit und Freiheit, S. 3. Siehe hierzu auch Reinhard Kreissl, „Öffentliche Inszenierung von Sicherheitsfragen", in: KritV 2008, Heft 3, Nomos, Baden-Baden 2008, S. 322–332.

1874 Bielefeldt, Freiheit und Sicherheit im demokratischen Rechtsstaat, S. 18. Siehe hierzu auch Sabine Leutheusser-Schnarrenberger, Ein System gerät außer Kontrolle: Das Schengener Informationssystem, in: Zeitschrift für Rechtspolitik 2004, Beck Verlag, München 2004, S. 97–101. Mangels derartiger konkreter Ausgestaltung in Form von handlungsbegrenzten Tatbestandselementen hat das Bundesverfassungsgericht eine Reihe deutscher Sicherheitsgesetze als verfassungswidrig erklärt. Siehe BVerfGE 109, 279; 110, 33; 115, 320; 120, 274; 120, 378.

1875 Siehe v. Arnauld/Staack, S. 9; ebenso Hoffmann-Riem, S. 121. Zu der Vielzahl, der nach dem 11.09.2001 von der EU ungewohnt schnell (und intransparent) angenommenen Maßnahmen siehe Douglas-Scott, E.L.Rev. 2004, S. 219 ff. m.w.N. und Meyer, Im Spannungsfeld von Sicherheit und Freiheit, S. 1–12.

Je weiter aber der Begriff der (Sicherheits-)Gefahr bestimmt wird, desto tief greifender wird der von einem öffentlich-rechtlichen Eingriff betroffene Bürger in seinem Freiheitsrecht beschränkt und desto weniger freiheitlich ist somit der Rechtsstaat.[1876] Je mehr im Interesse der inneren Sicherheit der vorbeugende Rechtsgüterschutz durch diverse Ermittlungsmaßnahmen und -instrumente intensiviert wird, desto mehr wird die Verbrechensbekämpfung in das Vorfeld verlegt und der justizförmigen – den Verdächtigen schützenden – Kontrolle entzogen.[1877] Der Freiheitsverlust durch präventive Sicherheitsmaßnahmen trifft somit zahlreiche Unbeteiligte, die Opfer zur Herstellung von Sicherheit bringen sollen.[1878] Der Staat, der angetreten ist, um den Bürgern (mehr) Sicherheit zu verschaffen, wird so selbst zu einem unkalkulierbaren Risiko.[1879] Ohne eigenes Zutun wäre jeder Bürger ein potentielles Sicherheitsrisiko und somit ein Objekt (mitglieds-)staatlicher Überwachung und Kontrolle, sodass die Nichtgefährlichkeit zur Ausnahme mutiert, die der Bürger beweisen muss.[1880] Hierbei wird der Bürger, nicht der Staat, zum Risiko für das Gemeinwesen. Diese Verwandlung geht mit einer Aushöhlung der Rechtsstaatlichkeit und des Freiheitsrechts einher und offenbart eine gefährliche Totalisierungstendenz in der RFSR-Sicherheitspolitik.[1881]

Es ist jedoch gerade Teil der demokratischen Idee, die Eingriffsbefugnisse der öffentlichen Ordnung zu beschränken, um den freiheitlich denkenden und handelnden Bürger zu stärken – durchaus auch auf Kosten der staatlichen Effizienz. Solche Machtbeschränkungen sind praktische Existenzbedingungen unserer Staatsform, da ein von öffentlich-rechtlichen Eingriffen bedrängter Bürger seine demokratischen Mitwirkungsrechte nicht mehr adäquat ausüben kann.[1882] Wenn niemand mehr sicher sein kann nicht von staatlicher Überwachung betroffen zu sein, dann wird Sicherheit zur Unsicherheit durch Unberechenbarkeit öffentlicher Gewalt.[1883] So definiert die öffentliche Ordnung die Überwachung der Bürger zunehmend als Gewährleistung ihrer Freiheit und schirmt sich so gegen jede Einrede ab. So wird das prekäre Verhältnis von Freiheit und Sicherheit unter Berufung auf einen Notstand immer wieder aufs Neue zugunsten der Sicherheit verschoben.[1884] Das auf die vorbeugende Verbrechensbekämpfung ausgerichtete RFSR-Ziel der inneren Sicherheit stände damit in einem Widerspruch zur Rechtsstaatlichkeit

---

1876 Maßgeblich ist hier die auf konkrete Gefahren beschränkte polizeirechtliche Generalklausel des klassischen Polizeirechts.

1877 Limbach, Ist die kollektive Sicherheit der Feind der individuellen Freiheit?, S. 6.

1878 Gusy, Freiheit zuerst, S. 13 f.

1879 Albrecht, S. 23; v. Arnauld/Staack, S. 20 m.w.N.

1880 Voßkuhle, Das Verhältnis von Freiheitsrecht und Sicherheit – Hat der 11. September 2001 das deutsche Verfassungsrecht verändert?, S. 1109 f.

1881 Brock, Totalisierungstendenzen im Streben nach Sicherheit, S. 240.

1882 Trojanow/Zeh, Angriff auf die Freiheit, S. 78.

1883 Kutscha, Überwachung – der Preis für mehr Sicherheit?, S. 239.

1884 Kutscha, Überwachung – der Preis für mehr Sicherheit?, S. 283.

klassisch-liberaler Prägung durch Freiheitsrechte.[1885] Dieser Paradigmenwechsel wäre das Ende des Freiheitsrechts, das zu verteidigen der Staat eigentlich angetreten ist.[1886]

4. Reglementierung der Informationsbeschaffung, -speicherung, und -weitergabe

Es ist unumstritten, dass sich die Gesellschaft und damit auch der RFSR auf neue Bedrohungen einstellen müssen und auch Prävention wesentlich ist. Dennoch wächst die Gefahr, dass in dem RFSR ein entgrenzter Präventionsraum entsteht, denn *„wer vorbeugen will, weiß nie genug"*.[1887] Im Zentrum einer effektiven Sicherheitsgewähr steht dabei das Wissen um ein potentielles Schadensereignis.[1888] In diesem Sinne fußt effektive Prävention auf Datensammlung, Überwachung und Vorfeldermittlung.[1889] Dafür bedarf es zentral des Informations- und Wissenserwerbs sowie dessen systematischer Auswertung, bevor es überhaupt zu Gesetzesverstößen kommt.[1890] So wird das Ziel der Sicherheitsgewähr im RFSR zunehmend vor allem durch eine umfassende gemeinsame Informationsbeschaffung, -speicherung, und -weitergabe erreicht.[1891]

Der präventive Fahndungsverbund im RFSR besteht dabei im Wesentlichen aus rechtlichen Regelungen der, auf die verschiedenen Sicherheits-, Ordnungs- und Strafverfolgungsbehörden sowie den Geheimdiensten der Mitgliedstaaten verteilten Befugnissen zur Datenerhebung und des ungehinderten Datenflusses zwischen ihnen.[1892] Auf diese Weise entsteht ein funktionaler Fahndungsverbund im homogenen Sicherheitsrecht des RFSR, dessen netzwerkartige Struktur aus

1885 Limbach, Ist die kollektive Sicherheit der Feind der individuellen Freiheit?, S. 5.

1886 Darnstädt, Der globale Polizeistaat: Terrorangst, Sicherheitswahn und das Ende unserer Freiheiten, S. 89. So stehen die Prism-Programme der National Security Agency (NSA) der USA als Symbol für eine Überwachungspraxis demokratischer Rechtsstaaten, deren Ausmaß bislang gar nicht absehbar ist. Die Rechtfertigung lautet, dass die Überwachungspraxis zur Terrorismusbekämpfung notwendig sei.

1887 Glaeßner, Sicherheit in Freiheit, S. 78, ebenso Baum, S. 35.

1888 Calliess, S. 761.

1889 v. Arnauld/Staack, S. 18.

1890 Calliess, S. 763; Hoffmann-Riem, S. 123 f.

1891 Bei der Terrorismusbekämpfung handelt es sich oftmals um vor die Schwelle des Gefahrenverdachts verlagerte präventive Maßnahmen. Vgl. Albrecht, S. 23, 48.

1892 Dieses wird an den Umsetzungsprogrammen des RFSR zu erörtern sein und betrifft neben dem Terrorismus und der organisierten Kriminalität vor allem die Bereiche des Asyls und der Flüchtlinge. Die Tendenz zur Zentralisierung zum Zwecke einer vermeintlich effektiveren Sicherheitsgewährleistung offenbart auch der aktuelle Vorschlag der von Thomas de Maiziere eingesetzten Expertenkommission, das BKA und die Bundespolizei aufgrund der erhöhten Terrorgefahr zusammenzulegen; www.spiegel.de/politik/deutschland/0,1518,733671,00.html, abgerufen am 23.06.2015.

verschiedenen Behörden verschiedener Staatsgewalten den einzigen Unterschied zu einem zentralisierten Sicherheitsamt darstellt.[1893] Denn im RFSR ist eine Entwicklung zu konstatieren, bei der aufgrund der technischen Möglichkeiten erhebliche Datenmengen erlangt und gespeichert werden, um sodann das Relevante herauszufiltern.[1894] Die Gewinnung von Informationen und deren systematischer Verarbeitung ist durch den rasanten technologischen Fortschritt im Bereich des Datenerwerbs sowie der Datenverarbeitung begünstigt.[1895] So liegt der Schwerpunkt der EU-Kooperation zwischen Justiz- und Polizeibehörden mittlerweile auf der Speicherung, dem Austausch sowie der Verarbeitung von personenbezogenen Daten. Hierbei kommt Europol eine Schlüsselrolle bei der Vernetzung zu[1896], da es als Knotenpunkt einen umfassenden Informationsaustausch[1897] gewährleistet und grenzüberschreitende polizeiliche Zusammenarbeit organisiert.

Die Polizei- sowie Justizbehörden und Nachrichtendienste benötigen zwar eine Vielzahl an Informationen, um ihren Aufgaben umfassend nachkommen zu können. Die Sicherheitsbehörden agieren aber im Rahmen dessen oftmals übereifrig und setzten sich über manche Bedenken hinweg – durchaus aus Interesse an der effektiven Erfüllung ihrer Aufgabe.[1898] Gleichwohl müssen perfektionistischen Tendenzen der Sicherheitspolitik im RFSR Einhalt geboten werden, da andernfalls ein angemessenes Verhältnis von Freiheit und Sicherheit nicht zu gewährleisten ist[1899]: „Wenn der Staat alles sichern soll, muss er alles kontrollieren, alles wissen, alles beherrschen. Ein solcher Staat ist selbst die größte Gefährdung der von ihm angeblich geleisteten Sicherheit“.[1900] Diese Notwendigkeit einer Reglementierung der Informationshandhabung im RFSR, bestätigt auch die bereits erörterte EuGH-Entscheidung zur Vorratsdatenspeicherung, indem dort eine Unvereinbarkeit der gegenwärtigen Handhabung mit dem Grundrecht auf Datenschutz konstatiert wurde.

Gleichwohl sind unter dem Handlungsdruck durch die Anschläge von New York, London, Madrid, Paris und Brüssel von der EU und den Mitgliedstaaten Maßnahmen beschlossen und größtenteils umgesetzt worden, die nicht nur mit Blick auf ihre Wirksamkeit als problematisch gelten müssen, sondern auch die Balance

1893 Günther, S. 53; v. Arnauld/Staack, S. 19.

1894 Freiheit versus Sicherheit – Redner, S. 119 f.

1895 Voßkuhle, Das Verhältnis von Freiheitsrecht und Sicherheit – Hat der 11. September 2001 das deutsche Verfassungsrecht verändert?, S. 1108 f.

1896 Riescher, S. 11; Kugelmann, Datenschutz in der europäischen Innenpolitik, S. 530.

1897 Siehe hierzu eingehend unter Kugelmann/Rackow, Prävention und Repression im RFSR.

1898 Siehe Bull, Informationelle Selbstbestimmung, S. 85 f. Ebenfalls: Freiheit versus Sicherheit – Redner, S. 104 f. – „als Polizeibeamter weiß ich, dass ich alles, was gespeichert werden kann, auch haben will“.

1899 Bull, Informationelle Selbstbestimmung, S. 78.

1900 Zitat von Christoph Gusy in Hirsch, Terrorbekämpfung und Bürgerrechte, S. 58.

zuungunsten des Freiheitsrechts verschoben haben.[1901] Besonders die Verbindung von politischen mit kommerziellen Interessen durch die Kooperation mit privaten Netzbetreibern, die an der Datenerhebung interessiert sind, ist bedenklich.[1902] Die Sammlung, Speicherung, Verarbeitung und der automatische Austausch von unkontrollierbaren Informationsmassen wird zunehmend die Basis des RFSR und droht eine „Rundumüberwachung“[1903] zu etablieren. Zudem ist der rechtsstaatliche Rechtsschutz gegen die Grundrechtseingriffe wegen der Heimlichkeit und der schwer zu ermittelnden Zuständigkeiten erschwert, wodurch wiederum die Freiheit des Bürgers beschränkt wird.

Die gewaltigen existierenden Datenmengen sowie deren Zentralisierung, Bündelung, systematische Auswertung und Aufbau von Informationssystemen (Eurosur, Eurodac, SIS II, VIS) ist sehr problematisch, da die Missbrauchsgefahr hoch ist.[1904] Insbesondere sind solche Datenmengen nur noch schwer handhabbar, geschweige denn deren Verwendung kontrollierbar[1905], sodass Überwachung oftmals nur noch als Selbstzweck stattfindet.

Einen Schwerpunkt stellen dabei Überwachungsmaßnahmen unter Verwendung elektronisch verarbeiteter personenbezogener Daten da, die entweder zur Prävention, Ermittlung oder Verfolgung von Straftaten herangezogen werden.[1906] Diese massenhafte Datenüberwachung ermöglicht dem BVerfG[1907] zufolge bis in die Intimsphäre hineinreichende inhaltliche Rückschlüsse.[1908] Die Ausweitung der Befugnisse im RFSR (insbesondere in der PJZS) bedrohen somit in erheblichem Maße die Freiheitsrechte der Bürger und greifen tief in deren Persönlichkeits- und Selbstbestimmungsrechte ein, wie die Fluggastdatensätze (PNR), die verdachtslose sechsmonatige Speicherung der Telekommunikationsdaten, die biometrischen Datensätze von Reisedokumenten etc.[1909] Besonders anschaulich ist das SIS, welches von einer polizeilichen Ausschreibungsdatei zu einem umfassenden Informations- und Analysesystem erweitert wurde. Mittlerweile registriert SIS alle Personen, die das Schengengebiet betreten oder verlassen und enthält somit eine erhebliche Datenmenge zu fast allen EU-Bürgern. Aufgrund dieses Umfangs und

1901 Kahl, Die EU und der Kampf gegen den Terrorismus – die schwierige Balance zwischen Sicherheit und Freiheit, S. 123.

1902 Siehe hierzu ausführlich unter Brock, Totalisierungstendenzen im Streben nach Sicherheit, S. 240.

1903 Darnstädt, Der globale Polizeistaat: Terrorangst, Sicherheitswahn und das Ende unserer Freiheiten, S. 197.

1904 Tretter, Die EU aus datenschutzrechtlicher Sicht – Ein RFSR?, S. 36 f., 38. Anfang 2013 waren rund 46,5 Millionen Datensätze im SIS gespeichert.

1905 Limbach, Ist die kollektive Sicherheit der Feind der individuellen Freiheit?, S. 9.

1906 Tretter, Die EU aus datenschutzrechtlicher Sicht – Ein RFSR?, S. 35.

1907 BVerfGE 125, 260 (319), Urteil vom 02.03.2010 (Vorratsdatenspeicherung).

1908 Kutscha, Überwachung – der Preis für mehr Sicherheit?, S. 283.

1909 Kahl, Die EU und der Kampf gegen den Terrorismus – die schwierige Balance zwischen Sicherheit und Freiheit, S. 126.

der komplexen Struktur ist das SIS jedoch nur schwer von den nationalen und supranationalen Aufsichtsbehörden zu kontrollieren.[1910]

So sind die meisten Attentäter, wie etwa von Berlin, Paris und Brüssel, den jeweiligen nationalen Behörden bekannt und es lagen durchaus Informationen zu diesen vor. Aus den Datenbeständen wurden jedoch die falschen Schlussfolgerungen gezogen. Das spricht für die Annahme, dass Sicherheitsbehörden die von ihnen angesammelten Datenmengen aufgrund der schieren Masse gar nicht mehr beherrschen können und deshalb oftmals bei der rechtzeitigen Gefahrenabwehr versagen. Datensammlungen an sich etablieren somit nicht Sicherheit, sondern ein gewaltiges Überwachungspotenzial Orwellschen Ausmaßes.[1911] Das Risiko für das Freiheitsrecht ist somit erheblich, während der Ertrag für die Sicherheit angesichts des erheblichen Umfangs der Daten eher gering ist.[1912] Die eingeführten Mechanismen, um den Einzelnen vor Missbrauch ihrer persönlichen Daten zu schützen, sind äußerst schwach und schlecht zu betreiben.[1913]

Der Umgang mit personenbezogenen Daten im RFSR ist somit ungenügend. Durch dieses Sicherheitsnetz im RFSR wird tief in die Freiheitsrechte der Bürger eingegriffen.[1914] Die durch die Informationstechnologie verstärkte Dynamik durchlöchert das System des Schutzes grundrechtlicher Freiheit. Datensysteme wie SIS II und VIS erfordern daher eine eingehende Beurteilung nicht nur hinsichtlich ihrer „Effizienz“, sondern auch bezüglich der rechtlichen und ethischen

---

1910 Kahl, Die EU und der Kampf gegen den Terrorismus – die schwierige Balance zwischen Sicherheit und Freiheit, S. 125.

1911 Kutscha, Überwachung – der Preis für mehr Sicherheit?, S. 283.

1912 So erklärte der parlamentarischer Staatssekretär im Innenministerium (Ole Schröder) in der Fragestunde am 15.01.2014, dass sich Hacker 2012 über einen Angriff auf das Computersystem der dänischen Polizei Zugang zum SIS verschafften und 1,2 Millionen Datensätze kopierten (von denen 272.606 von Deutschland aus in das System eingestellt worden waren), indem sie sich bei einem IT-Systemdienstleister eingehackten, der zu diesem Zeitpunkt unter anderem für Dänemarks Kopie der Schengen-Datenbank verantwortlich war. Zu Zeit des Hackerangriffs war eine Tochterfirma des US-Konzerns Computer Sciences Corporation (CSC) für die dänische Polizeidatenbank verantwortlich gewesen, welche laut Medienberichten, mit amerikanischen Geheimdiensten zusammenarbeitet. Siehe Ole Reißmann, „Fahndungssystem: Hacker knackten Schengen-Datenbank“, Der Spiegel v. 17.01.2014, abgerufen am 20.01.2014 unter http://www.spiegel.de/netzwelt/netzpolitik/sis-hacker-kopierten-teile-der-schengen-datenbank-a-944059.html.

1913 Guild/Carrera/Faure Atger, Challenges and Prospects for the EU's AFSJ: Recommendations to the European Commission for the Stockholm Programme, S. 7 ff. Siehe hierzu eingehend unter Evelien Brouwer, Digital Borders and Real Rights: Effective Remedies for Third-Country Nationals in the Schengen Information System, Wolf Legal Publishers, Nijmegen 2008.

1914 Siehe zur Vorratsdatenspeicherung in der EU und die Auswirkung auf Freiheit und Sicherheit unter Westphal, EuR 2006, S. 706–723.

Implikationen.[1915] Einzelne Maßnahmen erscheinen relativ harmlos, es ist jedoch die Summe aller Maßnahmen und deren Zusammenlegung, die ein angemessenes Verhältnis von Freiheit und Sicherheit erheblich beeinträchtigen.[1916]

Zudem gerät die freiheitssichernde Funktion der Gewaltenteilung in Gefahr, wenn im RFSR unter Aufhebung von Trennungsgeboten mitgliedstaatliche Behörden, die nicht ohne Grund auf verschiedenen staatlichen Ebenen angesiedelt sind, durch einen Informationsbund zusammengeschlossen werden.[1917] Diese Vermengung von Aufgabenbereichen ist im RFSR u.a. bei Polizei und Nachrichtendienst zu beobachten.[1918] So bedienen sich Polizeibehörden etwa anhand der heimlichen Informationsgewinnung typisch nachrichtendienstlichen Mitteln. Den Nachrichtendiensten hingegen werden zunehmend polizeiliche Befugnisse zur Bekämpfung der organisierten Kriminalität eingeräumt.[1919] Hintergrund dessen ist, dass in der zunehmenden Präventionslogik rechtsstaatliche Gewalten- und Funktionsteilungen zu bürokratischen Hemmnissen umgewertet werden. Die einzelnen Sicherheitsmaßnahmen erscheinen so oft als geringfügiger Eingriff in das Freiheitsrecht (gegenüber etwaigen Gefahren für Leib und Leben), in der Summe verkümmert das Freiheitsrecht jedoch unter der Sicherheit.[1920] Die Trennung der Funktionen und Behörden der Gefahrenabwehr, der Strafverfolgung und der nachrichtendienstlichen und militärischen Aufklärung gehört deswegen zu den elementaren Prinzipien einer freiheitssichernden Gewaltenteilung[1921] – auch in der EU.

Daran vermag auch nichts zu ändern, dass in zahlreichen RFSR-Normsetzungen die Bedeutung des Datenschutzes betont wird und zudem gewisse Bemühungen der Regelung zu erkennen sind. Diese sind jedoch aufgrund des Wildwuchses der informellen Kooperation innerhalb der RFSR-Struktur samt Zugriffsberechtigung (durch die Mitgliedstaaten sowie EU-Organe) aus strukturellen Gründen nicht ausreichend und können der Gefahr von Missbrauch nicht ausreichend begegnen. Angesichts der zahlreichen Kooperationsmechanismen (zwischen den

---

1915 Guild/Carrera/Faure Atger, Challenges and Prospects for the EU's AFSJ: Recommendations to the European Commission for the Stockholm Programme, S. 15.

1916 Baum, S. 35.

1917 Siehe hierzu Patrizia Haynes, „Vereinbarkeit der sicherheitspolitischen Maßnahmen zur Terrorismusbekämpfung mit dem Trennungsgebot", in: Die Polizei 2014, Heft 3, Heymanns Verlag, S. 74–78. Patrizia Haynes sieht die Vereinbarkeit als noch gegeben an.

1918 Vgl. §§ 18-2 BVerfSchG, Art. 7 G 10. Ausführlicher siehe bei Günther, S. 49; Calliess, S. 763; v. Arnauld/Staack, S. 19 m.w.N.

1919 Heckmann, Sicherheitsarchitektur im bedrohten Rechtsstaat. Neue Polizeibefugnisse zwischen gestalterischer Freiheit und grundrechtlicher Statik, S. 12 ff.

1920 Schwetzel, Freiheit, Sicherheit, Terror: das Verhältnis von Freiheit und Sicherheit nach dem 11. September 2001 auf verfassungsrechtlicher und einfachgesetzlicher Ebene, S. 99.

1921 Siehe auch Mager, S. 11 f., 167 ff. und Thiel, S. 367–398 sowie Bull, Informationelle Selbstbestimmung, S. 107 ff.

EU-Organen, zwischen der EU und den Mitgliedstaaten, zwischen den Mitgliedstaaten, zwischen der EU und Drittstaaten) ist es rechtlich und tatsächlich kaum möglich den Verwendungszweck und die Zugangsberechtigten zu begrenzen.[1922]

Die Datenschutzbestimmungen müssen daher so in das RFSR-Recht, welches EU-Datenbanken und Informationssysteme enthält, integriert werden, dass die Technologie immer in dem Dienste des Freiheitsrechts verwendet wird.[1923] Zudem dürfen Datenbanken nicht ohne vorherige Folgenabschätzungen, die von objektiven und unabhängigen Organisationen durchzuführen sind, eröffnet werden.[1924] Darüber hinaus bedarf es einheitlicher Schutzstandards in allen Abkommen über Datenaustauschsysteme mit Drittstaaten. Insgesamt muss dem Datenschutz im RFSR eine höhere Bedeutung zugemessen werden, da hier Eingriffe in die Privatsphäre erheblich zunehmen.[1925]

Die Aufgabe einer rationalen Politik in der PJZS besteht jedoch darin, einerseits kohärent auf die Herausforderungen der Integrationsdynamik zu reagieren, andererseits die Reaktionsstärke polizeilicher sowie strafrechtlicher Maßnahmen auf den sorgfältig ermittelten tatsächlichen Handlungsbedarf zu adjustieren. Die Grenze markiert hier als europarechtlicher Maßstab das Verhältnismäßigkeitsprinzip.[1926] Ansonsten besteht das Risiko, dass ein zweckentfremdetes Strafrecht[1927] zum Hauptinstrument der gesellschaftlichen Kontrolle mutiert und das Freiheitsrecht zugunsten von Sicherheit unangemessen beschnitten wird. Dabei ist Strafrecht nicht nur Strafbegründungsrecht, sondern auch Strafbegrenzungsrecht.[1928] Die entscheidenden Impulse in der Bekämpfung der Problematiken im RFSR liegen aber weder im strafrechtlichen noch im polizeilichen Bereich und damit nicht auf der Sicherheitsebene, sondern in der Fokussierung auf das Freiheitsrecht. Angesichts des fortdauernden Erlasses weiterer sicherheitsorientierter Normen im RFSR ist gerade in Zeiten von Angst die Bereitschaft groß, Freiheit für

1922 Merli, S. 390 ff.

1923 Siehe hierzu auch Jeanne Pia Mifsud Bonnici, „Redefining the Relationship Between Security, Data Retention and Human Rights“, in: Freedom, security, and justice in the European Union: internal and external dimensions of increased cooperation after the Lisbon treaty, Ronald L. Holzhacker/Paul Luif (Hrsg.), 1. Aufl., Springer Verlag, New York 2014, S. 49–74.

1924 Guild/Carrera/Faure Atger, Challenges and Prospects for the EU's AFSJ: Recommendations to the European Commission for the Stockholm Programme, S. 17.

1925 Anderson/Apap, Striking a Balance between Freedom, Security and Justice in an enlarged European Union, S. 70.

1926 Nalewajko, Grundsatz der gegenseitigen Anerkennung: Eckstein der justiziellen Zusammenarbeit in Strafsachen in der Europäischen Union?, S. 56.

1927 Darnstädt, Der globale Polizeistaat: Terrorangst, Sicherheitswahn und das Ende unserer Freiheiten, S. 76.

1928 Nalewajko, Grundsatz der gegenseitigen Anerkennung: Eckstein der justiziellen Zusammenarbeit in Strafsachen in der Europäischen Union?, S. 56.

(vermeintlich) mehr Sicherheit zu opfern, wie es sich insbesondere bei der Terrorismusbekämpfung zeigt.

Kritik an dieser umfassenden Informationssammlung wird oft in dem Sinne begegnet, dass der rechtschaffene Bürger, der nichts zu verbergen hat, solche staatlichen Interventionen nicht zu fürchten brauche [1929] und Datenschutz[1930] Täterschutz sei. Doch hierbei handelt es sich um eine verharmlosende Sprache, welche die Realität verfälscht[1931] und ausblendet, dass jedoch erst einmal ermittelt werden muss, ob jemand etwas zu verbergen hat. Des Weiteren würden verdachtslose Ermittlungen niemanden unter Verdacht stellen, da sie nur vorbeugen, indem Information verfügbar gemacht wird für den Fall, dass sich der Verdacht zur Gefahr konkretisiert. Doch der Rechtsstaat hat Beschränkungen für den Eingriff in das Freiheitsrecht wie obig dargelegt nicht als Selbstzweck entwickelt, sondern als Reaktion auf den Fehlgebrauch der Macht. Liegen keine konkreten Zurechnungskriterien vor, wird die Sicherheit um der Freiheit willen zurückgestellt.[1932] Es muss daher der Gegenfrage nachgegangen werden, wie groß die Gefahr ist, dass die Dämme des Freiheitsschutzes durchlöchert werden.[1933] Bereits die Verknüpfung von scheinbar unverfänglichen Daten kann intimste Geheimnisse verraten.[1934] Bei Daten, die man nicht sehen kann und deren Wert für viele Menschen mangels Erfahrung schwer einschätzbar ist, besteht Handlungsbedarf.[1935]

Auch das Bundesverfassungsgericht hat in diesem Sinne ausgeführt: „Wer nicht mit hinreichender Sicherheit überschauen kann, welche ihn betreffende Informationen [...] bekannt sind [...] kann in seiner Freiheit wesentlich gehemmt werden [...]. Dies würde nicht nur die individuellen Entfaltungschancen des Einzelnen beeinträchtigen, sondern auch das Gemeinwohl, weil Selbstbestimmung eine elementare Funktionsbedienung eines auf Handlungsfähigkeit und Mitwirkungsfähigkeit seiner Bürger begründeten freiheitlichen demokratischen Gemeinwesen ist.“[1936] Zudem kann es für die Geltung von Grundrechten nicht von Bedeutung sein, ob der einzelne Bürger oder gar die Mehrheit auf sie verzichten will.[1937] In einer freiheitlichen demokratischen Ordnung wie dem RFSR darf die freie Auseinandersetzung nicht behindert werden, denn „Wir verteidigen die Freiheit vor allem, in dem wir sie gebrauchen“ wie es Carl Friedrich von Weizsäcker auf den

---

1929 Limbach, Ist die kollektive Sicherheit der Feind der individuellen Freiheit?, S. 6.

1930 Siehe zu dieser Thematik in Deutschland Gregor Wiedemann, Regieren mit Datenschutz und Überwachung – Informelle Selbstbestimmung zwischen Sicherheit und Freiheit, 1. Aufl., Tectum Verlag, Marburg 2011, bes. S. 9–21.

1931 Hirsch, Terrorbekämpfung und Bürgerrechte, S. 50.

1932 Hoffmann-Riem, S. 124.

1933 Zu den Gefährdungen der „Informationsgesellschaft“ allgemein siehe Thiel, S. 6–29.

1934 Trojanow/Zeh, Angriff auf die Freiheit, S. 129

1935 Trojanow/Zeh, Angriff auf die Freiheit, S. 128.

1936 BVerfGE 65, 1 (42 f.), ebenso BVerfGE 113, 29 (46), 115, 320 (354 f.).

1937 Baum, S. 32.

Punkt brachte.[1938] Daher dürfen die Bürger nicht in die Furcht geraten, dass ihre Kommunikation überwacht wird und daraus resultierend ihr Freiheitsrecht nicht mehr wahrnehmen.[1939]

Je mehr aber Observation und Informationsbeschaffung ausgeweitet werden, desto größer ist die Gefahr, dass die Bürger in dem Bewusstsein potentieller Überwachung von legalen Formen der Freiheitsrechtbetätigung absehen. Der Respekt der Freiheitsrechte pflegt den Humus, auf dem der demokratische Prozess gedeiht,[1940] sodass der freiheitliche Rechtsstaat die besten Voraussetzungen für eine erfolgreiche Sicherheitspolitik bietet. Wo jedoch ein Klima der Überwachung und Bespitzelung herrscht, kann ein freier und offener demokratischer Prozess nicht stattfinden.[1941] Eine demokratische freiheitliche Kultur lebt von der Meinungsfreude und dem Engagement der Bürger, was Furchtlosigkeit voraussetzt. Diese dürfte verloren gehen, wenn der Staat seine Bürger biometrisch vermisst, datenmäßig durchrastert und jede Aktivität elektronisch verfolgt. Solche Ermittlungsmaßnahmen sind eher demütigend und stigmatisierend, diese Kriterien sind wissenschaftlicher Forschungen zufolge eine der Hauptfaktoren für eine Disposition zum Terrorismus.[1942] Der bisherige gesellschaftliche Konsens über die wertsetzende Bedeutung bürgerlicher Freiheitsrechte darf nicht derart überlagert werden, dass es im RFSR zu einer Verschiebung zugunsten öffentlich-rechtlicher Überwachung zulasten freier und unbeobachteter Aktion, Bewegung und Kommunikation der Bürger kommt.[1943] Zudem bewirkt die Konditionierung des Einzelnen, dass die Folgen der Datenüberwachung als bequem und vermeintlich nur „Terroristen" betreffend hingenommen werden.[1944]

An dieser Stelle sei zudem angemerkt, dass bei der vorzunehmenden Bewertung des Verhältnisses von Freiheit und Sicherheit im RFSR, dieser im Kontext der mitgliedstaatlichen Politiken in den Bereichen Inneres und Justiz zu untersuchen ist, welche oftmals deutlich repressivere Formen annehmen und noch tiefer in die Rechte des Einzelnen eingreifen als RFSR-bezogene Maßnahmen auf EU-Ebene, die sich zudem schwer von den Zielen der Mitgliedstaaten abkoppeln lassen.[1945] Denn

---

1938 Baum, S. 38.

1939 Albrecht, S. 48; Baum, S. 32; v. Arnauld/Staack, S. 18.

1940 Limbach, Ist die kollektive Sicherheit der Feind der individuellen Freiheit?, S. 9.

1941 Limbach, Ist die kollektive Sicherheit der Feind der individuellen Freiheit?, S. 10.

1942 Limbach, Ist die kollektive Sicherheit der Feind der individuellen Freiheit?, S. 10 f.

1943 Aus der Entschließung „Freiheits- und Persönlichkeitsrechte dürfen bei der Terrorismusbekämpfung nicht verloren gehen" der 62. Deatenschutzkonferenz des Bundes und der Länder, Münster, 24.–26. Oktober 2001.

1944 Brock, Totalisierungstendenzen im Streben nach Sicherheit, S. 240.

1945 So auch Bogdandy/Bast – Monar, S. 788: Ein Beispiel ist der britische Anti-Terrorism, Crime and Security Act von 2001, anhand dessen der britischen Innenminister ausländische Staatsangehörige in Erwartung ihrer Abschiebung unbegrenzt und ohne Prozess in Sicherheitsverwahrung nehmen konnte. Nach seiner Verwerfung durch das House of Lords am 16.12.2004 wurde dieser inzwischen durch den Prevention of Terrorism Act von 2005 ersetzt.

Informationstechnologisches Wettrüsten verträgt sich nicht mit demokratischen Grundsätzen.[1946] Daher ist es elementar umfassende Regelungen für den Schutz personenbezogener Daten innerhalb der EU sowie für den Austausch mit Drittstaaten zu schaffen und eine gründliche Evaluierung aller einschlägigen Rechtsvorschriften im Bereich des Schutzes der Privatsphäre und des Datenschutzes vorzunehmen.[1947] Aufgrund dessen ist es kritisch zu sehen, dass die EU-Kommission in ihrer 2015 beschlossenen Sicherheitsstrategie bis 2020 zu einer stärkeren Zusammenarbeit von Polizei sowie Geheimdiensten aufruft.[1948]

5. Stärkung des Prinzips der Reziprozität

Die Hinnahme von partiell massiven Freiheitsbeschränkungen dürfte zu einem großen Teil dadurch begründet sein, dass sich die restriktiven Sicherheitsmaßnahmen scheinbar nur gegen unberechtigte Randgruppen respektive Eindringlinge richten.[1949] Das Freiheitsrecht im RFSR gilt jedoch umfassend und ist daher auch in diesem Sinne zu etablieren.

Doch nach der Logik des fortschreitenden präventiven Sicherheitsdenkens im RFSR, bei dem alles möglich und jeder potentiell verdächtig ist[1950], sind entweder alle Menschen als potentiell gefährlich einzustufen und entsprechend restriktiv zu behandeln oder es ist zwischen den Bürgern nach „gut" und „böse" zu differenzieren. Für die Akzeptanz der aktuellen Sicherheitspolitik ist es daher entscheidend, dass die Bürger den „Terroristen" von sich selbst grundsätzlich unterscheiden.[1951] Eine solche Gesetzgebung verletzt jedoch die rechtsstaatliche Kant'sche Grundregel der Reziprozität (Unparteilichkeit) der Gesetzgebung, nach der ein Gesetz alle Bürger gleichermaßen unterwerfen, d.h. verpflichten und berechtigen, muss.[1952]

Zahlreiche EU-Bürger sind in der Tat bereit potentielle Freiheitseinschränkungen in Kauf zu nehmen, wenn dadurch reale Freiheitsspielräume erweitert oder

1946 Trojanow/Zeh, Angriff auf die Freiheit, S. 92.

1947 Entschließung des Europäischen Parlaments v. 25.11.2009, a.a.O., unter 90.

1948 Siehe Entschließung des Europäischen Parlaments vom 9. Juli 2015 zu der Europäischen Sicherheitsagenda (2015/2697(RSP)).

1949 Eine weltbürgerliche Perspektive würde jedoch bedeuten, die Binnenperspektive des individuellen Freiheitsrechts zu überschreiten.

1950 Trojanow/Zeh, Angriff auf die Freiheit, S. 67.

1951 Trojanow/Zeh, Angriff auf die Freiheit, S. 67. Dieses wird durch die massenmedial inszenierte Bedrohung verstärkt, die irrationale Ängste hervorruft, welche von populistischen Stimmen leicht für politische Interessen ausgenutzt werden, siehe hierzu auch Hoffmann-Riem, S. 118.

1952 Kant, Frieden, Abschnitt 2, 1. Definitivartikel.

stabilisiert werden, weil sie der Meinung sind als „gute" Bürger ohnehin nicht betroffen zu sein, da die Sicherheitsmaßnahmen allein gegen „böse Terroristen" gerichtet sind und damit allein deren Rechte einschränken. Dieses ist selbst dann oftmals der Fall, wenn ganz offensichtlich alle Bürger davon betroffen sind (Vorratsdatenspeicherung, Fluggastdatenspeicherung, biometrischer Fingerabdruck, Videoüberwachung, Nacktscanner).[1953]

Doch nicht erst die Ausgrenzung durch ein Feindbild begründet die rechtsstaatlich bedenkliche Exklusion, stattdessen beginnt diese schon mit der Stigmatisierung bestimmter Bevölkerungsgruppen. Was die Mehrheit auf diese Weise schützt ist ihr partikuläres Verständnis von Freiheitsrechten und ihre dementsprechende Lebensform.[1954] Dabei ist dieses Verständnis immer selektiv, indem es bestimmte Aspekte der Freiheit höher einschätzt als andere. Solange der Einzelne im Binnenraum der Multioptionsgesellschaft seine konsumistische Freiheit genießen kann, scheint es unvorstellbar in den Rahmen der sozialen Exklusion zu geraten, in welchem sich die formal gleichen Freiheitsbeschränkungen materiell und konkret auswirken.[1955] Sechs friedliche Jahrzehnte haben dafür gesorgt, dass die Bürger die Grundrechte oftmals nicht mehr als schützenswertes Allgemeingut, sondern als eine Sammlung von Privatansprüchen auf persönliche Bedürfnisbefriedigung missverstehen.[1956] So wird etwa eine Steuererhöhung gegenwärtig als intensiverer Freiheitseingriff wahrgenommen als die erwähnten freiheitseinschränkenden Maßnahmen im Zuge der „Flüchtlingsbekämpfung" im RFSR.

Der RFSR als öffentlicher Raum darf jedoch nicht nur ein Raum korrespondierender Freiheit sein, sondern auch derjenige konfrontierender. Das Freiheitsrecht lebt von der Achtung der Würde anderer.[1957] Wer selbst Freiheit nutzt, darf dieses anderen wegen der Gleichheit des Freiheitsrechts nicht untersagen.[1958] Andernfalls ist der bezüglich des Freiheitsrechts konsternierte Seitenwechsel des Souveräns, der aus seiner ursprünglichen Rolle als Garant und geborener Gegner der Menschen- und Grundrechte zu deren Beschützer gegenüber Dritten geworden ist, vollzogen, indem der Staat nicht mehr als potentieller Zerstörer der Freiheit, sondern als ihr immer zu wenig unternehmender Protektor empfunden wird. Dabei wird die Bedrohung des Freiheitsrechts, die von Dritten ausgeht, als schwerwiegender eingestuft als die durch lange historische Erfahrung überlieferten willkürlichen Eingriffe des Staates. Damit wandelt sich das Verständnis des Freiheitsrechts von

---

1953 Trojanow/Zeh, Angriff auf die Freiheit, S. 68.

1954 Die Koppelung von Grundrechten (Menschenrechten) und Demokratie mit der Marktwirtschaft bezeichnet das heute vorherrschende Freiheitsverständnis in Europa, welches unter anderem im Wege der Liberalisierung des Handels global durchgesetzt werden soll, vgl. Günther, S. 59.

1955 Siehe Günther, S. 59.

1956 Trojanow/Zeh, Angriff auf die Freiheit, S. 29.

1957 Siehe hierzu auch Niederberger, S. 273.

1958 Albrecht, S. 25; Gusy, S. 218.

einer rechtlich gesicherten Freiheit als subjektives Recht zu einer von der öffentlichen Ordnung gegen Angriffe von außen geschützten freiheitlichen Lebensform.

Hierbei offenbart sich das Grundproblem der sicherheitsorientierten Prävention: Diese ist ihrem Wesen nach schwer mit rechtsstaatlichen Prinzipien wie der Unschuldsvermutung, dem Gleichbehandlungsgrundsatz oder den Diskriminierungsverbot vereinbar.[1959] Denn die rechtsstaatliche Ordnung findet ihre Stärke in ihrer Unbedingtheit, indem sie etwas das Prinzip der Reziprozität zur Verfügung stellt, das nicht nach den Personen differenziert. Wer das vergisst und eine Unterscheidung von Bürgern einführt, verkennt das Wesen liberaler Rechtsstaatlichkeit fundamental.[1960]

6. Freiheitsrechtliche sowie einheitliche Asyl- und Einwanderungspolitik

Die Etablierung eines angemessenen Verhältnisses von Freiheit und Sicherheit schließt jedoch auch das Freiheitsrecht von Drittstaatsangehörigen im RFSR ein. Es bedarf daher einer rechtlich fundierten sowie einheitlichen Asyl- und Einwanderungspolitik im RFSR. Die Bewältigung der Migrations- und Flüchtlingskrise ist eine gemeinsame Pflicht der EU, die im Geiste der Solidarität und Verantwortung auf längere Sicht hin eine umfassende Strategie und entschlossene Anstrengungen erfordert. Notwendige Sicherheitsmaßnahmen müssen daher stets von wirklichen Anstrengungen zur Beseitigung der Migrationsursachen und zur Aufrechterhaltung von Möglichkeiten der legalen Migration flankiert werden. Ebenso gilt es das weltweite Armutsgefälle und die Chancenungleichheit als Ursachen für die Probleme in den Bereichen Asyl und Migration zu minimieren[1961] und insgesamt die legale Migration zu fördern, anstatt sich auf restriktive Abschottungsmaßnahmen zu fokussieren.[1962] In diesem Sinne sind auch sichere und dauerhafte Aufnahmekapazitäten zu schaffen und Flüchtlingen langfristige Perspektiven sowie angemessene Verfahren zu gewährleisten bis eine Rückkehr in ihre Herkunftsländer möglich ist. Es bedarf einer RFSR-Asylpolitik, die die Teilnahme von Drittstaatsangehörigen am gesellschaftlichen, kulturellen respektive politischen Leben inkludiert, gerade auch durch Zugang zu Bildung und Beschäftigung.

Die bestehende Rechtslage fördert jedoch die zunehmende Kriminalisierung der Einwanderung, nicht nur hinsichtlich der Behandlung von illegalen Einwanderern, sondern auch von asylsuchenden Menschen und rechtmäßigen Einwanderern. So wird zur legalen Einreise in den RFSR aus den meisten Drittstaaten ein Visum benötigt, Flüchtlingen und vielen Migranten ist es jedoch kaum möglich auf legalem Wege Visa zu erhalten. Sie weichen daher oftmals auf die Dienste von

1959 Trojanow/Zeh, Angriff auf die Freiheit, S. 70.
1960 v. Arnauld/Staack, S. 21.
1961 Zu den Gründen für die weltweite Migration siehe eingehend unter Schmidt, S. 13–33.
1962 Peers, EU Justice and Home Affairs Law, S. 498 f.

Fluchthelfern oder Schleppern aus und überschreiten die EU-Außengrenzen ohne gültige Reisedokumente.[1963] Somit besteht aufgrund des rechtlich wenig ausdefinierten und schwammigen, aber insgesamt sehr restriktiven Einwanderungs- und Asylrechts, ein erhebliches Risiko in die Illegalität zu fallen, da die gemeinsame Visumpolitik und die unzureichenden Möglichkeiten der legalen Einwanderung[1964] im RFSR das Ausweichen von Flüchtlingen auf illegale Wege fördert.[1965]

Besonders deutlich werden Zuwanderungsbegrenzungs- und Sicherheitsinteressen in der RFSR-Migrationspolitik, wenn man das Vorgehen im RFSR gegen „illegale" Einwanderung betrachtet. Gegen Ende der Neunzigerjahre begann die EU Klauseln zur Rückübernahme „illegal aufhältiger Personen" in Assoziierungs-, Kooperations- und Handelsverträge mit Drittstaaten einzubauen.[1966] Diese Rückübernahmebestimmungen fließen mittlerweile standardmäßig in die Kooperation mit Drittstaaten ein. Die Rückführungsübereinkommen leiden jedoch darunter, dass nur eine schwache oder gar keine Beziehung zwischen der Rückführung und der Reintegration in das Heimatland gegeben ist. Stattdessen steht im Vordergrund, die Drittstaatsangehörigen möglichst schnell und dauerhaft abzuschieben. Als Resultat erfolgt oftmals sofort der nächste Eintrittsversuch in die EU, mitunter unter Lebensgefahr. Es bedarf Verhandlungen auf Augenhöhe mit den Drittstaaten bzgl. der Rückführungsübereinkommen und keine Druckausübung.[1967] Im Kontext des Widerspruchs zwischen der sicherheits- und der menschenrechtsorientierten Dimension der Asylpolitik ist somit festzustellen, dass die Politik der Bekämpfung der illegalen Einwanderung darauf abzielt, möglichst wenige Flüchtlinge überhaupt in die Möglichkeit der Asylantragstellung zu versetzen, während die Rückkehrpolitik versucht, bereits anwesende Personen mit illegalem Status leichter wieder zur Ausreise zu bringen.[1968]

Dass die Fragen der Außengrenzen, der legalen und illegalen Einwanderung im RFSR derart in den Vordergrund gestellt werden, resultiert daraus, dass der RFSR in den letzten Jahren immens schnell ausgebaut wurde. Der zentrale Stellenwert der Innen- und Justizpolitik spiegelt zudem die Abhängigkeit der EU von der Entwicklung ihres Umfeldes wider und damit von nur indirekt beeinflussbaren Faktoren. So ist die EU zur Aufrechterhaltung des RFSR auf eine Zusammenarbeit mit ihren Nachbarstaaten angewiesen, da sie in nahezu der gesamten Breite der effektiven

---

1963 Parusel, Abschottungs- und Anwerbungsstrategien, S. 117.

1964 Parusel, Abschottungs- und Anwerbungsstrategien, S. 125 ff. Legale Zuwanderung im RFSR besteht im Rahmen des Rechts auf Familienzusammenführung, für langfristig aufenthaltsberechtigte Drittstaatsangehörige, Schüler und Auszubildende aus Drittstaaten, Forscher aus Drittstaaten und für Arbeitsmigration.

1965 Cholewinski, The Criminalisation of Migration in EU law and policy, S. 334 f.

1966 Parusel, Abschottungs- und Anwerbungsstrategien, S. 121 f.

1967 Phuong, Building a Community Return Policy with third countries: An equal pertnership?, S. 356 f.

1968 Parusel, Abschottungs- und Anwerbungsstrategien, S. 123.

Durchsetzung der eigenen JI-Politik von der Qualität der Zusammenarbeit mit den Nachbarstaaten abhängig ist. Die EU ist nach der jetzigen Konstruktion des RFSR auf möglichst leistungsstarke Sicherheitsapparate und Migrationsbehörden angewiesen. Das zeigt sich unter anderem an der Bekämpfung der organisierten Kriminalität, bei der in einigen Deliktsbereichen enge Querverbindungen zwischen den EU-Mitgliedstaaten und den Nachbarn in Osteuropa und im Mittelmeerraum existieren.

Daher haben klassische Aspekte der inneren Sicherheit mittlerweile im außenpolitischen Handlungsprogramm des RFSR einen zentralen Stellenwert, während außenpolitische Instrumente notwendig sind, um die innen- und justizpolitischen Ziele des RFSR zu erreichen.[1969] Die Interdependenz zwischen EU und Nachbarstaaten ergibt sich freilich nicht aus funktionalen Verknüpfungen allein. Im Bereich der Asyl- und Einwanderungspolitik geht die Interdependenz über die funktionale Verflechtung durch die Migrationsbewegungen, die naturgemäß die Außengrenzen der EU passieren, weit hinaus. Sie ist vielmehr durch die spezifische Konstruktion des Asyl- und Einwanderungsregimes des RFSR explizit politisch verstärkt worden. Die Asyl- und Einwanderungspolitik des RFSR fußt auf einer Strategie der Externalisierung, bei der über die Asylberechtigung möglichst vor den Grenzen der EU entschieden werden soll, sodass die EU darauf angewiesen ist, dass die Nachbarstaaten ihre Politikziele nicht konterkarieren.[1970] Mit der Drittstaatenregelung und dem Prinzip des sicheren Herkunftslandes sind die Nachbarstaaten somit systematisch in das EU-Asylregime eingebunden.[1971]

Während die finanzielle und technische Unterstützung in Drittstaaten zum Aufbau von rechtsstaatlichen Strukturen beitragen kann, läuft die Förderung von Polizei und Grenzbehörden jedoch auf die Stützung von Repressionsapparaten hinaus. In der politischen Praxis steht damit der abwehrende Charakter der Zusammenarbeit im Vordergrund. Für Migranten ist es nicht nur wegen der verschärften Einwanderungs- und Asylregeln der EU schwieriger geworden, den Kontinent legal zu erreichen, sondern auch, weil die Nachbarstaaten immer wirksamer kontrollieren. Das hat unter anderem zur Folge, dass die Migranten über andere, weniger gut überwachte Routen ausweichen. Die Vielzahl der Flüchtlinge, die über Westafrika in Booten das europäische Festland erreichen wollen, zeigt das deutlich.[1972]

Die Einräumung der privilegierten Partnerschaftsbeziehungen soll auf einer gegenseitigen Verpflichtung auf gemeinsame Werte beruhen, die vor allem die Bereiche

1969 Knelangen, Freiheit, Sicherheit oder Recht? Ambivalenzen der innen- und justizpolitischen Dimension der Europäischen Nachbarschaftspolitik, S. 3, 265.

1970 Knelangen, Nachbarn in Sicherheit, Freiheit und Recht? Inneres und Justiz: Ambivalenzen der EU, S. 260.

1971 Knelangen, Nachbarn in Sicherheit, Freiheit und Recht? Inneres und Justiz: Ambivalenzen der EU, S. 265.

1972 Knelangen, Nachbarn in Sicherheit, Freiheit und Recht? Inneres und Justiz: Ambivalenzen der EU, S. 269.

Rechtsstaatlichkeit sowie die Achtung der Menschenrechte umfasst. Es bestehen zwischen den Nachbarstaaten erhebliche Unterschiede, dennoch haben nahezu alle Probleme die proklamierte Wertegrundlage in der praktischen Zusammenarbeit zu vertreten. [1973] Damit ist die EU im RFSR tendenziell aus sicherheitspolitischer Perspektive auf das Wohlverhalten von Staaten angewiesen, die aus freiheitsrechtlicher Perspektive partiell als problematisch anzusehen sind. Dass dieser alternativlosen Politik ein Zielkonflikt zwischen dem Interesse an einer effizienten Zusammenarbeit und der Forderung nach rechtsstaatlichen Strukturen inhärent ist, ist eindeutig.[1974]

Hier gilt es die Förderung von effizienten Sicherheitsstrukturen und eine stärkere Orientierung an Menschenrechten zu vereinbaren.[1975] Diese Konditionalisierungsstrategie kann jedoch bei Drittstaaten, die weder eine Mitgliedschaftsperspektive haben, noch eine Demokratisierungsperspektive erkennen lassen, sehr problematisch sein.[1976] Der bislang vorherrschende Ansatz, die Probleme der EU in den Bereichen Sicherheit und Einwanderung zu externalisieren und den Faktor der Sicherheit gegenüber der Freiheit zu privilegieren, ist einstweilen mit der Gefahr verbunden, problematische Strukturen in den Nachbarstaaten eher zu fördern als aufzubrechen.[1977] So entwickelte sich die Strategie der europäischen Migrationspolitik im RFSR von einer ausschließlichen Militarisierung der Außengrenzen hin zu einer Instrumentalisierung der Entwicklungspolitik in den Herkunftsländern.

Die momentane Diskussion über die Aufnahme bzw. Verteilung von Flüchtlingen widerspricht den Werten der EU. Allein in 2015 sind bisher circa 51.000 Menschen über das Mittelmeer nach Europa geflüchtet, etwa 1.800 Menschen sind dabei nach UN-Angaben ums Leben gekommen.[1978] Diesem Notstand ist durch eine wirksame europäische Migrationspolitik Einhalt zu gebieten, die auf einer innereuropäischen Solidarität hinsichtlich der Bewältigung der Flüchtlingszuwanderung fußt, ohne dass sich EU-Mitglieder ihrer Verantwortung für den gerecht verteilten Flüchtlingsschutz entziehen.[1979] Das Asylrecht ist ein auf den Einzelfall

1973 Knelangen, Nachbarn in Sicherheit, Freiheit und Recht? Inneres und Justiz: Ambivalenzen der EU, S. 261.

1974 Knelangen, Freiheit, Sicherheit oder Recht? Ambivalenzen der innen- und justizpolitischen Dimension der Europäischen Nachbarschaftspolitik, S. 4 ff.

1975 Knelangen, Freiheit, Sicherheit oder Recht? Ambivalenzen der innen- und justizpolitischen Dimension der Europäischen Nachbarschaftspolitik, S. 5.

1976 Knelangen, Freiheit, Sicherheit oder Recht? Ambivalenzen der innen- und justizpolitischen Dimension der Europäischen Nachbarschaftspolitik, S. 6.

1977 Knelangen, Nachbarn in Sicherheit, Freiheit und Recht? Inneres und Justiz: Ambivalenzen der EU, S. 272.

1978 Siehe https://data2.unhcr.org/en/situations/mediterranean, abgerufen am 11.03.2016.

1979 Vgl. Mitteilung der EU-Kommission vom 12.12.2017, COM(2017) 820 final/2, insbesondere S. 6 ff.

bezogenes Menschenrecht, sodass jeder Flüchtling das Recht auf eine individuelle Prüfung seines Asylgesuchs hat.

So verlangt auch der ehemalige EU-Parlamentspräsident Schulz[1980], die Würde wiederherzustellen und zu erkennen, dass die EU keine Festung[1981] sein darf, sondern ein Einwanderungsgebiet ist, das einer legalen Einwanderungspolitik bedarf und es somit keine Option sein kann EU-interne Grenzen wiederaufzubauen. Auch die EU-Kommission hat erkannt, dass die EU in der moralischen sowie humanitären Verantwortung ist, zu handeln und dass neben der legalen Einwanderung, der weitere Fokus darauf liegen muss, den Ursachen der Flüchtlingsströme in den Herkunftsstaaten (Armut, Krieg und Repression als zentrale Push-Faktoren) entgegenzuwirken, damit die Menschen nicht gezwungen sind ihre Heimat zu verlassen.[1982] In die gegenteilige Richtung geht jedoch der im April 2015 auf einem Sondergipfel zur Flüchtlingskrise von den Staats- und Regierungschefs der EU beschlossene Militäreinsatz „EUNAVFOR Med" gegen Schlepper im Mittelmeer, dem die EU-Außenminister am 18.05.2015 zustimmten.[1983]

Die EU-Militärmission[1984] gegen Schlepper ist jedoch reine Symptombekämpfung, die zudem eine weitere „Versicherheitlichung" der Migrationspolitik bedeutet

---

1980 Der ehemalige EU-Parlamentspräsident Martin Schulz in der „Kölner Stadt-Anzeigers" vom 20.04.2015.

1981 Anders als von vielen EU-Bürgern geargwöhnt, sind es nicht bessere Sozialstandards, die die Flüchtlinge in eine innereuropäische Flucht treiben, sondern die Möglichkeit arbeiten zu können; aber gerade Flüchtlinge werden noch stärker vom Arbeitsmarkt ausgeschlossen als andere Migranten, etwa weil sie ihre Qualifikationen nicht nachweisen könnten oder oft keine Papiere mitbringen. Vgl. UNHCR-Studie über Integration in Europa: „A new beginning, Refugee Integration in Europe – Outcome of an EU funded project on Refugee Integration Capacity and Evaluation (RICE)", United Nations High Commissioner for Refugees, September 2013.

1982 European Commission Statement on developments in the Mediterranean, 19. April 2015, STATEMENT/15/4800.

1983 Das Ziel der Militärmission „EUNAVFOR Med" ist es, das Geschäftsmodell der Schleuser und Schlepper von Menschen zu zerstören. Die erste Phase soll dabei die militärische Aufklärung der Schleuserwege und -ringe sein, die zweite Phase das Aufspüren sowie die Überprüfung von Booten und der dritten Phase deren Beschlagnahme sowie Neutralisierung. Für einen Einsatz an der Küste Libyens und in dessen Hoheitsgewässern benötigt die EU allerdings ein Mandat des UN-Sicherheitsrats, welches bislang an einem Veto Russlands scheiterte. Deutschland und andere EU-Staaten haben sich dafür ausgesprochen, sich zunächst auf die erste Phase zu beschränken, ohne militärisch gegen die Menschenhändler vorzugehen, was andere EU-Staaten wie Italien sowie die EU-Außenbeauftragte Federica Mogherini als Operation light ablehnen.

1984 25.09.2015; http://www.euractiv.de/sections/eu-aussenpolitik/mogherini-kuendigt-baldigen-start-von-militaereinsatz-gegen-schlepper.

sowie Migration mit einer militärischen Bedrohung gleichsetzt.[1985] Zudem dürften derartige Aktionen nur schwer zu kontrollieren sein und allzu leicht Flüchtlinge beeinträchtigen. Es ist verfehlt ein humanitäres Problem mit militärischen Mitteln lösen zu wollen. Der richtige Weg, Schleppern die Geschäftsgrundlage zu entziehen, ist die Bekämpfung der Fluchtursachen sowie die Ermöglichung legaler Wege in die EU. Eine humane und solidarischere EU-Aufnahmepolitik gegenüber Schutzsuchenden könnte etwa durch eine Lockerung der Visabestimmungen umgesetzt werden sowie durch die Erleichterung der Familienzusammenführung.

Die EU könnte die Durchgangsländer auch intensiver bei der Gestaltung menschenfreundlicher Asyl-, Migrations- und Integrationspolitiken unterstützen. Gefragt sind auch breit angelegte Aufklärungskampagnen in den Herkunftsländern über die Gefahren der Migrationswege, die Lebensumstände von Immigranten in der EU, und über die Möglichkeiten legaler Einwanderung.[1986] Zudem ist Migration als Chance zu verstehen, auch ökonomisch im Sinne einer Win-Win-Situation für die extrem jungen Bevölkerungen in den Herkunftsländern einerseits und der alternden EU andererseits. Zumal die Flüchtlingsbekämpfung ein verlorener Kampf ist, da Migration immer ihre Wege finden wird, erst recht, wenn sie aus einer Notsituation geboren ist. Je mehr sich die EU abschottet und je größer die sozio-ökonomische Kluft zwischen der EU und Entwicklungsländern wird, desto stärker wird die Anziehungskraft der EU und umso intensiver die Entschlossenheit der Migranten, lebensgefährliche Risiken einzugehen, um die Zugangshürden zu überwinden.

Trotz der verheerenden Anzahl von toten Flüchtlingen im Mittelmeer ist die Gestaltung des RFSR-Einwanderungsrechts sowie der Umgang im RFSR mit Flüchtlingen weiterhin unzureichend und zuvorderst sicherheitsorientiert repressiv, indem die hauptsächliche Reaktion in einer intensiveren Überwachung der Grenzen sowie eines stärkeren Einsatzes gegen Schleuser und Menschenhändler mittels Eurosur, Frontex, und den mitgliedstaatlichen Sicherheitsbehörden besteht. Somit erweitert die EU infolge von Flüchtlingskatastrophen die restriktive Migrationspolitik im RFSR, anstatt die legale Einwanderung zu erleichtern oder die Migrationsursachen zu bekämpfen. Dieses ist kontraproduktiv und gleicht vielmehr einem „Teufelskreis", denn die nicht intendierten Folgen dieser Abwehrmaßnahmen sind zunehmende illegale EU-Aufenthalte und vor allem die zunehmende Selbstgefährdung von Migranten beim Versuch die EU-Kontrollsysteme zu

1985 Dr. Isabel Schäfer, „Migration nach Europa – Nordafrika als Grenzwächter der EU?", euroactiv, 16.06.2015, abgerufen am selben Tag unter: http://www.euractiv.de/sections/entwicklungspolitik/migration-nach-europa-nordafrika-als-grenzwaechter-der-eu-315452.

1986 Dr. Isabel Schäfer, „Migration nach Europa – Nordafrika als Grenzwächter der EU?", euroactiv, 16.06.2015, abgerufen am selben Tag unter: http://www.euractiv.de/sections/entwicklungspolitik/migration-nach-europa-nordafrika-als-grenzwaechter-der-eu-315452.

umgehen[1987], da sie zu immer riskanteren Reiserouten gezwungen werden. Gleiches gilt für die sog. „Pushbacks", bei denen die Flüchtlinge aus dem EU-Hoheitsgebiet ohne die Chance auf ein Asylverfahren in die Anrainerstaaten zurückgeschickt werden, was zu Recht von dem UN-Flüchtlingswerk UNHCR als eine Verlagerung der EU-Flüchtlingsproblematik nach außen kritisiert wird[1988], anstatt eine legale Migration sowie gezielte Entwicklungshilfe für die Herkunftsländer zu fördern. Durch den Ausbau und die Vertiefung des derzeitigen repressiven Migrationsregimes werden in erster Linie auch die damit verbundenen problematischen Folgen verstärkt und eine Lösung nicht erreicht.[1989]

Natürlich kann die EU nicht alle Flüchtlinge aufnehmen, doch die Annahme, dass der RFSR zugunsten der Sicherheit der Bürger im Sinne der „Festung Europa" seine Außengrenzen militarisieren muss, ist weder weiterführend, noch umsetzbar und damit verfehlt. Es ist besonders zynisch und verleiht dem RFSR Unglaubwürdigkeit, dass sich die EU gegenüber Schutzsuchenden wie (Armuts-)Flüchtlingen systematisch abschottet, während wohlhabenden Drittstaatsangehörigen durch einige Mitgliedstaaten nach dem Vorbild des lettischen „Residence Permit"-Programms grenzenloser Zugang zum Schengen-Raum gewährt wird.[1990] Vielmehr bedarf es im RFSR eines besseren freiheitsrechtlich orientierten Schutzes der Menschen anhand eines fundierten legalen Einwanderungsrechts im RFSR, der Zusammenarbeit mit den Herkunftsländern zur Ursachenbekämpfung der illegalen Einwanderung sowie eines Mehr an Europa im Sinne von mehr Solidarität zwischen den EU-Ländern bei der Flüchtlingsaufnahme. Das Europäische Parlament konstatierte daher zutreffend, dass Lampedusa ein Wendepunkt für die EU-Politik im RFSR sein muss und fokussiert auf einen koordinierten Ansatz, basierend auf Solidarität und gemeinsamer Verantwortung zwischen den Mitgliedstaaten.[1991]

1987 Parusel, Abschottungs- und Anwerbungsstrategien, S. 5 ff.

1988 http://www.euractiv.de/sections/entwicklungspolitik/festung-europa-am-pranger-eu-betreibt-illegale-pushbacks-die-ukraine, abgerufen am 16.02.2015. Vgl. auch Human Rights Watch: „Buffeted in the Borderland: The Treatment of Asylum Seekers and Migrants in Ukraine" vom 16. Dezember 2010.

1989 Vollmer, Europäische Migrations- und Außengrenzenpolitik – Wege aus der Sackgasse?, S. 57.

1990 Insbesondere finanzschwache EU-Mitgliedstaaten übernahmen das lettische Modell (etwa Spanien, Portugal, Griechenland und Ungarn, jeweils mit abgeänderten Modalitäten): Claus Hecking, „Einreise nach Europa: Reiche willkommen, Arme müssen draußen bleiben" in DER SPIEGEL, http://www.spiegel.de/politik/ausland/eu-reiche-duerfen-in-schengenraum-arme-bleiben-draussen-a-926126.html, abgerufen am 08.10.2013. Auch wenn das Aufenthaltsrecht grundsätzlich in die Zuständigkeit der Mitgliedstaaten fällt.

1991 Pressemitteilung des Europäischen Parlamentes v. 23.10.2013 zum Bereich Einwanderung, abgerufen am selben Tag unter www.europarl.europa.eu/news/de/news-room/content/20131018IPR22667/html/Migrationspolitik-Die-EU-muss-handeln-um-neuen-Trag%C3%B6dien-vorzubeugen.

Auch die UN kritisiert die RFSR-Einwanderungspolitik dahin gehend[1992], dass die illegale Einwanderung nicht ausschließlich mit repressiven Maßnahmen bekämpft werden kann und daher die Möglichkeiten für eine legale Einwanderung auszubauen sind sowie die Asylverantwortlichkeiten zugunsten der (Rand-) Mitgliedstaaten effektiver verteilt werden müssen.[1993] EU-Kommissar Günther Oettinger plädiert in diesem Sinne für eine Doppelstrategie, indem die EU-Grenzkontrollen verstärkt werden und zugleich durch Förderprogramme sowie Entwicklungshilfe-Einrichtungen eine wirtschaftliche Perspektive in den Heimatländern der Flüchtlinge eröffnet wird.[1994] In Anbetracht dessen, dass Europa ein Einwanderungskontinent ist, bedarf es dringend einer Reform der Migrationsgesetze im RFSR mit einem legalen Einwanderungssystem, sodass die Flüchtlinge nicht in die illegale Einwanderung gezwungen werden. Die gemeinsame Asyl- und Flüchtlingspolitik des RFSR funktioniert jedoch bisher nicht, da die EU sich unfähig zeigt die Einwanderungsproblematik in den Griff zu bekommen und jedem Flüchtling ein gleiches faires Asylverfahren inklusive des Rechts einen Asylantrag zu stellen zu garantieren sowie die unverhältnismäßigen Asyllasten der mitgliedstaatlichen Aufnahmeländer solidarisch zu verteilen.

Das Ziel muss sein, dass alle Mitgliedstaaten einen gerechten Teil der Verantwortung, einschließlich der finanziellen Lasten übernehmen, die sich aus der Einführung eines integrierten Grenzschutzes an den EU-Außengrenzen sowie gemeinsamen asyl- und einwanderungspolitischen Maßnahmen ergeben. Die wirkliche Realisierung des Solidaritätsgrundsatzes auf den gesamten RFSR würde dessen Einheitlichkeit bestärken und auch gegenüber der Bevölkerung ein eindeutiges Signal in Richtung Zusammenhalt senden. Dieses ist gerade zur heutigen Zeit, in der die Wirtschaftskrise diverser Mitgliedstaaten die EU auseinander zu treiben droht, von herausragender Relevanz, um der EU ihre Grundidee und Fundament, die Einigung der Völker Europas, nicht zu entziehen.

7. *Problem- sowie ursachenorientiertes Vorgehen*

Es ist der Entwicklung im RFSR entgegenzutreten, eine Ad-hoc-Gesetzgebung zu betreiben, um schnell auf Ereignisse zu reagieren, die ein großes Medienecho hervorrufen. Denn hierbei werden die eigentlichen Probleme nicht gelöst, sondern ein gewisser Placebo-Effekt geschaffen, der politische Entscheidungs- und

1992 So der UN-Sonderberichterstatter für die Rechte von Migranten François Crépeau in DER ZEIT, http://www.zeit.de/gesellschaft/zeitgeschehen/2013-10/lampedusa-kritik-fluechtlingspolitik, abgerufen am 08.10.2013.

1993 So der UN-Flüchtlingskommissar António Guterres in Die Welt, abgerufen am 27.10.2013, unter www.welt.de/politik/deutschland/article121260357/Fluechtlinge-muessen-sich-in-EU-frei-bewegen-duerfen.html.

1994 Die Frankfurter Allgemeine Zeitung, abgerufen am 14.10.2013, unter www.faz.net/aktuell/politik/europaeische-union/fluechtlingsdrama-im-mittelmeer-oettinger-mehr-grenzkontrollen-mehr-hilfe-12616991.html.

Handlungsbereitschaft suggeriert. Die Mitgliedstaaten und die EU-Organe reagieren hierbei oftmals mit blindem Aktionismus respektive mit Maßnahmen kurzfristigen Denkens, die vor allem Aktivität signalisieren, aber kaum das Übel bei der Wurzel packen.[1995] Dadurch besteht insbesondere die Gefahr, dass das Freiheitsrecht im RFSR zugunsten (vermeintlicher) Sicherheit allzu schnell eingeschränkt wird und so eine unangemessen starke Ausdehnung des Sicherheitsrechts erfolgt, ohne die erforderliche Ausrichtung am Freiheitsrecht zu gewährleisten.[1996]

Dieser Entwicklung ist entgegenzutreten – ohne, dass darin eine Verharmlosung akuter Gefahren zu sehen ist. Selbstredend gilt es etwa tödliche Terroranschläge im Rahmen des Möglichen zu verhindern. Dennoch zeigt die europäische Geschichte, dass Sicherheit nicht durch Konfrontation, sondern insbesondere durch Kooperation entsteht.[1997] Gleichwohl reagiert die EU im RFSR mit verschärften Regeln auf die Terrorangriffe sowie die hohe Anzahl von sogenannten radikalisierten Rückkehrern aus dem Bürgerkrieg in Syrien und steht zweifelsohne vor erheblichen Herausforderungen. Es muss jedoch von Kurzschlusshandlungen im Bereich des RFSR abgesehen und verhindert werden, dass die Auseinandersetzung mit dem Dschihadismus zu einer Verengung der RFSR-Gesetzgebung auf Sicherheitspolitik führt.[1998] Es müssen etwa hinsichtlich des Terrorismus politische Anstrengungen unternommen werden, um die fortschreitende politische, ökonomische und intellektuelle Entfremdung der islamischen und der westlichen Welt aufzuhalten und zu überwinden.[1999] Denn der Nährboden vieler terroristischer sowie krimineller Aktivitäten ist u.a. eine Gerechtigkeitslücke, die sich in Armut, Ausbeutung und einem weltweiten Wohlstandsgefälle abbildet.[2000]

In diesem Sinne handelt es sich bei der immer restriktiveren Sicherheitsgesetzgebung im RFSR zu einem wesentlichen Teil um reine Symptombekämpfung für tiefer liegende Probleme und ihre Ursachen. So verzeichnen die meisten Sicherheitsmaßnahmen und Gesetze oft keine nennenswerten Erfolge.[2001] Zudem ist sich zu vergegenwärtigen, dass nicht der Terrorismus einem freiheitlichen RFSR gefährlich wird, sondern die Bereitschaft sich vom Terrorismus einschüchtern zu lassen sowie der Versuch die „terroristische Bedrohung" zu instrumentalisieren, um restriktive sicherheitsorientierte Strukturen einzuführen, die das Freiheitsrecht

---

1995 Limbach, Ist die kollektive Sicherheit der Feind der individuellen Freiheit?, S. 9.

1996 Setzger, S. 75.

1997 Trojanow/Zeh, Angriff auf die Freiheit, S. 34.

1998 „Charlie Hebdo als Wendepunkt der Weltpolitik? Was Europa tun kann", Dirk Messner, Chef des Deutschen Instituts für Entwicklungspolitik, http://www.euractiv.de/sections/entwicklungspolitik/charlie-hebdo-als-wendepunkt-der-weltpolitik-was-europa-tun-kann-311447, abgerufen am 22.01.2015.

1999 Hirsch, Terrorbekämpfung und Bürgerrechte, S. 56.

2000 Hoffmann-Riem, Freiheit und Sicherheit im Angesicht terroristischer Anschläge, S. 40.

2001 Limbach, Ist die kollektive Sicherheit der Feind der individuellen Freiheit?, S. 8.

im RFSR marginalisieren.[2002] Die rechtsstaatlichen Werte des RFSR sind solange nicht bedroht, wie die EU diese durch überhöhte Sicherheitsmaßnahmen nicht selbst bedroht respektive zerstört.[2003] In Anbetracht dessen sind die freiheitlichen Werte der EU nicht zuvorderst durch Waffengewalt, Grenzziehungen, verschärften Gesetzen und dem Aufbau von Feindbildern zu verteidigen, sondern vor allem durch ernsthafte geistige Auseinandersetzung, Bildung und kulturellen Austausch.[2004] Auf diesem Wege sind im Rahmen des RFSR die tatsächlichen Ursachen für Sicherheitsprobleme zu ermitteln und dadurch Freiheitsrecht, Demokratie und Rechtsstaatlichkeit zu stärken.

In Anbetracht dessen ist die Erklärung von Bundesjustizminister Heiko Maas[2005], dass Deutschland eines der „schärfsten Terrorismus-Strafgesetze in ganz Europa haben" werde[2006], um Deutschland „sicherer" zu machen, sehr kritisch zu sehen. Sicherlich kann es richtig sein, auf die Entwicklungen des Terrorismus mit neuen Sicherheitsgesetzen und Eingriffsbefugnissen zu reagieren. Im Vordergrund sollte jedoch die Ursachenbekämpfung stehen, was bisher nicht gegeben ist.

8. Öffentlicher Diskurs

Wie im Rahmen der Arbeit aufgezeigt wurde, mangelt es keineswegs an Kriterien für ein rechtsstaatlich angemessenes Verhältnis von Freiheit und Sicherheit. Woran es jedoch mangelt, ist das öffentliche Interesse daran, diese Prinzipien des Rechtsstaats konsequent einzufordern, sie auf einen sich rasch wandelnden politischen Kontext hin zu aktualisieren und ihre Verwirklichung kritisch zu begleiten.[2007]

Die täglich beschworenen Schrecken verhindern allzu oft eine ruhige und sachliche Auseinandersetzung mit dem Sinn der vorgeschlagenen Sicherheitsmaßnahmen, indem ein Zwang zum Handeln behauptet wird, wo eigentlich zunächst Diskussionsbedarf bestünde. In Krisenzeiten gelten Kritiker als naiv, verblendet oder schlecht informiert, niemand stellt „kleinliche" Gegenfragen, denn wer konkrete Angaben oder gar Beweise fordert, der verharmlost die Gefahr.[2008]

2002 Trojanow/Zeh, Angriff auf die Freiheit, S. 42.

2003 Trojanow/Zeh, Angriff auf die Freiheit, S. 40.

2004 Trojanow/Zeh, Angriff auf die Freiheit, S. 41.

2005 http://www.bmjv.de/SharedDocs/Kurzmeldungen/DE/2015/20150204-Kampf-gegen-Terror-wird-verstaerkt.html, abgerufen am 04.02.2015.

2006 Die Bundesregierung hat am 04.02.2015 den vom Bundesjustizministerium vorgelegten Gesetzentwurf zur Änderung der Verfolgung der Vorbereitung von schweren staatsgefährdenden Gewalttaten beschlossen, der § 89a StGB um eine weitere Vorbereitungshandlung einer schweren staatsgefährdenden Gewalttat – das Reisen in terroristischer Absicht – ergänzt. Zudem will die Bundesregierung einen eigenständigen Straftatbestand der Terrorismusfinanzierung schaffen. Mit den Gesetzesverschärfungen setzt die Regierung die UN-Resolution „Foreign Fighters" aus dem September 2014 und Forderungen der Financial Action Task Force (FATF) um.

2007 Bielefeldt, Freiheit und Sicherheit im demokratischen Rechtsstaat, S. 23.

2008 Trojanow/Zeh, Angriff auf die Freiheit, S. 98.

Um eine Verschiebung von Humboldt zu Hobbes und damit zur umfassenden, tendenziell grenzenlosen totalen Risikoprävention[2009] vorzubeugen, ist ein gesellschaftlicher Diskurs darüber, welche Sicherheit und welche Freiheit gewollt wird, unverzichtbar.[2010] Es bedarf daher einer Grundsatzdebatte sowie eines öffentlichen Diskurses über die Justierung von Freiheit und Sicherheit sowie darüber, wie das Verhältnis von Freiheit und Sicherheit angesichts veränderter technologischer, wirtschaftlicher und politischer Bedingungen ins Gleichgewicht zu bringen ist.[2011] Hierbei müssen auch die empirischen und normativen Prämissen dargelegt werden, auf deren Grundlage ein Sicherheitsgewinn gerechtfertigt und eine Beschränkung des Freiheitsrechts hingenommen werden kann.[2012]

9. Engagement der Bürger

Voraussetzung für diesen notwendigen gesellschaftlichen Diskurs sowie für die Aufwertung des Freiheitsrechts im RFSR insgesamt ist jedoch auch das Engagement der Bürger. Diese müssen bereit sein im Sinne eines übernationalen Solidaritätsverständnisses zwischen den Menschen im RFSR Verantwortung zu übernehmen.[2013]

Doch das Freiheitsrecht ist im RFSR leider mittlerweile oftmals eine Selbstverständlichkeit, die nicht mehr recht zu würdigen gewusst wird. Noch nie in der Geschichte Europas haben wir in einem vergleichbaren Ausmaß an Freiheit und Sicherheit gelebt wie heute. Dennoch besteht in weiten Bevölkerungskreisen ein oft schon groteskes Ausmaß annehmendes Bedürfnis nach mehr Sicherheit in allen Lebenslagen, das nicht unwesentlich mit diffusen Ängsten gegenüber einer immer komplexer werdenden, globalisierten und technisierten Welt zusammenhängen dürfte. Aus der Erfahrung von Unsicherheit[2014] entsteht eine massive Kriminalitätsfurcht als Bündelung der Ängste der modernen Multioptionsgesellschaft, sodass die öffentliche Ordnung im RFSR als Sicherheitsstaat zum Zuge kommt.[2015] Bereitwillig wird dieses Phänomen von den meisten Regierungen geschürt und zum Anlass genommen, immer neue Regulative, Kontrollen und Überwachungsmaßnahmen in Kraft zu setzten, die das Leben sicherer machen sollen.[2016]

2009 Dobin, Migration und Schutz der inneren Sicherheit: rechtliche Fragen der Bekämpfung des islamistischen Terrorismus, S. 37 ff.

2010 Hoffmann-Riem, Freiheit und Sicherheit im Angesicht terroristischer Anschläge, S. 42.

2011 Trojanow/Zeh, Angriff auf die Freiheit, S. 133.

2012 Brugger, Freiheit und Sicherheit: eine staatstheoretische Skizze mit praktischen Beispielen, S. 104.

2013 Kunze, Europa heisst Freiheit, S. 5 f.

2014 Etwa die zunehmende Individualisierung, das Risiko im ökonomischen Wettbewerb zu scheitern etc.

2015 Günther, S. 59. Vgl. auch ausführlich zu dieser Thematik: Bauman, S. 73–88, 96–123.

2016 Tretter, Die EU aus datenschutzrechtlicher Sicht – Ein RFSR?, S. 34.

Mit ausschlaggebend für diese Entwicklung sind die sicherlich nicht zu unterschätzenden Bedrohungen durch den Terrorismus und die organisierte Kriminalität, welche seit dem Beginn der politischen wirtschaftlichen und technischen Globalisierung deutlich angestiegen sind. Es ist verständlich, dass die EU auf diese Bedrohungen reagiert. Problematisch ist aber, dass zahlreiche ergriffene Maßnahmen im RFSR unverhältnismäßig sind und ihrerseits eine Bedrohung darstellen.[2017] Die „Vernichtung“[2018] der Freiheit ist hier nicht das Geschäft dunkler Mächte, sondern der erklärte Wille der „Sicherheitsgesellschaft“ selbst.

Infolgedessen ist auch für den RFSR die Gefahr nicht von der Hand zu weisen, dass die Furcht vor wachsender Unsicherheit und ein Verlust an Gewissheit die Forderung nach einem „starken Staat“ bzw. einer starken EU provoziert, die vermeintliche Sicherheit mittels „Recht und Ordnung“, wenn nötig auf Kosten des Freiheitsrechts etabliert und so eine schleichende Aushöhlung und Überlagerung des Freiheitsrechts durch Sicherheitserwägungen mit sich bringt.[2019]

Das sich herausbildende Sicherheitsrecht der EU wird derweil von der Mehrheit der Gesellschaft nicht als bedrohlich eingestuft respektive widerstandslos hingenommen, obwohl es droht in ihre Freiheitsrechte tief einzugreifen, den Rechtsschutz zu schmälern und sie der kumulierten Eingriffsmacht eines EU-Sicherheitsnetzwerkes[2020] auszusetzen. So sind öffentlich-rechtliche Übergriffe durch Freiheitsbeschränkungen bisher nicht am Widerstand einer freiheitsbewussten Bevölkerung gescheitert.[2021] Dieser Entwicklung gilt es Einhalt zu gebieten.

10. Transparenz und echte Teilnahme zugunsten der Bürger

Damit die Menschen im RFSR ihre Verantwortung als Bürger für ein rechtsstaatlich angemessenes Verhältnis zwischen Freiheit und Sicherheit ausreichend wahrnehmen können, muss die EU ihrem eigenen Anspruch gerecht werden[2022] und den RFSR endlich so ausgestalten, wie er es nach dem Lissabon-Vertrag sein soll – ein Raum, der die Menschen in den Mittelpunkt stellt. Eine wirksame freiheitsorientierte Europäische Integration kann nur von Dauer zu sein, wenn sie anhand einer echten Teilnahme der Menschen im RFSR stattfindet.

Denn der europäische Integrationsprozess beeinflusst das Handeln der EU-Mitgliedstaaten bis auf die Ebene der Länder und Kommunen[2023], sodass RFSR-Maßnahmen sich häufig unmittelbar auf das nationale Recht auswirken und

2017 Tretter, Die EU aus datenschutzrechtlicher Sicht – Ein RFSR?, S. 34 f.

2018 Albrecht, S. 11.

2019 Vgl. Müller-Graff/Monar, S. 40; Glaeßner, Sicherheit in Freiheit, S. 274 ff.; ebenso v. Arnauld/Staack, S. 9.

2020 Strafrecht, Polizeirecht, Geheimdienstliche Maßnahmen, militärische Operationen etc.

2021 Hirsch, Terrorbekämpfung und Bürgerrechte, S. 44 f.

2022 Vgl. Ausführung oben und Innen-Präambel der GRC, 2. Beweggrund.

2023 Schneider, Ein RFSR. Asyl- und Migrationspolitik der Europäischen Union, S. 5.

zunehmend den Alltag der Menschen im RFSR gestalten. Der europäische Einigungsprozess wird aber auch im RFSR größtenteils weiterhin als Projekt der politischen Elite über die Köpfe der europäischen Bevölkerung hinweg vollzogen. So wird ein Großteil der Sicherheitsgesetzgebung respektive -maßnahmen entgegen des rechtsstaatlichen Transparenz-Grundsatzes unter Ausschluss der Öffentlichkeit abgehandelt[2024] und zudem die Transparenz staatlichen Vorfeldmaßnahmen um des Erfolges willen limitiert.[2025] Diese Entmündigung der Bürger steht in einem scharfen Kontrast zu dem, was der RFSR vertraglich sein will und aus rechtsstaatlich-demokratischer Sicht auch sein muss.[2026]

Es ist daher nicht verwunderlich, dass die EU von den Bürgern als eine überdimensionale und undurchsichtige Bürokratie wahrgenommen wird. Doch eine von oben aufgedrückte Integration ohne Einbeziehung der Bürger in die Ausrichtung der EU funktioniert nicht, wie die negativen Verfassungsreferenden und nun auch die erfolgreichen Brexit-Bestrebungen verdeutlichen.[2027] Natürlich ist es leichter eine EU der politischen Elite aufzubauen, als ein Europa der Bürger, aber ohne aktive Beteiligung der Bürger an den Entscheidungsprozessen in dem RFSR und ohne echte demokratische Legitimation wird die EU keinen Bestand haben. Denn Gemeinsame Wertvorstellungen, Normen sowie Institutionen lassen nur dann eine öffentlich-rechtliche Ordnung des RFSR entstehen, wenn der Einzelne in die Ordnungsgesamtheit eingebunden ist und sich mithin als Teil der Rechtsordnung erkennen kann. Dieses Vertrauen in die europäische Politik muss dringend aufgebaut werden. In diesem Sinne hatte bereits der Rat von Laeken festgestellt, dass Europa am Scheideweg steht und sich der demokratischen Herausforderung durch die Einbeziehung der Bürger sowie deren Erwartungen stellen muss.[2028]

Diese Ausrichtung und Gewichtung der öffentlich-rechtlichen Ordnung muss den Bürgern vermittelt werden und spürbar sein. Unerlässlicher Bestandteil dessen ist es, den Bürgern die Notwendigkeit und die Vorzüge der europäischen Integration verständlich sowie sichtbar zu machen.[2029] Hier tritt im RFSR sicherlich

---

2024 Brock, Totalisierungstendenzen im Streben nach Sicherheit, S. 240.

2025 v. Arnauld/Staack, S. 18.

2026 Habermas, Ein Pakt für oder gegen Europa?, S. 124.

2027 Der Eurobarometer der EU etc.

2028 Europäischer Rat von Laken, 14. und 15.12.2001, Schlussfolgerungen des Vorsitzes, SN 300/1/01 REV 1, Anlage I: Erklärung von Laeken zur Zukunft der Europäischen Union,

2029 Monar, S. 171. In diesem Sinne wies auch jüngst die ehemalige Präsidentin des Bundesverfassungsgerichts Jutta Limbach darauf hin, dass „wer die Bürger dort abholen will, wo sie sich in ihrem europäischen Bewusstsein befinden, muss zunächst auf ihr Unbehagen und ihr fehlendes Verständnis der Funktionsmechanismen der EU eingehenJutta Limbach, „Es gibt keine europäische Identität", 26.08.2012, abgerufen am 03.09.2012 in der FAZ-online, unter: http://www.faz.net/aktuell/feuilleton/debatten/europas-zukunft/jutta-limbach-ueber-europas-zukunft-es-gibt-keine-europaeische-identitaet-11868798.html.

erschwerend hinzu, dass die Mehrzahl der angenommenen Maßnahmen aufgrund des vorherrschenden Kooperationsmodells nicht unmittelbar durch die EU, sondern durch mitgliedstaatliche Zusammenarbeit umgesetzt wird.[2030] Durch diese fehlende Unmittelbarkeitsbeziehung ist die Wahrnehmbarkeit der EU als Gewährleister des RFSR-Mehrwerts für den Bürger erschwert und damit auch der auf Akzeptanz sowie Legitimation basierende Integrationsprozess im RFSR, da die mitgliedstaatlichen Behörden zuvorderst sichtbar bleiben.

Es ist daher umso wichtiger, dass ein breites Spektrum von Bürger Ideen in die Agendabildung des RFSR einbringen können und dass Maßnahmen umgesetzt werden, die von denen verstanden werden, die es betrifft.[2031] Es gilt die EU-Bürger durch echte Teilnahme- und Mitwirkungsmöglichkeiten in die Gestaltung sowie Umsetzung des RFSR einzubeziehen. Der Fokus sollte dabei explizit auf dem Willen der EU-Bürger als Legitimationsquelle der EU liegen, um der Bedeutung der Bürger(-beteiligung) für den RFSR und damit auch dem Demokratieprinzip ausreichend Rechnung zu tragen. Das Verhältnis von Freiheit und Sicherheit im RFSR darf somit nicht eine bloße Widerspiegelung der Interessen mächtiger Akteure in der EU sein[2032], sondern vor allem Ausdruck einer in der EU bestehenden und sich weiterentwickelnden eigener (aus den einzelnen Mitgliedstaaten abgeleiteten) Gerechtigkeitsordnung.[2033] Auf diese Weise kann der RFSR identifikationsstiftend wirken und die europäische Integration fördern. Es bedarf daher einer tatsächlichen Beteiligung und Teilhabe der Menschen über den bislang üblichen administrativen Modus hinaus.

Im RFSR müssen daher größtmögliche Transparenz[2034] und Rechtsklarheit auf allen Ebenen etabliert werden. So sollten keine relevanten Verhandlungen hinter verschlossenen Türen stattfinden fernab von der Öffentlichkeit und parlamentarischer Kontrolle, sowie auch Verhandlungspapiere respektive -mandate öffentlich zugänglich gemacht werden. Hier stimmt es positiv, dass Kommissionspräsident Juncker zumindest größere Transparenz bei Kontakten mit Interessenträgern sowie Lobbyisten durch die Einrichtung eines verbindlichen Lobby-Registers für die Kommission, das EU-Parlament und den Rat schaffen will.[2035]

2030 Siehe Bogdandy/Bast – Monar, S. 786–788.

2031 Anderson/Apap, Striking a Balance between Freedom, Security and Justice in an enlarged European Union, S. 10.

2032 Regierung, Kommission etc.

2033 Vgl. hierzu auch Beutler, Paradigm lost, S. 135 ff.

2034 Monar, Auf dem Weg zu einem Verfassungsvertrag. Der Reformbedarf der Innen- und Justizpolitik der Union, S. 47.

2035 Jean-Claude Juncker, Ein neuer Start für Europa: Meine Agenda für Jobs, Wachstum, Fairness und demokratischen Wandel, Politische Leitlinien für die nächste Europäische Kommission, Rede zur Eröffnung der Plenartagung des Europäischen Parlaments am 15. Juli 2014 in Straßburg, abgerufen am 20.03.2015 unter http://ec.europa.eu/priorities/docs/pg_de.pdf, S. 13.

Klarheit und echte europäische Demokratie sind notwendig, damit der Einzelne die Entscheidungen in Europa nachvollziehen und zuordnen kann. Das bedeutet jedoch auch, dass die Thematiken, die auf nationaler, regionaler oder lokaler Ebene besser zu regeln sind, auch dort entschieden werden.[2036] Ebenso sollten verständliche und sachgerechte Informationen zum RFSR zugängig gemacht werden, um dieses bedeutende Integrationsprojekt des RFSR allen Bürgern verständlicher zu machen.[2037] Undurchsichtige Entscheidungsprozesse werden jedoch nicht allein dadurch transparent, dass alle Dokumente im Internet abgedruckt werden. Das „Europa im Internet" ist ein Fortschritt im Vergleich zu dem lange vorherrschenden „Europa der Broschüren" und zeigt die zunehmende Offenheit der EU, doch es reicht nicht aus, um den RFSR den Menschen näher zu bringen.[2038] Es fehlt insbesondere an Informationen, die einer großen Zahl von Bürgern deutlich machen, wie wichtig die EU inzwischen für die Gestaltung des täglichen Lebens ist.[2039] Zudem bedarf es einer besseren Kommunikation mit den Bürgern, um von den auf EU-Ebene erzielten Fortschritten zu profitieren und die Kluft zwischen der tatsächlich erreichten europäischen Integration und der Wahrnehmung, die die Bürger davon haben, zu überwinden.

11. Unionales Handeln statt Nationalismus

Zur Erreichung eines einheitlichen RFSR im Zeichen des Freiheitsrechts, ist es zudem wesentlich, dass sich die einzelnen Mitgliedstaaten der EU endlich als Mitglieder einer europäischen Union verstehen und ihre nationalen Interessen hinter das Gemeinwohl der europäischen Integration stellen.[2040] Mit Blick auf den Vertragscharakter des Lissabon-Vertrages kann das RFSR-Recht lediglich den rechtlich angemessenen Rahmen im RFSR abstecken bzw. vorgeben, in dem sich das tägliche Politikgeschäft des praktischen Regierens abspielt. Denn der Freiheitsraum des RFSR ist nach wie vor grundlegend auf die Umsetzung durch die Mitgliedstaaten und damit auf deren politische Gestaltungskraft und Kooperations- sowie Umsetzungsbereitschaft angewiesen.[2041] Das tatsächliche sowie unmittelbare Austarieren

2036 Martin Schulz, Ex-Präsident des Europäischen Parlaments am 13.09.2013 im Hamburger Rathaus in seiner Festrede zum 60. Geburtstag des Europa-Kollegs, siehe http://www.abendblatt.de/politik/ausland/article120014854/EU-Parlamentspraesident-warnt-vor-Rueckfall-in-Kleinstaaterei.html (vom 14.09.2013).

2037 Monar, Auf dem Weg zu einem Verfassungsvertrag. Der Reformbedarf der Innen- und Justizpolitik der Union, S. 47.

2038 Eine knappe Mehrheit kennt ihre Rechte als Bürger der EU nach eigenen Angaben nicht (53%, -1), obgleich eine große Mehrheit der europäischen Bürger gerne mehr über ihre Rechte als Unionsbürger (59%) wissen würde; EU-Kommission, Standard Eurobarometer 79/Früjahr 2013, unter I, 3/5.

2039 Landfried, Wo bleiben die Bürger in der EU? Anforderungen an die Demokratie jenseits der Nationalstaaten, S. 91.

2040 Vgl. Habermas, Ein Essay zur Verfassung Europas, S. 75 ff.

2041 Müller-Graff, EuR 2009, S. 125.

zwischen dem Freiheitsrecht der Bürger und RFSR-Sicherheitsmaßnahmen ist daher die Aufgabe der Politiker Europas.[2042] Denn auch die integrationsfreundliche Rechtsprechung des EuGH kann in Ermangelung unmittelbar anwendbaren Primärrechts in Gestalt subjektiver Rechte nur sehr begrenzt helfen.[2043] Somit hängt die Entwicklung des Verhältnisses von Freiheit und Sicherheit im RFSR weiterhin maßgeblich von dem politischen Umsetzungs- und Gestaltungswillen der beteiligten (mitgliedstaatlichen) Akteure ab. Diese notwendige Gestaltungskraft der Mitgliedstaaten ist im RFSR jedoch alles andere als gewiss.[2044]

Denn während die EU durch fortwährend neue Krisen und erstarkenden Nationalismus vor eine Zerreißprobe gestellt wird, sind substantielle Fortschritte in der grundlegenden Ausrichtung des RFSR am Freiheitsrecht ausgeblieben. Mit jeder neuen Herausforderung tritt vielmehr der Mangel an Zusammenhalt und verlässlichem Miteinander in dem RFSR offener zutage. Dies verdeutlicht, dass es in der EU mehr als an allem anderen an europäischem Gemeinsinn und entschlossenem Gemeinschaftsgeist mangelt. So werden Entscheidungsprozesse, Annahmen oder Umsetzungen oftmals verschleppt, es herrscht mangelnde Koordination zwischen den zuständigen Instanzen, die nationalen Institutionen akzeptieren sich gegenseitig sowie die EU-Agenturen nicht ausreichend und arbeiten unzureichend zusammen.[2045] Daher werden EU-Initiativen oftmals nur dann unterstützt, wenn sie die individuellen Handlungsmöglichkeiten des jeweiligen Akteurs maximieren.[2046]

Hier sollte endlich europäisch gedacht und gehandelt werden. Für eine umfassende Integration im RFSR muss es verhindert werden, dass die Etablierung eines einheitlichen Freiheitsrechts im RFSR durch die fehlende Umsetzung wichtiger Ziele und fehlendes gegenseitiges Vertrauen der Mitgliedstaaten ausgehöhlt respektive geschwächt wird.[2047] Natürlich ist dieses im RFSR, als einem Raum im Spannungsfeld zwischen staatlichen Souveränitätsansprüchen und einer eigenen EU-Entwicklungsdynamik, eine besondere Herausforderung und mitnichten leicht zu erreichen. Woran es aber allzu oft im RFSR mangelt, ist der Wille vieler

2042 Kampfer, Der RFSR, S. 84.

2043 Kainer, Der RFSR nach dem Verfassungsvertrag, S. 305.

2044 So auch den Boer, S. 16; Müller-Graff, EuR 2009, S. 125 f. Die Mitgliedstaaten der EU verstoßen zwar nach wie vor gegen europäisches Recht, die Zahl der Vertragsverletzungen ist aber gegenüber den Vorjahren rückläufig. So lag die Zahl der laufenden Vertragsverletzungsverfahren Ende 2012 um 25 Prozent niedriger als im Vorjahr. Das geht aus dem Jahresbericht über die Kontrolle der Anwendung des EU-Rechts hervor, Europäische Kommission, IP/13/984 v. 22.10.2013.

2045 Glaeßner, Sicherheit durch Integration? Nationale und europäische Politik im Spannungsfeld von Sicherheit und Freiheit, S. 122.

2046 Glaeßner, Sicherheit durch Integration? Nationale und europäische Politik im Spannungsfeld von Sicherheit und Freiheit, S. 123.

2047 Monar, Der RFSR in der erweiterten Union, S. 222.

Mitgliedstaaten zu einer zügigen Durchführung einmal getroffener Entscheidungen, vor allem bei liberalen Regelungen.[2048]

Zudem bedarf die Weiterentwicklung der Effektivität, der Legitimität und Effizienz des RFSR einer echten gemeinsamen Politik auf Grundlage von (gemeinschaftlichen) EU-Entscheidungsfindungen und verlangt von den Mitgliedstaaten, dass sie Willens sind ihre nationalen Souveränitätsrechte in diesen Bereichen zusammenzutun und an die EU zu übertragen.[2049] Auch die umfassendste Erweiterung von Entscheidungsfähigkeit und Kompetenzen bedeutet noch keine entsprechende Verstärkung der Handlungsfähigkeit, wenn nicht auch eine wirksame Umsetzung angenommener Entscheidungen gewährleistet werden kann.

Insgesamt ist die EU in den Kernfragen der RFSR-Politik aber immer noch relativ machtlos aufgrund der Souveränität der Mitgliedstaaten und der bisher bescheidenen Übertragung von Souveränitätsrechten, was sicherlich durch die rechtlich komplexen Rahmenbedingungen des RFSR erschwert ist. Die RFSR-Materie berührt stark die nationale Souveränitätsmaterie und damit nationale Ängste, divergierende Ideologien sowie politische Sensibilitäten. Die Sicherheitsfunktion der souveränen Mitgliedstaaten geht im RFSR immer mehr auf die EU über und wird von dem territorialen Nationalstaat entkoppelt.[2050] Gerade in der Sicherheitspolitik wird der Transfer von Souveränität abgelehnt, da hier der Kernbereich der Staatlichkeit gesehen wird. Zudem wird die Rechtsfrage des Verhältnisses von Freiheit und Sicherheit im RFSR zur politischen Frage unter den Mitgliedstaaten, da jeder eine eigene Vorstellung von Sicherheit einbringt. Der alleinige Herrschaftsanspruch der Mitgliedstaaten bei der Wahrnehmung der (inneren und äußeren) Sicherheit begründet die Zögerlichkeit, mit der diese der EU im Bereich des RFSR Aufgaben übertragen und somit die vergleichsweise langsame Entwicklung des RFSR. Integration erscheint hier mehr als ein Spaziergang mit Trippelschritten als ein geschlossener Marsch gen „mehr Europa“.[2051]

2048 Monar, Der RFSR in der erweiterten Union, S. 230 ff.

2049 Vgl. den Boer, S. 22.

2050 Im engen Sinne des Gewaltmonopols kann die EU selbst zwar mangels der entsprechenden Befugnisse keinen physischen Zwang ausüben. Aus den vorherigen Ausführungen wurde jedoch ersichtlich, dass das Gewaltmonopol im Sinne des Gesellschaftvertrages als eine Rechtssetzungs- und Rechtsdurchsetzungsmonopol (ungeteilte Rechtsmacht) zu verstehen ist. Aufgrund der Legislativkompetenzen der EU im RFSR kommt der EU ein Anteil an der Rechtsetzungsbefugnis zu, siehe Art. 68 ff. AEUV. Von einer geteilten Rechtsmacht geht auch der EuGH aus, vgl. EuGH Rs. C-478/93 *Niederlande/Kommission*, Slg. 1995, S. I-3081, Rdnr. 39. Unter diesem Blickwinkel kommt der EU im RFSR neben den Mitgliedstaaten, welche als souveräne Staaten das Gewaltmonopol im klassischen Sinne inne haben, eine Teilhabe an dem Gewaltmonopol zu. Dieses ist eine Neuerung gegenüber dem klassischen Gewaltmonopolbegriff, sodass man in dem RFSR (EU) von einem Gewaltpluripol oder einer geteilten Rechtsmacht sprechen kann, Bitter, S. 11 ff.

2051 Kampfer, Der RFSR, S. 73.

Die durch die Globalisierung bedingte Entgrenzung der öffentlichen Ordnung[2052] und damit auch der Entterritorialisierung von (Rechts-)Problemen und rechtlichen Zugriffsmöglichkeiten[2053] schränkt die nationalen Handlungsoptionen zur Gewährleistung der Staatsaufgabe Sicherheit zunehmend ein[2054], da eine im nationalen Rahmen agierende Sicherheitspolitik nicht mehr ausreichend ist[2055] und es vielmehr des Agierens auf EU-Ebenso bedarf, um das Gemeinwohlinteresse grenzüberschreitend zu wahren.[2056] Die globalen Probleme des RFSR (Wirtschaft, Kriminalität, Migration etc.), sind jedoch nur durch die Gesamtheit der EU zu handhaben[2057], sodass die Mitgliedstaaten hier schon im ureigenen nationalen Interesse mit einer Stimme sprechen sollten. Es bedarf daher eines RFSR und damit einer EU, die auch in den Zeiten der Krise ihre gemeinsamen Interessen durchsetzen kann und sich nicht fortwährend im inneren Streit entzweit.[2058]

Re-Nationalisierung wie auch der baldige Austritt Großbritanniens aus der EU (Brexit) ist keine Alternative zur EU, da der vergleichsweise kleine europäische Nationalstaat angesichts der heutigen vernetzten, globalisierten Welt, in der für transnationale Probleme ebensolche Lösungen gefunden werden müssen, nicht mehr handlungsfähig genug ist. Die Kombination von Nationalismus, eines egoistisches statt EU-weiten Denkens und dem Konservatismus des Rechts etablieren dabei eine gewaltige Barriere für die Aufwertung des Freiheitsrechts im RFSR.[2059] Anzustreben ist daher der Aufbau von politischer Handlungsfähigkeit jenseits der Nationalstaaten[2060], indem im RFSR eine europäische Dimension anstelle nationaler Erwägungen erreicht wird.

Dieses wird jedoch oftmals dadurch erschwert, dass die Mitgliedstaaten die EU-Organe ausbremsen oder die Verantwortung für die RFSR-Politik nach Brüssel abschieben. Dieses ist jedoch politische Heuchelei, da „Brüssel" bzw. die EU keine abgehobene Behörde ist, sondern sich aus den mitgliedstaatlichen Regierungen zusammensetzt, welche die Entscheidungen treffen.[2061] Darüber hinaus sind die

2052 Siehe hierzu auch unter Thiel, S. 159 ff.

2053 Siehe hierzu auch Douglas-Scott, E.L.Rev. 2004, S. 222; zur Entterritorialisierung durch die Globalisierung vgl. Lindahl, E.L.Rev. 2004, S. 463 f. Siehe ebenfalls zur Entgrenzung der Gefahrenabwehr Thiel, S. 399 ff.

2054 Calliess, S. 755 m.w.N.; Glaeßner, Sicherheit durch Integration? Nationale und europäische Politik im Spannungsfeld von Sicherheit und Freiheit, S. 114.

2055 Glaeßner, Sicherheit durch Integration? Nationale und europäische Politik im Spannungsfeld von Sicherheit und Freiheit, S. 120.

2056 Calliess, Die Europäisierung der Staatsaufgabe Sicherheit unter den Rahmenbedingungen des freiheitlichen Rechtsstaats, S. 90 ff.; Siehe auch Krieger, S. 485 ff. sowie Glaeßner/Lorenz, S. 30.

2057 Bieber/Epiney/Haag, Die Europäische Union, Rdnr. 5.

2058 Swoboda, S. 6 f.

2059 Anderson/Apap, Striking a Balance between Freedom, Security and Justice in an enlarged European Union, S. 74.

2060 Habermas, Ein Essay zur Verfassung Europas, S. 48 ff.

2061 Trojanow/Zeh, Angriff auf die Freiheit, S. 102.

Gemeinschaftsorgane auch isoliert betrachtet nicht einseitig als gefährlicher Leviathan anzusehen, den es zu bändigen gilt: Sie üben durchaus einen konstruktiven Druck auf die Mitgliedstaaten aus und zwingen diese nationalen Protektionismus abzubauen und ihren Beitrag zur Schaffung eines umfassenden RFSR zu leisten.[2062]

In diesem Sinne sollte es zugunsten des Freiheitsrechts im RFSR nicht um Konkurrenz, sondern um Kooperation zwischen den EU-Organen sowie den Mitgliedstaaten gehen. Entgegen einer solchen wirklichen politischen Integration setzen besonders die großen Mitgliedstaaten der EU, die Union unter inhaltlichen Entscheidungsdruck, indem sie innerhalb und außerhalb der Gemeinschaft eigenständig oder informell agieren. [2063] Dabei betreiben die Mitgliedstaaten eine Schwächung der EU, da diese als glaubwürdiger Akteur wegfällt.[2064] Alle Sachverhalte mögen auf nachvollziehbaren Gründen basieren, doch ist die Gefahr immanent, dass sich nationale Interessen vor einer europäischen Lösung im Sinne der Integration durchsetzen. Wenn aber ein gemeinsamer klarer politischer Willen der gesamten EU-Akteure im RFSR gezeigt wird, können wichtige Entscheidungen getroffen werden[2065], um das derzeitige Ungleichgewicht zwischen Freiheit und Sicherheit im RFSR zu korrigieren.

Das globalisierte Europa befindet sich momentan in einer Umbruchsituation, die sich in der Flüchtlingskrise, der andauernden Finanzkrise in vielen Mitgliedstaaten und dem baldigen „Brexit" widerspiegeln.[2066] Trotz der schwierigen Lage muss die Gesamtheit der EU – politische Akteure ebenso wie die Bürger – an ihren Prinzipien und Werten festhalten. Gerade jetzt bedarf es dringend der notwendigen Normierungen im RFSR, um das Freiheitsrecht des einzelnen Bürgers als den schwächsten Akteur angemessen zu schützen und ein rechtsstaatlich angemessenes Verhältnis von Freiheit und Sicherheit zu etablieren. Die Demokratie kann auch im Informationszeitalter eine öffentliche Ordnung auf der Grundlage von Freiheit garantieren, wenn man sie nicht aufgibt.[2067] Es bedarf hierfür einer Rückbesinnung auf die gemeinsamen Werte des Freiheitsrechts und eine von der „Vision der europäischen Gründerväter" getragene gemeinsame Kraftanstrengung aller Akteure. Den RFSR als rechtlich befriedeten Freiheitsraum der EU zu gestalten und aufrechtzuerhalten, muss die zentrale Aufgabe der EU-Justiz-und Innenpolitik sowie die aller Mitgliedstaaten sein.[2068]

2062 Wagener/Eger, S. 155.

2063 Knelangen, Die innen- und justizpolitische Zusammenarbeit der EU und die Bekämpfung des Terrorismus, S. 142, 153.

2064 Glaeßner, Sicherheit durch Integration? Nationale und europäische Politik im Spannungsfeld von Sicherheit und Freiheit, S. 112 f.

2065 Anderson/Apap, Striking a Balance between Freedom, Security and Justice in an enlarged European Union, S. 73.

2066 Trojanow/Zeh, Angriff auf die Freiheit, S. 129.

2067 Trojanow/Zeh, Angriff auf die Freiheit, S. 137.

2068 Schelter, S. 67 und 74 f.

„Europe is a mission – something to be made, created, built. Perhaps a labour that never ends, a challenge always still to be met in full, a prospect forever outstanding“.[2069]

2069 Bauman, S. 2.

Anhang gem. § 7 Abs. 3 Nr. 1 UHH-PromotionsO von 1998: Kurzfassungen des Dissertationsergebnisses in deutscher und englischer Sprache

1. Kurzfassungen des Dissertationsergebnisses

Im ersten Abschnitt dieser Arbeit konnte aufgezeigt werden, dass eine Notwendigkeit besteht, ein rechtsstaatlich angemessenes Verhältnis von Freiheit und Sicherheit als Paradigmen öffentlicher Ordnung im RFSR zu etablieren. Insbesondere konnten die Voraussetzungen eines rechtsstaatlich angemessenen Verhältnisses von Freiheit und Sicherheit herausgearbeitet werden, mit dem Ergebnis, dass das Freiheitsrecht der Zweck jeder rechtsstaatlichen öffentlichen Ordnung ist und somit Ausgangs- sowie Endpunkt jeder Sicherheitsmaßnahme sein muss. Sicherheit kann daher immer nur eine Bedingung für die Ermöglichung von Freiheit sein, nicht ein Zielwert an sich. Die Regierungen und Parlamente der Mitgliedstaaten sowie die EU-Organe haben somit eine Bringschuld zu erfüllen, wenn sie das Freiheitsrecht der Bürger im Interesse der Sicherheit einschränken wollen: Es muss dargelegt werden, dass der Eingriff verhältnismäßig ist und durch einen hinreichenden Gewinn an Sicherheit aufgewogen wird. Dieser Sicherheitsgewinn darf jedoch nicht beliebig sein, sondern muss die Voraussetzung dafür schaffen, dass die Menschen im RFSR in Freiheit leben können.

Im zweiten Teil dieser Arbeit konnte dargelegt werden, dass sich der RFSR mittlerweile zu einem selbstständigen und unabhängigen Teilbereich der EU entwickelt hat, in dem die zuvor erörterten öffentlich-rechtlichen Güter Freiheit und Sicherheit zur Anwendung kommen. Hierbei wurden auch die Funktions- sowie Umsetzungsweise des RFSR untersucht, indem insbesondere die Wirkungsweise des Raum-Konzeptes sowie der relevantesten Strukturmerkmale des RFSR erörtert wurden. Im Anschluss daran konnte die Bedeutung des Verhältnisses von Freiheit und Sicherheit im RFSR für die Europäische Integration aufgezeigt werden.

Im dritten Abschnitt und als Schwerpunkt der Arbeit konnte die Entwicklung des Verhältnisses von Freiheit und Sicherheit im RFSR dargelegt werden. Hierbei wurde ersichtlich, dass in allen vier bisherigen EU-Verträgen kein angemessenes Verhältnis von Freiheit und Sicherheit gegeben war bzw. ist. Stattdessen ist jedem Vertrag eine vorherrschende Stellung des Sicherheitskonzepts im RFSR zu konstatieren und damit einer Ausrichtung an der sicherheitsorientierten Rationale statt an dem Freiheitsrecht. Zwar konnte in jedem Vertrag und insbesondere in dem aktuellen Lissabon-Vertrag eine Stärkung des Freiheitsrechts festgestellt werden, diese positiven und partiell grundlegenden Änderungen zugunsten des Freiheitsrechts wurden jedoch jeweils durch die erheblichen sowie weitreichenden Modifizierungen zugunsten der Sicherheitsausrichtung relativiert. So weist auch der Lissabon-Vertrag kein angemessenes Verhältnis zwischen Freiheit und Sicherheit auf, da er zwar vermehrt für ein gemeinsames Bekenntnis zur Freiheit auf der Grundlage der Menschenrechte, der demokratischen Institutionen und der Rechtsstaatlichkeit als Ausgangsparadigma eintritt, inhaltlich jedoch den Ausgangs- sowie Schwerpunkt weiterhin auf Sicherheitsmaßnahmen legt. Das ergibt sich daraus, dass nicht nur sicherheitsorientierte Normen respektive Maßnahmen im RFSR überwiegen, sondern diese auch weitreichender sind und einen größeren Wirkungskreis aufweisen als die wenigen verbindlichen Festsetzungen des Freiheitsrechts. Hinzu kommt, dass auch das Freiheitsrecht im RFSR partiell sehr sicherheitsbezogen ist und genuin nicht sicherheitsorientierte RFSR-Bereiche sekuritarisiert wurden. Das gilt insbesondere für die bislang lediglich fragmentarisch entwickelte gemeinsame Einwanderungspolitik im Rahmen des RFSR, welche weiterhin zuvorderst ein von Sicherheitserwägungen geprägter Rechtbereich zur Bekämpfung der illegalen Einwanderung ist. Ebenso verhält es sich mit der Visa- und Asylpolitik, die seit den Terroranschlägen vom 11. September 2001 immer stärker als repressives Instrument an der inneren Sicherheit ausgerichtet wurde und nicht zur Etablierung von Freiheitsrecht dient. Durch die starke Betonung der justiziellen Zusammenarbeit in Strafsachen respektive der grenzüberschreitenden Strafverfolgung wird die Prädominanz des Sicherheitsgedankens zudem erhöht. Darüber hinaus schwächt die Zunahme der Differenzierung im RFSR das Freiheitsrecht strukturell mehr als das Sicherheitskonzept. Hierdurch stellt die Sicherheitskonzeption des RFSR, ursprünglich ein Junktim zum Raum der Freiheit durch polizeiliche und justizielle Absicherung, mittlerweile den Hauptfokus des RFSR dar.

Damit ist trotz der Vielzahl an konstruktiven Entwicklungen zugunsten des Freiheitsrechts im RFSR insgesamt weiterhin eine übergeordnete Stellung der restriktiven Sicherheitskonzeption gegeben, was rechtsstaatlich äußerst bedenklich ist. Denn die Ausrichtung auf Sicherheitsaspekte und die damit einhergehende immer größere Dominanz bzw. Überbetonung der Sicherheit im RFSR widerspricht den angeführten Voraussetzungen eines angemessenen Verhältnisses von Freiheit und Sicherheit – allen voran der Ausrichtung jeglicher Normierung sowie Regelung an dem Primat des Freiheitsrechts. Durch Sicherheit als zentraler Parameter der gegenwärtigen Entwicklung im RFSR ist das rechtsstaatlich angemessene Verhältnis von Freiheit und Sicherheit verkehrt, so dass freiheitliche Aspekte zwangsläufig in den Hintergrund geraten und höchstens vage am Rande erwähnt werden, was zu der Gefahr immer intensiverer Eingriffe in das Freiheitsrecht der Bürger führt. Infolgedessen geht mit der rasanten Entwicklung des RFSR zu einem der Hauptintegrationsziele der EU eine neue Dimension grundrechtlicher Gefährdungslagen einher. Durch die Fokussierung der RFSR-Normen auf Sicherheitsaspekte und die damit einhergehende restriktive Ausrichtung des RFSR unter Vernachlässigung des Freiheitsrechts ist die Etablierung eines unionalen freiheitlichen „Raum der Bürger“ massiv gestört, was eine erfolgreiche Europäische Integration behindert und stattdessen die Exklusion der Mitgliedstaaten („Brexit“) untereinander sowie gegenüber Drittstaaten fördert.

2. Thesis summary

One of the thesis' central aims was to demonstrate the necessity to establish an adequate relationship between the right to freedom and security as the paradigms of the public order in the area of freedom, security and justice (AFSJ) in accordance with the rule of law. The thesis' exploration of the preconditions for an adequate correlation of freedom and security in accordance with the rule of law led to the following conclusion: The right to freedom is the ultimate goal of the constitutional public order and therefore needs to be the defining parameter of every security measure. Security can therefore only be a means to the end of providing the right to freedom and cannot be an end in itself. The governments and parliaments of the EU member states as well as the organs of the EU are consequently obliged to meet these essential legal standards when introducing measures conceding the right to freedom to public security: It must be stated clearly that the encroachment of the right to freedom is proportional and justified by substantial gains in security. This increase in security cannot be arbitrarily defined, but must provide the conditions for people living in freedom in the AFSJ.

The thesis' second major aim was to elucidate that the AFSJ has developed into an autonomous and independent realm within the EU, in which the public common goods of freedom and security as defined above are put to effect in accordance with the rule of law. In doing so, the thesis investigated the functioning and realisation of the AFSJ by paying special attention to the effects created by the most relevant structural traits and concepts of space within the AFSJ. In accordance with these findings, the particular meaning of the right to freedom and security in the context of the European integration could be illustrated.

As the third central point of the thesis, the particular development of this relationship between the right to freedom and security within the AFSJ could be demonstrated. This analysis showed that all four previous EU-treaties did not (and still do not) provide an adequate correlation between the two basic common goods of freedom and security. Instead, every treaty clearly prioritises security measures in the AFSJ, demonstrating a safety-oriented rationale instead of prioritising the right to freedom. Although there has been an increased presence of freedom rights in every single treaty, especially in the current Lisbon treaty, these positive and in part substantial alterations in favour of the right to freedom were however again relativised by crucial and far-reaching modifications in favour of the primacy of security. In that sense, even the Lisbon treaty does not provide an adequate correlation between the right to freedom and security. While it propagates an avowal of freedom on the basis of human rights, the democratic institutions and the rule of law, which functions as its basic paradigm, its central points and propositions follow the primacy of security. This is a result of the fact that not only do safety-oriented norms and the respective measures dominate in the AFSJ, but that they are distinctly more far-reaching with a much larger impact than the few binding laws securing the right to freedom. In addition, the right to freedom in the AFSJ is equally very security-oriented, while not genuinely safety-related realms within the AFSJ have been "securitised". This is particularly true of the until now merely fragmentarily developed shared immigration policy within the realm of the AFSJ, which is still primarily a legal area marked by security concerns, devoted to the prevention of illegal immigration. The same can be observed in the visa and asylum policies, which in the aftermath of the terror attacks of 9/11 have become a highly repressive instrument with a significant impact on inner security policies that do not serve the aim of establishing freedom rights. The strong emphasis on judicial cooperation in the context of criminal offenses, especially with regard to the persecution of criminal offenses across borders, notably adds to security's predominance. Moreover, the increase of the differentiation within the AFSJ structurally weakens the right to freedom more crucially than that of security concepts. This effectively means that the security concepts of the AFSJ, which originally were a conjunction of the area of freedom via police and judicial security, have become the central focus of the AFSJ.

As a result, and despite the multiplicity of constructive developments in favour of the right to freedom in the AFSJ, restrictive security concepts maintain an overall superior status, which is highly alarming in the context of the rule of law. For the orientation towards aspects of security, which results in the ever growing dominance or overemphasis of security concepts in the AFSJ, contradicts the stated preconditions of an adequate correlation between freedom and security – especially the rule of law stating that every norm and regulation should be oriented towards the primacy of the right to freedom. As security becomes the defining parameter in the current developments in the AFSJ, the adequate relation in accordance with the rule of law between the right to freedom and security has been inversed, to the effect that aspects of freedom are inevitably neglected and are addressed vaguely in the margins of the discussions. This poses the danger of further limiting citizens' rights to freedom. The fast development of the AFSJ as one of the main integration targets of the EU therefore creates a new dimension of constitutional herds of danger. Due to the strong focus on aspects of security in the AFSJ norms, which are at the root of the AFSJ's strong restrictive orientation, resulting in the neglect of the right of freedom, considerably inhibits the establishment of a unionist, free 'area of the citizen'. Instead of achieving this original gaol, it encourages the exclusion/fraction of member states ('Brexit') from the union as well as from external states.

Anhang gem. § 7 Abs. 3 Nr. 2 und 3 UHH-PromotionsO von 1998: Erklärung und eidesstattliche Versicherung

Hier erkläre ich, Valeska zur Nieden, geboren am 27.05.1983, dass ich die Abhandlung dieser Promotionsschrift in der gegenwärtigen oder einer anderen Fassung keinem anderen Fachbereich vorgelegen habe. Zudem versichere ich eidesstattlich, dass ich die Dissertation selbst angefertigt und nur die angegebenen Hilfsmittel benutzt habe.

Hamburg, der 27.01.2017,
Valeska zur Nieden

Literaturverzeichnis

Albrecht, Peter-Alexis, Die vergessene Freiheit, 2. Auflage, Berliner Wissenschaftsverlag, Berlin 2006, zit.: Albrecht, S.

Anderson, Malcolm; Apap, Joanna, Striking a Balance between Freedom, Security and Justice in an enlarged European Union, Centre for European Policy Studies, CEPS (Hrsg.), Brüssel 2002, zit.: Anderson/Apap, Striking a Balance between Freedom, Security and Justice in an enlarged European Union, S.

Apap, Joanna, „Conclusion: A Practical Set of Recommendations“, in: Justice and Home Affairs in the EU, S. 319–322, Joanna Apap (Hrsg.), 1. Aufl., Edward Elgar Verlag, Cheltenham 2004, zit.: Apap, Conclusion: A Practical Set of Recommendations, S.

Arnauld, Andreas von; Staack, Michael, „Sicherheit versus Freiheit?“ in: Sicherheit versus Freiheit?, S. 9–29, Arnauld, Andreas von/Staack, Michael (Hrsg.), 1. Aufl., Berliner Wissenschaftsverlag, Berlin 2009, zit.: v. Arnauld/ Staack, S.

Arndt, Hans-Wolfgang; Fischer, Kristian, Europarecht, 9. Aufl., Müller Verlag, Heidelberg 2008, zit.: Arndt/Fischer, Europarecht, S.

Asbach, Olaf, „Internationaler Naturzustand und Ewiger Frieden – Die Begründung einer rechtlichen Ordnung zwischen Staaten bei Rousseau und Kant“ in: Recht, Staat und Völkerecht bei Immanuel Kant, S. 203–232, Dieter Hüning und Burkhard Tuschling (Hrsg.), Duncker & Humblot Verlag, Berlin 1998, zit.: Asbach, S.

Baker, Estella; Hardin, Christopher, „From past imperfect to future perfect? A longitudinal study of the third pillar“, European Law Review 2009, 34(1), S. 25–54, Sweet & Maxwell Verlag, London 2009, zit: Baker/Hardin, From past imperfect to future perfect? A longitudinal study of the third pillar, S.

Baldus, Manfred, „Polizeiliche Zusammenarbeit im Raum der Freiheit, der Sicherheit und des Rechts – Rechtliche Grundlagen, Erscheinungsformen und Problemfelder“, in: Europäisierung und Internationalisierung der Polizei, S. 39–58, Martin H. W. Möllers/Robert Chr. Van Ooyen (Hrsg.), 1. Aufl., Verlag für Polizeiwissenschaft, Frankfurt 2006, zit.: Baldus, S.

Balzacq, Thierry; Carrera, Sergio (Hrsg.), Security versus freedom? A challenge for Europe's future, 1. Aufl., Ashgate Verlag, Aldershot u.a. 2006, zit.: Balzacq/ Carrera – Bearbeiter, Security versus freedom? A challenge for Europe's future, S.

Battis, Ullrich; Kersten, Jens, „Europäische Raumentwicklung“ in: EuR 2009, Heft 1, S. 3–23, Nomos Verlag, Baden-Baden 2009, zit.: Battis/Kersten, S.

Baum, Gerhart, „Im Spannungsfeld von Freiheit und Sicherheit“ in: Sicherheit versus Freiheit?, S. 31–38, Arnauld, Andreas von/Staack, Michael (Hrsg.), 1. Aufl., Berliner Wissenschaftsverlag, Berlin 2009, zit.: Baum, S.

Bauman, Zygmunt, „Europe: an unfinished adventure“, 1. Aufl., Polity Press, Cambridge u.a. 2004, zit.: Bauman, S.

Behme, Thomas, „Ziele und Grenzen der Staatsgewalt bei Samuel Pufendorf“ in: „Naturrecht und Staatstheorie bei Samuel Pufendorf“, S. 51–69, 1. Aufl., Nomos Verlag, Baden-Baden 2009, zit.: Behme, S.

Bender, Tobias, „Die Verstärkte Zusammenarbeit nach Nizza – Anwendungsfelder und Bewertung im Spiegel historischer Präzedenzfälle der differenzierten Integration“ in: ZaöRV 2001, Heft 3, S. 729–770, Beck Verlag, München 2001, zit.: Bender, ZaöRV 2001, S.

Beutler, Bengt, „Paradigm lost? Das moderne Völkerrecht zwischen Leviathan und Frieden“: Völkerrecht statt Machtpolitik, Beiträge für Gerhard Stuby, Sonderdruck, S. 134–147, Hrsg. Norman Paech/Alfred Rieken/Dian Schefold und Edda Weßlau, 2004, zit.: Beutler, Paradigm lost, S.

Beutler, Bengt, „Die Werte der Europäischen Union und ihr Wert“ in: Öffentliches Recht im offenen Staat, Festschrift für Rainer Wahl zum 70. Geburtstag, Sonderdruck aus Schriften zum Öffentlichen Recht, Band 1187, S. 635–650, Hrsg. Ivo Appel/Georg Hermes/Christoph Schöneberger, Duncker & Humblot, Berlin 2011, zit.: Beutler, Die Werte der Europäischen Union und ihr Wert, S.

Beutler, Bengt, „Grenzenlose Freiheit? – Freiheit und Herrschaft im Recht der Europäischen Union“, in: Freiheit des Subjekts und Organisation von Herrschaft, Christoph Enders/Johannes Masing (Hrsg.), Beiheft 17 zu „Der Staat“, Duncker & Humblot Verlag, Berlin 2006, S. 55–64, zit.: Beutler, Grenzenlose Freiheit, S.

Bieber, Roland; Epiney, Astrid; Haag, Marcel, Die Europäische Union, 10. Aufl., Nomos Verlag, Baden-Baden 2013, zit.: Bieber/Epiney/Haag, Die Europäische Union, §, Rn.

Bielefeldt, Heiner, Freiheit und Sicherheit im demokratischen Rechtsstaat, 1. Aufl., Deutsches Institut für Menschenrechte, Berlin 2004, zit.: Bielefeldt, Freiheit und Sicherheit im demokratischen Rechtsstaat, S.

Bigo, Didier, „Delivering Liberty and Security? The Reframing of Freedom When Associated with Security“, in: Europe’s 21st century challenge: delivering liberty, Didier Bigo/Sergio Carrera/Elspeth Guild/R. B. J. Walker (Hrsg.), S. 388–420, 1. Aufl., Ashgate Verlag, Farnham u.a. 2010, zit.: Bigo, Delivering Liberty and Security? The Reframing of Freedom When Associated with Security, S.

Bigo, Didier; Carrera, Sergio; Guild, Elspeth; Walker, R.B.J., The Changing Landscape of European Liberty and Security: Mid-Term Report on the Results of the CHALLENGE Project, Centre for European Policy Studies, CEPS (Hrsg.),

Research Paper Nr. 4, Brüssel 2007, zit.: Bigo/Carrera/Guild/Walker, The Changing Landscape of European Liberty and Security, S.

Birtsch, Günther (Hrsg.), Grund- und Freiheitsrechte im Wandel von Gesellschaft und Geschichte: Beiträge zur Geschichte der Grund- und Freiheitsrechte vom Ausgang des Mittelalters bis zur Revolution von 1848, 1. Aufl., Verlag Vandenhoeck & Ruprecht, Göttingen 1981, zit.: Birtsch, S.

Bitter, Stephan, „Zwangsmittel im Recht der EU“ in: Europa als Raum der Freiheit der Sicherheit und des Rechts, S. 9–24, Manfred Zuleeg (Hrsg.), 1. Aufl., Nomos Verlag, Baden-Baden 2007, zit.: Bitter., S

Böckenförde, Ernst-Wolfgang, Recht, Staat, Freiheit; Erweiterte Aufl., Suhrkamp Verlag, Frankfurt am Main 2006, zit.: Böckenförde, Recht, Staat, Freiheit, S.

Böckenförde, Ernst-Wolfgang, Die verfassungstheoretische Unterscheidung von Staat und Gesellschaft als Bedingung der individuellen Freiheit, Rheinisch-Westfälische Akademie der Wissenschaften, Opladen Düsseldorf 1973, zit.: Böckenförde, Die verfassungstheoretische Unterscheidung von Staat und Gesellschaft als Bedingung der individuellen Freiheit, S.

Boer, Monica den, „A diagnosis of the Area of Freedom, Security and Justice: remedies and reforms in the domains of immigration, terrorism and security“, in: Reconciling the Deepening and Widening of the European Union, Steven Blockmans/Sacha Prechal (Hrsg.), S. 13–28, 1. Aufl., T.M.C. Asser Press, Den Haag 2007, zit.: den Boer, S.

Böse, Martin, „Kompetenzen der Union auf dem Gebiet des Straf- und Strafverfahrensrechts“, in: Europäisches Strafrecht mit polizeilicher Zusammenarbeit, Martin Böse (Hrsg.), Bd. 9 der Enzyklopädie Europarecht (Hrsg.: Armin Hatje/Peter-Christian Müller-Graff), S. 149–178, 1. Aufl., Nomos Verlag, Baden-Baden 2013, zit.: Böse, Kompetenzen der Union auf dem Gebiet des Straf- und Strafverfahrensrechts, S.

Boswell, Christina, „Innere Sicherheit durch Einwanderungskontrolle?“, in: Friedensgutachten 2002, S. 135–141, LIT Verlag, Hamburg u.a. 2002, zit.: Boswell, Innere Sicherheit durch Einwanderungskontrolle?, S.

Brock, Lothar, „Totalisierungstendenzen im Streben nach Sicherheit“; in: Sicherheit und Frieden 2013, Heft 4, S. 239–240, Nomos Verlag, Baden-Baden 2013, zit.: Brock, Totalisierungstendenzen im Streben nach Sicherheit, S.

Brown, David, „The Stockholm solution? Papering over the cracks within the area of freedom, security and justice“, in: European Security, Vol. 20, No. 4, S. 481–503, Taylor & Francis Group, Oxfordshire 2011, zit.: Brown, The Stockholm solution, S.

Brugger, Winfried, Freiheit und Sicherheit: eine staatstheoretische Skizze mit praktischen Beispielen, 1. Aufl., Nomos Verlag, Baden-Baden 2004, zit.: Brugger, Freiheit und Sicherheit: eine staatstheoretische Skizze mit praktischen Beispielen, S.

Brummund, Fabian, Kohärenter Grundrechtsschutz im Raum der Freiheit, der Sicherheit und des Rechts, Nomos Verlag, Baden-Baden 2010, zit.: Brummund, Kohärenter Grundrechtsschutz im RFSR, S.

Bull, Hans Peter, Informationelle Selbstbestimmung – Vision oder Illusion? Datenschutz im Spannungsverhältnis von Freiheit und Sicherheit, 2. Aufl., Mohr Siebeck Verlag, Tübingen 2011, zit.: Bull, Informationelle Selbstbestimmung, S.

Calliess, Christian, Vom freiheitlichen Binnenmarkt zum europäischen Leviathan?–Zur Aufgabe der EU, „... den Bürgern in einem Raum der Freiheit, der Sicherheit und des Rechts ein hohes Maß an Sicherheit zu bieten" in: Staat im Wort, Festschrift für Josef Isensee, Otto Depenheuer/Markus Heintzen/Matthias Jestaedt/Peter Axer (Hrsg.), Müller Verlag, Heidelberg 2007, S. 755–771, zit.: Calliess, S.

Calliess, Christian, „Die Europäisierung der Staatsaufgabe Sicherheit unter den Rahmenbedingungen des freiheitlichen Rechtsstaats", in: Die Europäische Union im Kampf gegen den Terrorismus: Sicherheit vs. Freiheit, Erwin Müller/Patricia Schneider (Hrsg.), S. 83–109, 1. Aufl., Nomos Verlag, Baden-Baden 2006, zit.: Calliess, Die Europäisierung der Staatsaufgabe Sicherheit unter den Rahmenbedingungen des freiheitlichen Rechtsstaats, S.

Calliess, Christian, „Sicherheit im freiheitlichen Rechtsstaat – eine verfassungsrechtliche Gratwanderung mit staatstheoretischem Kompass" in: ZRP 2002, S.1–7, Beck Verlag, München 2002, zit.: Callies, ZRP, S.

Calliess, Christian; Ruffert, Matthias, EUV/AEUV, Kommentar, 4. Auflage, Beck Verlag, München 2011, zit.: Calliess/Ruffert – Bearbeiter, Art., Rdnr.

Cholewinski, Ryszard, „The Criminalisation of Migration in EU law and policy", in: Whose freedom, security and justice?: EU immigration and asylum law and policy, Anneliese Baldaccini/Elspeth Guild/Helen Toner (Hrsg.), S. 301–336, 1. Aufl., Hart Verlag, Oxford 2007, zit.: Cholewinski, The Criminalisation of Migration in EU law and policy, S.

Darnstädt, Thomas, Der globale Polizeistaat: Terrorangst, Sicherheitswahn und das Ende unserer Freiheiten, 1, Aufl., Deutsche Verlags-Anstalt, München 2009, zit.: Darnstädt, Der globale Polizeistaat: Terrorangst, Sicherheitswahn und das Ende unserer Freiheiten, S.

De Spinoza, Baruch (Benedictus), Theologisch-Politisches Traktat, 2. Aufl., Übersetzung C. Gebhardt, Hrsg. Günther Gawlick, Felix Meiner Verlag, Hamburg 1984, zit.: De Spinoza, S.

Derpa, Ulrich, Die Verstärkte Zusammenarbeit im Recht der Europäischen Union: Dogmatik, Interpretation und Praxis eines alternativen Integrationskonzeptes, 1. Aufl., Boorberg Verlag, Stuttgart 2003, zit.: Derpa, S.

de Vries, Karin, „Towards integration and equality for third-country nationals? Reflections on Kamberaj“, in: E.L.Rev. 2013, Nr. 38(2), S. 248–258, Sweet & Maxwell Verlag, London 2013, zit.: de Vries, E.L.Rev. 2013, S.

Dobin, Axel, Migration und Schutz der inneren Sicherheit: rechtliche Fragen der Bekämpfung des islamistischen Terrorismus, 1. Aufl., Peter Lang Verlag, Frankfurt am Main u.a. 2008, zit.: Dobin, Migration und Schutz der inneren Sicherheit: rechtliche Fragen der Bekämpfung des islamistischen Terrorismus, S.

Dörr, Oliver, „Das beschleunigte Vorabentscheidungsverfahren im Raum der Freiheit, der Sicherheit und des Rechts“, in: EuGRZ 2008, Bd. 35, Heft 12–15, S. 349–354, N.P. Engel Verlag, Berlin u.a. 2008, zit.: Dörr, Das beschleunigte Vorabentscheidungsverfahren im RFSR, S.

Douglas-Scott, Sionaidh, „The rule of law in the European Union – putting the security into the area of freedom, security and justice“, in: European Law Review 2004, 29(2), S. 219–242, Sweet & Maxwell Verlag, London 2004, zit.: Douglas-Scott, E.L.Rev. 2004, S.

Eeckhout, Piet, „The European Court of Justice and the ‚area of freedom, security and justice‘: challenges and problems“, in: Judical Review in European Union Law, Liber amicorum in Honour of Lord Slynn od Hadley, Bd. 1, S. 153–166, Kluwer Law International, London u.a. 2000, zit.: Eeckhout, The European Court of Justice and the „area of freedom, security and justice“: challenges and problems, S.

Elsen, Charles, „Personal Reflections on the Institutional Framework of the Area of Freedom, Security and Justice“, in: The institutional Dimension of the European Unions's Area of Freedom, Security and Justice; Jörg Monar (Hrsg.), S. 255–265, Peter Lang Verlag, Brüssel 2010, zit.: Elsen, Personal Reflections on the Institutional Framework of the AFSJ, S.

Elsen, Charles, „Die Politik im Raum der Freiheit, der Sicherheit und des Rechts in der sich erweiternden Europäischen Union“, in: Der Raum der Freiheit, der Sicherheit und des Rechts, Peter-Christian Müller-Graff (Hrsg.), S. 43–51, 1. Aufl., Nomos Verlag, Baden-Baden 2005, zit.: Elsen, Die Politik im RFSR in der sich erweiternden Europäischen Union, S.

Esser, Robert, „Befugnisse der Europäischen Union auf dem Gebiet des Strafrechts?“ in: Europa als Raum der Freiheit der Sicherheit und des Rechts, Hrsg. Manfred Zuleeg, S. 25–46, 1. Aufl., Nomos Verlag, Baden-Baden 2007, zit.: *Esser.*, S

Feik, Rudolf, „Die dritte Säule – Kompetenzen und Organe im Überblick“, in: Probleme des Rahmenbeschlusses am Beispiel des Europäischen Haftbefehls, Otto Lagodny/Ewald Wiederin/Roland Winkler (Hrsg.), S. 9–17, 1. Aufl., BWV, Berlin 2007, zit.: Feik, Die dritte Säule – Kompetenzen und Organe im Überblick, S.

Felten, Thomas, „Eine Bestimmung des Kooperationsverhältnisses zwischen Bundesverfassungsgericht und Europäischem Gerichtshof in Bezug auf die Überprüfung von Sperrklauseln bei der Europawahl", in: EuR 2014, Heft 3, S. 298–321, Nomos Verlag, Baden-Baden 2014, zit.: Felten, EuR 2014, S.

Fennelly, Nial, „The area of ‚Freedom, Security and Justice' and the European Court of Justice – a personal view", in: International and Comparative Law Quarterly 2000, Vol. 49, S. 1–14, British Institute of International and Comparative Law, London 2000, zit.: Fennelly, The area of „Freedom, Security and Justice" and the European Court of Justice – a personal view, S.

Fischer; Klemens, Der Vertrag von Lissabon, Text und Kommentar zum Europäischen Reformvertrag, 1. Aufl., Nomos Verlag, Baden-Baden 2008, zit.: Fischer, S.

Fremuth, Michael Lysander, Die Europäische Union auf dem Weg in die Supranationalität – Untersuchung der Rechtsnatur der Europäischen Union anhand der Polizeilichen und Justiziellen Zusammenarbeit in Strafsachen, 1. Aufl., LIT Verlag, Berlin 2010, zit.: Fremuth, Die EU auf dem Weg in die Supranationalität – Untersuchung der Rechtsnatur der EU anhand der PJZS, S.

Frenz, Walter, Handbuch Europarecht, Band 6, Institutionen und Politiken, 1. Aufl., Springer Verlag, Berlin 2011, zit.: Frenz, Handbuch Europarecht, Bd. 6, Teil 3, Kap. 17, §, Rdnr.

Frenz, Walter, Europarecht, 1. Aufl., Springer Verlag, Berlin 2011, zit.: Frenz, Europarecht, Kap., Rdnr.

Frenz, Walter, Handbuch Europarecht, Band 4, Europäische Grundrechte, 1. Aufl., Springer Verlag, Berlin 2009, zit.: Frenz, Handbuch Europarecht, Bd. 4, Teil, Kap., §, Rdnr.

Frenz, Walter, Handbuch Europarecht, Band 1, Europäische Grundfreiheiten, 1. Aufl., Springer Verlag, Berlin 2004, zit.: Frenz, Handbuch Europarecht, Bd. 1, §, Rdnr.

Frenz, Walter, „Grundfreiheiten und Grundrechte" in: EuR 2002, Heft 5, S. 603–618, Nomos Verlag, Baden-Baden 2002, zit.: Frenz, EuR 2002, S.

Geiger, Rudolf, Grundgesetz und Völkerecht, 4. Aufl., Beck Verlag, München 2009, zit.: Geiger, S.

Geiger, Rudolf, EUV/EGV, Kommentar, 4. Aufl., Beck Verlag, München 2004, zit.: Geiger, Art., Rdnr.

Glaeßner, Gert-Joachim, „Sicherheit durch Integration? Nationale und europäische Politik im Spannungsfeld von Sicherheit und Freiheit", in: Die Europäische Union im Kampf gegen den Terrorismus: Sicherheit vs. Freiheit, Erwin Müller/Patricia Schneider (Hrsg.), S. 110–134, 1. Aufl., Nomos Verlag, Baden-Baden 2006, zit.: Glaeßner, Sicherheit durch Integration? Nationale und europäische Politik im Spannungsfeld von Sicherheit und Freiheit, S.

Glaeßner, Gert-Joachim, Sicherheit in Freiheit – Die Schutzfunktion des demokratischen Staates und die Freiheit der Bürger,1. Aufl., Leske + Budrich Verlag, Opladen 2003, zit.: Glaeßner, Sicherheit in Freiheit, S.

Glaeßner, Gert-Joachim; Lorenz, Astrid, „Innere Sicherheit in einem Europa ohne Grenzen, in: Europäisierung und Internationalisierung der Polizei, S. 21–37, Martin H. W. Möllers/Robert Chr. Van Ooyen (Hrsg.), 1. Aufl., Verlag für Polizeiwissenschaft, Frankfurt 2006, zit.: Glaeßner/Lorenz, S.

Glaeßner, Gert-Joachim; Lorenz, Astrid (Hrsg.), Europäisierung der inneren Sicherheit, 1. Aufl., VS Verlag, Wiesbaden 2005, zit.: Glaeßner/Lorenz, S.

Gnauck, Jürgen, „Die EU-Grundrechtecharta vor der Proklamation – Ziele, Inhalte, Konfliktlinien“, in: Staatswissenschaften im Dialog – Schillerhausgespräche 2000/2001, S. 57–66, Martina Haedrich/Eberhard Eichenhofer (Hrsg.), Schriften des Hellmuth-Loening-Zentrums für Staatswissenschaften e.V., Bd. 14, 1. Aufl., Berliner Wissenschaftsverlag, Berlin 2003, zit.: Gnauck, S.

Götz, Volkmar, „Ein Raum der Freiheit, der Sicherheit und des Rechts“, in: Recht – Staat – Gemeinwohl, Festschrift für Dietrich Rauschning, Jörn Ipsen/Edzard Schmidt-Jortzig (Hrsg.), S. 185–199, Heymanns Verlag, Köln u.a. 2001, zit.: Götz, Ein Raum der Freiheit, der Sicherheit und des Rechts, S.

Grabitz, Eberhard; Hilf, Meinhard; Nettesheim, Martin, Das Recht der Europäischen Union, Kommentar, 43. Auflage, Beck Verlag, München 2011, zit.: Grabitz/Hilf/Nettesheim – Bearb., Art., Rdnr.

Graf, Leoni, „Die vertragliche Entwicklung des Raumes der Freiheit, der Sicherheit und des Rechts“, in: Junge Rechtswissenschaft – Völker- und Europarecht, Burkhard Schöbener (Hrsg.), S. 175–224, 1. Aufl., Peter Lang Verlag, Frankfurt am Main 2009, zit.: Graf, Die vertragliche Entwicklung des Raumes der Freiheit, der Sicherheit und des Rechts, S.

Grief, Nicholas, „EU law and security“, in: European Law Review 2007, 32(5), 752–765, Sweet & Maxwell Verlag, London 2007, zit.: Grief, EU law and security, S.

Groeben, Hans von der; Schwarze, Jürgen, EUV/EGV, Kommentar, 6. Aufl., Nomos Verlag, Baden-Baden 2003, zit.: Groeben/Schwarze – Bearbeiter, Art., Rdnr.

Groß, Thomas; Tryjanowski, Alexandra, „Der Status von Drittstaatsangehörigen im Migrationsrecht der EU – eine kritische Analyse“, in: Der Staat 2009, Heft 2, S. 259–277, Duncker & Humblot, Berlin 2009, zit.: Groß/Tryjanowski, Der Staat 2009, S.

Grunert, Frank, Normbegründung und politische Legitimität, 1. Aufl., Max Niemeyer Verlag, Tübingen 2000, zit.: Grunert, S.

Gstrein, Oskar Josef; Zeitzmann, Sebastian, „Die ‚Ackerberg Fransson‘-Entscheidung des EuGH – ‚Ne bis in idem‘ als Wegbereiter für einen effektiven Grundrechtsschutz in der EU?“, in: ZEuS 2013, Heft 2, S. 239–260, Berliner Wissenschafts-Verlag, Berlin 2013, zit.: Gstrein/Zeitzmann, ZEuS 2013, S.

Guild, Elspeth; Carrera, Sergio, No Constitutional Treaty? Implications for the Area of Freedom, Security and Justice, Centre for European Policy Studies, CEPS Working Document No. 231, Brüssel 2005, zit.: Guild/Carrera, No Constitutional Treaty? Implications for the AFSJ, S.

Guild, Elspeth; Carrera, Sergio; Faure Atger, Anaïs, Challenges and Prospects for the EU's Area of Freedom, Security and Justice: Recommendations to the European Commission for the Stockholm Programme, CEPS Working Documents Nr. 313, Centre for European Policy Studies, Brüssel 2009, zit.: Guild/Carrera/Faure Atger, Challenges and Prospects for the EU's AFSJ: Recommendations to the European Commission for the Stockholm Programme, S.

Günther, Klaus, „Weltbürger zwischen Freiheit und Sicherheit" in: Europa als Raum der Freiheit der Sicherheit und des Rechts, Hrsg. Zuleeg, Manfred, 1. Aufl., Nomos Verlag, Baden-Baden 2007, zit.: *Günther.*, S.

Gusy, Christoph, „Der öffentliche Raum – Ein Raum der Freiheit, der (Un-) Sicherheit und des Rechts" in: Juristenzeitung, 64. Jahrgang, Nr. 5, S. 217–224, Mohr Verlag, Tübingen 2009, zit.: Gusy, S.

Gusy, Christoph, „Möglichkeiten und Grenzen einer europäischen Antiterrorpolitik", in: „Europa als Raum der Freiheit, der Sicherheit und des Rechts", Manfred Zuleeg (Hrsg.), S. 61–72, 1. Aufl., Nomos Verlag, Baden-Baden 2007, zit.: Zuleeg/Gusy, S. (unten ändern!)

Gusy, Christoph, „Freiheit zuerst! Perspektiven langfristiger Freiheitspolitik", in: Das Verhältnis von Freiheit und Sicherheit im gemeinsamen europäischen Raum, Friedrich-Ebert-Stiftung (Hrsg.), Forum Berlin v. 30.05.2005, zit.: Gusy, Freiheit zuerst, S.

Gusy, Christoph; Nyberg, S. E. René; Phillipson, Gavin; Schaar, Peter; Hofmann, Frank, „Freiheit versus Sicherheit? Kriterien ihrer Balance in der Innenpolitik"-Podiumsdiskussion, in: Das Verhältnis von Freiheit und Sicherheit im gemeinsamen europäischen Raum, Friedrich-Ebert-Stiftung (Hrsg.), Forum Berlin v. 30.05.2005, zit.: Freiheit versus Sicherheit-Redner, S.

Haack, Stefan, „Der Raum der Freiheit, der Sicherheit und des Rechts im Vertrag von Lissabon – Rhetorik oder Integrationsschub?", in: Die Europäische Union nach dem Vertrag von Lissabon, Olaf Leiße (Hrsg.), 1. Auflage, VS Verlag für Sozialwissenschaften, Wiesbaden 2010, zit.: Haack, Der RFSR im Vertrag von Lissabon – Rhetorik oder Integrationsschub?, S.

Haack, Stefan, „Individuelles Einbezogensein und europarechtliche Ordnung – Grundprobleme der Europarechtstheorie im Hinblick auf die Stellung des Einzelnen im „Raum der Freiheit, der Sicherheit und des Rechts" nach dem Lissabonner Vertrag" in: EuR 2009, Heft 2, S. 282–289, Nomos Verlag, Baden-Baden 2009, zit.: Haack, S.

Habermas, Jürgen, „Ein Pakt für oder gegen Europa?“ in: Zur Verfassung Europas: ein Essay, S. 120–129, Hrsg. Jürgen Habermas, edition Suhrkamp, Berlin 2011, zit.: Habermas, Ein Pakt für oder gegen Europa?, S.

Habermas, Jürgen, „Die Krise der Europäischen Union im Lichte einer Konstitutionalisierung des Völkerrechts – Ein Essay zur Verfassung Europas“ in: Zur Verfassung Europas: ein Essay, S. 39–96, Hrsg. Jürgen Habermas, edition Suhrkamp, Berlin 2011, zit.: Habermas, Ein Essay zur Verfassung Europas, S.

Habermas, Jürgen, „Der europäische Nationalstaat – Zu Vergangenheit und Zukunft von Souveränität und Staatsbürgerschaft“ in: Die Einbeziehung des Anderen. Studien zur politischen Theorie, S. 53–128, Hrsg. Jürgen Habermas, Suhrkamp Verlag, Frankfurt a.M. 1999, zit.: Habermas, S.

Hagedorn, Franziska, Reformen für Justiz und Inneres: eine Frage der Balance; der Raum der Freiheit, der Sicherheit und des Rechts, CAP, München 2002, zit.: Hagedorn, Reformen für Justiz und Inneres: eine Frage der Balance; der RFSR,S.

Hager, Hilmar, DasHauptfreiheitsgrundrecht aus Art. 2 Abs. 1 GG und das Vorverständnis von Freiheit am Beispiel von Hobbes, Hegel, Marx und Jaspers, 1. Aufl., Eigenverlag, Leipzig 1976, zit.: Hager, S.

Hailbronner, Kay, „Der Raum, der Freiheit, der Sicherheit und des Rechts“, in: Der Vertrag von Lissabon, Waldemar Hummer/Walter Obwexer (Hrsg.), S. 361–373, Nomos Verlag, Baden-Baden 2009, zit.: Hailbronner, Der RFSR, S.

Hartung, Gerald, „Vertragstheorie und Konstruktion der Souveränität bei Samuel Pufendorf“, in: „Naturrecht und Staatstheorie bei Samuel Pufendorf“, Dieter Hüning (Hrsg.), 1. Aufl., Nomos Verlag, Baden-Baden 2009, S. 36–48, zit.: Hartung, S.

Heckmann, Dirk, „Sicherheitsarchitektur im bedrohten Rechtsstaat. Neue Polizeibefugnisse zwischen gestalterischer Freiheit und grundrechtlicher Statik“, in: Sicherheit statt Freiheit?: staatliche Handlungsspielräume in extremen Gefährdungslagen, Ulrich Blaschke u.a. (Hrsg.), S. 9–28, Duncker & Humblot, Berlin 2005, zit.: Heckmann, Sicherheitsarchitektur im bedrohten Rechtsstaat. Neue Polizeibefugnisse zwischen gestalterischer Freiheit und grundrechtlicher Statik, S.

Hegel, Georg Wilhelm Friedrich, Grundlinien der Philosophie des Rechts, 5. Aufl., Textedition von Johannes Hoffmeister, Felix Meiner Verlag, Hamburg 1995, zit.: Hegel, Grundlinien, §

Hegel, Georg Wilhelm Friedrich, Vorlesungen über die Philosophie der Religionen, Band II, Theorie-Werkausgabe, Suhrkamp Verlag, Frankfurt am Main 1969, zit.: Hegel, Philosophie, S.

Heilig, Dominic, Freiheit und Sicherheit in Europa: Trilog zur europäisierten Innenpolitik, Rosa-Luxemburg-Stiftung, Berlin 2007, zit.: Heilig, Freiheit und Sicherheit in Europa: Trilog zur europäisierten Innenpolitik, S.

Hellmann, Vanessa, Der Vertrag von Lissabon: vom Verfassungsvertrag zur Änderung der bestehenden Verträge – Einführung mit Synopse und Übersichten, 1. Aufl., Springer-Verlag, Berlin u.a. 2009, zit.: Hellmann, Der Vertrag von Lissabon: vom Verfassungsvertrag zur Änderung der bestehenden Verträge – Einführung mit Synopse und Übersichten, S.

Hirsch, Burkhard, „Bemerkungen zum Schutz der Grundrechte im ‚Raum der Freiheit, der Sicherheit und des Rechts' der Europäischen Gemeinschaft", in: KritV 1/2006, S. 307–243, Bd. 89, Nomos Verlag, Baden-Baden 2006, zit.: Hirsch, Bemerkungen zum Schutz der Grundrechte im „Raum der Freiheit, der Sicherheit und des Rechts" der Europäischen Gemeinschaft, S.

Hirsch, Burkhard, „Terrorbekämpfung und Bürgerrechte", in: Die Europäische Union im Kampf gegen den Terrorismus: Sicherheit vs. Freiheit, Erwin Müller/Patricia Schneider (Hrsg.), S. 43–58, 1. Aufl., Nomos Verlag, Baden-Baden 2006, zit.: Hirsch, Terrorbekämpfung und Bürgerrechte, S.

Hobbes, Thomas, Leviathan, 1. Aufl., Felix Meiner Verlag, Hamburg 1996, Übersetzt von Jutta Schlösser, Hrsg. Hermann Klenner, zit.: *Hobbes*, Leviathan, S.

Hobbes, Thomas, Vom Menschen. Vom Bürger. Elemente der Philosophie II/III (De Homine. De Cive. Elementa Philosophiae II/III), 3. Aufl., Felix Meiner Verlag, Hamburg 1994, Hrsg. Günter Gawlick, zit.: *Hobbes*, Vom Bürger, S.

Hobbes, Thomas, Hobbes über die Freiheit, eingl. und hrsg. von Georg Geismann und Karlfriedrich Herb, 1. Aufl., Königshausen und Neumann Verlag, Würzburg 1988, zit.: Hobbes, Über die Freiheit, S.

Hoffmann-Riem, Wolfgang, „Sicherheit braucht Freiheit" in: Sicherheit versus Freiheit?, S. 117–129, Arnauld, Andreas von/Staack, Michael (Hrsg.), 1. Aufl., Berliner Wissenschaftsverlag, Berlin 2009, zit.: Hoffmann-Riem, S.

Hoffmann-Riem, Wolfgang, „Freiheit und Sicherheit im Angesicht terroristischer Anschläge", in: Die Europäische Union im Kampf gegen den Terrorismus: Sicherheit vs. Freiheit, Erwin Müller/Patricia Schneider (Hrsg.), S. 33–42, 1. Aufl., Nomos Verlag, Baden-Baden 2006, zit.: Hoffmann-Riem, Freiheit und Sicherheit im Angesicht terroristischer Anschläge, S.

Humboldt, Wilhelm von, „Ideen zu einem Versuch, die Gänze der Wirklichkeit des Staates zu bestimmen" (1792). in: Werke in fünf Bänden, Hrsg. Andreas Flitner und Klaus Giel, Band I, 4. Aufl., S. 56–233, Wiss. Buchges., Darmstadt 2002, zit.: Humboldt, Ideen, S.

Hummer, Waldemar, „Der Vertrag von Prüm – ‚Schengen III'?" in: EuR 2007, Heft 4, S. 517–529, Nomos Verlag, Baden-Baden 2009, zit.: Hummer, EuR 2009, S.

Isensee, Josef, „Staat und Verfassung“, in: Handbuch des Staatsrechts der Bundesrepublik Deutschland, Bd. 2: Verfassungsstaat, Josef Isensee/Paul Kirchhof (Hrsg.), § 15/S. 3–106, 3. Aufl., Müller Verlag, Heidelberg 2004, zit.: Isensee, Staat und Verfassung, S.

Isensee, Josef, Das Grundrecht auf Sicherheit: zu den Schutzpflichten des freiheitlichen Verfassungsstaates, de Gruyter Verlag, Berlin 1983, zit.: Isensee, S.

Jaeckel, Liv, „The duty to protect fundamental rights in the European Community“, in: European Law Review 2003, 28(4), S. 508–527, Sweet & Maxwell Verlag, London 2003, zit.: Jaeckel, E.L.Rev. 2003, S.

Jäger, Marc, Die verfassungsrechtliche Pflicht zur transnationalen Zusammenarbeit im Bereich der inneren Sicherheit, 1. Aufl., Boorberg Verlag, Stuttgart 2008, zit.: Jäger, S.

Jarass, Hans, Charta der Grundrechte der EU, Kommentar, Beck Verlag, München 2011, zit.: Jarass, GRC, §, Rdnr.

Jaspers, Karl Theodor, Die Atombombe und die Zukunft des Menschen, 1. Aufl., R. Piper & Co. Verlag, München 1960, zit.: Jaspers, S.

Jaspers, Karl Theodor, Vom Ursprung und Ziel der Geschichte, 1.Aufl., R. Piper & Co. Verlag, München 1950, zit.: Jaspers, Vom Ursprung, S.

Kahl, Martin, „Die EU und der Kampf gegen den Terrorismus – die schwierige Balance zwischen Sicherheit und Freiheit“, in:, Sicherheit und Frieden, 2006, Heft 3, S. 123–128, Nomos Verlag, Baden-Baden 2006, zit.: Kahl, Die EU und der Kampf gegen den Terrorismus – die schwierige Balance zwischen Sicherheit und Freiheit, S.

Kainer, Friedemann, „Strafrecht im Raum der Freiheit, der Sicherheit und des Rechts. Entwicklung und Umsetzungsprobleme des europäisierten Strafrechts in Deutschland“, in: EuR 2013, Beiheft 3, S. 87–117, Nomos Verlag, Baden-Baden 2013, zit.: Kainer, EuR 2013, S.

Kainer, Friedemann, „Der Raum der Freiheit, der Sicherheit und des Rechts nach dem Verfassungsvertrag“, in: Der Vertrag über eine Verfassung für Europa, Mathias Jopp/Saskia Matl (Hrsg.), S. 283–305, 1. Aufl., Nomos Verlag, Baden-Baden 2005, zit.: Kainer, Der RFSR nach dem Verfassungsvertrag, S.

Kainer, Friedemann, „Der europäische Raum der Freiheit der Sicherheit und des Rechts: Stand und Entwicklung eines integrationspolitischen Subkonzepts“, in: Integration 2003, Heft 3, S. 272–279, Nomos Verlag, Baden-Baden 2003, zit.: Kainer, Der europäische RFSR: Stand und Entwicklung eines integrationspolitischen Subkonzepts, S.

Kampfer, Georg Kristian, „Der Raum der Freiheit, der Sicherheit und des Rechts“, in: Der Vertrag von Lissabon – Analyse und Bewertung, Andreas Marchetti/Claire Demesmay (Hrsg.), S. 73–88, 1. Aufl., Nomos Verlag, Baden-Baden 2010, zit.: Kampfer, Der RFSR, S.

Kant, Immanuel, Zum ewigen Frieden, 1. Aufl., Hrsg. Oliver Eberl und Peter Niesen, Suhrkamp Verlag, Frankfurt am Main 2009, zit.: Kant, Frieden, Abschnitt

Kant, Immanuel, Abhandlungen nach 1781, Akademie-Textausgabe von Kants gesammelten Schriften, Band 8, de Gruyter Verlag, Berlin 1968, zit.: Kant, Abhandlungen, S.

Kant, Immanuel, Metaphysik der Sitten, Rechtslehre, 1779, Akademie-Textausgabe von Kants gesammelten Schriften, Band 6, de Gruyter Verlag, Berlin 1968, zit.: Kant, Rechtslehre, S.

Kant, Immanuel, Abhandlungen nach 1781, Akademie-Textausgabe von Kants gesammelten Schriften, Band 23, de Gruyter Verlag, Berlin 1955, zit.: Kant, Vorarbeiten, S.

Kant, Immanuel, Moralphilosophie, Rechtsphilosophie und Religionsphilosophie; Akademie-Textausgabe von Kants gesammelten Schriften, Band 19, de Gruyter Verlag, Berlin 1934, zit.: Kant, Moralphilosophie, S., R. (Reflexion)

Kaunert, Christian, European Internal Security – Towards supranational governance in the Area of Freedom, Security and Justice, Manchester University Press, 1. Aufl., Manchester 2010, zit.: Kaunert, European Internal Security – Towards supranational governance in the AFSJ, S.

Kaunert, Christian, „The Area of Freedom, Security and Justice: The Construction of a ‚European Public Order' ", in: European Security, Vol. 14, No. 4, S. 459–483, Taylor & Francis Group, Oxfordshire 2005, zit.: Kaunert, Construction of a ‚European Public Order', S.

Kersting, Wolfgang, Wohlgeordnete Freiheit, Immanuel Kants Rechts- und Staatsphilosophie, 3. Aufl., Mentis Verlag, Paderborn 2007, zit.: Kersting, S.

Klement, Jan Hendrik, „Freiheit der Person", in: Europäischer Grundrechtsschutz, Christoph Grabenwarter (Hrsg.). Bd. 2 der der Enzyklopädie Europarecht (Hrsg.: Armin Hatje/Peter-Christian Müller-Graff), S. 347–386, 1. Aufl., Nomos Verlag, Baden-Baden 2014, zit.: Klement, Freiheit der Person, S.

Knapp, Andreas, „Die Garantie des effektiven Rechtsschutzes durch den EuGH im ‚Raum der Freiheit, der Sicherheit und des Rechts' ", in: DÖV 2001, Heft 1, S. 12–21, Kohlhammer Verlag, Stuttgart 2001, zit.: Knapp, Die Garantie des effektiven Rechtsschutzes durch den EuGH im „Raum der Freiheit, der Sicherheit und des Rechts", S.

Knelangen, Wilhelm, „Nachbarn in Sicherheit, Freiheit und Recht? Inneres und Justiz: Ambivalenzen der EU", in: Osteuropa 57 (2007) 2–3, S. 257–272, BWV, Berlin 2007, zit.: Knelangen, Nachbarn in Sicherheit, Freiheit und Recht? Inneres und Justiz: Ambivalenzen der EU, S.

Knelangen, Wilhelm, „Die innen- und justizpolitische Zusammenarbeit der EU und die Bekämpfung des Terrorismus", in: Die Europäische Union im Kampf gegen den Terrorismus: Sicherheit vs. Freiheit, Erwin Müller/Patricia

Schneider (Hrsg.), S. 140–162, 1. Aufl., Nomos Verlag, Baden-Baden 2006, zit.: Knelangen, Die innen- und justizpolitische Zusammenarbeit der EU und die Bekämpfung des Terrorismus, S.

Knelangen, Wilhelm, Freiheit, Sicherheit oder Recht? Ambivalenzen der innen- und justizpolitischen Dimension der Europäischen Nachbarschaftspolitik, Kieler Analysen zur Sicherheitspolitik Nr. 19, Institut für Sicherheitspolitik an der Christian-Albrechts-Universität zu Kiel (ISUK), Kiel 2006, zit.: Knelangen, Freiheit, Sicherheit oder Recht? Ambivalenzen der innen- und justizpolitischen Dimension der Europäischen Nachbarschaftspolitik, S.

Knelangen, Wilhelm, Das Politikfeld der inneren Sicherheit im Integrationsprozess, 1. Aufl., Forschungen zur Europäischen Integration, Bd. 4, Leske + Budrich, Opladen 2001, zit.: Knelangen, S.

Kocka, Jürgen, „Verflechtung und Differenz. Zum Problem der Grenzen Europas“, in: Europäische Identitäten – Eine Europäische Identität?, S. 52–58, Simon Donig/Tobias Meyer/Christiane Winkler (Hrsg.), 1. Aufl., Nomos Verlag, Baden-Baden 2005, zit.: Kocka, Verflechtung und Differenz. Zum Problem der Grenzen Europas, S.

Kotzur, Markus, „Neuerungen auf dem Gebiet des Rechtsschutzes durch den Vertrag von Lissabon“, in: EuR 2012, Beiheft 1, S. 7–23, Nomos Verlag, Baden-Baden 2012, zit.: Kotzur, Neuerungen auf dem Gebiet des Rechtsschutzes durch den Vertrag von Lissabon, S.

Kranz, Jerzy, „Gibt es ein Demokratiedefizit in der Europäischen Union“, in: Archiv des Völkerrechts 2013, Bd. 51, S. 403–425, Mohr Siebeck, Tübingen 2013, zit.: Kranz, Gibt es ein Demokratiedefizit in der Europäischen Union, S.

Kraus-Vonjahr, Martin, Der Aufbau eines Raums der Freiheit, der Sicherheit und des Rechts, 1. Aufl., Lang Verlag, Frankfurt am Main 2002, zit.: Kraus-Vonjahr, S.

Krieger, Heike, „Die Haltung europäischer Gerichte zu Sicherheitsfragen – Kontrolldichte und richterliche Zurückhaltung in Entscheidungen von EGMR und EuGH“, in: Rechtsstaat, Freiheit und Sicherheit in Europa; Julia Iliopoulos-Strangas, Oliver Diggelmann und Hartmut Bauer eds. (Hrsg.), S. 483–502, 1. Aufl., Nomos Verlag, Baden-Baden 2010, zit.: Krieger, S.

Kugelmann, Dieter, „Datenschutz in der europäischen Innenpolitik“, in: Verfassungsstaatlichkeit im Wandel, Festschrift für Thomas Würtenberger, Dirk Heckmann/Ralf P. Schenke/Gernot Sydow (Hrsg.), S. 517–531, Duncker & Humblot, Berlin 2013, zit.: Kugelmann, Datenschutz in der europäischen Innenpolitik, S.

Kugelmann, Dieter; Rackow, Peter, Prävention und Repression im Raum der Freiheit, der Sicherheit und des Rechts: Belastbarkeit der Konzepte von Strafe und Gefahrenabwehr zwischen Staat und EU, 1. Aufl., Nomos, Baden-Baden 2014, zit.: Kugelmann/Rackow, Prävention und Repression im RFSR, S.

Kunze, Thomas (Hrsg.), Europa heisst Freiheit – über die Verantwortung von Demokraten, Konrad-Adenauer-Stiftung, Berlin u.a. 2009, zit.: Kunze – Bearbeiter, Europa heisst Freiheit, S.

Kutscha, Martin, „Überwachung – der Preis für mehr Sicherheit?", in: Sicherheit und Frieden 2013, Heft 4, S. 238–239, Nomos Verlag, Baden-Baden 2013, zit.: Kutscha, Überwachung – der Preis für mehr Sicherheit?, S.

Landfried, Christine, „Wo bleiben die Bürger in der Europäischen Union? Anforderungen an die Demokratie jenseits der Nationalstaaten", in: Die Europäische Union – Innere Verfasstheit und globale Handlungsfähigkeit, Thomas Bruha/Carsten Nowak (Hrsg.), S. 89–106, 1. Aufl., Nomos Verlag, Baden-Baden 2006, zit.: Landfried, Wo bleiben die Bürger in der EU? Anforderungen an die Demokratie jenseits der Nationalstaaten, S.

Lavenex, Sandra; Wagner, Wolfgang, „Which European Public Order? Sources of Imbalance in the European Area of Freedom, Security and Justice", in: European Security, Vol. 16, No. 3–4, S. 225–243, Taylor & Francis Group, Oxfordshire 2007, zit.: Lavenex/Wagner, Which European Public Order?, S.

Lenaerts, Koen, „The principle of democracy in the case law of the European Court of Justice", in: International & Comparative Law Quarterly 2013, S. 271–315, Cambridge University Press, Cambridge 2013, zit.: Lenaerts, The principle of democracy in the case law of the European Court of Justice, S.

Lenaerts, Koen, „The Contribution of the European Court of Justice to the Area of Freedom, Security and Justice", in: International and Comparative Law Quarterly 2010, Bd. 59, S. 255–301, British Institute of International and Comparative Law, London 2010, zit.: Koen, The Contribution of the European Court of Justice to the Area of Freedom, Security and Justice, S.

Lenz, Carl Otto; Borchardt, Klaus-Dieter; Bitterlich, Joachim, EU-Verträge: Kommentar nach dem Vertrag von Lissabon, 5. Aufl., Bundesanzeiger, Köln 2010, zit.: Lenz/Borchardt/Bitterlich – Bearbeiter, Art., Rdnr.

Limbach, Jutta, Ist die kollektive Sicherheit der Feind der individuellen Freiheit?, 1. Aufl., Heymanns Verlag, Köln u.a. 2002; zit.: Limbach, Ist die kollektive Sicherheit der Feind der individuellen Freiheit?, S.

Lindahl, Hans, „Finding a place for freedom, security and justice: the European Union's claim to territorial unity" in: European Law Review 2004, 29(4), S. 461–484, Sweet & Maxwell Verlag, London 2004, zit.: Lindahl, E.L.Rev. 2004, S.

Lindahl, Hans, „Inside and Outside the EU's ‚Area of Freedom, Security and Justice' ", in: ARSP 2004, Vol. 90, S. 478–497, Franz Steiner Verlag, Stuttgart 2004, zit.: Lindahl, Inside and Outside the EU's „Area of Freedom, Security and Justice", S.

Linder, Josef Franz, „EU-Grundrechtecharta – weniger Rechte für den Bürger?“ in: BayVBl. 2001, S. 523–525, Boorberg Verlag, München 2001, zit.: Lindner, BayVBl. 2001, S.

Locke, John, Zwei Abhandlungen über die Regierung, 1. Aufl., Suhrkamp Verlag, Frankfurt am Main 1977, übersetzt von Hans Jörn Hoffmann, herausgegeben von Walter Euchner, zit.: Locke, S.

Ludwig, Anette, „Probleme des Rechtsschutzes vor dem EuGH im Raum der Freiheit, der Sicherheit und des Rechts“ in: Europa der Bürger? Nach der Euro-Einführung und vor der EU-Erweiterung – Zwischenbilanz und Perspektiven, S. 217–225, Rupert Scholz (Hrsg.), Hanns Martin Schleyer-Stiftung, Bd. 60, J. P. Bachem Verlag, Köln 2002, zit.: Ludwig, S.

Mager, Christoph, Terrorismusbekämpfung zwischen Freiheit und Sicherheit, 1. Aufl., Lorenz-von-Stein-Institut für Verwaltungswissenschaften an der Christian-Albrechts-Universität zu Kiel, Kiel 2005, zit.: Mager, S.

Maihofer, Werner, „Innen- und Rechtspolitik: Im Zweifel für die Freiheit“, in: Liberale in der Verantwortung, Hans-Dietrich Genscher (Hrsg.), S. 83–98, Hanser Verlag, München u.a. 1976, zit.: Maihofer, Innen- und Rechtspolitik: Im Zweifel für die Freiheit, S.

Mayer, Franz, „Der Vertrag von Lissabon und die Grundrechte“ in: EuR 2009, Beiheft 1, S. 87–102, Nomos Verlag, Baden-Baden 2009, zit.: Mayer, EuR 2009, S.

Meloni, Annalisa, „The Community Code on Visas: harmonisation at last?“ in European Law Review 2009, 34(5), S. 671–695, Sweet & Maxwell Verlag, London 2009, zit.: Meloni, E.L.Rev. 2009, S.

Merli, Franz, „Innere Sicherheit als eine europäische Aufgabe?“, in: Rechtsstaat, Freiheit und Sicherheit in Europa; Julia Iliopoulos-Strangas, Oliver Diggelmann und Hartmut Bauer eds. (Hrsg.), S. 367–402, 1. Aufl., Nomos Verlag, Baden-Baden 2010, zit.: Merli, S.

Merli, Franz, „Der Raum der Freiheit, der Sicherheit und des Rechts und die Osterweiterung der Europäischen Union – Eine Einführung“, in: Der Raum der Freiheit, der Sicherheit und des Rechts und die Osterweiterung der Europäischen Union, Franz Merli (Hrsg.), Thelem Verlag, Dresden 2001, S. 17–35, zit.: Merli, RFSR, S.

Meyer, Berthold, „Im Spannungsfeld von Sicherheit und Freiheit – Staatliche Reaktionen auf den Terrorismus“, in: HSFK-Standpunkte: Beiträge zum demokratischen Frieden Nr. 1/2002, S. 1–12, Hessische Stiftung Friedens- und Konfliktforschung/Peace Research Institute Frankfurt, Frankfurt a.M. 2002, zit.: Meyer, Im Spannungsfeld von Sicherheit und Freiheit, S.

Meyer, Frank, „Das Strafrecht im Raum der Freiheit, der Sicherheit und des Rechts“ in: EuR 2011, Heft 2, S. 169–196, Nomos Verlag, Baden-Baden 2011, zit.: Meyer, EuR 2011, S.

Meyer, Jürgen (Hrsg.), Charta der Grundrechte der Europäischen Union, Kommentar, Nomos Verlag, Baden-Baden 2011, zit.: Meyer – Bearbeiter, Art., Rdnr.

Mitsilegas, Valsamis, „The third wave of third pillar law. Which direction for EU criminal justice?“, in: European Law Review 2009, 34(4), S. 523–560, Sweet & Maxwell Verlag, London 2009, zit.: Mitsilegas, The third wave of third pillar law. Which direction for EU criminal justice?, S.

Monar, Jörg, „The Institutional Framework of the AFSJ – Specific Challenges and Dynamics of Change“, in: The institutional Dimension of the European Unions's Area of Freedom, Security and Justice, Jörg Monar (Hrsg.), S. 21–49, Peter Lang Verlag, Brüssel 2010, zit.: Monar, Institutional Framework of the AFSJ, S.

Monar, Jörg, „Der Raum der Freiheit, der Sicherheit und des Rechts“ in: „Europäisches Verfassungsrecht: Theoretische und dogmatische Grundzüge“, Bogdandy, Armin v./Bast, Jürgen (Hrsg.); S. 750–797, 2. Aufl., Springer Verlag, Berlin u.a. 2009, zit.: Bogdandy/Bast-Monar, S.

Monar, Jörg, „Die Vertragsreformen von Lissabon in den Bereichen Inneres und Justiz: verstärkte Handlungsfähigkeit, Kontrolle und Differenzierung“, in: Integration 2008, Heft 4, S. 379–398, Nomos Verlag, Baden-Baden 2008, zit.: Monar, Die Vertragsreformen von Lissabon in den Bereichen Inneres und Justiz: verstärkte Handlungsfähigkeit, Kontrolle und Differenzierung, S.

Monar, Jörg, „Die politische Konzeption des Raumes der Freiheit, der Sicherheit und des Rechts: Vom Amsterdamer Vertrag bis zum Verfassungsentwurf des Konvents“ in: „Der Raum der Freiheit, der Sicherheit und des Rechts“, Müller-Graff, Peter-Christian (Hrsg.), S. 29–41, 1. Aufl., Nomos Verlag, Baden-Baden 2005, zit.: Müller-Graff/Monar, S.

Monar, Jörg, „Der Raum der Freiheit, der Sicherheit und des Rechts in der erweiterten Union“, in: Bilanz und Folgeprobleme der EU-Erweiterung, Barbara Lippert (Hrsg.), S. 221–239, 1. Aufl., Nomos Verlag, Baden-Baden 2004, zit.: Monar, Der RFSR in der erweiterten Union, S.

Monar, Jörg, „Auf dem Weg zu einem Verfassungsvertrag. Der Reformbedarf der Innen- und Justizpolitik der Union“, in: Integration 2003, Heft 1, S. 31–47, Nomos Verlag, Baden-Baden 2003, zit.: Monar, Auf dem Weg zu einem Verfassungsvertrag. Der Reformbedarf der Innen- und Justizpolitik der Union, S.

Monar, Jörg, „Der Raum der Freiheit, der Sicherheit und des Rechts im Verfassungsvertrag des Konvents“, in: Integration 2003, Heft 4, S. 536–549, Nomos Verlag, Baden-Baden 2003, zit.: Monar, Der RFSR im Verfassungsvertrag des Konvents, S.

Monar, Jörg, „Die EU als Raum der Freiheit, der Sicherheit und des Rechts und die Herausforderung des internationalen Terrorismus“, in: Integration 2002, Heft

3, S. 171–186, Nomos Verlag, Baden-Baden 2002, zit.: Monar, Die EU als RFSR und die Herausforderung des internationalen Terrorismus, S.

Monar, Jörg, „The Problems of Balance in EU Justice and Home Affairs and the Impact of 11 September" in: Police and Justice Co-operation and the New European Borders; Anderson, Malcolm/Apap, Joanna (Hrsg.); Kluwer Law International, Den Haag 2002, S. 165–182, zit.: Monar, S.

Monar, Jörg, „Justice and Home Affairs in the Treaty of Amsterdam: Reform at the Price of Fragmentation" in: European Law Review 1998, 23(4), S. 320–335, Heft 84, Sweet & Maxwell Verlag, London 1998, zit.: Monar, E.L.Rev. 1998, S.

Montesquieu, Charles de Secondat, Vom Geist der Gesetze I, 2. Aufl., übersetzt und herausgegeben von Ernst Forsthoff, Mohr Verlag, Tübingen 1992, zit.: Montesquieu, S.

Müller, Erwin; Schneider, Patricia, Die Europäische Union im Kampf gegen den Terrorismus: Sicherheit vs. Freiheit?, x. Aufl., Nomos Verlag, Baden-Baden 2006, zit.: *Müller/Schneider – Bearb., S.*

Müller, Sebastian; Gusy, Christoph, „Polizeiliche und justizielle Zusammenarbeit", in: Jahrbuch der Europäischen Integration 2012, Werner Weidenfeld/Wolfgang Wessels (Hrsg.), S. 209–216, 1. Aufl., Nomos Verlag, Baden-Baden 2012, zit.: Müller/Gusy, Polizeiliche und justizielle Zusammenarbeit, S.

Müller, Thorsten, Die Innen- und Justizpolitik der Europäischen Union – Eine Analyse der Integrationsentwicklung, 1. Aufl., leske + budrich Verlag, Opladen 2003, Studien zur Europäischen Union, Bd. 2, zit.: Müller, S.

Müller-Graff, Peter-Christian, „Der Raum der Freiheit, der Sicherheit und des Rechts in der Lissabonner Reform" in: EuR 2009, Beiheft 1, S. 115–127, Nomos Verlag, Baden-Baden 2009, zit.: Müller-Graff, EuR 2009, S.

Müller-Graff, Peter-Christian, „Der Raum der Freiheit, der Sicherheit und des Rechts in der Lissabonner Reform", in: Der Reformvertrag von Lissabon, Jürgen Schwarze/Armin Hatje (Hrsg.), Europarecht 2009, Beiheft 1, S. 105–128, Nomos Verlag, Baden-Baden 2009, zit.: Müller-Graff, Der RFSR in der Lissabonner Reform, S.

Müller-Graff, Peter-Christian, „Der ‚Raum der Freiheit, der Sicherheit und des Rechts' im neuen Verfassungsvertrag für Europa-Neuerungen und Notwendigkeiten seiner Rekonstruktion", in: Europa und seine Verfassung, Festschrift für Manfred Zuleeg zum siebzigsten Geburtstag, Charlotta Gaitanides/Stefan Kadelbach/Gil Carlos Rodriguez Iglesias (Hrsg.), S. 605–623, Nomos Verlag, Baden-Baden 2007, 2. Aufl., zit.: Müller-Graff, Der „RFSR" im neuen Verfassungsvertrag für Europa – Neuerungen und Notwendigkeiten seiner Rekonstruktion, S.

Müller-Graff, Peter-Christian, „‚Differenzierte Integration': Konzept mit sprengender oder unitarisierender Kraft für die Europäische Union?", in: Integration 2007, Heft 2, S. 129–139, Nomos Verlag, Baden-Baden 2007, zit.: Müller-Graff, „Differenzierte Integration“: Konzept mit sprengender oder unitarisierender Kraft für die Europäische Union?, S.

Müller-Graff, Peter-Christian, „Das Verhältnis von Grundrechten und Grundfreiheiten im Lichte des Europäischen Verfassungsvertrags“, in: Europäische Verfassung und Grundrechtecharta, Jürgen Schwarze (Hrsg.), Europarecht 2006, Beiheft 1, S. 19–42, Nomos Verlag, Baden-Baden 2006, zit.: Müller-Graff, Das Verhältnis von Grundrechten und Grundfreiheiten im Lichte des Europäischen Verfassungsvertrags, S.

Müller-Graff, Peter-Christian, „Der Raum der Freiheit, der Sicherheit und des Rechts – der primärrechtliche Rahmen“ in: Der Raum der Freiheit, der Sicherheit und des Rechts, Müller-Graff, Peter-Christian (Hrsg.), S. 11–28, 1. Aufl., Nomos Verlag, Baden-Baden 2005, zit.: Müller-Graff/Müller-Graff, S.

Müller-Graff, Peter-Christian, „Die justizielle Zusammenarbeit im ‚Raum der Freiheit, der Sicherheit und des Rechts‘ im System des Europäischen Verfassungsvertrages“, in: Festschrift für Erik Jayme, Bd. 2, S. 1323–1337, Sellier Verlag, München 2004, zit.: Müller-Graff, Die justizielle Zusammenarbeit im „RFSR“ im System des Europäischen Verfassungsvertrages, S.

Müller-Graff, Peter-Christian, „Europäische Verfassung und Grundrechtecharta: Die Europäische Union als transnationales Gemeinwesen“ in: Integration 23 (2000), S. 34–47, Nomos Verlag, Baden-Baden 2000, zit.: Müller-Graff, Integration 2000, S.

Müller-Graff, Peter-Christan; Repasi, Renè, „Asyl-, Einwanderungs- und Visapolitik“, in: Jahrbuch der Europäischen Integration 2012, Werner Weidenfeld/Wolfgang Wessels (Hrsg.), S. 143–152, 1. Aufl., Nomos Verlag, Baden-Baden 2012, zit.: Müller-Graff/Repasi, Asyl-, Einwanderungs- und Visapolitik, S.

Nalewajko, Paweł, Grundsatz der gegenseitigen Anerkennung: Eckstein der justiziellen Zusammenarbeit in Strafsachen in der Europäischen Union?, 1. Aufl., Duncker & Humblot, Berlin 2010, zit.: Nalewajko, Grundsatz der gegenseitigen Anerkennung: Eckstein der justiziellen Zusammenarbeit in Strafsachen in der Europäischen Union?, S.

Nettesheim, Martin, „Privatleben und Privatsphäre“, in: Europäischer Grundrechtsschutz, Christoph Grabenwarter (Hrsg.). Bd. 2 der der Enzyklopädie Europarecht (Hrsg.: Armin Hatje/Peter-Christian Müller-Graff), S. 387–416, 1. Aufl., Nomos Verlag, Baden-Baden 2014, zit.: Nettesheim, Privatleben und Privatsphäre, S.

Nettesheim, Martin, „Grundrechtskonzeptionen des EuGH im Raum der Freiheit, der Sicherheit und des Rechts“ in: EuR 2009, Heft 1, S. 24–43, Nomos Verlag, Baden-Baden 2009, zit.: Nettesheim, S.

Nettesheim, Martin, „Grundrechtsschutz im Raum der Freiheit, des Rechts und der Sicherheit", in: Verfassung und Politik im Prozess der europäischen Integration, Ernst-Joachim Mestmäcker/Wernhard Möschel/Martin Nettesheim (Hrsg.), S. 117–147, 1. Aufl., Nomos Verlag, Baden-Baden 2008, zit.: Nettesheim, Grundrechtsschutz, S.

Niederberger, Andreas, Demokratie unter Bedingungen der Weltgesellschaft?, 1. Aufl., de Gruyter Verlag, Berlin 2009, zit.: Niederberger, S.

Nowak, Carsten; Behrend, Katharina, „Kein zentraler Individualrechtsschutz gegen Gesetzgebungsakte der Europäischen Union?–Anmerkung zur Rechtsmittelentscheidung des EuGH vom 03.10.2013 in der Rs. C-583/11 P (Inuit Tapiriit Kanatami u.a./Europäisches Parlament und Rat der EU)", in: EuR 2014, Heft 1, S. 86–99, Nomos Verlag, Baden-Baden 2014, zit.: Nowak/Behrend, EuR 2014, S.

Ooyen, Robert Chr. van, „(K)ein Raum der Freiheit, der Sicherheit und des Rechts? Die Entscheidung des Bundesverfassungsgerichts zum EU-Haftbefehl, in: Europäisierung und Internationalisierung der Polizei, S. 59–67, Martin H. W. Möllers/Robert Chr. Van Ooyen (Hrsg.), 1. Aufl., Verlag für Polizeiwissenschaft, Frankfurt 2006, zit.: van Ooyen, EU-Haftbefehl, S.

Oppermann, Thomas; Classen, Claus Dieter; Nettesheim, Martin, Europarecht, 5. Aufl., Beck Verlag, München 2011, zit.: Oppermann/Classen/Nettesheim – Bearbeiter, §, Rdnr.

Pabel, Katharina, „Justizgrundrechte", in: Europäischer Grundrechtsschutz, Christoph Grabenwarter (Hrsg.). Bd. 2 der der Enzyklopädie Europarecht (Hrsg.: Armin Hatje/Peter-Christian Müller-Graff), S. 807–846, 1. Aufl., Nomos Verlag, Baden-Baden 2014, zit.: Pabel, Justizgrundrechte, S.

Pache, Eckhard; Rösch, Franziska, „Die neue Grundrechtsordnung der EU nach dem Vertrag von Lissabon" in: EuR 2009, Heft 6, S. 769–790, Nomos Verlag, Baden-Baden 2009, zit.: Pache/Rösch, EuR 2009, S.

Paine, Thomas, Common sense: addressed to the inhabitants of America, London, J. Cleave, [1834?]. *The Making of the Modern World.* Gale 2010. Gale, Cengage Learning. Staats- und Universitätsbibliothek Hamburg. 07 Oktober 2010 http://galenet.galegroup.com/servlet/MOME?af=RN&ae=U105380983&srchtp=a&ste=14, zit.: Paine, Common Sense, S.

Paine, Thomas, Rights of Man (Die Rechte des Menschen),Teil I und II, 1. Aufl., übersetzt und herausgegeben von Wolfgang Mönke, Akademie-Verlag, Berlin 1962, zit.: Paine, Rights of Man, S.

Papayannis, Donatos, „Die Polizeiliche Zusammenarbeit und der Vertrag von Prüm" in: ZEuS 2008, Heft 2, S. 219–251, zit.: Papayannis, ZEuS, S.

Paraschas, Katherina, „Das Eilvorabentscheidungsverfahren zum Raum der Freiheit, der Sicherheit und des Rechts beim Gerichtshof der Europäischen Gemeinschaften", in: DRiZ 2009, Bd. 87, S. 256–258, Heymanns Verlag, Köln

2009, zit.: Paraschas, Das Eilvorabentscheidungsverfahren zum RFSR beim EuGH, S.

Parusel, Bernd, Abschottungs- und Anwerbungsstrategien: EU-Institutionen und Arbeitsmigration, 1. Aufl., VS Verlag für Sozialwissenschaften, Wiesbaden 2010, zit.: Parusel, Abschottungs- und Anwerbungsstrategien, S.

Pawlas, Andreas, Freiheit – Erfolgsprogramm oder Illusion der Neuzeit?, 1. Aufl., Luther-Verlag, Bielefeld 1991, zit.: *Pawlas*, S.

Peers, Steve, EU Justice and Home Affairs Law, 3. Aufl., Oxford University Press, Oxford u.a. 2011, zit.: Peers, EU Justice and Home Affairs Law, S.

Peers, Steve, „The Jurisdiction of the Court of Justice over EC Immigration and Asylum Law: Time for a change?" in: Whose freedom, security and justice?: EU immigration and asylum law and policy, Anneliese Baldaccini/Elspeth Guild/Helen Toner (Hrsg.), S. 85–109, 1. Aufl., Hart Verlag, Oxford 2007, zit.: Peers, The Jurisdiction of the Court of Justice over EC Immigration and Asylum Law: Time for a change?, S.

Peers, Steve, „In a World of Their Own? Justice and Home Affairs Opt-Outs and the Treaty of Lisbon"; Cambridge Yearbook of European Legal Studies, Vol. 10, S. 383–412, Centre for European Legal Studies (CELS) Cambridge, Hart, Oxford u.a. 2007–2008, zit.: Peers, In a World of Their Own? Justice and Home Affairs Opt-Outs and the Treaty of Lisbon, S.

Pernice, Ingolf (Hrsg.), Der Vertrag von Lissabon: Reform der EU ohne Verfassung?, Kolloquium zum 10. Geburtstag des WHI, 1. Aufl., Nomos Verlag, Baden-Baden 2008, zit.: Pernice – Bearb., Vertrag von Lissabon, S.

Phuong, Catherine, „Building a Community Return Policy with third countries: An equal partnership?" in: Whose freedom, security and justice?: EU immigration and asylum law and policy, Anneliese Baldaccini/Elspeth Guild/Helen Toner (Hrsg.), S. 337–358, 1. Aufl., Hart Verlag, Oxford 2007, zit.: Phuong, Building a Community Return Policy with third countries: An equal partnership?, S.

Pietschmann, Nina, „Der Rechtsstaat im Wandel. Zum Spannungsverhältnis von Freiheit und Sicherheit in der Bundesrepublik Deutschland", in: Sicherheit und Freiheit statt Terror und Angst – Perspektiven einer demokratischen Sicherheit, S. 127–154, Gisela Riescher (Hrsg.), 1. Aufl., Nomos Verlag, Baden-Baden 2010, zit.: Pietschmann, S.

Pufendorf, Samuel, De jure naturae et gentium libri octo, 2. Aufl., Übersetzung der Ausgabe von 1688 durch C.H. und W.A. Oldfather, Oxford University Press 1934, zit.: Pufendorf, S., Buch, Kap., §

Ribičič, Ciril, „Security v. Freedom", in: Rechtsstaat, Freiheit und Sicherheit in Europa; Julia Iliopoulos-Strangas, Oliver Diggelmann und Hartmut Bauer eds. (Hrsg.), S. 277–299, 1. Aufl., Nomos Verlag, Baden-Baden 2010, zit.: Ribičič, S.

Riescher, Gisela, „Demokratische Freiheit und die Sicherheit des Leviathan“, in: Sicherheit und Freiheit statt Terror und Angst – Perspektiven einer demokratischen Sicherheit, S. 11–24, Gisela Riescher (Hrsg.), 1. Aufl., Nomos Verlag, Baden-Baden 2010, zit.: Riescher, S.

Rogalla, Dieter; Hermes, Stefanie; Hochheimer, Marcus, „‚Digitaler – Dialog‘ oder Bürgerinteresse EU-Freizügigkeit im Schongang. Kritisches zu ‚Schengen und Umgebung‘: Wie ein EU-Bürgerrecht ausgehöhlt wird.“ in: EuR 2007, Heft 5, S. 660–670, Nomos Verlag, Baden-Baden 2007, zit.: Rogalla/Hermes/Hochheimer, EuR 2007, S.

Rössler, Julian, „Hegels Rechtsphilosophie und die Europäische Union“, in: Zeitschrift für Rechtsphilosophie 2013, Heft 1, S. 76–103, LIT Verlag, Münster u.a. 2013, zit.: Rössler, Hegels Rechtsphilosophie und die Europäische Union, S.

Rousseau, Jean-Jacques, Vom Gesellschaftsvertrag oder Grundsätze des Staatsrechts, 2. Aufl., übersetzt und herausgegeben von Hans Brockard, Reclam Verlag, 1991 Stuttgart, zit.: Rousseau, S.

Ruffert, Matthias, „Der Raum der Freiheit, der Sicherheit und des Rechts nach dem Reformvertrag – Kontinuierliche Verfassungsgebung in schwierigem Terrain“, in: Der Vertrag von Lissabon: Reform der EU ohne Verfassung?, Kolloquium zum 10. Geburtstag des WHI, S. 169–173, Nomos Verlag, Baden-Baden 2008, zit.: Ruffert, Der RFSR nach dem Reformvertrag – Kontinuierliche Verfassungsgebung in schwierigem Terrain, S.

Ruffert, Matthias, „Die unionsverfassungsrechtlichen Grundlagen des Raums der Freiheit, der Sicherheit und des Rechts“, in: Eckhard Pache (Hrsg.), Die Europäische Union – Ein Raum der Freiheit, der Sicherheit und des Rechts?, S. 14–33, 1. Aufl., Nomos Verlag, Baden-Baden 2005, zit.: Ruffert, Die unionsverfassungsrechtlichen Grundlagen des RFSR, S.

Salminen, Janne, „Depillarization and the Shaping of AFSJ“, in: Maastricht Journal of European and Comparative Law 2011, Vol. 18, Nr. 3, S. 275–302, Maastricht University, Intersentia Verlag, Cambridge u.a. 2011, zit.: Salminen, Depillarization and the Shaping of AFSJ, S.

Satzger, Helmut, „Grundsätze eines europäischen Strafrechts“, in: Europäisches Strafrecht mit polizeilicher Zusammenarbeit, Martin Böse (Hrsg.), Bd. 9 der Enzyklopädie Europarecht (Hrsg.: Armin Hatje/Peter-Christian Müller-Graff), S. 61–95, 1. Aufl., Nomos Verlag, Baden-Baden 2013, zit.: Satzger, Grundsätze eines europäischen Strafrechts, S.

Schelter, Kurt, „Europa – ein Raum der Freiheit, der Sicherheit und des Rechts“ in: Staatswissenschaften im Dialog – Schillerhausgespräche 2000/2001, S. 67–76, Martina Haedrich/Eberhard Eichenhofer (Hrsg.), Schriften des Hellmuth-Loening-Zentrums für Staatswissenschaften e.V., Bd. 14, 1. Aufl., Berliner Wissenschaftsverlag, Berlin 2003, zit.: Schelter, S.

Scheuing, Dieter H., „Freizügigkeit als Unionsbürgerrecht" in: EuR 2003, Heft 5, S. 744–792, Nomos Verlag, Baden-Baden 2003, zit.: Scheuing, EuR 2003, S.

Schima, Berhard, „Grundrechtsschutz", in: Der Vertrag von Lissabon, Waldemar Hummer/Walter Obwexer (Hrsg.), S. 325–342, Nomos Verlag, Baden-Baden 2009, zit.: Schima, Grundrechtsschutz, S.

Schmidt, Doris, Auf dem Weg zu einer Europäischen Einwanderungs- und Asylpolitik. Herausforderungen und künftige Aufgaben in einem gemeinsamen Raum der Freiheit, der Sicherheit und des Rechts, 1. Aufl., Eigendruck, Berlin 2001, zit.: Schmidt, S.

Schneider, Iris, Ein Raum der Freiheit, der Sicherheit und des Rechts. Asyl- und Migrationspolitik der Europäischen Union, Europäisches Migrationsnetzwerk (Hrsg.), Bundesamt für Migration und Flüchtlinge – Europa-Recht, Nürnberg 2006, zit.: Schneider, Ein RFSR. Asyl- und Migrationspolitik der Europäischen Union, S.

Schultz, Alexander, Das Verhältnis von Gemeinschaftsgrundrechten und Grundfreiheiten des EGV, 1. Aufl., Duncker & Humblot Verlag, Berlin 2005, zit.: Schultz, S.

Schütz, Hans-Joachim; Bruha, Thomas; König, Doris, Casebook Europarecht, 1. Aufl., Beck Verlag, München 2004, zit.: Schütz/Bruha/König, S.

Schwacke, Peter; Schmidt, Guido, Staatsrecht, 5. Aufl., Kohlhammer Verlag, Stuttgart 2007, zit.: Schwacke/Schmidt, S.

Schwarz, Kyrill-A., „Die Dogmatik der Grundrechte – Schutz und Abwehr im freiheitssichernden Staat", in: Sicherheit statt Freiheit?: staatliche Handlungsspielräume in extremen Gefährdungslagen, Ulrich Blaschke u.a. (Hrsg.), S. 29–50, Duncker & Humblot, Berlin 2005, zit.: Schwarz, Die Dogmatik der Grundrechte – Schutz und Abwehr im freiheitssichernden Staat, S.

Schwetzel, Wolfram, „Freiheit, Sicherheit, Terror: das Verhältnis von Freiheit und Sicherheit nach dem 11. September 2001 auf verfassungsrechtlicher und einfachgesetzlicher Ebene", 1. Aufl., Verlag Vahlen, München 2007, zit.: Schwetzel, Freiheit, Sicherheit, Terror: das Verhältnis von Freiheit und Sicherheit nach dem 11. September 2001 auf verfassungsrechtlicher und einfachgesetzlicher Ebene, S.

Sharpston, Eleanor, „First Steps towards an EU Jurisprudence on the Area of Freedom, Security and Justice (AFSJ)", in: Rechtsstaat, Freiheit und Sicherheit in Europa; Julia Iliopoulos-Strangas, Oliver Diggelmann und Hartmut Bauer eds. (Hrsg.), S. 435–461, 1. Aufl., Nomos Verlag, Baden-Baden 2010, zit.: Sharpston, S.

Skouris, Vassilios, „Rechtschutz im Raum der Freiheit, der Sicherheit und des Rechts", in: 4. Europäischer Juristentag, Sammelband, S. 403–419, Manzsche

Verlags- und Universitätsbuchhandlung, Wien 2008, zit.: Skouris, Rechtsschutz im RFSR, S.

Streinz, Rudolf, Europarecht, 9.Aufl., C.F. Müller Verlag, Heidelberg u.a. 2012, zit.: Streinz, Europarecht, §, Rdnr.

Streinz, Rudolf (Hrsg.), EUV/EGV, Kommentar, Beck Verlag, München 2003, zit.: Streinz – Bearb., Art., Rdnr.

Streinz, Rudolf; Ohler, Christoph; Herrmann, Christoph, Der Vertrag von Lissabon zur Reform der EU, 3. Aufl., Beck Verlag, München 2010, zit.: Streinz/Ohler/Herrmann, Der Vertrag von Lissabon zur Reform der EU, Teil, §, Nr.

Swoboda, Hannes, Mein Europa – Auf der Suche nach Sicherheit und Freiheit, 1. Aufl., Echo Verlag, Wien 1999, zit.: Swoboda, S.

Thiel, Marcus, Die „Entgrenzung" der Gefahrenabwehr – Grundfragen von Freiheit und Sicherheit im Zeitalter der Globalisierung, 1. Aufl., Mohr Siebeck Verlag, Tübingen 2011, zit.: Thiel, S.

Thiele, Alexander, „Das Rechtsschutzsystem nach dem Vertrag von Lissabon – (K)ein Schritt nach vorn?" in: EuR 2010, Heft 1, S. 30–51, Nomos Verlag, Baden-Baden 2010, zit.: Thiele, EuR 2010, S.

Toggenburg, Gabriel N., „Menschenrechtspolitik", in: Jahrbuch der Europäischen Integration 2012, Werner Weidenfeld/Wolfgang Wessels (Hrsg.), S. 203–208, 1. Aufl., Nomos Verlag, Baden-Baden 2012, zit.: Toggenburg, Menschenrechtspolitik, S.

Tretter, Hannes, „Die EU aus datenschutzrechtlicher Sicht – Ein Raum der Freiheit, der Sicherheit und des Rechts?", in: Jahrbuch Menschenrechte 2011, S. 34–50, Böhlau Verlag, Wien u.a. 2011, zit.: Tretter, Die EU aus datenschutzrechtlicher Sicht – Ein RFSR?, S.

Trojanow, Ilija; Zeh, Julia, Angriff auf die Freiheit: Sicherheitswahn, Überwachungsstaat und der Abbau bürgerlicher Rechte, 3. Aufl., dtv, München 2013, zit.: Trojanow/Zeh, Angriff auf die Freiheit, S.

Ukrow, Jörg, „Die Fortentwicklung des Rechts der Europäischen Union durch den Vertrag von Amsterdam", in: ZEuS 1998, Heft 2, S. 141–181, Europa-Institut der Universität des Saarlandes, Saarbrücken 1998, zit.: Ukrow, Die Fortentwicklung des Rechts der EU durch den Vertrag von Amsterdam, S.

Vedder, Christoph; Heintschel v. Heinegg, Wolff, Europäisches Unionsrecht, Kommentar, Nomos Verlag, Baden-Baden 2011, zit.: Vedder/Heintschel v. Heinegg – Bearbeiter, Art., Rdnr.

Vierrath, Faustin, „Gibt es ein Grundrecht auf Sicherheit? Herkunft, Motiv und Wirkung des Sicherheitsdiskurses", in: Sicherheit und Freiheit statt Terror und Angst – Perspektiven einer demokratischen Sicherheit, S. 155–173, Gisela Riescher (Hrsg.), 1. Aufl., Nomos Verlag, Baden-Baden 2010, zit.: Vierrath, S.

Voigt, Rüdiger, Sicherheit versus Freiheit: Verteidigung der staatlichen Ordnung um jeden Preis?, 1. Aufl., Springer Verlag, Wiesbaden 2012, zit.: Voigt, Sicherheit versus Freiheit, S.

Vollmer, Ruth, „Europäische Migrations- und Außengrenzenpolitik – Wege aus der Sackgasse?“, in: Sicherheit und Frieden 2014, Heft 1, S. 53–60, Nomos Verlag, Baden-Baden 2014, zit.: Vollmer, Europäische Migrations- und Außengrenzenpolitik – Wege aus der Sackgasse?, S.

von Bagdandy, Armin, „Europäische Verfassung und Europäische Identität“, in: Europawissenschaft, S. 331–374, Gunnar Folke Schuppert/Ingolf Pernice/Ulrich Haltern (Hrsg.), 1. Aufl., Nomos Verlag, Baden-Baden 2005, zit.: von Bagdandy, Europäische Verfassung und Europäische Identität, S.

von der Groeben, Hans; Schwarze, Jürgen; Hatje, Armin, Europäisches Unionsrecht, Band I, 7. Aufl., Nomos Verlag, Baden-Baden 2015, zit.: von der Groeben/Schwarze/Hatje – Bearb., Art., Rn.

Voßkuhle, Andreas, „Das Verhältnis von Freiheit und Sicherheit – Hat der 11.September 2001 das deutsche Verfassungsrecht verändert?“, in: Verfassungsstaatlichkeit im Wandel, Festschrift für Thomas Würtenberger, Dirk Heckmann/Ralf P. Schenke/Gernot Sydow (Hrsg.), S. 1101–1120, Duncker & Humblot, Berlin 2013, zit.: Voßkuhle, Das Verhältnis von Freiheit und Sicherheit – Hat der 11.September 2001 das deutsche Verfassungsrecht verändert?, S.

Wagener, Hans-Jürgen; Eger, Thomas, Europäische Integration, 2. Aufl., Vahlen Verlag, München 2009, zit.: Wagener/Eger, S.

Wagner, Wolfgang, „Europäisierung der Polizeiarbeit ohne Europäisierung von Grundrechtsschutz und parlamentarischer Kontrolle?“, in: Die Europäische Union im Kampf gegen den Terrorismus: Sicherheit vs. Freiheit, Erwin Müller/Patricia Schneider (Hrsg.), S. 261–284, 1. Aufl., Nomos Verlag, Baden-Baden 2006, zit.: Wagner, Europäisierung der Polizeiarbeit ohne Europäisierung von Grundrechtsschutz und parlamentarischer Kontrolle?, S.

Wagner, Wolfgang, „Halt, Europol!“–Probleme der europäischen Polizeikooperation für parlamentarische Kontrolle und Grundrechtsschutz, in: HSFK-Report 15/2004, S. 1–35, Hessische Stiftung Friedens- und Konfliktforschung (HSFK), zit.: Wagner, HSFK-Report, S.

Wasmeier, Martin; Thwaites, Nadine, „The development of ne bis in idem into a transnational fundamental right in EU law: comments on recent developments“ in: European Law Review 2006, 31(4), S. 565–578, Sweet & Maxwell Verlag, London 2006, zit.: Wasmeier/Thwaites, E.L.Rev. 2006, S.

Weber, Albrecht, „Der Raum der Freiheit, der Sicherheit und des Rechts im Vertrag von Lissabon“ in: BayVBl. 2008, Heft 16, S. 485–489, Boorberg Verlag, Stuttgart 2008, zit.: Weber, BayVBl., S.

Weber, Sebastian, Europäische Terrorismusbekämpfung – das Strafrecht als Integrationsdimension der Europäischen Union, 1. Aufl., Duncker & Humblot Verlag, Berlin 2008, zit.: Weber, Europäische Terrorismusbekämpfung – das Strafrecht als Integrationsdimension der EU, S.

Weidenfeld, Werner; Wessels, Wolfgang (Hrsg.), Europa von A-Z. Taschenbuch der europäischen Integration, 12. Aufl., Bundeszentrale für Politische Bildung, Bonn 2011, zit.: Weidenfeld/Wessels – Bearb., S.

Weinzierl, Ruth, „Deutsche und europäische Grundrechte im Raum der Freiheit, der Sicherheit und des Rechts: Das Asylrecht als Testfall für den kooperativen Grundrechtsschutz in Europa“, in: ZAR 2010, Heft 8, S. 260–270, Nomos Verlag, Baden-Baden 2010, zit.: Weinzierl, Deutsche und europäische Grundrechte im RFSR: Das Asylrecht als Testfall für den kooperativen Grundrechtsschutz in Europa, S.

Weinzierl, Ruth, „Das migrationspolitische Konzept der EU: Auf dem Weg zu einer erweiterten ‚Festung Europa‘?“ in, Europa der Bürger? Nach der Euro-Einführung und vor der EU-Erweiterung – Zwischenbilanz und Perspektiven, S. 164–172, Rupert Scholz (Hrsg.), Hanns Martin Schleyer-Stiftung, Bd. 60, J. P. Bachem Verlag, Köln 2002, zit.: Weinzierl, S.

Westphal, Dietrich, „Die Richtlinie zur Vorratsspeicherung von Verkehrsdaten – Brüsseler Stellungnahme zum Verhältnis von Freiheit und Sicherheit in der ‚Post-911-Informationsgesellschaft‘“: in EuR 2006, Heft 5, S. 706–723, Nomos Verlag, Baden-Baden 2006, zit.: Westphal, EuR 2006, S.

Wicht, Christine, „Mehr Sicherheit um jeden Preis – Das Stockholmer Programm der Europäischen Union“ in: Blätter für deutsche und internationale Politik 03/2010, S. 91–98, zit.: Wicht, S.

Wiegand, Marc André; Zabel, Benno, „Der demokratische Verfassungsstaat zwischen Ideal und Wirklichkeit. Anmerkungen zum Freiheitsverständnis der Moderne“, in: Der Staat 2011, Heft 1, S. 73–101, Duncker & Humblot, Berlin 2011, zit.: Wiegand/Zabel, Der Staat 2011, S.

Wiesbrock, Anja, „Free movement of third-country nationals in the European Union: the illusion of inclusion“ in: European Law Review 2010, 35(4), S. 455–475, Sweet & Maxwell Verlag, London 2010, zit.: Wiesbrock, E.L.Rev. 2010, S.

Winkler, Roland, „Grundrechte und Grundrechtsschutz in der Polizeilichen und Justiziellen Zusammenarbeit in Strafsachen“, in: Probleme des Rahmenbeschlusses am Beispiel des Europäischen Haftbefehls, Otto Lagodny/Ewald Wiederin/Roland Winkler (Hrsg.), S. 19–36, 1. Aufl., BWV, Berlin 2007, zit.: Winkler, Grundrechte und Grundrechtsschutz in der PJZS, S.

Zerb, Peter, Zur Semantik gesellschaftlicher Freiheit, 1. Aufl., Eigenverlag der Univ. Frankfurt (Main), Frankfurt 1987, zit.: *Zerb*, S.

Zypries, Brigitte, „Der Raum der Freiheit, der Sicherheit und des Rechts in der Verfassung der Europäischen Union: Vortrag am 27. Mai 2003“, in: Ein Verfassungsentwurf für die EU: vom Konvent zur Regierungskonferenz, Walter-Hallstein-Institut für Europäisches Verfassungsrecht (Hrsg.), S. 29–38, 1. Aufl., Nomos Verlag, Baden-Baden 2005, zit.: Zypries, Der RFSR in der Verfassung der Europäischen Union, S.

www.ingramcontent.com/pod-product-compliance
Ingram Content Group UK Ltd.
Pitfield, Milton Keynes, MK11 3LW, UK
UKHW021130041026
8980IPUK00034B/1439

9 783631 767160